Solidarität
Humanität
Identität

Stefan Remeke

Solidarität
Humanität
Identität

Das soziale Unterstützungswesen im gewerkschaftlichen Selbstverständnis –
am Beispiel von Vorläuferorganisationen der Dienstleistungsgewerkschaft ver.di
1890 bis 1933

BeBra Wissenschaft Verlag

Realisiert von der
Agentur für Historische Publizistik | Werther (Westfalen) | www.afhp.net

agentur für historische publizistik

Gefördert von der
Gewerkschaft ver.di | Berlin | www.verdi.de

und von der
Hans-Böckler-Stiftung | Düsseldorf | www.boeckler.de

»Es müsste mit dem Teufel zugehen, wenn wir nicht (...) auch den letzten Angestellten, der finanziell dazu in der Lage ist und der die Verpflichtung in sich fühlt, für seine Familie zu sorgen, für diese gute und wertvolle Einrichtung gewinnen sollten.«

Josef Aman, Bericht über die Pensionskasse des
Zentralverbandes der Angestellten, 1930

»Es kommt darauf an, unsere Kollegen auch auf diesem Gebiet den Fesseln und Fangarmen des Kapitalismus zu entziehen, sie auf den Weg der gemeinsamen Selbsthilfe zu weisen, wo der in der Arbeiterbewegung altbewährte Grundsatz gilt:
›*Einer für Alle, Alle für Einen!*‹*«*

Kassenbericht, Generalversammlung der fakultativen Unterstützungseinrichtungen des Deutschen Transportarbeiter-Verbandes, 1912

Für Marie Paulina

Inhalt

Zusammenfassung	9
Lektürenavigator	12
I. Einführung	**13**
1. Expedition in eine vergessene Gewerkschaftswelt	17
Ein gegenwartsnaher Ausgangspunkt: Rentenkampagne und Reformdebatte der Gewerkschaften	17
Fremdartiges und Bekanntes in einer anderen Gewerkschaftszeit	18
Design der Studie	25
II. Historische Evolution einer Bedeutungsfrage	**37**
2. Vorläufer und Traditionen des gewerkschaftlichen Unterstützungswesens	38
Soziale Unterstützungseinrichtungen vom Spätmittelalter bis in die Frühe Neuzeit	38
Unterstützungskassen der Buchdrucker im 18. und 19. Jahrhundert	46
Gewerkschaftliche Unterstützungskassen unter dem Sozialistengesetz	58
3. Aufbruch 1890 und Sinnkrise der sozialen Selbsthilfe	64
Aufbruch 1890: »Moderne« Gewerkschaften versus »alte« Unterstützungen	64
Aufbruch sozialer Sicherheit 1890: Sozialpolitische Realität relativiert die Sinnkrise	76
Aufbruch in eine janusköpfige Epoche 1890: Zeiten des Wandels, der Verunsicherung und der Risiken	87
III. Das Unterstützungswesen in Schlaglichtern 1890 bis 1933	**97**
4. Organisationspolitische Kontexte	105
Zeitalter gewerkschaftlicher Großverbände	105
Folgerungen für die folgenden Kapitel	115
5. Das Kassenwesen bei Arbeitslosigkeit, Krankheit oder Erwerbslosigkeit	119
Gründungen und Bedeutungszuweisungen	119
Stilisierung der Arbeitslosenunterstützung zu einem modernen, gewerkschaftstauglichen Instrument	120
Widerstände gegen die Arbeitslosenunterstützung und ihre Überschreibung: Erwerbslosenunterstützungen	135
Konflikte und Interessen bei der Etablierung zentralisierter Krankenunterstützungen	145
Exkurs: Das Krankenkassenwesen von Angestelltengewerkschaften	163
Sinnstiftung der gewerkschaftlichen Verankerung	172

Expansion und Festigung 173
　　　Professionalisierung und Bürokratisierung 180
　　　Erweiterung und Vertiefung 192
　　　Soziale Semantik im Zeitalter der Herausforderungen durch Krisen und Sparzwänge 206
6. Gewerkschaftliche Unterstützungen zur Altersfürsorge und im Sterbefall 225
　　Vorkriegs- und Nachkriegsgründungen 225
　　　Gründungen gewerkschaftlicher Sterbekassen vor 1914 227
　　　Vorkriegsgründungen gewerkschaftlicher Pensions- und Rentenkassen 240
　　　Nachkriegsgründungen von Alters- und Invalidenkassen 259
　　Gründungsdeutungen und Sinnstiftung im Bestand 279
　　　Gründungsdeutungen systematisch: Kontexte der Organisationspolitik .. 281
　　　Überschreibung der Organisationspolitik: Kontexte eines sozialen Leitmotivs 298
　　　Zwischenfazit und: Eine symbiotische Beziehung zwischen Solidarität und Humanität 306
　　　Sinnstiftung im Bestand gewerkschaftlicher Sterbe- und Pensionskassen 316

IV. Abschließende Analysen **339**

7. Das soziale Unterstützungswesen in gewerkschaftlichen Darstellungsformaten 341
　　Positionierung des Themenbereichs in gewerkschaftlichen Leitquellen 341
　　Öffentlichkeitsarbeit, strategische Kommunikation und Werbung:
　　　Unterstützungskassen in der Verbandspresse 351
　　Das soziale Unterstützungswesen als Propaganda- und Messeobjekt 366
　　Vom Sprachgebrauch zu Narrativen 373
8. Blick zurück nach vorn 387
　　Solidarität – Humanität – Identität: Zusammenfassung 387
　　Ausblick: Vom Untersuchungszeitraum in die Gegenwart 392

Anhang **405**
Verzeichnis genutzter Abkürzungen 405
Verzeichnis genutzter Quellen und Literatur 406
　　Systematisch ausgewertete Gewerkschaftsquellen 406
　　Wichtige Literatur und weitere Hilfsmittel 419
　　Internetquellen 434
　　Portale 435

Nachwort **437**

Differenzierte Inhaltsbeschreibung **439**

Über den Autor **445**

Zusammenfassung

Heute führen Gewerkschaften in Deutschland nur noch Reste der langen Tradition des sozialen gewerkschaftlichen Unterstützungswesens fort.

In der Gegenwart feierten Gewerkschaften die 2021 eingeführte staatliche Grundrente oder nehmen an der Organisation betrieblicher Zusatzrenten in Versorgungswerken aktiv teil. In jener Zeit jedoch, in die diese Studie die Leserinnen und Leser führen wird, gestalteten Gewerkschaften eigene Rentenkassen für ihre Gewerkschaftsmitglieder noch selbst. In unserer Gegenwart wird weltweit – nach Überwindung der Corona-Pandemie – mit erneuerter Sensibilität auf die nationale Gesundheitsversorgung geblickt. In der Epoche, die diese Studie genauer betrachtet, waren Gewerkschaften auch gesundheitspolitisch dem Anschein nach viel aktiver als heute: über eigene Krankenkassen, aber ebenso über das gewerkschaftliche Krankenunterstützungswesen und seine Ausprägungen.

Und Gewerkschaften unterhielten darüber hinaus weitere aufwendige eigene Sozialkassen – wie etwa Arbeitslosen- oder Erwerbslosenunterstützungen, die vor der staatlichen Arbeitslosenversicherung als Sozialversicherung existierten und für diese Vorbildcharakter hatten. Dabei erzählt das soziale Unterstützungswesen der Gewerkschaften viel darüber, wie sich das Selbstverständnis der deutschen Gewerkschaften entwickelt und verändert hat.

Das ist, was diese Studie im Kern interessiert. Wie stellten Gewerkschaften in wichtigen und in der Zeit zwischen 1890 und 1933 veröffentlichten gewerkschaftlichen »Medien« wie etwa Verbandstagsprotokollen, Jahrbüchern, Rechenschafts- oder Geschäftsberichten, zeitgenössischen Verbandsgeschichten oder der Gewerkschaftspresse ihr soziales gewerkschaftliches Unterstützungswesen selbst dar? Wie wurde es von den Gewerkschaften aus dem Blickwinkel der Mehrheits- oder Vorstandsperspektive gedeutet, welchen Bedeutungszuweisungen und Sinnstiftungen wurde es unterzogen? Und wie stellten Gewerkschaften darüber sich selbst und das Verständnis über die eigene Rolle und Funktion dar? Oder anders formuliert: Wie sahen sich Gewerkschaften unter dem Brennglas der eigenen sozialen Unterstützungseinrichtungen selbst – und wie wollten sie gesehen werden?

Die Vorgehensweise der Studie wird im Folgenden genauer beschrieben, womit hier einige Orientierungsmarken als Eckpunkte genügen. Untersucht werden ausgewählte historische Vorläufer der heutigen Dienstleistungsgewerkschaft Verdi – über die Grenzen von Arbeiter und Angestellten und partiell auch der Beamtenschaft hinweg. Freie, sozialdemokratisch orientierte Verbände stellen in der untersuchten historischen Zeit, die von erbitterter Gewerkschaftskonkurrenz geschwängert war, die Mehrzahl der betrachteten Organisationen. Aber auch die Grenze der Weltanschauung wird überschritten werden – etwa in das christlich-nationale Gewerkschaftslager.

Das besondere Interesse an der Zeit zwischen 1890 und 1933 begründet sich historisch. Es war nicht nur die Ära der nun zur Massenbewegung aufsteigenden deutschen Gewerkschaftsbewegung, nachdem das Sozialistengesetz gefallen war. Es war ferner die Zeit, in der das zentralisierte soziale Unterstützungswesen der Gewerkschaften seinen – zunächst umstrittenen – Anfang nahm und schließlich dynamisch und exorbitant expandierte, bevor es die Nationalsozialisten 1933 mit der Gewerkschaftsbewegung exekutierten. Von diesem »Todesstoß« sollte sich die »Sozialversicherung der Gewerkschaften« nicht wieder erholen. Nach 1945 konnte man zwar zunächst eine Renaissance sozialer gewerkschaftlicher Kassen beobachten. Doch ihr nahendes Ende zeichnete sich im weiteren Verlauf der Nachkriegszeit alsbald ab.

Die Ergebnisse der Studie werden anhand von drei Leitbegriffen strukturiert werden: *Solidarität, Humanität, Identität*. Die Begriffe werden nicht undifferenziert angewandt, sondern in einer spezifischen Form für die gewerkschaftlichen Bedeutungszuweisungen und Sinnstiftungen, die das soziale gewerkschaftliche Unterstützungswesen im betrachteten Studienrahmen erfuhr, präzisiert werden.

Unter dem Leitbegriff *Solidarität* wird eine mit den gewerkschaftlichen Unterstützungskassen gezielt installierte »Gewerkschaftsschule der Solidarität« zu erkennen sein, die Mitglieder in die Gewerkschaften locken, dort dauerhaft binden und sie davon ausgehend – auch durch die anschauliche Selbsterfahrung des Gebens und Nehmens im sozialen Unterstützungswesen – in verbandlicher Solidarität wie in Arbeitnehmersolidarität schulen sollte. Die gewonnenen Mitglieder sollten – der gewerkschaftlichen Deutung folgend – über die Bindung an das soziale Unterstützungswesen und eine dadurch gestreckte Zeit einer möglichst nachhaltigen Mitgliedschaft allmählich zu guten Gewerkschaftern und zu leidenschaftlichen »Kämpfern« gemacht werden.

Beim Begriff der *Humanität* könnte man es sich einfach machen. Natürlich war das soziale Unterstützungswesen in seinen beachtlichen Dimensionen, die es bis 1933 erreichte, generell Ausdruck einer solidarischen wie humanitären Leistung, welche die Gewerkschaften vorweisen konnten. Bei genauer Betrachtung wird es jedoch etwas komplizierter. Jede soziale Gewerkschaftskasse wirkte solidarisch im vorgenannten Sinn – und das funktionierte nur, wenn sie eine humanitäre Wirkung entfaltete, welche auf die Linderung menschlicher Not zielte. Menschen haben das Bedürfnis, sich gegen soziale Lebenskrisen oder gegen deren weitere Folgen abzusichern. Das schuf die gewünschten Anreize zur solidarischen Organisation – und am Ende wirkte das Konstrukt humanitär.

Anfällig für humanitäres Pathos waren Gewerkschaften in Bezug auf die Darstellung ihrer sozialen Kassen daher immer. Der Leitbegriff *Humanität* zielt aber noch mehr auf einen Zeitfaktor: Mit den sozialen »Megakrisen« der untersuchten Zeit – Weltkrieg, Hyperinflation, Arbeitsmarktkrisen und schließlich Weltwirtschaftskrise – erlebte das soziale gewerkschaftliche Unterstützungswesen Härtetests. Die noch immer jungen Organisationen mussten sich mit ihren auf- und ausgebauten sozialen Einrichtungen nun beweisen – was Auswirkungen auf die Sinnstiftung und Wahrnehmung des sozialen Kassenwesens im Gewerkschaftsmilieu hatte. Die Zuweisung von sozialen, humanitären oder altruistischen Bedeutungen intensivierte sich dadurch in einer auffälligen Weise.

Bliebe zuletzt noch der Leitbegriff *Identität*. Es wurde bereits gesagt: Das soziale Unterstützungswesen erzählt darüber, wie sich das Selbstverständnis der deutschen Gewerkschaften entwickelt und verändert hat. Das wird besonders am Ende dieser Studie deutlich werden, wenn – ausgehend von den gewonnenen Erkenntnissen über das Unterstützungswesen – ein Blick auf die Gewerkschaftsbewegung nach 1945 und bis heute gewagt wird.

Lektürenavigator

Die vorliegende Untersuchung kreuzt die Themenfelder Gewerkschaftsgeschichte, Ideengeschichte und Sozialpolitikgeschichte. Insofern trägt sie thematisch eine nicht unerhebliche Schwere und Komplexität in sich, die sich – notwendigerweise und mitunter nicht vermeidbar – gelegentlich auf den Text niederschlägt.

Anders ausgedrückt: Trotz des Bemühens des Verfassers um eine möglichst klare und sachliche Darstellung erfordert die mit dieser Studie gestellte Aufgabe »kopflastige« Passagen. Daher kann – um anderen Erwartungen vorzubeugen – dieser vom wissenschaftlichen Erkenntnisinteresse geleitete Text am Ende kein reines »Lesebuch« sein. Die vorliegende Studie ist dabei textlich so verfasst worden, dass die Methodik des Vorgehens und die Anbahnung wie Reflexion von Erkenntnisschritten transparent abgebildet werden. Auch dies führt gelegentlich zu theoretisierenden didaktischen Schleifen, die dazu dienen, die Lesenden beim Erkenntnisprozess mitzunehmen.

Um nun vorab Entmutigte an dieser Stelle sogleich wieder zu ermutigen: In vielen Textpassagen ist der nachfolgende Text für die sachlich Interessierten schließlich doch ein reizvolles historisches »Lesebuch« geworden. Der Text bezieht seine Spannung aus der Durchdringung von bislang vernachlässigten historischen Objekten, durch interessante, auf den ersten Blick vielleicht unerwartet erscheinende Fragestellungen und eine Analyse, bei der Leserinnen und Leser zu einer geführten Expedition in eine heute unbeachtete Gewerkschaftsvergangenheit eingeladen werden.

Entsprechend empfiehlt der Verfasser – wie sollte es anders sein – die Lektüre des gesamten Textes, um schrittweise durch den Erkenntnisprozess geleitet zu werden. Wer daran als Leserin oder Leser nicht interessiert ist und einen möglichst direkten Zugang zu bestimmten Passagen des Textes sucht, findet im Anhang eine differenzierte Inhaltsbeschreibung, die den Aufbau der Darstellung kleinschrittig illustriert und die Nutzung als »Steinbruch« erleichtert.

I. Einführung

Was ist, oder besser gesagt: Was war denn überhaupt das gewerkschaftliche Unterstützungswesen? Diese Frage werden insbesondere jüngere Gewerkschafterinnen und Gewerkschafter, aber wohl auch viele andere an der Gestaltung von Arbeitswelten heute Beteiligte mit Berechtigung stellen, wenn sie auf den Titel der hier vorgelegten Studie stoßen.

Denn jenseits von einigen Erinnerungsexperten – vor allem den Historikerinnen und Historikern, die sich mit der Geschichte der Arbeitswelt und insbesondere mit jener der Gewerkschaften befassen – kann der Mehrheit der Werktätigen, der Betriebsrätinnen und Betriebsräte, der gewerkschaftlichen Funktionsträger sowie der gewerkschaftlich Organisierten heute nicht mehr aus eigener Anschauung bewusst sein, was und wie umfangreich das gewerkschaftliche Unterstützungswesen einstmals gewesen war. Die gewerkschaftlichen Organisationen unterhielten in der untersuchten Zeit zwischen 1890 und 1933 – in den Jahren der intensivierten Gewerkschaftsgründungen und organisatorischen Konsolidierung nach der Aufhebung des Sozialistengesetzes bis zum Vorabend der nationalsozialistischen Vernichtung des Gewerkschaftswesens – schließlich in allen Bereichen der staatlichen Sozialversicherung und teilweise weit darüber hinaus ihre verbandseigenen »sozialen Versicherungen«: die sozialen Unterstützungskassen.

Und sie ließen sich diese Einrichtungen einiges kosten. Das friedliche Unterstützungswesen entwickelte sich in der untersuchten Zeit zu einer finanziellen Hauptaufgabe und Hauptausgabe der Gewerkschaften. In einigen Gewerkschaftsverbänden beliefen sich die Ausgaben für die sozialen Unterstützungsleistungen in einigen Etappen der untersuchten Jahre auf mehr als die Hälfte der gesamten Jahresausgaben. Selbst in den hier betrachteten unruhigen Jahren vor und nach dem Ersten Weltkrieg, in Revolution und Inflation gaben viele gewerkschaftliche Organisationen weniger für ihre Kampfunterstützungen – also für die Zuwendungen der Verbände an ihre Mitglieder, die sich im Streik befanden oder von einer Aussperrung oder Maßregelung der Arbeitgeber betroffen waren – aus als für das soziale Kassenwesen.[1] Dies hatte nicht nur, wie zu sehen

---

Zu den Anmerkungen: Literatur wird nur bei der ersten Verwendung mit vollständiger Literaturangabe im Anmerkungsapparat angeführt, danach abgekürzt. Gewerkschaftsquellen werden immer, also auch bereits bei ihrer erstmaligen Angabe, in Kurzform verwendet. Zu den vollständigen Angaben siehe stets die Angaben im Quellen- und Literaturverzeichnis dieser Studie. Bei Textzitaten aus einer Quelle, die durch kurze Kommentierungen unterbrochen und ergänzt werden, findet sich der Quellenbeleg jeweils am Ende der zusammenhängenden Passage. Der Autor ist bemüht, die Anzahl der in historischen Arbeiten zahlreichen Belege in den Anmerkungen zu begrenzen. Im Quellen- und Literaturverzeichnis finden sich daher Hinweise auf die über die angemerkten Titel hinaus genutzte, wichtige oder weiterführende Literatur zum Thema. Das Versein wird, mit den sozialen Herausforderungen der Wirtschafts- und Arbeitsmarktkrisen zu tun, denen man in der untersuchten Zeit begegnet.

In dieser aus der Perspektive der Gegenwart lange vergangenen Zeit war ein weit ausgebautes und breit aufgefächertes soziales Unterstützungswesen ein zentraler und gefestigter Bestandteil des Gewerkschaftswesens – oder besser gesagt: Es avancierte im Untersuchungszeitraum dieser Studie rasch dazu. Heute ist dies in vergleichbarer Form nicht mehr der Fall. Um zwei Beispiele zu nennen: Die Gewerkschaft IG Metall führte bis in unsere Gegenwart allenfalls vereinzelte Überreste ihres einstmals vorhandenen sozialen Unterstützungswesens fort, wenn sie in ihrer Satzung eine Unterstützung in außerordentlichen Notfällen, für Rentnerinnen und Rentner oder die klassische Unterstützung im Todesfall anbot.[2] Noch deutlicher hat die Dienstleistungsgewerkschaft Verdi ihr soziales Unterstützungswesen geschliffen. Jenseits der gewerkschaftlichen Kampfunterstützungen fanden sich in den Verdi-Statuten des Jahres 2015 überhaupt keine Spuren der einstmals vielfältigen und sehr weit entwickelten sozialen Unterstützungseinrichtungen der historischen Vorläuferorganisationen der Dienstleistungsgewerkschaft mehr.[3]

Im Bereich der gesetzlichen Sozialversicherung sind die deutschen Gewerkschaften etwa in den Gremien der Selbstverwaltung aktiv. Oder aus den Gewerkschaftsvorständen werden Forderungen adressiert, welche Verbesserungen der Sozialversicherungen Arbeitnehmerinnen und Arbeitnehmer von der Politik erwarten. Besonders wichtig ist in den letzten Jahren das Engagement für verbesserte Betriebsrenten geworden, mit dem Politik und Sozialpartner der langfristigen Nivellierung von Rentenansprüchen in der gesetzlichen Rentenversicherung ein stabilisierendes Element hinzuzufügen versu-

---

zeichnis ist insofern als erweiterter Anmerkungsapparat zu verstehen. Zum Text: Geschlechtsspezifische Formulierungen werden allein wegen stilistischer Erwägungen nicht systematisch genutzt.

[1] Hierzu einführend Reinhard Hüber: Unterstützungswesen, in: Ludwig Heyde (Hg.): Internationales Handwörterbuch des Gewerkschaftswesens, Berlin 1932, S. 1793-1816, bes. die Übersicht S. 1801. Im Allgemeinen Deutschen Gewerkschaftsbund (ADGB) lag der Anteil an den Gesamtausgaben, der allein auf die friedlichen Unterstützungen (einschließlich Rechtsschutz) entfiel, bei 35 Prozent (im Mittel aller Jahre 1905 bis 1930). Zum Vergleich: Der Anteil der Ausgaben für Arbeitskämpfe und Kampfunterstützungen lag im ADGB bei etwa 17 Prozent (im Mittel aller Jahre 1905 bis 1930). Als konkretes Jahresbeispiel – 1926: 135 Millionen Reichsmark Gesamtausgaben des ADGB, 62 Millionen Reichsmark Ausgaben für das soziale Unterstützungswesen im ADGB (45,8 Prozent aller Ausgaben); 1930: 241 Millionen Reichsmark Gesamtausgaben des ADGB, 123 Millionen Reichsmark Ausgaben für das soziale Unterstützungswesen (51,2 Prozent aller Ausgaben).

[2] Industriegewerkschaft Metall: Satzung. Beschlossen auf dem 23. Ordentlichen Gewerkschaftstag der IG Metall vom 18. bis zum 24. Oktober 2015 in Frankfurt am Main. Gültig ab 1. Januar 2016, Frankfurt am Main 2015, hier §§ 28-30, S. 42 ff.

[3] Vereinte Dienstleistungsgewerkschaft: Satzung. Geändert durch den 4. Ordentlichen Verdi-Bundeskongress vom 20. bis 26. September 2015 in Leipzig, Berlin 2015, hier die Übersicht der Leistungen §§ 15-19, S. 13 ff.

chen. Aus dem Kreis der Personen, die sich heute mit Fragen der betrieblichen Altersversorgung gewerkschaftsnah befassen, wurde diese Studie als Historisierung jener Tätigkeiten angeregt.[4] Dabei konnte es nicht darum gehen, den verfügbaren historischen Betrachtungen des betrieblichen Sozialwesens[5] eine weitere hinzuzufügen. Denn jede Untersuchung des betrieblichen Sozialwesens beleuchtet – im Besonderen in historischer Perspektive – das Engagement der Unternehmen, nur bedingt jedoch das Engagement der Gewerkschaften.

Betrachtet man wichtige Maßnahmen der Gewerkschaften in jüngster Zeit wie etwa die sogenannte »Metallrente« der IG Metall oder das Versorgungswerk für den gesamten Dienstleistungsbereich von Verdi, wird eine Zielrichtung der Arbeitnehmerorganisationen besonders deutlich: Sie wollen im Bereich der betrieblichen Altersversorgung in Zusammenarbeit mit Arbeitgebern und Versicherern Zusatzrenten im Sinn des von den der Bundesregierung angestrebten Ausbaus der Betriebsrenten besser und unter stärkerer Verankerung der Tarifpartner – also mit intensivierter gewerkschaftlicher Intervention – gestalten. Will man diesen gewerkschaftlichen Willen zur Gestaltung eigener sozialer Sicherungen historisieren, will man veranschaulichen, mit welcher historischen Tradition und Expertise Gewerkschaften selbst als professionelle Anbieter sozialer Sicherungseinrichtungen fungierten und welche Kompetenz sie dabei anreicherten, muss man das gewerkschaftliche Unterstützungswesen in den Blick nehmen. Hier findet man nicht nur gewerkschaftliche Arbeitslosen-, Kranken- und Sterbeunterstützungskassen, sondern auch, was noch weniger bekannt sein dürfte, gewerkschaftliche Altersvorsorgesysteme.

Für eine Reise in die Blütezeit des gewerkschaftlichen Unterstützungswesens muss die sozialpartnerschaftliche Gegenwart verlassen werden. Die Lösungen von heute, bei denen Gewerkschaften, Arbeitgeber oder privatwirtschaftliche Versicherungsunternehmen kooperieren und gemeinsam in modernen Versorgungseinrichtungen agieren, waren nicht die Lösungen der untersuchten Vergangenheit. Die Sozialpartnerschaft ist von der Geschichte der Bundesrepublik nach 1945 geprägt und vice versa. Die Zeit, in

---

[4] Nachdrücklich hat sich das Unterstützungs- und Vorsorgewerk für den Dienstleistungsbereich e.V. und der Bundesvorstand der Vereinten Dienstleistungsgewerkschaft für die vorliegende Studie eingesetzt. Sie wurde von der Gewerkschaft Verdi und von der Hans-Böckler-Stiftung gefördert. Ein Hinweis: Die Eigenschreibweise ver.di wird nur in Titelei und Impressum verwendet. Der Text folgt den Empfehlungen des Duden.

[5] Zur Einführung in die Literatur zum betrieblichen Sozialwesen Thomas Welskopp: Betriebliche Sozialpolitik im 19. und frühen 20. Jahrhundert. Eine Diskussion neuerer Forschungen und Konzepte und eine Branchenanalyse der deutschen und amerikanischen Eisen- und Stahlindustrie von den 1870er bis zu den 1930er Jahren, in: Archiv für Sozialgeschichte 34, 1994, S. 333-374. Susanne Hilger: Sozialpolitik und Organisation. Formen betrieblicher Sozialpolitik in der rheinisch-westfälischen Eisen- und Stahlindustrie seit der Mitte des 19. Jahrhunderts bis 1933, Stuttgart 1996. Zur Geschichte der betrieblichen Altersversorgung Gerd Wiedemann: Die historische Entwicklung der betrieblichen Altersversorgung unter besonderer Berücksichtigung des Arbeitsrechts, Diss. Erlangen-Nürnberg 1990.

der das gewerkschaftliche Unterstützungswesen für die aufstrebenden Großorganisationen der Arbeitnehmerschaft seine größte Ausdehnung und Bedeutung gewann, findet sich zwischen 1890 und 1933. In dieser Zeit waren nicht nur die Rahmenbedingungen für eine Sozialpartnerschaft völlig anders. Sie gab es weitgehend nicht oder begann sich – allmählich in ersten Ansätzen und von gegenseitigem Misstrauen begleitet – langsam zu entwickeln.[6] Arbeitgeber, Gewerkschaften, Staat und Versicherungskonzerne standen sich damals als Konkurrenten und Gegner in tief verwurzelter Feindseligkeit gegenüber. Jeder dieser Akteure setzte auch daher auf eigene Angebote sozialer Fürsorge- und Versorgungseinrichtungen oder sozialer Versicherungen. Nicht nur in dieser Hinsicht veranlasst das gewerkschaftliche Unterstützungswesen eine Expedition in eine vergessene, andere Gewerkschaftswelt.

---

[6] Hier ist an die Studien von Feldman zu erinnern, in denen die Annäherung und beginnende Kooperation zwischen Industrie und Arbeiterschaft seit dem Ersten Weltkrieg und in der Zentralarbeitsgemeinschaft in den ersten Jahren der Weimarer Republik aufbereitet wird. Gerald D. Feldman: Armee, Industrie und Arbeiterschaft in Deutschland 1914-1918, Berlin/Bonn 1985. Ders.: Die Freien Gewerkschaften und die Zentralarbeitsgemeinschaft 1918-1924, in: Heinz Oskar Vetter (Hg.): Vom Sozialistengesetz zur Mitbestimmung, Köln 1977, S. 229-252. Ders./Irmgard Steinisch: Industrie und Gewerkschaften 1918-1924. Die überforderte Zentralarbeitsgemeinschaft, Stuttgart 1985. Als neuere Literatur vgl. Petra Weber: Gescheiterte Sozialpartnerschaft. Industrielle Beziehungen, Arbeitskämpfe und der Sozialstaat. Deutschland und Frankreich im Vergleich (1918-1933/39), München 2010.

1. Expedition in eine vergessene Gewerkschaftswelt

Ein gegenwartsnaher Ausgangspunkt: Rentenkampagne und Reformdebatte der Gewerkschaften

Historische Studien halten sich in der Regel nicht mit der Gegenwart auf. Da einige der Überlegungen, die der vorliegenden Untersuchung zugrunde liegen, im Folgenden mit dem Bild einer Expedition in eine vergessene Gewerkschaftswelt – also als gedankliche Reise in die Vergangenheit – veranschaulicht werden, macht es Sinn, auf einen möglichen Ausgangspunkt dieser Reise in der gegenwartsnahen Zeit einzugehen.

Bei einer Podiumsdiskussion in Düsseldorf im November 2017 ließ Reiner Hoffmann als damaliger Vorsitzender des Deutschen Gewerkschaftsbundes mit einem düsteren Befund über den Zustand der deutschen Gewerkschaftsbewegung aufhorchen. Ähnlich wie der traditionelle politische Arm der Arbeiterbewegung, die Sozialdemokratie, die in Europa »bis zur Unkenntlichkeit verschwunden« sei, müsse – so seinerzeit Hoffmanns Analyse – auch die deutsche Gewerkschaftsbewegung strukturelle Defizite konstatieren. Hoffmann warnte dabei vor der »Gefahr, dass auch die Gewerkschaften unter die Räder kommen«. Mit sechs Millionen Mitgliedern seien die Gewerkschaften bei einer zuletzt stetig ansteigenden Anzahl sozialversicherungspflichtiger Beschäftigungsverhältnisse auf einem Tiefstwert beim gewerkschaftlichen Organisationsgrad im wiedervereinigten Deutschland angelangt, merkte der DGB-Vorsitzende an.

Hoffmann stellte im Rahmen jener Veranstaltung eine Perspektive für eine zukunftsfeste erneuerte Gewerkschaftsbewegung vor. Er forderte einen Aufbruch. Nicht mehr nur »Tarifmaschine« dürften moderne Gewerkschaften sein, sondern als »politischer Verband« müssten sich die Gewerkschaften künftig neu aufstellen, um »wieder eine progressive Mehrheit im politischen Diskurs«[1] mit gleichgesinnten Gruppen bilden zu können. Ein zentrales Thema, das Gewerkschaften als gestärkte politische Interessenverbände für sich reklamieren sollten, benannte Hoffmann gleich mit: ohne Gewerkschaften keine wirkliche soziale Sicherheit.

Die Aussagen traf der DGB-Vorsitzende vor dem Hintergrund einer seit Jahresende 2016 laufenden Rentenkampagne der Gewerkschaften. Aufgrund einer für immer mehr Werktätige drohenden Altersarmut forderten die Gewerkschaften des DGB darin die Stabilisierung und signifikante Anhebung des Niveaus der gesetzlichen Altersrente. Durch höhere Beiträge und eine erhöhte Steuerfinanzierung der staatlichen Rente sollte deren Leistungsaufwertung eingeleitet werden, nachdem das Experiment der staatlich geförderten privaten Zusatzversorgung über die Riester-Rente von den Gewerkschaften als gescheitert angesehen wird. Eine sehr aktive Rolle nahm der Bundesvorstand der

---

[1] Alle Zitate von Reiner Hoffmann, in: Neue Westfälische, 13. November 2017.

Dienstleistungsgewerkschaft Verdi im Rahmen der Rentenkampagne ein. Frank Bsirske avancierte als damaliger Verdi-Vorsitzender nicht nur zu einem prägenden Gesicht der Kampagne. Im Januar 2017 wurde berichtet, dass Bsirske auf einer Konferenz von Betriebsräten der Versicherungsbranche die Planung eines Versorgungswerkes für den Dienstleistungsbereich vorgestellt hatte. Damit kündigte die Gewerkschaft an, dass sie neben den Forderungen an die Politik zugleich auch die Initiative für eigene gewerkschaftliche Maßnahmen zur Verbesserung der Altersversorgung intensivieren werde.[2]

Fremdartiges und Bekanntes in einer anderen Gewerkschaftszeit

Der Gewerkschaftshistoriker reibt sich angesichts jener Vorstöße der Gewerkschaftsführer für eine Modernisierung gewerkschaftlicher Politik und Strategie mit Verwunderung die Augen. Ihm kommt der Mehrklang der benannten Phänomene bekannt vor. Eine politischere Gewerkschaftsarbeit mit sozialpolitischen Kernforderungen, die Gewerkschaften gar als politische Bewegung, die den arbeitnehmernahen Parteien Konkurrenz machen könnte, das alles vor dem Hintergrund als unzureichend wahrgenommener staatlicher Sozialleistungen und aufkeimender sozialer Fragen und: einem Fokus auf Maßnahmen einer gewerkschaftlichen sozialen Selbsthilfe – das könnte Teil einer Beschreibung der Gewerkschaftswelt nach der Jahrhundertwende um 1900 sein. In jene Zeit fiel beispielsweise das Mannheimer Abkommen von 1906, mit dem die Freien Gewerkschaften und die Sozialdemokratie ihren damals konkurrierenden politischen Führungsanspruch bei der Vertretung von Arbeiterinteressen zu harmonisieren und zu koordinieren versuchten.[3]

»Tarifmaschinen«, wie Hoffmann es oben nannte, wurden die Gewerkschaften womöglich erst ab den 1920er Jahren – als bis dahin immer noch bestehende Widerstandslinien in der tariflichen Praxis nach der Revolution fielen, als die Gewerkschaften in der Weimarer Republik endlich staatlich wie gesellschaftspolitisch akkreditiert wurden und sich die expansive Nutzung des Instruments des Tarifvertragswesens nun Bahn brach – und die Lohnkonflikte in der Inflationszeit immer enger getaktet wurden.[4] Die heute

---

[2] Süddeutsche Zeitung, 11. Januar 2017, eingesehen unter https://www.sueddeutsche.de/wirtschaft/verdi-eigenes-versorgungswerk-geplant-1.3328236, abgerufen am 30.11.2018.

[3] Zum Mannheimer Abkommen einführend etwa Klaus Schönhoven: Die Gewerkschaften als Massenbewegung im Wilhelminischen Kaiserreich 1890 bis 1918, in: Ulrich Borsdorf (Hg.): Geschichte der deutschen Gewerkschaften von den Anfängen bis 1945, Köln 1987, S. 167-278, hier S. 240 ff. Aus der Perspektive der Geschichte der SPD Detlef Lehnert: Sozialdemokratie zwischen Protestbewegung und Regierungspartei 1848-1983, Frankfurt am Main 1983, S. 101 ff.

[4] Tarifverträge gab es in gewerkschaftlich gut organisierten Branchen natürlich schon früher. Dennoch waren sie in Zeiten schärfster gewerkschaftlicher Sanktionen vor 1914 immer auch hart umkämpft. Zur Geschichte des Tarifvertragswesens vor 1914 nun die monumentale und vergleichende Abhandlung von Sabine Rudischhauser: Geregelte Verhältnisse. Eine Geschichte

bekannte Form, in der die Tarifpolitik zum Schlüsselwerkzeug der Gewerkschaftspolitik geworden ist, bildete sich allerdings erst nach 1945 aus. Die Westorientierung der westdeutschen Gewerkschaftsbewegung und die Gewerkschaftslehre Otto Brenners, nach der Arbeitnehmerorganisationen den Beschäftigten ihren Anteil am sogenannten »Wirtschaftswunder« sichern sollten, liefern hierfür wichtige Stichworte. In der Nachkriegszeit entledigten sich die westdeutschen Gewerkschaften zugleich zunächst von wesentlichen Teilen ihrer politischen Agenda.[5] Auch die Betriebspolitik nahm zwar ihren ersten Aufschwung mit den frühen Arbeiterausschüssen, deren Anerkennung 1916 im Gesetz über den vaterländischen Hilfsdienst und mit dem Betriebsrätegesetz 1920 in der in dieser Studie untersuchten Zeit, bildete sich als Schwerpunkt der Gewerkschaftspolitik in der heute bekannten Form einer modernen Mitbestimmungspolitik hingegen auch erst nach 1945 richtig aus.

In der rückblickenden Perspektive aus der Gegenwart betrachtet, waren die um 1900 existierenden gewerkschaftlichen Organisationen in Ermangelung anderer etablierter Interventionsinstrumente sehr viel stärker fokussiert auf gesellschaftspolitische Entwürfe, Forderungen an eine staatliche Sozialpolitik und auf Maßnahmen der Selbsthilfe: zur Verbesserung der Arbeitsbedingungen, was durch Arbeitskämpfe mühsam errungen werden musste, aber auch mit anderen Mitteln wie beispielsweise durch das gewerkschaftliche Stellennachweiswesen verfolgt werden konnte – oder eben durch soziale Selbsthilfe im verbandseigenen Unterstützungswesen für die der Organisation angehörenden Gewerkschaftsmitglieder.

Die vorliegende Studie führt also in eine Zeit, aus der man durchaus auch Parallelen zur Gegenwart ziehen kann und in welcher der Lesende an der einen oder anderen Stelle die Vorboten der heutigen Gegenwart bereits schemenhaft erkennen kann. Dafür sei beispielhaft die hybride Sozialpolitik hervorgehoben. Darunter wird heute das geordnete Zusammenspiel verschiedener Quellen sozialer Sicherung verstanden, also etwa das Zusammenwirken von staatlicher Rentenversicherung, Betriebsrente und privater Altersvorsorge.[6] Eine wesentliche Triebfeder dieses Zusammenspiels ist die Mangelversorgung durch ein einzelnes Systems: Weil die gesetzliche Rentenversicherung heute allein nicht mehr den Wohlstand und Lebensstandard sichern kann, werden andere Systeme bedeutender und mithilfe einer gesetzlichen Steuerungslogik zugeschaltet.

---

des Tarifvertragsrechts in Deutschland und Frankreich (1890-1918/19), Köln 2017. Als Kritik an der positiven Sicht des Tarifvertragswesens vor 1914 Gerd Bender: Rezension zu: Rudischhauer, Sabine: Geregelte Verhältnisse, in: H-Soz-Kult, 27.09.2018, eingesehen unter https://www.hsozkult.de/publicationreview/id/rezbuecher-26462, abgerufen am 30.11.2018.

[5] Hierzu mit weiterführenden Literaturhinweisen Stefan Remeke: Gewerkschaften und Sozialgesetzgebung. DGB und Arbeitnehmerschutz in der Reformphase der sozialliberalen Koalition, Essen 2005, S. 12 ff. Zur Westorientierung zentral Julia Angster: Konsenskapitalismus und Sozialdemokratie. Die Westernisierung von SPD und DGB, München 2003.

[6] Siehe erweiternd Frank Berner: Der hybride Sozialstaat. Die Neuordnung von öffentlich und privat in der sozialen Sicherung, Frankfurt am Main/New York 2008.

Eine vergleichbare übergeordnete Steuerungslogik fand sich in der Zeit, die diese Studie genauer betrachtet, selten. Die Mangelversorgung des einzelnen Systems, das soziale Sicherheit versprach, war indes auf einem insgesamt deutlich niedrigeren Niveau ein konstituierendes sozialpolitisches Merkmal der im Folgenden genauer untersuchten Epoche. Die unübersichtliche Vielfalt des Angebots sozialer Sicherheit um 1900 war auch aus diesem Sachverhalt geboren. Ob Sozialversicherung des Staates, private Versicherungen, betriebliche Sozialkassen oder Unterstützungseinrichtungen der Gewerkschaften, sie alle boten, für sich genommen, für ein sorgenfreies Leben zu wenig – im günstigen Fall jedoch genug, um eine schwierige Lebensphase zu überstehen.

Was prädestiniert dafür hätte sein können, die verschiedenartigen Angebote sozialer Sicherheit in einer kooperativen Vernetzung aufeinander abzustimmen und miteinander zu verkoppeln, scheiterte in der untersuchten Zeit am tiefen Misstrauen und an der Konkurrenz zwischen den Akteuren. Spätestens damit ist man bei jenen vielfältigen Sphären der Gewerkschaftswelt im Untersuchungszeitraum angelangt, die sich gänzlich anders darstellten als die Gegenwart. Man handelte eben nicht – im Unterschied zur Gegenwart – in einem sozialpartnerschaftlichen Rahmen, der heute Lösungsperspektiven wie das erwähnte Verdi-Versorgungswerk eröffnet. Zu der tief verwurzelten und ideologisch fundierten Gegnerschaft zwischen Gewerkschaften und Unternehmen und der Erfahrung der Verfolgung und polizeilichen Schikane durch den Staat, welche die deutschen Gewerkschaften in der Vorkriegszeit vor der Weimarer Republik durchlebten, trat ein weiterer elementarer Faktor der Distanz und Zersplitterung hinzu.

Die deutschen Gewerkschaften waren in der Zeit von 1890 bis 1933 identitätsstiftende Vereinigungen der politischen, sozialen, religiösen und weltanschaulichen Verortung. Dabei ging es stets auch *gegen* die Arbeiterorganisationen jenseits des eigenen Milieus. Dieser innergewerkschaftliche, endogene Konflikt der »Milieugewerkschaften«[7] gegeneinander wurde mitunter ebenso hart oder gar noch verbissener geführt wie manch exogener Konflikt gegen den Klassenfeind im Unternehmerkleid. Man muss es sich bildlich vor Augen führen: In der hier betrachteten Zeit der Konsolidierung und des Durchbruchs der deutschen Gewerkschaftsbewegung zur Massenbewegung, in einer Phase, in der bereits bestehende Arbeitnehmerorganisationen auf zahllose Neugründungen nach dem Ende der Sanktionsjahre unter dem Sozialistengesetz seit 1890 trafen, existierten zunächst mannigfaltig Berufsvereinigungen oder Branchenvereine, die lokal oder regional verfasst waren, sodass sich Verbandsstrukturen von Landstrich zu Landstrich oder von Stadt zu Stadt immer wieder andersartig darstellen konnten. Doch mit dieser Vielfalt der Organisationen nach Berufsgruppen und Branchen sowie

---

[7] Von »Milieugewerkschaften« wird in dieser Studie gesprochen, um die spezifischen gewerkschaftskulturellen Prägungen einzelner Verbände oder Verbandsgruppen hervorzuheben, die durch Berufe, Tätigkeiten und Berufsprestige, soziale Lage oder Klassenlage, politische Haltung, Weltanschauung und Glaubensrichtung oder die Geschlechterverteilung in der Organisationsbasis beeinflusst wurden.

nach Regionen noch nicht genug, multiplizierte sich das Verbandswesen auf jeder der weltanschaulichen Ebenen des damaligen Gewerkschaftswesens: bei den Freien, sozialistischen Gewerkschaften, den Christlichen und später christlich-nationalen Verbänden oder bei den Hirsch-Dunckerschen Gewerkvereinen. Hinzu traten darüber hinaus die wirtschaftsfriedlichen gelben Gewerkschaften – in einigen Organisationsbereichen auch als blaue Berufsvereine bezeichnet –, die mit den Unternehmen kollaborierten und von der Arbeitgeberseite als Gegenmaßnahme gegen die organisierten Arbeitnehmerinteressen protegiert wurden. Als Wilhelm Kulemann zu Beginn des 20. Jahrhunderts seine berühmte zeitgenössische Sammlung der bestehenden Berufsvereine in Deutschland als lexikalisches Kompendium vorlegte, umfasste die Darstellung der deutschen Arbeitnehmerorganisationen fünf Bände.[8]

Dieses gewerkschaftliche Organisationsfeld darf man sich vorstellen wie ein Haifischbecken, in dem um die Zugehörigkeit der Arbeitnehmer zum eigenen Verband verbissen konkurriert wurde. Angesichts der großen Anzahl an Organisationen traten permanent Grenzstreitigkeiten auf, wer für welche Personengruppe zuständig sein sollte – besonders auch innerhalb der weltanschaulichen Lager. Der Streit mit den Konkurrenten und die identitätsstiftende Abgrenzung von ihnen und gegen sie war in nahezu allen in dieser Studie näher betrachteten Verbänden eine Konstante.

Im Verlauf der Untersuchungszeit fusionierten Verbände, um größer und stärker zu werden, die Kräfte zu bündeln und Grenzstreitigkeiten auf diesem Weg beizulegen. Dabei wuchsen Berufs- oder Branchenorganisationen bald zu Industrieverbänden heran, in denen die zusammengeführten Gruppen von Arbeitnehmern immer heterogener wurden. Der Prozess der Fusion etablierter Verbände lieferte dabei häufig den Anlass zu einem noch einmal intensivierten Streit über Schlachten der Vergangenheit und Modalitäten der Zukunft, die zwischen den fusionswilligen Organisationen zu erörtern waren – bevor nach zumeist langen und schwierigen Verhandlungen ein Friedensvertrag für den Zusammenschluss gefunden werden konnte.

Ein besonders anschauliches Beispiel für die Fusionskaskaden, welche die Verbandsentwicklung von den 1890er Jahren bis zu Beginn der 1930er Jahre prägen konnten, bietet die Genese des Gesamtverbandes der Arbeitnehmer der öffentlichen Betriebe und des Personen- und Warenverkehrs.[9] Er entstand 1930 aus der Fusion seiner beiden Hauptwurzeln: dem vormaligen Zentralverband der Handels-, Transport- und Ver-

---

[8] Wilhelm Kulemann: Die Berufsvereine. Geschichtliche Entwicklung der Berufsorganisationen der Arbeitnehmer und Arbeitgeber aller Länder, zweite, völlig neu bearbeitete Auflage der »Gewerkschaftsbewegung«, hier die Bände eins bis fünf zu den Arbeitnehmerorganisationen in Deutschland, Jena 1908. Vgl. als Vorläufer Wilhelm Kulemann: Die Gewerkschaftsbewegung. Darstellung der gewerkschaftlichen Organisation der Arbeiter und Arbeitgeber aller Länder, Jena 1900.

[9] Vgl. zur geschichtlichen Entwicklung Franz Josef Furtwängler: ÖTV. Die Geschichte einer Gewerkschaft, dritte Auflage, Stuttgart 1962. Walter Nachtmann: 100 Jahre ÖTV – Geschichte. Die Geschichte einer Gewerkschaft und ihrer Vorläuferorganisationen, Frankfurt am Main 1996.

kehrsarbeiter Deutschlands, der später als Deutscher Transportarbeiter-Verband und als Deutscher Verkehrsbund firmierte, und dem Verband der Gemeinde- und Staatsarbeiter.[10] Vor 1914 fusionierte der Deutsche Transportarbeiter-Verband, um nur einige besonders bedeutende Beispiele hervorzuheben, mit dem Verband der Eisenbahner Deutschlands, mit dem Verband der Hafenarbeiter und verwandten Berufsgenossen Deutschlands und dem Verband deutscher Seeleute. In den 1920er Jahren schloss der Verkehrsbund Organisationen der Binnenschiffer und Postbediensteten an, bevor zum Ende der 1920er und zum Auftakt der 1930er Jahre die Großfusion zwischen dem Verkehrsbund und dem Verband der Gemeinde- und Staatsarbeiter unter Anschluss der Organisationen der Berufsfeuerwehrmänner und der Gärtner und Gärtnereiarbeiter angebahnt und schließlich vollzogen wurde. Was als bescheidene Organisation der Haus- und Geschäftsdiener oder der Droschkenkutscher respektive der Gas-, Holz- oder Kohlenarbeiter zum Ende der 1890er Jahre begonnen hatte, endete am Schluss des Jahres 1930 in der Großorganisation des Gesamtverbandes mit annähernd 675.000 Mitgliedern. In sieben Reichsfachgruppen organisierte der Gesamtverband die abhängig Beschäftigten in Gemeindebetrieben und Gemeindeverwaltungen, in Reichs- und Staatsbetrieben sowie Reichsverwaltungen, in Handels-, Transport-, Kraftverkehrs- und Luftverkehrsbetrieben, in Straßenbahnen, Klein-, Hafen- und Werksbahnen, in Post und Telegrafie, in Schifffahrt, Fischerei, Lotsenwesen, Hafenbetrieb und Wasserbau sowie unter Haus- und Wachangestellten.[11]

Es hat den Anschein, als habe es eine ähnliche Entwicklung wie jene, die im Jahr 2001 am Ende eines Fusionsprozesses zur Gründung der Vereinten Dienstleistungsgewerkschaft Verdi führte, in den hier betrachteten historischen Etappen in vergleichbarer Weise gegeben. Wie bereits gesagt: Schemenhaft sind Umrisse einer bekannten Gegenwart in dieser spannenden historischen Epoche zu entdecken. In diesem Fall ist der Gesamtverband jedoch Vorläufer der späteren Gewerkschaft Öffentliche Dienste, Transport und Verkehr, also der ÖTV – und mithin nur eines Gründungsmitgliedes von Verdi. Und der am Beispiel des Gesamtverbandes illustrierte Prozess der Großverbandsbildung darf nicht darüber hinwegtäuschen, dass das unübersichtliche Verbandsdickicht entgegen dem allgemeinen Trend der organisatorischen Konzentrationsprozesse der Gewerkschaftsbewegung bis zum Ende des in dieser Studie betrachteten Zeitrahmens letztlich dennoch bestehen blieb.

---

[10] Die Verbandsnomenklatur wechselte gerade in den Gründerjahren recht häufig. So hieß der Deutsche Transportarbeiter-Verband zuvor etwa auch Zentralverband der Handels-, Transport-, Verkehrsarbeiter und Arbeiterinnen Deutschlands. Der Verband der Gemeinde- und Staatsarbeiter firmierte unter einer Vielzahl verbandlicher Vorgänger, etwa als Verband der Arbeiter in Gasanstalten, auf Holz- und Kohlenplätzen und sonstiger Arbeitsleute oder als Verband der in Gemeinde- und Staatsbetrieben beschäftigten Arbeiter und Unterangestellten.

[11] Gesamtverband der Arbeitnehmer der öffentlichen Betriebe und des Personen- und Warenverkehrs: Jahrbuch 1930, hier die Übersicht S. 100.

In den späten 1920er Jahren versammelten sich noch immer unter einer Vielzahl gewerkschaftlicher Dachverbände jeweils zahlreiche einzelne Gewerkschaften. Der Allgemeine Deutsche Gewerkschaftsbund (ADGB) etwa, der vor 1919 als Generalkommission der Gewerkschaften Deutschlands firmierte, umfasste als freigewerkschaftliche Dachorganisation allein 31 Mitgliedsgewerkschaften im Jahr 1930. Der Allgemeine freie Angestelltenbund (AfA-Bund), das weltanschauliche Pendant zum ADGB auf der Angestelltenseite, zählte 13 Gewerkschaften. Im Deutschen Gewerkschaftsbund, der übergeordneten Organisation der christlichen und nationalen Gewerkschaften in der Weimarer Republik, versammelte der Gesamtverband der Christlichen Gewerkschaften Deutschlands am Ende des Jahres 1925 19 weitere Berufsverbände und der korrespondierende Gesamtverband Deutscher Angestellten-Gewerkschaften (Gedag) 13 Angestelltenorganisationen. Im freiheitlich-nationalen Gewerkschaftsring deutscher Arbeiter-, Angestellten- und Beamtenverbände trafen sich Vereinigungen mit Hirsch-Dunckerscher Orientierung, darunter im Verband der deutschen Gewerkvereine allein 20 Gewerkschaften zur Organisierung der Arbeiterschaft. Andere Dachorganisationen und Vereinigungen wie der Gewerkschaftsbund der Angestellten (GdA), der Deutsche Bankbeamten-Verein, der Reichsbund Deutscher Angestellten-Berufsverbände (RDA) oder die Vereinigung der leitenden Angestellten in Handel und Industrie (Vela) gesellten sich hinzu. Auch dieses noch immer unvollständige Bild könnte man nochmals erweitern – etwa um die gelben, werksgemeinschaftlichen Gruppierungen, sonstige Arbeitnehmerverbände oder den gesamten Bereich der Beamtenorganisationen.[12]

Zwischen 1890 und 1933 standen die Gewerkschaften – von heute aus im Rückblick betrachtet – vor großen Herausforderungen der Gemeinschaftsbildung. Im Zeitalter der Hochindustrialisierung prägten die sich ausbreitende Fabrikproduktion, das Wachstum urbaner Metropolen, die schnelle Frequenz des Waren- und Personenverkehrs zu Lande, zu Wasser und alsbald auch in der Luft und damit der dynamische Takt von Handel, Konsum und Dienstleistungen die Erwerbswelt. Die Epoche trägt, vergleichbar mit dem spätmittelalterlichen Frühkapitalismus,[13] Kennzeichen einer Periode der extremen kapitalistischen Dynamik und der rasanten Modernisierung, die Erwerbsgruppen

---

[12] Die im gesamten Absatz genannten Werte nach Allgemeiner Deutscher Gewerkschaftsbund: Jahrbuch 1930, S. 366. Deutschnationaler Handlungsgehilfen-Verband: Rechenschaftsbericht 1926, S. 324 ff. Mit weiterführenden Informationen zu den Daten der großen gewerkschaftlichen Dachverbände in den 1920er Jahren Michael Schneider: Die Christlichen Gewerkschaften 1894-1933, Bonn 1982, bes. die Übersichten mit den Quellenverweisen S. 492 f.

[13] Der Begriff des Frühkapitalismus wurde von Werner Sombart im Rahmen seiner Untersuchung des »modernen Kapitalismus« 1902 geprägt. Die Linien, die Sombart als Zeitzeuge der Hochindustrialisierung zum Frühkapitalismus zieht, entsprangen nicht zuletzt der Marx-Rezeption und seinem soziologischen wie nationalökonomischen Interesse, das Phänomen der aufstrebenden Sozialdemokratie und der aufstrebenden Gewerkschaftsbewegung einzuordnen. Dabei traten Gelehrte wie Sombart, die bald als Kathedersozialisten betitelt wurden, für die staatliche Sozialpolitik als Abwehrmittel gegen »revolutionäre Bewegungen« und für die Stärkung des Reformismus in der Sozialdemokratie ein. Werner Sombart: Der moderne Kapitalismus. Historisch-sys-

unter starken Druck setzte. In dieser Epoche, in der die Arbeiterbewegung erst 1890 aus der staatlichen Verbannung des Sozialistengesetzes entlassen wurde, gelang es den sich nun zahlreich gründenden oder neu gründenden Gewerkschaftsorganisationen in weniger als vier Dekaden, Millionen von Werktätigen zu organisieren. Die Epoche bot dafür ein explosives Kraftfeld: gespeist von einer Fülle sozialer Fragen und zusätzlich aufgeladen von einer schon bald zu großen Anzahl gewerkschaftlicher Verbände im erbitterten Konkurrenz- und Überlebenskampf, der durch das Ringen um ideologischweltanschauliche und politische Deutungshoheiten zusätzlich angeheizt wurde. Dies war geradezu ein Gegenentwurf zum einheitsgewerkschaftlichen Konsens in Deutschland nach 1945, mit dem der Streit um gewerkschaftliche Zuständigkeiten – abgesehen von wenigen Ausnahmen wie etwa den heute mächtigen Spartengewerkschaften im Verkehrsbereich – gezielt befriedet wurde.

Mit der Herausforderung der kompetitiven Gemeinschaftsbildung unter stärkster Verbändekonkurrenz bildeten die Gewerkschaften in einer an sozialen Konfliktlagen reichen Zeit ein umfassendes Angebot aus, das eine Gemeinschaftskultur stiftete. Dieses Streben nach Gruppenzusammenhalt und Gruppenidentität wurde durch den Zeitgeist unterstützt.[14] In der Selbstwahrnehmung spezifischer Klassenlagen oder Milieus von Erwerbs- oder Gesinnungsgruppen – nicht selten verstärkt durch »Standesdünkel«[15] – wurde zugleich das Bedürfnis nach Abgrenzung gegenüber anderen bis hin zu offen vorgetragenen Autarkiefantasien und der Idee des eigenen Wirtschaftsraums unter Ausschluss von Gewinninteressen befördert. Die »Milieugewerkschaften«, die sich als eigenständige Kulturräume voneinander abzugrenzen versuchten, brachten Angebote für verschiedenste Daseinsbereiche der von ihnen als Gewerkschaftsmitglieder umworbenen Werktätigen hervor: durch eigene Konsumgenossenschaften, Gewerkschaftsbanken oder von Gewerkschaften ins Leben gerufene Versicherungsunternehmen oder durch Wohnungs- und Baugenossenschaften, die von Gewerkschaften unterhalten wurden.

In diesen Gewerkschaftseinrichtungen zur alltäglichen Daseinsvorsorge fand die Verbändekonkurrenz nun eine Fortsetzung.[16] Die gewerkschaftliche Sorge um das Wohl der Mitglieder wurde an konkreten Leistungen »messbar« – ein Faktor, der den

---

    tematische Darstellung des gesamteuropäischen Wirtschaftslebens von seinen Anfängen bis zur Gegenwart, drei Bände, München/Leipzig 1902 ff.

[14] Dazu weiter unten mehr.

[15] Der Begriff wird in gewerkschaftlichen Quellen häufig verwendet. Besonders in den frühen Dekaden des Untersuchungszeitraums wurde damit die spezifische Berufsidentität nun als Organisationshemmnis beklagt, die in den größer werdenden und sich zusammenschließenden Gewerkschaftsverbänden überwunden werden musste.

[16] Hier soll der Hinweis auf die weltanschaulich getrennten Konsumgenossenschaften als Beispiel genügen. Zur Geschichte der »Hamburger Richtung« (Freie Gewerkschaften und Sozialdemokratie) sowie der »Kölner Richtung« (Christliche Gewerkschaften, Kolping) Erwin Hasselmann: Geschichte der deutschen Konsumgenossenschaften, Frankfurt am Main 1971, zur weltanschau-

Wettstreit der Verbände und ihrer Einrichtungen nicht unerheblich anheizen sollte. Was hier als *ein* Merkmal der Gewerkschaftswelt der betrachteten Zeit noch einmal herausgestellt werden soll, ist die identitätsstiftende Kraft, welche die Organisationen – mit direktem Bezug zum Alltag ihrer Mitglieder und durch die konkurrierenden Gemeinschaftsbildungsprozesse dynamisiert – anreicherten. Konsum, Wohnen, Sicherheit – die Gewerkschaften avancierten jenseits von Politik oder Lohnkonflikt zu einem Lebensmittelpunkt für ihre Mitglieder in vielen existenziell bedeutenden Lebensfragen. In dieser Linie ist das gewerkschaftliche soziale Unterstützungswesen zu sehen, und zwar als eine jener besonders früh etablierten Gewerkschaftseinrichtungen, die in schwierigen und emotional aufgeladenen Lebensphasen von Arbeitslosigkeit, Krankheit oder Tod auf den Plan trat.

Design der Studie

»Die Geschichte der modernen Arbeiterbewegung, also der Gewerkschaften und der Konsumgenossenschaften, reicht zurück bis in die erste Hälfte des 19. Jahrhunderts. Es ist zugleich die Geschichte der geordneten Selbsthilfe arbeitender Menschen.« Gustav Dahrendorf – sozialdemokratischer Reichstagsabgeordneter, Konsumgenossenschafter, Mitbegründer der Jungsozialisten und Vater des weltbekannten Soziologen Ralf Dahrendorf – beschrieb mit diesen Worten, wie eng die Geschichte der Gewerkschaften seit ihrer Gründung mit dem Gedanken der Selbsthilfe verknüpft war. In der Selbsthilfe wie in der dieser Logik folgenden Begründung der Gewerkschaften als Solidargemeinschaften kamen, so Dahrendorf, »Wille und Forderung nach einem besseren Leben« zum Ausdruck. »Die Sehnsucht, Mensch zu sein und als Mensch zu leben, formt und lenkt den Willen, sich selbst zu helfen.«[17] Dahrendorfs Formulierungen finden in der Gegenwart ihren Widerhall. Der Begriff des »guten Lebens« taucht, neben der »guten Arbeit«, in aktuellen gewerkschaftlichen Kampagnen wiederholt als Leitmotiv auf – so wie bei der einführend erwähnten Rentenkampagne. Dahrendorfs Ausführungen lassen sich aber zugleich interpretieren als betonte Differenzerfahrung zur heutigen Gegenwart: Das gewerkschaftliche Mittel der Selbsthilfe, nicht nur als Streik oder Protest, sondern als verbandlich organisierte solidarische soziale Selbsthilfe gegen die Härten des herausfordernden Alltags verstanden, hatte in einer heute vergessenen Gewerkschaftswelt offenbar eine besondere Bedeutung.

---

lichen Trennung bes. S. 333 ff. Fritz Klein: Selbsthilfe aus christlicher Verantwortung. Die Geschichte der christlichen Konsumvereine, Recklinghausen 1967.

[17] Gustav Dahrendorf: 40 Jahre Volksfürsorge – 40 Jahre Selbsthilfe, in: Alte Volksfürsorge – Mitteilungsblatt Nr. 12, Dezember 1952, S. 12-13, das Zitat S. 12. Mehr über Gustav Dahrendorf bei Ralf Dahrendorf (Hg.): Gustav Dahrendorf. Der Mensch das Maß aller Dinge. Reden und Schriften zur deutschen Politik, Hamburg 1955.

Der Frage nach jener Bedeutung des sozialen gewerkschaftlichen Unterstützungswesens soll in dieser Studie unter spezifischen Blickwinkeln nachgegangen werden. In Anlehnung an den Prolog könnte man zuerst fragen, warum und in welchem Prozess das Unterstützungswesen, das bis 1933 eine besondere gewerkschaftliche Bedeutung hatte, bis heute schließlich bis auf wenige verbliebene Reste abgebaut wurde. Die Frage kann in dieser Studie nur am Rande beleuchtet werden, denn dazu müsste eine andere historische Periode, insbesondere die Zeit zwischen 1945/49 bis zu den 1980er Jahren, untersucht werden. Am Ende wird in einem Ausblick aber darauf zurückzukommen sein.

Die vorliegende Studie blickt mit Bedacht auf die Blütezeit des sozialen gewerkschaftlichen Unterstützungswesens im Rahmen der sich etablierenden gewerkschaftlichen Großverbände zwischen 1890 und dem Ende der Weimarer Republik. Im Sinn des angekündigten Expeditionscharakters der Untersuchung wird sondierend, also stichprobenartig in verschiedene Gewerkschaftsverbände und unterschiedliche interessante Facetten ihres sozialen Kassenwesens eingetaucht. Dabei erfolgt dieses experimentelle Sondieren mit gewissen Freiheiten – auch interessanten Nebensächlichkeiten wird gelegentlich ein Platz eingeräumt. Nicht weniger jedoch wird die Studie von einem definierten Erkenntnisinteresse klar geleitet. Der »rote Faden«, dem die Untersuchung folgt, orientiert sich dabei an der leitenden Fragestellung: Kann über die Darstellung und Deutung des sozialen Unterstützungswesens durch die Gewerkschaften selbst – also durch die diesbezügliche Selbstdarstellung und Selbstdeutung oder, einfach gesagt, durch die von den Gewerkschaften in ihren Darstellungen vorgenommenen Bedeutungszuweisungen und Sinnstiftungen gegenüber dem sozialen Kassenwesen – ein neuer Blick auf das gewerkschaftliche Selbstverständnis in der untersuchten Zeit geworfen werden, wie es sich unter dem Brennglas des friedlichen Unterstützungswesens zeigte?

Jenes friedliche, soziale Unterstützungswesen der Gewerkschaften konnte sich in den unterschiedlichen Verbänden in ganz verschiedenartiger Weise ausprägen. Es gab eine große Vielfalt an sozialen Unterstützungskassen – dazu findet sich am Anfang des dritten Teils dieser Studie über die Schlaglichter auf das Unterstützungswesen eine einführende Erläuterung. Die Recherchen dieses Projektes konzentrierten sich auf die drei klassischen gewerkschaftlichen Unterstützungseinrichtungen der untersuchten Jahre, die in den meisten Verbänden vorzufinden waren: auf die Arbeitslosen- und Krankenunterstützung, die für den größten Teil der den Gewerkschaften im Unterstützungsbereich entstehenden Kosten verantwortlich waren, und auf die Sterbeunterstützung. Darüber hinaus wurden gewerkschaftliche Unterstützungseinrichtungen zur Altersvorsorge ihrer Mitglieder betrachtet. Sie sind, darauf wurde eingangs hingewiesen, weitgehend in Vergessenheit geraten und stehen vor dem Hintergrund der geschilderten Initiierung dieses Projektes in einem besonderen Fokus.

Wer sich dem Unterfangen stellt, sich auf eine Untersuchung der historischen Vorläuferorganisationen der heutigen Vereinten Dienstleistungsgewerkschaft Verdi einzulassen, steht methodisch vor einem Dilemma. Im untersuchten Zeitraum in den Jahren zwischen 1890 und 1933 bildeten die historischen Wurzeln der Stammgewerkschaften von Verdi – die Gewerkschaft Öffentliche Dienste, Transport und Verkehr (ÖTV), die Deutsche Angestellten Gewerkschaft (DAG), die Gewerkschaft Handel, Banken und Versicherungen (HBV), die IG Medien sowie die Deutsche Postgewerkschaft (DPG) – ein undurchdringlich anmutendes Geflecht einer beinahe schon nicht mehr zu überschauenden Organisationsvielfalt. Es muss bedacht werden, dass die Einheitsgewerkschaft der heutigen Gegenwart alle einstmals weltanschaulichen Strömungen der Gewerkschaftsbewegung umschließt. Damit gehören auf jeder der zahlreichen Branchen- und Berufsebenen der Stammgewerkschaften von Verdi, die sich im historischen Rückblick bereits unendlich weit aufzufächern schienen, zusätzlich alle verfügbaren Freien, Christlichen, Hirsch-Dunckerschen oder anderweitig ausgerichteten Gewerkschaften zu Multiplikatoren des historischen Erbes der gegenwärtigen Vereinten Dienstleistungsgewerkschaft. Man kann es sich vorstellen wie eine Ahnentafel, die sich mit jeder Generationslinie nach unten exponentiell immer weiter und immer breiter verästelt. Wer auf dieser Ahnentafel der Vereinten Dienstleistungsgewerkschaft bis in die Untersuchungszeit herabblickt, benötigte »Meterware«, um ein annähernd vollständiges Bild von der Historie der »Verdi-Familie« anfertigen zu können.

Für den Historiker bedeutet dieser Befund, dass er sich im Vorfeld einer Untersuchung der sozialen Unterstützungseinrichtungen in einem derartigen Verbandsdickicht den Realitäten und den Grenzen der Recherche stellen muss. Nicht ansatzweise kann in einem vertretbaren Projektrahmen bei der Auswahl der näher untersuchten Gewerkschaftsverbände repräsentativ vorgegangen werden. Das gilt zuerst für die weltanschaulichen Traditionslinien. In der vorliegenden Studie werden die Leserinnen und Leser daher nicht mit dem Strukturmerkmal des wiederkehrenden Vergleichs von Freien, Christlichen oder Hirsch-Dunckerschen Verbänden konfrontiert werden. Die freigewerkschaftlichen Organisationen werden dominieren, doch auch aus anderen Organisationsgruppen werden Unterstützungseinrichtungen eingeführt werden. Auch die zahlreichen Erwerbsgruppen, die sich in der Gründerzeit der 1890er Jahre und noch nach der Jahrhundertwende in einer versprengten Vielzahl von Organisationen als Verdi-Vorläuferorganisationen sammelten, können nicht repräsentativ abgebildet werden.

Welche Gewerkschaftsverbände gehören nun in eine *Dramatis Personae*, also in eine Vorankündigung der im Folgenden zum Auftritt kommenden institutionellen Akteure? Oder, um im selbstgewählten Bild der Expedition zu bleiben: Welche Organisationen werden auf der Reise in eine vergessene Gewerkschaftswelt aufgesucht werden? Als ausgewählte Repräsentanten der Vorläufer jener Stammgewerkschaften, die durch ihren Zusammenschluss im Jahr 2001 die Vereinte Dienstleistungsgewerkschaft begründeten, werden in Erscheinung treten: in der Traditionslinie der Gewerkschaft Öffentliche Dienste, Transport und Verkehr der Verband der Gemeinde- und Staatsarbeiter, der Verband der Hafenarbeiter, der Zentralverband der Handels-, Transport- und Verkehrsarbeiter Deutschlands respektive der Deutsche Transportarbeiter-Verband, der Deutsche Verkehrsbund und der Gesamtverband der Arbeitnehmer der öffentlichen Betriebe und des Personen- und Warenverkehrs; in der Linie von Vorläuferorganisationen der Deutschen Angestellten-Gewerkschaft oder auch der Gewerkschaft Handel, Banken und Versicherungen der Zentralverband der Angestellten, der Verband der Büroangestellten Deutschlands[18] oder der Bund der technischen Angestellten und Beamten aus der Richtung des Allgemeinen freien Angestelltenbundes und, aus dem Bereich der christlich-nationalen Verbände, der Deutschnationale Handlungsgehilfen-Verband und der Verband der weiblichen Handels- und Büroangestellten;[19] in der Traditionslinie der IG Medien der Verband der Deutschen Buchdrucker und in jener der Deutschen Postgewerkschaft aus dem Dickicht der Postverbände bis zum Ende der Weimarer Republik[20] gelegentliche Beispiele für historische Post-Beamtenorganisationen der betrachteten Zeit. Alle wichtigen Verbände werden mit ihrem Erscheinen im Textverlauf im jeweiligen Kontext näher vorgestellt.

Dem Expeditionscharakter der Studie folgend, wurde auch das Quellenmaterial der ausgewählten Organisationen nicht mit einem Gesamtauswertungsanspruch, sondern durch exemplarische »Tiefenbohrungen« gesichtet. Im Quellenmaterial der berücksichtigten Verbände wurde mit unterschiedlicher Intensität und mit Variationen bei der

---

[18] Bei der Nomenklatur der Gewerkschaftsnamen werden behutsam Anpassungen vorgenommen: So wird etwa der »Verband der Bureauangestellten Deutschlands« an die heutige Schreibweise angeglichen und als Verband der Büroangestellten Deutschlands eingeführt. Die häufigen Änderungen der historischen Verbandstitel – in einem Jahr kam dieser Zusatz hinzu, in einem anderen Jahr entfiel jenes Attribut – werden aus Gründen der Übersichtlichkeit nur in vertretbaren Grenzen nachvollzogen und in den Text übernommen. Tendenziell werden zeitgenössische Schreibungen an jene der heutigen Rechtschreibung angepasst.

[19] Bei den beiden letztgenannten Verbänden ließe sich einwenden, dass sie als christlich-nationale Organisationen nicht zu direkten Vorläufern der Gewerkschaft Verdi zu zählen seien. Heute beruft sich der Deutsche Handels- und Industrieangestellten-Verband als Mitglied des Christlichen Gewerkschaftsbundes auf Nachfolgerechte am Deutschnationalen Handlungsgehilfen-Verband. Diese Aufgliederung von historischen Vorläufern und Traditionen ist historisch jedoch nicht überzeugend. In der Untersuchungszeit herrschte eine weltanschauliche Zersplitterung der Organisationen vor, die nach dem zweiten Weltkrieg mit der Begründung des DGB als Einheitsgewerkschaft aufgehoben wurde. Der DGB hat seither den Anspruch, alle Arbeitnehmerinnen und Arbeitnehmer unterschiedlicher weltanschaulicher oder politischer Richtungen in seinen Organisationen zu vertreten. Insofern ist der christlich-nationale Organisationsbereich vor 1933 zum heutigen Verdi-Erbe zu zählen. Besonders anschaulich wird das am Gebäudekomplex »Brahms Kontor« in Hamburg. Die Eigentumsrechte an der ehemaligen Hauptverwaltung des Deutschnationalen Handlungsgehilfen-Verbandes gingen über die Deutsche Angestellten-Gewerkschaft mit der Gründung von Verdi 2001 an die Vermögensverwaltung der Vereinten Dienstleistungsgewerkschaft über.

[20] Hierzu weiterführend Karl Lauschke: »Zusammenhalten und gestalten«. Die Deutsche Postgewerkschaft bis zur Bildung von Verdi, Hamburg 2009, S. 13 ff. Als gute Übersicht Wilhelm Küsgen u.a. (Hg.): Handwörterbuch des Postwesens, Berlin 1927, hier vor allem »Fachverbände der Post- und Telegrafenbeamten«, S. 221-225.

Auswahl der Quellengattungen und bei den Schwerpunkten der Auswertung je nach Verband, Quellenlage und zu befriedigendem Interesse recherchiert. Das Erkenntnisinteresse einer Fokussierung auf die Deutung des sozialen Unterstützungswesens durch die Gewerkschaften selbst, also auf ihre diesbezügliche Selbstdarstellung und Selbstdeutung, machte eine Konzentration auf veröffentlichte gewerkschaftliche Leitquellen sinnvoll, in denen das Unterstützungswesen in einer relevanten Form abgebildet und zum präsentierten gewerkschaftlichen Thema gemacht wurde.

Unter den gedruckten Gewerkschaftsquellen, auf die sich die Studie in der Konsequenz dieser Überlegungen konzentriert, sind dies zunächst die Rechenschafts-, Geschäfts- oder Jahresberichte, welche die Verbände häufig im Format des Jahrbuches publizierten. Von Bedeutung sind ferner die Protokolle der Verbandstage, auf denen über das Unterstützungswesen debattiert wurde oder Modifikationen im Regelwerk der Kassen zu erörtern waren. In den Gewerkschaftssatzungen wurden die Statuten der einzelnen Unterstützungskassen – mitunter ergänzt durch gesonderte Unterstützungsreglements – niedergelegt. Die Presseorgane, die die Gewerkschaften in der betrachteten Zeit in einer beeindruckenden Vielfalt unterhielten, wandten sich vorrangig an die gewerkschaftliche Mitgliederbasis. Das gewerkschaftliche Unterstützungswesen war in den Nachrichtenwerken, welche die Verbandsleitungen in ihren Redaktionen verfassten und die als Propagandaschrift der jeweiligen Organisation nicht zuletzt auch der Agitation[21] dienten, kein herausragendes Leitthema. Dennoch ist die angedeutete spezielle Konstellation von Relevanz, sodass die Gewerkschaftspresse nicht nur in geeigneten Auszügen in die Studie einbezogen wurde. Als medialer Träger von Öffentlichkeitsarbeit, strategischer Kommunikation und Werbung werden ausgewählte Presseorgane der Gewerkschaften hinsichtlich des Darstellungsformates des sozialen Unterstützungswesens im letzten Hauptteil dieser Studie noch einmal gesondert gewürdigt.

Von Interesse ist schließlich die Verbandsgeschichtsschreibung, also die häufig aus der Feder verdienter Spitzenfunktionäre oder leitender Redakteure der Verbandsleitungen selbst stammende Historiografie,[22] die im Untersuchungszeitrahmen als Selbstbetrachtung und Selbstvergewisserung über die Gründung und Entwicklung der Organisationen veröffentlicht wurde – und damit als Quelle der betrachteten Zeit Be-

---

[21] Die Begriffe »Propaganda« oder »Agitation« werden in dieser Studie nicht in ihrer kritischen Bedeutung etwa als »Hetze« genutzt, sondern – im Einklang mit der verbreiteten zeitgenössischen Verwendung – als Synonyme für den auch als Aufklärung verstandenen engagierten und offensiven Werbebetrieb der Gewerkschaften mit der Absicht, Mitglieder zu gewinnen.

[22] Diese Selbstbetrachtung der Verbände wird auch autochthone (also »am Ort entstandene«) Geschichtsschreibung genannt. Hierzu grundlegend Ulrich Borsdorf: Gewerkschaften und Geschichte. Ein Nachwort mit bibliografischen Anmerkungen, in: ders. (Hg.): Geschichte der deutschen Gewerkschaften von den Anfängen bis 1945, Köln 1987, S. 499-535, hier S. 509 ff. Vgl. auch die Kritik an den selbstbeschreibenden Geschichtswerken aus gewerkschaftsnaher Hand bei Gerhard Beier: Glanz und Elend der Jubiläumsliteratur. Kritische Bestandsaufnahme bisheriger Historiografie der Berufs- und Industriegewerkschaften, in: Gewerkschaftliche Monatshefte 19, 1968, S. 607-614.

findlichkeiten der damaligen Gegenwart offeriert. Auch hier war das soziale Unterstützungswesen, wie zu zeigen sein wird, kein natürliches Leitthema der Gattung, aber in aufschlussreicher Weise vertreten. Dabei ist der erinnerungsgeschichtliche Zugriff auf die Gewerkschaftsgeschichte nicht nur generell aus methodischer Sicht reizvoll,[23] sondern auch für die Frage nach dem gewerkschaftlichen Selbstverständnis im Zusammenhang mit dem sozialen Unterstützungswesen in einer Quelle der gewerkschaftlichen Selbstbetrachtung und Selbstvergewisserung.

Als *Roadmap* zur Orientierung bei der Lektüre: Der Text gliedert sich in vier übergeordnete *Hauptteile* bei acht durchlaufend arabisch nummerierten *Kapiteln*. Nach der Einführung in die Thematik als erstem Hauptteil wird im zweiten Hauptteil mit der Schilderung von Vorläufern und Traditionen des sozialen gewerkschaftlichen Unterstützungswesens die historische Evolution einer Bedeutungsfrage aufgezeigt, die um 1890 zum Vorschein trat, als Zweifel an der sozialen Selbsthilfe in neu entstehenden Gewerkschaftsorganisationen erkennbar wurden.

Im dritten Hauptteil werden Schlaglichter auf das gewerkschaftliche Unterstützungswesen geworfen. Dabei wird im Stil der Expedition selektiv auf einzelne Unterstützungseinrichtungen in ausgewählten Vorläuferorganisationen der heutigen Gewerkschaft Verdi im Untersuchungszeitraum geblickt. Von besonderem Interesse sind dabei Kassengründungsvorgänge, bei denen Bedeutungszuweisungen als Begründungen der Initiative aus Sicht der gewerkschaftlichen Entscheidungsträger wie im Diskurs der Gewerkschaftsdelegierten auf den Verbandstagen sichtbar wurden. Schließlich geht es darüber hinaus um Sinnstiftungen durch respektive innerhalb besonders akzentuierter Themen, die – nach den Gründungen der Kassen – im weiteren Verlauf einer fortschreitenden Evolution der sozialen Unterstützungseinrichtungen in den gewerkschaftlichen Darstellungen hervortraten. Dabei sind Verbandssatzungen und Kassenstatuten zu berücksichtigen, um die dort vermittelte faktische Bedeutung der Einrichtungen und ihrer Leistungen einzufangen. Zudem werden, den dritten Hauptteil einführend, Schlaglichter auf die bedeutenden, aber auf den ersten Blick nicht unmittelbar ersichtlichen organisationspolitischen Kontexte des sozialen Unterstützungswesens geworfen.

Der vierte Hauptteil wendet sich in einer abschließenden Analyse einer systematischen Betrachtung gewerkschaftlicher Darstellungsformate für das soziale Unterstützungswesen zu. Die interpretierten Quellen werden in Bezug auf die Repräsentationen des sozialen gewerkschaftlichen Kassenwesens bewertet und auffällige Darstellungsebenen für sich betrachtet werden. Dabei wird der Blick erweitert und auf neue interessante Repräsentationsbereiche fallen: auf Messen und Ausstellungen etwa, Pressekampag-

---

[23] Zu neuesten Ansätzen der erinnerungsgeschichtlichen Annäherung an die Gewerkschaftsgeschichte vgl. etwa Stefan Berger (Hg.): Gewerkschaftsgeschichte als Erinnerungsgeschichte. Der 2. Mai 1933 in der gewerkschaftlichen Erinnerung und Positionierung nach 1945, Essen 2015. Ders./Wolfgang Jäger/Ulf Teichmann (Hg.): Gewerkschaften im Gedächtnis der Demokratie. Welche Rolle spielen soziale Kämpfe in der Erinnerungskultur?, Bielefeld 2022.

nen, Sprache und Bildebenen und, als besonderer Schwerpunkt, auf gewerkschaftliche Narrative über das soziale Unterstützungswesen.[24]

Um es zum Schluss mit einem Blick auf den Forschungsstand noch einmal zu rekapitulieren: Die vorliegende Studie versteht sich als Expedition. Es werden »Probebohrungen« vorgenommen bei Verbänden, ihren sozialen Kassen und darüber informierenden Quellen. Es wird, im Wortsinn, »sondierend« vorgegangen. In Bezug auf das Erkenntnisinteresse interpretierbare »Biopsien« aus den Gewerkschaftsquellen werden präsentiert und als Fundstücke wie in einem Kaleidoskop zu einem Bild zusammengefügt werden. Die vorliegende Untersuchung strebt keine umfassende und keine abschließende Darlegung an. Sie ist vielmehr eine exemplarische Annäherung an ein weitgehend unbekanntes Terrain, das von weißen Flecken bestimmt ist. Hier findet der Expeditionscharakter der Studie seine ultimative Begründung: in der nachhaltigen Missachtung, die das gewerkschaftliche Unterstützungswesen als Untersuchungsgegenstand der akademischen und historischen Forschung bisher erfahren hat.

Abgesehen von den letzten Jahren, in denen sich das Interesse an der Geschichte der Arbeitswelt stabilisierte und die Gewerkschaftsgeschichte davon profitieren konnte,[25] fristete die historische Gewerkschaftsforschung lange Zeit ein Mauerblümchendasein.[26] Dies hatte nicht nur damit zu tun, dass die Betrachtung der Arbeiter oder der Gewerkschaften in einer von einem konservativen Korpsgeist geprägten Voreingenommenheit der akademisch tätigen Historiker über Jahrzehnte wenig Berücksichtigung fand. Es wurden auch keine Studien über das Gewerkschaftswesen vorgelegt, die methodisch und thematisch das Interesse der Zunft auf sich zu ziehen vermochten. Dies änderte sich grundlegend erst mit der modernen Sozialgeschichte und mit dem Aufstieg jener Gesellschaftshistoriker, die die Geschichtswissenschaft als historische Sozialwissenschaft verstanden. Insbesondere in den 1970er und 1980er Jahren stieg damit das Interesse an Klassenlagen, an der Arbeiter- und Arbeiterbewegungsgeschichte und mithin an der Geschichte der deutschen Gewerkschaftsbewegung rapide an. Dass sich manche in der Avantgarde der Sozialhistoriker als »linke« Gegenentwürfe zu ihren konservativen akademischen Lehrern oder Kollegen verstanden, half dabei. In dieser Phase einer regelrecht boomenden historischen Gewerkschaftsforschung, die bis zur deutschen

---

[24] Zur Untersuchung von Repräsentationen in der Geschichte der Arbeitswelt Knud Andresen u.a. (Hg.): Repräsentationen der Arbeit. Bilder – Erzählungen – Darstellungen, Bonn 2018.

[25] Diese Aktivierung des wissenschaftlichen Interesses an den Gewerkschaften wurde von Initiativen der Hans-Böckler-Stiftung und der Friedrich-Ebert-Stiftung flankiert. Insbesondere ist auf die in den letzten Jahren veranstalteten Tagungen zur Geschichte der Arbeitswelt und zur Gewerkschaftsgeschichte hinzuweisen. Tagungsergebnisse sind als Sammelbände in der Reihe Politik- und Gesellschaftsgeschichte des Archivs der sozialen Demokratie der Friedrich-Ebert-Stiftung veröffentlicht worden.

[26] Hierzu und zum Folgenden Stefan Remeke: Doch nur ein »Strohfeuer«? Von der »kurzen« Geschichtsschreibung über die deutschen Gewerkschaften, in: Mitteilungsblatt des Instituts für soziale Bewegungen 36, 2006, S. 105-114.

Wiedervereinigung anhalten sollte, wurden zahlreiche Gesamtdarstellungen, Sammelbände und Aufsätze zu thematischen Schwerpunkten der Gewerkschaftsgeschichte in unterschiedlichen Epochen vorgelegt.[27]

Selbst in dieser äußerst aktiven Periode, die methodisch mit ihrer Perspektive auf soziale Lagen und mit dem Interesse an der Auswertung quantitativer Daten prädestiniert gewesen wäre, die Quellen des sozialen gewerkschaftlichen Unterstützungswesens mit dem dort verfügbaren Zahlenmaterial über Krankheiten, Arbeitslosigkeit oder Todesfälle zu durchdringen – eine umfassende Geschichte des Unterstützungswesens der Gewerkschaften wurde nicht geschrieben. Klaus Schönhoven, der in dieser Zeit einen der bis heute wichtigsten Aufsätze über das Kassenwesen der Gewerkschaften veröffentlichte, äußerte darin selbst seine Enttäuschung über die Kollegenschaft mit folgenden Worten: »Historiker der Arbeiterbewegung haben sich bislang noch kaum mit der Entwicklung des gewerkschaftlichen Unterstützungswesens befasst, obwohl diese sozialen Selbsthilfeeinrichtungen der Gewerkschaftsverbände aus einer Vielzahl von Gründen ihre Aufmerksamkeit verdient hätten.« Und weiter schrieb Schönhoven: »Das Desinteresse an diesem Thema, das für die alltägliche Organisationsarbeit wie für die prinzipielle Standortbestimmung der deutschen Gewerkschaften eine so herausragende Bedeutung besaß, spiegelt einmal mehr den verengten Blickwinkel der Arbeiterbewegungshistoriografie wider, die zumeist einige mittlerweile gut erforschte Aspekte aus dem Traditionszusammenhang der Gewerkschaftsentwicklung heraushob, um sie vorschnell als die entscheidenden Wendepunkte der Gewerkschaftsgeschichte zu definieren.«[28]

Die Sozialhistoriker der Generation Schönhoven, die den Anspruch erhob, das Monierte ändern zu wollen, brachten allerdings selbst keine Monografie über das gewerkschaftliche Unterstützungswesen zustande. Sie fehlt bis heute. Immerhin, das muss konstatiert werden, wurden ausgewählte Facetten der kollektiven Sozialleistungen der Gewerkschaftsverbände von Sozialhistorikern dieser Periode in – allerdings wahrlich wenigen – Beiträgen essayartig genauer betrachtet. Dabei fällt auf, dass der Fokus sogleich auf internationale Vergleichsobjekte gerichtet wurde. Das Interesse an den sozialen Selbsthilfeeinrichtungen der deutschen Gewerkschaften blieb indes gering. Hier geriet insbesondere die gewerkschaftliche Arbeitslosenunterstützung in den Blick – darauf wird am Ende dieser Studie noch einmal zurückzukommen sein. Auffallend ist ferner, dass die meisten Analysen im Kaiserreich endeten. Über Weltkrieg, Inflation oder

---

[27] Siehe ebd., S. 107 ff., hier bes. die Anmerkungen 7 ff. mit umfangreichen Literaturbeispielen. Im weiteren Verlauf des Textes und der Anmerkungen sowie im Quellen- und Literaturverzeichnis dieser Studie werden einige geschichtswissenschaftliche Publikationen aus den »Boomjahren« der geschichtswissenschaftlichen Gewerkschaftsforschung zwischen 1975 und 1990 eingeführt werden.

[28] Klaus Schönhoven: Selbsthilfe als Form von Solidarität. Das gewerkschaftliche Unterstützungswesen im Deutschen Kaiserreich bis 1914, in: Archiv für Sozialgeschichte 20, 1980, S. 147-193, hier S. 147.

die Genese des gewerkschaftlichen Unterstützungswesens in der Weimarer Republik erfährt man hingegen leider nahezu nichts.[29]

Was bleibt demjenigen, der sich damit und mit Randnotizen über die kollektiven Sozialleistungen der Gewerkschaften in gewerkschaftsgeschichtlichen Gesamtdarstellungen[30] nicht bescheiden möchte? Er könnte sich – und dieser Befund ist im 21. Jahrhundert aus dem Blickwinkel der Wissenschaft nahezu tragisch – der wissenschaftlichen Literatur zuwenden, die in der Untersuchungszeit der Studie vorgelegt wurde. Als wichtige Triebkraft einer zeitgenössischen Gewerkschaftsforschung vor und nach 1900 fungierte der Kathedersozialismus. Der Begriff »Kathedersozialisten« wurde, mit despektierlicher Konnotation, zur Beschreibung einer Gruppe von akademisch tätigen Nationalökonomen um Werner Sombart, Gustav von Schmoller oder Lujo Brentano angewandt, die sich für den Reformismus, die Gewerkschaften als ordnende Kraft der Marktwirtschaft, den Ausbau der Sozialpolitik und einen »Dritten Weg« zwischen

---

[29] Zum Unterstützungswesen deutscher Gewerkschaften neben Schönhoven explizit lediglich Anselm Faust: Funktion und soziale Bedeutung des gewerkschaftlichen Unterstützungswesens. Die Arbeitslosenunterstützung der Freien Gewerkschaften im Deutschen Kaiserreich, in: Hans Mommsen/Winfried Schulze (Hg.): Vom Elend der Handarbeit. Probleme historischer Unterschichtenforschung, Stuttgart 1981, S. 395-417. Dazu auch ders.: Arbeitsmarktpolitik im Deutschen Kaiserreich. Arbeitsvermittlung, Arbeitsbeschaffung und Arbeitslosenunterstützung 1890-1918, Stuttgart 1986, S. 134 ff. Zur internationalen Perspektive Irmgard Steinisch: Gewerkschaftliches Unterstützungswesen und die Anfänge der sozialstaatlichen Gesetzgebung in den USA, in: Jürgen Kocka u.a. (Hg.): Von der Arbeiterbewegung zum modernen Sozialstaat. Festschrift für Gerhard A. Ritter, München u.a. 1994, S. 25-43. Wolfgang Krieger: Das gewerkschaftliche Unterstützungswesen in Großbritannien in den zwanziger Jahren, in: Archiv für Sozialgeschichte 20, 1980, S. 119-146. Als seltenes Beispiel einer Sozialgeschichte der Arbeiterschaft, bei der das soziale Unterstützungswesen der Gewerkschaften zumindest beiläufig berücksichtigt wurde, Marlene Ellerkamp: Industriearbeit, Krankheit und Geschlecht. Zu den sozialen Kosten der Industrialisierung: Bremer Textilarbeiterinnen 1870-1914, Göttingen 1991, S. 247 ff.

[30] Als Beispiele für wichtige gewerkschaftsgeschichtliche Gesamtdarstellungen, zumeist aus der beschriebenen »Boomphase« der historischen Gewerkschaftsforschung stammend, mit einer allenfalls randständigen Betrachtung des gewerkschaftlichen Unterstützungswesens: Klaus Schönhoven: Expansion und Konzentration. Studien zur Entwicklung der Freien Gewerkschaften im Wilhelminischen Deutschland 1890 bis 1914, Stuttgart 1980. Ders.: Die deutschen Gewerkschaften, Frankfurt am Main 1987. Michael Schneider: Kleine Geschichte der Gewerkschaften. Ihre Entwicklung in Deutschland von den Anfängen bis heute, zweite Auflage, Bonn 2000. Borsdorf (Hg.): Geschichte der deutschen Gewerkschaften. Falls überhaupt, konnte das gewerkschaftliche Unterstützungswesen deutlicher in Erscheinung treten, wenn die Gewerkschaftsfinanzen in den Blick des Autors gerieten oder die Gründungskräfte der frühen deutschen Gewerkschaftsbewegung vor 1890 untersucht wurden. Dazu etwa Schneider: Die Christlichen Gewerkschaften – hier auf S. 458 ff. ein Beispiel für eine knappe Betrachtung der gewerkschaftlichen Kassenverhältnisse mit Berücksichtigung von Unterstützungsausgaben. Nicht systematisch, aber sporadisch mit der im Vergleich stärksten Beachtung von gewerkschaftlichen Unterstützungseinrichtungen, allerdings begrenzt auf die 1860er Jahre, Ulrich Engelhardt: »Nur vereinigt sind wir stark«. Die Anfänge der deutschen Gewerkschaftsbewegung 1862/63 bis 1869/70, zwei Bände, Stuttgart 1977 – hier die Registereinträge auf S. 1408 als Navigationshilfe. Weitere wichtige Gesamtdarstellungen oder Sammelbände zur Gewerkschaftsgeschichte finden sich im Literaturverzeichnis der Studie. Eine kommentierte Übersicht findet sich bei Remeke: Strohfeuer, S. 107 f.

Kommunismus und Kapitalismus interessierten. Die Gruppe entfaltete ab den 1870er Jahren über eine Vielzahl an Publikationen eine erhebliche wissenschaftliche und politische Außenwirkung.[31]

Mit Anleihen bei den Kathedersozialisten trieb in den nachfolgenden Generationen akademischer Lehrer oder Gelehrter einige – zumeist Nationalökonomen[32] – das wissenschaftliche wie politische Interesse an der Untersuchung der Arbeitswelt weiter an. Als interessanter Exponent sei Walter Troeltsch erwähnt, der – selbst politisch linksliberal – seit 1902 an der Universität Marburg lehrte und in den folgenden Jahrzehnten dort unterschiedlichen Fakultäten als Dekan vorstand.[33] Bei Troeltsch sind auch Parallelen mit den modernen Sozialhistorikern der 1970er und 1980er Jahre und ihrem Interesse an der Arbeiterbewegungsgeschichte ersichtlich. Auch Troeltsch arbeitete am Beispiel der Arbeiterbewegung sozialwissenschaftlich. Er legte mit Paul Hirschfeld 1905 ein wichtiges Werk zur Topografie der deutschen Gewerkschaften vor.[34] In diesem wissenschaftlichen Umfeld respektive in der Tradition von Gelehrten wie Troeltsch oder Kulemann, die sich der Vermessung der aufstrebenden Gewerkschaftsbewegung zuwandten, nahmen andere die Kartierung des sozialen Unterstützungswesens gewerkschaftlicher Organisationen in den Blick. Es blieben, wie zu erwarten, wenige. Nach einer Dissertation von Gustav Brüggerhoff,[35] die von Walter Troeltsch betreut wurde, oder einer später veröffentlichten Dissertation von Robert Willemsen über Postorga-

---

[31] Im Verein für Sozialpolitik (nach zeitgenössischer Schreibweise »Verein für Socialpolitik«) entstand eine seit den 1870er Jahren bedeutende Wirkungsstätte. Weiterführend zum Kathedersozialismus etwa Fritz Völkerling: Der deutsche Kathedersozialismus, Berlin 1959.

[32] Erwähnen muss man auch studierte Nationalökonomen, die sich – von den Kathedersozialisten beeinflusst – außerhalb der akademischen Forschung mit den Gewerkschaften befassten und häufig sozialdemokratisch orientiert waren. So etwa Theodor Cassau: Die Gewerkschaftsbewegung. Ihre Soziologie und ihr Kampf, zweite Auflage, Leipzig 1930. Cassau promovierte über den Holzarbeiterverband. Ders.: Der deutsche Holzarbeiterverband. Verfassung und Verwaltung einer modernen Gewerkschaft, Altenburg 1909. Siegfried Nestriepke: Die Gewerkschaftsbewegung, drei Bände, zweite Auflage, Stuttgart 1922/23. Weitere Informationen zur alten Gewerkschaftsliteratur bei Remeke: Strohfeuer, S. 105 ff.

[33] Zur Beziehung von Walter Troeltsch zum Kathedersozialismus vgl. seine Mitarbeit an der Festschrift für Gustav von Schmoller: Die Entwicklung der deutschen Volkswirtschaftslehre im neunzehnten Jahrhundert, Leipzig 1908.

[34] Walter Troeltsch: Die Calwer Zeughandlungskompanie und ihre Arbeiter. Studien zur Gewerbe- und Sozialgeschichte Altwürttembergs, Jena 1897. Ders./Paul Hirschfeld: Die deutschen sozialdemokratischen Gewerkschaften. Untersuchungen und Materialien über ihre geografische Verbreitung 1896-1903, Berlin 1905. Korrespondierend Paul Hirschfeld: Die Freien Gewerkschaften in Deutschland. Ihre Verbreitung und Entwicklung 1896-1906, Jena 1908.

[35] Gustav Brüggerhoff: Das Unterstützungswesen bei den deutschen »Freien« Gewerkschaften, Jena 1908. Dazu ders.: Statistisches über das Unterstützungswesen der deutschen »Freien« Gewerkschaften, Marburg 1908.

nisationen unter Berücksichtigung ihrer Wohlfahrtseinrichtungen[36] war es schließlich ein ausführlicher Artikel von Reinhard Hüber im Internationalen Handwörterbuch des Gewerkschaftswesens,[37] der interessierte Zeitgenossen zu Beginn der 1930er Jahre am besten über wichtige Maßzahlen des gewerkschaftlichen Unterstützungswesens informierte.

Alles dies ändert jedoch nichts: Wer sich in das Abenteuer einer Untersuchung sozialer Unterstützungseinrichtungen bei Vorläuferorganisationen der Vereinten Dienstleistungsgewerkschaft[38] begibt, dem stellt die überschaubare Literatur wenig Kartenmaterial zur Orientierung zur Verfügung. Entsprechend wird die vorgelegte Studie von der Auswertung der Gewerkschaftsquellen getragen. Die Expedition in eine Landschaft voller weißer Flecken kann beginnen. Sie unternimmt einen Versuch, einige dieser weißen Flecken zu färben.

---

[36] Robert Willemsen: Die Organisationen der mittleren Reichs-Post- und Telegrafenbeamten, Diss. Würzburg, Frankfurt am Main 1919. Vergleichbare Arbeiten zur Vermessung gewerkschaftlicher Organisationen gab es auch später – allerdings nicht selten mit einer allenfalls beiläufigen Berücksichtigung des gewerkschaftlichen Unterstützungswesens. Beispielhaft Konrad Stehr: Der Zentralverband der Angestellten. Sein Werdegang, seine Gestalt und sein Charakter, Diss. Halle-Wittenberg, Berlin 1926. Der Text umfasst 110 Seiten, lediglich auf einer Seite wird über Unterstützungen und Versicherungseinrichtungen berichtet.

[37] Hüber: Unterstützungswesen.

[38] Was vorne zu den Randnotizen über das gewerkschaftliche Unterstützungswesen in gewerkschaftsgeschichtlichen Gesamtdarstellungen gesagt wurde, gilt in vergleichbarer Weise für historische Darstellungen über Vorläuferorganisationen der Vereinten Dienstleistungsgewerkschaft – wobei man hier zumeist an der Schwelle zur charakterisierten autochthonen Verbandsgeschichtsschreibung steht. Vgl. dazu etwa Furtwängler: ÖTV. Hierbei handelt es sich im Wesentlichen um eine Geschichte der Entstehung des Gesamtverbandes der Arbeitnehmer der öffentlichen Betriebe und des Personen- und Warenverkehrs bis 1933. Das Unterstützungswesen tritt auch in diesem annähernd 700 Seiten umfassenden Werk allenfalls gelegentlich und am Rand in Erscheinung – auch hier, ähnlich wie bei Engelhardt, eher bei der Betrachtung von verbandlichen Gründungsprozessen. Dazu beispielhaft etwa ebd., S. 118 ff., S. 177 und die Registerübersicht auf S. 682. Eigenständige Kapitel oder auch nur Unterkapitel über das Unterstützungswesen finden sich auch bei Furtwängler nicht. Neuere Verbandsgeschichten verfahren ähnlich, vgl. dazu etwa Nachtmann: 100 Jahre ÖTV – Geschichte.

II. Historische Evolution einer Bedeutungsfrage

Man kann geteilter Ansicht darüber sein, ob die in historischen Abhandlungen vorzufindenden Kapitel, in denen geschichtliche Entwicklungsprozesse bis zum Beginn der eigentlich zu untersuchenden Zeitzone geschildert werden, wirklich immer dem Erkenntnisinteresse dienen. Im Fall der vorliegenden Studie schien es, auch in der gewählten Ausführlichkeit, nicht nur sinnvoll zu sein, sondern auch notwendig: sinnvoll, weil das gewerkschaftliche Unterstützungswesen weithin in Vergessenheit geraten ist und mithin auch seine Genese. Eine mit der Wahl des zeitlichen Fokus der Studie womöglich begünstigte Fehldeutung, nach der das gewerkschaftliche Unterstützungswesen mit der Gründung gewerkschaftlicher Organisationen seit den 1890er Jahren quasi vom Himmel fiel, soll für Lesende, die mit der Materie bislang nichts zu tun hatten, vermieden werden.

Nur wenn man sich wenigstens in einer Art Parforceritt durch die Vielfalt der Vorläufer sozialer gewerkschaftlicher Unterstützungseinrichtungen begibt, die wie ein vieläderiger Organismus häufig zugleich Teile des historischen Erbes privater Versicherungen wie der Lebensversicherung oder der staatlichen Sozialversicherung umfasst, lässt sich dies in anschaulicher Erkenntnis erfahren. Im folgenden Kapitel wurde der Versuch unternommen, dafür eine Essenz wichtiger Informationen zu bilden. Der Text bleibt auszugsartig. Zugleich folgt er der Idee, exkursartig einige detaillierte Eindrücke auch in der Tiefe zu vermitteln. Dabei wird eine enge Verbindung zwischen wichtigen historischen Entwicklungen und den Auswirkungen auf die Genese gewerkschaftlicher Unterstützungseinrichtungen gehalten.

Der folgende historische Rückblick ist daher nicht nur sinnvoll, sondern darüber hinaus notwendig, da nur so eine Grundlage für die Erkenntnis geschaffen werden kann, warum das gewerkschaftliche Unterstützungswesen um 1890 in eine Sinnkrise geriet. Ohne an dieser Stelle zu viel vorwegnehmen zu wollen: Die Macht der Traditionen und die Kräfte der tief verwurzelten, langfristig gewachsenen Strukturen, Gewohnheiten und Erwartungen trafen um 1890 auf die Wahrnehmung einer Moderne, zu der im gewerkschaftlichen Selbstverständnis die Gründungen neuer Gewerkschaften und der nun beginnende rasante Aufstieg der Gewerkschaftsbewegung zur Massenbewegung gezählt wurde.

Für die Frage nach dem sozialen gewerkschaftlichen Unterstützungswesen und seinen gewerkschaftlichen Bedeutungszuweisungen nach 1890 war dieses Aufeinanderprallen von Traditionen und Moderne gewissermaßen ein Urkonflikt.

2. Vorläufer und Traditionen des gewerkschaftlichen Unterstützungswesens

Soziale Unterstützungseinrichtungen vom Spätmittelalter bis in die Frühe Neuzeit

Das Streben der Menschheit, Unbill und Wechselfällen des Lebens durch die Bildung von Gemeinschaften zu begegnen, in denen man das Risiko der einzelnen Person auf die Schultern der Mitglieder der Gemeinschaft verteilt und sich zugesichert hat, dem anderen im Fall der Hilfsbedürftigkeit beizustehen, hat eine lange Geschichte. Dieser traditionelle Nukleus, diese Uridee jeder Form von Unterstützungs- oder Versicherungswesen kann zurückverfolgt werden bis in das Altertum. Sobald Menschen ihre Versorgung für die Zukunft bewusst zu planen begannen und etwas zu verlieren hatten und die Absicherung über ihre Sippe durch die Bildung anderer Risikogemeinschaften ersetzten, entstanden traditionelle Vorformen von Versicherungs- oder Unterstützungseinrichtungen. Diese lassen sich bereits für das Altertum in Ägypten oder Israel und in der Antike in Griechenland oder im Römischen Reich in unterschiedlichen Ausprägungen nachweisen: darunter Vorsorgeeinrichtungen für Begräbniskosten, Witwen und Waisen, für Invalide, Alte, Kranke und Erwerbslose.[1]

Verlässt man Altertum und Antike sowie die internationale Perspektive, indem man sich in das mittelalterliche Deutschland begibt, begegnet man zuerst den Knappschaften,[2] in denen die Traditionslinie sozialer Versicherungen und Unterstützungseinrichtungen fortgesetzt und als Selbsthilfe einer spezifischen Arbeitnehmergruppe besonders akzentuiert wurde. Wesentliche Anreize dafür lieferten die überaus hohe Unfallgefahr der mittelalterlichen bergmännischen Tätigkeit sowie die persönliche Freiheit der Bergleute, die im Zeitalter des Feudalismus nicht von einem Grundherrn abhängig waren. Verlor oder minderte der Knappe durch einen Bergunfall, durch Krankheit oder durch Invalidität seine Arbeitskraft, verfügte er über keine soziale Absicherung etwa durch ein Lehen eines Grundbesitzers oder die Fürsorgepflicht eines Herrn. Mit der zunehmenden kapitalistischen Produktionsweise, die im ausgehenden Mittelalter in den Bergbau einzog, wurde in vielen landesherrlichen Verordnungen eine Fürsorgepflicht der Gewerke als Verantwortung der Betreiber der Minen gegenüber den beschäftigten Knappen verankert. In den Bergordnungen waren jene Vorgaben indes nur gelegentlich

---

[1] Hierzu Albert Schug: Der Versicherungsgedanke und seine historischen Grundlagen, Göttingen 2011, hier bes. S. 5, S. 66 ff., S. 89, S. 96 ff. und S. 114 ff.

[2] Zur Frühgeschichte der Knappschaft Ulrich Lauf: Die Knappschaft. Ein Streifzug durch tausend Jahre Sozialgeschichte, Sankt Augustin 1994. Als Geschichte über das Knappschaftswesen in der Moderne Martin H. Geyer: Die Reichsknappschaft. Versicherungsreformen und Sozialpolitik im Bergbau 1900-1945, München 1987. Dazu und zum Folgenden auch Friedrich Wilhelm Ponfick: Geschichte der Sozialversicherung im Zeitalter der Aufklärung, Dresden 1940, S. 18-30.

und in Teilen verwirklicht – und dann zumeist beschränkt auf ein Unfallereignis und die zeitlich begrenzte Erstattung von Arztkosten und Lohn.

Das war als Risikovorsorge der Knappen nicht hinreichend. Als zusätzliche Maßnahme organisierten die Bergleute daher als Selbsthilfe bei einem Unfall, einer Erkrankung oder bei einem Todesfall eine Geldsammlung der Kollegenschaft für den Betroffenen und seine Angehörigen. Ergänzend platzierte man Sammelbüchsen für Spenden, mit denen Rücklagen für das Eintreten eines Unterstützungsfalls geschaffen wurden. Aus dieser rituellen Gepflogenheit entstand schließlich der sogenannte »Büchsenpfennig« als verpflichtende Zahlung jedes Knappen an die Knappschaftskasse. Die Arbeitgeber wurden in Bergordnungen seit dem 16. Jahrhundert verpflichtet, ebenfalls in die Knappschaftskassen einzuzahlen und sich somit an der Fürsorge für die Beschäftigten zu beteiligen.[3] Auf dieser Grundlage entwickelten sich das Knappschaftswesen im Verlauf seiner Geschichte zu einer wichtigen Institution der Sozialfürsorge, der Krankenunterstützung, Krankheitsfürsorge und Krankenhausträgerschaft, der Hinterbliebenenversorgung und Rentenversicherung.

Weil bei der Etablierung des Knappschaftswesens staatliche Kodifikationen beteiligt waren, Arbeitnehmer und Arbeitgeber gemeinsam Beiträge in ein System entrichteten und frühzeitig Formen einer Selbstverwaltung gebildet wurden, wird das Gründungsdatum der ältesten Bergbruderschaft zugleich als Urereignis auf dem langen historischen Weg zur staatlichen Sozialversicherung gesehen.[4] Dabei wird übersehen, dass sich in der Gründung von Bergbruderschaften oder Bergknappschaften die Bildung »innungsartiger Verbindungen der zu unselbständigen Lohnarbeitern gewordenen Knappen«[5] vollzog, die von dem Bestreben, soziale Selbsthilfeeinrichtungen für eine berufsständische Erwerbsgruppe zu schaffen, getrieben wurde. So wurde 1260 die erste urkundlich belegte Bergbruderschaft Sankt Johannis bei Goslar unter dem Schutz des Hildesheimer Bischofs zum Zweck der Unterstützung kranker und verletzter Bergleute und ihrer Angehörigen gegründet. Es geht demnach beim Knappschaftswesen nicht nur um eine Traditionslinie der Sozialversicherung. Bei einer Organisation einer Arbeitergruppe unter gleichzeitigem Aufbau obligatorischer Einrichtungen der Selbsthilfe für soziale Notlagen ist man inmitten des historischen Erbes des sozialen gewerkschaftlichen Unterstützungswesens.

Auch in den Gilden, Bruderschaften und Zünften der handwerklichen Berufe wurde im Mittelalter der Zusammenhang der Gemeinschaftsbildung von Berufsständen mit

---

[3] So zum Beispiel festgelegt in der Churtrierschen Bergordnung von 1564, dazu Ponfick: Geschichte der Sozialversicherung, S. 20 f.

[4] Hierzu die Literatur zum Gedenken an die 750-jährige Geschichte der Knappschaft im Jahr 2010, etwa: Georg Greve/Gilbert Gratzel/Eberhard Graf: Die Knappschaft als sozialer Pfadfinder. 750 Jahre Knappschaft, Bochum 2010. Ebd., S. 4 f. Erläuterungen zu der nachfolgend beschriebenen Gründungsurkunde von 1260.

[5] Ponfick: Geschichte der Sozialversicherung, S. 19.

der Fortentwicklung von sozialen Unterstützungseinrichtungen immer bedeutender. Zünfte entstanden in Deutschland seit etwa 1100, Zusammenschlüsse der Gesellen, mit denen diese ihre eigene Interessenpolitik zu verfolgen begannen, sind je nach Region seit dem 14. oder 15. Jahrhundert nachgewiesen. Die Gesellenverbände konnten sich entwickeln, sobald der Einfluss der Zünfte regional durch eine Obrigkeit reglementiert war und deren Weigerung, Gesellenverbindungen als Konkurrenzorganisationen anzuerkennen, keine Sanktionskraft mehr entfaltete. In einigen Regionen wurden die Gesellenorganisationen später erneut zurückgedrängt und zum Teil mit Resten ihres Unterstützungswesens wieder in die Zünfte eingegliedert.

Nach der Reformation konzentrierten sich Gilden oder Zünfte mehr und mehr auf ihre Unterstützungsangebote, nachdem die Vertretung gegenüber der Kirche als Bedeutungsträger dieser Institutionen fortan veränderten Gesetzmäßigkeiten unterlag. Der Charakter als Zusammenschluss von Berufsorganisationen verstärkte sich. Die Geldwirtschaft machte eine Professionalisierung der Organisation des Unterstützungswesens erforderlich. Die obligatorische, zunehmend genau geregelte Beitragsleistung der Mitglieder verbreitete sich. Neben die regelmäßigen Mitgliedsbeiträge der Zünfte und Gesellenverbände traten einmalige Zahlungen wie zum Beispiel Einstandsgebühren.

Für den Unterstützungsbereich der Organisationen setzte sich bis zur Zeit der Aufklärung ein gesonderter Kassenbereich jenseits der Handwerkslade durch, womit die aus den Beitragseinnahmen an den Unterstützungssektor abgeführten Mittel vor Zweckentfremdung bewahrt werden sollten. Auch die Vielseitigkeit oder Beliebigkeit von Kassenleistungen bei allgemeinen Notlagen oder bei Bedürftigkeit als Merkmal früher Unterstützungseinrichtungen wurde mehr und mehr ersetzt durch eine genauere Beschreibung von Schadens- oder Unterstützungsszenarien. Generell lässt sich das Bestreben zu einer Typisierung der Unterstützungsfälle registrieren. In einigen Fällen wurden gesonderte Kassen mit einem definierten Leistungskatalog für spezifische Unterstützungen anboten.[6]

Sowohl Zünfte als auch Gesellenverbände bildeten somit ein zunehmend differenziertes und sich allmählich in ersten Grundzügen professionalisierendes Unterstützungswesen für Meister und Gesellen heraus. Nachgewiesen sind etwa Unterstützungsleistungen für arbeitslose Gesellen in Form von Arbeitsvermittlung und Arbeitsbeschaffungsmaßnahmen, aber auch als finanzielle Unterstützungen durch Arbeitslosenfürsorge oder durch das sogenannte »Zehrgeld« auf der Wanderschaft sowie gelegentlich spezifische Arbeitslosenunterstützungskassen. So verfügten etwa die Schiffer, Flößer und Schiffbauer in Speyer schon im 15. Jahrhundert in ihrer Zunft über eine spezielle Lade, also über eine eigenständige Sammlung oder Unterstützungskasse, in die Meister und Gesellen im Verlauf des Sommers regelmäßig das »Nikolausgeld« ein-

---

[6] Ebd., S. 45-54. Sigrid Fröhlich: Die Soziale Sicherung bei Zünften und Gesellenverbänden. Darstellung, Analyse, Vergleich, Berlin 1976, S. 15-37.

zahlen mussten. Aus den Mitteln des angesparten Fonds wurden die im Winter saisonal bedingt arbeitslosen Gesellen durch ein Darlehen materiell unterstützt.[7]

Einrichtungen zur Unterstützung von Meistern und Gesellen bei Unfall oder Krankheit bestanden in Form der Gewährung von Darlehen, der Zahlung eines regelmäßigen Krankengeldes oder Wochengeldes, durch die Begründung eigener Krankenkassen oder durch eine finanzielle Unterstützung von Krankenpflege, medizinischer Versorgung oder des Krankenhausaufenthalts. Einige vermögende Zünfte unterhielten im 15. Jahrhundert gar eigene kleine Spitäler. Als nahe Vorläufer gewerkschaftlicher Krankenunterstützungskassen können insbesondere Gesellenverbände gelten, die ein regelmäßiges Krankengeld ohne Darlehensbestimmung gaben. So zahlte etwa der Gesellenverband der Wollen-, Leinweber- und Hosenstrickergesellen in Freiburg am Ende des 16. Jahrhunderts sieben Pfennig Krankengeld aus der »Brüderschafts- und Gesellschaftsbüchse« in der Woche, falls ein Geselle im Dienst erkranken sollte.[8]

Unterstützungseinrichtungen wurden von Zünften und Gesellenvereinigungen schon sehr frühzeitig für die Absicherung im Todesfall geschaffen, wobei diese sogleich im Kontext der Sterbekassen oder Totenladen betrachtet werden. Darüber hinaus trafen ausgewählte Zünfte gelegentlich bereits recht weitgehende Vorkehrungen für die Alterssicherung. Hierzu konnte der Anspruch alter Meister auf Unterbringung in einem Hospital zählen, wenn er altersbedingt oder erkrankt auf Pflege angewiesen war. In den Zünften wurden ferner erste Rentensysteme für Mitglieder etabliert. So gewährten die Rußfärber in Lübeck um 1500 eine wöchentliche Unterstützung von vier Schilling für jene Mitglieder, die aus Altersgründen nicht mehr selbst erwerbstätig sein konnten. Die Böttcher in Köln versprachen gar eine lebenslang ausgezahlte und auskömmliche Rente. Auch die Sagerbrüderschaft in Hamburg, eine Zunft der Holz- und Steinsäger, unterhielt im 16. und 17. Jahrhundert eine Rentenkasse, in der zusätzliche Kosten bei einer Erkrankung des Begünstigten durch eine Rentenerhöhung berücksichtigt werden konnten.[9] Neben der Vorsorge für das Alter traten erste Ansätze für eine Vorsorge für Invalidität, also für eine Berufsunfähigkeit, die man altersbedingt, aber auch vorzeitig erleiden konnte. Dieser Gedanke wurde in der zweiten Hälfte des 18. Jahrhunderts allerdings auch durch spezifische Witwenkassen befördert, die den in der Regel männlichen Versicherungsnehmern die Möglichkeit einräumten, den vorzeitigen Verlust ihrer Arbeitskraft in den Verträgen mitzuversichern.[10]

In den Verbänden der Gesellen wie in den Zünften versammelte sich eine frühe Tradition des Zusammenwirkens der Formierung von Berufsorganisationen einerseits mit der Begründung einer Solidargemeinschaft für die rituelle und materielle Begleitung des

---

[7] Fröhlich: Soziale Sicherung, S. 64-72 und S. 128-136.
[8] Ebd., S. 81-101 und S. 136-160.
[9] Ebd., S. 77-80.
[10] Siehe Ponfick: Geschichte der Sozialversicherung, S. 76 f.

Todesfalls andererseits – als kulturgeschichtlich-christlich und emotional stark aufgeladenes, stark bindendes sowie verpflichtendes Gemeinschaftserlebnis. In den Zünften sind bereits in frühen Zeugnissen Vorschriften für den Ablauf der Begräbniszeremonie, für die Stellung von Leichengerät, Särgen, zunfteigener Grabstätten oder für die Übernahme der Kosten des Begräbnisses bei Bedürftigkeit zu finden. Auch bei den Gesellenverbänden waren seit dem 15. Jahrhundert Vorgaben für den Leichendienst verbreitet. Dazu zählte die Teilnahme am Begräbnis und an den für den Verstorbenen gelesenen Messen, was nicht selten mit Strafandrohungen erwirkt werden konnte, die Beteiligung an Totenwachen oder die Übernahme weiterer Verpflichtungen etwa als Sargträger. Auch die Gesellenvereinigungen konnten über eigenes Leichengerät wie Bahren, Kerzen oder Tücher verfügen und stellten, sofern die Bruderschaften geeignete Vereinbarungen mit Kirchen oder Klöstern getroffen hatten, Grabstellen zur Verfügung. Die Kosten der Beerdigung wurden von den Gesellenverbänden in der Regel nur dann übernommen, wenn das verstorbene Mitglied verarmt war. Nicht zuletzt aus diesem Grund bildeten sich im 17. und 18. Jahrhundert eigene Totenladen der Gesellenvereinigungen, die hier als kombinierte Kranken-, Invaliden- und Sterbekassen eingesetzt wurden und im Todesfall allen Mitgliedern einen garantierten Leistungsanspruch unabhängig von der Bedürftigkeit zusicherten.[11]

Nach der Reformation bis in das 18. und frühe 19. Jahrhundert gewann die materielle Unterstützung im Todesfall generell eine größere Bedeutung. Sterbekassen, Totenladen, Sterbeladen, Begräbnis-, Grabe- oder Leichenkassen breiteten sich auf der Basis der beschriebenen Traditionen nun zunehmend als spezifische Einrichtungen der Zünfte und Gesellenverbände, aber auch darüber hinaus weiter aus. Es bildeten sich zumeist in regionalen oder lokalen Zusammenhängen Begräbniskassen, Sterbekassen oder Totenladen, die von Angehörigen der Zünfte oder Gesellenvereinigungen, anderer Berufsorganisationen oder Nachbarschaften – vermehrt auch auf der Grundlage einer freiwilligen Mitgliedschaft – gebildet wurden. Die Einrichtungen pflegten ebenso die bekannten Beerdigungsrituale und hielten in ihrer Lade – also in der Sammlung der Besitztümer der Gemeinschaft, die traditionell in einer namensgebenden Truhe verwahrt waren – dafür Utensilien wie verzierte Leichentücher, Aufbahrungslaken oder Sargschmuck bereit. Auch die üblicherweise eingesetzten Sammelbüchsen, mit denen die finanziellen Mittel der Gemeinschaft über die regelmäßigen Zahlungen der Mitglieder hinaus aufgebessert wurden, gehörten zum Bestand einer Lade. Als weitere Rituale zur Ehrung des Verstorbenen konnten spezielle Formen der Benennung der Sargträger, die aus dem Kreis der Mitglieder der Lade ausgewählt wurden, und der Einladung zur Beerdigung praktiziert werden. Die Anwesenheit bei der Beerdigung war letztlich auch

---

[11] Die Unterstützungsformen der Zünfte und Gesellenverbände bei Sterbefällen hier und im Folgenden nach Fröhlich: Soziale Sicherung, S. 101-114 und S. 165-172.

hier ein Pflichttermin für alle Mitglieder der Gemeinschaft, da die Länge des Trauermarsches als wichtiges Symbol für das Ansehen galt, das der Verstorbene genoss.[12]

Die materielle Absicherung des ordentlichen, würdevollen wie standesgemäßen Begräbnisses spielte eine entscheidende Rolle für die Ausbreitung der Sterbekassen oder Totenladen, da die Mittel der Angehörigen und Hinterbliebenen häufig nicht ausreichten. Dafür sicherten die Mitglieder über die Beiträge ihre Begräbniskosten oder einen zumeist festgelegten Zuschuss der Gemeinschaft nun unabhängig vom Grad der eigenen Bedürftigkeit ab. Mit dieser Art der Vorsorge rückte die soziale Lage der nächsten Angehörigen im Todesfall, insbesondere der Witwen und Waisen, die der gewöhnlich männliche Haushaltsvorstand hinterließ, weiter in den Fokus. Die Zunftordnungen kannten bereits Vorschriften für eine Versorgung der Meisterwitwen – etwa durch die Erlaubnis zur Weiterführung des Handwerks des verstorbenen Ehemanns oder die Erleichterung der Wiederheirat durch eingeräumte Vergünstigungen. In Einzelfällen sind bereits im 15. Jahrhundert erste Vorstufen einer Witwenrente in einzelnen Zünften nachweisbar. In den Sterbekassen wurde die materielle Zuwendung für Witwen und Waisen in unmittelbarer Verbindung mit dem Sterbefall weiter akzentuiert. Einerseits wurden Ausschüttungen im Todesfall an die nächsten Angehörigen ausgezahlt. Andererseits zählten besondere Geldsammlungen für die Witwe, Waisen oder andere Hinterbliebene unter den Mitgliedern einer Totenlade beim Eintreten eines Sterbefalls zu den verbreiteten Ritualen.[13]

Es lässt sich an dieser Stelle leicht erkennen: Sofern Sterbekassen oder Totenladen keine zweckgebundenen Leistungen für die Beerdigung gaben, sondern den Hinterbliebenen Geldbeträge zur Verfügung stellten, mit denen sie *auch* das ordentliche Begräbnis des Verstorbenen zu bestreiten hatten, war man in einem *Modus Operandi* klassischer Lebensversicherungen. Die Grenzen zwischen Berufsorganisationen mit solidarischer Sterbekasse, die materielle Zuwendungen an die Hinterbliebenen vornahm, und Lebensversicherungen wiesen in Bezug auf den Zielpunkt der sozialen Sicherung eine geringe Trennschärfe auf. Auch aus diesem Grund wurde in den Begräbnis- und Sterbekassen der Zünfte und Gesellenverbände eine Urform der modernen Lebensversicherung gesehen.[14] Nachfolgende Sterbekassen in Berufsorganisationen wie etwa der seit 1827 bestehende Sterbeverein für preußische Postbeamte wurden in der Literatur in der

---

[12] Zur Entwicklung des Sterbekassenwesens der Zünfte und Gesellenorganisationen in der Neuzeit Schug: Versicherungsgedanke, S. 238 ff. Zu den Sterbekassen, Leichenkassen oder Totenladen aufschlussreich auch die ältere Literatur aus dem 19. Jahrhundert: dazu Anmerkung 16.

[13] Zu frühen Formen und Ansätzen der Hinterbliebenenvorsorge Schug: Versicherungsgedanke, S. 154 ff. Fröhlich: Soziale Sicherung, S. 108 ff.

[14] Vgl. etwa Franz Büchner: Grundriss der Individualversicherung, fünfte Auflage, Karlsruhe 1966, S. 23. Fröhlich: Soziale Sicherung, S. 106.

Funktionsweise einer frühen Lebensversicherungen beschrieben.[15] Die Literatur über das Sterbekassenwesen befasste sich seit der Mitte des 19. Jahrhunderts regelmäßig mit den versicherungstechnischen Risiken der bestehenden Vereine.[16]

In der Frühneuzeit, im Zeitalter zwischen Reformation und Französischer Revolution, bildete sich die Aufteilung der sozialen Vorsorge zunehmend aus: in Gestalt der Einrichtungen der solidarischen Selbsthilfe innerhalb von Berufsorganisationen, die als direkte Vorläufer des gewerkschaftlichen Unterstützungswesens zu gelten haben, und in Gestalt der beschriebenen Ansätze freier Lebensversicherungen in Deutschland, aus der sich die private soziale Daseinsvorsorge für das Alter und für Witwen- und Waisen entwickelte. Bereits im Mittelalter gab es erste Ansätze der Lebensversicherung – sie wurden in den Staaten Europas hingegen zunächst häufig verboten. Dies hatte wohl auch mit den Ausprägungen der Lebensversicherung im Mutterland des privaten Versicherungsgewerbes zu tun. Bis zum 18. Jahrhundert mutierte diese in England zu einem weit verbreiteten Wettgeschäft auf die Dauer von Menschenleben.[17]

Wenn man so will, kreierte die private Lebensversicherung durch derlei Eskapaden frühzeitig einen zweifelhaften Ruf, der im Misstrauen gegenüber der Risikobewertung und den Gewinnabsichten jener Unternehmungen fortlebte. Die Gründungen der ersten bedeutenden deutschen Lebensversicherer fallen in die erste Hälfte des 19. Jahrhunderts. Deren Expansionsphase fand indes erst seit der zweiten Hälfte des 19. Jahrhunderts statt.[18] Der tradierte Urkonflikt um die Deutung der privatwirtschaftlichen Lebensversicherungsanbieter entweder als Agenten von Risiko und Gewinnmaximierung oder als professionelle Unternehmungen mit Expertise – je nach Standort des Betrachters – sollte auch in neuem Gewand fortbestehen. Gewerkschaftliche Vorwürfe an die Konzerne, dass die Beiträge der Versicherten dort in schlechteren Händen seien als

---

[15] Kurt Kleemann: Die Sozialpolitik der Reichs-Post- und Telegrafenverwaltung gegenüber ihren Beamten, Unterbeamten und Arbeitern, Jena 1914, S. 176 ff. Vgl. Küsgen: Handwörterbuch des Postwesens, »Sterbekassenverein für Reichspostbeamte«, S. 611.

[16] Karl Hattendorf: Über Sterbekassen und die vernünftige Art ihrer Einrichtung. Ein Wort der Warnung, Göttingen 1867. Karl Heym: Die Anfertigung des Rechnungsabschlusses von Grabekassen und Krankenkassen, Leipzig 1856. Ders.: Die Grabekassen. Ihre Einrichtung und Verwaltung sowie die Reorganisation der bestehenden fehlerhaften Institute, Leipzig 1850. Oscar Fleischhauer: Die Sterbekassen-Vereine. Eine gemeinfassliche Anleitung zur Beurteilung bereits bestehender Sterbekassen-Vereine und zur zweckmäßigen Einrichtung neu zu gründender, Weimar 1882.

[17] Geoffrey Clark: Embracing Fatality through Life Insurance in Eighteenth-Century England, in: Tom Baker/Jonathan Simon (Ed.): Embracing Risk. The Changing Culture of Insurance and Responsibility, Chicago/London 2002, S. 80-96. Zu Glücksspiel und Wettversicherungen im 16. und 17. Jahrhundert als Bestandteil der Geschichte der Lebensversicherung allgemein auch Heinrich Braun: Geschichte der Lebensversicherung und der Lebensversicherungstechnik, zweite Auflage, Berlin 1963, S. 55-80.

[18] Zu Frühgeschichte und Geschichte der deutschen Lebensversicherungen Braun: Geschichte der Lebensversicherung, bes. S. 211 ff., S. 266 ff. und S. 342 ff.

in Vorsorgeeinrichtungen einer solidarischen Arbeiterselbsthilfe wie dem Unterstützungswesen der Gewerkschaften, werden im weiteren Verlauf dieser Studie wiederholt auftauchen – besonders für die ersten beiden Dekaden des 20. Jahrhunderts.

Bei den – auch obligatorischen – Witwen- und Waisenkassen in Deutschland im 17. und 18. Jahrhundert versammelten sich schließlich Traditionslinien der staatlichen Sozialversicherung, der freien Versicherung und der Vorsorge als Selbsthilfe in Berufsorganisationen. Im Merkantilismus förderte der Staat, angeregt und unterstützt von den Schriften der Kameralisten, Aussteuer- und Witwenkassen, um Eheschließungen attraktiver zu machen und das Bevölkerungswachstum als – nach kameralistischer Lehre – wichtigen Faktor der wirtschaftlichen Prosperität zu stabilisieren. Etwa für Beamte, die im Todesfall häufig verarmte Witwen und Waisen zurückließen, aber auch für andere Bevölkerungsgruppen, die nicht von den Einrichtungen der Zünfte oder Knappschaften profitieren konnten, wurde der Aufbau von Kassen, die Zwangsmitgliedschaften erwirken konnten, staatlich protegiert oder deren Gründung durch den Staat selbst vorgenommen. Die staatliche Intervention bei Vorsorgeeinrichtungen, die mit politischen Absichten verknüpft war, erinnerte an die Einführung der staatlichen Sozialversicherung im ausgehenden 19. Jahrhundert.

Später in der Frühneuzeit stellte der Staat Einrichtungen, die häufig von Professoren, Lehrern oder Geistlichen als Selbsthilfeeinrichtungen gegründet worden waren, unter landesherrliche Aufsicht. Ab 1750 etablierten sich zunehmend unternehmerisch ausgerichtete Witwenkassen, die sogenannten Witwensozietäten. Auch in ihnen wurde ein Vorläufer der Lebensversicherung gesehen.[19] Bei vielen Witwen- und Waisenkassen lässt sich ein Bezug zu einer Berufsgruppe erkennen. So gab es Pfarr-Witwenkassen, Professoren-Witwenkassen oder Witwen- und Waisenkassen für die Dienerschaft, wobei Letztgenannte als Vorform der Hinterbliebenenversorgung im Dienstleistungsbereich gelten können. Erste Versuche der Ausweitung jener Kassen auf die Arbeiterschaft fanden sich im 18. Jahrhundert etwa für die Beschäftigten einer Glas- und Spiegelglashütte im Herzogtum Braunschweig.

Festzuhalten ist, dass es unter den nach Berufsgruppen strukturierten Einrichtungen der Witwen- und Waisenversorgung, den freien Lebensversicherungen, der organisierten Selbsthilfe in Berufsvereinigungen, den Vorformen einer unternehmerischen Sozialpolitik sowie den ersten Ansätzen einer staatlichen Sozialversicherung spätestens seit der Frühneuzeit in Deutschland Nähen, Verflechtungen und gemeinsame Traditionen gegeben hat.[20]

---

[19] Max Gebauer: Die sogenannte Lebensversicherung vom wirtschaftlichen Standpunkt. Unter besonderer Berücksichtigung der einschlägigen Verhältnisse in Deutschland, Jena 1895, S. 84.
[20] Allgemein und erweiternd hierzu Ponfick: Geschichte der Sozialversicherung, S. 54-77.

Unterstützungskassen der Buchdrucker im 18. und 19. Jahrhundert

Die Gesellenverbände mit ihren Einrichtungen der sozialen Selbsthilfe sind als Vorläufer des gewerkschaftlichen Unterstützungswesens besonders interessant, da hier eine frühe Organisationsform zu erkennen ist, die sich von jenen der Arbeitgeber (Meister) ablöste und als eigenständige Formation der Facharbeiter (Gesellen) – in Begleitung und getrieben vom Aufbau sozialer Fürsorgeeinrichtungen der solidarischen Selbsthilfe – sich festigte. Die Bildung von Berufsorganisationen erfolgte bis in das 19. Jahrhundert in der Regel als Standesorganisation durch einen Zusammenschluss von Meistern, Lehrlingen und anderen Beteiligten eines Gewerbes oder Berufsstandes. Die Unterstützungseinrichtungen spielten dabei eine wesentliche Rolle für den Organisationsprozess. Die Unterstützungskassen der Buchdrucker, die auch aus der Perspektive der Organisationsbereiche der heutigen Dienstleistungsgewerkschaft Verdi interessant sind, bildeten frühzeitig moderne und fortentwickelte Unterstützungsordnungen aus.

Wenngleich schon in den geschilderten traditionellen Unterstützungseinrichtungen ein sich vollziehender Modernisierungsprozess zum Beispiel von starren Beitragsleistungen zu nach dem Einkommen gestaffelten zu beobachten war, setzten die Statuten der Unterstützungskassen der Buchdrucker im 18. und 19. Jahrhundert neue Standards.[21] Betrachtet man etwa die Satzung der Allgemeinen Unterstützungskasse der Gesellschaft der Buchdrucker zu Dresden, die 1768 gegründet wurde, in ihrer Fassung des Jahres 1854, findet man ein umfassendes Regelungswerk in 37 Paragrafen vor. Die ursprünglich von einem Faktor, also einem Schriftsetzermeister, als Kranken- und Begräbniskasse gegründete Einrichtung erweiterte in den nachfolgenden Jahren ihr Angebot durch eine Witwen-, Invaliden und eine Viaticumkasse, also eine Reiseunterstützungskasse. Es beteiligten sich daran sowohl die Buchdruckereibesitzer, also die Prinzipale, als auch Geschäftsführer, Faktoren oder Gehilfen. Alle, die »die Buchdruckerkunst gehörig erlernt und das 50. Lebensjahr noch nicht überschritten«[22] hatten, wurden zum Beitritt in die Unterstützungskasse verpflichtet. Hier zeigte sich der korporative Geist dieser Einrichtungen, ein früher deutscher Korporatismus im Sozialbereich, wenn man so will, bei dem der Arbeitgeber-Arbeitnehmer-Konflikt noch unterdrückt war. Zugleich kam die handwerklich-zünftige Prägung der Gemeinschaft aller Werktätigen eines Gewerbes zum Ausdruck, die durch die besonderen Fertigkeiten der Berufsgruppe – die »Buchdruckerkunst« – verstärkt wurde.

---

[21] Als Beispiel für eine ältere Unterstützungskasse wird im Folgenden die Allgemeine Unterstützungskasse der Gesellschaft der Buchdrucker Dresdens exemplarisch näher vorgestellt. Als weiteres Beispiel für eine im 18. Jahrhundert etablierte Einrichtung könnte das Kassenwesen der Buchdruckergesellschaft zu Straßburg dienen. Dazu Paul Weiss/Fernand Palliet: Chronik der Buchdrucker-Gesellschaft zu Straßburg. Krankenzuschuss- und Invalidenkasse – seit der Gründung im Jahre 1783 bis Ende 1908, Straßburg 1909.

[22] Allgemeine Unterstützungskasse der Dresdner Buchdrucker-Gesellschaft: Statuten – erneuert im Jahr 1854, Dresden 1854, S. 8.

In den Kassenstatuten wurden neben den Beitrittsbedingungen umfangreiche Verwaltungsvorschriften definiert. Diese beschrieben ein umfangreiches Geflecht an Gremien und Positionen – bestehend aus Konvent, Direktorium, Vorsitzenden, Vorstehern, Deputierten, Protokollanten, Rechnungsführern, Kassierern und Rechnungsrevisoren –, welche die Geschäfte der Unterstützungseinrichtung verantwortlich führten oder beaufsichtigten. Daneben gab es Instruktionen für die Verwaltungsbeamten sowie strikte Vorgaben zur Sicherung des Kassenfonds, also des Anlagevermögens der Unterstützungskasse. Dies durfte ausschließlich in Staatspapiere oder in mündelsichere Hypotheken gewinnbringend investiert werden. Ferner bestimmte die Satzung Sanktionen und Austrittsbestimmungen sowie schließlich die Leistungen, welche die Mitglieder erbrachten. Dazu zählten die Eintrittsgebühren bei der Aufnahme in die Unterstützungskasse, die für Prinzipale, Gehilfen, mitversicherte Ehefrauen und Lehrlinge unterschiedlich hoch bemessen waren. Hinzu trat ein regelmäßiger Wochenbeitrag, auch als Steuer bezeichnet, der in der Höhe weniger stark differierte.

In den nachfolgenden Statuten der unterschiedlichen Unterstützungsformen wurden die Leistungen erläutert, auf welche die Mitglieder Anspruch hatten. So erhielt man in der Krankenunterstützung ein wöchentliches Krankengeld von zwei Talern und vier Neugroschen oder in der Invalidenunterstützung bei vollständiger Arbeitsunfähigkeit ein nach Dauer der Mitgliedschaft gestaffeltes Invalidengeld, das nach 25 Beitragsjahren den Höchstsatz von zwei Talern wöchentlich erreichte. Ein Begräbnisgeld war für den Todesfall des Mitgliedes – und bei Mitversicherung ebenso im Todesfall der Ehefrau – in Höhe von 20 Talern vorgesehen. Ferner hatten die Witwen derjenigen Mitglieder, die das Eintrittsgeld für Frauen entrichtet hatten, unter bestimmten Bedingungen gegen Vorlage von Einkaufsscheinen einen Anspruch auf ein sachgebundenes Witwengeld in der Höhe von sieben und einen halben Neugroschen – solange die Witwe nicht wegen »unsittlicher und entehrender Handlungen«[23] auffiel oder wieder heiratete.

Generell fällt bei den inhaltlichen Vorschriften der jeweiligen Unterstützungsbereiche auf, dass sie den Unterstützungsfall bis in den Bereich einzelner Details zu reglementieren versuchten und dabei offensichtlich auf ein Erfahrungswissen zurückgriffen, das durch konkrete Streitfälle angereichert worden war. So hieß es für die Krankenunterstützung: »Wenn dem Rechnungsführer erheblicher Verdacht entsteht, dass die vorgegebene Krankheit eines Mitgliedes, ungeachtet des ärztlichen Zeugnisses, nicht in Wahrheit beruhe, so kann er nach zuvor eingeholter Genehmigung des ersten Direktors den Kranken durch den Bezirksarzt untersuchen lassen. Die Kosten dieser Untersuchung werden bei Widerlegung des Verdachts aus der Kasse bestritten, bei dessen Bestätigung aber von dem Unterstützung begehrenden Mitglied getragen. (...) Auf diese wöchentliche Unterstützung können aber solche Mitglieder durchaus keine Ansprüche machen, welche eine und dieselbe Krankheit schon zum zweiten Mal durch unordentli-

---

[23] Ebd., S. 22.

che Aufführung und unmoralischen Lebenswandel sich zugezogen haben oder welche ihre Wiedergenesung durch eine den Vorschriften des Arztes zuwiderlaufende Lebensweise verzögern oder, falls ihnen der Genuss der freien Luft gestattet ist, solche Orte besuchen, an welchen Erholung und Sammlung neuer Kräfte sich nicht erwarten lässt.«[24]

Die Statuten der Allgemeinen Unterstützungskasse der Gesellschaft der Dresdner Buchdrucker können als ein Beispiel für eine vertragsähnlich und vertragssprachlich frühzeitig weit ausgearbeitete, in Teilen bereits versicherungstechnisch anmutende Unterstützungssatzung angesehen werden. Entsprechend sachsprachlich und emotionsfrei war der Zweck der Kasse beschrieben: den Mitgliedern in Fällen von Krankheit oder Invalidität ebenso wie den Witwen im Todesfall und den reisenden Buchdruckergehilfen materielle Hilfe zukommen zu lassen.[25]

Doch jenseits jener spröden Sachlichkeit fand sich im Vorwort der Statuten der Unterstützungskasse geradezu das Gegenteil: eine emotional aufgeladene, pathetisch anmutende Sinnstiftung. Es wurde von »guten und menschenfreundlichen Zwecken« gesprochen, von einer »wohltätigen Stiftung« oder von den »reinsten und edelsten Absichten«, die »diesen Bund« zusammenschlossen. An jenen humanitär-altruistischen Akzent war die Betonung der Kraft der Vereinigung zu einer solidarischen Gemeinschaft angeschlossen, die jedes Mitglied besserstellt. »Vereint zu einem gleichen Ziele, wirkt jeder stets des anderen Glück; und jeder sieht im Hochgefühle auf das gemeinsame Wohl zurück. Und was ein Mensch nicht wirken kann, das fangen sie vereinigt an«, wurde lyrisch eingeleitet.[26] In der Festschrift zum hundertjährigen Jubiläum der Unterstützungskasse wurde diese Sinnstiftung fortgeführt. Auch dort wurde auf ein humanitäres Engagement als Pflicht zur »edlen Menschen- und Bruderliebe« verwiesen und der »korporative Geist des Unterstützungswesens« betont. Dabei wurden die Bindungen, die den Stand der Buchdrucker vereinen – das handwerkliche Ethos und der Stolz auf die erlernte Kunstfertigkeit, der Aufstieg von Lehrlingen zu Prinzipalen und deren damit verbundene ausgeprägte »Humanitätspflicht« – beschworen und auf die gemeinsame Unterstützungseinrichtung der Druckereibetreiber und ihrer Beschäftigten als Abbild und Vertiefung derselben projiziert.[27]

Diese positivistische Sichtweise auf das korporative Unterstützungswesen war 1868 nicht mehr unbestritten und wurde bei einer Feierstunde der Dresdner Unterstützungskasse auch erkennbar infrage gestellt: »Aber in der heutigen Zeit mit ihren vielfach einander widerstreitenden Verhältnissen und abnormen Zuständen reicht die im Volksleben oft so schön bekundete Humanität auf dem Gebiet des zufälligen Unglücks

---

[24] Ebd., S. 20.
[25] Vgl. dazu die Diktion gleich in den ersten Satzungsparagrafen ebd., S. 7.
[26] Ebd., S. 3 – dort auch die vorgenannten Zitate.
[27] Feier des hundertjährigen Jubiläums der Allgemeinen Buchdrucker-Unterstützungskasse zu Dresden am 21. Juni 1868 – Druckschrift zur Erinnerung an dieselbe im Auftrag des Festkomitees, Dresden 1868, S. 13 ff., ebd. auch die Zitate.

und bezüglicher Hilfsbedürftigkeit allein nicht mehr aus; dieselbe muss sich vielmehr in einer Weise verallgemeinern und erweitern, wie es für eine vollständige Bessergestaltung dieser Zustände erforderlich ist. Und dem ist bereits so namentlich in dem Kreis, dem wir fast alle angehören – in dem gesamten Arbeiterstand. Ein voller Hauch brüderlicher Liebe, ein unwiderstehlicher Drang nach Vereinigung in diesem Stand zu einem Ziel durchgleitet gegenwärtig die ganze zivilisierte Welt.«[28] Die nahende Zukunft sollte jenen Organisationen gehören, die den Grundkonflikt zwischen Arbeit und Kapital abbildeten und welche Arbeiterschaft und schließlich Angestellte und Beamte gewerkschaftlich organisierten. Eine »wahre, allseitige Humanität für alle Lagen und Verhältnisse« wurde in der Feierstunde in Dresden 1868 als Kulturaufgabe der Arbeiterschaft und als deren »humanes Endziel« definiert.[29]

Zu jener Zeit war noch nicht absehbar, welche Bedeutung das Unterstützungswesen als soeben mit kritischer Konnotation bezeichnete »Humanität auf dem Gebiet des zufälligen Unglücks und bezüglicher Hilfsbedürftigkeit« wegen der tiefen Verwurzelung im Bereich zünftiger und korporativer Standesvereinigungen, die den Interessengegensatz von Arbeit und Kapital eben nicht repräsentierten, in den sich bildenden Arbeitervereinigungen langfristig haben würde.

Eine Speerspitze der gewerkschaftlichen Avantgarde bildeten neben den Buchdruckern auch die Zigarrenarbeiter.[30] Hier waren wichtige Rahmenbedingungen für die Organisierbarkeit der Beschäftigten gegeben: der berufliche Stolz auf eine angesehene handwerkliche Kunstfertigkeit, der die Tätigen mit Selbstbewusstsein und dem Wissen um den Wert ihrer Arbeitskraft ausstattete sowie über das Berufsethos einen kritischen Blick auf Defizite bei den Arbeitsbedingungen bahnte; eine kommunikative Tätigkeit, die den Austausch am Arbeitsplatz förderte und Gruppenprozesse beschleunigte; und das Vorhandensein organisatorischer Vorreiter, in denen die Gemeinschaftsbildung bereits eingeübt war. Dazu zählten auch korporative Kassen wie die oben geschilderte der Buchdrucker. Allgemein spielten hierfür die Unterstützungskassen der Gesellenvereinigungen in allen handwerklich geprägten Berufen eine besondere und nicht zuletzt

---

[28] Ebd., S. 15.
[29] Ebd. die vorgenannten Zitate.
[30] Dazu und zum Folgenden Schönhoven: Die deutschen Gewerkschaften, S. 20 ff. Zu den Zigarrenarbeitern Wilhelm Heinz Schröder: Arbeit und Organisationsverhalten der Zigarrenarbeiter in Deutschland im 19. und frühen 20. Jahrhundert. Ein Beitrag zur Erklärung der Führungsrolle der Zigarrenarbeiter in der frühen politischen Arbeiterbewegung, in: Historical Social Research, Supplement Nr. 23, 2011, S. 195-251 (Reprint/Zusammenfassung von Beiträgen aus dem Jahr 1978). Allgemein als Sozialgeschichte dieser gewerkschaftlichen Inkubationszeit Klaus Tenfelde: Die Entstehung der deutschen Gewerkschaftsbewegung. Vom Vormärz bis zum Ende des Sozialistengesetzes, in: Borsdorf (Hg.): Geschichte der deutschen Gewerkschaften, S. 15-165. Gerhard A. Ritter/Klaus Tenfelde: Der Durchbruch der Freien Gewerkschaften Deutschlands zur Massenbewegung im letzten Viertel des 19. Jahrhunderts, in: Heinz Oskar Vetter (Hg.): Vom Sozialistengesetz zur Mitbestimmung. Zum 100. Geburtstag von Hans Böckler, Köln 1975, S. 61-120, hier S. 61-68.

kommunikative Rolle. Für sie galt, je nach Gesetzeslage in den deutschen Staaten,[31] im frühen 19. Jahrhundert häufig eine begrenzte Versammlungsfreiheit, die zur Ausübung der Kassenverwaltung oder der Arbeit in den Gremien genutzt wurde. Letztlich wurden die Gesellenkassen dadurch zu einem von der Obrigkeit widerwillig geduldeten kommunikativen Raum, in dem die Gesellen »zur Ablieferung ihrer Beiträge für die Kranken- und Sterbekassen« zusammenkamen und die Gelegenheiten zum »Verschimpfen des Handwerks«[32] nutzten. Im Vormärz, der Zeit der grassierenden staatlichen Angst vor revolutionären Keimzellen, wurden Gesetze erlassen, mit denen die Unterstützungskassen der Gesellen mit variierender Konsequenz der einzelnen Landesregierungen und mit verschiedenen Werkzeugen einzuhegen versucht wurden. Dafür konnten sie unter die Aufsicht der Meister oder der Behörden gestellt oder die Unternehmer zur Mitgliedschaft in der Unterstützungskasse verpflichtet werden, um eine korporative Kasse zu erwirken.

Im Deutschen Bundestag stellte die sächsische Regierung in Frankfurt am Main 1835 den Antrag, die staatlichen Maßnahmen gegen die Gesellenvereinigungen und ihre Unterstützungskassen zu vereinheitlichen. Die Begründung dieser Initiative zeichnet ein anschauliches Stimmungsbild der Vorbehalte der staatlichen Obrigkeit gegen die Einrichtungen der Gesellen, »welche mehr oder weniger der polizeilichen Aufsicht sich entziehen zu wissen und desto leichter Ungebührnissen mancher Art Spielraum geben«. Und weiter hieß es: »Diese sogenannten Gesellschaften oder Brüderschaften verbreiten sich über ganz Deutschland und die meisten benachbarten Staaten, sie haben ihre besonderen sozialen Verfassungen und Kennzeichen, sind aber gleichwohl von den Obrigkeiten entweder nicht gekannt, oder – wie wohl häufiger der Fall ist – im Stillen geduldet. (...) Dabei drängt sich aber die Bemerkung auf, dass diese Verbindungen außerdem auch zur Förderung politischer Absichten gemissbraucht werden können, indem sie die Einwirkung der leider noch bestehenden revolutionären Assoziationen

---

[31] Vgl. dazu für Preußen Wilfried Reininghaus: Die Gesellenladen und Unterstützungskassen der Fabrikarbeiter bis 1870 in der Grafschaft Mark. Anmerkungen zu einem wenig erschlossenen Kapitel der Sozial- und Wirtschaftsgeschichte Westfalens, in: Der Märker 29, 1980, S. 46-55, hier bes. S. 48. Für die frühe preußische Gesetzgebung zu den Gesellenladen und Unterstützungskassen schildert Reininghaus das Ziel eine Weiterleitung der überkommenen sozialen Fürsorge der Handwerker in den nun rasant aufstrebenden industriellen Bereich, um die Gemeindefinanzen von den Lasten der Armenfürsorge zu befreien. Mit den wichtigsten Etappen der preußischen Kassengesetzgebung – Landrecht 1794, Gewerbeordnung 1845, Notverordnung 1849 und Unterstützungskassengesetz 1854 mit folgenden ministeriellen Erlassen – wurde indes auch eine Begrenzung des Kassenwesens auf Kranken- und Sterbekassen sowie die Verhinderung der weiteren Ausdehnung von Gesellenvereinigungen als Organisationen von Arbeitnehmern verfolgt.

[32] Zitiert nach Hermann Müller: Die Organisationen der Lithografen und Steindrucker und verwandten Berufe, Berlin 1917, S. 7. Müller bietet im ersten Teil des Buches auf annährend 470 Seiten eine »Allgemeine Gewerkschaftsgeschichte«, bevor er erst im zweiten Teil die gewerkschaftliche Organisation der Lithografen und Steindrucker dezidiert beschreibt. Verkürzt publizierte Müller dann ein Jahr später die »Allgemeine Gewerkschaftsgeschichte« separat. Hermann Müller: Geschichte der deutschen Gewerkschaften bis zum Jahr 1878, Berlin 1918.

im Ausland auf die deutschen Handwerksgesellen erleichtern, die Entdeckung und Verfolgung dieser Umtriebe aber den Obrigkeiten erschweren.«[33]

Es ging um die Koalitionsfreiheit, die bis heute maßgebliche Rechtsgrundlage für die Etablierung oder den Schutz von Gewerkschaftsbewegungen, die Organisierung von Mitgliedern und die Möglichkeit, sich gemeinschaftlich zu versammeln. Noch bevor erste Gewerkschaften auf deutschem Boden existierten, eröffneten also die Unterstützungskassen die Tür zu einer begrenzten Koalitionsfreiheit für abhängig Beschäftigte handwerklicher Berufe und bereiteten damit den Nährboden gewerkschaftsähnlicher Organisationstätigkeit. Ein bundeseinheitliches Vorgehen gegen die Geselleneinrichtungen gelang übrigens nicht. In der preußischen Gewerbeordnung oder im sächsischen Gewerbegesetz blieb die Duldung der Gesellenkassen zunächst weiter erhalten.

Die Einschränkungs- oder Verbotsversuche der Obrigkeit hatten zu Protesten der Gesellen geführt. »Der zünftige Gesell (...) will ein Wörtchen mitzureden haben (...). Er will die Verwaltung gewisser Kassen, die allerdings unter Umständen auch für die Heranziehung neuer und die Abstoßung alter Arbeitskräfte von Wichtigkeit sein können, nicht aus der Hand geben.«[34] Im Vorfeld der deutschen Revolution von 1848 und 1849 bildete sich unter Gesellen ein anwachsender Widerstandsgeist, gespeist aus Themen wie Organisationsfreiheit und Protestmöglichkeiten, Gesellenrechte als abhängig Beschäftigte, Kritik an der Obrigkeit oder an den berufsbedingten Missständen. Das Unterstützungskassenwesen stabilisierte die Protestarchitektur als organisatorische Rahmung. Mit der Revolution kamen auch diese Kräfte eruptiv zum Ausbruch. Für die entstehende Arbeiter- und Gewerkschaftsbewegung wirkten die Revolutionsereignisse wie ein Katalysator.

Dies sei nur anhand einiger Schlagworte unterlegt: der Bund der Gerechten, als Vorläufer des Bundes der Kommunisten von einem Gesellen, dem Schneider Wilhelm Weitling, gegründet; das Berliner Zentralkomitee der Arbeiter, das als Dachverband erster gewerkschaftsähnlicher Verbände verstanden werden kann; Arbeiterkomitees in großen Städten; der Allgemeine Arbeiterkongress in Berlin im August und September 1848 und die dadurch initiierte Allgemeine Deutsche Arbeiterverbrüderung, der sich Arbeitervereine anschlossen und frühe Gewerkschaften wie der Verband der Zigarrenarbeiter zeitweilig annäherten. Gesellen, Arbeiter und sozial schwache, proletarisierte Meister aus handwerklichen Berufen versammelten sich in dieser Form erstmalig in Deutschland unter der sinnstiftenden Einheit einer Arbeiterschaft.[35]

---

[33] Zitiert nach Müller: Die Organisationen der Lithografen und Steindrucker, S. 14 f.
[34] Zitiert nach ebd., S. 15.
[35] Dies kann hier nicht weiter ausgeführt werden. Am Beispiel der Biografie Stephan Borns, des Gründers der Allgemeinen Deutschen Arbeiterverbrüderung, kann man sich anschaulich durch diese ereignisreiche Inkubationszeit der ersten Formierung der deutschen Gewerkschaftsbewegung führen lassen. Franziska Rogger: »Wir helfen uns selbst!« Die kollektive Selbsthilfe der

Die Buchdrucker zeigten sich im Verlauf der Revolutionsereignisse besonders aktiv. Sie stellten gewerkschaftliche Forderungen, suchten die Auseinandersetzung mit den Prinzipalen und streikten für bessere Arbeitsbedingungen und höhere Löhne. In bestimmten Bereichen inspirierten die Debatten der Revolutionsphase den Gedanken der sozialen Selbsthilfe der Arbeiterschaft. Mit den *ateliers sociaux* von Louis Blanc etwa wurden Formen einer Produktionskooperative auch in Deutschland diskutiert, wobei mit Gedanken zu einer genossenschaftsähnlich organisierten Selbstversorgung experimentiert wurde.[36]

Die somit im Revolutionsprozess aufgewerteten Traditionen des Unterstützungswesens unter Buchdruckern legten es nahe, dass der Aufbau eines Gewerkschaftswesens mit einem Unterstützungskassenwesen Hand in Hand ging. Nachdem im Zunftzeitalter und danach in Bildungsvereinen oder Geselligkeitsorganisationen kooperative Organisationen der Gehilfen und Prinzipalen bei den Buchdruckern üblich gewesen waren, führte der revolutionäre Geist und das »ungestüme Drängen des Jahres 1848 nach freiheitlicher Gestaltung der Dinge«[37] nun zu gewerkschaftlichen Organisationsbestrebungen. In Mainz trat 1848, in begrifflicher Analogie zur revolutionären Forderung einer Nationalversammlung, die National-Buchdruckerversammlung zusammen. Aus ihr wiederum ging die Gründung des Deutschen National-Buchdruckervereins zur »Hebung und Sicherstellung des materiellen und geistigen Wohls« hervor. Er bildete zahlreiche lokale Vereine, auch Prinzipale traten bei. Die Mehrheit der Prinzipale hingegen – und dies war der eigentliche Bruch mit den korporativen Vorformen und, wenn man so will, der zentrale gewerkschaftliche Moment – stellte sich gegen die Absichten der neuen Organisation. Bald scheiterte jene jedoch an der »Hydra der Zwietracht« in der Gehilfenschaft, wie es verbandsgeschichtlich etwas theatralisch formuliert wurde.[38]

Ein erneuter Organisationsversuch wurde mit dem Aufruf zur Gründung des Gutenbergbundes unternommen. Auf einem Kongress in Berlin wurde die neue Organisation im September 1849 etabliert, aber bereits im Juni 1850 vom Berliner Polizeipräsidium wieder geschlossen. Die Revolution hatte unterdessen ihre Niederlage erlebt. Die Reaktion ging nun unerbittlich gegen jede Vereinigung vor, die im Verdacht stand, revolutionäres Gedankengut in sich zu tragen. Was am Ende dieser frühen gewerkschaftlichen Organisationsphase der Buchdrucker dabei wie ein Skelett gewerkschaftlicher

---

Arbeiterverbrüderung 1848/49 und die individuelle Selbsthilfe Stephan Borns – Borns Leben, Entwicklung und seine Rezeption der zeitgenössischen Lehren, Erlangen 1986.

[36] Vgl. ebd., S. 132 f. und S. 171-193.

[37] Karl Helmholz: Verband der Deutschen Buchdrucker. Sein Werden und Wirken 1866 bis 1914. Herausgegeben anlässlich der Weltausstellung für Buchgewerbe und Grafik, Leipzig 1914, S. 7.

[38] Ebd. – dort auch die vorgenannten Zitate. Als kompakte Beschreibung dieser und folgend skizzierter Vorgänge in der Gewerkschaftsbewegung der Buchdrucker um 1848 Schönhoven: Die deutschen Gewerkschaften, S. 22 ff. Ausladender Gerhard Beier: Schwarze Kunst und Klassenkampf. Vom Geheimbund zum königlich-preußischen Gewerkverein (1830-1890), Frankfurt am Main 1966.

Strukturen verblieb, waren neben lokalen Gehilfenvereinen vor allem örtliche Unterstützungskassen. In der Erfahrung der Solidarität der Gruppe, in der der Einzelne von der Gemeinschaft geschützt wurde – einem in dieser ereignisreichen Periode bedeutsamen »einer für alle und alle für einen«, wie es die Kranken-, Invaliden-, Sterbe-, Unterstützungs- und Witwenkasse für Buchdrucker beider Mecklenburg in ihrer Jubiläumsschrift zum 25. Jubiläum 1874 schrieb[39] –, blieb der Unterstützungsgedanke vital. Aus lokalen Vereinigungen entstanden häufig zugleich Unterstützungskassen. Zunächst etablierten sich die um 1848 oder 1849 ins Leben gerufenen Kassen der Buchdrucker neben den ersten gewerkschaftlichen Strukturen – als Ausdruck eines erwachenden Gemeinschaftssinns, wie man es selbst interpretierte.[40] Im Fall der Mecklenburger Kasse entwickelte sich durch die Kooperation mit anderen Kassen aus einer anfangs kleinen, unbedeutenden Lokalkasse in Schwerin ein Netzwerk miteinander verbundener Kasseneinrichtungen einer ganzen Region.

Die Genese dieser »Revolutionskassen«, um sie einmal so zu bezeichnen, ist aus verschiedenen Gründen interessant. Einerseits zählten sie zu den frühesten Kassen, die mit dem Aufbau gewerkschaftlicher Strukturen unmittelbar verbunden waren. Andererseits nimmt das Beispiel der Mecklenburger Kasse vorweg, dass die Überwindung lokaler Organisationen zugunsten einer voranschreitenden Zentralisierung ein Schwerpunktthema werden sollte, als die sich nach 1890 entwickelnden gewerkschaftlichen Großorganisationen ihre Kassenarchitekturen zu entwerfen hatten. Zuletzt sind die »Revolutionskassen« der Buchdrucker aber auch wegen des Entwicklungsstandes ihrer Satzungen von Interesse.

Die Statuten der 1849 gegründeten Unterstützungskasse für Buchdrucker in Mecklenburg definierten in 61 Paragrafen die Bedingungen der Kranken-, Invaliden-, Sterbe-, Unterstützungs- und Witwenkasse. Zu erkennen ist dabei ein fortgeschrittener Grad an Bürokratisierung und Professionalisierung. Bestimmungen über Beitragszahlungen, Leistungsansprüche für genau definierte Unterstützungsfälle oder zur Eindämmung von Missbrauch waren in technisch-sachlicher Diktion umfangreich vorhanden. Jedes Mitglied der Unterstützungskasse war dadurch vorab und transparent informiert, welche Zahlungen man in welchem Unterstützungsszenario bei welchen Steuerleistungen erwarten konnte. Der Anteil an Zuwendungen, die der Vorstand nach Einzelfallprüfung und Gutdünken bewilligte, war vergleichsweise gering. Nur bei allgemeiner Hilfsbedürftigkeit konnte der Kassenvorstand nach Antrag und Prüfung eine temporäre und in der Höhe nicht vorab festgesetzte Unterstützung nach eigenem Ermessen freigeben.[41]

---

[39] Festschrift zur Feier des 25-jährigen Bestehens der Kranken-, Invaliden-, Sterbe-, Unterstützungs- und Witwenkasse für Buchdrucker beider Mecklenburg am 14. Juli 1874, Schwerin 1874, S. 1.

[40] Siehe ebd. Zur Entstehung und Entwicklung dieser Kasse 1849 bis 1873 vgl. die Darstellung ebd., S. 1-16.

[41] Die Statuten der Kasse in der Fassung des Jahres 1874 in Auszügen abgedruckt ebd., S. 17-21.

Während die Mecklenburger Kasse ihre Statuten eher undifferenziert und konsekutiv aufbaute und noch keine separierten Abschnitte für die jeweiligen Unterstützungsbereiche auswies, verfuhr die Kranken-, Sterbe und Viatikumskasse der assoziierten[42] Buchdrucker Berlins 1849 bereits fortschrittlicher. In den Statuten, mit denen eine vereinigte Berliner Unterstützungskasse aller sich zur deutschen Buchdrucker-Assoziation bekennenden Buchdrucker etabliert wurde,[43] waren neben allgemeinen Bestimmungen sowie den Verwaltungs- und Strafbestimmungen die jeweiligen Unterstützungsbereiche in der Form eigener Unterstützungskassen gesondert dargestellt. Im Bereich der Krankenkasse wurden die Satzungsvorschriften so beispielsweise systematisiert unter den Überschriften: Berechtigung zur Mitgliedschaft, Zahlung der Beiträge, Anmeldung von Erkrankungen, Leistungen der Kasse, Verlust des Anrechts auf Krankengeld, Begriff der Krankheit, Aufenthaltsort des Kranken und Verhalten des Kranken während der Krankheit.

Die professionell anmutende Organisation der Unterstützungskasse wird nicht nur an der Struktur der Statuten ersichtlich, sondern im Besonderen an den Verwaltungsvorschriften. So wartete der Verwaltungsrat der Unterstützungseinrichtung mit einem Wahlrecht auf, mit dem alle Kassenmitglieder in den Verwaltungsrat gewählt werden konnten. Jeweils ein Drittel der Mitglieder des sechsköpfigen Verwaltungsrats wurde halbjährig in einem festgelegten Rotationsverfahren neu gewählt, wobei die Gewählten zur Annahme unter Androhung des Kassenausschlusses verpflichtet waren. Zusammen mit dem Rendanten bildete der Verwaltungsrat den Kassenvorstand.

Der besoldete Rendant übernahm die Funktionen eines Geschäftsführers und war für alle Kassengeschäfte zuständig und verantwortlich. Ihm zur Seite stand der Kassenbote, der als Kassierer Woche für Woche Buchdruckereien aufsuchte, um vor Ort die erforderliche Kassengeschäfte – nicht zuletzt die Eintreibung der Mitgliedsbeiträge – vorzunehmen. Botendienste waren seinerzeit weit verbreitet. Dennoch ist es interessant, dass in Unterstützungskassen die Hauskassierung der Gewerkschaften vorweggenommen wurde und auch der »Victoria-Bote« – in Uniform und mit Schirmmütze eine häufige Erscheinung im Straßenbild Berlins vor dem Ersten Weltkrieg – als Symbol einer der größten deutschen Lebensversicherungsgesellschaften im späten 19. und 20. Jahrhundert[44] gerade hier eine Vorform fand.

---

[42] Der Begriff »Assoziationen« wurde seinerzeit zu einem Leitbegriff für freiheitliche Zusammenschlüsse, setzte sich damit ab von den Zwangsorganisationen der Zünfte und wurde für die Benennung gewerkschaftsnaher und nationaler Organisationen genutzt. Dazu Schönhoven: Die deutschen Gewerkschaften, S. 21.

[43] Das Folgende nach den Statuten der vereinigten Kranken-, Sterbe- und Viatikumskassen der assoziierten Buchdrucker Berlins, Berlin 1849.

[44] In der Diktion der Versicherungswirtschaft hieß dieses Eintreiben der Beiträge Barinkasso, die Versicherungsboten firmierten entsprechend als Victoria-Inkassobeamte. Dazu etwa Arno Surminski: Im Zug der Zeiten. Die Victoria von 1853 bis heute, Düsseldorf 1978, S. 16.

Die zentrale Bedeutung des Verwaltungsrats kam in der Satzung der Berliner Unterstützungskasse schließlich dadurch zur Geltung, dass er zugleich die Funktionen der Revision der Arbeit des Rendanten und eines Schiedsgerichts übernahm. Diese Unterstützungseinrichtung verfügte damit über eine Art Kassengerichtsbarkeit, die bei Streitigkeiten in Unterstützungsfragen einen Schiedsspruch auf der Grundlage der Satzungsbestimmungen herbeiführen konnte. Derlei schiedsgerichtliche Gremien werden als Element gewerkschaftlicher Unterstützungseinrichtungen zwischen 1890 und 1933 in anderen Kontexten erneut auftauchen. Jedenfalls schienen die Verantwortlichen der Berliner Unterstützungskasse ein sensibles Bewusstsein für die Machtfülle ihres Verwaltungsrats entwickelt zu haben. Das skizzierte besondere Wahlverfahren mit seiner eng getakteten Rotation lässt sich vor diesem Hintergrund als demokratisches Korrektiv interpretieren – womöglich auch inspiriert vom revolutionären Geist der endenden 1840er Jahre.

Bei der Beschreibung des Gründungszwecks verfuhren die Satzungen der »Revolutionskassen« gattungstypisch sachlich. »Zweck dieser Kasse ist es, den Mitgliedern in Krankheits- oder sonstigen Unglücksfällen sowie beim Eintritt von Arbeitsunfähigkeit eine Unterstützung zu gewähren, ihnen in Sterbefällen eine anständige Beerdigung zu sichern und ihre hinterlassenen Witwen zu unterstützen«, lautete der erste Absatz der Mecklenburger Unterstützungskasse.[45] Die Interpretation einer durch die Revolution geförderten Gemeinschaftsbildung, die im Unterstützungskassenwesen Ausdruck fand, sich darin gewissermaßen materialisierte und diese organisatorisch festigte und vertiefte, blieb dem Verfasser der Jubiläumsschrift vorbehalten.[46]

An dieser Stelle ist ein knappes Zwischenfazit mit einem Ausblick auf später zu erläuternde Sachverhalte zu kombinieren. Die nach 1900 stetig komplexer werdenden Statuten der Zentralunterstützungen der großen Gewerkschaftsverbände hatten in den hier geschilderten Prozessen historische Vorläufer: in der langfristigen Evolution von Satzungen oder Statuten schon bei Zünften oder Gesellenvereinigungen oder bei besonders entwickelten Vorgängern gewerkschaftlicher Unterstützungskassen in den hier geschilderten Einrichtungen der Buchdrucker in der gewerkschaftlichen Inkubationszeit in der Mitte des 19. Jahrhunderts.

Nach Revolution und heißer Reaktion nahm die Formierung der Buchdruckergewerkschaft in den 1860er Jahren eine neue Gestalt an. Der Fortbildungsverein für Buchdrucker zu Leipzig bildete sich, in Mainz wurde ein allgemeiner Buchdruckertag abgehalten und 1866 in Leipzig der Verband der Deutschen Buchdrucker als eine der ersten modernen Gewerkschaften in Deutschland gegründet. Die Verbandsentwicklung begann mit 32 Vereinen und 60 Städten bei anfangs 3.500 Mitgliedern und durchbrach im

---

[45] Festschrift zur Feier des 25-jährigen Bestehens der Kranken-, Invaliden-, Sterbe-, Unterstützungs- und Witwenkasse für Buchdrucker beider Mecklenburg, Satzungsabdruck, S. 17.
[46] Ebd., S. 1-16 der Jubiläumstext zur Kassengeschichte, hier bes. S. 1.

Verlauf der 1890er Jahre die Schwelle von 20.000 Mitgliedern. Mit dem Organ *Korrespondent* unterhielt die Organisation eine renommierte Gewerkschaftszeitung. Von erheblicher Strahlkraft sollte schließlich auch das Unterstützungswesen sein, das der Verband der Deutschen Buchdrucker nach seiner Gründung sukzessive auf- und ausbaute.[47]

Einen wesentlichen Ausgangspunkt bildeten dafür die bestehenden lokalen Kassensysteme, wie sie in ausgewählten Beispielen skizziert wurden. Sie bildeten in den 1850er und 1860er Jahren nach der Erosion der ersten Organisationen das strukturelle Gerüst, das nach der Gründung des Verbandes der Deutschen Buchdrucker unter dem Dach der neuen Gewerkschaft zu vereinheitlichen war. Noch in den 1870er Jahren gab es zahlreiche jener Lokalkassen. So wies eine Statistik der Verbandsleitung für das Jahr 1872 111 lokale Kranken- und Begräbniskassen sowie 44 Invaliden- und Witwenkassen für deutsche Buchdrucker mit zusammen über 16.000 Mitgliedern aus.[48] Die Überwölbung jener Lokalkassen durch zentrale Verbandskassen, die im gesamten Verbreitungs- und Organisationsgebiet der Gewerkschaft die gleichen Unterstützungsbedingungen sicherte, dauerte seine Zeit.

Zuerst erschaffte der Verband 1868 mit der Gemaßregeltenunterstützung eine Kampfkasse. Bis 1875 wurde eine Reiseunterstützung eingeführt, die das Reisezehrgeld als bis dahin übliches Viatikum ersetzte. Dazu trat 1880 als eine der ersten zentralen Arbeitslosenkassen in Deutschland die Arbeitslosenunterstützung des Verbandes der Deutschen Buchdrucker am Ort. Diese wurde in einem Wirkungszusammenhang mit der Gemaßregeltenunterstützung, einer Umzugskostenbeihilfe und der Reiseunterstützung gesehen. Wer am Ort – weil beispielsweise die vereinbarte Bezahlung nicht eingehalten wurde und er sich dagegen zur Wehr setzte – seine Arbeit verlor, begab sich nach Möglichkeit auf Reisen und suchte andernorts nach einer besser dotierten Beschäftigung. Für ältere und verheiratete Kollegen bestand diese Option nicht. Für sie gab es nun die gesonderte Arbeitslosenunterstützung am Ort. An diesen Beispielen kann man anschaulich erkennen, wie handwerkliche Prägung auf frühen Berufsgewerkschaften einwirkten. Handwerkliche Traditionen wie Wanderschaft oder Zehrgeld traten in das Unterstützungswesen der frühen Gewerkschaften über.

Seit 1870 trieb der Verband der Deutschen Buchdrucker eine Fondsansammlung für die Invalidenkasse voran, mit der finanzielle Sicherheiten für diese Kasse, die 1880 ihre Tätigkeit aufnahm, hinterlegt wurden. Ab 1881 konnten über das Unterstützungs-

---

[47] Zur Gewerkschaftsbewegung der Buchdrucker Karl Michael Scheriau: Kunstgenossen und Kollegen. Entstehung, Aufbau, Wirkungsweise und Zielsetzung der Gewerkschaftsorganisation der deutschen Buchdrucker von 1848 bis 1933, Diss. Berlin 2000. Heinrich Bleicher-Nagelsmann (Hg.): Vom Deutschen Buchdruckerverband zur Einheitsgewerkschaft. 150 Jahre Verdi: Solidarität, Emanzipation, Tarifkampf, Berlin 2016. Als verbandsgeschichtliche Werke aus der Untersuchungszeit Willi Krahl: Der Verband der Deutschen Buchdrucker. Fünfzig Jahre deutsche gewerkschaftliche Arbeit mit einer Vorgeschichte, zwei Bände, Berlin 1916 und 1933. Helmholz: Verband der Deutschen Buchdrucker.

[48] Nach Helmholz: Verband der Deutschen Buchdrucker, S. 17.

kassenwesen des Verbandes zudem Krankenunterstützung und Begräbnisgeld bezogen werden. Darüber hinaus wurden Unterstützungen für Witwen und Waisen oder gesonderte Unterstützungen in besonderen Notfällen gewährt. Bis 1890 gab der Verband der Deutschen Buchdrucker bis zu 500.000 Mark jährlich für soziale Unterstützungsleistungen in den Bereichen Arbeitslosigkeit am Ort, Krankheit, Invalidität und Todesfall aus – so beispielsweise im Jahr 1886 knapp 428.000 Mark bei seinerzeit 13.000 Mitgliedern. Zum Vergleich: Der durchschnittliche Jahresverdienst von Arbeitnehmern in Industrie, Handel und Verkehr wurde für das Jahr 1885 mit 581 Mark veranschlagt. Bis zum Jahr 1913 kam der Verband dabei auf kumulierte Gesamtausgaben für Unterstützungszwecke von über 63 Millionen Mark.[49]

Die Werte umfassten Leistungen der zentralen Verbandskassen wie auch zusätzliche Unterstützungsleistungen und Aufstockungsbeträge der örtlichen und regionalen Kassen, also auf Ortsverbands- und Gauebene der Gewerkschaft. Daran wird ersichtlich, dass der Prozess der Transformation von der Vielfalt lokaler Kassensysteme zur Einheit eines zentralisierten Kassensystems schwierig war. Im Lokalismus wirkten zähe Kräfte, die nach örtlicher Kontrolle der eingezahlten Mitgliedsbeiträge, nach örtlichen Verteilungsentscheidungen und allgemein nach lokaler Finanzautonomie strebten. Diese Kräfte werden später beim Aufbau der Kassenarchitektur der nach 1890 entstehenden gewerkschaftlichen Großverbände eine besonders wichtige Rolle spielen. Insofern nahm die Entwicklung des Unterstützungskassenwesens im Verband der Deutschen Buchdrucker seit den 1860er und 1870er Jahren einiges von dem vorweg, was nach 1890 und nach der Jahrhundertwende die später gegründeten Gewerkschaften nachholen sollten. Reste des lokalen Kassenwesens hielten sich auch in der Buchdruckergewerkschaft beharrlich. Bis in die endenden 1920er Jahre wurden relevante Zuschüsse auf zentrale Unterstützungen über gesonderte Gau- und Ortskassen praktiziert.[50]

In den frühen, handwerklich und von spezifischen Berufsgruppen geprägten Gewerkschaftsorganisationen, das lässt sich am Beispiel des Verbandes der Deutschen Buchdrucker zeigen, setzten sich die Traditionslinien der sozialen Selbsthilfe in Zünften und Gesellenvereinigungen, korporativer Unterstützungseinrichtungen oder der »Revolutionskassen« nahtlos, wie es den Anschein hatte, fort. Warum auch sollte nicht weitergeführt werden, was sich bewährt hatte – nicht nur als Hilfsleistungen für die soziale Notlage des Einzelnen, sondern insbesondere auch als statisches Grundgerüst von Organisationen, die eine Gemeinschaftsbildung verfolgten? Gerade jener letztgenann-

---

[49] Die Zahlen nach ebd., S. 9 und S. 18 f. Der durchschnittliche Jahresverdienst der Arbeitnehmer nach Gerd Hohorst/Jürgen Kocka/Gerhard A. Ritter: Sozialgeschichtliches Arbeitsbuch. Materialien zur Statistik des Kaiserreichs 1870-1914, München 1975, S. 107 – basierend auf Ashok V. Desai: Wages in Germany 1871-1913, Oxford 1968.

[50] Verband der Deutschen Buchdrucker: Bericht über das Jahr 1929, hier über die Invalidenunterstützung S. 60-64, bes. S. 63. Demnach fuhr der Verband aufgrund finanzieller Herausforderungen in der Invalidenunterstützung das Zuschusswesen in den Gauen und Mitgliedschaften zugunsten der Stärkung der Verbandsinvalidenunterstützung zurück.

te Aspekt sollte unter dem Sozialistengesetz eine Aufwertung des sozialen Unterstützungswesens in den von neuen Repressionen betroffenen Gewerkschaften bewirken.

Gewerkschaftliche Unterstützungskassen unter dem Sozialistengesetz

Das 1878 im Deutschen Kaiserreich erlassene Sozialistengesetz, das im Wortlaut als »Gesetz gegen die gemeingefährlichen Bestrebungen der Sozialdemokratie« seine Intention offen kundtat, galt mit verschiedenen Änderungen und Ergänzungen bis zum Jahr 1890. Es verbot Vereine oder Vereinigungen, Versammlungen, andere Zusammenkünfte und Publikationen, die im Verdacht standen, mit dem sozialistischen, kommunistischen oder sozialdemokratischen Gedankengut in Verbindung zu stehen. Wenngleich in der jüngeren Forschung die Schärfe des Vorgehens der deutschen Behörden im internationalen Vergleich zuletzt relativiert wurde,[51] bedeutete das Sozialistengesetz dennoch für alle bestehenden deutschen Gewerkschaften, die sich als Vertretung der Interessen der Arbeiter verstanden und mithin als Teil der zu sanktionierenden Arbeiterbewegung galten, dass das Portfolio ihres gewerkschaftlichen Engagements fortan unter einem strikt überwachten Ausübungsverbot stand.

In dieser Situation sollte sich das Unterstützungswesen der Verbände als segensreich erweisen. Denn für Organisationen, denen es gelang, den Zweck ihrer Vereinigung so neu zu etikettieren, dass als reiner Versicherungsverein zur gegenseitigen Unterstützung von Arbeitslosen, Kranken oder Invaliden der Anschein einer unpolitischen Gemeinschaft gewahrt wurde, bestand die Möglichkeit, hinter jener Camouflage gewerkschaftspolitische Betätigungen im Verborgenen fortzusetzen – vor allem aber die Verbandsstrukturen sowie das Netzwerk der Mitglieder und Funktionsträger zu bewahren und die materiellen Rücklagen und Werte der Organisation zu retten.

Wieder, wie bereits nach der gescheiterten Revolution von 1848, sollten die Unterstützungskassen das stabile Gerüst, das verbleibende Skelett mühsam aufgebauter Strukturen bilden, um eine Reaktionsphase zu überstehen. Der Verband der Deutschen Buchdrucker vollzog im November 1878 mit der Umbenennung in den Unterstützungsverein Deutscher Buchdrucker, der im März 1879 seinen Sitz nach Stuttgart verlegte, jene Metamorphose.[52] Die Verbände standen unter starkem Druck. Neben den

---

[51] Ulrich Herbert: Geschichte Deutschlands im 20. Jahrhundert, zweite Auflage, München 2017, S. 76. Vgl. dazu auch Stefan Berger: Marxismusrezeption als Generationserfahrung im Kaiserreich, in: Klaus Schönhoven/Bernd Braun (Hg.): Generationen in der Arbeiterbewegung, München 2005, S. 193-209, hier bes. S. 197 f. Als kompakte Beschreibung der Epoche des Sozialistengesetzes lesenswert Lehnert: Sozialdemokratie, S. 67-77. Erweiterte Analysen finden sich in den einschlägigen Gesamtdarstellungen zur deutschen Geschichte – dazu einige Literaturhinweise am Beginn von Kapitel drei dieser Studie.

[52] Dazu und zum Folgenden Krahl: Der Verband der Deutschen Buchdrucker, erster Band, S. 394-417.

zahlreichen Sanktionen des Sozialistengesetzes existierten Maßnahmen der jeweiligen Landesregierungen, die auf eine Schwächung der Arbeiterbewegung zielten. Im Ringen um die von den Landespolizeibehörden gewährte Anerkennung der neuen Statuten, die den Vorgaben für eine Vereinigung zur gegenseitigen Unterstützung bei Arbeitslosigkeit, Krankheit oder Invalidität zu entsprechen hatten und Verdachtsmomente anderweitiger, vor allem politischer Betätigungen ausräumen mussten, erlangte der Unterstützungsverein nach zähen Auseinandersetzungen mit den sächsischen Behörden am Verbandssitz Leipzig schließlich in Stuttgart die erforderliche Akkreditierung.

Vor diesem Hintergrund könnte das Unterstützungswesen wie die goldene Bundeslade – in Analogie zur älteren Bezeichnung von Unterstützungskassen als Laden – als mobile Verwahrung und Sicherungseinrichtung der ideellen und materiellen Werte einer unterdrückten Bewegung gesehen werden. Das Verbandsvermögen wurde »zu noch größerer Sicherheit ungesäumt an Banken von drei schweizerischen Großstädten«[53] von Stuttgart aus überwiesen. Mit der Gründung des Unterstützungsvereins gelang dem Buchdruckerverband »zwar ein guter Gegenschachzug«[54] zur Abwehr der schwersten Sanktionen – dennoch war die Zeit unter dem Sozialistengesetz eine Etappe organisatorischer Stagnation und Lähmung.

Für das gewerkschaftliche Unterstützungswesen kann man das nicht in gleicher Weise behaupten. Unter dem Sozialistengesetz wurden bei bereits etablierten gewerkschaftlichen Verbänden, die über Unterstützungseinrichtungen verfügten, durch die strengen staatlichen Reglementierungen Prozesse erzwungen, die Tendenzen der Professionalisierung oder Modernisierung des Unterstützungswesens erwirken oder beschleunigen konnten. Der Senefelder Bund, um es am Beispiel dieser Vorläuferorganisation des Verbandes der Lithografen, Steindrucker und verwandten Berufe einmal exemplarisch etwas genauer zu verfolgen,[55] mutierte 1878 mit der Einsetzung des Sozialistengesetzes zu einer Unterstützungsvereinigung, in der die Unterstützungseinrichtungen nicht zuletzt auch wegen der Auseinandersetzung mit den Behörden um Anerkennung der Satzungen neu arrangiert und neu ausgerichtet wurden. So wurde etwa die Viatikumskasse und die Spezialhilfskasse, die bei Notlagen auf Antrag Hilfen nach Vorstandsbeschluss gewähren konnte, zusammengelegt und daraus die Allgemeine Unterstützungskasse gebildet, neben der die Invalidenkasse des Verbandes fortbestand. In den neuen statutarischen Grundlagen, in denen der Senefelder Bund gemäß den Erfordernissen des Sozialistengesetzes nur noch eine Allgemeine Unterstützungskasse und Invalidenkasse war und ausschließlich dem Zweck diente, den organisierten Berufsgenossen in Notlagen Hilfe und Unterstützung zu gewähren, wurden die Bedin-

---

[53] Ebd., S. 396.
[54] Ebd., S. 394.
[55] Dazu und zum Folgenden Müller: Die Organisationen der Lithografen und Steindrucker, bes. S. 557-571.

gungen für den Bezug von Unterstützungsleistungen signifikant konkretisiert. An die Stelle einer Prüfung individueller Bedürftigkeit, der erforderlichen Beschlussfassung zur Unterstützungsgewährung der Leitungsgremien des Verbandes im Einzelfall und allgemeinen Unterstützungsleistungen traten nun vertragsähnliche Ausführungen, die für jedes Mitglied Anspruch, Pflichten und Leistungen regeln.

Neben jene methodische Modernisierung, in der die Beitragsaufwendungen, Unterstützungsleistungen, Unterstützungsszenarien oder die Bedingungen des Ausschlusses oder des Bezugs von Leistungen konkretisiert und differenziert wurden, auch weil die behördlichen Vorgaben eine Ausgestaltung der Unterstützungs- und Hilfskassen als Nachweis der Unbedenklichkeit der Organisation erwarteten, traten sachliche Fortschritte. So wurde im Senefelder Bund die Krankenunterstützung mit festgelegter Karenzzeit und einem erleichterten Unterstützungszugang zur obligatorischen Leistung, die sogar Rehabilitationsleistungen in ihren Katalog aufnahm. Sollte ein Mitglied Badekuren zur Wiederherstellung der Gesundheit benötigen, konnten für die Dauer von bis zu drei Wochen die doppelten Unterstützungssätze zur Verfügung gestellt werden. Müller berichtete in der Geschichte des Verbandes der Lithografen und Steindrucker von »entschiedenen Fortschritten« oder »großen Schritten«, die in den Statuten seit Geltung des Sozialistengesetzes gemacht wurden.[56] Notgedrungen mussten die Gewerkschaften die Unterstützungsarchitektur in das Zentrum ihrer Tätigkeiten stellen. Die Generalversammlungen, die polizeilich überwacht waren, befassten sich zwangsläufig nur noch mit Informationen, Regelungen oder Beschlüssen zur Organisation der Unterstützungskassen.[57] Das blieb nicht ohne positive Folgen für die Entwicklung des Unterstützungskassenwesens.

Die Zeit, in der das Sozialistengesetz galt, darf mit Blick auf das gewerkschaftliche Unterstützungswesen aber auch nicht verklärt werden. Die Sanktionen des Staates waren ja nicht als Aufbauhilfe für die zu Unterstützungseinrichtungen gewendeten Gewerkschaften gedacht, die zu professionellen Versicherungsvereinigungen »gesunden« sollten. Und dennoch wurde manchen Maßnahmen dieser Anschein gegeben – am Ende häufig mit problematischen Konsequenzen für die Gewerkschaften und ihre in den Unterstützungsvereinigungen versammelten Mitglieder.

In Verbindung mit der Einführung der gesetzlichen Sozialversicherung gründete der Senefelder Bund eine Krankenkasse mit angegliederter Sterbekasse als Sonderorganisation neben der Allgemeinen Unterstützungskasse.[58] Die Gesetzgebung zur Krankenversicherung, mit der der Auftakt zur staatlichen Sozialversicherung in Deutschland

---

[56] Ebd., S. 559 und S. 560.

[57] Vgl. hierzu die Zusammenfassungen der Generalversammlungen des Unterstützungsvereins Deutscher Buchdrucker bei Krahl: Der Verband der Deutschen Buchdrucker, erster Band, S. 397-408.

[58] Hierzu und zum Folgenden Müller: Die Organisationen der Lithografen und Steindrucker, bes. S. 572-586.

gemacht wurde, ermöglichte 1883 die Gründung von Krankenkassen als Eingeschriebene Hilfskassen. »Seit der Einführung des Versicherungszwangs durch das Krankenversicherungsgesetz vom 15. Juni 1883 stand die Regierung den freien Hilfskassen sehr unsympathisch gegenüber. (...) Daran hat sich auch in der Folge nicht viel geändert, aber unter dem Sozialistengesetz wehte der Wind doch noch viel schärfer. Die Regierung witterte in den zahlreichen Hilfskassen, die sich nach Inkrafttreten des Krankenversicherungsgesetzes gebildet hatten, Herde der sozialdemokratischen Bestrebungen, und als sie ihren Abänderungsantrag vorlegte, verlangte sie eine Verschärfung der staatlichen Aufsichtsrechte (...). Im November 1890 legte sie dem Reichstag eine Novelle zum Krankenversicherungsgesetz vor, und damit führte sie einen schweren Schlag gegen die freien Hilfskassen.«[59]

Mit Geltung von 1892 an wurden diese Hilfskassen gezwungen, ihr Leistungsportfolio erheblich auszuweiten. So mussten sie Arzneimittel, medizinische Hilfsmittel und ärztliche Behandlungen unmittelbar anbieten, durften dafür keinen monetären Ersatzbetrag mehr ausschütten und hatten auch das Krankengeld auf einer neuen Grundlage zu berechnen. Was als gesetzliche Maßnahme den Anschein der Professionalisierung des Krankenkassenwesens mit Leistungsverbesserungen für die Versicherten erweckte, war am Ende eine Säuberungsaktion. Nur diejenigen Kassen, die diesen Bedingungen entsprachen, konnten von der Versicherungspflicht nach dem Krankenversicherungsgesetz noch befreien. Hilfskassen, die dem Druck der neuen Anforderungen nicht mehr nachkommen konnten, wandelten sich um in Zuschusskassen, die nicht mehr von der Versicherungspflicht befreiten und damit an Attraktivität erheblich einbüßten, oder gaben auf. Auch der Senefelder Bund musste seine seit 1884 bestehende Krankenkasse abwickeln.

Die Unterstützungseinrichtungen des Senefelder Bundes büßten im Verlauf dieser Entwicklung Potenziale ein, wurden aber dennoch zugleich ausgebaut und gestärkt. Das Vermögen der Krankenkasse fiel nach deren Auflösung an den Bund zurück und wurde den Unterstützungskassen übertragen. Die Mitglieder der Krankenkasse konnten im Liquidationsprozess vom Senefelder Bund übernommen werden. Durch das Scheitern der Krankenkasse, aber auch durch die engmaschigen Vorgaben der Behörden geriet der Ausbau anderer Unterstützungseinrichtungen ins Stocken. Ursprünglich war geplant, mit der Gründung der Krankenkasse die Krankenunterstützung und das Sterbegeld in der Allgemeinen Unterstützungskasse zu streichen, da diese nun über die Krankenversicherung abgedeckt waren. Im Gegenzug sollte die Unterstützungskasse mit einer obligatorischen Arbeitslosenkasse aufgewertet werden. Dies scheiterte jedoch an den Feinheiten des Versicherungsrechts. Die novellierten Statuten wurden von den Polizeibehörden in Frankfurt am Main, dem Sitz des Verbandes, abgelehnt.

---

[59] Ebd., S. 583.

Wie im soeben skizzierten Bereich des Krankenversicherungsrechts gingen die Behörden gegen die Unterstützungseinrichtungen und die sich dahinter verbergenden Gewerkschaften vor, indem man sie zu Versicherungsunternehmen deklarierte und mit den hohen Anforderungen des Versicherungsrechts an die Gestaltung der Satzungen oder die Höhe von Sicherungseinlagen unter Druck setzte. Dies konnte nur abgewendet werden, wenn in Unterstützungssatzungen der Rechtsanspruch auf Leistungen, der als Lackmustest für ein Versicherungsstatut galt, ausgeschlossen worden war. In diesem Fall blieben die Organisationen als Vereine der solidarischen Selbsthilfe Anbieter von Unterstützungen und waren nicht als Versicherungen anzusehen.[60]

Der Senefelder Bund hatte das Problem, dass er in seiner Unterstützungssatzung einen Rechtsanspruch eingeräumt hatte. Schließlich konnte sich der Bund dem Zugriff des Versicherungsrechts dennoch entziehen, da die Versicherungsgesetze als altpreußisches Recht am Sitz des Verbandes in Frankfurt am Main keine Geltung hatten. Im Zusammenhang der Vorgänge scheiterte jedoch die angestrebte Satzungsreform. Die Arbeitslosenunterstützung kam als Erweiterung des Unterstützungsangebots nicht zur Einführung. Die Krankenunterstützung blieb als Leistung der Allgemeinen Unterstützungskasse bestehen. Dennoch wurden die Unterstützungsleistungen weiter ausgebaut. Seit 1890 wurde das Sterbegeld auch im Fall des Todes der Ehefrau eines Mitgliedes ausgezahlt. Mit der Auflösung der Krankenkasse und dem Übertritt der Mitglieder in den Senefelder Bund wurden die Unterstützungsleistungen allgemein noch einmal erweitert: durch eine höhere Krankenunterstützung, höhere Sterbegelder für Mitglieder und deren Frauen oder auch durch die Einführung eines Witwengeldes in der Invalidenkasse.

Die Invalidenkasse, die aus lokalen Vorläufern entstanden war und bereits 1874 auf dem ersten Bundestag des Senefelder Bundes mit einem Zentralkassenstatut versehen wurde, war eng an den Verband gebunden, aber doch getrennt von ihm organisiert.[61] Jene Konstellation konnte bei kapitalintensiven und schwer prognostizierbaren und daher risikoreichen Unterstützungen praktiziert werden, um die Verbandsfinanzen bei einem Defizit der jeweiligen Kasse zu schützen, aber zugleich auch Begehrlichkeiten bei der Finanzierung von Verbandsangelegenheiten gegenüber den womöglich reich gefüllten Sicherungsfonds der Unterstützungseinrichtung zu erschweren. Mit Beginn des Sozialistengesetzes wurde die Invalidenkasse neben der Allgemeinen Unterstützungskasse zur zentralen Institution des Verbandes, die ihn vor dem Zugriff staatlicher Sanktionen bewahren sollte. Entsprechend stand auch die Invalidenkasse im Fokus der behördlichen Schikanen.

Auf Polizeianweisung musste nun ein versicherungstechnisches Gutachten erstellt werden, in dem der bestellte Sachverständige die Beitrags- und Leistungsberechnung

---

[60] Dazu und zum Folgenden ebd., bes. S. 561 ff.
[61] Hierzu und zum Folgenden ebd., bes. S. 551-556.

der Kasse monierte – vor allem die Auszahlung einer einheitlichen Rente für alle, die auf Beitragszahlungen beruhte, die lediglich nach dem Alter, nicht jedoch nach dem Einkommen oder zusätzlichen Zahlungen der Mitglieder gestaffelt waren. Die Vorschläge des Gutachters, die Beiträge deutlich zu erhöhen und die Renten signifikant zu mindern, schlug die Verbandsleitung aus. Man setzte auf behutsame Sparmaßnahmen wie eine verlängerte Karenzzeit und moderat abgesenkte Leistungen. Als mit dem Ende der Krankenkasse deren Mitglieder in den Senefelder Bund überwechselten und dadurch ein starker Mitgliederzustrom verzeichnet werden konnte, wurde die Verbandsleitung aufgrund der erhöhten Beitragseinnahmen zu erheblichen Leistungsausweitungen in der Invalidenkasse ermutigt. So wurden die Renten angehoben, die Zuführungen in die Kasse jedoch abgesenkt. Zudem wurden Zusatzleistungen wie die Witwenunterstützung ohne Beitragsanpassung eingeführt. Mit den finanziellen Rücklagen der Kasse wurde jedoch nicht immer – wie etwa bei einer Fehlspekulation mit einer Immobilie – glücklich gewirtschaftet.

Es darf behauptet werden, dass Invalidenkassen zu derlei Verfehlungen verführten. Über viele Jahre und Jahrzehnte schienen sie wie Sparfonds zu funktionieren, die nur eine Richtung kannten: das Wachstum. Nach der Kasseneinführung zahlten Mitglieder nicht selten über Dekaden ein, ohne zunächst leistungsberechtigt zu sein. Dies änderte sich für die Kasse hingegen sprunghaft, sobald Anwartschaften, die nach der Kassengründung zunächst mit Schutz-, Warte- oder Karenzzeiten berechenbar nach hinten verschoben wurden, einzulösen waren. Jetzt traten dauerhafte Leistungsfälle, wie es dem Charakter der Rentenzahlung entsprach, gehäuft auf. Nun erst erwies sich, ob eine Invalidenkasse zuvor gut gewirtschaftet hatte und ihre prognostische Berechnung von Beiträgen und Renten aufging.

Vor jenem Hintergrund bot das Sozialistengesetz auch Möglichkeiten der Professionalisierung und Konsolidierung der Kassenfinanzen. Das erwähnte versicherungstechnische Gutachten hatte dem Senefelder Bund diesbezüglich Perspektiven aufgezeigt. »Die Lehren des Gutachtens wurden aber sehr rasch vergessen, und anstatt die Kasse besser zu fundieren, wurden ihr sogar 1892 die erwähnten, weitgehenden Verpflichtungen auferlegt«, urteilte Müller in seiner Verbandsgeschichte.[62] Um vollständig zu bleiben, muss hinzugefügt werden, dass viele Unterstützungskassen unter der Geltung des Sozialistengesetzes beitragsseitig sparsam aufgesetzt wurden. Die Verbände versahen die Kassen mit niedrigen Beiträgen, um sich nicht verdächtig zu machen, damit die Finanzierung gewerkschaftlicher Betätigungen zu finanzieren. Häufig wurde stattdessen die Viatikumskasse mit hohen Beiträgen versehen, weil sie von den Polizeibehörden offenbar eher als unverdächtig eingestuft wurde.[63]

---

[62] Ebd., S. 555.
[63] Ebd., S. 545.

3. Aufbruch 1890 und Sinnkrise der sozialen Selbsthilfe

Aufbruch 1890: »Moderne« Gewerkschaften versus »alte« Unterstützungen

Als 1890 das Sozialistengesetz fiel und damit das Damoklesschwert des Organisationsverbots und der Untersagung gewerkschaftlicher Tätigkeit – trotz verbleibender Einschränkungen und Schikanen – genommen war, erschien die Szenerie zunächst wie gemalt: für einen als Bestandteil des nun einsetzenden Aufschwungs der deutschen Gewerkschaftsbewegung parallel verlaufenden und weitgehend ungehinderten Aufstieg auch des gewerkschaftlichen Unterstützungswesens.

Nach Maßgabe der ehrbaren Vorläufer und langen Traditionen hätte man eine in Gewerkschaftskreisen überwiegend positive Haltung zu sozialen Unterstützungseinrichtungen erwarten können. Schließlich waren sie eine gewerkschaftliche Keimzelle mit einer tief verwachsenen Funktion besonders als Faktor bei der Stabilisierung von Organisationen und der Bildung von Gemeinschaften unter Werktätigen und Berufsgruppen – von Knappschaften, Zünften oder Gesellenvereinigungen bis zu den frühen Gewerkschaften wie bei den Druckern. Das soziale Unterstützungswesen lieferte ein komplexes Netzwerk an Strukturen mit einer Vielzahl von Verknüpfungen zwischen den Organisierten und der Organisation, wurde damit zu einer wichtigen Bindungskraft und bot mithin eine Statik für das Gerüst insbesondere junger, entstehender Verbände. Das hatte sich in Zeiten des starken politischen Gegenwindes bewährt. In den Hochzeiten der Reaktion erwies sich das soziale Unterstützungswesen als eine Rückversicherung der jungen Organisationen, als eine Bastion, hinter die man sich zurückziehen, in der man Verbandsroutinen und Verbandsfinanzen bewahren und hinter der man seine Kräfte versammeln konnte. Das galt besonders für die frühe Gewerkschaftsbewegung in der Zeit des Sozialistengesetzes. Warum also sollte eine natürliche Verbindung von Gewerkschaften und sozialen Unterstützungseinrichtungen infrage gestellt werden?

Die Sozialdemokratie und mit ihr die gesamte Arbeiterbewegung ging letztlich gar gefestigt aus der Etappe der offenen staatlichen Unterdrückung hervor. Für Reichskanzler Otto von Bismarck, den preußischen Junker, hingegen war die politische Zeit abgelaufen. Er hatte seit 1878 mit dem Sozialistengesetz und der Schutzzollpolitik den Wandel von der liberalen Regierungsära zum nationalkonservativen Obrigkeitsstaat vollzogen. Mit der Vorlage eines entfristeten, verschärften Sozialistengesetzes verlor er 1890 endgültig die Unterstützung der Nationalliberalen im Reichstag und des neuen Kaisers Wilhelm II.[1] Mit den Worten Theodor Fontanes, mit denen er die Entlassung

---

[1] Vgl. hierzu die erweiterten Zusammenhänge, dargestellt in den einschlägigen Gesamtdarstellungen zur deutschen Geschichte wie etwa bei Thomas Nipperdey: Deutsche Geschichte 1866-1918, zweiter Band: Machtstaat vor der Demokratie, München 1992, S. 359-426. Hans-Ulrich Wehler:

Bismarcks als »Glück, dass wir ihn los sind«[2] beschrieb, könnte die Befindlichkeit der frühen 1890er Jahre generell betitelt werden: als Bewusstsein, am Beginn einer neuen Moderne zu stehen und ein Ende mit allem Alten und Überkommenen zu suchen.

Menschen neigten und neigen in Phasen auf sie einwirkender politischer, wirtschaftlicher oder gesellschaftlicher Neuerungen – bis in die heutige Gegenwart nachweisbar – immer wieder zu der Selbstwahrnehmung, in Zeiten großer Veränderungen und nachhaltiger Brüche zu leben. Mit diesem Zeitgeist ging in den 1890er Jahren eine Distanzierung von der Idee der sozialen Selbsthilfe und dem sozialen Unterstützungswesen in den Gewerkschaften einher. Von der Entwicklung früherer sogenannter Wohlfahrtsvereine setzte man sich nun ab: »Von einer Hingabe an die Interessen der Allgemeinheit war nichts zu spüren. (...) Die Handlungsgehilfen wurden zum Kultus des Geldsacks erzogen, zur trägen Gleichgültigkeit gegenüber allen Standesfragen. Die Mitgliedskarte der alten Verbände wurde für sie zum Wechsel, mit dem sie hinter dem Ofen hockten, bis sie ihn bei einem Stellenwechsel, bei einer Krankheit oder in einer anderen Notlage zur Zahlung vorlegten«, hieß es etwa in einer Verbandsgeschichte des Deutschnationalen Handlungsgehilfen-Verbandes mit Blick auf die Gründungsjahre der 1893 etablierten Organisation.[3] Weiter hieß es dort: »An diesen Beispielen erkennt man den Wandel der Zeiten. Der Gedanke der auf sich allein angewiesenen Selbsthilfe hatte kläglich Schiffbruch erlitten und zur Unterdrückung der wirtschaftlich abhängigen Schichten geführt. Dieser Entwicklung stand das berechtigte Verlangen der unteren Volkskreise nach einem Anteil an den Fortschritten der Kultur gegenüber.«[4]

Mit Fortschrittsgeist wurde die Distanzierung von der sozialen Selbsthilfe begründet, welche wie Almosen den Einzelnen betäubte und lethargisch machte. Dies sollte überwunden werden. Ein wahres Gemeinschaftsgefühl, ein wahrhaftiges Standesbewusstsein wurde stattdessen im Deutschnationalen Handlungsgehilfen-Verband beschworen, womit sich die in den 1890er Jahren etablierende Angestelltenorganisation als neue Bewegung gegenüber den im Angestelltenbereich bis dahin dominierenden Harmonieverbänden und Standesvereinigungen zu positionieren suchte. Die frühen

---

Deutsche Gesellschaftsgeschichte, dritter Band: Von der »Deutschen Doppelrevolution« bis zum Beginn des Ersten Weltkriegs 1849-1914, München 1995, S. 849-1000. Heinrich August Winkler: Der lange Weg nach Westen, erster Band: Deutsche Geschichte vom Ende des Alten Reichs bis zum Untergang der Weimarer Republik, vierte Auflage, München 2002, S. 213-265. Zu neueren Kaiserreich-Geschichten wie etwa die von Christoph Nonn, Christoph Jahr oder Eckart Conze finden sich Angaben im Literaturverzeichnis. Vgl. ferner die zahlreichen Bismarck-Biografien, klassisch Lothar Gall: Bismarck. Der weiße Revolutionär, Frankfurt am Main 1980. Kompakt Volker Ullrich: Otto von Bismarck, Reinbek bei Hamburg 1998. Mit neuen Akzenten Christoph Nonn: Bismarck. Ein Preuße und sein Jahrhundert, München 2015.

[2] Zitiert nach Ullrich: Bismarck, S. 120.
[3] Die Deutschnationale Handlungsgehilfen-Bewegung. Ihr Werdegang (Buchhandlung des Deutschnationalen Handlungsgehilfen-Verbandes), vierte Auflage, Hamburg 1909, S. 12 f.
[4] Ebd., S. 15.

Angestelltenvereinigungen sahen sich noch nicht als gewerkschaftliche, sondern als berufsständische Organisationen. Viele Angestellte wähnten sich als abhängig Beschäftigte nur in einer beruflichen Vorstufe, bevor sie sich als Kaufleute selbständig zu machen gedachten. Entsprechend waren Vereinigungen, in denen Angestellte und Prinzipale gemeinsam vertreten waren, verbreitet. Sie lehnten Streiks ab, standen jedem Klassenkampfdenken skeptisch gegenüber und bildeten Zusammenschlüsse auf der Ebene der Berufsstände oder Branchen.

Wichtige Organisationen der kaufmännischen Angestellten, die im Jargon der Zeit Handlungsgehilfen genannt wurden, waren etwa der 1858 gegründete Hamburger Verein für Handlungs-Commis oder auch der Leipziger Verband Deutscher Handlungsgehilfen, der sich 1881 konstituierte. Die frühen Angestelltenorganisationen »waren standes- und traditionsbewusste Zusammenschlüsse zur gegenseitigen Hilfe in Notfällen (...). Als wichtigste Aufgabe betrachteten sie die Stellenvermittlung. Frauenarbeit lehnten sie als ›widernatürliche‹ und gefährliche Konkurrenz ab.«[5] In diesen Kategorien war der Deutschnationale Handlungsgehilfen-Verband den frühen Organisationen sehr ähnlich: Auch er lehnte die Erwerbstätigkeit von Frauen ab und untersagte als Bund männlicher Angestellter Frauen die Aufnahme,[6] gestatte hingegen den Prinzipalen, also Personen in Arbeitgeberfunktion, eine sogenannte unterstützende Mitgliedschaft.

Aus der Perspektive einer sozialdemokratischen Konkurrenzorganisation wie etwa dem 1897 gegründeten Zentralverband der Handlungsgehilfen und Handlungsgehilfinnen Deutschlands war der Deutschnationale Handlungsgehilfen-Verband überhaupt keine Gewerkschaft, auch weil er über das Genannte hinaus offensiv antisozialistisch gegen Sozialdemokratie und Freie Gewerkschaften agierte und Arbeitskampfmaßnahmen lange ablehnte. Aber nicht nur aufgrund jenes scharfen Konkurrenzverhältnisses wurde der Handlungsgehilfen-Verband auf Distanz zur Gewerkschaftsbewegung gehalten. Er war eine nationale, völkische und aggressiv antisemitische Gewerkschaft. Das zeigte sich im politischen Charakter des Verbandes mit seinen vielfältigen Vernetzungen in der deutschvölkischen Bewegung oder in der von Arierkult und pseudowissenschaftlicher Rassenlehre getränkten Ideologie. Die im Verband ritualisierten Kranzniederlegungen zum Geburtstag Bismarcks, zum Gedenken an die Sedanschlacht

---

[5] Günther Schulz: Die Angestellten seit dem 19. Jahrhundert, München 2000, S. 24. Ebd., S. 24 ff. auch weitere Informationen zu den in diesem Absatz nur angedeuteten Sachverhalten.

[6] Im Untersuchungszeitraum dieser Studie tauchen also noch »Frauengewerkschaften« und »Männergewerkschaften« auf, also Verbände, die ihre Mitgliedschaft satzungsrechtlich nach Geschlecht separierten. Sie finden sich aufgrund der zwar allgemein verbreiteten, unter Angestellten indes mitunter besonders klar vorgetragenen Vorbehalte gegenüber der Erwerbstätigkeit von Frauen nicht überraschend im Bereich der Angestelltenorganisationen. Die Gründung von Frauenorganisationen war nicht zuletzt eine Reaktion auf ein frauenfeindliches Umfeld in männlich dominierten Organisationen oder gar auf den verwehrten Zutritt zu einer bestehenden Branchenorganisation, in der die Erwerbstätigkeit von Frauen verbreitet war. Als Konterpart zum »männlichen« Deutschnationalen Handlungsgehilfen-Verband wird in dieser Studie der Verband der weiblichen Handels- und Büroangestellten auftauchen.

oder am Gründungstag des Verbandes trugen religiöse Züge eines Heldenkults, der eine deutschnationale »Volksgemeinschaft« in Szene setzte, jüdische Mitbürger akzentuiert ausschloss und als Volksfeinde klassifizierte.[7]

Der Deutschnationale Handlungsgehilfen-Verband zählt als eine von vielen Organisationen zum historischen Erbe der heutigen Dienstleistungsgewerkschaft Verdi.[8] Bei der Organisierung der kaufmännischen Angestellten nahm er rasch eine Führungsrolle ein. Bereits 1907 organisierte der Verband über 100.000 Mitglieder, im Jahr 1930 verzeichnete man über 400.000 Organisierte in annähernd 2.000 Ortsgruppen. Damit spielte der deutschnationale Verband in der Liga der größten deutschen Gewerkschaften. Zum Vergleich: Bei den Freien Gewerkschaften kam der Gesamtverband der Arbeitnehmer der öffentlichen Betriebe und des Personen- und Warenverkehrs nach der Fusion des Verkehrsbundes mit dem Verband der Gemeinde- und Staatsarbeiter 1930 als zweitgrößte ADGB-Gewerkschaft auf etwa 675.000 Mitglieder. Unter den größten Industriegewerkschaften des ADGB hätte der Deutschnationale Handlungsgehilfen-Verband 1930 den Platz der fünftgrößten Organisation eingenommen. Der Zentralver-

---

[7] Beispiele für antisemitische, völkisch-nationale Exzesse finden sich in vielen Quellen des Deutschnationalen Handlungsgehilfen-Verbandes: so in der Deutschen Handels-Wacht, seinem wichtigsten Presseorgan, etwa in der Artikelserie »Völkische Hochziele«, die ab 1909 erschien; regelmäßig in den Jahrbüchern des Verbandes, etwa in dem Beitrag »Fremde Volkskörper im Deutschen Reich« aus dem Jahr 1903 oder in den Beiträgen »Wesen und Wollen der deutschen Werkgemeinschaft«, »Das deutsche Blut« oder über »Atlantis« als mystifizierte »Urheimat der Arier« aus dem Jahr 1925 – diese nur exemplarisch für viele weitere. Deutschnationaler Handlungsgehilfen-Verband: Jahrbuch 1903, S. 119 ff., Jahrbuch 1925, S. 77 ff., S. 108 ff., S. 176 f. Zur Verankerung des Verbandes in der völkischen Bewegung Dieter Fricke/Werner Fritsch: Deutschnationaler Handlungsgehilfen-Verband 1893-1934, in: dies. u.a. (Hg.): Lexikon zur Parteiengeschichte. Die bürgerlichen und kleinbürgerlichen Parteien und Verbände in Deutschland (1789-1945), zweiter Band: Deutsche Liga für Völkerbund – Gesamtverband der christlichen Gewerkschaften Deutschlands, Köln 1984, S. 457-475, hier bes. S. 459 f. Weitere Literatur hierzu – explizit mit Blick auf Verband und Nationalsozialismus – in den folgenden Anmerkungen.

[8] Die historischen Dimensionen rechter Arbeiterorganisationen haben heute – mit den Vorstößen rechtspopulistischer Parteien in Europa in die Arbeitnehmerschaften – eine aktuelle Brisanz. Vgl. dazu Klaus Dörre u.a.: Arbeiterbewegung von rechts? Motive und Grenzen einer imaginären Revolte, in: Berliner Journal für Soziologie 1-2/2018, S. 55-89. Gerade deshalb muss man sich der historischen Linien bewusster werden. Anschaulich wird das Erbe des Deutschnationalen Handlungsgehilfen-Verbandes für die heutige Dienstleistungsgewerkschaft Verdi am Gebäudekomplex »Brahms Kontor« in Hamburg. Dieser wurde in mehreren Bauabschnitten zwischen 1903 und dem Beginn der 1930er Jahre am damaligen Holstenwall vom Handlungsgehilfen-Verband errichtet und diente als Hauptverwaltung sowie als Niederlassung der Verbandskrankenkasse und der zum Verband gehörenden Versicherungsgruppe, dem Deutschen Ring. Über die Deutsche Angestellten-Gewerkschaft gelangte das Gebäude 2001 mit der Gründung der Gewerkschaft Verdi in den Besitz der Vermögensverwaltung von Verdi. Als zeitgenössische Erläuterung Paul Bröcker: Das Hochhaus des Deutschnationalen Handlungsgehilfen-Verbandes in Hamburg. Eine Betrachtung, Hamburg 1932.

band der Angestellten, eine der wichtigsten Angestelltengewerkschaften im Allgemeinen freien Angestelltenbund, zählte am Ende des Jahres 1930 210.000 Mitglieder.[9]

Im Verlauf seiner Entwicklung bildete der Deutschnationale Handlungsgehilfen-Verband seine gewerkschaftlichen Züge weiter aus. Über sein Stellenvermittlungswesen, das in Kombination mit einer Auskunftei agierte, die Informationen über die Arbeitsbedingungen und Arbeitserfahrungen an den Einsatzorten der Mitglieder sammelte, erhöhte der Verband mit wachsenden Organisationserfolgen den Druck auf die Arbeitgeber.[10] Dabei wuchs seine Konfliktbereitschaft sukzessive an. Als mit der Revolution von 1918/19 die freigewerkschaftliche Angestelltenbewegung ihren Durchbruch erlebte, begann der Deutschnationale Handlungsgehilfen-Verband 1920 mit der Anlage seines sogenannten »Kampfschatzes« – einer Variante der Arbeitskampfunterstützung –, mit dem Mitglieder bei Maßregelung oder wirtschaftlichen Streiks nach dem Ermessen der Gauvorstände finanziell unterstützt werden konnten. Dafür führte der Handlungsgehilfen-Verband einen festen höheren Prozentsatz der Beitragseinnahmen an die Gaue ab und stattete den »Kampfschatz« damit deutlich besser aus als den vorher schon existierenden »Wehrschatz«.[11]

Der Handlungsgehilfen-Verband setzte gezielt auf eine Interessenvertretung der in seinen Augen und in seinen Worten »proletarisierten« kaufmännischen Angestellten. Deren Perspektive, durch eine selbständige kaufmännische Existenz sich schließlich über das verachtete Dasein des abhängig Beschäftigten zu erheben, trübte sich ein. Mit diesem empfundenen sozialen Abstieg drohte den Angestellten der Beruf des Gehilfen als Lebensperspektive, die sich mit der eigenen Erwartung sowie einem vom Handlungsgehilfen-Verband definierten und zugleich verstärkten Anspruch, dass die Angestelltenschaft etwas Besseres sei und ein besseres Leben erwarten dürfe als andere

---

[9] Die Zahlen nach Deutschnationaler Handlungsgehilfen-Verband: Rechenschaftsbericht 1930, S. 37. Allgemeiner Deutscher Gewerkschaftsbund: Jahrbuch 1930, S. 247. Zentralverband der Angestellten: Jahresbericht 1930, S. 141.

[10] Zur Schilderung von Gründung und Ausbau der Auskunftei als »Arbeitskampf« gegen die Prinzipalität und zu deren »Maßregelungsbeschlüssen«, die sich daraufhin gegen den Deutschnationalen Handlungsgehilfen-Verband richteten, die verbandsgeschichtliche Selbstdarstellung des deutschnationalen Verbandes etwa bei Albert Zimmermann: Der Deutschnationale Handlungsgehilfen-Verband. Sein Werden, Wirken und Wollen, Hamburg 1928, bes. S. 49-53 und S. 78. Hier wird die »Kampfbereitschaft« gegen die Arbeitgeber herausgestellt, um die Organisation von paritätischen Angestelltenverbänden abzugrenzen und gegenüber anderen bürgerlichen Verbänden als sozialreformerische gewerkschaftliche Avantgarde der Handlungsgehilfen zu zeichnen.

[11] In den »Kampfschatz« sollten fünf Prozent des Beitragsaufkommens abgeführt werden. Deutschnationaler Handlungsgehilfen-Verband: Satzung. Beschlossen auf dem Verbandstag 1921 und ergänzt auf dem Verbandstag 1924, hier §§ 2, 52 und 53, S. 2 und S. 15 f. Dazu auch Deutschnationaler Handlungsgehilfen-Verband: Merkbuch 1933, S. 108. Der Aufruf zur Bildung eines »Kampfschatzes« erfolgte im März 1920 durch Verwaltung und Aufsichtsrat des Verbandes.

Werktätige, nicht vertrug.¹² Der Deutschnationale Handlungsgehilfen-Verband traf mit der von ihm so artikulierten offensiven Politik zur Hebung des Standes, wie man es selbst beschrieb, offenkundig den Nerv vieler kaufmännischer Angestellter, die er schon bald zahlreich zu organisieren wusste. Gepaart mit dem offensiv artikulierten Antisozialismus, wurde nicht nur der kleinbürgerliche Konservatismus angesprochen. Der offen vorgetragene Antisemitismus war auch in diesem Milieu viel weniger abschreckend als anziehend. Er lieferte zugleich mit geläufigen antisemitischen Vorurteilen und Klischees wie jenen über das vermeintlich einflussreiche »internationale jüdische Finanzkapital« oder das »jüdische Händlertum« vorgestanzte simple Erklärungsmuster, weshalb nun der Aufstieg der Angestellten angeblich verhindert werde und sie als Commis zu Handlangern der Konzern- und Kaufhauseigner degradiert wären.¹³ Damit korrespondierend rekrutierte der Deutschnationale Handlungsgehilfen-Verband, der die Aufnahme von Mitgliedern jüdischen Glaubens kategorisch ausschloss, seine Organisationsbasis bald mehrheitlich aus Angestellten des Großhandels und der Industrie und lediglich zu einem geringen Teil aus Angestellten des Kleinhandels.¹⁴

Der auch am Deutschnationalen Handlungsgehilfen-Verband beispielhaft gefestigte wissenschaftliche Befund einer Prädisposition der deutschen Angestelltenschaft für den Nationalsozialismus ist in der jüngeren Forschung relativiert worden.¹⁵ Für die Organisation und Mitgliedschaft des Deutschnationalen Handlungsgehilfen-Verbandes ist

---

12   Vgl. hierzu Fricke/Fritsch: Deutschnationaler Handlungsgehilfen-Verband, hier zur Gründungsphase 1893 bis 1898 bes. S. 458 f. Als Beispiele für das elitäre Bewusstseins, das der Deutschnationale Handlungsgehilfen-Verband für die Angestelltenschaft im vorgetragenen Verständnis äußerte, vgl. etwa Deutschnationaler Handlungsgehilfen-Verband: Jahrbuch 1922, S. 35 ff. Oder Deutschnationaler Handlungsgehilfen-Verband: Rechenschaftsbericht 1930, S. 8 f.

13   Zu den über den Verband zeitübergreifend vermittelten Proletarisierungsängsten, dem artikulierten Antisemitismus und den dabei gebildeten Zusammenhängen vgl. als Quellen exemplarisch Deutschnationaler Handlungsgehilfen-Verband: Jahrbuch 1922, S. 35 ff. Ders.: Jahrbuch 1926, bes. S. 12, S. 43-45 und S. 47-48. Ders.: Rechenschaftsbericht 1930, S. 8 f.

14   Fricke/Fritsch: Deutschnationaler Handlungsgehilfen-Verband, S. 461. Die Deutschnationale Handlungsgehilfen-Bewegung. Ihr Werdegang, S. 54. Demnach bestand die Mitgliederbasis vor 1909 zu etwa 75 Prozent aus Angestellten in Großhandel und Industrie und nur zu etwa 25 Prozent aus Angestellten im Kleinhandel.

15   Zentrale Beiträge zur historischen Angestelltenforschung lieferten vor allem Kocka und Prinz. Vgl. etwa Jürgen Kocka: Die Angestellten in der deutschen Geschichte 1850-1980. Vom Privatbeamten zum angestellten Arbeitnehmer, Göttingen 1981. Ders. (Hg.): Angestellte im europäischen Vergleich. Die Herausbildung angestellter Mittelschichten seit dem späten 19. Jahrhundert, Göttingen 1981. Michael Prinz: Vom neuen Mittelstand zum Volksgenossen. Die Entwicklung des sozialen Status der Angestellten von der Weimarer Republik bis zum Ende der NS-Zeit, München 1986. Zur Forschungsgeschichte, zur Relativierung einer generellen NS-Disposition der deutschen Angestelltenschaft und ihrer Proletarisierung in den 1920er Jahren Rainer Fattmann: Die Angestellten und die freigewerkschaftliche Angestelltenbewegung im späten Kaiserreich und in der Weimarer Republik, in: Rüdiger Zimmermann (Hg.): Das gedruckte Gedächtnis der Tertiarisierung. Pilotprojekt zur Sicherung zentraler gewerkschaftlicher Quellenbestände der freien Angestelltenbewegung, Bonn 2010, S. 65-155, hier bes. S. 67 ff.

die unmittelbare Nähe zu einem völkischen Nationalismus und Antisemitismus und mithin auch zum Nationalsozialismus jedoch evident.[16]

Als 1893 gegründete neue, junge Organisation suchte der Deutschnationale Handlungsgehilfen-Verband, nicht zuletzt aufgrund der beschriebenen Parallelen mit den alten Verbänden, nach einer Absetzung von jenen durch Positionierungen, mit denen er sich in einer Zeit, die als anbrechende Moderne wahrgenommen wurde, selbst als modern in Szene setzen konnte. Zu den gewählten Merkmalen der Andersartigkeit und des Neuen zählte neben dem aggressiven Antisemitismus und Antisozialismus die beanspruchte engagierte Standespolitik für die sich zurückversetzt wähnenden kaufmännischen Angestellten. Dabei setzte der Verband den Schwerpunkt auf die Sozialpolitik, also die Erzeugung politischen Drucks zur Verbesserung der gesetzlichen Regelungen, die Einfluss auf das Dasein der Handlungsgehilfen hatten.

Interessant ist die Bewertung der gewerkschaftlichen Selbsthilfe dabei. »Man fand einen neuen Ausdruck für die Selbsthilfe durch den Zusammenschluss und die dadurch möglich gemachte Einwirkung auf die Gesetzgebung. Die Gesamtheit – also der Staat – und ihre Gesetzgebung musste die schwachen Glieder der Gemeinschaft stützen und ihnen ihren Anteil an den Errungenschaften der Gesamtheit sichern. Fort mit der Selbsthilfe – her mit der Staatshilfe! Der Ruf wurde zum Feldgeschrei der Sozialdemokratie. Eine kluge Verbindung beider Gedanken wird von ihr theoretisch bekämpft, ist aber trotzdem von den Gewerkschaften praktisch durchgeführt worden (...).«[17] In jener verbandsgeschichtlichen Deutung der Stimmungslage in den 1890er Jahren, die aus dem Deutschnationalen Handlungsgehilfen-Verband stammte, lässt sich eine gewerkschaftliche Positionierung gegenüber der sozialen Selbsthilfe erkennen: Distanzierung von ihr – in den Freien Gewerkschaften verbalisiert noch verstärkt – als Art der Almosenwirtschaft, wie sie die als Wohlfahrtsvereine diskreditierten frühen Angestelltenorganisationen aus Sicht des deutschnationalen Verbandes verfolgten, Fokussierung der Tätigkeit einer modernen Organisation auf die Standes- oder Sozialpolitik zur Verbesserung der sozialen Lage der Organisierten bei – allenfalls – einer »klugen Verbindung« dieser Maßnahmen mit einer zunächst assistierenden sozialen Selbsthilfe. Was der Deutschnationale Handlungsgehilfen-Verband in der Praxis als moderne Form des sozialen Unterstützungs- und Selbsthilfewesens letztlich verstanden wissen wollte, wird in dieser Studie noch zu erörtern sein.

Der Handlungsgehilfen-Verband schob mit derlei Aussagen die Bedeutung des sozialen Selbsthilfewesens im Gründungsprozess des Verbandes in den Hintergrund. Den Eindruck, als wolle man das Urereignis des Verbandes – seine Entstehung in den 1890er

---

[16] Peter Rütters: Der Deutschnationale Handlungsgehilfen-Verband und der Nationalsozialismus, in: Historisch-Politische Mitteilungen – Archiv für Christlich-Demokratische Politik 16, 2009, S. 81-108. Iris Hamel: Völkischer Verband und nationale Gewerkschaft. Der Deutschnationale Handlungsgehilfen-Verband 1893-1933, Frankfurt am Main 1967.

[17] Die Deutschnationale Handlungsgehilfen-Bewegung. Ihr Werdegang, S. 15.

Jahren – nur ja nicht zu sehr in einen Zusammenhang mit der Einrichtung sozialer Unterstützungskassen rücken und mithin in die Nähe des Aufbaus eines »Sozialverbandes« geraten, bestätigten auch andere Gewerkschaften in verbandsgeschichtlichen Darstellungen. Dabei wiederholte sich das Motiv der Einbettung in eine Zeitenwende, mitunter allgemeiner beschrieben als geistige Wende, die sich in den 1880er und 1890er Jahren als Abwendung vom Individualismus durch den Aufstieg solidarischer Gruppen vollzog,[18] regelmäßig jedoch bezogen auf den Aufbruch einer modernen Gewerkschaftsbewegung, die über ein überkommenes soziales Selbsthilfewesen sich nun erhob.

Um vom rechten, nationalen zum linken, freigewerkschaftlichen Spektrum zu wechseln und den universalen Charakter des beschriebenen Motivs zu bestätigen, ist der Blick in eine frühe Verbandsgeschichte des Deutschen Transportarbeiter-Verbandes aus dem Jahr 1907 hilfreich. Die von Oswald Schumann, Gründervater und langjähriger Vorsitzender des Transportarbeiter-Verbandes und seiner Nachfolgeorganisationen, und Hans Dreher, verantwortlicher Redakteur des Verbandsorgans, verfasste Geschichte der Handels-, Transport- und Verkehrsarbeiterbewegung Deutschlands ging überaus ausführlich darauf ein, wie durch einen schwierigen Zusammenschluss zahlreicher lokaler Berufsvereine, die sich in den 1880er und frühen 1890er Jahren gebildet hatten, die Gründung des Zentralverbandes 1897 realisiert werden konnte.

So hieß es dort über eine dieser lokalen Berufsvereinigungen, eine Vereinigung der Hausdiener und Packer in Breslau: »Dort hatte sich ebenfalls bereits Ende der achtziger Jahre eine Unterstützungsvereinigung gebildet, die ähnlich denen anderer Orte sich ängstlich von der Außenwelt abschloss und sich nicht bemüßigt fühlte, den Kreis ihrer Aufgaben über den der Unterstützung bei Krankheits- und Todes- sowie in besonderen Notfällen hinaus zu erweitern. Auf die Dauer konnte eine derartige Vereinigung den Ansprüchen, namentlich des aufgeklärten Teils der Breslauer Hausdiener und Packer, (…) nicht genügen.«[19] Das Textbeispiel könnte durch zahlreiche weitere ergänzt werden. Insgesamt wurden die lokalen Unterstützungsvereinigungen als Wurzel der nachfolgend gebildeten modernen Organisation in dieser Schrift anerkannt, als rückständige und simple Evolutionsform der Gewerkschaftsbewegung jedoch zugleich kritisch und distanziert gesehen.

Damit stellten Dreher und Schumann in ihrer Darstellung das soziale Unterstützungswesen auf die »falsche Seite« der Geschichte. Die moderne Gewerkschaft als zentralisierter Großverband, als Kampfverband, der dadurch die soziale Lage der Arbeiter zu verbessern suchte, hatte sich zu emanzipieren von der lokalen Begrenztheit der Vor-

---

[18] Verband der weiblichen Handels- und Büroangestellten (Hg.): Vierzig Jahre VWA 1889-1929. Jubiläumsschrift über vier Jahrzehnte Geschichte des Verbandes der weiblichen Handels- und Büroangestellten e.V., Berlin 1929, S. 22.

[19] Hans Dreher/Oswald Schumann: Die ökonomischen Vorbedingungen und das Werden der Organisation. Ein Ausschnitt aus der Geschichte der Handels-, Transport- und Verkehrsarbeiterbewegung Deutschlands, Berlin 1907, S. 140.

läuferorganisationen und einem sozialen Selbsthilfewesen, das an eine Selbstverpflichtung der Werktätigen zur Verbesserung ihrer Lage appellierte und damit – so Dreher und Schumann – die Lethargie der Arbeiterschaft, in der sie die wahren Ursachen ihrer sozialen Lage nicht erkannten, verlängerte und sie nicht erweckte. Die Vereinzelung in den Arbeitsverhältnissen von Hausdienern, Packern oder Kutschern trug dazu bei, dass sie ihr Heil nicht in der Gemeinschaft gegen ihre Arbeitgeber suchten. »Von der modernen Gewerkschaftsbewegung wollte der Berufskollege nichts wissen, höchstens war er für den Anschluss an eine Unterstützungsvereinigung oder einen Geselligkeitsverein zu gewinnen.«[20]

Auch hier zeigte sich das Selbstverständnis der modernen, neuen Organisation,[21] die sich vom vermeintlich Alten und Überkommenen distanzierte und den Anspruch erhob, vieles anders und besser zu machen – und dabei eine Absetzungsbewegung von der Idee der sozialen Selbsthilfe mit sozialen Unterstützungseinrichtungen erkennen ließ oder gar akzentuierte. Man muss hierbei berücksichtigen, dass die soeben herangezogenen frühen Verbandsgeschichten besondere Quellen sind. Es waren geschichtliche Darstellungen, zumeist aus der Feder an der Verbandspolitik selbst beteiligter Protagonisten stammend, die nur eine Dekade oder etwas später nach der Gründung der Verbände bereits darauf zurückblickten – den Zeitgeist der Gründungsphase also noch »atmen«. Die Zeit, in der diese Verbandsgeschichten verfasst wurden – das erste Jahrzehnt des neuen Jahrhunderts – war eine besondere Periode für das gewerkschaftliche Unterstützungswesen. Es erlebte in dieser Zeit in zahlreichen Gewerkschaften einen erheblichen Ausbau sowohl durch die Etablierung neuer verbandlicher sozialer Unterstützungskassen als auch durch den Ausbau bereits bestehender.

Die Autoren der Verbandsgeschichten blicken also aus der Tagesaktualität wichtiger Expansionsprozesse in den in den Gewerkschaftsorganisationen unterdessen fest eingerichteten zentralen Unterstützungskassen auf die Verbandsentwicklung bis zum Gründungsprozess zurück – und ließen eine Distanzierung vom sozialen Unterstützungswesen dennoch erkennen. Dies lässt erahnen, dass die Expansionsprozesse des sozialen gewerkschaftlichen Unterstützungswesens im ersten Jahrzehnt des 20. Jahrhunderts noch immer unter Legitimationsdruck standen. Inwiefern die Verbandsgeschichten für das soziale Unterstützungswesen eine spezifische Quelle darstellen, wird am Ende dieser Studie im Rahmen einer gesonderten analytischen Betrachtung der gewerkschaftlichen Leitquellen systematisch erörtert werden. Darauf ist an dieser Stelle explizit hinzuweisen. Im Fall der Verbandsgeschichte von Dreher und Schumann könnte man gar von einer Darstellung von Zeitzeugen sprechen, die in den 1890er Jahren

---

[20] Ebd., S. 136.
[21] Sehr deutlich wird dieses Selbstverständnis bei Dreher/Schumann bereits im Vorwort, als die Frage, was dieses Buch denn sein solle, beantwortet wird mit: »Ein Rückblick auf das Werden und Wirken der modernen Arbeiterorganisation im Handels-, Transport- und Verkehrsgewerbe.« Ebd. das Vorwort des Buches (nicht paginiert).

wie auch nach der Jahrhundertwende als führende Entscheidungsträger am Verbandsgeschehen selbst unmittelbar beteiligt waren. Sie bringen mithin zum Ausdruck, wie die Gründungsphase der 1890er Jahre aus der Perspektive der Funktionselite mehrheitlich gesehen wurde – oder gesehen werden sollte.

Die skizzenhaft geschilderten Distanzierungen von der sozialen Selbsthilfe und ihren Einrichtungen in der gewerkschaftlichen Ideenwelt waren keine Erscheinung, die nur um 1890 spontan emportraten. Auch zuvor schon wurde Skepsis gegenüber den sozialen Unterstützungen vorgebracht: so auf der im vorherigen Kapitel dargelegten Versammlung der Dresdner Buchdrucker 1868. In den theoretischen Debatten der sich konstituierenden Sozialdemokratie und im Entstehungsprozess der sozialistischen Arbeiter- und Gewerkschaftsbewegung insgesamt war dies methodisch angelegt. Hier ist nicht der Platz, um in die Gedankenwelten der Gründerväter des Sozialismus und der Sozialdemokratie von Karl Marx und Friedrich Engels über Ferdinand Lassalle oder Johann Baptist von Schweitzer bis zu August Bebel oder Wilhelm Liebknecht einzutauchen.[22] Letztlich vereinten sich in der Sozialdemokratie die Überzeugungen in der Gründungsphase der 1860er Jahre vor dem Ausbruch des Reformismusstreits und der Intervention durch den Revisionismus – bei allen Unterschieden der Richtungen und Protagonisten in spezifischen Fragen – zur mehr oder weniger revolutionären Abschaffung des Kapitalismus und der Klassengesellschaft. Die Frage, welche Rolle in jener Perspektive die Gewerkschaften zu übernehmen hatten, wurde unterschiedlich bewertet und war Gegenstand von Auseinandersetzungen.[23] So sprach Lassalle den Gewerkschaften in der Theorie des ehernen Lohngesetzes jeden wirksamen Einfluss auf eine nachhaltige Besserung der Lage der Arbeiter durch Arbeitskämpfe und tarifliche Vereinbarungen bekanntlich ab. Er präferierte stattdessen die politische Machtübernahme der Arbeiterklasse über das allgemeine Wahlrecht.[24] Schweitzer hingegen betrachtete die Gewerkschaften als reine Kampforganisationen, die den Gegensatz von Kapital und Arbeit »durch und in sich selbst zum Zweck gemeinsamen Vorschreitens vermittelst der Arbeitseinstellung«[25] austrugen. Später, im Verlauf der Massenstreikdebatte von 1905, sahen August Bebel, Rosa Luxemburg und Eduard Bernstein die Gewerkschaften in einer Schlüsselrolle für die Organisierung eines politischen Generalstreiks.[26]

---

[22] Zur Gründungsgeschichte der SPD ist die Literatur uferlos. Besonders zu empfehlen ist – auch als Einblick in die Literaturlage – Thomas Welskopp: Das Banner der Brüderlichkeit. Die deutsche Sozialdemokratie vom Vormärz bis zum Sozialistengesetz, Bonn 2000.

[23] Vgl. etwa ebd., S. 258 ff.

[24] In der Theorie des ehernen Lohngesetzes nahm Lassalle Bezug auf Thesen des britischen Nationalökonomen David Ricardo und ging davon aus, dass sich die Lohneinkommen zwangsläufig der Subsistenzgrenze der Lebenshaltungskosten annäherten.

[25] Zitiert nach Müller: Die Organisationen der Lithografen und Steindrucker, S. 160.

[26] Zur Massenstreikdebatte Antonia Grunenberg (Hg.): Die Massenstreikdebatte. Beiträge von Parvus, Rosa Luxemburg, Karl Kautsky und Anton Pannekoek, Frankfurt am Main 1970. In einem

Wichtig ist, bei allen Unterschieden und Nuancierungen nach Protagonisten und Zeiten, dass die Gewerkschaften im Selbstverständnis der sozialistischen Arbeiterbewegung überwiegend als Kampforganisationen angesehen wurden und eben nicht als Organisationen, die – ähnlich den vom liberalen Bürgertum protegierten Arbeiterbildungsvereinen, die eine Selbstbefreiung der Arbeiterklasse durch Bildung propagierten – eine soziale Selbstbefreiung der Arbeiterschaft durch ein Selbsthilfewesen suggerierten. Dies stand im Widerspruch zur sozialistischen Theorie. In einem fundamentalen Verständnis bedeutete jede Verbesserung der sozialen Lage sogar eine Verzögerung der revolutionären Befreiung. Dass sich die Sozialdemokratie – unter Einfluss der materiellen Interessen der Stammmitgliedschaft des städtischen Industrieproletariats – sukzessive einen pragmatischeren praktischen Umgang mit dem Kapitalismus zulegte und selbst, vom Revisionismus begleitet, auf Reformen zur Verbesserung der Lage der Arbeiter setzte, spielte für die Zeit vor 1890 noch nicht die Rolle in den ideologischen Debatten, die diese Akzentsetzung in der Zeit nach 1890 einnehmen sollte.[27]

In den späten 1860er Jahren hatte, um es an einem Beispiel anschaulich zu machen, das Unterstützungswesen in sozialdemokratischen Kreisen keinen guten Ruf und keinen leichten Stand. Aufschlussreich ist diesbezüglich ein Disput, der im sozialdemokratischen und freigewerkschaftlichen Umfeld über die Entdeckung und Vorbildrolle der englischen *trade unions* für das deutsche Gewerkschaftswesen mit den Hirsch-Dunckerschen Gewerkvereinen geführt wurde. Die Entwicklung, der Verlauf und Einzelheiten des ideologisch angereicherten Streits sind zum Beispiel bei Müller[28] in aller Ausführlichkeit dokumentiert und müssen an dieser Stelle nicht referiert werden. Entscheidend ist, dass am Ende mit dem Musterstatut für die Gründung von Gewerkvereinen ein starkes Unterstützungswesen in einen direkten Zusammenhang mit einer wirtschaftsfriedlichen, sozialpartnerschaftlichen und – aus sozialdemokratischer Perspektive – degenerierten Gewerkschaftsbewegung gesetzt wurde.

In einem Aufruf zu jenem Musterstatut hieß es aus dem Umfeld der Gewerkvereine: »Was aber die Ziele und leitenden Grundsätze des Musterstatuts betrifft, so sind wir für diese der freudigen Zustimmung aller selbstbewussten Arbeiter, aber auch aller humanen Arbeitgeber gewiss. Mit klaren, festen Zügen sind die berechtigten Forderungen der modernen Arbeit aufgestellt, welche schließlich auch mit den wahren Interessen des Kapitals übereinstimmen. Deshalb ist jede prinzipielle Feindseligkeit gegen das Kapital gänzlich ausgeschlossen.«[29] Dies interpretierte Hermann Müller, der Sozialdemokrat war, später Redakteur des *Korrespondenzblattes*, stellvertretender Vorsitzender des freigewerkschaftlichen Dachverbandes sowie Reichstagsabgeordneter für die SPD wurde, als

---

erweiterten Kontext Wolfgang Hirsch-Weber: Von der Massenstreikdebatte zum Kampf um das Mitbestimmungsrecht, Köln 1959.

[27] Dazu Lehnert: Sozialdemokratie, S. 87-99.
[28] Müller: Die Organisationen der Lithografen und Steindrucker, S. 143-166.
[29] Zitiert nach ebd., S. 160.

ein Lackmustest. Die Intensität des Unterstützungsgedankens diente dabei als Maßstab der fehlenden antikapitalistischen Absichten: »So wie die Theorie sah auch das Statut aus. Die Unterstützungen waren als Hauptzweck in den Vordergrund geschoben.«[30]

In den Freien Gewerkschaften wurden reformistische Ansätze offener als in der Sozialdemokratie verfolgt. Vereinfacht betrachtet, waren die Gewerkschaften seit ihrer Gründung nichts anderes als reformistische Organisationen, die in ihrem praktischen Handeln Verbesserungen für die Lage der Arbeitnehmerschaft erzielen wollten. Die Gedankenströmung der theoretischen Distanzierung vom sozialen Unterstützungswesen erlangte in den freigewerkschaftlichen Organisationen dennoch im Kontext der skizzierten ideologischen Aufladung durch Widersprüche mit der sozialistischen Lehre eine besondere Wirkung – und zu Beginn der 1890er Jahre deshalb eine besondere Bedeutung, da sie nun auf die Zeit der Gründung oder Neugründung einer Vielzahl gewerkschaftlicher Verbände einwirkte. Sie mussten in dieser Phase Grundsatzentscheidungen über die Verfasstheit der Organisationen treffen: auch darüber, ob Unterstützungskassen perspektivisch aufgebaut werden sollten – oder nicht. Daher sind die Gründungsphasen von Unterstützungskassen für die Zuweisungen von oder Debatten über deren Bedeutungen für diese Studie von besonderem Interesse und werden eine angemessene Berücksichtigung finden.

An dieser Stelle kann für den Beginn der Untersuchungszeit dieser Studie – die 1890er Jahre – festgehalten werden: Die Lage der Arbeitnehmer – seien es kaufmännische Angestellte oder Arbeiter im Handels-, Transport- oder Verkehrsgewerbe wie in den zuvor herangezogenen Beispielen – sollte verbessert werden, indem die emporsteigenden gewerkschaftlichen Bewegungen im Selbstverständnis, damit zu einer Avantgarde des Neuen zu gehören, vorrangig auf die Umstände dieser Lagen einwirkten: durch die Erzeugung von Druck auf die Arbeitgeberseite – durch Arbeitskampfmaßnahmen, Kollektivverträge oder das gewerkschaftliche Arbeitsnachweiswesen, mit dem Verhandlungsmacht über das Angebot an Arbeitskräften erreicht werden konnte –, aber ebenso durch die Erzeugung von Druck gegenüber Regierungen und Behörden etwa mithilfe statistischer Erhebungen, durch den darin geführten Nachweis sozialer Fehlentwicklungen und die damit erhoffte Beeinflussung von Entscheidungen.

Diesem Neuen stand das soziale Unterstützungswesen als Instrument der Vergangenheit entgegen: als Maßnahme, mit der man Einrichtungen schuf, die je nach Gestaltung zwischen tradierter Spendensammlung mit mildtätiger Gabe und moderner, bürokratisierter Unterstützungskasse mit differenzierten Beitrags- oder Leistungsstaffeln und vertraglich gesicherten Ansprüchen zwischen Tradition und Moderne zwar changierten, aber unabhängig von der Verfasstheit ihrer Struktur Überkommenes vermittelten, sobald die Mitglieder einer Organisation aufgerufen waren, selbst – eben durch

---

[30] Ebd., S. 161.

soziale Selbsthilfe – für eine Verbesserung ihrer Lage zu sorgen. Diesen Eindruck suchten Gewerkschaften, die sich seit den 1890er Jahren gründeten, in ganz unterschiedlichen ideologischen Begründungszusammenhängen – von freigewerkschaftlich bis zu national-völkisch und mit unterschiedlicher Klientel vom Kutscher, Geschäftsdiener, Droschkenfahrer oder Straßenbahnschaffner bis zum Handlungsgehilfen und mithin vom Arbeiter bis zum Angestellten – zu vermeiden.

Das hatte viel mit der – nicht zuletzt auch deswegen – im letzten Kapitel ausführlich geschilderten Vergangenheit sozialer Unterstützungseinrichtungen vor 1890 zu tun. Denn sie hatten – aus der Perspektive der jungen, neuen Gewerkschaftsbewegungen betrachtet – »unangenehme« Traditionslinien. Zu ihnen zählten die korporativen Organisationsformen, die Arbeitnehmer und Arbeitgeber vereint hatten und das soziale Kassenwesen mit dem Ruch der Sozialpartnerschaft, der Wirtschaftsfriedlichkeit oder Harmoniebedürftigkeit versahen. Zu ihnen zählten wohl auch die bis weit in das Mittelalter zurückreichenden Wurzeln des sozialen Selbsthilfewesen im Handwerk oder in den Zünften, womit Angestelltengewerkschaften wie Industrieorganisationen in einem Selbstverständnis, Bestandteil einer Moderne zu sein, fremdelten.

Auch die historischen Schnittmengen des sozialen Kassenwesens mit den Ursprüngen der privaten Versicherungen und der staatlichen Sozialinterventionen drohten als Nähe zum Klassengegner in entsprechend ideologisierenden Gewerkschaftskreisen zur belastenden Hypothek zu werden. Besonders schwer wog um 1890 die reale Ausprägung sozialer Unterstützungseinrichtungen, die sich häufig in versprengten lokalen oder regionalen Zusammenschlüssen vereinzelter Berufsgruppen in Geselligkeits- und Unterstützungsvereinigungen materialisierten. All dies wollten die nun entstehenden modernen Gewerkschaftsbewegungen, die bald den Anspruch erhoben, zu nationalen Branchen- oder Industrieverbänden zu wachsen, hinter sich lassen.

In jenen Zusammenhängen geriet das soziale Unterstützungswesen in den 1890er Jahren und danach in das Umfeld einer Sinn- oder Bedeutungskrise – oder anders formuliert: unter Legitimationsdruck.

Aufbruch sozialer Sicherheit 1890: Sozialpolitische Realität relativiert die Sinnkrise

Eigentlich könnte man an dieser Stelle – als ein in die Szenerie des Jahres 1890 springender argloser Beobachter – annehmen, dass das soziale Unterstützungswesen der Gewerkschaften in ihrer Gründungswelle und mit ihrem Aufstieg zur Massenbewegung vor einem Niedergang stand; dass die lange Tradition des Zusammenspiels vom Aufbau sozialer Unterstützungseinrichtungen mit dem Aufbau von Organisationsformen von Werktätigen und Beschäftigten, was für die Zeit seit dem Mittelalter beispielhaft skizziert wurde, nun mit dem Aufbau der modernen Gewerkschaftsbewegung und dem Aufbruch in das 20. Jahrhundert zurückgedrängt werden würde.

Das Gegenteil war der Fall. In den folgenden Kapiteln dieser Studie wird darzulegen sein, wie in den späten 1890er Jahren, besonders aber nach 1900 ein expandierendes und professionalisiertes soziales Unterstützungswesen in Gestalt von Zentralkassen bei den zu Großorganisationen heranwachsenden Zentralverbänden etabliert und fortentwickelt wurde. Besonders wird dabei interessieren – gerade vor dem Hintergrund der zuvor vorgestellten Auszüge aus einer gewerkschaftlichen »Gründungsprosa«, die um Distanz zum Unterstützungswesen bemüht schien –, mit welcher Sinnstiftung der Auf- und Ausbau dieser zentralen Kasseneinrichtungen begleitet wurde. Für ein tieferes Verständnis ist zuvor zu beleuchten, wie Wirklichkeiten und gewerkschaftliche Gedankenwelten in Bezug auf das soziale Unterstützungswesen um 1890 aufeinandertrafen – und die Überschreibung ideologischer Vorbehalte gegenüber dem Unterstützungswesen mit den Bedingungen und Entwicklungen der Realität ihren Lauf nahm. Dafür ist an die Gedankengänge des vorherigen Abschnitts anzuknüpfen. Erneut sind die Einblicke, welche die Selbstbeschreibungen gewerkschaftlicher Verbandsgeschichten gewähren, aufschlussreich.

Auch in Organisationen der Angestelltenschaft waren Vorbehalte gegen gewerkschaftliche Unterstützungskassen vorhanden, wie es am Beispiel des Deutschnationalen Handlungsgehilfen-Verbandes gezeigt wurde. Dennoch gelang vielen Angestelltenverbänden der Brückenschlag zu einem verbandlichen sozialen Unterstützungswesen offenkundig leichter als manchen freigewerkschaftlichen Arbeiterverbänden. Dies hatte bei nicht-sozialistischen Angestelltenorganisationen auch mit den fehlenden starken Reibungskräften zu tun, die das soziale Unterstützungswesen in skizzierter Weise in sozialistischen Gedankenwelten zunächst erzeugte. So hieß es im Prolog des Kapitels über die gewerkschaftlichen Unterstützungseinrichtungen einer 1929 im Umfeld des Verbandes der weiblichen Handels- und Büroangestellten verfassten Geschichte der Organisation: »Im Gegensatz zu den Anschauungen, die vor einem halben Jahrhundert noch herrschten, im Gegensatz zu der rein und extrem individualistischen Lebensauffassung, die den Einzelmenschen auf sich selbst stellte, sein Vorankommen ausschließlich der eigenen Tatkraft zuweisen wollte, finden wir heute den Solidaritätsgedanken in allen Kreisen weit verbreitet. Jeder sozialwirtschaftliche Zusammenschluss, wie er in der Gegenwart immer mehr an Boden gewinnt, auch unter Bevölkerungskreisen, die früher eine solche Verbindung für ein Zeichen der Schwäche und Minderwertigkeit ansahen, verfolgt heute das Ziel – nämlich: den Stand zur Geltung zu bringen, zu erhalten, zu kräftigen – auf zweifachem Weg: Selbsthilfe und Sozialpolitik.«[31]

Auch hier lässt sich erneut der Kontext der Modernisierung deutlich erkennen, in den die Entwicklung seit den 1890er Jahren und der Aufstieg der Gewerkschaften gestellt wurden. Auch hier noch trat das Motiv der Distanz zum Unterstützungswesen in

---

[31] Verband der weiblichen Handels- und Büroangestellten (Hg.): Vierzig Jahre VWA 1889-1929, S. 22.

Erscheinung, indem auf eine Ausgangssituation verwiesen wurde, in der die Verbindung von sozialer Selbsthilfe und Sozialpolitik als »Zeichen der Schwäche und Minderwertigkeit« gesehen wurde. In späteren, im Verlauf der 1920er Jahre publizierten Verbandsgeschichten wurde die Darstellung des sozialen Unterstützungswesens jedoch allgemein selbstverständlicher. Die Unterstützungseinrichtungen verloren auch in der freigewerkschaftlichen Bewegung sukzessive ihre Legitimationszwänge. Entsprechend deutlich wird im Zitat die Aufwertung der gewerkschaftlichen Selbsthilfe in einer dieser späteren verbandsgeschichtlichen Selbstbeschreibungen – noch dazu in einer Angestelltenorganisation, die dem sozialistischen Gedankengut selbst ablehnend gegenüberstand. Man nannte die Gewerkschaften »sozialwirtschaftliche Zusammenschlüsse«, in denen durch ein Junktim von sozialen Selbsthilfeeinrichtungen der Organisationen und deren sozialpolitischen Interventionen erst der »Stand zur Geltung« gebracht wurde.

Die gewählten Begrifflichkeiten standen in enger Verbindung zur gesellschaftspolitischen Lehre, an der sich der Verband der weiblichen Handels- und Büroangestellten orientierte. Als reine Frauenorganisation[32] stand er dem Deutschnationalen Handlungsgehilfen-Verband nahe und war wie jener im Gesamtverband Deutscher Angestelltengewerkschaften als seit 1919 bestehendem Dachverband christlich-nationaler Vereinigungen organisiert. In diesem Umfeld wurden mit unterschiedlichen Akzentuierungen ständestaatliche Vorstellungen verbreitet – also ein wirtschafts- und gesellschaftspolitisches Gegenmodell zum Sozialismus, das gegen die Arbeiterbewegung, gegen die parlamentarische Demokratie und gegen liberale Staatsvorstellungen einen nach Berufsständen gegliederten, mit antikapitalistischen Zügen versehenen autoritären Gesellschafts- und Staatsaufbau propagierte – und damit Berufsgruppen wie die Angestellten, die sozioökonomisch um die Jahrhundertwende mit Abstiegserfahrungen und Abstiegsängsten konfrontiert wurden, gesellschaftlich aufwertete. Unter Einfluss dieser Denkmodelle, auf die faschistische und autoritäre Ideologien des 20. Jahrhunderts zurückgriffen, die aber auch vom politischen Katholizismus und von der katholischen Soziallehre beeinflusst waren und politischen wie sozialen Ordnungssehnsüchten folgten, wurde die Gründung gewerkschaftsähnlicher Verbände zu einem Akt der Konfiguration eines Standes und die Einrichtung verbandlicher Sozialkassen sowie verbandseigener Unternehmen, die dem Wohlergehen der Verbandsmitglieder verpflichtet sein sollten, zu wichtigen Maßnahmen der »Hebung des Standes«, wie es in der Diktion jener Jahre und jener Verbände häufig hieß.[33]

---

[32] Vgl. dazu Erläuterungen in Anmerkung 6.
[33] Dazu ideengeschichtlich erweiternd Christoph H. Werth: Sozialismus und Nation. Die deutsche Ideologiediskussion zwischen 1918 und 1945. Mit einem Vorwort von Karl Dietrich Bracher, Opladen 1996. Zur Ideologie des Deutschnationalen Handlungsgehilfen-Verbandes eine gute Einordnung bei Katja Nerger/Rüdiger Zimmermann: Zwischen Antisemitismus und Interessenvertretung. Periodika und Festschriften des Deutschnationalen Handlungsgehilfen-Verbandes in der Bibliothek der Friedrich-Ebert-Stiftung, Bonn 2006, S. 7-17. Ideologisch bestehen Verwandtschaftsverhältnisse zum Ständestaat oder zum Austrofaschismus.

Die Bedeutung der sozialen Selbsthilfe war in der Geschichte des Verbandes der weiblichen Handels- und Büroangestellten aber auch aus ganz anderen Gründen hervorgehoben. »Aus den einleitenden Ausführungen (...) geht schon hervor, dass die Krankenhilfe einer der wesentlichen Beweggründe für die Gründung des Hilfsvereins war. Damals war das Krankenversicherungsgesetz noch ganz auf die Arbeiterschaft zugeschnitten, für Angestellte, insbesondere für kaufmännische, gab es keinen Versicherungszwang. Soweit freie Einrichtungen bestanden, war für Frauen kein Platz in ihnen. Bei dem nicht gerade hohen Einkommen, dessen sich die weiblichen Gehilfen erfreuten, forderte eine Krankheit eine fast unerschwingliche Ausgabe, und nur die Tatsache, dass die meisten Angestellten bei den Eltern wohnten und aus den Kreisen des sogenannten Mittelstandes stammten, milderte die Wucht eines solchen Schlages.«[34]

Der Verband der weiblichen Handels- und Büroangestellten wurde 1889 als Hilfsverein gegründet. Die Tätigkeit war zunächst auf Berlin beschränkt. Der Verband sprach Gehilfinnen im Angestelltenbereich und zunächst auch Gehilfinnen mit handwerklichen Ausbildungen an. Auch Vertreterinnen der Frauenbewegung zählten zum Gründerkreis, wenngleich mit Julius Meyer ein männlicher Initiator der Verbandsgründung zum ersten Verbandsvorsitzenden bestimmt wurde – angeblich, weil aus dem Umfeld gesellschaftlich wichtiger Frauen und der Berliner Geschäftsinhaber Widerspruch gegen eine Frau an der Verbandsspitze erhoben worden war.

In der Gründungssatzung wurde der Zweck des Verbandes ausschließlich mit der Bildung einer Hilfskasse beschrieben, und zwar zur Krankenhilfe, als Stellennachweis und als sonstige Unterstützungseinrichtung. Erläuterungen zu sozialpolitischen Forderungen fehlten in den Statuten zunächst, was in anderen kaufmännischen Vereinen nicht anders war, hier aber auch verbunden war mit der Vereinsgründung unter dem Sozialistengesetz, die unter den wachsamen Augen der Behörden nur als Einrichtung sozialer Selbsthilfe erfolgen konnte.[35] Dennoch war das soziale Gründungsmotiv in der Verbandsgeschichte als wesentlich herausgestellt: weil das damalige Krankenversicherungsgesetz auf die Arbeiterschaft zielte, die Angestellten hingegen zunächst weitgehend ausschloss und abschreckte, für kaufmännische Angestellte noch keine Versicherungspflicht bestand, für erwerbstätige weibliche Angestellte in den meisten der bestehenden freien Versicherungseinrichtungen keine Aufnahmemöglichkeit vorhanden war und daher Krankheiten in jeder Form ein hohes existenzielles Risiko darstellten.

Hier wird – an einem ersten, im Folgenden genauer ausgeführten Beispiel – konkret erkennbar, auf welche veränderte Wirklichkeit Einrichtungen der sozialen Selbsthilfe um 1890 im Vergleich mit früheren Dekaden trafen. Die gesetzliche Sozialversicherung

---

[34] Verband der weiblichen Handels- und Büroangestellten (Hg.): Vierzig Jahre VWA 1889-1929, S. 22.
[35] Ebd., S. 6 ff.

betrat als neuartige Einrichtung die Bühne. Mit der Sozialgesetzgebung der späten Bismarckzeit wurden auch die Gewerkschaften in der Dekade ihres Aufbruchs nach der Aufhebung des Sozialistengesetzes unmittelbar konfrontiert. Die bedeutendsten staatlichen Regelungen wurden mit dem Krankenversicherungsgesetz 1883, mit dem Unfallversicherungsgesetz 1884 sowie mit dem Gesetz zur Invaliditäts- und Alterssicherung 1889 verabschiedet. Jene Gesetze gingen auf die Kaiserliche Botschaft des Jahres 1881 zurück, in der Kaiser Wilhelm I. auf Empfehlung von Reichskanzler Otto von Bismarck den Reichstag aufforderte, die soziale Absicherung der Arbeiterschaft bei Krankheiten und Unfällen sowie bei Invalidität und im Alter gesetzlich zu regeln.

Neben jenen legislativen Hauptwerken füllten zahllose ergänzende Vorschriften für den Gesamtbereich der Sozialversicherung in jenen Jahren das Reichsgesetzblatt. Mit dem Gesetz über die Eingeschriebenen Hilfskassen wurde 1876 das bereits bestehende Krankenkassenwesen vor der Einführung der gesetzlichen Krankenversicherung auf eine einheitliche Grundlage gestellt, bevor 1883 die bis in unsere Gegenwart bedeutungsvolle Trennung zwischen privater und gesetzlicher Krankenversicherung eingeleitet wurde. Schließlich wurde der unter das Krankenversicherungs- und Unfallversicherungsgesetz fallende Personenkreis sukzessive erweitert. So wurde etwa die Kranken- und Unfallversicherung auf Beschäftigte in der Land- und Forstwirtschaft (1886) oder die Unfallversicherung auf Seeleute (1887) ausgedehnt.[36]

Im Rahmen der Gesetzgebung zur Krankenversicherung wurde die Krankenversicherungspflicht auch auf Teile der Angestelltenschaft, die ein Jahreseinkommen von 2.000 Mark nicht überschritten, schrittweise ausgedehnt. Waren vom Krankenversicherungsgesetz hauptsächlich die in Industrie und Gewerbe beschäftigten Angestellten einbezogen, wurde der Kreis der versicherungspflichtigen Angestellten mit Wirkung vom Beginn des Jahres 1893 an auf Dienstleistungsbereiche wie Versicherungen, Berufsgenossenschaften oder die Rechtspflege ausgedehnt. Anfang des Jahres 1904 wurden schließlich auch die Handlungsgehilfen im Rahmen der definierten Gehaltsgrenzen qua Gesetz krankenversicherungspflichtig.[37] In der gesetzlichen Sozialversicherung

---

[36] Die Literatur zur Geschichte der Sozialversicherung ist selbst bei einem konzentrierten Blick auf die Gründerzeit uferlos. Am umfassendsten und in den Einleitungsteilen zugleich komprimiert informiert das vielbändige Kompendium von Florian Tennstedt u.a. (Hg.): Quellensammlung zur Geschichte der deutschen Sozialpolitik 1867-1914 (Bände in vier Abteilungen, begründet von Peter Rassow und Karl Erich Born, im Auftrag der Historischen Kommission der Akademie der Wissenschaft und Literatur, Mainz), Wiesbaden u.a. 1993-2016. Speziell zum Umfeld des Hilfskassengesetzes Margarete Wagner-Braun: Zur Bedeutung berufsständischer Krankenkassen innerhalb der privaten Krankenversicherung in Deutschland bis zum Zweiten Weltkrieg – Die Selbsthilfeeinrichtungen der katholischen Geistlichen, Stuttgart 2002, S. 59-91.

[37] Vgl. dazu u.a. Bund der technischen Angestellten und Beamten (Hg.): 25 Jahre Technikergewerkschaft – 10 Jahre Butab. Festschrift zum 25-jährigen Jubiläum des Bundes der technisch-industriellen Beamten (Butib) und zum 10-jährigen Jubiläum des Bundes der technischen Angestellten und Beamten (Butab) im Mai 1929, Berlin 1929, S. 142. Verband der weiblichen Handels- und Büroangestellten (Hg.): Vierzig Jahre VWA 1889-1929, S. 23.

waren die Angestellten bis 1911 bei einer schrittweise erfolgenden Erweiterung ihres Personenkreises insofern repräsentiert, als ihr Jahreseinkommen die Versicherungspflichtgrenze von 2.000 Mark nicht überstieg. Dies galt auch für die Alters- und Invalidenversicherung, der 1903 68 Prozent der männlichen und annähernd 94 Prozent der weiblichen Angestellten angehörten.[38]

Den entscheidenden Schritt zu einer eigenständigen sozialversicherungsrechtlichen Anerkennung der Angestelltenschaft tat man jedoch erst im Jahr 1911. Das in jenem Jahr verabschiedete und bald darauf in Kraft tretende Angestelltenversicherungsgesetz schuf mehrere Sachverhalte: Es brachte eine verspätete sozialrechtliche Akkreditierung der Angestellten mit der von ihnen erwarteten Sonderstellung gegenüber der Arbeiterschaft und zementierte damit diese Demarkationslinie in der Arbeitnehmerschaft. Im Zentrum stand dabei die neuralgische Frage der Alterssicherung für Angestellte. »Die Bedeutung des Angestelltenversicherungsgesetzes lag in der Tatsache begründet, dass es bestimmte Arbeitnehmergruppen aus der Alters- und Invaliditätsversicherung herausnahm, womit die Herausbildung eines gesonderten, rechtlich sanktionierten Angestelltenstatus überhaupt erst etabliert wurde. (...) Die Bestimmungen des Angestelltenversicherungsgesetzes sahen eine Invalidenrente schon bei Berufsunfähigkeit (Erwerbsminderung von 50 Prozent) und nicht erst bei Erwerbsunfähigkeit (60 Prozent Erwerbsminderung) vor. Zudem bedeutete das Renteneintrittsalter mit 65 statt 70 Jahren einen entscheidenden Vorteil, der allerdings 1916 auch Arbeitern gewährt wurde. Die Rentenleistungen übertrafen die der Arbeiter-Altersversicherung deutlich, ebenso die Hinterbliebenenrenten, freilich um den Preis höherer Beiträge. Diese betrugen, in neun Klassen zwischen 1,60 und 26,60 Mark monatlich gestaffelt, durchschnittlich sieben Prozent des Gehalts (gegenüber etwa zwei Prozent in der Alters- und Invaliditätsversicherung); sie wurden von Versicherten und Arbeitgebern gemeinsam getragen. Ruhegeld bei Erreichen der Altersgrenze oder nach Berufsunfähigkeit wurde nach 120 Beitragsmonaten gewährt, sodass die ersten Auszahlungen zum Jahresbeginn 1923 erfolgen sollten. Während sich die Versicherungspflicht der Invalidenversicherung auf alle Arbeitnehmer mit einem Jahreseinkommen bis 2.000 Mark erstreckte, unterstellte das Angestelltenversicherungsgesetz nunmehr alle Gehaltsempfänger bis 5.000 Mark Jahreseinkommen der Versicherungspflicht. Angestellte mit einem Jahreseinkommen bis 2.000 Mark blieben zunächst in der Alters- und Invaliditätsversicherung und zusätzlich – zu reduzierten Beiträgen – in der neu geschaffenen Reichsversicherungsanstalt für Angestellte versichert. Diese Doppelversicherung wurde am 10. November 1922 durch eine Gesetzesnovelle beseitigt.«[39]

---

[38] Siehe hierzu Reichsamt des Inneren (Bearb.): Die wirtschaftliche Lage der Privatangestellten. Denkschrift über die im Oktober 1903 angestellten Erhebungen, Berlin 1907, S. 17.
[39] Fattmann: Die Angestellten, S. 86 f. Vgl. zum Kontext auch Schulz: Die Angestellten, S. 27 ff.

Der Blick auf die Sozialgesetzgebung der zu untersuchenden Zeit ist in der erforderlichen Kürze nicht ansatzweise vollständig zu gestalten. Neben den genannten Schwerpunkten soll für den Zustand der regelmäßigen legislativen Erneuerung des Sozialversicherungsrechts exemplarisch die Verabschiedung der Reichsversicherungsordnung im Jahr 1911 angeführt werden, mit der Hinterbliebenenrenten eingeführt und Hilfskrankenkassen reglementiert wurden, wonach sie beispielsweise unter verschärften Bedingungen die Zulassung als Ersatzkasse beantragen konnten. Nach dem Krankenversicherungsrecht der Reichsversicherungsordnung, das 1914 in Kraft trat, war das Gesetz über Arbeitsvermittlung und Arbeitslosenversicherung von 1927 die herausragende folgende Neuerung im Sozialversicherungsrecht. Es schuf eine zentrale Arbeitsmarktpolitik, stellte der Arbeitsverwaltung neue Einrichtungen zur Verfügung und überwand die zuvor geltenden Regelungen der Erwerbslosenfürsorge durch die Etablierung einer Sozialversicherung. Das in langwierigen und kontroversen Debatten hart erkämpfte Versicherungsprinzip wurde indes in der unmittelbar folgenden Weltwirtschaftskrise mit ihren erheblichen Auswirkungen auf den Arbeitsmarkt durch Beitragsanhebungen und Leistungskürzungen marginalisiert.[40] Das Gesetz über Arbeitsvermittlung und Arbeitslosenversicherung wirkte bis in das Krankenversicherungsrecht hinein. Die Zulassung von Berufskrankenkassen, wie sie zum Beispiel vom Bund der technischen Beamten und Angestellten, einer Gewerkschaft des Allgemeinen freien Angestelltenbundes, mit der Gründung der Berufskrankenkasse Deutscher Techniker verfolgt wurde, stand damit in enger Verbindung[41] – doch dazu später mehr.

Welche Wirkungen wurden mit der skizzierten Expansion der staatlichen Sozialversicherung hinsichtlich der Entscheidung über den Aufbau oder eine Abweisung sozialer Unterstützungseinrichtungen in den Gewerkschaften zu Beginn der Entwicklung zur Massenbewegung in den 1890er Jahren entfaltet? Hier macht es Sinn, einen gedanklichen Klärungsprozess vorzuschalten, der mit einer aus der Perspektive unseres heutigen Sozialstaatsverständnisses entwickelten These die davon abweichenden Bedingungen für die Gewerkschaften im Kaiserreich der 1890er Jahre herauszuarbeiten hilft. Könnte man demnach aus der sozialstaatlichen Expansion um 1890 folgern, dass die gesetzliche Sozialversicherung geradezu als ein staatliches Element der Moderne das traditionelle Selbsthilfewesen und mithin das gewerkschaftliche Unterstützungswesen entwertete, in Teilen gar überflüssig machte und eine Abwendung der Gewerkschaften von der sozialen Selbsthilfe – wie die oben aufgezeigten gewerkschaftlichen Distanzie-

---

[40] Zu den Debatten und zum Entstehungsprozess des Gesetzes über Arbeitsvermittlung und Arbeitslosenversicherung zentral Karl Christian Führer: Arbeitslosigkeit und die Entstehung der Arbeitslosenversicherung in Deutschland 1902-1927, Berlin 1990. Zur Anwendung und zu den Folgen des Gesetzes nach 1927 etwa Claudia Brunner: Arbeitslosigkeit im NS-Staat. Das Beispiel München, Pfaffenweiler 1997.

[41] Bund der technischen Angestellten und Beamten (Hg.): 25 Jahre Technikergewerkschaft – 10 Jahre Butab, S. 143.

rungen womöglich andeuteten – regelrecht implizierte? Oder knapper, in einer gegenwartsnahen Marktlogik formuliert: Der Staat übernahm Wohlfahrtsaufgaben, also zogen sich andere Anbieter zurück?

Man muss dies aus mehreren Gründen verneinen – zunächst, weil die staatliche Sozialversicherung Teil einer gegen die Arbeiterbewegung gerichteten Strategie eines obrigkeitsstaatlichen Sozialprotektionismus im Kaiserreich war und damit keinesfalls Elemente einer Moderne darstellte, der die Gewerkschaftsbewegung mehrheitlich zu folgen gewillt war. Der autoritäre Staat beabsichtigte, das Proletariat sozialpolitisch zu befrieden, an sich zu binden und den Organisationen der potenziell revolutionären Arbeiterbewegung die Anhängerschaft zu nehmen. Die Skepsis gerade der Freien Gewerkschaften gegenüber den staatlichen Absichten war seit dem Sozialistengesetz in höchstem Maß ausgeprägt. Und diese Skepsis wurde weiterhin bestätigt durch die andauernden Schikanen, die nach 1890 beispielsweise in Gestalt polizeilicher Versammlungskontrollen folgten. Die Gewerkschaften waren in jedem Fall noch weit davon entfernt, eine staatliche oder gesamtgesellschaftliche Akkreditierung zu erhoffen, wie man sie schließlich erst im Weltkrieg im Gesetz über den vaterländischen Hilfsdienst und nach der Revolution mit der Zentralen Arbeitsgemeinschaft bekommen sollte.[42]

Die Mehrzahl der Gewerkschaften war um 1890 misstrauisch und auf der Hut gegenüber allen Formen staatlicher Kontrolle. Ein gutes Beispiel bietet die insbesondere in den Freien Gewerkschaften nach den Erfahrungen unter dem Sozialistengesetz ausgeprägte Antipathie gegen die staatliche Versicherungsaufsicht. Die Schaffung von Unterstützungen hatte noch bis 1890 in den bereits bestehenden Gewerkschaften den Zugriff der Versicherungsaufsicht abgewendet oder zumindest erschwert und das organisatorische Überleben gesichert. Vor diesem Hintergrund lässt sich erahnen, dass 1890 nach dem Fall des Sozialistengesetzes in Organisationen, die sich nach der Repressionsperiode neu gründeten oder erst etablierten, keine naive Stimmung zu erwarten war, nach der im Vertrauen auf einen sozialpolitisch agierenden Staat jenem dieses Feld zu überlassen war. *Aus diesem Grund* wurde Distanz zu sozialen Selbsthilfeeinrichtungen in den Ge-

---

[42] Zu den polizeilichen Maßnahmen gegen die Gewerkschaften zwischen 1890 und 1914 (Schließung von Zahlstellen, Kontrolle von Mitgliederlisten, Kontrolle von Vorstandsmitgliedern und Satzungen) sehr anschaulich Vorstand des Verbandes der Fabrikarbeiter Deutschlands: 40 Jahre Kampf des Verbandes der Fabrikarbeiter Deutschlands. Festschrift zur Erinnerung an die Gründung, Hannover 1930, S. 73-81. Zur Akkreditierung der Gewerkschaften im Hilfsdienstgesetz und durch die Zentrale Arbeitsgemeinschaft die Kontexte u.a. bei Hans-Joachim Bieber: Gewerkschaften in Krieg und Revolution. Arbeiterbewegung, Industrie, Staat und Militär in Deutschland 1914-1920, zwei Bände, Hamburg 1981, S. 296 ff. Heinrich Potthoff: Gewerkschaften und Politik zwischen Revolution und Inflation, Düsseldorf 1979, S. 177 ff. Ders.: Freie Gewerkschaften 1918-1933. Der Allgemeine Deutsche Gewerkschaftsbund in der Weimarer Republik, Düsseldorf 1987, S. 170 ff. Michael Schneider: Höhen, Krisen und Tiefen. Die Gewerkschaften in der Weimarer Republik 1918 bis 1933, in: Borsdorf (Hg.): Geschichte der deutschen Gewerkschaften, S. 279-446, hier bes. S. 289 ff. Dazu auch die zentralen, am Anfang dieser Studie bereits angemerkten Arbeiten von Gerald D. Feldman.

werkschaften nicht aufgebaut. Auch die Vorstellung, dass soziale Unterstützungskassen nach dem Fall des Sozialistengesetzes zugleich als erprobte Sicherungseinrichtungen gegen einen übergriffigen Staat plötzlich entbehrlich seien und deswegen in eine gewerkschaftliche Bedeutungskrise gerieten, war mit den historischen Erfahrungen der Gewerkschaften unvereinbar.

Um faktisch zu argumentieren, ohne an dieser Stelle bereits zu viel vorwegzunehmen: Mit der Etablierung der staatlichen Sozialversicherung und ihrem voranschreitenden Ausbau in der hier fokussierten Untersuchungszeit starb das gewerkschaftliche Unterstützungswesen nicht ab, sondern entwickelte sich im Gegenteil zwischen 1890 und den endenden 1920er Jahren – abgesehen von krisenbedingten Rückschlägen – dynamisch und nachhaltig expansiv. Wenn man nach einem dominanten Einfluss der staatlichen Sozialversicherung auf das gewerkschaftliche Unterstützungswesen suchte, gab es ihn zumindest nicht in der Form, dass das Unterstützungswesen mit Entstehung der Sozialversicherung unter existenziellen Druck geriet. Ein Zusammenhang mit der oben aufgezeigten gewerkschaftlichen Bedeutungskrise des sozialen Selbsthilfewesens ist auch daher nicht plausibel.

Im Gegenteil, die staatliche Sozialversicherung stimulierte und verstärkte vielmehr die Zuwendung zu sozialen Sicherungen und die öffentliche Aufmerksamkeit, die das Thema erfuhr. Mit der Sozialversicherung wurde über Pflichtversicherungen der Gedanke der sozialen Vorsorge in der Arbeitnehmerschaft massenhaft verbreitet. Die Leistungen der staatlichen Sozialversicherung waren jedoch, daran muss erinnert werden, nicht hinreichend und nicht im Ansatz lebensstandardsichernd. Der sich erst entwickelnde soziale Staat war noch weit davon entfernt, sich mit gegenwartsnahen wohlfahrtsstaatlichen Erwartungen messen zu können. Insofern war Bismarcks Sozialversicherung gleichzeitig eine umfassende Werbemaßnahme für zusätzliche Versicherungen und Unterstützungskassen, sofern Arbeiter oder Angestellte sie sich leisten konnten. So gilt der Aufbau der Sozialversicherung als Initialzündung auch für den Erfolg der sogenannten Volksversicherung, die als Kleinstlebensversicherung in den 1880er Jahren entwickelt wurde.

Den Durchbruch dieser neuartigen Versicherungsform erzielte die Berliner Versicherungsgesellschaft Victoria ab 1892. Bis zum Vorabend des Ersten Weltkriegs operierte sie damit besonders erfolgreich.[43] Mit regelmäßig eingezogenen Niedrigstbeiträgen zielte die Victoria exakt auf das durch die Sozialversicherung für die eigene soziale Fürsorge sensibilisierte Klientel – die Arbeitnehmerschaft. Faktisch ließen alle Formen

---

[43] Die Werbewirkung der Sozialversicherung wurde als wesentliche Grundlage des Erfolgs der Volksversicherung gesehen. Vgl. Surminski: Im Zug der Zeiten. Die Victoria von 1853 bis heute, S. 13 ff. Dazu auch Braun: Geschichte der Lebensversicherung, bes. S. 281 f. – ausführlich zur Entwicklung der Idee einer Volksversicherung bei den deutschen Versicherungsgesellschaften Nordstern, Friedrich Wilhelm und Victoria und zum Wachstum bis 1914, S. 282 ff. und S. 342–363.

sozialer Sicherungen – von diesen privaten über betriebliche bis zu verbandlichen Angeboten wie gewerkschaftlichen Unterstützungseinrichtungen – wegen ihrer jeweils begrenzten Leistungsmöglichkeiten Raum für eine Expansion nebeneinander, mehr noch: Sie befruchteten sich gegenseitig durch Ansteckungseffekte und Konkurrenzkräfte, die durch den Impuls der Etablierung der Sozialversicherung erheblich verstärkt wurden.

Daneben regte die staatliche Sozialversicherung die Gründung verbandlicher Selbsthilfeeinrichtungen über einen weiteren, indirekt wirkenden Mechanismus an. Da Angestellte zunächst lediglich in den skizzierten Grenzen in die Sozialversicherung einbezogen wurden, fühlten sich Angestelltenorganisationen aufgerufen, für die nicht erfassten Angestellten vergleichbare oder verbesserte Angebote selbst zu installieren. Die Krankenhilfe des Verbandes der weiblichen Handels- und Büroangestellten, um das vorne angeführte Beispiel wieder in Erinnerung zu bringen, wurde 1889 initiiert, weil »das Krankenversicherungsgesetz noch ganz auf die Arbeiterschaft zugeschnitten«[44] war und für kaufmännische Angestellte noch kein Versicherungszwang bestand.

Damit wurde eine verbandliche Unterstützungskasse für den Krankheitsfall etabliert, die zugleich den Grundstein zur Gründung des Verbandes legte. Als der Reichstag 1893 die Krankenversicherungspflicht für Angestellte im Dienstleistungsbereich, in dem viele der weiblichen Mitglieder des Verbandes beschäftigt waren, ausdehnte, reagierte der Hilfsverein als Vorläufer des Verbandes der weiblichen Handels- und Büroangestellten umgehend. »Sofort nachdem es im Reichstag verabschiedet war, ging der Verein dazu über, eine Eingeschriebene Hilfskasse zu gründen, deren Mitgliedschaft von dem Zwang befreite, einer Ortskrankenkasse anzugehören. Die Beiträge zu den Hilfskassen (Ersatzkassen) mussten von den Mitgliedern allein getragen werden, eine Verpflichtung des Arbeitgebers, einen Zuschuss zu geben, bestand nicht. (...) Die Leistungen erfreuten sich großer Anerkennung, sehr bekannte Berliner Ärzte (...) waren in ihr tätig, insbesondere war sie eine der ersten Kassen, die für Heil- und Stärkungsmittel, namentlich für Milch für die damals zahlreichen Bleichsüchtigen, hohe Aufwendungen machte.« Man hatte damit offenkundig Erfolg: »Ohne jede besondere Werbung stieg die Mitgliederzahl bis auf 10.000, hauptsächlich in Berlin.«[45]

Korrespondierend mit der Gesetzgebung der Sozialversicherung, wurden auf diese oder ähnliche Weise Selbsthilfeeinrichtungen der Angestelltenorganisationen inspiriert. Mit Unterstützungseinrichtungen, eigenen Krankenkassen oder anderen verbandseigenen Versicherungen reagierten Verbände auf fehlende Angebote ebenso wie auf Lösungen der Sozialversicherung, die als unbefriedigend angesehen wurden. So dienten die Hilfs- und Ersatzkassen der Verbände als Alternative für die in Angestelltenkreisen

---

[44] Verband der weiblichen Handels- und Büroangestellten (Hg.): Vierzig Jahre VWA 1889-1929, S. 22.
[45] Die Zitate ebd., S. 23.

häufig abgelehnten Ortskrankenkassen, die als Einrichtungen der Arbeiterschaft angesehen wurden. Trotz erheblicher Nachteile wie der höheren Beitragsbelastung bei fehlenden Pflichtbeitragsabführungen der Arbeitgeber erfuhren die Ersatzkassen einen regen Zulauf. Hier kam ein Anspruchsbewusstsein zum Ausdruck, das Angestelltenorganisationen durch entsprechend angepriesene Verbandseinrichtungen zu verstärken wussten, in denen Angestellte eine ihrer Stellung gebührende, also bessere Versorgung zu erwarten hätten.

Doch nicht nur im Bereich der Krankenfürsorge, auch bei der Altersfürsorge und ebenso für die Freie Angestelltenbewegung wirkte das Anreizsystem zwischen einer Sozialversicherung, die als mangelhaft und als die Bedürfnisse der Angestellten nicht würdigend betrachtet wurde, und dem Aufbau gewerkschaftlicher Einrichtungen der sozialen Selbsthilfe. Die »Formierung der Angestelltenbewegung«[46] erhielt durch die Auseinandersetzung um die Sozialversicherung der Angestelltenschaft generell einen wesentlichen Impuls.

So gründete, um ein Beispiel zu nennen, der Verband der Büroangestellten Deutschlands, der aus dem Zusammenschluss des Zentralvereins der Büroangestellten mit dem Verband der Verwaltungsbeamten der Krankenkassen und Berufsgenossenschaften Deutschlands 1908 formiert wurde – und später im Zentralverband der Angestellten aufging –, im Jahr der Fusion eine Pensionskasse. Eine zeitnah umgesetzte staatliche Pensionsversicherung für Angestellte erwartete die Organisation zu jenem Zeitpunkt nicht mehr. »Wir werden alt und grau, ehe wir das erleben«, urteilte der Berichterstatter über die Pensionskasse auf dem Vereinigungsverbandstag.[47] Der Glaube an die Durchsetzung einer gesonderten Rentenversicherung für Angestellte, die schließlich mit dem Angestelltenversicherungsgesetz 1911 doch realisiert wurde, war 1908 brüchig.

Auch wichtige Expansionsschritte der Sozialversicherung, wie sie durch das Angestelltenversicherungsgesetz oder das Gesetz über Arbeitsvermittlung und Arbeitslosenversicherung von 1927 vorgenommen wurden, sollten letztlich weder bei Arbeiter- noch bei Angestelltengewerkschaften dazu führen, dass gewerkschaftliche Selbsthilfeeinrichtungen zugunsten neu eingeführter staatlicher Leistungen spontan oder mittelfristig aufgelöst wurden. Bei einer moderaten Anpassung ihrer Funktion oder ihrer Leistung blieben sie im untersuchten Zeitraum in der etablierten Struktur und Ausprägung dennoch weitgehend unverändert erhalten. Dass das Unterstützungswesen der Gewerkschaften wie in einem System kommunizierender Röhren auf Ver-

---

[46] Dazu Barbara Bichler: Die Formierung der Angestelltenbewegung im Kaiserreich und die Entstehung des Angestelltenversicherungsgesetzes von 1911, Frankfurt am Main u.a. 1997.

[47] Verband der Büroangestellten Deutschlands: Protokoll des Verbandstages des Verbandes der Büroangestellten und der Verwaltungsbeamten der Krankenkassen und Berufsgenossenschaften Deutschlands 1908. Gemeinsamer Protokollband mit dem siebten Verbandstag des Verbandes der Verwaltungsbeamten der Krankenkassen und Berufsgenossenschaften Deutschlands und der dritten Generalversammlung des Zentralvereins der Büroangestellten Deutschlands, S. 49.

änderungen der staatlichen Sozialversicherung reagierte, war angesichts der Interaktion und Berührungspunkte beider Systeme folgerichtig. Schließlich operierte man mit technisch verwandten Instrumenten auf den gleichen sozialen Gebieten.

Aufbruch in eine janusköpfige Epoche 1890: Zeiten des Wandels, der Verunsicherung und der Risiken

An dieser Stelle soll der Betrachtungswinkel erweitert werden und in das Bewusstsein treten, dass die zeitliche Etappe zwischen 1890 und den endenden 1920er respektive den beginnenden 1930er Jahren von einem extrem dynamisch verlaufenden Modernisierungsprozess in Technik und Wirtschaft geprägt war. Dieser paarte sich mit einer explosionsartigen Entwicklung des internationalen Kapitalismus und der Zuspitzung seiner Krisen, was – insbesondere in Deutschland – in Hyperinflation und Wirtschaftskrisen mit den bekannt dramatischen Auswirkungen in den 1920er und frühen 1930er Jahren kulminierte. Über die Vorgänge ist genug geschrieben worden,[48] sodass an dieser Stelle ein komprimiertes Panoptikum von Phänomenen nicht nur ausreicht, sondern den Charakter der Epoche besonders gut veranschaulicht. Auf der einen Seite dieser janusköpfigen Zeit standen Fortschritt und Fortschrittsglaube – insbesondere im technischen Bereich. Dazu zählten, um es an besonders prägnanten Beispielen zu verdeutlichen, die Raumfahrt- und Raketenvisionen der 1920er Jahre, die in Fritz Langs Stummfilm *Frau im Mond* gespiegelt wurden,[49] die Atomphysik und Kernchemie Werner Heisenbergs und Otto Hahns[50] oder die gescheiterte Vision vom monumentalen Bau eines Mittelmeerstaudamms, mit dem Europa und Afrika zu einem neuen Kontinent Atlantropa verbunden werden sollten.[51] Diese Ideen- und Forschungswelten, interagierend mit einem verbreiteten Technikglauben, prägten sich aus in einer Epoche, die auch real die Dynamik der technischen Revolutionen repräsentierte. Dies kam im Alltag der Menschen auch als Faktor großer Verunsicherung an. In nur einem halben Menschenleben vollzog sich zwischen 1890 und 1930 eine Revolution im Transportwesen, die

---

[48] Einige Einblicke in hilfreiche oder weiterführende Literatur werden in den nachfolgenden Anmerkungen gegeben.

[49] Thomas H. Lange: Raumfahrteuphorie und Raketentechnik 1925-1945, in: Helmuth Trischler/Kai-Uwe Schrogl (Hg.): Ein Jahrhundert im Flug. Luft- und Raumfahrtforschung in Deutschland 1907-2007, Frankfurt am Main/New York 2007, S. 123-137.

[50] Helmut Rechenberg: Werner Heisenberg – Die Sprache der Atome. Leben und Wirken – Eine wissenschaftliche Biografie, zwei Bände, Berlin/Heidelberg 2010, zum Zeitalter des Aufbruchs der modernen Physik seit 1895 der Prolog auf S. 1-11.

[51] Alexander Gall: Das Atlantropa-Projekt. Die Geschichte einer gescheiterten Vision: Herman Sörgel und die Absenkung des Mittelmeers, Frankfurt am Main u.a. 1998. Das Projekt wurde von Sörgel seit den endenden 1920er Jahren verfolgt und schließlich in einer Buchpublikation präsentiert. Herman Sörgel: Atlantropa, Zürich u.a. 1932.

von der Pferdedroschke zum Flugzeug führte. Wenn heute von den Umwälzungen der Digitalisierung gesprochen und auf die tiefgreifenden Auswirkungen für die Menschen hingewiesen wird, darf man fragen, mit welcher wohl ungleich stärkeren Wirkung die Menschen um 1900 die in ihrer Zeit viel präsenteren vielfachen Veränderungen wahrgenommen haben.[52]

In jener Zeit entwickelten sich insbesondere die Städte und Metropolen mit hoher Geschwindigkeit hin zu einer uns bis heute vertraut erscheinenden Moderne. Elektrische Straßenbahnen, die erste Strecke in Deutschland wurde 1881 in Berlin-Lichterfelde eröffnet, ersetzten allmählich die Pferdebahnen, und bald schon erschienen auch elektrische Hoch- und Untergrundbahnen im Stadtbild der Metropolen.[53] In Berlin nahm 1897 die Gesellschaft für elektrische Hoch- und Untergrundbahnen, aus der die Berliner Verkehrsbetriebe hervorgehen sollten, ihre Tätigkeit auf. Ebenfalls im Jahr 1897 erlebte Berlin die Jungfernfahrt der ersten Untergrundbahn, deren Streckennetz ab 1902 in Betrieb genommen und bis zum Beginn des Ersten Weltkriegs sukzessive ausgebaut wurde.[54] Neben dem großstädtischen Verkehr, in dem die Pferdewagen und Pferdedroschken zusehends mit Kraftdroschken und ihren elektrisch betriebenen Pendants sowie bald mit privat genutzten Kraftwagen auf den Straßen konkurrierten, bestimmten die großen Waren- und Kaufhäuser, die als neue Tempel des Konsums wie Pilze aus dem Boden schossen, die Wahrnehmung von Umbruch und Moderne. In der Oranienstraße eröffnete Wertheim 1894 sein Berliner Stammhaus, gefolgt von weiteren Kaufhäusern an der Königstraße und am Moritzplatz, bevor 1897 das Warenhaus Wertheim an der Leipziger Straße eröffnete, das nach mehrfachen Ausbauten zum größten Kaufhaus Europas avancierte. Konkurrenz machten Wertheim insbesondere die Warenhäuser von Hermann und Oscar Tietz, von denen das Unternehmen bereits zur Jahrhundertwende mehr als ein Dutzend unterhielt. In Berlin bezog Tietz in der Leipziger Straße in direkter Konkurrenz zu Wertheim oder am Alexanderplatz monumentale Konsumbauten. Bald war man mit zehn großen Warenhäusern in der Reichshauptstadt vertreten. Nachdem Tietz 1927 mit der Übernahme der Kaufhauskette Jandorf auch das seinerzeit schon berühmte Kaufhaus des Westens in Berlin übernommen hatte, stieg man zum größten Warenhauskonzern Europas auf.[55]

---

[52] Als Gesamtdarstellung zur deutschen Technikgeschichte Joachim Radkau: Technik in Deutschland. Vom 18. Jahrhundert bis heute, Frankfurt am Main/New York 2008.

[53] Vgl. hierzu Wolfgang Hendlmeier: Handbuch der deutschen Straßenbahngeschichte, zwei Bände, München 1979 und 1981.

[54] Vgl. etwa als zeitgenössische Beiträge Gustav Kemmann: Zur Eröffnung der elektrischen Hoch- und Untergrundbahn in Berlin, Berlin 1902 (auch als 2002 veröffentlichter Nachdruck erhältlich). Johannes Bousset: Die Berliner U-Bahn, Berlin 1935.

[55] Simone Ladwig-Winters: Wertheim. Ein Warenhausunternehmen und seine Eigentümer, Münster 1997. Hermann Tietz: Der größte Warenhauskonzern Europas im Eigenbesitz. Ein Buch sichtbarer Erfolge, Berlin 1928. Georg Tietz: Hermann Tietz. Geschichte einer Familie und ihrer Warenhäuser, Stuttgart 1965.

Das Geschäftsmodell der Kaufhäuser war revolutionär. Sie kauften ihre Waren in großen Mengen an, boten sie sehr preisgünstig an und animierten ihre Kunden damit zur sofortigen Barzahlung und Begleichung der vollen Schuld, was angesichts des damals verbreiteten Anschreibens zunächst neu war. Zeitgleich gelang es den großen Warenhäusern, den Konsum ärmeren Schichten zugänglich zu machen und mit einem Einkaufserlebnis zu veredeln. »Wenn man heute in einer Familie hört: Wir gehen zu Wertheim, so heißt das nicht in erster Linie, wir brauchen irgend etwas besonders notwendig für unsere Wirtschaft, sondern man spricht von einem Ausflug, den man etwa nach irgend einem schönen Ort der Umgebung macht«, beobachtete Gustav Stresemann, später Reichskanzler und Reichsaußenminister in der Weimarer Republik, zur Jahrhundertwende.[56] »In vielen deutschen Städten entstanden pompöse Kaufhäuser mit lichtdurchfluteten Hallen, prächtigen Fassaden oder repräsentativen Türmchen – Prunkstücke der Architektur, geplant für die Ewigkeit, nachts märchenhaft beleuchtet. Der Name Hermann Tietz, später kurz Hertie, wurde zum Synonym für diese Tempel einer konsumfreudigen Moderne.«[57] Baulich gerahmt von der Avantgarde und einem Stilpluralismus, der vom Expressionismus, Kubismus oder Dadaismus bis zur Neuen Sachlichkeit, vom Jugendstil oder *Art Nouveau* bis *Art Déco* reichte, avancierte der Massenkonsum als neue Massenkultur besonders in Metropolen wie dem pulsierenden Berlin zu einem stilprägenden kulturellen Merkmal der Moderne.[58]

Besonders in den Großstädten war die Janusköpfigkeit der Zeit mit Händen zu greifen. Der Ästhetik der Moderne standen in den Arbeiterquartieren sichtbares Elend entgegen. Durch eine geradezu enthemmt dynamische Industrialisierung mit einem fordernden Bedarf an Arbeitskräften wuchsen die Arbeiterviertel und litten unter Übervölkerung. Die Mietskasernen, die häufig in der Nähe von Fabrikanlagen im Einzugsbereich qualmender Schornsteine standen, boten Toiletten im Hinterhof oder allenfalls im Treppenhaus, nicht beheizte Dachbodenkammern und feuchte Wohnungen. Da der Wohnraum knapp und die Mieten daher kostspielig waren, lebten die Menschen dicht gedrängt, schliefen mit mehreren Personen in einem Bett oder vermieteten Bettstellen an sogenannte Schlafgänger.[59] In problematischen Arbeiterquartieren wie den Gän-

---

[56] Die Äußerung Gustav Stresemanns aus dem Jahr 1900 hier zitiert nach Spiegel Online, 4. Juni 2009, eingesehen unter http://www.spiegel.de/einestages/die-goldenen-jahre-der-kaufhaeuser-a-948323.html, abgerufen am 02.04.2019.

[57] Ebd.

[58] Dazu Detlev J.K. Peukert: Die Weimarer Republik. Krisenjahre der Klassischen Moderne, Frankfurt am Main 1987, S. 166-178.

[59] Zu den Wohnverhältnissen der Arbeiterschaft im Kaiserreich – mit den auch erforderlichen »ausgleichenden« Beschreibungen des kleinen Glücks in der Not – immer noch zentral Gerhard A. Ritter/Klaus Tenfelde: Arbeiter im Deutschen Kaiserreich 1871 bis 1914, Bonn 1992, S. 582-617. Als kompakter Überblick auch Lutz Niethammer/Franz-Josef Brüggemeier: Wie wohnten die Arbeiter im Kaiserreich?, in: Archiv für Sozialgeschichte 16, 1976, S. 61-120. Als interessante Beiträge zum thematischen Komplex u.a. Hans J. Teuteberg/Clemens Wischermann: Wohnalltag

gevierteln am Hamburger Hafen gehörte die Straßenkriminalität und die Prostitution zum Alltag. Hier waren die sozialen und hygienischen Verhältnisse derart kritisch, dass die Cholera in ihrem letzten großen Ausbruch in Hamburg 1892 als Epidemie besonders hart wütete und mehreren tausend Menschen das Leben kostete.[60]

Die Gesundheitsverhältnisse waren generell problematisch. Infektionserkrankungen wie die als Schwindsucht bezeichnete Lungentuberkulose galten als Geißel der sozial Benachteiligten und der Arbeiterschaft. Staubige Arbeitsumgebungen oder die kalten, feuchten und häufig mit Schimmel befallenen Wohnräume boten einen geeigneten Nährboden für weitere Atemwegserkrankungen. Gerade bei den Kindern waren Infektions- und typische Mangelerkrankungen verbreitet. Mit Keuchhusten und Diphtherie, Scharlach und Masern bis zur Rachitis mit den typischen Knochenverformungen lauerten auf die Heranwachsenden zahlreiche weitere Gefahren nach der Hochrisikophase von Geburt und Wochenbett mit einem hohen Sterblichkeitsrisiko für Mütter wie Säuglinge.

Neben der hohen Zahl von Unfällen beim Kontakt von Mensch und Maschine, die in Fabrikhallen bei einem unterentwickelten Arbeitsschutz, aber ebenso im technisierten Transportgewerbe vor allem auf den quirligen Straßen der Städte das Leben bedrohten, drangen stressbedingte Erkrankungsbilder und psychische Auffälligkeiten in das Bewusstsein. Häufig registriert und wahrgenommen wurden dabei Herz-Kreislauf-Krankheiten und Selbsttötungen.[61] Grundsätzlich wurde das Kaiserreich seit den 1880er Jahren von einem grassierenden Diskurs über Nervenkrankheiten begleitet, die als Folgen der Moderne, ihrer Geschwindigkeit, neuer Techniken, also als Symptome der menschlichen Überforderung und daraus resultierender Ängste gedeutet wurden. Mit dem Terminus Neurasthenie, vom amerikanischen Arzt George M. Beard geprägt, wurde schließlich ein plakativer Leitbegriff für das »Zeitalter der Nervosität«[62] gefunden.

Hier zeigt sich abermals die Janusköpfigkeit der Epoche. Denn aus medizinhistorischer Sicht war es eine Zeit bahnbrechender Fortschritte und Entdeckungen, die angesichts der skizzierten gesundheitspolitischen Herausforderungen dringlich waren. Um

---

in Deutschland 1850-1914. Bilder, Daten, Dokumente, Münster 1985. Für die Zeit nach dem Ersten Weltkrieg interessante Beiträge in Axel Schildt/Arnold Sywottek (Hg.): Massenwohnung und Eigenheim. Wohnungsbau und Wohnen in der Großstadt seit dem Ersten Weltkrieg, Frankfurt am Main/New York 1988.

[60] Weiterführend Richard J. Evans: Tod in Hamburg. Stadt, Gesellschaft und Politik in den Cholera-Jahren 1830-1910, Reinbek bei Hamburg 1991. Ergänzend über die Wohnverhältnissen in Hamburg Clemens Wischermann: Wohnen in Hamburg vor dem Ersten Weltkrieg, Münster 1983.

[61] Zur Krankheit als Daseinsrisiko der Arbeiterschaft ein guter Einblick bei Ritter/Tenfelde: Arbeiter im Deutschen Kaiserreich, S. 653-657. Aussagekräftig für die 1920er Jahre sind die Statistiken über Erkrankungsarten oder Todesfälle, welche die Gewerkschaften im Rahmen ihrer Unterstützungskassen führten – darauf wird später genauer eingegangen.

[62] Joachim Radkau: Das Zeitalter der Nervosität. Deutschland zwischen Bismarck und Hitler, München 1998.

hier nur an einige der bedeutendsten Stationen zu erinnern: Im Jahr 1882 entschlüsselte Robert Koch den Charakter der Tuberkulose und verhalf der Hygienelehre zu einem wichtigen Aufstieg, seit 1894 publizierte Sigmund Freud zur Psychoanalyse, 1895 entdeckte Wilhelm Conrad Röntgen die nach ihm benannte Strahlung, Paul Ehrlich, Emil Behring und Erich Wernicke gelang 1898 bei der Herstellung von Immunsera ein Durchbruch bei der Bekämpfung der Diphtherie, wodurch die Impfstoffentwicklung vorangetrieben wurde. Und schließlich eröffnete Paul Ehrlich, der mit seiner Färbemethodik die Diagnose zahlreicher Bluterkrankungen ermöglichte, 1906 den medizinischen Weg zur Chemotherapie über eine neue Behandlungsform der Syphilis.[63]

In einem Zeitalter der Herausforderungen für Medizin und Naturwissenschaften und ihres Fortschritts drang auch die Vorsorge immer mehr in das Zentrum von Problemlösungen vor – nicht nur fachlich wie etwa in der medizinischen Hygiene, sondern ebenso mit gesundheitspolitischen Ansätzen, die wie die sozialhygienisch geprägte Gesundheitsfürsorge in die Gesellschaft hineinwirkten. Hierzu zählten Maßnahmen der gesundheitlichen Aufklärung, Erziehung und hygienischen Beratung wie im Rahmen der Tuberkuloseprophylaxe, das Emporkommen von Gesundheitsbewegungen wie jene der Gartenreformer, die in Großstädten die Errichtung und Ausbreitung von Grünanlagen unterstützten, um den Menschen Erholung und Bewegung an der frischen Luft zu ermöglichen, oder auch das sich ausbreitende Kur- und Ferienheimwesen.[64]

In den 1920er Jahren erfuhren Heil- und Bewegungskuren für Kinder und Jugendliche eine große Aufmerksamkeit.[65] Ein Ursprung lag in der Auszehrung der jungen Generationen und ihren körperlichen Mangelerscheinungen, die in Zeiten besonde-

---

[63] Weiterführend hierzu u.a. Friedrich Hofmann: Tödliche Welten. Die unglaubliche Geschichte von drei Medizinern, die Millionen Menschen das Leben rettete, Freiburg 2010. Johannes W. Grüntzig/Heinz Mehlhorn: Expeditionen ins Reich der Seuchen. Medizinische Himmelfahrtskommandos der deutschen Kaiser- und Kolonialzeit, Heidelberg 2005. Dies.: Robert Koch. Seuchenjäger und Nobelpreisträger, Heidelberg 2010. Axel C. Hüntelmann: Paul Ehrlich. Leben, Forschung, Ökonomien, Netzwerke, Göttingen 2011.

[64] An einem konkreten Beispiel mit Hinweisen zum gesellschaftlichen Mythos der Wirksamkeit von Heilkuren Iris Ritzmann: Hausordnung und Liegekur. Vom Volkssanatorium zur Spezialklinik: 100 Jahre Zürcher Höhenklinik Wald, Zürich 1998. Zur Gartenreformbewegung am Beispiel Hamburgs Elke von Kuick-Frenz: Anwalt des sozialen Grüns. Die funktionale und gestalterische Entwicklung öffentlicher Grün- und Erholungsanlagen am Beispiel der Planungen Otto Linnes, zwei Bände, Hamburg 2000. Als kompakter Überblick über Leitlinien der Gesundheitspolitik Wolfgang Woelk/Jörg Vögele: Einleitung, in: dies. (Hg.): Geschichte der Gesundheitspolitik in Deutschland. Von der Weimarer Republik bis in die Frühgeschichte der »doppelten Staatsgründung«, Berlin 2002, S. 11-48, bes. S. 15-26. Allgemein zu Medizin und Gesundheit und speziell zum »sozialtechnischen Machbarkeitswahn«, der die Gesundheitspolitik in der Weimarer Republik antrieb, Peukert: Die Weimarer Republik, S. 137 ff.

[65] Dies wird im Verlauf des Kapitels über die gewerkschaftlichen Selbsthilfemaßnahmen bei Krankheiten aufgegriffen werden. Als Hintergrund vgl. zur Kinder- und Jugendgesundheitsfürsorge nach dem Ersten Weltkrieg Silke Fehlemann: Die Entwicklung der öffentlichen Gesundheitsfürsorge in der Weimarer Republik: Das Beispiel der Kinder und Jugendlichen, in: Woelk/Vögele (Hg.): Geschichte der Gesundheitspolitik, S. 67-81. Zur Jugendfürsorge allgemein Detlev J.K. Peu-

rer Not im Ersten Weltkrieg oder in den Inflationsjahren entstanden waren. Dies kann man, bei einer Vernachlässigung der Ursachen im Detail und einem Blick auf übergeordnete Kontexte, als eine Symptomatik der Krisen des Kapitalismus in einer Phase der extremen kapitalistischen Expansion deuten. Seit der zweiten Hälfte des 19. Jahrhunderts erlebte die Weltwirtschaft eine Epoche ihrer ersten Globalisierung. Basierend auf transporttechnischen Quantensprüngen etwa durch den Eisenbahnbau, durch die Dampfschifffahrt, durch die Verkürzung der Seewege nach der Einweihung des Suez- oder Panamakanals und schließlich durch den Aufstieg der Luftfahrt wurde der Waren- und Güterverkehr stark ausgedehnt, beschleunigt und auch preisgünstiger. Hinzu traten weitere Entwicklungsschritte, mit denen die Welt in ihren Wirtschaftsbeziehungen immer näher zusammenrückte, miteinander kooperierte, aber auch voneinander abhängiger wurde. Man denke an die Vereinheitlichung von Maßeinheiten, an neue Kommunikationsmethoden wie die Telegrafie oder an den Goldstandard als Hilfsmittel des internationalen Kapitaltransfers, der sich selbst mit dem Verlauf der Entwicklung wiederum rasant ausdehnte.[66]

Die Epoche der ersten Globalisierung, deren prägnantestes Zeichen wohl der fiebrige Kolonialismus gerade unter europäischen Staaten gewesen war, erfuhr durch den Ersten Weltkrieg eine Abkühlung. Dennoch dauerte sie in den 1920er Jahren an, indes mit veränderten Vorzeichen. Die USA avancierten zum ökonomischen Zentrum der Welt, sodass es folgerichtig erschien, dass die große Weltwirtschaftskrise im Oktober 1929 mit einem spektakulären Crash der Börse in New York ihren Anfang nahm und Deutschland, dessen Wirtschaft von der größten Inflation in einer entwickelten Industriegesellschaft seit dem Ende des Ersten Weltkriegs nachhaltig geschwächt war, neben den USA am härtesten traf.[67] Die Phase des zwar konjunkturbedingt schwankenden, aber doch bis 1913 nachhaltig erfolgenden deutschen Wirtschaftswachstums hatte mit Karl Helfferich ein renommierter, aber zugleich umstrittener deutscher Nationalökonom 1913 im Rückblick beschrieben als beeindruckend hinsichtlich der erfolgten Entwicklung der »wissenschaftlich-praktischen Technik«, der »wirtschaftlichen Organisationen«, der »Steigerung der Gütererzeugung und des Verkehrs«, der »Erweiterung und Festigung« der deutschen »wirtschaftlichen Weltstellung« und der »Verbesserung der Einkommens- und Vermögensverhältnisse«.[68] Dies kippte 1914 in eine Phase sich

---

kert: Grenzen der Sozialdisziplinierung. Aufstieg und Krise der deutschen Jugendfürsorge 1878 bis 1932, Köln 1986.

[66] Als gute Einführung zur ersten Globalisierung Thomas Buchner: Die Geschichte der Globalisierung, Bonn 2006 (Online-Akademie der Friedrich-Ebert-Stiftung), eingesehen unter http://library.fes.de/pdf-files/akademie/online/50331.pdf, abgerufen am 04.11.2021.

[67] Dazu Fritz Blaich: Der Schwarze Freitag. Inflation und Wirtschaftskrise, zweite Auflage, München 1990.

[68] Karl Helfferich: Deutschlands Volkswohlstand 1888-1913, zitiert nach Herbert: Geschichte Deutschlands im 20. Jahrhundert, S. 25.

aneinanderreihender Rückschläge, Krisen oder gar Katastrophen. Sie reichten vom Ersten Weltkrieg selbst, verbunden mit der durch ihn verursachten Versorgungskrise und schleichenden Geldentwertung, die zu Beginn der 1920er Jahre zur Hyperinflation mutierte, bis zu den wiederkehrenden und immer dramatischer werdenden Arbeitsmarktkrisen nach dem Ende des Weltkriegs, in der Hyperinflation und in der anschließenden Stabilisierungskrise sowie zuletzt in der schweren Wirtschaftsdepression am Ende der 1920er und zu Beginn der 1930er Jahre.[69] Auch auf dem Gebiet der wirtschaftlichen Entwicklung ist demnach die beschriebene Janusköpfigkeit der Epoche bestätigt.

Hier wird – an einem zweiten ausgeführten Beispiel neben der Etablierung der staatlichen Sozialversicherung – erkennbar, auf welche veränderte und herausfordernde Wirklichkeit Einrichtungen der sozialen Selbsthilfe seit 1890 im Vergleich mit früheren Dekaden trafen: und welchem Rendezvous mit welcher Wirklichkeit die geschilderte gewerkschaftliche Bedeutungsfrage, an das soziale Unterstützungswesen gerichtet, bevorstand.

Der Frühkapitalismus im Spätmittelalter und in der Frühneuzeit wurde im Zusammenhang mit der Expansion des Kapitalismus in jener Zeit sowie den damit einhergehenden Aufbrüchen und Veränderungen als eine frühe Phase der in Angebot und Nachfrage sich niederschlagenden Stimulierung sozialer Sicherheiten beschrieben. Nicht minder schien jener Zusammenhang auf die hier untersuchte Zeit zwischen 1890 und 1933 zuzutreffen: eine Zeit, die positiv beschrieben wurde als eine Epoche der »Neuerfindung der Welt«, hoher »Wandlungsdynamik« und »Fortschrittsbegeisterung«, die hingegen zugleich ein »Zeitalter der Nervosität«, ein Zeitalter der Verunsicherung und der »Orientierungskrise«[70] war, in dem man nach Sicherheit – und mithin gerade auch nach sozialen Sicherheiten – dürstete. Denn die Epoche war eine Zeit erheblicher sozialer Ungleichheit, die in den Zentren der Industrialisierung und konzentriert in den Metropolen, wo Arm und Reich auf engem Raum aufeinanderprallten, wahrnehmbar wurde;

---

[69] Zur Weltwirtschaftskrise Harold James: Deutschland in der Weltwirtschaftskrise 1924-1936, Stuttgart 1988. Rainer Meister: Die große Depression. Zwangslagen und Handlungsspielräume der Wirtschafts- und Finanzpolitik in Deutschland 1929-1932, Regensburg 1991. Zur Inflation vgl. die historische Inflationsforschung der späten 1970er und 1980er Jahre, etwa Gerald D. Feldman u.a. (Hg.): Die Anpassung an die Inflation, Berlin/New York 1986. Ders. (Hg.): Konsequenzen der Inflation, Berlin 1989. Ders. u.a. (Hg.): Die Erfahrung der Inflation im internationalen Zusammenhang und Vergleich, Berlin/New York 1984. Ders. u.a. (Hg.): Beiträge zu Inflation und Wiederaufbau in Deutschland und Europa 1914-1924, Berlin 1982. Ders. u.a. (Hg.): Die deutsche Inflation: Eine Zwischenbilanz, Berlin/New York 1982. Ders./Otto Büsch (Hg.): Historische Prozesse der deutschen Inflation 1914 bis 1924. Ein Tagungsbericht, Berlin 1978. Carl-Ludwig Holtfrerich: Die deutsche Inflation 1914-1923. Ursachen und Folgen in internationaler Perspektive, Berlin/New York 1980. Als Literaturüberblick Michael Schneider: Deutsche Gesellschaft in Krieg und Währungskrise 1914-1924. Ein Jahrzehnt Forschungen zur Inflation, in: Archiv für Sozialgeschichte 26, 1986, S. 301-319.

[70] So Überschriften des Kapitels »Deutschland um 1900: Der Fortschritt und seine Kosten« bei Herbert: Geschichte Deutschlands im 20. Jahrhundert, S. 25-42. Zudem der erwähnte Buchtitel von Radkau: Das Zeitalter der Nervosität.

eine Zeit lauernder, in den sozialen wie hygienischen Zuständen begründeter Krankheiten, eine Zeit der Epidemien, Seuchen und Infektionskrankheiten und zugleich eine durch den medizinischen und gesundheitspolitischen Fortschrittsgeist bestimmte Etappe ihrer zunehmend erfolgreichen Bekämpfung; eine Zeit der Globalisierung, des Handels und des Transports, der internationalen Verflechtung von Kapital und Wirtschaft, eine Zeit des dynamischen wirtschaftlich-technischen Aufstiegs, die – gemessen an der Fieberkurve der Arbeitsmärkte, der Insolvenzen und der Währungsturbulenzen – in eine sich verstetigende Krise des Kapitalismus in den 1920er Jahren überging.[71]

Diese Zeit korrespondierte mit einer besonderen Dynamik, ja mit einem Aufbruch der sozialen Sicherung, der, auf den bestehenden vielfältigen Einrichtungen aufbauend, durch die neuen Impulse der staatlichen Sozialversicherung den Vorsorgegedanken stärker in den Kreis der Arbeitnehmerschaft trug – mit weiter anregenden Wechselwirkungs-, Ansteckungs- und Konkurrenzaspekten zwischen privaten Lebensversicherungen, betrieblichen sowie verbandlichen Einrichtungen. Es entsprach der Logik dieser Zeit der Verunsicherungen, des Wandels und der vielfältigen Risiken, dass soziale Sicherheit von Menschen in prekären Lebensverhältnissen stark nachgefragt wurde, sofern sie für sie erschwinglich war. Es entsprach den weiteren Aufbrüchen, die um das Jahr 1890 sich ereigneten oder ihre Kräfte allmählich entfalteten – vor allen den beschriebenen technischen und wirtschaftlichen, die man unter dem Oberbegriff einer Dynamisierung des Kapitalismus sammeln kann –, dass sich die Kapitalismuskritik[72] mehrte, zuspitzte und erfolgreich organisierte. Vor diesem Hintergrund entsprach schließlich ebenso der Aufbruch der Gewerkschaftsbewegung, der in den 1890er Jahren sukzessive als Massenbewegung erfolgte, der inneren Logik dieser Zeit.

Betrachtet man wie durch einen Zeitraffer für das Jahr 1890 die Rahmenbedingungen der Evolution der Bedeutungsfrage, die sich an das soziale Unterstützungswesen und seine Rolle in den und für die Gewerkschaften richtete, kann man als eine Essenz der bis hierhin erarbeiteten Erkenntnisse gewinnen: Die uralte Tradition, Organisationen der Arbeitnehmer mit sozialen Selbsthilfeeinrichtungen zu verweben, war nach 1890 in eine Epoche der janusköpfigen schizophrenen Moderne katapultiert worden. Die entstehenden respektive sich regenerierenden, zu Großgewerkschaften nun entwickelnden Arbeitnehmerorganisationen begriffen sich selbst als Bestandteil dieser Moderne. Gegenüber älteren organisatorischen Formationen, die als lokale oder regionale

---

[71] Zur Krise des Kapitalismus als Brennzeichen der Epoche beider Weltkriege jetzt – für Europa – auch Ian Kershaw: Höllensturz. Europa 1914 bis 1949, München 2016.

[72] Hinweise auf gegenwartsnahe, vergleichbar erscheinende Phänomene sind für den Lesenden mitunter hilfreich, wegen unterschiedlicher Bedingungen aber auch kritisch zu sehen. Dennoch soll auf die Weltfinanz- und Weltwirtschaftskrise seit dem Jahr 2007 und eine Renaissance einer kapitalismuskritischen wissenschaftlichen Literatur auf hohem Niveau als anschauliche Analogie verwiesen werden. Vgl. vor allem Thomas Piketty: Das Kapital im 21. Jahrhundert, München 2014 oder Hans-Ulrich Wehler: Soziale Ungleichheit in Deutschland, dritte Auflage, München 2013.

Vereinigungen von Berufsgruppen oder Arbeitnehmerschaften mit dem vorrangigen Ziel der gegenseitigen Unterstützung gebildet worden waren, wollte man sich abgrenzen. Jene bildeten Vorstufen der Gewerkschaften, waren im Selbstverständnis der ab 1890 emporsteigenden zentralisierten gewerkschaftlichen Massenorganisationen allerdings selbst noch längst keine Gewerkschaften.

Trotz der dargestellten geistigen Distanzierungsversuche in der Frühphase der Untersuchungszeit mussten sich die Gewerkschaften, gestellt von der Wirklichkeit in ihrer nun beginnenden Gründungs- und Expansionsepoche, zum sozialen Unterstützungswesen verhalten. In der Perspektive so mancher der in den 1890er Jahren gegründeten Gewerkschaftsorganisationen und in der Geisteswelt von Teilen ihrer Akteure transportierte die Idee des sozialen Unterstützungswesens Ballast: die Tradition des Alten, des Überkommenen oder einer Verbrüderung von Arbeitnehmern und Arbeitgebern in der Not, die in der Geschichte korporativer Unterstützungseinrichtungen, wie gesehen, eingespeist war; oder die Vermittlung einer Botschaft der Hilflosigkeit, wie man die Notwendigkeit der sozialen Selbsthilfe auch verstehen konnte, oder gar der kollektiven Mithaftung für soziale Umstände, die man selbst nicht verantwortete. Dies produzierte weniger bei Gewerkvereinen und konfessionell geprägten Vereinigungen, ausgeprägt hingegen bei sozialistisch oder auch – wie beim Deutschnationalen Handlungsgehilfen-Verband gesehen – ideologisch anders orientierten Gewerkschaften Widersprüche mit der vermittelten Ideenwelt. Dabei verstärkte eine Zeit des dynamischen Kapitalismus die Kapitalismuskritik, womit der Aufstieg der Gewerkschaftsbewegung flankiert wurde. Besonders für sozialistisch orientierte Freie Gewerkschaften erschwerte dies zunächst den ungehemmten gedanklichen Zugang zu einem sozialen Unterstützungswesen, das in Zeiten, in denen Kampf, Widerstand und Protest ideologisch gefragt waren, missverständlich die karitativ-devote Haltung sozialer Selbsthilfegruppen zu implizieren drohte.

Gleichzeitig lieferte die skizzierte Moderne seit 1890 vielfach kompatible Anschlussmöglichkeiten und verstärkende Kräfte für den Auf- und Ausbau eines sozialen gewerkschaftlichen Unterstützungswesen: mit dem Aufbruch der sozialen Sicherheit – wie beschrieben – und dem organisatorischen Aufbruch der Gewerkschaften seit 1890. Es ist hier daran zu erinnern, dass soziale Unterstützungseinrichtungen in ihrer geschilderten langen Vorgeschichte Arbeitnehmerorganisationen traditionell zu »heilen« wussten, indem sie ihre Strukturen stabilisierten oder sicherten. Im um 1890 eröffneten, von starker Konkurrenz geprägten Ringen der nun zahlreich entstehenden, sich ausdehnenden und vielfältigen Gewerkschaftsorganisationen um die Mitgliedschaft der Arbeitnehmer, das letztlich zu einem Überlebenskampf um die Existenz der Verbände, um die Verteidigung ihrer Organisationssphären und ihre Expansionsmöglichkeiten anwachsen sollte, musste der organisationspolitische Mehrwert, den das soziale Unterstützungswesen anbot, eine erhebliche Rolle spielen.

Die Gewerkschaften trafen in den dargelegten Entwicklungen einer Moderne seit 1890 auf starke Kraftfelder, die für den Auf- und Ausbau gewerkschaftlicher Unterstützungseinrichtungen wirkten und einer Abstoßung zwischen Moderne und dem alten, überkommenen Unterstützungswesen entgegenwirkten. Es entstanden, unschwer zu erkennen, Spannungsfelder, welche die im Folgenden zu analysierenden Bedeutungszuweisungen und Sinnstiftungen in den Gewerkschaften in Bezug auf das soziale Unterstützungswesen nach 1890 maßgeblich beeinflussten. Der Prozess der *gedanklich-ideologischen* Einbettung des sozialen Unterstützungswesens in die nach 1890 entstehenden Gewerkschaften war eben doch – vor dem Hintergrund der geschilderten Evolution einer Bedeutungsfrage sowie der Sinnkrise um 1890 und in den nachfolgenden Jahren – offenkundig schwieriger als die *praktische* Einbettung und problematischer, als man es bei einer langen Tradition des symbiotischen Zusammenwirkens von Unterstützungskassen mit den Organisationen von Berufs- oder Beschäftigtengruppen sowie angesichts der Vorbilder in den frühen Gewerkschaften erwarten konnte.

III. Das Unterstützungswesen in Schlaglichtern 1890 bis 1933

Die nun folgenden Kapitel sind unter die Überschrift »Das Unterstützungswesen in Schlaglichtern« gestellt. Bezug genommen wird dabei auf das *soziale* Unterstützungswesen als *soziale* Selbsthilfe bei ausgewählten Vorläuferorganisationen der heutigen Dienstleistungsgewerkschaft Verdi, wie es die Einführung der Studie begründet.

Im Fokus werden die sich seit den 1890er Jahren neu etablierenden Gewerkschaftsorganisationen stehen, wobei die Neueinrichtung von Unterstützungskassen einen ersten spannenden Rahmen setzt, bei dem gewerkschaftliche Bedeutungszuweisungen in Bezug auf verbandliche Unterstützungsangebote in konzentrierter Form zu beobachten sind. In den folgenden Kapiteln, die sich mit gewerkschaftlichen Kranken-, Arbeitslosen- und Erwerbslosenkassen, mit Sterbekassen und schließlich mit Einrichtungen zur Altersvorsorge für Gewerkschaftsmitglieder näher befassen, werden innerhalb des Untersuchungszeitraums auch Leistungen und Satzungsbestimmungen der Unterstützungseinrichtungen ausgewählt reflektiert. In der längerfristigen Entwicklung sozialer Gewerkschaftskassen nach ihrer Gründung interessieren darüber hinaus vor allem Themen, die im Zusammenhang mit den sozialen Unterstützungskassen in den Vordergrund rückten oder gerückt wurden und so – mal mehr, mal weniger bewusst verbandspolitisch gesteuert – gewerkschaftliche Sinnstiftungen erkennen lassen.

Die soziale Selbsthilfe, die sich in Gewerkschaften oder anderen Arbeitnehmerorganisationen bis zum Beginn der 1930er Jahre zeigte, war facettenreich. Geht man einmal von einem akzentuiert breiten sozialpolitischen Begriffsverständnis aus, fanden sich entsprechend wirkende Einrichtungen beispielsweise auch in Kleiderkassen, in allgemeinen Unterstützungs- und Fürsorgekassen, in einer verbandlichen Tuberkulosefürsorge, Hinterbliebenen-Unterstützungs- oder Jubiläumswaisenkassen. Die Beispiele sind dem Deutschen Postverband[1] entnommen, der sich – wie die meisten anderen Postorganisationen jener Zeit – unter dem Dach des Deutschen Beamtenbundes organisierte. Mit der Kleiderkasse baute der Verband ein Textilunternehmen mit einem

---

1 Der Deutsche Postverband hatte eine komplexe Namensstaffel: als Verband Deutscher Postassistenten (1890), Verband Deutscher Post- und Telegrafenassistenten (1891), Verband mittlerer Reichs-Post- und Telegrafenbeamten (1907) oder als Verband Deutscher Post- und Telegrafenbeamten (1920). In den 1920er Jahren setzte sich die Bezeichnung als Deutscher Postverband durch, nachdem Geschäftsbereiche des Verbandes wie sein Verlag oder seine Feuerversicherung in eine 1907 gegründete Gesellschaft mit beschränkter Haftung unter dem Titel »Deutscher Postverband« aus rechtlichen Gründen ausgelagert worden waren. Deutscher Postverband (Hg.): 40 Jahre Deutscher Postverband 1890-1930, Berlin 1930. Johannes Minde: 100 Jahre Deutscher Postverband 1890-1990, Heidelberg 1990. Fritz Winters: Geschichte des Verbandes mittlerer Reichs-Post- und Telegrafenbeamten. Zum 25-jährigen Bestehen des Verbandes, Berlin 1915.

eigenen Verbandswarenhaus in Berlin auf, das gegen die hochpreisigen Uniformen auf dem Kleidermarkt günstige Berufsbekleidung für Verbandsmitglieder anbot. Die Kleiderkasse, die genossenschaftlich organisiert war und nach der Jahrhundertwende ein finanzielles Fiasko erlebte,[2] steht beispielhaft für die vielfältigen Unternehmensgründungen der Gewerkschaften in der Untersuchungszeit, die auch als verbandliche Selbsthilfeprojekte mit sozialen Effekten für die Mitglieder gesehen wurden.

So gründete der Postverband eine Spar- und Depositenkasse und eröffnete unmittelbar vor dem Ausbruch des Ersten Weltkriegs seine Brand- und Einbruchschadenkasse. Viele Arbeitnehmerorganisationen nicht nur der Beamten, sondern ebenfalls Arbeiter- oder Angestelltenverbände einschließlich der freigewerkschaftlichen Bewegung verfuhren ähnlich. Die Gründung von Arbeiterbanken[3] oder gewerkschaftseigenen Lebens- und Sachversicherungen gehörte neben Sozialversicherungen wie beispielsweise den verbandseigenen Krankenkassen zur Szenerie der Zeit. Dazu traten genossenschaftlich geführte Gewerkschaftsunternehmen. Über seine Treuhandverwaltung hielt der Verband der Fabrikarbeiter Deutschlands[4] in den 1920er Jahren Beteiligungen an der Versicherungsgesellschaft Volksfürsorge, an der Feuerversicherung Eigenhilfe, an der Bank der Arbeiter, Angestellten und Beamten AG, am Verband sozialer Baubetriebe mit Bauhütten und Baunebenbetrieben, an der Deutschen Wohnungsfürsorge AG und sogar an einer Fabrikation für Fahrräder, den Lindcar-Fahrradwerken in Berlin-Lichtenrade[5] – um es an diesem Beispiel einmal konkret zu machen.

Man mag den Einwand erheben, dass der Bereich der gewerkschaftseigenen Unternehmen oder der gewerkschaftlichen Gemeinwirtschaft, der in der hier untersuchten Zeit nachhaltig expandierte und der Geschichte der Bundesrepublik später sehr bekannte gewerkschaftliche Institutionen wie etwa die Volksfürsorge oder die Neue Heimat überstellte,[6] vom sozialen gewerkschaftlichen Unterstützungswesen zu unterschei-

---

[2] Zum Selbsthilfewesen des Deutschen Postverbandes, das hier und im Folgenden exemplarisch hervorgehoben wird, siehe die Berichterstattung in den Jahrbüchern, etwa Verband Deutscher Post- und Telegrafenbeamten: Jahrbuch 1925, S. 280-286 (hier ein abgeschlossener Kurzaufsatz zur Selbsthilfe des Verbandes). Ferner ausführlich Winters: Geschichte des Verbandes mittlerer Reichs-Post- und Telegrafenbeamten, S. 170-281. Deutscher Postverband (Hg.): 40 Jahre Deutscher Postverband 1890-1930, S. 161-171 und S. 363-366.

[3] Dazu etwa Achim von Loesch: Die deutschen Arbeitnehmerbanken in den zwanziger Jahren, Frankfurt am Main/Köln 1974. Als zeitgenössische Betrachtung Werner Schötz: Die Banken der Beamten, Arbeiter und Angestellten in Deutschland. Ihre geschichtliche Entwicklung, Tätigkeit und wirtschaftliche Bedeutung, Stuttgart 1932.

[4] Der Verband der Fabrikarbeiter Deutschlands zählt zu den Vorläuferorganisationen der späteren Industriegewerkschaft Chemie, Papier, Keramik. Über die Arbeiter in Großdruckereien besteht eine historische organisatorische Schnittmenge des Fabrikarbeiterverbandes auch zur späteren Industriegewerkschaft Medien und mithin zur Dienstleistungsgewerkschaft Verdi.

[5] Vorstand des Verbandes der Fabrikarbeiter Deutschlands: 40 Jahre Kampf, S. 111.

[6] Zum Aufbau gewerkschaftseigener Unternehmen der Gemeinwirtschaft im hier untersuchten Zeitraum als kompakte Gesamtdarstellungen Achim von Loesch: Die gemeinwirtschaftlichen

den ist. Das ist zutreffend. Dennoch lässt sich schnell erkennen, dass es Verbindungen zwischen beiden Bereichen gab. So agierten etwa Wohnungsbaugenossenschaften in gewerkschaftlicher Hand mit sozialpolitischen Implikationen und Effekten in einem erweiterten Verständnis auch als soziale Selbsthilfeeinrichtungen. Zudem gab es methodische Nähen und Schnittmengen mit unscharfer Trennung – ausgeprägt beispielsweise zwischen gewerkschaftlichen Krankenkassen und gewerkschaftlichen Krankenunterstützungen oder gewerkschaftlichen Unterstützungen für Alter oder Todesfall und gewerkschaftseigenen Lebensversicherungen.

In den folgenden Schlaglichtern, die auf das soziale Unterstützungswesen in Vorläuferorganisationen der Gewerkschaft Verdi geworfen werden, wird der Korridor der klassischen gewerkschaftlichen Unterstützung daher gelegentlich auch übertreten werden. Neben obligatorischen gewerkschaftlichen Unterstützungseinrichtungen, die mit dem Gewerkschaftsbeitritt allen Mitgliedern zur Verfügung gestellt wurden, sind ebenso fakultative Unterstützungskassen einzubeziehen, bei denen die Gewerkschaftsmitglieder wählen konnten, ob sie diese zusätzlichen Angebote bei Beitragsaufschlägen in Anspruch nehmen wollten. Technisch gesehen, waren jene fakultativen Unterstützungseinrichtungen mit dem Kriterium der freien Wahl eines definierten Angebots der sozialen Sicherung von Versicherungsvereinigungen auf Gegenseitigkeit[7] nicht mehr weit entfernt. Gewerkschaftliche Versicherungsunternehmen werden im Verlauf der Studie auch daher hin und wieder in Erscheinung treten – ebenso wie gewerkschaftlich geführte Krankenkassen.

Auch die Tuberkulosefürsorge des Deutschen Postverbandes ließ unklare Grenzverläufe oder Schnittmengenbildungen erkennen. Jene Fürsorge wurde im Deutschen Postverband 1907 durch den Aufruf zu Spenden für die Errichtung einer Lungenheilanstalt initiiert. Aus den Spendeneingängen wurde ein Lungenheilstättenfonds und später ein Fürsorgefonds für Lungen- und Nervenkranke gebildet. Als der Plan zur Errichtung einer verbandseigenen Heilanstalt später aufgegeben wurde, installierte der Postverband stattdessen einen Tuberkuloseausschuss beim Verbandsvorstand, der Informations- und Aufklärungsarbeit über die Krankheit, Heilanstalten und Unterstützungseinrichtungen leistete. »So hatte der Verband als erster aller Beamtenverbände ein

---

Unternehmen der deutschen Gewerkschaften. Entstehung – Funktion – Probleme, Köln 1979. Walter Hesselbach: Die gemeinwirtschaftlichen Unternehmen. Der Beitrag der Gewerkschaften zu einer verbraucherorientierten Wirtschaftspolitik, Frankfurt am Main 1966.

7   Ein Versicherungsverein auf Gegenseitigkeit ist prinzipiell eine Genossenschaft. Die Versicherungsnehmer waren gleichzeitig Eigentümer des Unternehmens. Historisch betrachtet, wurde in Versicherungsvereinen auf Gegenseitigkeit die Idee gegenseitiger Hilfe – alle tragen die Last des einzelnen Versicherten – umgesetzt. Im Gegensatz zu anderen privaten Versicherungsunternehmen und Aktiengesellschaften gab es keine kapitalgebende Eigentümerstruktur. Gert Andreas Benkel: Der Versicherungsverein auf Gegenseitigkeit. Das Gesellschaftsrecht der großen konzernfreien VVaG, zweite Auflage, München 2002. Jürgen Brenzel: Der Versicherungsverein auf Gegenseitigkeit. Unternehmensform und Rechtsstruktur im Wandel, Karlsruhe 1975.

vorbildliches Hilfsunternehmen zur Bekämpfung der Tuberkulose ins Werk gesetzt, das in der deutschen Beamtenschaft einzig dastand. Der Verband blieb nicht bei der planmäßigen Aufklärung über die Ursachen der Volkskrankheit und über die Möglichkeit des persönlichen Schutzes stehen; die getroffenen Maßnahmen verbürgten darüber hinaus ein praktisches Handeln und eine wirksame Bekämpfung der Tuberkulose. Die Einrichtung war ein sprechendes Beispiel dafür, wie Beamtenorganisationen über den Rahmen ihrer engeren Aufgaben hinaus im Interesse des Volksganzen zu wirken vermögen. Sie zeugte aber auch von dem sozialen Geist, der im Verband herrschte und sich in Werken uneigennütziger Nächstenliebe auszuwirken suchte.«[8]

So beschrieb es der Deutsche Postverband selbst in einer seiner Verbandsgeschichten. Daran zeigt sich, dass soziale Selbsthilfemaßnahmen von Arbeitnehmerverbänden nicht nur monetär und in der Grundform einer Versicherung oder Unterstützung für den Fall des eintretenden Schadens aufgebaut waren, sondern ebenso als gesundheitspolitische Intervention durch angewandte Vorsorge oder Prophylaxe angelegt werden konnten. Allgemein wirft das die Frage auf, inwiefern gewerkschaftliche Krankenunterstützungen oder Krankenkassen bis in die 1920er und frühen 1930er Jahre Elemente einer Gestaltung von Gesundheitspolitik als Gesellschaftspolitik aufgriffen. Dies wird im Kapitel, das sich mit den gewerkschaftlichen Krankenunterstützungen befasst, verfolgt werden.

Generell bietet die Tuberkulosefürsorge dafür ein anschauliches Beispiel. Die Tuberkulosefürsorge des Deutschen Postverbandes kooperierte mit dem Deutschen Zentralkomitee zur Bekämpfung der Tuberkulose in Berlin, dessen Präsidentschaft unter der Schirmherrschaft Auguste Viktorias, der Gemahlin Kaiser Wilhelms II., Reichskanzler und Reichsminister übernahmen und zu dessen Vorstandsmitgliedern auch Robert Koch zählte. Daneben engagierte sich die Deutsche Reichspost mit ihrem Wohlfahrtswesen seit Ende des 19. Jahrhunderts in der Tuberkulosefürsorge – und ab August 1923 auf Basis des in Preußen erlassenen Gesetzes zur Bekämpfung der Tuberkulose mit zusätzlichen Maßnahmen, die von den Krankenkassen aufgegriffen und flankiert wurden. Dazu gehörten im Postbereich die regelmäßige Reinigung von Schalltrichtern, das Aufstellen von Spucknäpfen, die Fürsorge für Erkrankte sowie die Vorsorge für besonders Gefährdete beispielsweise durch Kuraufenthalte.[9]

Soziale gewerkschaftliche Unterstützungskassen, die bereits in den klassischen Sektoren persönliche Schicksalsschläge wie Krankheit, Arbeitslosigkeit oder Tod reflektierten, boten große Resonanzkörper für Bekundungen einer akzentuierten humanitären

---

[8] Deutscher Postverband (Hg.): 40 Jahre Deutscher Postverband 1890-1930, S. 169.

[9] Zur Tuberkulosefürsorge des Deutschen Postverbandes ebd., S. 168 f. und S. 365 f. Winters: Geschichte des Verbandes mittlerer Reichs-Post- und Telegrafenbeamten, S. 276 ff. Zu den Maßnahmen der Reichspost Reichsverband Deutscher Post- und Telegrafenbeamten: Jahrbuch 1930, S. 59 ff. Zu Heilanstalten und Genesungsheimen der Reichspost Kleemann: Die Sozialpolitik der Reichs-Post- und Telegrafenverwaltung, S. 169 ff.

Solidarität der Gewerkschaften. Neben dem Sachverhalt, dass hier wichtige humanitäre Leistungen im Geist der Solidarität einer Gemeinschaft unbestritten getätigt wurden, spielte die Aufladung dieser Sinnvermittlung ebenfalls eine erhebliche Rolle. In dem soeben zitierten Auszug aus der Verbandsgeschichte des Deutschen Postverbandes wurde beispielsweise vom »sozialen Geist, der im Verband herrschte« und von »Werken uneigennütziger Nächstenliebe« gesprochen, wobei Begriffe, die man ebenso in einem christlichen Predigttext erwarten könnte, die Aufladung besonders anschaulich zeigen. Besonders anfällig für dieses humanitäre Pathos war auch der Bereich der Notkassen. Viele Gewerkschaften hielten Unterstützungseinrichtungen, bei denen Mitglieder in persönlichen Notlagen einen individuell begründeten Antrag stellen konnten. Über Hilfszuweisungen hatte ein Verbandsgremium im Einzelfall zu entscheiden. In diesen Kassen hielt sich die alte Tradition der Spendensammlung in der Gruppe und der Zuweisung im konkreten Fall einer individuell eingetretenen Notlage, die im Kapitel über die Vorläufer und Traditionen des gewerkschaftlichen Unterstützungswesens beschrieben wurde. Entsprechend basierten derlei Unterstützungskassen nicht selten auf Spendenfonds, dessen Mittel oder Zinserträge aus dem Kapitalstock für vorab lediglich grob definierte Zwecke verwendet wurden.

Der Deutschnationale Handlungsgehilfen-Verband betrieb nach diesem Muster seine Witwen- und Waisenkasse. Auf der Grundlage eines Beschlusses des Verbandstages 1899 waren Geldsammlungen anlässlich des jährlichen Stiftungsfestes des Verbandes, mit dem am 2. September in allen Ortsgruppen pathetisch an den Tag der Verbandsgründung erinnert wurde, in einen Fonds zu geben. Zinsgewinne waren auf Antrag an bedürftige Witwen oder Waisen von Mitgliedern, die sich besonders um den Verband verdient gemacht hatten, zu zahlen.[10] Über die Höhe der Auszahlung entschied und informierte die Verbandsverwaltung. Im Handlungsgehilfen-Verband wurde diese Fürsorgekasse mit Verbandspatriotismus und Loyalitätsdenken gezielt aufgeladen – zusätzlich zum humanitären Pathos, mit dem die »Opferwilligkeit unserer Mitglieder für dieses Liebeswerk«[11] mit Blick auf deren unzuverlässige Spendenbereitschaft eingefordert wurde.

Ähnlich funktionierte die Darlehens- und Unterstützungskasse des Handlungsgehilfen-Verbandes, die sich aus Verzugsgebühren, Strafen und Zinserträgen, aber auch aus Spenden oder Sonderbeiträgen speiste. Sie vergab an unverschuldet in eine finan-

---

[10] Dies nach der Satzung des Deutschnationalen Handlungsgehilfen-Verbandes, hier §§ 95 und 96 nach der abgedruckten Fassung im Rahmen der Satzungserörterung auf dem Stuttgarter Verbandstag 1909. Hierzu Deutschnationaler Handlungsgehilfen-Verband: Verhandlungsschrift über den elften Verbandstag 1909, S. 34. Als besonderer Verdienst wurde in der Regel die langjährige Mitgliedschaft gesehen.

[11] Zum Zitat und weiteren Erläuterungen Deutschnationaler Handlungsgehilfen-Verband: Bericht und Abrechnung für das Geschäftsjahr 1907/08, S. 36.

zielle Notlage geratene Verbandsmitglieder zinslose Gelddarlehen.[12] Im Deutschen Postverband bestand neben einer Jubiläumswaisenkasse, die Spenden und Gewinne verbandseigener Unternehmen für die Erziehung und Bildung bedürftiger Halb- und Vollwaisen zur Verfügung stellte, und einer Hinterbliebenen-Unterstützung, die über ein Netz von Familienbeiräten den Angehörigen verstorbener Mitglieder Hilfe und Beratung zukommen ließ, eine Unterstützungs- und Fürsorgekasse, die materielle Zuwendungen bei unverschuldeter persönlicher Not vergab. Seit der Verbandsgründung wurde in dieser Kasse zunächst auf der Grundlage individueller Anträge im Einzelfall entschieden. Nach 1900 modernisierte der Verband die Unterstützungseinrichtung schrittweise: durch Kapitalhinterlegung aus Spenden, Schenkungen und Vergütungen, die man aus der Vermittlung von Versicherungen bezog, und durch die Definition von Unterstützungsfällen. So fungierte die Einrichtung seit 1912 als Zusatzkasse für Witwen und Waisen, wenn andere Rentenbezüge nicht ausreichten, zur Unterstützung einer Ausbildung von Witwen, damit sie einem Beruf nachgehen konnten, bei Erkrankungen von Mitgliedern oder Angehörigen, die finanzielle Notlagen verursachten, zur Unterstützung von Kuren oder zur Finanzierung von Unfallbehandlungen bei drohender Lebensgefahr.[13]

Hier ist zu erkennen, dass Not- oder Spendenkassen, die auf Antrag individuell über Notlagen, Bedürftigkeit und Zuwendung entschieden, im Verlauf eines allgemeinen Ausbaus, einer Professionalisierung und Bürokratisierung des gewerkschaftlichen Unterstützungswesens entweder allmählich fortentwickelt oder zugunsten fortschrittlicher Unterstützungseinrichtungen eingestellt werden konnten. So trennte sich beispielsweise der Zentralverband der Angestellten auf seinem Verbandstag 1921 unter dem Applaus der Delegierten von seiner Notfallunterstützung – mit der Begründung, dass sie aufgrund eines Bedürftigkeitsantrags und der Freigabe von Mitteln nach einer Individualprüfung willkürlich bei ihren Zuwendungen verfuhr.[14]

Die Breite des Angebots dessen, was man als soziale Selbsthilfeleistungen der Gewerkschaften bis zum Beginn der 1930er Jahre aus einem geweiteten Blickwinkel einsortieren könnte, ist erheblich – das sollte als Einstieg in die Kassenthematik aufgezeigt werden. Das soziale Unterstützungswesen stand im Kontext weiterer Maßnahmen der Eigenhilfe organisierter Arbeitnehmerschaften, durch welche die soziale Lage der repräsentierten Gruppen verbessert werden sollte – man denke an die Konsumgenossenschaften oder an die gemeinwirtschaftliche Wohnungsfürsorge. Doch die soziale,

---

[12] Dazu etwa ebd., S. 34 f. Deutschnationaler Handlungsgehilfen-Verband: Verhandlungsschrift über den elften Verbandstag 1909, S. 34. Darlehens- und Unterstützungskasse sowie Witwen- und Waisenkasse wurden später satzungsrechtlich zusammengelegt. Hierzu Deutschnationaler Handlungsgehilfen-Verband: Satzung. Beschlossen auf dem Verbandstag 1921 und ergänzt auf dem Verbandstag 1924, hier nun § 59, S. 17.

[13] Deutscher Postverband (Hg.): 40 Jahre Deutscher Postverband 1890-1930, S. 163-168.

[14] Zentralverband der Angestellten: Protokoll des ersten Verbandstages 1921, S. 131.

humanitäre Intervention lieferte längst nicht die einzige und zunächst vorrangige Intention, die mit der Einrichtung gewerkschaftlicher sozialer Unterstützungskassen in den Organisationen verbunden wurde. Für die – besonders wichtigen – organisationspolitischen Zusammenhänge, die für das Verständnis der Bedeutungszuweisungen, die das soziale Unterstützungswesen in den Gewerkschaften erfahren sollte, erheblich sind, wird daher anschließend – vor den Schlaglichtern auf ausgewählte Unterstützungseinrichtungen – zunächst sensibilisiert werden.

Die klassischen sozialen Unterstützungseinrichtungen der Gewerkschaften bei Krankheit, Arbeitslosigkeit und im Sterbefall – in dieser Studie erweitert um den Bereich der Altersvorsorgeeinrichtungen – werden im Fokus der Kassenbetrachtungen stehen. Auch hier gab es Schnittmengen, die eine klare, eindeutige Gliederung erschweren. So wurden Kranken- und Arbeitslosenunterstützungen auch kombiniert als Erwerbslosenunterstützungen angeboten, weshalb diese Kassen – ohne Berücksichtigung gewerkschaftlicher Reiseunterstützungen, die ebenfalls als arbeitsmarktpolitische Maßnahme zu verstehen waren[15] – integriert in einem Kapitel betrachtet werden. Überschneidungen konnte es ebenso zwischen Krankenunterstützungen und gewerkschaftlichen Krankenkassen geben sowie zwischen jenen und verbandlichen Pensionskassen, die beide häufig Leistungen im Todesfall vorsahen – ebenso wie die gewerkschaftlichen Unterstützungskassen für den Sterbefall. Letztlich könnte jede Vorsorgeeinrichtung, die Leistungen für den Todesfall bereithielt, als Element der Altersvorsorge betrachtet werden. Auch deshalb werden gewerkschaftliche Sterbekassen gemeinsam mit gewerkschaftlichen Altersvorsorgeeinrichtungen schließlich in einem zusammenhängenden Kapitel analysiert werden.

In diesen Bereichen des gewerkschaftlichen Unterstützungswesens – der »Sozialversicherung der Gewerkschaften« für ihre Mitglieder, die der Gliederung der staatlichen Sozialversicherung in die Kategorien Krankheit, Alter und Arbeitslosigkeit entsprach – wurde ein modernes gewerkschaftliches Kassenwesen erforderlich. Der finanzielle Aufwand, der in den Verbänden für diese Sozialkassen betrieben werden musste, war erheblich – die Risiken für die Organisationen, in wirtschaftlichen Krisen, bei ausbrechenden Epidemien oder aufgrund von Fehlkalkulationen finanziell überfordert zu werden, entsprechend hoch. Dies war nicht mehr mit Spendentöpfen und ritualisierten Sammlungen zu bewerkstelligen, die mit unzuverlässiger Spendenbereitschaft zu kalkulieren hatten – wie für den Deutschnationalen Handlungsgehilfen-Verband soeben gesehen. Und dies ging auf Dauer nicht ohne eine präzise Regelung von Unterstützungsfällen

---

[15] Gewerkschaftliche Einrichtungen zur Reiseunterstützung werden – nicht zuletzt aus Gründen der erforderlichen Fokussierung – in dieser Studie nicht betrachtet werden. Zum Zusammenhang dieser Unterstützung mit arbeitsmarktpolitischen Gewerkschaftsinterventionen vom Arbeitsnachweis bis zur Arbeitslosenunterstützung Hinweise für den Verband der Deutschen Buchdrucker in Kapitel zwei dieser Studie und weitere Hinweise in Kapitel fünf.

und Unterstützungsszenarien unter Beachtung des linearen Prinzips: keine Willkür bei der Leistungsbemessung im konkreten Unterstützungsfall.

Die Bindung der Unterstützungsleistungen an die Höhe der gezahlten Beiträge der Mitglieder – also das Prinzip der Äquivalenz, dass derjenige, der mehr zahlte, auch mehr bekommen musste – erhöhte die Anforderungen an die Ausdifferenzierung der Leistungen weiter. Auch die Bedingungen der Verweigerung von Unterstützungen waren präzise zu kodifizieren. Mit der Zeit wurden auch sie immer diffiziler – ein Lernprozess der Organisationen bei den praktischen Kassenverfahren, in Bezug auf ihre Schwächen oder die auch dadurch provozierten Konflikte bildete sich ab. Professionalisierung und Bürokratisierung waren hier angelegt – und damit auch ein Pfad, der gewerkschaftliche Unterstützungen den Verfahren professioneller Versicherungsunternehmen zwangsläufig näherbrachte.

Die in dieser Studie untersuchten Jahre waren, um es noch einmal zu betonen, eine Expansionsphase beim Streben nach sozialer Ordnung oder sozialen Sicherheiten. Allenthalben traten sozialpolitische Projekte von Sozialversicherungen über Volksversicherungen und betrieblichen Sozialkassen bis zu den Unterstützungseinrichtungen und gemeinwirtschaftlichen Unternehmen der Gewerkschaften blasenartig zum Vorschein. Hier entstand ein Milieu der Konkurrenz, aber auch der gegenseitigen Inspiration und Ansteckung. Das soziale gewerkschaftliche Unterstützungswesen war dabei Bestandteil einer breiteren Gesamtentwicklung: mit Wirkungen und Rückkoppelungen.

Zugleich waren die hier untersuchten Jahre eine Phase des imposanten Ausbaus der gewerkschaftlichen Organisationen selbst. Und dieser schuf erhebliches Potenzial für den Bedeutungszuwachs des sozialen gewerkschaftlichen Unterstützungswesens.

4. Organisationspolitische Kontexte

Zeitalter gewerkschaftlicher Großverbände

Phasen verdichteter Veränderungsprozesse in Wirtschaft, Gesellschaft und Politik schärften den Sinn der Obrigkeiten für die Befriedung der Untertanen. Es waren Zeiten der Revolution wie jene zur Mitte des 19. Jahrhunderts mit den Höhepunkten der 1848er und dem *take-off* (Rostow) der industriellen Revolution, in denen zugleich die gewerkschaftlichen Gruppenbildungsprozesse dynamisiert wurden. Als der Staat 1890 von der harten Repression des Sozialistengesetzes auf eine Kombination einer subtileren, wenngleich noch immer konsequenten polizeistaatlichen Sanktion vor allem der sozialistischen Gewerkschaften mit einer sozialen Befriedung der Arbeiterschaft durch die Sozialversicherung umschwenkte, hatte die nächste revolutionäre Periode bereits begonnen. Die wirtschaftlichen und gesellschaftlichen Aufbrüche seit den 1890er Jahren und der tiefe Fall in die Krisendekade 1914 mündeten am Ende des Ersten Weltkriegs in die nächste deutsche Revolution,[1] die nunmehr der Demokratie als Staatsform zu einem immerhin vorläufigen Sieg verhelfen sollte.

Auch in dieser Periode dynamisierten sich die gewerkschaftlichen Gruppenbildungsprozesse – nun allerdings in einer bis dahin in Deutschland noch unbekannten Weise. War zuvor der Berufsverband als Organisation der zumeist mit Stolz und Berufsprestige ausgestatteten und kommunizierend Tätigen die wichtigste Plattform der Sammlung, wie etwa bei Zigarrenarbeitern, Buchdruckern oder Lithografen zu sehen, änderte sich das Zentrum der Bewegung im post-handwerklichen Zeitalter. Auch Organisationsformen, die Arbeitgeber- und Arbeitnehmerperspektiven bei Unterstützungseinrichtungen oder Angestelltenverbänden im beruflichen Verbund zusammenführten, fielen zunehmend aus der Zeit. Um 1890 war die Entwicklung des industrialisierten Kapitalismus so weit fortgeschritten, dass der Interessengegensatz zwischen Arbeitgebern und abhängig Beschäftigten endgültig zur beherrschenden Konfliktlinie wurde, an dem sich die Organisationsmuster ausrichteten. Die Gewerkschaften als Institutionen der Auseinandersetzung mit Arbeitgebern und Staat avancierten vor diesem Hintergrund nun

---

[1] Die Literatur zur deutschen Revolution von 1918/19 ist derart umfangreich, dass hier gar nicht der Versuch unternommen werden soll, einzelne Publikationen besonders hervorzuheben. Hinzuweisen ist aber auf einige interessante neuere Beiträge, so in regionaler Perspektive Wilfried Reininghaus: Die Revolution 1918/19 in Westfalen und Lippe als Forschungsproblem – Quellen und offene Fragen. Mit einer Dokumentation zu den Arbeiter-, Soldaten- und Bauernräten, Münster 2016. Aus einer kritischen Perspektive auf die deutsche Revolution Joachim Käppner: 1918 – Aufstand für die Freiheit. Die Revolution der Besonnenen, München 2017. Oder in transnationaler Perspektive Stefan Berger: Die deutsche Novemberrevolution 1918/19 im Kontext eines globalen Zeitalters von Revolutionen, in: Forum Geschichtskultur Ruhr 02/2018, S. 5-11. Im Jubiläumsjahr 2018/2019 sind weitere Neubetrachtungen der Revolutionsereignisse publiziert worden.

sukzessive zu Massenorganisationen. Ihnen sollte die Begrenzung auf einzelne Berufsgruppen schnell zu eng werden. Sie strebten durch Expansion und Zusammenschlüsse nach Dominanz in Teilen oder Gesamtbereichen ganzer Branchen oder Industrien.

In den 1890er Jahren gründete sich die Mehrzahl der Verbände, die als historischer Ursprung der heutigen Dienstleistungsgewerkschaft Verdi im Verlauf dieser Studie immer wieder in Erscheinung treten werden: etwa der Verband der Hafenarbeiter Deutschlands (1891), der Verband der Gemeinde- und Staatsarbeiter (1896) und der Zentralverband der Handels-, Transport- und Verkehrsarbeiter Deutschlands (1897), der später als Deutscher Transportarbeiter-Verband firmierte. Wichtige Angestelltenorganisationen wie der Verband der weiblichen Handels- und Büroangestellten (1889) und der Deutschnationale Handlungsgehilfen-Verband (1893) konstituierten sich in dieser Dekade. Im Bereich der sozialdemokratisch orientierten Freien Angestelltenorganisationen etablierten sich beispielsweise der Zentralverein der Büroangestellten (1894) und der Verband der Verwaltungsbeamten der Krankenkassen und Berufsgenossenschaften Deutschlands (1894), die sich zum Verband der Büroangestellten Deutschlands (1908) zusammenschlossen. Dieser wiederum war neben dem Zentralverband der Handlungsgehilfen und Handlungsgehilfinnen Deutschlands (1897) einer der Gründungsverbände des Zentralverbandes der Angestellten (1919). Insgesamt gelang den Freien Angestelltengewerkschaften der Durchbruch zu Groß- oder Massenorganisationen in der Revolutionszeit nach dem Ersten Weltkrieg und im weiteren Verlauf der Weimarer Republik. Im Vergleich mit den Freien Arbeitergewerkschaften, aber auch mit den früheren Organisationserfolgen des Deutschnationalen Handlungsgehilfen-Verbandes war dies ein nachrückender und mithin verspäteter Prozess.

Allgemein waren die sich der Gründungsphase der 1890er Jahre unmittelbar anschließenden Jahre und Dekaden gezeichnet vom Auf- und Ausbau der gewerkschaftlichen Organisationen. Lokale Zahlstellen breiteten sich als Ortsverbände der Zentralgewerkschaften in regionalen Schwerpunktregionen der vertretenen Branchen und über das ganze Land aus. Schnell wurde der Aufbau einer starken und größer werdenden Gewerkschaftsverwaltung notwendig, um den erforderlichen Organisationsapparat nach einheitlichen Vorgaben an jedem Ort steuern zu können. Die anwachsende Mitgliedschaft musste zudem geschult und mit Informationen versorgt werden, weshalb die Anzahl und die Auflagenstärke der diversen Fachblätter und Zeitungsorgane, die von den Gewerkschaften in eigenen Redaktionen angefertigt und publiziert wurden, anstiegen. Die Beispiele veranschaulichen, dass der Auf- und Ausbau der gewerkschaftlichen Strukturen vor allem eins war: kostspielig. Die zentrale Einnahmequelle aller Gewerkschaften waren die Zahlungen ihrer Mitglieder, die im Wesentlichen aus Aufnahmegebühren, den regulären regelmäßigen Beitragsleistungen und gegebenenfalls aus Sonderbeiträgen bestanden. In Zeiten, in denen die Gewerkschaften aufgrund ihres steigenden Finanzbedarfs ein vitales Interesse an der Bereitschaft einer größer werdenden Mitgliedschaft zur langfristigen Zahlung relevanter Beiträge haben mussten, stellte sich die Frage, wie Arbeiter und Angestellte *dauerhaft* für die eigenen Organisationen zu gewinnen und zu begeistern waren, mit Dringlichkeit.

Der Idealfall, einen vom gewerkschaftlichen Gedankengut ideell tief erfüllten Arbeiter oder Angestellten quasi ohne Agitationsarbeit als Neumitglied begrüßen zu können, zeigte sich in der Organisationspraxis selten.[2] Bei geringen Einkommen stellten sich rationale Fragen der Abwägung, warum man Beiträge an die Gemeinschaft leisten sollte. Den Schutz der Gruppe, etwa in Phasen drohender Arbeitskämpfe oder harter Tarifauseinandersetzungen, konnte man auch zeitlich begrenzt suchen – und die Gewerkschaft mit dem Abklingen der Spannungen zur Schonung der Haushaltskasse wieder verlassen. Ferner hatte in jener Zeit derjenige, der sich gewerkschaftlich organisierte, im gewerkschaftsfeindlichen gesellschaftlichen Klima des späten Kaiserreichs – jenseits konturierter Arbeitermilieus – Sanktionen zu befürchten. Während der sozialistische Umtriebe fürchtende Staat mit Angeboten der sozialen Sicherung die Werktätigen umwarb und auf eine soziale Befriedung setzte, schien eine Analogie dieses Ringens um die nachhaltigen Sympathien der Arbeitnehmerschaft mit der Unterstützung von Gruppenbildungs- und Gruppenbindungsprozessen durch soziale Anreizsysteme in den Gewerkschaften alternativlos zu werden.

Jene Gewerkschaftsverbände, die sich im Verlauf der 1890er Jahre gründeten, waren seit dem ersten Tag ihrer Existenz von Kassen oder anderweitigen Einrichtungen der sozialen Hilfe oder Unterstützung regelrecht umzingelt. Seit Mitte des 19. Jahrhunderts hatten die Unternehmen ihre vielfältigen Angebote im Bereich betrieblicher Kassen bis in den Bereich von Pensionskassen weiter ausgebaut, um die Belegschaften jenseits eines wohlwollenden Paternalismus an die Unternehmen zu binden, sie zu befrieden und von Aufruhr und Aufwiegelei wie auch von der Organisation ihrer Interessen durch die Etablierung zusätzlicher Abhängigkeiten abzubringen. Dabei erfuhren die betrieblichen Fürsorgeeinrichtungen durch die Einführung der staatlichen Sozialversicherung

---

[2] Hierzu spannende Einblicke in das entsprechende Verständnis der gewerkschaftlichen Agitationsexperten im Gesamtverband um 1930 im Referat von Josef Busch: Unsere Agitations- und Bildungsarbeit, in: Gesamtverband der Arbeitnehmer der öffentlichen Betriebe und des Personen- und Warenverkehrs: Protokoll der ersten Reichskonferenz der Reichsfachgruppe Gärtnerei, Park und Friedhof am 13. und 14. März 1931 in Kochel, S. 121-128. Zu der im Folgenden angesprochenen rationalen Abwägungsfrage für oder gegen einen Gewerkschaftsbeitritt gibt es ein in den 1960er und 1970er Jahren intensiv diskutiertes organisationssoziologisches Theorem: den »Kosten-Vorteil-Vergleich« in Bezug auf die Gelegenheit (*opportunity*) zur gewerkschaftlichen Organisierung unter Beachtung der Organisationswiderstände und in Bezug auf die Neigung (*prospensity*) zur gewerkschaftlichen Organisierung unter Beachtung der Organisationsanreize. Die Systematisierung nach Lloyd Ulman: Discussion (zum Beitrag von Bernstein: Union Growth and Structural Cycles), in: Walter Galenson/Seymour M. Lipset: Labor and Trade Unionism: An Interdisciplinary Reader, London 1960, S. 93-96, hier S. 94. Ergänzend Orley Ashenfelter/John H. Pencavel: American Trade Union Growth 1900-1960, in: The Quarterly Journal of Economics 3, 1969, S. 434-448, hier bes. S. 436. Mark van de Vall: Die Gewerkschaften im Wohlfahrtsstaat, Köln/Opladen 1966, S. 190 f. Ein Überblick bei Gerhard Brauckmann: Der Einfluss des Konjunkturverlaufs auf die gewerkschaftlichen Mitgliederbewegungen, Diss. Bochum 1972, S. 83 ff.

in den 1880er Jahren einen Auftrieb³ – dieser Mechanismus einer Aktivierung sozialer Sicherungseinrichtungen durch die Sozialversicherung wurde zuvor erläutert. Mit den Hirsch-Dunckerschen Gewerkvereinen, deren Dachverband 1868 gegründet worden war, und den Christlichen Gewerkschaften, die 1891 mit der Veröffentlichung der Enzyklika *Rerum Novarum* ihre organisatorischen Anstrengungen erhöhten, standen weltanschauliche Konkurrenten der Freien Gewerkschaften im Ringen um die Gunst der Arbeitnehmer bereit, die mit sozialen Unterstützungseinrichtungen sehr offensiv warben, auch da sie diesen ideologisch weitgehend widerspruchsfrei begegneten.⁴

Wie intensiv der Kampf um die Arbeitnehmer mit Sozialkassen zwischen den Verbänden in jenen Jahren ausgetragen wurde, veranschaulicht ein Beispiel aus dem Angestelltenbereich. So beschrieb die *Kontorzeitung* nach der Darstellung des Deutschnationalen Handlungsgehilfen-Verbandes den Kassenkonflikt unter Angestelltenverbänden 1897: »Man verdächtigt einander, man begießt einander mit Kübeln voller Schmähungen und ist erfreut, wenn der andere wieder einmal von oben bis unten trieft. Der Hamburger Verein von 1858 lobt seine Einrichtungen: Die Leipziger Verbandsleitung sagt, das sei noch gar nichts im Vergleich zu ihren Einrichtungen, die alle unübertroffen und unerreichbar dastünden trotz des viel geringeren Jahresbeitrages der Mitglieder. Der Hamburger Verein lobt seine Krankenkasse, der Leipziger zieht diese mit der seinigen in Vergleich und zeigt, dass seine noch viel besser sei.« Auch Altersvorsorgekassen waren in das Kräftemessen einbezogen: »Der Hamburger Verband weist auf die (...) Millionen hin, mit welchen seine Pensions- und Altersversorgungskassen fundiert sind, der Leipziger Verband sagt dagegen, dass sein Vermögen zwar kleiner, die Leistungen seiner Kassen weit größer seien, und zum Beweis werden hüben und drüben Paradefälle angeführt.«⁵

Die Situation von Verbändekonkurrenz und Kassenkonkurrenz ließe sich weiter konturieren: Man denke an die wirtschaftsfriedlichen gelben Organisationen, mit denen im Verbund mit betrieblichen Sozialeinrichtungen antigewerkschaftlich gearbeitet

---

3   Neben der in der Einführung bereits genannten Literatur zur betrieblichen Sozialpolitik vgl. als ältere Literatur speziell zur betrieblichen Altersfürsorge Albrecht Weiß: Begriff und Entwicklung der betrieblichen Altersfürsorge, in: ders. (Hg.): Handbuch der betrieblichen Altersfürsorge, München/Düsseldorf 1952, S. 11-16, hier bes. S. 11 f. Helga Graef: Die betriebliche Altersfürsorge. Historischer Ursprung, rechtliche Entwicklung und sozialpolitische Bedeutung im Licht der Rentenreform, Düsseldorf 1960, S. 11 ff. Als zeitgenössisches Dokument aus dem Kreis der Publikationen des »Vereins für Socialpolitik« Fritz Kalle u.a.: Über Alters- und Invalidenkassen für Arbeiter, Leipzig 1874.

4   Das hieß nicht, dass das Angebot sozialer Einrichtungen im Vergleich mit den Freien Gewerkschaften umfangreicher oder besser sein musste. Vgl. dazu Schneider: Die Christlichen Gewerkschaften, hier S. 138-149 zu Wachstum und Ausgabenstruktur der Organisationen bis 1913. Zu den Gewerkvereinen Wilhelm Gleichauf: Geschichte des Verbandes der deutschen Gewerkvereine (Hirsch-Duncker), Berlin 1907 – zu Unterstützungseinrichtungen bes. S. 100 ff., S. 114 ff. und S. 293 f.

5   Zitiert nach Die Deutschnationale Handlungsgehilfen-Bewegung. Ihr Werdegang, S. 11 f.

wurde,⁶ man bedenke die erfolgreiche Volksversicherung als private Kleinstlebensversicherung für Arbeitnehmer oder die Anbieter von freien Hilfskassen, mit denen in der Folge der Krankenversicherungsgesetzgebung vor allem die Gewerkvereine, aber auch andere Berufsverbände und Gewerkschaften regen Zulauf verzeichnen konnten.⁷

Das Interesse der Mitgliedschaft an verbandlichen Einrichtungen sozialer Selbsthilfe ließ sich um 1890 auch anderweitig studieren. So verfügten frühe gewerkschaftliche Organisationen wie der Senefelder Bund, der sich 1891 nach Ende des Sozialistengesetzes als Verein und später als Verband der Lithografen, Steindrucker und verwandten Berufe neu konstituierte, oder wie der Verband der Deutschen Buchdrucker schon vor 1890 über ein umfangreiches soziales Unterstützungswesen. Dies wurde im Kontext des Sozialistengesetzes bereits genauer erläutert. Beide Verbände verfügten in jener Zeit auch über Krankenkassen, die im Verlauf der Krankenversicherungsgesetzgebung als Eingeschriebene Hilfskassen eingerichtet werden konnten, 1893 indes aufgrund von neuen und erschwerenden gesetzlichen Vorgaben eingestellt und liquidiert werden mussten. Im Fall der Lithografen und Steindrucker führte dies zur Übernahme vieler Krankenkassenmitglieder in die Organisation, was durch eine Aufwertung der verbandlichen Krankenunterstützung abgesichert wurde.⁸

Im Verband der Deutschen Buchdrucker gab es zu gleicher Zeit Streit um die materiellen Ansprüche der Mitglieder insbesondere gegenüber der Invalidenkasse. Neben der Krankenkasse war auch die Zentralinvalidenkasse in der Zeit des Sozialistengesetzes in eine gesonderte Organisationsform überführt worden. Anfang der 1890er Jahre sollte das rückgängig gemacht werden. Insgesamt stellte sich dabei das Problem, dass mit der Überführung der selbständigen Einrichtungen aus der Zeit des Sozialistengesetzes in den nun wieder einheitlichen Verband der Deutschen Buchdrucker Kassen aufgelöst werden mussten. Dies ging mit der Sorge einher, dass Ansprüche der Kassenmitglieder bei der Umwandlung des Unterstützungswesens verlustig gehen oder gemindert werden konnten. Im Umfeld des Buchdruckerverbandes kam es in einer aufgeheizten Stimmung zu Urabstimmungen und zu einer Prozesslawine. Zugespitzt verlief der Disput über die Frage, wie mit Personen zu verfahren war, die zwar Ansprüche in der Invalidenkasse erworben hatten, aber dem neuen Verband nicht mehr angehören wollten. Einer Auszahlung dieser Mitglieder oder einem Fortbestand der alten Invalidenkasse trat der Verband schließlich entgegen, indem die Kasse einen Liquidationsstatus erhielt,

---

6   Zur Thematisierung der gelben Gewerkschaften in der zeitgenössischen Literatur vgl. Hans-Alexander Apolant: Die wirtschaftsfriedliche Arbeitnehmerbewegung Deutschlands. Werden, Wesen und Wollen der gelben Organisationen, Berlin 1928. Heinrich Imbusch: Die Gelben in der deutschen Arbeiterbewegung, dritte Auflage, Köln 1912. Für einen transnationalen Vergleich Leontine Latour-Foss: Die gelben Gewerkschaften in Frankreich, Jena 1908.
7   Wagner-Braun: Zur Bedeutung berufsständischer Krankenkassen, S. 86 ff.
8   Auch hierzu bereits genauere Erläuterungen in dieser Studie, vgl. dazu Kapitel zwei. Siehe Müller: Die Organisationen der Lithografen und Steindrucker, bes. S. 572-586.

mit dem die Altmitglieder ihre Ansprüche verloren und lediglich ausgesteuert werden mussten. Die Verbandsmitglieder wurden in eine neue Invalidenkasse als Zentralkasse des Verbandes übernommen.[9]

Diese Vorgänge lassen sich in vielerlei Hinsicht interpretieren. Sie veranschaulichten jedoch in jedem Fall die erhebliche Bedeutung, die Angelegenheiten, welche die Unterstützungen betreffen, aus dem Kreis der Verbandsmitglieder entgegengebracht werden konnte. Wie zu sehen ist und wie auch von Schönhoven angemerkt wurde,[10] konnte darüber heftig gestritten und diskutiert werden. Schließlich ging es in den Augen vieler Mitglieder stets um die Frage der Verwendung *ihrer* Beiträge, *ihres* Geldes, um *ihre* soziale Absicherung, *ihre* Ansprüche – obwohl Letzte bei obligatorischen Unterstützungen gemeinhin rechtlich nicht verbindlich waren. Aus der Perspektive der gewerkschaftlichen Organisationen ging es bei sozialen Unterstützungseinrichtungen, wie an den hier vorgetragenen Beispielen zu antizipieren, stets auch um die Frage des Erhalts von Mitgliedschaften für die Bewegung – also um eine Frage höchster organisationspolitischer Bedeutung.

In den 1890er Jahren standen die sich neu konstituierenden Verbände vor nüchtern zu bewertenden Realitäten in Bezug auf ein verbandliches soziales Unterstützungswesen – so zum Beispiel der Verband der Hafenarbeiter oder der Zentralverband der Handels-, Transport- und Verkehrsarbeiter Deutschlands. Diese neuen Gewerkschaften machten sich auf, in einer zentralen Organisation heterogene Arbeitnehmerschaften, die jeweils als spezifische Berufsgruppen über eigene Unterstützungstraditionen mit einem häufig lokalen oder regionalen Zuschnitt in eigenen Vereinigungen verfügten, nun zusammenzuführen. Um es zu veranschaulichen: Die Hamburger Ewerführer hatten bereits 1805 unter dem plakativen Titel »Die blühende Hoffnung« die Unterstützungseinrichtung der »Ewerführer-Kranken-Brüderschaft, Gott mit uns!« gegründet. Jene Kasse umfasste Unterstützungsleistungen bei Krankheiten – ausgenommen waren bezeichnenderweise Geschlechtskrankheiten –, im Sterbefall und zudem ein Feuerschadensgeld, das als frühe Form einer Brandschutzversicherung fungierte.

Nach einer Einmalzahlung bei der Aufnahme, man durfte dafür nicht älter als 45 Jahre und musste bei guter Gesundheit sein, hatte man alle vier Wochen und alle Vierteljahre einen festen Beitrag an den Kassenboten[11] zu zahlen und darüber hinaus bei jedem Todesfall eine Sonderzahlung zu entrichten. Besonders die Frauen der Ewerführer hatte die Kassensatzung im Blick – sie entschieden in der Regel »letztinstanzlich« über die Ausgabenposten der Familie und galten als stabilisierendes Element der Or-

---

[9] Ausführlich hierzu Krahl: Der Verband der Deutschen Buchdrucker, zweiter Band, S. 213-228. Knapp dazu auch Helmholz: Verband der Deutschen Buchdrucker, S. 23.

[10] Schönhoven: Selbsthilfe, S. 147.

[11] Auch hier taucht wieder die Institution des Kassenboten auf, auf die im Zusammenhang mit Unterstützungseinrichtungen der Buchdrucker und dem »Victoria-Boten« in Kapitel zwei bereits aufmerksam gemacht wurde.

ganisation. Sie waren folgerichtig mehrfach begünstigt: nicht nur als Auszahlungsberechtigte im Sterbefall – neben Kindern bis zu 16 Jahren –, sondern auch dadurch, dass sie als Witwen beitragsbefreit im Schutz der Unterstützungsvereinigung verbleiben durften.[12] Der Gesichtspunkt der auf die Ehefrauen der zumeist männlichen Mitglieder zielenden Ansprache bei sozialen Unterstützungsangeboten wird im Folgenden erneut auftauchen.

Ewerführer übten einen der ältesten und traditionsreichsten Berufe der Hamburger Hafenarbeiter aus.[13] Auch »Schutenschubser« genannt, transportierten sie in ihrem kleinen, offenen und in der Regel nicht motorisierten Beiboot, der Schute, Ladung zu jenen Schiffen, die nicht im Hafen anlegen konnten. Die Ewerführer waren eine zentrale Gruppe für die gewerkschaftliche Organisation der Hafenarbeiter. Sie waren am Hamburger Hafenarbeiterstreik von 1896 und 1897,[14] einem der größten Arbeitskämpfe in der Zeit des Kaiserreichs, exponiert beteiligt.

So relevant die Organisierung der Ewerführer für den Verband der Hafenarbeiter war, ist der Verein Berliner Hausdiener bedeutend für den Zentralverband der Handels-, Transport- und Verkehrsarbeiter gewesen. Der Verein war, 1883 gegründet, besonders wichtig für die organisatorische Entwicklung im Berliner Raum und wurde als »unstreitig bedeutendste Unterstützungseinrichtung unseres Berufes«[15] und als eine Keimzelle des Zentralverbandes gesehen. »Bemerkt sei (...), dass der Verein Berliner Hausdiener eigentlich insofern als Stammverein unserer modernen Organisation anzusehen ist, als es Mitglieder dieses Vereins waren, die den Unterstützungsbund der Hausdiener Berlins am 7. Juli 1886 ins Leben riefen, aus dem sich dann im Lauf der Zeit, nach verschiedenen Wandlungen, unser Zentralverband gebildet hat.«[16] So bewerteten es die leitenden Verantwortlichen der Transportarbeitergewerkschaft im historischen Rückblick selbst. Der Verein hielt dabei als Unterstützungseinrichtungen vor: etwa eine Kasse zur Unterstützung der Hinterbliebenen verstorbener Mitglieder, Rechtsschutz und eine Unterstützungskasse für die Fährnisse des Alters.

---

[12] Nach der revidierten Satzung der Ewerführer-Kranken-Brüderschaft von 1826, diese bei Heinrich Bürger: Die Hamburger Gewerkschaften und deren Kämpfe von 1865 bis 1890, Hamburg 1899, S. 6-11. Dazu auch Dreher/Schumann: Die ökonomischen Vorbedingungen und das Werden der Organisation, S. 129.

[13] Hierzu Maria Möring/Gisela Kühn: Der Hamburger Ewerführer im Wandel der Zeiten, Hamburg 1965. Michael Grüttner: Arbeitswelt an der Wasserkante. Sozialgeschichte der Hamburger Hafenarbeiter 1886-1914, Göttingen 1984.

[14] Carl Legien: Der Streik der Hafenarbeiter und Seeleute in Hamburg-Altona. Darstellung der Ursachen und des Verlaufs des Streiks – sowie der Arbeits- und Lohnverhältnisse der im Hafenverkehr beschäftigten Arbeiter, Hamburg 1897. Michael Grüttner: Der Hamburger Hafenarbeiterstreik 1896/97, in: Klaus Tenfelde/Heinrich Volkmann (Hg.): Streik. Zur Geschichte des Arbeitskampfes in Deutschland während der Industrialisierung, München 1981, S. 143-161.

[15] Dreher/Schumann: Die ökonomischen Vorbedingungen und das Werden der Organisation, S. 130.

[16] Ebd.

Über die Frage, ob man vorrangig eine Unterstützungsvereinigung bleiben oder der Idee der Arbeiterbewegung durch den Zusammenschluss mit anderen Organisationen zu einer großen Gewerkschaft folgen sollte, gab es in den 1890er Jahren Streit, der zu organisatorischen Abspaltungen führte. Schlussendlich jedoch fand der Verein Berliner Hausdiener seinen Weg in den Zentralverband der Handels-, Transport- und Verkehrsarbeiter, an den er sich 1906 anschloss – und mithin in die Gewerkschaftsbewegung. »Damit hatte die bedeutendste Unterstützungsvereinigung den Weg zur Einheitsorganisation gefunden und dadurch gleichzeitig allen übrigen derartigen Vereinigungen ein nachahmenswertes Beispiel gegeben.«[17]

Am Fall der Hausdiener lässt sich gut veranschaulichen, dass der organisatorische Aufbau von gewerkschaftlichen Zentralverbänden wie dem der Transportarbeiter auf einem »Fusionsmodell«[18] basierte, bei welchem Potenz und Abschreckungskraft der Großorganisation, die zur Umsetzung von Forderungen zum Vorteil der vertretenen Arbeitnehmerschaft genutzt wurden, Sogwirkungen entfalteten, durch die kleinere Organisationen schließlich zum Anschluss gedrängt wurden. Die Gruppe der Hausdiener, Geschäftsdiener, Portiers, Packer, Geschäftskutscher, Rollkutscher oder Markthelfer – um hier lediglich die Hilfsarbeiter im Handelsgewerbe als *eine* Berufsgruppe des Zentralverbandes einmal zu differenzieren – bildeten nicht nur beruflich organisatorische Einheiten. Jede in den Zentralverband eintretende Vereinigung brachte neben einer organisierten Gruppe und einer daher starken Minderheit – im Fall des Vereins der Berliner Hausdiener waren es mehr als 7.000 Mitglieder, die dem Zentralverband beitraten – auch das Vereinsvermögen ein, das zu einem erheblichen Anteil aus den Beitragsleistungen der Mitglieder bestand, die mit der Erwartung an Unterstützungsleistungen ihrer Organisation verbunden waren. Insofern formierten eintretende Vereinigungen zugleich immer eine Erwartungsgemeinschaft gegenüber der Zentralorganisation und ihrer Gegenleistung für die in der Vergangenheit geleisteten Beiträgen.

---

17 Ebd., S. 134, zu den Hintergründen S. 130-135.
18 Diesem »Fusionsmodell«, also dem Zusammenschluss oder Anschluss von zuvor autonom agierenden Organisationen zu oder an größere Zentralverbände, standen weitere Expansionsmethoden gegenüber. So könnte man am Beispiel des Deutschnationalen Handlungsgehilfen-Verbandes ein besonders stringent verfolgtes »Lizenzmodell« studieren, bei dem eine zunächst im Hamburger Raum lokal gefestigte Organisation ihre dort eingeübte Verbandspraxis schrittweise in andere geeignete Städte exportierte und auf diese Weise expandierte. Am Ende wurden beide Modelle häufig kombiniert angewandt – der Zentralverband der Handels-, Transport- und Verkehrsarbeiter Deutschlands etwa setzte wie die meisten anderen Gewerkschaften natürlich auch auf regionale Ausbreitung über den Ausbau lokaler Verbandsniederlassungen. Dennoch ist das »Fusionsmodell« geradezu stilbildend für die wichtigsten historischen Vorläuferorganisationen der heutigen Dienstleistungsgewerkschaft Verdi. Von den Zeiten des Zentralverbandes bis zur Bildung des Gesamtverbandes der Arbeitnehmer der öffentlichen Betriebe und des Personen- und Warenverkehrs – also bis zum Beginn der 1930er Jahre – befand sich insbesondere die Vororganisation der ÖTV nahezu permanent in Verhandlungen über angebahnte Verbandszusammenschlüsse und in zeitlich eng getakteten, sich vielfach wiederholenden Fusionsprozessen.

Da viele Vereinigungen wie jene der Berliner Hausdiener lokal verortet waren, boten gesonderte Unterstützungsreglements der Ortsgruppen größerer nationaler Gewerkschaften ein Instrument, um auf regionale Unterschiede bei den Unterstützungserwartungen, die durch die Unterstützungstraditionen der Vororganisationen am Ort nachhaltig geprägt sein konnten, flexibel reagieren zu können. Schlussendlich hatte eine starke Zentralorganisation jedoch vergleichbare Verhältnisse in allen Teilen ihres Organisationsgebietes zu gewährleisten. Hätte dafür die Einebnung aller Unterstützungstraditionen als radikaler Vorgang zur Herstellung gleicher Bedingungen, mit dem zugleich die skizzierten ideellen Vorbehalte hätten ausgeräumt werden können, ernsthaft erwogen werden können?

Die sich ab den 1890er Jahren neu etablierenden Gewerkschaften waren, wie geschildert, von einem vielfältigen Unterstützungs-, Versicherungs- und Kassenwesen in einer akuten und hitzigen Konkurrenz um die Gewinnung und Bindung von Arbeitnehmerschaften umgeben. Zugleich sickerte das soziale Unterstützungswesen über Bräuche und Gewohnheiten sozialer Selbsthilfe bestimmter Berufsgruppen, die sich in der Tradition von Gesellenladen und Unterstützungskassen, wie sie bis in die Fabrikarbeiterschaft verbreitet waren,[19] materialisiert hatten, in die Organisationsstrukturen der neuen Gewerkschaften quasi automatisch ein. Die Unterstützungstraditionen – und mit ihnen die Erwartungshaltung der Mitgliedschaft – wurden mit der Gründung von Zentralverbänden über die in ihnen aufgehenden organisatorischen Vorformen eingespült. Jene Traditionen waren aufgrund ihrer über Jahrhunderte gewachsenen und vielfältigen Entwicklung omnipräsent. Und sie wären, wenn man es denn gewollt oder vermocht hätte, nicht mehr folgenlos für die expandierende Gewerkschaftsbewegung zu schleifen gewesen.

Wie sollten, um bei letztgenannten Beispielen zu bleiben, die Ewerführer im Verband der Hafenarbeiter oder die Berliner Hausdiener im Zentralverband der Handels-, Transport- und Verkehrsarbeiter eine Heimat finden, wenn man mit der Einforderung von Gewerkschaftsbeiträgen nicht zugleich auch ihre vorgeprägten Unterstützungserwartungen zu befriedigen versuchte? Für die im Aufstieg befindlichen nationalen Großgewerkschaften stellte sich damit von Anfang an die Herausforderung, soziale Unterstützungseinrichtungen anzubieten, die das Niveau in den zumeist lokalen Vororganisationen erreichte oder übertraf – zumal, wenn das Vermögen dieser Vereinigungen übernommen wurde. Für die sich national ausbreitenden und in ihrer Mitgliederzahl anwachsenden gewerkschaftlichen Großorganisationen ergab sich zudem das Erfordernis, zur Stärkung der Zentralisierung gegenüber den vielfältigen, von Ort zu Ort unterschiedlichen Unterstützungstraditionen ein Zentralkassenwesen zu etablieren, mit dem einheitliche Beitragssätze bei einheitlichen Unterstützungstarifen durchgesetzt werden konnten. Um heterogene Arbeitnehmerschaften überregional an die ano-

---

[19] Dazu Reininghaus: Gesellenladen und Unterstützungskassen der Fabrikarbeiter.

nyme Großorganisation zu binden und einen möglichst großen Anteil der am Ort eingezahlten Mitgliedsbeiträge gegenüber den Ortskassen für die zentrale Verbandskasse verbuchen zu können, musste das Unterstützungswesen in Form der einzurichtenden zentralisierten gewerkschaftlichen Unterstützungskassen den aus den Ortskassen bestrittenen lokalen Unterstützungen auf Dauer überlegen sein.

Neben der Ideenwelt moderner Gewerkschaften, die – wie erläutert – auf den sozialen Selbsthilfegedanken insbesondere in sozialistisch orientierten Freien Gewerkschaften, aber auch beim Deutschnationalen Handlungsgehilfen-Verband zunächst abstoßend reagieren konnte, werden hier weitere Reibungsflächen für das soziale Unterstützungswesen ersichtlich: der besonders in der ersten Gründungsphase der Zentralverbände häufig hart umkämpfte Konflikt um Lokalismus versus Zentralismus – ein Ringen um Autonomierechte lokal geprägter Mitgliedschaften gegenüber den notwendigen Zentralisierungsmaßnahmen in den ortsfernen gewerkschaftlichen Großorganisationen –, die damit eng verbundene Frage der Autorität über die Verbandsfinanzen sowie das Konfliktpotenzial, das Verbandsfusionen lieferten. Diese Konfliktfelder kreuzten sich mit den ideellen Vorbehalten gegen das soziale Unterstützungswesen. Dann konnte in den neu gegründeten Gewerkschaften bei Funktionsträgern wie Mitgliedern bestimmter Ortsvereine und Regionen oder auch Branchen ein eisiger Wind der Skepsis bis Ablehnung gegen den Auf- oder Ausbau sozialer Selbsthilfeeinrichtungen wehen.

Andererseits galt das Kassenwesen zugleich als Lockmittel für jene Mitgliedschaft, die in der Lesart der Verbandsführungen den Geist der Gewerkschaftsbewegung noch nicht hinreichend durchdrungen hatte.[20] Die Konflikte bei den Buchdruckern in der Folge der Veränderung der Architektur bestehender Unterstützungseinrichtungen in den 1890er Jahre zeigten zugleich auf, wie sehr schließlich auch gewerkschaftserfahrene Mitgliedschaften an sozialen Unterstützungskassen und an Leistungsansprüchen, die man erworben hatte, hingen. In einer Zeit des Aufbruchs sozialer Sicherheiten und einer in der sozialen Lage bedingten Nachfrage nach bezahlbaren Angeboten, wie dies im vorangegangenen Kapitel beschrieben wurde, musste dieser Gesichtspunkt relevant sein.

Wenn dazu noch der gewerkschaftliche Aufbruch bedacht wird, die Unwägbarkeiten der Organisationsentwicklung, die finanziellen Erfordernisse der Expansion zu nationalen Großorganisationen oder die Belastungen der jungen Verbände im hitzigen Konkurrenz- und Existenzkampf um Mitglieder, sollte die stabilisierende Kraft von Unterstützungskassen für die Statik der Organisationen, die als historisches Erbe aus Zeiten starker staatlicher Repression gewissermaßen in deren Erbgut übergegangen waren, deren Bedeutung nach 1890 maßgeblich mitbestimmen. Dass Unterstützungs-

---

[20] Auch hierzu mit Hinweisen das Referat von Josef Busch: Unsere Agitations- und Bildungsarbeit, in: Gesamtverband der Arbeitnehmer der öffentlichen Betriebe und des Personen- und Warenverkehrs: Protokoll der ersten Reichskonferenz der Reichsfachgruppe Gärtnerei, Park und Friedhof am 13. und 14. März 1931 in Kochel, S. 121-128.

einrichtungen in der Vergangenheit stets eine erhebliche Relevanz für die Absicherung der Verbandsfinanzen hatten – zu erinnern ist an die Periode des Sozialistengesetzes –, war mit Blick auf die Jahre nach 1890 geradezu ein Fingerzeig. Die Frage der Gewerkschaftsfinanzierung sollte thematisch in engem Kontakt zum sozialen Unterstützungswesen verbleiben.

Folgerungen für die folgenden Kapitel

Die Spannungen zwischen gewerkschaftlichen Ideenwelten in Bezug auf soziale Unterstützungseinrichtungen und den realgeschichtlichen Wirklichkeiten um 1890 setzten sich – nach den Epochenmerkmalen, den sozialen und wirtschaftlichen Entwicklungen sowie dem sozialpolitischen Aufbruch, was erläutert wurde – weiter fort. Das ideelle Fremdeln mit dem sozialen Selbsthilfewesen, das seit den 1890er Jahren entstehende Gewerkschaften als Teil ihres Anspruchs, etwas Neues und Modernes zu sein, in sich tragen konnten, kollidierte nicht zuletzt mit dem Sachverhalt, dass das Kassenwesen längst Realität war, in die Gewerkschaften einsickerte – und entscheidende Rahmenbedingungen, wie soeben geschildert, darauf hinausliefen, dass es zu einem Zentralkassenwesen der neuen Verbände auf- und ausgebaut werden musste.

Diese Widersprüchlichkeiten zwischen Ideenwelt und Wirklichkeit sind interessant für die Frage nach den Bedeutungen, die Gewerkschaften dem sozialen Unterstützungswesen schließlich zuwiesen. Deshalb werden Organisationen wie der Deutschnationale Handlungsgehilfen-Verband oder Verbände der sozialistisch orientierten Freien Gewerkschaften, die in ihrer Aufbauphase seit den 1890er Jahren ein gewisses Spannungsverhältnis mit dem sozialen Unterstützungswesen erkennen ließen, im Folgenden intensiver betrachtet werden als traditionelle Angestellten- oder Beamtenorganisationen, deren Verbandskonzepte wie die der Christlichen und Hirsch-Dunckerschen Gewerkschaften mit Einrichtungen der sozialen Selbsthilfe keine auffälligen Widersprüche erzeugten. Zur Illustration und als gelegentliche Erweiterung des Blickwinkels werden jene Verbandsgruppen sporadisch hin und wieder dennoch herangezogen werden.

Dies wird auch für den Verband der Deutschen Buchdrucker gelten. Altverbände wie diese oder andere Gewerkschaften, die vor der Gründungswelle der 1890er Jahre, in der viele Gewerkschaftsorganisationen erst entstanden, bereits seit Längerem existierten, geisterten wie eine gewerkschaftliche Expertise durch jene Dekade. Während sich nun etablierende Gewerkschaften mit Fragen der Gründung und ihres organisatorischen Aufbaus zu beschäftigen und dabei über die Einrichtung von Unterstützungskassen grundsätzlich zu befinden hatten, flogen Gewerkschaften wie etwa der Verband der Deutschen Buchdrucker bereits »auf Reiseflughöhe« der Unterstützungsroutinen.

Auf den Vorstandssitzungen des Verbandes der Buchdrucker wurden seit den 1890er Jahren regelmäßig Beschlüsse gefasst, mit denen Bestimmungen der Arbeitslosen-, Kranken- oder Invalidenunterstützung an aktuelle Gegebenheiten angepasst oder feinste Details wie beispielsweise die Nutzung von Quittungsbüchern als Nachweis für den Unterstützungsbezug geregelt wurden.[21] Die Altverbände nahmen Entwicklungen, die den Neuverbänden bevorstanden, ein Stück weit vorweg. Auch die Zentralisierung des Kassenwesens und der Umgang mit lokalen Unterstützungtraditionen war im Verband der Deutschen Buchdrucker schon vor 1890, aber ebenso danach kein unbekanntes Thema.[22] Die Altverbände nahmen nach 1890 an der Evolution des Unterstützungswesens weiter teil – aber im Vergleich mit herabgesetzter Dynamik aufgrund schon erlangter Organisationsniveaus. Die ab den 1890er Jahren sich neu etablierenden Verbände, deren Relevanz gemessen an ihren Mitgliederzahlen jene der früher bestehenden Gewerkschaften bald übertraf, sind für die Frage nach der gewerkschaftlichen Zuweisung von Bedeutungen an das soziale Unterstützungswesen, die im Prozess der Neueinrichtung und des Aufbaus zentraler Unterstützungskassen nach 1890 deutlich hervortraten, daher besonders spannend und werden im Folgenden im Mittelpunkt stehen. Gelegentlich werden allerdings auch Altverbände aus dem Bereich der Gewerkschaften der Drucker und Lithografen erneut in Erscheinung treten.

Themen wie die gewerkschaftlichen Organisationstechniken oder die Bedeutung der Verbandsfinanzen, für die dieses Kapitel sensibilisiert, werden bei den im Folgenden zu werfenden Schlaglichtern auf Unterstützungskassen bei Vorläufern der heutigen Dienstleistungsgewerkschaft Verdi eher im Lichtkegel stehen als die »große« Gewerkschaftspolitik. Von der staatlichen Politik gegenüber Arbeiterschaft, Sozialdemokratie und Gewerkschaften – die zwischen staatlicher Sozialpolitik oder dem Reichsvereinsgesetz (1908) mit koalitionsrechtlichen Lockerungen einerseits und neuen Repressions-

---

[21] Vgl. dazu etwa die Dokumentation Verband der Deutschen Buchdrucker: Beschlüsse des Vorstandes des Verbandes der Deutschen Buchdrucker über die zu gewährenden Unterstützungen, hier vom 27. Juli 1899, 28. Juli 1902 und 6. Oktober 1913, Berlin 1899 ff.

[22] Darauf wurde in Kapitel zwei bereits erstmals hingewiesen. Schon bei den älteren Kassen der Buchdrucker wie etwa der in dieser Studie skizzierten Kranken-, Invaliden-, Sterbe-, Unterstützungs- und Witwenkasse für Buchdrucker beider Mecklenburg von 1849 stellte der Aspekt des Zusammenschlusses verschiedener lokaler Kassen zu einem regionalen Netzwerk mit vergleichbaren Leistungen einen wesentlichen Prozess dar. Im Verband der Deutschen Buchdrucker fand zwischen 1866 und den 1880er Jahren eine schrittweise erfolgende Angleichung lokaler Unterstützungskassen und der Aufbau zentraler Verbandskassen statt. Dennoch blieben auch im Verband der Deutschen Buchdrucker noch längere Zeit Reste eines »Kassenlokalismus« erhalten. So wurde beispielsweise erst 1929 die Praxis, nach der die zentralen Unterstützungen über die Verbandskasse abgerechnet und in den Gauen verbucht wurden, darüber hinaus jedoch auch Zuschüsse zu den zentralen Unterstützungen über gesonderte Orts- oder Gaukassen zulässig waren, eingeschränkt. Hintergrund war der Versuch der Stärkung der zentralen Unterstützungskassen, um in schwierigen Zeiten das Zentralkassenwesen zu stabilisieren und Unterstützungssätze anheben zu können. Vgl. hierzu Verband der Deutschen Buchdrucker: Bericht über das Jahr 1929, S. 60 ff. Helmholz: Verband der Deutschen Buchdrucker, S. 17 ff. Festschrift zur Feier des 25-jährigen Bestehens der Kranken-, Invaliden-, Sterbe-, Unterstützungs- und Witwenkasse für Buchdrucker beider Mecklenburg, S. 1-3.

versuchen wie der Zuchthausvorlage (1898) oder brutalen polizeilichen Interventionen bei Streiks andererseits zwischen Zuckerbrot und Peitsche changierte –, von der Neutralitäts- und Massenstreikdebatte, dem Mannheimer Abkommen (1906) und der gewerkschaftlichen Burgfriedenspolitik über das Hilfsdienstgesetz (1916) und die Etablierung der Zentralen Arbeitsgemeinschaft nach dem Ersten Weltkrieg, womit wichtige Etappen auf dem Weg der gewerkschaftlichen Anerkennung beschritten wurden, bis hin zum steten gewerkschaftliche Kampf um verbesserte Arbeitsbedingungen, der sich im andauernden Ringen um den Achtstundentag kristallisierte: Diese und andere »große« Themen der traditionellen Gewerkschaftsgeschichte werden im Folgenden nicht erörtert oder nicht einmal gestreift werden. Wer sie im Kontext dieser Studie vermissen sollte, dem seien Gesamtdarstellungen zur Gewerkschaftsgeschichte empfohlen, von denen sich eine Auswahl im Literaturverzeichnis findet.

Das Sujet, in dem das soziale gewerkschaftliche Unterstützungswesen in Erscheinung tritt, ist ein anderes. Neben sozialen sind es organisationspolitische und organisationstechnische Aspekte, die mit ihm in einem engen Zusammenhang stehen. Es betont dabei die gewerkschaftliche Innensicht. Diese Selbstbetrachtung ist für das Selbstverständnis der Gewerkschaften aufschlussreich. Womöglich ist aber auch die Einschätzung unzutreffend, dass neben jenen »großen« Themen die Unterstützungseinrichtungen, in der Fortsetzung dieser Logik, nur rudimentäre gewerkschaftsgeschichtliche Angelegenheiten ansprechen. Aus einer anderen Perspektive ließe sich die Relevanz des Unterstützungswesens für die Gewerkschaften anders gewichten. Gewerkschaften waren jenseits ihrer ideologischen Verortungen in der Praxis reformistische, realitätsnahe Bewegungen. Sie waren bis in die sozialistischen Freien Gewerkschaften – abgesehen von kommunistischen Oppositionsgruppen und spezifischen regionalen oder branchenspezifischen Konstellationen mit syndikalistischen oder »rebellischen« Zügen – nicht per se avantgardistisch revolutionär. Trotz aller Unterdrückung, die Gewerkschaften seitens des Staates erfuhren, waren sie mit einem Staatsverständnis ausgestattet, das schließlich auf dessen Reformfähigkeit setzte. Unter der Führung von Carl Legien – Lichtgestalt der Freien Gewerkschaften, ab 1890 Vorsitzender der Generalkommission der Gewerkschaften Deutschlands und 1919, kurz vor seinem Tod, auch zum Vorsitzenden des Allgemeinen Deutschen Gewerkschaftsbundes gewählt – sollte das Abdrängen der Gewerkschaften an den Rand der Gesellschaft überwunden werden.[23] Man präferierte die entschiedene, aber zugleich bedachtsam und sukzessive erfolgende Verbesserung der Zustände. Die sozialistische Revolution oder die dauerhafte Hinnahme von sozialen Verhältnissen, die dazu führen sollten, lehnte man als zentrales Gewerkschaftsziel ab.

---

[23] Karl Christian Führer: Carl Legien 1861-1920. Ein Gewerkschafter im Kampf um ein »möglichst gutes Leben« für alle Arbeiter, Essen 2009.

»Nirgendwo kann die schrittweise Herausbildung von reformorientierten Strategien besser illustriert werden als am Beispiel des Unterstützungswesens«, betonte daher Schönhoven.[24] Für einen »flachen, wertfreien Pragmatismus«[25] – um es mit den Worten Willy Brandts zu sagen – waren Organisationen der Arbeiterbewegung jedoch in keiner historischen Epoche zu haben. Insofern lässt sich die Annäherung von Ideenwelten an das soziale Tagesgeschäft und umgekehrt dessen ideologische Einpassung und Überführung in gewerkschaftliche Identitäten am Beispiel des Unterstützungswesens als gewerkschaftstypische Übung studieren. Diskrepanzen zwischen sozialistischen oder anderen Ideenwelten – wie etwa einer völkisch-antisemitisch pervertierten wie jener im Deutschnationalen Handlungsgehilfen-Verband – mit der Einrichtung sozialer Unterstützungskassen, wie sie aufgezeigt wurden, werden Beobachtungen zulassen, in welcher Sinnstiftung, mit welchen Bedeutungsaufladungen, Inszenierungen oder rationalen Bedeutungszuweisungen ideelle Legitimationsdefizite moderiert und modelliert wurden, um letztlich die soziale Selbsthilfe als Element gewerkschaftlicher Identitäten in der untersuchten Zeit zu formen.

---

[24] Schönhoven: Selbsthilfe, S. 147.
[25] Willy Brandt: Die Partei der Freiheit. Reden über August Bebel, Karl Marx, Friedrich Engels und Otto Wels, Bonn-Bad Godesberg 1974. Die Äußerung Brandts im verwendeten Kontext zitiert nach Neue Westfälische, 7. Mai 2019.

5. Das Kassenwesen bei Arbeitslosigkeit, Krankheit oder Erwerbslosigkeit

Gründungen und Bedeutungszuweisungen

»Die Tatsache, dass sich die moderne Organisation unseres Berufs aus Unterstützungsvereinen entwickelt hat, bedingte von vornherein auch in dieser die Schaffung solcher Einrichtungen. Zunächst war es die Unterstützung in Krankheitsfällen sowie die Beerdigungsbeihilfe, welche mit übernommen werden mussten und bis auf den heutigen Tag beibehalten worden sind. Sodann kam mit der Gründung des Zentralverbandes die Arbeitslosenunterstützung und die Gewährung des Rechtsschutzes hinzu. Erstere wurde speziell deshalb eingeführt, um den Handelshilfsarbeitern und einigen anderen Berufsgruppen, welche zeitweise unter großer Arbeitslosigkeit zu leiden haben, einen größeren Schutz zuteil werden zu lassen. (...) So versuchte eben die Organisation durch genaueste Erkundung der empfindlichsten Stellen im Berufsleben der Verbandsmitglieder, diese durch Anwendung entsprechender Mittel zu stärken und so die Kampfposition des Verbandes möglichst widerstandsfähig zu gestalten.«[1]

Mit dieser Einschätzung blickten 1907 der Vorsitzende des Zentralverbandes der Handels-, Transport- und Verkehrsarbeiter Deutschlands, der seit jenem Jahr als Deutscher Transportarbeiter-Verband firmierte, und der leitende Verbandsredakteur zurück auf die noch junge Entstehungsgeschichte der Organisation in den ersten zehn Jahren seit der Gründung. Dabei brachten Oswald Schumann und Hans Dreher in der zitierten Passage recht deutlich zum Ausdruck, dass man das soziale Unterstützungswesen bei Krankheiten und Sterbefällen eher widerwillig übernommen hatte – und zunächst auch ohne die Einrichtung von zentralen Unterstützungskassen auf der Ebene lokaler Einrichtungen beließ.[2] Während also jene Kassen »übernommen werden mussten« und dem beschriebenen Mechanismus des Einschleppens über lokale oder andere Vororganisationen folgten – und hier der weltanschauliche Anspruch, eine moderne Kampforganisation sein zu wollen, von der Wirklichkeit der Unterstützungspräsenz konterkariert zu werden drohte –, avancierte die Arbeitslosenunterstützung in der verbandsgeschichtlichen Selbstdarstellung des Jahres 1907 demgegenüber geradezu zu einem Gründungssymbol des Zentralverbandes.

---

[1] Dreher/Schumann: Die ökonomischen Vorbedingungen und das Werden der Organisation, S. 408 f.

[2] Als Zentralkassen führte der Zentralverband der Handels-, Transport- und Verkehrsarbeiter eine Kranken- und Sterbeunterstützung erst nach der Jahrhundertwende – und mithin später als die zentrale Arbeitslosenunterstützung – ein; dazu im Verlauf dieses und des nachfolgenden Kapitels mehr.

Stilisierung der Arbeitslosenunterstützung zu einem modernen, gewerkschaftstauglichen Instrument

Den Hintergrund hierfür lieferten die in der Verbandsgeschichte ausführlich dargelegten Auseinandersetzungen zwischen Lokalisten und Zentralisten um die Struktur und die Ausrichtung des zu gründenden Verbandes, die im unmittelbaren Vorfeld der Etablierung der Organisation auf Berufskonferenzen wie etwa dem Altenburger Kongress 1896 und der Leipziger Konferenz 1897 ausgetragen wurden. Bei diesem Konflikt stand die Einheit der Bewegung mehrfach auf dem Spiel. Um es abzukürzen: Am Ende setzten sich die hinter Oswald Schumann versammelten Anhänger des starken Zentralverbandes gegen die von Carl Alboldt angeführten Lokalisten durch.

Nach der Zentralverbandsgründung schwelte der Konflikt dennoch weiter. Unter Beteiligung von Vertretern der Generalkommission der Gewerkschaften Deutschlands wurde zu Ostern 1899 ein Schlichtungskongress nach Leipzig einberufen, bei dem es letztlich darum ging, jene regionalen Organisationseinheiten, in denen die Lokalisten das Wort führten, an den Zentralverband zu binden. Dass dies in Leipzig nicht gelang und sich die Lokalisten in der Folge in ihrer Braunschweiger Konferenz 1900 eine eigene Dachorganisation zu geben versuchten, in der die örtlichen Verwaltungen auch finanziell autonom agieren sollten und das Unterstützungswesen nach lokalen Gegebenheiten heterogen ausgerichtet war, muss an dieser Stelle nicht weiter interessieren. Aufschlussreich hingegen waren die Forderungen der Lokalisten auf dem Leipziger Schlichtungskongress. Als Voraussetzung für ihren Anschluss an den Zentralverband nannten sie nicht nur die Aufrechterhaltung der lokalen Unterstützungen, sondern ebenso die Abschaffung der beim Zentralverband eingerichteten Arbeitslosenunterstützung, womit geringere Finanzabgaben der lokalen Filialen an die Zentrale und geringere Beitragszahlungen der Mitglieder erwartet wurden.[3]

Aus der Perspektive der Zentralverbandsanhänger – und aus dieser wurde 1907 die Verbandsgeschichte durch seinerzeit herausragende Protagonisten der Zentralisten, Oswald Schumann und Hans Dreher, verfasst – spaltete sich das soziale Unterstützungswesen auf: in Unterstützungen, die lokal verankert waren und dies zunächst auch noch blieben – allen voran die Sterbe- und Krankenunterstützung –, und in eine soziale Unterstützungskasse, die beim Zentralverband von seiner Gründung an als Zentralkasse existierte[4] – die Arbeitslosenunterstützung. Während eine Reduzierung der Beitragszahlungen, lokal differenzierte Unterstützungskassen und die Opposition

---

[3] Zur verbandsgeschichtlichen Darstellung dieser Vorgänge Dreher/Schumann: Die ökonomischen Vorbedingungen und das Werden der Organisation, S. 145-197.

[4] Im ersten Kassenbericht der Hauptkasse des Zentralverbandes für die Zeit vom 1. Januar 1897 bis zum 30. September 1898 waren Ausgaben allein für die Arbeitslosenunterstützung als zentralisierte soziale Unterstützungskasse (abgesehen vom Rechtsschutz) verbucht. In der Abrechnung der Verwaltungsstellen erschienen Ausgaben der lokalen Unterstützungen oder Zusatzkassen – hier beispielsweise auch für Krankenunterstützungen. Dazu Zentralverband der Handels-, Transport- und Verkehrsarbeiter Deutschlands: Protokoll der ersten Generalversammlung 1898

gegen große, zentralisierte soziale Unterstützungseinrichtungen zu einem Signum der Lokalisten wurden,[5] öffnete die zentrale Arbeitslosenunterstützung für die letztlich obsiegenden Zentralisten einen argumentativen Pfad, auf dem diese Kasseneinrichtung als Symbol und zudem als Trophäe der Zentralisten in die »Gründungs-DNA« des Zentralverbandes eingeschrieben wurde.

Dafür wurde die zentrale Arbeitslosenunterstützung unmittelbar in den Kontext der gewerkschaftlichen Kampforganisation und der diesbezüglichen Stärke großer Zentralorganisationen gestellt. Für die Arbeitslosenunterstützung sprach, dass sie sich in das Selbstverständnis der neu entstehenden Gewerkschaften und der Anhänger der Zentralverbandsidee, eine *moderne* Bewegung zu verkörpern, passgenau einfügte. Gewerkschaftliche Arbeitslosenunterstützungen konnten – trotz ihrer skizzierten langen Traditionslinien – angesichts einer erst ab 1927 eingerichteten staatlichen Arbeitslosenversicherung und der zuvor rückständigen Arbeitslosenfürsorge die Aureole der Avantgarde für sich verbuchen. Zudem galten gewerkschaftliche Arbeitslosenunterstützungen als überaus anspruchsvoll bei der Vorausplanung ihrer Leistungsfähigkeit auch in ökonomisch schwierigen Zeiten, weshalb sie ein finanzielles Risiko bargen, das mit einer lokalen Unterstützungsarchitektur in der Regel nicht getragen werden konnte.[6] Ergo: Die Arbeitslosenunterstützung war eine Einrichtung, die als Exempel der Leistungsfähigkeit zentraler sozialer Unterstützungseinrichtungen bei einem großen Zentralverband gegenüber lokalen Präferenzen geradezu prädestiniert war. Nicht zuletzt war die Arbeitslosenunterstützung ideologisch passgenau. Denn ihre Leistungen waren nicht allein humanitär einzuordnen, sondern direkt auf den Kampfcharakter der modernen Gewerkschaften zu beziehen.

Bereits auf dem Berufskongress der Handels-, Transport- und Verkehrsarbeiter 1896 in Halberstadt wurde über das taktische Vorgehen für einen erfolgreichen Aufbau der Gewerkschaftsorganisation dazu entsprechend referiert. Die Relevanz der Kranken- und Sterbeunterstützung, die in der Phase starker Verbändekonkurrenz und des Ringens um gewerkschaftliche Mitglieder bei rivalisierenden Angeboten der Mitbewerber

---

mit Rechenschaftsbericht 1897 bis 1898, hier die Übersichten zum Rechenschaftsbericht des Vorstandes, S. 6 f.

[5] Vgl. Dreher/Schumann: Die ökonomischen Vorbedingungen und das Werden der Organisation, S. 183 ff.

[6] Gewerkschaftliche Unterstützungen boten im Notfall einer Zahlungsunfähigkeit oder einer Überschreitung finanzieller Belastungsgrenzen die Möglichkeit, die Unterstützungsleistungen zu verweigern oder einzustellen (Unterstützungen beinhalteten als Kriterium der Unterscheidung zur Versicherung keinen Rechtsanspruch auf Leistungen). Dennoch suchten die Verbände dieses Szenario zu vermeiden – eine Arbeitslosenunterstützung, die bei erhöhter Arbeitslosigkeit ihre Zahlungen einstellte, wäre einem Offenbarungseid in den Kategorien Solidarität und Solidität gleichgekommen. Daher wurden umfangreiche soziale Unterstützungseinrichtungen »versicherungsmathematisch« in Bezug auf erforderliche Beitragsanpassungen, Risikogruppen in der Mitgliedschaft oder – bei der Arbeitslosenunterstützung – mit Daten der verbandseigenen Arbeitsnachweise zu prognostizieren versucht.

einstweilig beibehalten werden mussten, wurde mit einer Art Verfallsdatum versehen und relativiert.[7] »Anders ist es wohl mit der Arbeitslosenunterstützung; sie wird immer mehr ein notwendiger Bestandteil unserer Organisation werden. Freilich geht man vielfach von der Anschauung aus, dass, je größer das Elend sei, desto eher müssten die Arbeiter zum Bewusstsein ihrer Lage kommen. Nach dieser Logik müssten die chinesischen Kulis die besten Sozialdemokraten sein, was aber wohl niemand zu behaupten wagen wird. Da wird aber wieder von anderer Seite eingewendet: Der Staat habe für die Arbeitslosen zu sorgen, er habe eine Arbeitslosenversicherung einzuführen. Alles recht schön, wenn der heutige Staat nicht der Bediente der herrschenden Klassen wäre. So aber wird er sich schönstens dafür bedanken, sich selbst und seinen Herren durch Beseitigung der für die kapitalistische Produktion notwendigen Reservearmee ins Fleisch zu schneiden. (...) Ergo bleibt, wenn wir unsere arbeitslosen Kollegen nicht verhungern lassen wollen, wenn diese nicht, weil sie der Hunger dazu treibt, immer mehr unsere Konkurrenten auf dem Arbeitsmarkt werden und unsere Löhne herabdrücken sollen, nichts anderes übrig, als sie während der Dauer der Arbeitslosigkeit zu unterstützen, soweit es irgend möglich ist.«[8]

Die Arbeitslosenunterstützung konnte in Erweiterung ihrer humanitären Funktion – »den arbeitslosen Kollegen nicht verhungern lassen« – unmittelbar in den Kontext der Ziele der modernen Gewerkschaften gestellt werden. Indem sie gewerkschaftlich organisierte Arbeitskräfte in Phasen der Arbeitslosigkeit davon abhielt, unter schlechten Lohn- und Arbeitsbedingungen sofort neue Stellen anzutreten, wurde der gewerkschaftliche Kampf um höhere Lohn- und Einkommensniveaus sowie um allgemein verbesserte Arbeitsbedingungen unterstützt. Vergleichbar wirkten gewerkschaftliche Reiseunterstützungen, die in Anlehnung an die Tradition der beruflichen Mobilität in handwerklichen Berufen förderten, dass bei der Stellensuche gute Arbeitsbedingungen in der Ferne wahrgenommen wurden und schlechte Arbeitsbedingungen am Ort durch eine Verknappung des arbeitsbereiten Arbeitskräfteangebots ausgetrocknet werden konnten.[9] Wie wirksam der Mechanismus im konkreten Fall und am konkreten Ort tatsächlich war, ist hier nicht entscheidend. Wichtig war vielmehr, dass sich eine theo-

---

[7] Im Wortlaut des Referenten – und wieder ging es um organisationspolitische Bedeutungen des Unterstützungswesens: »Offen gesagt, bin ich kein Freund der Kranken- und Sterbeunterstützung in der Organisation, rate aber zur einstweiligen Beibehaltung derselben, weil speziell in unserem Beruf fast in jedem größeren Ort Deutschlands noch blaue Vereine existieren, die diese Unterstützung als Hauptagitationsmittel benutzen und denen es dadurch, dass wir diese Unterstützung verwerfen, leichter gemacht würde, die indifferenten Kollegen als Mitglieder heranzuziehen.« Zitiert nach Dreher/Schumann: Die ökonomischen Vorbedingungen und das Werden der Organisation, S. 164.

[8] Zitiert nach ebd., S. 164 f.

[9] Zur Bedeutung von Viatikum, Reiseunterstützung und Arbeitslosenunterstützung am Beispiel des Verbandes der Deutschen Buchdrucker in den 1870er und 1880er Jahren die Bemerkungen in Kapitel zwei. Dazu kompakt Helmholz: Verband der Deutschen Buchdrucker, S. 18.

retische Verknüpfung mit der Ideenwelt der neu entstehenden, sich selbst als modern und avantgardistisch begreifenden Gewerkschaften ergab, mit der eine zentrale – nicht lokale – soziale Unterstützungskasse den Kampfcharakter des gewerkschaftlichen Zentralverbandes nicht nur widerspiegelte, sondern als zusätzliche Waffe im Arsenal methodisch erweiterte – um den seinerzeit verbreiteten militaristischen Jargon bei gewerkschaftlichen Kampfsemantiken zu benutzen.

Unter Kampfcharakter wurde nicht allein der Arbeitskampf an sich verstanden, sondern das Ergreifen vielfältiger gewerkschaftlicher Maßnahmen, um – in freigewerkschaftlicher Auslegung – Ausbeutungsprozesse der kapitalistischen Produktionsweise auf der Seite der Produzenten und Arbeitgeber schrittweise in eine stetige Verbesserung der Arbeits- und Einkommensbedingung der Arbeitnehmer zu zwingen. In diesen Kontext bettete sich die zentrale Arbeitslosenunterstützung problemlos ein. Schwieriger war dies für andere soziale Unterstützungseinrichtungen. Doch auch sie wurden allmählich, dem von der Arbeitslosenunterstützung geebneten Pfad folgend, über eine argumentativ gestärkte Verbindung zum Kampfcharakter der gewerkschaftlichen Organisation anschlussfähig gemacht. Bereits im zitierten Referat auf dem Halberstädter Kongress der Handels-, Transport- und Verkehrsarbeiter 1896 gab es entsprechende Anbahnungen, als erläutert wurde: »Die reinen Kampfesorganisationen gleichen Taubenschlägen, wofür Dutzende von Beweisen zu erbringen sind. Beispielsweise hat der deutsche Holzarbeiterverband, welcher eine reine Kampforganisation ohne wesentliche Unterstützungseinrichtungen repräsentiert, im Jahr 1895 20.000 Mitglieder aufgenommen, während 17.000 in demselben Zeitraum ausgetreten sind.« Weiter wurde an gleicher Stelle anschaulich dargelegt: »Der Verband der Schneider, ebenfalls eine reine Kampforganisation mit niedrigen Beiträgen, hat 1894 12.000 Mitglieder aufgenommen, während 10.000 wieder ausgeschieden sind. Der Verband der Buchdrucker dagegen, eine Organisation mit Unterstützungen und sehr hohen Beiträgen, hat 1894 von 16.000 Mitgliedern nur 1.210 eingebüßt.«[10]

Dass der Verband der Deutschen Buchdrucker als Vergleich herangezogen wurde, lässt erahnen, dass nicht allein die Arbeitslosenunterstützung in den Blick geriet, wenn Maßnahmen zum Erhalt und Ausbau der Kampffähigkeit der Verbände durch Anziehung einer möglichst großen Anzahl von Mitgliedern und deren dauerhafte Bindung durch eine Eindämmung der ansonsten sehr hohen Mitgliederfluktuation zu begründen waren. Der Verband der deutschen Buchdrucker zeichnete sich gerade durch ein besonders hoch entwickeltes soziales Unterstützungswesen aus, das sich von der Arbeitslosenunterstützung bis zur Invalidenkasse und von der Krankenunterstützung bis zum Begräbnisgeld erstreckte.[11] Gegenüber unterstützungsaffinen und mitgliederstabilen

---

[10] Zitiert nach Dreher/Schumann: Die ökonomischen Vorbedingungen und das Werden der Organisation, S. 165.
[11] Dazu erläuternde Darstellungen in Kapitel zwei dieser Studie.

Verbänden wie dem Verband der Buchdrucker, der sein Klientel trotz hoher Beitragsleistungen über ein vielfältiges sowie leistungsstarkes soziales Unterstützungswesen fest an sich zu binden wusste, agierten reine Kampforganisationen nach Überzeugung des Halberstädter Referenten 1896 lediglich mit »einem kleinen Häuflein überzeugter Kollegen (...), während die große Masse, im Fall eines Kampfes, den paar Zielbewussten in den Rücken fällt und dadurch von vornherein jeder Erfolg ausgeschlossen wird.«[12]

In jener Logik erfuhr ein ausgebautes soziales gewerkschaftliches Unterstützungswesen auch jenseits einer Hervorhebung bestimmter Kassen eine Bedeutungserweiterung und im freigewerkschaftlichen Selbstverständnis eine Aufwertung als strategisches Handwerkszeug einer Kampforganisation. Dabei wurden die Notlagen mit ihren emotionalen Tiefenwirkungen, die das einzelne Mitglied im sozialen Unterstützungsfall konkret erfuhr und persönlich erlitt, gezielt als Möglichkeit einer traumatisch angelegten Konditionierung auf den Verband gesehen, die als Stärkung des Klassenbewusstseins mitunter verklärend gezeichnet wurde. »Jeder Kollege, der einmal in Not geraten ist und den die Organisation durch Unterstützung gerettet hat, wird dieser dafür dankbar sein, er wird es, wenn er ein Mann von Ehre ist, seiner Organisation nie vergessen, was diese an ihm getan hat, und er wird ihr desto fester anhängen.«[13]

Während in der freigewerkschaftlichen Transportarbeiterbewegung 1896 noch behutsam ertastet wurde, wie eine Bedeutungskonstruktion auch anderer sozialer Unterstützungseinrichtungen beim Zentralverband jenseits der Arbeitslosenunterstützung im Kontext des Kampfverbandes anzulegen war, wurde die später verfasste Verbandsgeschichte von 1907 deutlicher. Wurde in Quellen aus den späten 1890er Jahren nicht mit Vorbehalten, Relativierungen und Hinweisen auf den Charakter des Provisoriums gespart, womit soziale Kassen etikettiert wurden, die wie Sterbe- oder Krankenunterstützungen zunächst den Geist der Selbsthilfe und nicht des Kampfes vermittelten, verbreitete die 1907 publizierte Verbandsgeschichte der Transportarbeiter eine modifizierte Botschaft. Nun wurden die sozialen Zentralverbandskassen – auch jenseits der Arbeitslosenunterstützung, die den geschilderten Sonderstatus genoss – allgemeiner und wortgewaltiger auch als Instrumentarium des Kampfverbandes eingeführt.

So hieß es dort, ein Kapitel über die Unterstützungseinrichtungen einleitend: »Nachdem wir die Haupttätigkeit der Organisation auf den wichtigsten Gebieten des sozialen und wirtschaftlichen Kampffeldes haben Revue passieren lassen, sei es uns zum Schluss noch gestattet, kurz auf dasjenige Gebiet einzugehen, durch welches die Organisation versucht hat, die im Kampf stehenden Organisationstruppen vor dem Ermatten zu schützen und die in der Hitze des Gefechtes zu Schaden Gekommenen wieder kampffähig zu machen. Es ist dies das Gebiet der Unterstützungseinrichtungen, wegen dessen

---

[12] Zitiert nach Dreher/Schumann: Die ökonomischen Vorbedingungen und das Werden der Organisation, S. 165.
[13] Zitiert nach ebd., S. 164.

Propagierung den Gewerkschaften so oft schon von verschiedenen Seiten der Vorwurf gemacht worden ist, es führe die Organisationen der Versumpfung entgegen, lenke sie vom ernsten Kampf um ihre Ideale ab usw. Wie wenig zutreffend derartige Annahmen sind, dürften dem Leser unsere im vorigen Buchabschnitt über die vom Verband geführten Lohnkämpfe gemachten Ausführungen und noch verschiedene andere Hinweise auf die von der Organisation ausgeübte Tätigkeit bewiesen haben. Es ist im Gegenteil gerade durch die Entwicklung unseres Verbandes und sein Wirken der Beweis erbracht, dass jene Behauptungen nicht im Entferntesten zutreffen, sondern dass im Gegenteil die Unterstützungseinrichtungen erst den Kitt bilden, durch den die Organisation zusammengehalten und für den Kampf insofern vorbereitet wird, als sie über die Mittel verfügt, die geschwächten Kämpfer wieder aufzurichten bzw. sie in Zeiten ungünstiger Wirtschaftskonjunkturen vor dem Hinabsinken ins völlige Elend zu bewahren.«[14]

Um nicht missverstanden zu werden: Auch noch 1907 gab die Verbandsführung der freigewerkschaftlichen Transportarbeiterbewegung in der Darstellung der Verbandsgeschichte Signale, dass soziale Unterstützungen wie insbesondere Sterbe- oder Krankengeldkassen nicht zum gewerkschaftlichen Kerngeschäft zählten[15] und dass man diesbezüglich – im Rückblick auf die erste Dekade des Bestehens der Organisation – nach einem legitimierenden Anschluss an das vermittelte Selbstbild des Verbandes der Transportarbeiter suchte. Es ist zu bedenken, dass im Jahr 1907 durch das Verbandsjubiläum der Urkonflikt zwischen Zentralisten und Lokalisten – noch dazu durch Persönlichkeiten wie Oswald Schumann, die als führende Akteure daran direkt beteiligt waren – neu aufgeladen wurde. Zugleich war das Jahr 1907 für den Verband der Transportarbeiter von intensiven Streikerlebnissen geprägt.[16] Die Verbandspolitik war in jener Zeit aber auch vom Auf- und Ausbau zentraler sozialer Unterstützungskassen – auch durch Ein-

---

[14] Ebd., S. 408.

[15] Dazu auch Zitat und Erläuterungen zu Beginn dieses Kapitels. Auch der letztgenannte Auszug aus der Verbandsgeschichte gibt entsprechende Hinweise. »Zum Schluss noch« und »kurz« wurde auf das Thema der Unterstützungseinrichtungen in einem knapp gehaltenen Kapitel, das im Tabellenanhang der Verbandsgeschichte ergänzt wurde, systematisch eingegangen.

[16] In den Geschäftsberichten wurde eine erhebliche Zahl von Lohnbewegungen mit und ohne Streik ausgewiesen, davon als Angriffsstreiks 42 mit 3.360 Beteiligten (1904), 96 mit 3.734 Beteiligten (1905) und 116 mit 8.639 Beteiligten (1906); dazu traten noch zahlreiche Abwehrstreiks und Aussperrungen. Dazu Deutscher Transportarbeiter-Verband: Protokoll der fünften Generalversammlung des Zentralverbandes der Handels-, Transport-, Verkehrsarbeiter und Arbeiterinnen Deutschlands 1907 mit Rechenschaftsbericht 1905 bis 1906, hier der mündliche Geschäftsbericht im Protokollteil, S. 318. Die Arbeitskampfkosten beliefen sich in der Geschäftsperiode von 1905 bis 1906 auf über 400.000 Mark – das entsprach einem Drittel der Gesamteinnahmen der zentralen Verbandskasse im Abrechnungszeitraum. Zentralverband der Handels-, Transport-, Verkehrsarbeiter und Arbeiterinnen Deutschlands: Rechenschaftsbericht 1905 bis 1906, S. 232-234. Für das Geschäftsjahr 1907 buchte die Zentralkasse des Verbandes Arbeitskampfkosten in der Höhe von annähernd 330.000 Mark bei Jahresgesamteinnahmen von knapp 1,3 Millionen Mark. Deutscher Transportarbeiter-Verband: Jahrbuch 1907, S. 208-209.

richtung und Erweiterung der Leistungen der zentralen Verbandsunterstützungen für den Krankheits- und Sterbefall[17] – gezeichnet.

Die verbandsgeschichtliche Darstellung von Dreher und Schumann aus dem Jahr 1907 war eine Legitimationserzählung der Köpfe der Zentralisierungsbewegung.[18] In dieser Erzählung waren die Lokalisten *die* Gegner der »Helden« einer zentralistischen Verbandsgründung,[19] die ihrerseits die Vorbehalte gegen soziale Unterstützungseinrichtungen mit der Realität und Bedeutung des unterdessen ausgebauten zentralisierten sozialen Kassenwesens im Verband um 1907 in Übereinstimmung zu bringen versuchten. Der Blick auf die freigewerkschaftliche Transportarbeiterbewegung bis 1907 zeigt dabei bereits deutlich eine schleichende Implementierung der sozialen Unterstützungseinrichtungen – über ideologische Widersprüche hinweg – in das Leitmotiv des erfolgreichen Auf- und Ausbaus eines Groß-, Zentral- und Kampfverbandes.

Es lässt sich daran erkennen, wie in der gewerkschaftlichen Gründungsperiode über die organisationspolitischen Effekte, die vom sozialen Unterstützungswesen noch dazu in einer Phase heftiger Verbändekonkurrenz um die Mitglieder erwartet wurden, eine Leiterzählung – gegen die überkommenen, lokalen Unterstützungsvereinigungen, gegen Lokalisten und Streikautonome gerichtet – Gestalt annahm, die zentralisierte

---

[17] Zum Auf- und Ausbau zentraler sozialer Unterstützungskassen bei Krankheit und im Sterbefall im Verbandswesen der Transportarbeiter bis 1907 im Verlauf dieses und des nachfolgenden Kapitels mehr.

[18] Oswald Schumann war *die* Führungsfigur der freigewerkschaftlichen Transportarbeiterbewegung bis 1933 – eher konservativer Sozialdemokrat, seit 1912 Reichstagsabgeordneter für die SPD als einer der ersten ungelernten Arbeiter, seit 1897 Vorsitzender des Zentralverbandes der Handels-, Transport- und Verkehrsarbeiter Deutschland und seiner nachfolgenden Organisationen einschließlich des Verkehrsbundes und des Gesamtverbandes der Arbeitnehmer der öffentlichen Betriebe und des Personen- und Warenverkehrs. Johann (Hans) Dreher gehörte zu den Initiatoren des Altenburger Gründungskongresses des Zentralverbandes Weihnachten 1897, war leitender Verbandsredakteur und zentrale Figur der Berliner Ortsverwaltung des Zentralverbandes bis 1901 – neben Schumann einer der Gründungsveteranen des Zentralverbandes. Weiterführend mit detailreichen Kurzbiografien über Dreher und Schumann Rüdiger Zimmermann: 100 Jahre ÖTV – Biografien. Die Geschichte einer Gewerkschaft und ihrer Vorläuferorganisationen, Frankfurt am Main 1996, S. 51-54 und S. 213-220.

[19] Ein besonders anschauliches Beispiel dafür lieferte Schumann in seiner Rede vor dem Verbandstag 1907 mit Bezug auf die unmittelbar vor der Veröffentlichung stehende Verbandsgeschichte selbst, wobei er den Lokalisten Alboldt abermals attackierte: »Ich habe bei anderer Gelegenheit gesagt, dass gerade der Krebsschaden der Lokalvereine diese Treibereien, dieses sogenannte Cliquenwesen, diese Gruppenbildungen waren. (Zuruf: Nicht immer!) Das war immer der Fall. Kollege Alboldt muss sich nun daran gewöhnen, dass man heute, wo die lokale Bewegung abgetan ist, die Dinge beim richtigen Namen nennt. Wenn er unsere Geschichte lesen wird, da wird er mir wahrscheinlich noch größere Vorwürfe machen, da habe ich versucht, den Dingen auf den Grund zu gehen, da bin ich diesen Regungen und Strömungen etwas nachgegangen und werde anhand der Beweise konstatieren, wie die Dinge damals lagen.« Deutscher Transportarbeiter-Verband: Protokoll der fünften Generalversammlung des Zentralverbandes der Handels-, Transport-, Verkehrsarbeiter und Arbeiterinnen Deutschlands 1907 mit Rechenschaftsbericht 1905 bis 1906, hier der mündliche Geschäftsbericht Schumanns im Protokollteil, S. 305.

und als modern gesehene gewerkschaftliche Großverbände mit zentralisierten sozialen Unterstützungseinrichtungen als notwendige Einheit unter den Bedingungen des modernen Groß- und Kampfverbandes ineinanderfügte. Das sozial-humanitäre Motiv, wenngleich im Kontext sozialer Unterstützungseinrichtungen ritualisiert erwähnt, schien jenseits seiner Funktion, den eigentlichen Organisationsanreiz auszulösen, dabei in den Hintergrund zu treten. Die Arbeitslosenunterstützung übernahm bei den Transportarbeitern die Funktion einer Brücke, die von der Distanzierung gegenüber sozialen Selbsthilfeeinrichtungen zur Legitimation der zentralen Verbandskassen führte. Sie avancierte geradezu zu einem Symbol des erfolgreichen Zentralverbandssystems, denn nur der Zentralverband schien in der Lage, das Risiko und die erheblichen Kosten einer solchen Einrichtung adäquat zu tragen.

Auch in anderen Gewerkschaften wurde eine Hervorhebung der Arbeitslosenunterstützung im Zusammenwirken mit einem Selbstverständnis, gerade dadurch eine moderne Gewerkschaft zu bilden und sich von überkommenen Organisationsformen abzusetzen, praktiziert. Dieser Deutungslinie folgend, wurde beispielsweise die Einführung der Stellenlosenunterstützung im Deutschen Techniker-Verband 1906 in der verbandsgeschichtlichen Darstellung kommentiert, die der Bund der technischen Angestellten und Beamten 1929 herausgab. Der Techniker-Verband, der 1919 durch den Zusammenschluss mit dem Bund der technisch-industriellen Beamten den Bund der technischen Angestellten und Beamten bildete, war zuvor eine traditionelle paritätische Angestelltenorganisation, in der Selbständige und Personen mit Arbeitgeberfunktion ebenso aufgenommen wurden wie Angestellte, Beamte oder Privatbeamte, die als Gehaltsempfänger in der Wirtschaft wegen wichtiger Verwaltungsaufgaben oder Leitungsfunktionen privilegiert wurden. In den Jahren zwischen 1904 und 1918 durchlief der Techniker-Verband indes einen Prozess, der aus der Perspektive der verbandsgeschichtlichen Selbstbetrachtung des Jahres 1929 als Etappe einer verbandlichen Metamorphose geschildert wurde.[20]

Dabei trieben die Konkurrenz mit dem Bund der technisch-industriellen Beamten, der – einer progressiven Gewerkschaftsidee folgend – seit 1904 die Arena der Organisationen betrat, und die ökonomische Entwicklung bis zum Beginn des Ersten Weltkriegs den Umbau des traditionellen Angestelltenverbandes der Techniker zur Gewerkschaft an. Die sozialen sowie wirtschaftlichen Interessen der Angestellten, deren Anzahl dynamisch stieg, traten in den Vordergrund; Großbetriebe und Arbeitsteilung wurden dominant, während die Zahl der Selbständigen abnahm. Begünstigt durch den Beitritt des sozialpolitisch fortschrittlicheren Bayerischen Techniker-Verbandes und darüber hinaus »gut vorbereitet durch einen geistreichen Vortrag von Professor Werner Sombart« wurde auf dem Verbandstag zu Breslau 1906 »endlich die schon oft verlangte,

---

[20] Bund der technischen Angestellten und Beamten (Hg.): 25 Jahre Technikergewerkschaft – 10 Jahre Butab, S. 52-72.

aber immer wieder abgelehnte Stellenlosenunterstützung«[21] durchgesetzt. Dies galt als wichtiger symbolischer Akt, dass die überkommene paritätische Ausrichtung des Verbandes, unter der eine Einführung der Stellenlosenunterstützung nicht möglich war, von nun an von einer gewerkschaftlichen Richtung, die den Interessen der abhängig Beschäftigten folgte, abgelöst worden war. »Damit wurde die im Verband gepflegte Kollegialität zur Solidarität«, lautete eine verbandsgeschichtliche Interpretation in Bezug auf die Einführung der Stellenlosenunterstützung.[22] Zeitgleich konturierte die Organisation mit der Einführung des Rechtsschutzes ihr gewerkschaftliches Profil – zusammen mit der Stellenlosenunterstützung sah die verbandsgeschichtliche Selbstdeutung darin den »Anfang der gewerkschaftlichen Aktion des bis dahin noch streng paritätischen«[23] Deutschen Techniker-Verbandes.

Die Arbeitslosenunterstützung wurde hierbei als Lackmustest verstanden. Durch ihre Einführung war demnach nachzuweisen, dass die Interessen der Arbeitnehmer in einer paritätischen Organisationsform die Meinungs- und Handlungsführerschaft übernommen hatten. Selbständige oder Arbeitgeber hatten an der Arbeitslosenunterstützung kein Interesse, weil sie selbst nicht stellenlos werden konnten und von der Anstellung günstiger, nicht durch eine Stellenlosenkasse geschützter Arbeitnehmer eher profitierten. Nach der Einführung der Stellenlosenunterstützung kippte in den nachfolgenden Jahren die Ausrichtung des Techniker-Verbandes. Man verstärkte sukzessive die sozialpolitische Ausrichtung, die Reformer traten den Traditionalisten im Vorstand entgegen, durch die Abschaffung des Direktorialregimes wandelte sich der Verband zu einer demokratischer organisierten Gewerkschaft – schließlich entstanden in konkreten Konflikterfahrungen eine Solidaritäts- wie Gemaßregeltenunterstützung und eine Kampfsolidarität mit dem Bund der technisch-industriellen Beamten. Die dadurch hervorgerufenen Gegenmaßnahmen der Arbeitgeber verstärkten diese Entwicklung, sodass der Kölner Verbandstag 1912 die Organisationsreform zur Gewerkschaft endgültig vollzog. Nach der neuen Satzung konnten nur noch Angestellte und Beamte als abhängig Beschäftigte in den Verband aufgenommen werden. Nun war die Organisation »in die Reihen der von den damaligen Behörden besonders hartnäckig bekämpften Gewerkschaften – der ›Streikvereine‹ – eingerückt«, lautete das verbandsgeschichtliche Resümee.[24]

Mit einer Entschließung vollzog der Techniker-Verband 1908 eine Neudefinition der ihn leitenden Funktion. »Die fortschreitende großkapitalistische Entwicklung in unserem Wirtschaftsleben hat die Lage der technischen Berufsstände in wirtschaftlicher Beziehung, anstatt zu heben, verschlechtert. Deshalb erblickt der Deutsche Techniker-

---

[21] Ebd., S. 55.
[22] Ebd.
[23] Ebd., S. 57.
[24] Ebd., S. 71.

Verband seine Hauptaufgabe darin, neben der Hebung des Technikerstandes durch Förderung der beruflichen Ausbildung in Zukunft das Schwergewicht seiner Tätigkeit auf Verbesserung der materiellen Lage der technischen Beamten und Angestellten zu legen.«[25] Etwa 25 Jahre zuvor, im Aufruf zur Gründung eines Verbandes der Techniker, lautete die komplementäre Passage anders. »Überall regt es sich jetzt in den Gauen Deutschlands, überall sehen wir die einzelnen Fachgenossen zusammentreten zu großen Verbänden, welche die soziale Hebung des Standes durch Gründung von Kranken- und Unterstützungskassen bewirken aus eigener Kraft.«[26]

Die Krankenkassengründung bildete seinerzeit eine wesentliche Motivation zur Organisationsbildung. Der 1882 ins Leben gerufene Berliner Techniker-Verband rief wegen der seit 1883 im Zusammenhang mit der Einführung der staatlichen Sozialversicherung möglichen Gründung von Krankenkassen als Eingeschriebene Hilfskassen auf, sich nunmehr überregional zusammenzuschließen. Aus den bestehenden regionalen Verbänden der Techniker in Berlin, Leipzig oder in Halle an der Saale sollte ein nationaler Verband der deutschen Techniker entstehen, um gemeinsam eine Krankenkasse für Architekten, Ingenieure und Techniker aufbauen zu können. Hintergrund war auch hier eine Abneigung gegenüber den Allgemeinen Ortskrankenkassen, die als Hort der Arbeiterschaft gesehen wurden – mit für jenes Klientel womöglich auskömmlichen Sätzen, wie es hieß, die für sich über die Arbeiterschaft erhebende Angestellte jedoch Fluchtinstinkte aus dieser »Zwangskasse« weckten. Daraus entwickelte sich eine starke Organisationskraft. Standesbewusstsein, Zusammengehörigkeitsgefühl und die soziale Lage sollten im Zusammenwirken durch soziale Selbsthilfeeinrichtungen gehoben werden.[27]

An dieser Stelle wird für den Bereich einer Angestelltenorganisation sehr anschaulich: Soziale Unterstützungskassen oder Krankenkassen wurden in Verbindung gebracht mit frühen Organisationsstadien oder einem paritätischen Organisationsprinzip – und dem Organisationszweck der Hebung des Standes durch soziale Selbsthilfe. Die Stellenlosenunterstützung indes stand mit anderen Einrichtungen wie dem Rechtsschutz, Streik- oder Gemaßregeltenunterstützungen für das antikapitalistische Konzept gegen »die fortschreitende großkapitalistische Entwicklung in unserem Wirtschaftsleben« – wie es in der zitierten Entschließung des Techniker-Verbandes 1908 hieß: und damit für sozialpolitisch offensiv agierende Organisationen und für die Verbesserung der sozialen Lage, die man durch Änderungen im Verhalten des Gegners, also insbesondere bei den privaten Arbeitgebern, aber ebenso bei Staat und Verwaltungen zu erzwingen suchte.

Versuche einer Aufwertung der Arbeitslosen- oder Stellenlosenunterstützung – mit einer dadurch gezielt akzentuierten gewerkschaftlichen oder gewerkschaftsähnlichen

---

[25] Die Entschließung zitiert nach ebd., S. 60.
[26] Der Aufruf zur Verbandsgründung zitiert nach ebd., S. 15.
[27] Vgl. explizit dazu ebd., S. 14 f.

Moderne in der Ausrichtung des Verbandes – finden sich auch im Lager der christlich-nationalen Angestelltenvereinigungen. Die Einrichtung von Stellennachweisen, also von verbandlichen Stellenvermittlungen, bildete einen wichtigen Anreiz für die Gründung kaufmännischer Vereine – der 1858 gegründete Hamburger Verein für Handlungs-Commis, der zu einer der großen und angesehenen Organisationen heranwachsen sollte, blickte auf einen entsprechenden Gründungsanlass zurück. Dabei eignete sich das verbandliche Stellennachweiswesen auch als Schnittmenge der Interessen in paritätischen Organisationen immer dann, sobald eine Auswahl guter, geeigneter Arbeitskräfte, den Interessen der Arbeitgeberseite entsprechend, in Stellen mit guten Arbeitsbedingungen, aus der Sicht der Angestellten, konfliktfrei vermittelt werden konnte.

Für neue, um 1890 gegründete Angestelltenorganisationen stellte sich die Herausforderung, sich von jener tradierten Interpretation erkennbar abzusetzen. Der Verband der weiblichen Handels- und Büroangestellten, der in seinem Gründungsjahr sogleich mit der Eröffnung seiner Berliner Geschäftsstelle ab 1889 eine Stellenvermittlung anbot, betonte in seinem verbandsgeschichtlichen Rückblick auf jene Zeit »den bedeutungsvollen Teil unserer auf die Hebung der gesellschaftlichen und wirtschaftlichen Lage der Handlungsgehilfinnen zielenden Tätigkeit«,[28] den der Stellennachweis übernahm. Niemals sei er »als eine Art Wohlfahrtseinrichtung« gesehen worden, sondern als ein Instrument, mit dem man »tatsächlich Einfluss auf den Arbeitsmarkt«[29] erhalten konnte.

Mit der Einführung einer Stellenlosenunterstützung, so auch die Darstellung des Verbandes der weiblichen Handels- und Büroangestellten, erhöhte sich der Wirkungsgrad der möglichen arbeitsmarktpolitischen Intervention. Zugleich übernahm der Stellennachweis Assistenzfunktionen für eine Stellenlosenunterstützung, indem die damit verfügbaren Daten aus der Vermittlungstätigkeit zur Berechnung der voraussichtlichen Kosten einer Unterstützung herangezogen wurden und indem eine Kontrolle der Arbeitswilligkeit der unterstützten Verbandsmitglieder über den verbandlichen Stellennachweis wirksam durchgeführt werden konnte. Die Sorge, dass die Kostenbelastung dieser Unterstützung durch wirtschaftliche Krisen, aber auch durch einen Missbrauch der Unterstützten aus den prognostizierten Bahnen ausbrechen könnte, war auch in diesem Verband akut vorhanden. Als der Plan und der Satzungsentwurf der Stellenlosenunterstützung im Verband 1903 vorgelegt wurde, war die Unterstützung für das Unterfangen entsprechend mäßig. Mit knapper Mehrheit wurde der Einführung der Unterstützungseinrichtung zugestimmt, die 1904 erstmals Auszahlungen nachwies.[30]

---

[28] Aus dem Jahresbericht des Verbandes 1909, hier zitiert nach Verband der weiblichen Handels- und Büroangestellten (Hg.): Vierzig Jahre VWA 1889-1929, S. 24.

[29] Ebd.

[30] Zu Stellenvermittlung und Stellenlosenunterstützung des Verbandes der weiblichen Handels- und Büroangestellten und den weiteren in diesem Absatz aus der verbandsgeschichtlichen Perspektive angesprochenen Gesichtspunkten ebd., S. 24-30 und S. 34 f.

Besonders akzentuiert erfolgte auch die Herausstellung der Stellenlosenversicherung des Deutschnationalen Handlungsgehilfen-Verbandes. Auch er stellte in seinen verbandsgeschichtlichen Selbstdeutungen die geschaffenen Verbandseinrichtungen der Stellenvermittlung, der Auskunftei und der Stellenlosenversicherung in einen funktionalen Kontext der aktiven verbandlichen Arbeitsmarktpolitik, mit dem die Arbeitgeber offensiv attackiert und ihrerseits empfindlich getroffen würden. Darauf reagierten die Arbeitgeber – und dies wurde als unmittelbarer Beweis der wirkungsvollen Verbandsattacke gezeichnet – mit Maßregelungen gegenüber der Organisation der Handlungsgehilfen.[31] Auch hier wurden die verbandliche Vermittlung von Stellen, die Überprüfung und Dokumentation von Arbeitsbedingungen und Entgeltregelung der anbietenden Unternehmen in der Auskunftei und die Stellenlosenversicherung, mit der die erforderliche Zeit für die Wahl einer möglichst gut dotierten wie arbeitnehmerfreundlich gestalteten neuen Stelle geschaffen werden sollte, als scharfe Schwerter der Gewerkschaftspolitik und der Standespolitik beschrieben. Mit ihnen wurde nach der Darstellung des Verbandes vor allem die Hebung der Lage der Angestellten verfolgt. Anders ausgedrückt: Auch im Deutschnationalen Handlungsgehilfen-Verband wurde der Stellenlosenversicherung mit der vermittelten offensiven Ausrichtung gegenüber den Arbeitgebern die Bedeutung zugewiesen, als Nachweis für eine moderne gewerkschaftliche Bewegung zu dienen.

Die Erhebung der Stellenlosenversicherung ging beim Deutschnationalen Handlungsgehilfen-Verband aber noch weiter. Sie war nicht nur eine wichtige Kassengründung in der Zeit des Verbandsaufbaus, die gegenüber der Einrichtung der später besonders prominenten verbandlichen Krankenkasse, gegen die man zu jener Zeit noch größere Bedenken vorbrachte, protegiert wurde. Die Stellenlosenversicherung wurde überhaupt als erste bedeutende soziale Sicherungskasse des Verbandes gesehen. Sie zahlte seit dem zweiten Halbjahr 1898 Leistungen aus, und wurde frühzeitig – sicherlich auch wegen der verbreiteten Besorgnis vor den finanziellen Risiken des Unterfangens – mit einem angesparten großzügigen Vermögensstock abgesichert.[32]

Noch wichtiger in der Selbstsicht des Handlungsgehilfen-Verbandes war, dass er seine Einrichtung für die Stellenlosigkeit nicht als Unterstützung anlegte, sondern als

---

[31] Sehr deutlich Zimmermann: Der Deutschnationale Handlungsgehilfen-Verband (1928), S. 49-53 und S. 78. Dazu bereits Erläuterungen in Kapitel drei.

[32] Dazu Deutschnationaler Handlungsgehilfen-Verband: Verhandlungsschrift über den zweiten Verbandstag 1897, hier Bericht und Anträge der Kommission für die Versicherung gegen Stellenlosigkeit und Krankheit, S. 58 ff. Ders.: Bericht und Abrechnung für das Jahr 1898, S. 81 ff. und S. 86 (Paginierung beider Dokumente nach Sammelpublikationen des Verbandes mit mehreren Quellen in einem Band). Bei der Sparkasse der Gewerbebank Hamburg unterhielt der Verband bereits 1898 einen Sicherungsbetrag für die Versicherung gegen Stellenlosigkeit von annähernd 30.000 Mark. Im Jahr 1908 wies die Vermögensübersicht des Verbandes – bei etwas mehr als 800.000 Mark Gesamtvermögen der Organisation – einen Sicherungsbetrag von annähernd 590.000 Mark in der Versicherung gegen Stellenlosigkeit aus. Deutschnationaler Handlungsgehilfen-Verband: Bericht und Abrechnung für das Geschäftsjahr 1907/08, S. 12.

Versicherung deklarierte. Ob sich damit Qualitätsunterschiede im Angebot des Verbandes im Vergleich mit Stellenlosenunterstützungen von konkurrierenden Organisationen ergaben, wie sie beispielsweise der Verein der Deutschen Kaufleute seit seiner Gründung 1884 unterhielt,[33] schien nicht entscheidend gewesen zu sein. Wichtiger war offensichtlich die Möglichkeit, von älteren Angestelltenorganisationen, die »lediglich« Unterstützungen bereithielten und vom Handlungsgehilfen-Verband als Almosen- oder Wohlfahrtsorganisationen abwertend gezeichnet wurden, Abstand halten zu können.

Der Verband biete professionelle und qualitativ höherwertige Instrumente an, mit dem die Hebung des Standes dynamisch erfolge – was sich andere Organisationen aufgrund verminderter Tatkraft, geringerer Kompetenz oder auch der Verfügbarkeit begrenzter Finanzmittel nicht zutrauten, lautete eine Formel, welcher der Deutschnationale Handlungsgehilfen-Verband leitbildartig folgte. Mit der Einführung der Stellenlosenversicherung wurde mit den Worten des Geschäftsberichtes 1897 »für unseren Verband eine Einrichtung geschaffen, mit der er in sozialpolitischer Beziehung die alten Verbände weit überragt und die gleichzeitig dazu beitragen wird, die Mitglieder noch fester als bisher an uns zu ketten.«[34] Das Überragen der alten Verbände »in sozialpolitischer Beziehung« ist durchaus als Synonym zu verstehen für die gewerkschaftliche Selbstsicht des Verbandes. Also auch hier wurde die Unterstützung der Mitglieder bei Stellenlosigkeit – in der präsentierten Form einer Versicherung – als Merkmal einer neuartigen gewerkschaftlichen Bewegung gegenüber traditionellen Angestelltenvereinigungen markiert.

Zugleich wurden auch in diesem Beispiel organisationspolitische Absichten eingeräumt, indem auf Bindungsfunktionen für die Mitglieder hingewiesen wurde. Jenen Aspekt verband der Handlungsgehilfen-Verband mit einer Akzentuierung seiner gewerkschaftlich-sozialpolitischen Gesinnung. Er bewarb die Stellenlosenversicherung als Maßnahme zur sozialpolitischen Erziehung seiner Mitglieder. Wegen des Zulaufs von Mitgliedern aufgrund der Wohlfahrtseinrichtungen, so die Einschätzung des Verbandes,[35] von denen insbesondere die Stellenlosenversicherung in schwierigen Konjunkturphasen zum »Magneten für viele Handlungsgehilfen«[36] wurde, führte der Verband mit dem Magdeburger Verbandstag 1902 Wartezeiten als Karenzzeiten ein. Damit wurde Neumitgliedern in den ersten beiden Jahren der Verbandszugehörigkeit der Zugang zu den Leistungen erschwert. »Auch dieser Beschluss bekundet wieder das Fest-

---

[33] Verein der Deutschen Kaufleute: Fünfundzwanzig Jahre Berufsorganisation. Festschrift zum fünfundzwanzigjährigen Bestehen des Vereins der Deutschen Kaufleute, Berlin 1909, S. 71 f.

[34] Deutschnationaler Handlungsgehilfen-Verband: Bericht und Abrechnung für das Jahr 1897, S. 40 (Paginierung nach der Sammelpublikation des Verbandes mit mehreren Quellen in einem Band).

[35] Dies nach der verbandsgeschichtlichen Selbstdarstellung aus dem Jahr 1909, siehe Die Deutschnationale Handlungsgehilfen-Bewegung. Ihr Werdegang, S. 54 f.

[36] Ebd., S. 54.

halten an den Grundsätzen gewerkschaftlicher Arbeit, trotzdem vorauszusehen war, dass sich die Schar der Mitläufer, die in jeder großen Bewegung zu finden sind, dadurch vermindern würde. Aber der Verband wollte gerade bekunden, dass ihm an diesen Mitläufern nicht liegt. Jedes sozialpolitisch erzogene Mitglied wird zum Werber für unsere Anschauungen und ist als solches mehr wert als ein anderes, das die brennenden Fragen der Zeit an sich vorüberrollen lässt und davon kaum einen Hauch verspürt.«[37] Man hätte es – jenseits dieser ideologischen Aufladung – auch pragmatisch beschreiben können. Der Verband stärkte mit dem Zusammenwirken von sozialen Einrichtungen und Karenzzeiten ein Werkzeug zur Minderung der Mitgliederfluktuation. Man wollte damit dauerhafte gewerkschaftliche Bindungen erreichen und die Nachhaltigkeit des erreichten Organisationsniveaus erhöhen.

Die Selbstdarstellung als professioneller, überlegener Verband, der unternehmerisch erfolgreich zum Wohl seiner Mitglieder und zum Vorteil der finanziellen Potenz der Organisation mit fachkundigen Versicherungsangeboten glänzte, avancierte zu einem zentralen Agitationsinstrument im Handlungsgehilfen-Verband. Einerseits baute er mit seinen später in einer Versicherungsgesellschaft, dem Deutschen Ring, zusammengefassten Unternehmen aus den Bereichen der Sach-, Lebens- und Krankenversicherungen tatsächlich ein beachtliches Unternehmensgeflecht auf, das – aus einer Arbeitnehmerorganisation geschaffen – in den 1920er Jahren Maßstäbe hinsichtlich der Anzahl an Vertragsabschlüssen und seiner Größe setzte. Der völkischen, nationalen und antisemitischen Ausrichtung des Handlungsgehilfen-Verbandes entsprechend, spielten dabei Geschäftätigkeiten wie die Übernahme der Sterbegeldversicherung für den deutschnationalen Wehrverband Stahlhelm eine wichtige Rolle.[38]

Andererseits operierte der Handlungsgehilfen-Verband bei seiner Stellenlosenversicherung nach der Auffassung konkurrierender Organisationen am Rand der Verbrauchertäuschung. So monierte der Leipziger Verband 1904, dass der Deutschnationale Handlungsgehilfen-Verband allenfalls »eine angebliche Versicherung gegen Stellenlosigkeit« eingerichtet habe. »Ich sage: eine angebliche Versicherung gegen Stellenlosigkeit (...). Das ist Sand in die Augen; das ist eine Versicherung überhaupt nicht«, erregte sich

---

[37] Ebd., S. 54 f.
[38] Dazu und zur Geschäftätigkeit wie Geschäftsaufteilung des Deutschen Rings (zuvor Deutschnationaler Versicherungsring) am Ende der 1920er Jahre Deutschnationaler Handlungsgehilfen-Verband: Rechenschaftsbericht 1926, S. 295-299. Ders.: Rechenschaftsbericht 1930, S. 71-74. Zur unkritischen historischen Selbstdarstellung des Deutschen Rings in den 1950er und 1960er Jahren gerade in Bezug auf die ideologische Ausrichtung des Deutschnationalen Handlungsgehilfen-Verbandes und mithin seiner Versicherungsgesellschaft in den 1920er und frühen 1930er Jahren vgl. Deutscher Ring Lebensversicherungs-Aktiengesellschaft (Hg.): 40 Jahre Deutscher Ring Lebensversicherungs-Aktiengesellschaft 1913-1953, Hamburg 1953. Auch ders. (Hg.): Deutscher Ring Lebensversicherungs-Aktiengesellschaft 1913-1963. Sonderausgabe der Zeitschrift »Ringblätter« aus Anlass des fünfzigjährigen Bestehens des Unternehmens, Hamburg 1963.

seinerzeit ein Vertreter des Leipziger Verbandes Deutscher Handlungsgehilfen.[39] Der Einwand war berechtigt. Ein entscheidender Unterschied zu einer Unterstützungskasse bestand für eine verbandliche Versicherungseinrichtung darin, dass den Mitgliedern in einer Versicherungssatzung einklagbare Rechte zugestanden werden mussten – und dass mit dem Gesetz über die Versicherungsaufsicht 1901 eine verbandliche Versicherung bei Änderungen an Satzungsbestimmungen oder im Hinblick auf Standards zur finanziellen Absicherung der Inspektion des Kaiserlichen Aufsichtsamts für Privatversicherung zu unterstellen war.[40] Dies hatte der Deutschnationale Handlungsgehilfen-Verband, obwohl er allenthalben mit seiner Stellenlosen*versicherung* in Abgrenzung zu den Unterstützungen der Konkurrenten warb, unterlassen. So wurden in frühen Satzungen der Stellenlosenversicherung beispielsweise einklagbare Rechte explizit ausgeschlossen.[41]

Mit Verzögerung, erst auf dem Dresdner Verbandstag 1907, reagierte der Handlungsgehilfen-Verband auf das Problem. Die Verbandsgeschichte von 1909 berichtete darüber: »Nun, wir unterstellten durch Beschluss des Dresdener Verbandstages unsere Versicherung gegen Stellenlosigkeit dem Aufsichtsamt für Privatversicherung, wir räumten unseren Mitgliedern klagbare Rechte ein.«[42] Während der kritisierende Leipziger Verband selbst eine Unterstützungskasse im Fall der Stellenlosigkeit schuf, hielt der Handlungsgehilfen-Verband an seiner Abgrenzung davon durch eine Stellenlosen*versicherung* – nun nicht mehr nur durch Begriffsmarketing, sondern tatsächlich umgesetzt – vorerst weiter fest. Später hingegen entledigte auch er sich von den Zwängen der staatlichen Aufsicht bei der Stellenlosenversicherung und führte das Unterstützungskassenmodell ein.

In den 1920er Jahren war die Stellenlosenunterstützung des Deutschnationalen Handlungsgehilfen-Verbandes eine von ihm hervorgehobene Unterstützungskasse[43] – neben seiner regen versicherungsunternehmerischen Betätigungen. Übrigens: Auch der Verband der weiblichen Handels- und Büroangestellten plante seine Stellenlosenun-

---

[39] Zitiert (beide Zitate) nach Die Deutschnationale Handlungsgehilfen-Bewegung. Ihr Werdegang, S. 68.

[40] Zu den Hintergründen Braun: Geschichte der Lebensversicherung, S. 351-362.

[41] Zu den frühen Satzungsbestimmungen Deutschnationaler Handlungsgehilfen-Verband: Jahrbuch 1900, S. 95 f. Ders.: Jahrbuch 1904, S. 138 ff., hier S. 141 mit dem Beleg, dass klagbare Rechte noch 1904 in der Satzung ausgeschlossen wurden.

[42] Die Deutschnationale Handlungsgehilfen-Bewegung. Ihr Werdegang, S. 69. Zur Einräumung einklagbarer Rechte auch Deutschnationaler Handlungsgehilfen-Verband: Verhandlungsschrift über den zwölften Verbandstag 1911, S. 53.

[43] Zur hervorgehobenen Bedeutung der Stellenlosenunterstützung gegenüber anderen Unterstützungen des Verbandes – wie etwa dem Rechtsschutz – in den 1920er Jahren vgl. etwa Deutschnationaler Handlungsgehilfen-Verband: Satzung. Beschlossen auf dem Verbandstag 1921 und ergänzt auf dem Verbandstag 1924, hier die §§ 54 ff., S. 16 ff. Nur zum Paragraf 58 der Satzung – die Stellenlosenunterstützung betreffend – gab es einen ausführlichen Anhang in der Form einer gesonderten Satzung für die Deutschnationale Stellenlosenkasse. Dazu ebd., S. 19-23.

terstützung zunächst mit einklagbaren Rechten, änderte diese Passage jedoch wieder, um sich ebenfalls der Versicherungsaufsicht zu entziehen. Der Verband der weiblichen Handels- und Büroangestellten sah darin keinen Nachteil für die Versicherten.[44]

Widerstände gegen die Arbeitslosenunterstützung und ihre Überschreibung: Erwerbslosenunterstützungen

Auf dem elften Verbandstag des Verbandes der Hafenarbeiter und verwandten Berufsgenossen Deutschlands, der im Mai 1910 in Hamburg abgehalten wurde, hielt Johann Döring – seit 1898 Vorsitzender der Organisation – eine aufschlussreiche Ansprache. Der Zusammenschluss des Verbandes der Hafenarbeiter mit dem der Transportarbeiter stand unmittelbar bevor. Der Prozess der Annäherung und Einigung der Verbände war schwierig gewesen. »Es war oft nicht leicht, eine Einigung zu finden, weil die Verhältnisse und Einrichtungen der einzelnen Organisationen so grundverschieden sind, und deshalb werden Sie auch einzelne Stellen im Statutenentwurf vorfinden, die Ihnen fremd vorkommen und für unsere Verhältnisse nicht zu passen scheinen«, versuchte Döring die Gewerkschaftsfunktionäre auf die zu vermittelnden Zumutungen einzustimmen.[45]

Zu jenen zählte Döring neben einem neuen Beitragsreglement, das er für weniger erheblich hielt, das künftige soziale Unterstützungswesen der neuen Gesamtorganisation. »Ganz anders aber sind die Änderungen bei den Unterstützungseinrichtungen. Im großen Ganzen sind die Unterstützungseinrichtungen der Transportarbeiter für die Einheitsorganisation übernommen. Auf mehreren unserer Verbandstage haben auch wir uns mit der Arbeitslosenunterstützung beschäftigt, sind aber von der Einführung zurückgekommen, weil die Einführung derselben gleichbedeutend mit dem Ruin des Verbandes gewesen wäre; das ist auch heute noch der Fall«, führte Döring aus.[46] Weil in der zu bildenden Großorganisation die Lasten jedoch gemeinschaftlich getragen werden könnten und andere Berufsgruppen die Arbeitslosenunterstützung nur geringfügig strapazierten, wäre das Risiko der Überforderung der Verbandsfinanzen durch jene Unterstützungskasse weitgehend gebannt.

Zudem, suchte Döring in dieser Angelegenheit nach Vermittlung, sei ein weiteres Instrument der Kostenkontrolle neu etabliert worden. »Außerdem ist in der Vorlage die Erwerbslosenunterstützung vorgesehen. Die Erwerbslosenunterstützung ist eine Zusammenlegung der Kranken- und Arbeitslosenunterstützung. Die Einführung der Erwerbslosenunterstützung liegt deshalb für die Organisation günstiger, weil nach den früheren Bestimmungen jedes Mitglied berechtigt war, für die infrage kommende Zeit Arbeitslosen- und Krankenunterstützung zu beziehen. Das ist heute ausgeschlossen! Es

---

[44] Verband der weiblichen Handels- und Büroangestellten (Hg.): Vierzig Jahre VWA 1889-1929, S. 34.
[45] Verband der Hafenarbeiter und verwandten Berufsgenossen Deutschlands: Protokoll des elften Verbandstages 1910 mit Geschäftsbericht 1908-1909, hier der Protokollteil, S. 124.
[46] Ebd., S. 124 f.

kann jeder nur einmal im Jahr die Unterstützung beziehen, ganz gleich, ob die Erwerbslosigkeit auf Krankheit oder Arbeitslosigkeit zurückzuführen ist.«[47]

Die Erwerbslosenunterstützung wegen der Kombination von Arbeitslosen- und Krankenunterstützung als Instrument der Kostenkontrolle zu verkaufen, erscheint mit den von Döring vorgetragenen Argumenten auf den ersten Blick plausibel. Den tatsächlichen Begebenheiten hielt diese Bewertung indes nicht Stand. Die Konstruktion sollte für den Transportarbeiter-Verband zu einem kostspieligen Arrangement werden – dazu gleich mehr. Der Hintergrund für die von Döring – auch mit in Szene gesetztem Widerwillen – vorgetragene Verteidigungsrede lag in einer tiefen Abneigung gegenüber der Arbeitslosenunterstützung, die der Verband der Hafenarbeiter explizit dieser Einrichtung gegenüber stets vorgebracht hatte. Blickt man auf die Verbandstage der Hafenarbeitergewerkschaft vor der Fusion mit den Transportarbeitern 1910, lassen sich zahlreiche entsprechende Äußerungen von Seiten der Delegierten wie der Verbandsführung belegen.[48] Unter den organisierten Hafenarbeitern ging man davon aus, dass aufgrund der für Hafenarbeiter charakteristischen Gelegenheitsarbeit – dem Anheuern für jeden Kahn – und wegen eines Saisongeschäfts mit erheblichen Einschränkungen im Winter eine verbandliche Arbeitslosenunterstützung kaum verlässlich zu berechnen sei, aufgrund der spezifischen Arbeitsbedingungen der Hafenarbeiter zum Missbrauch verführte und insgesamt zu hohe Kosten verursachte, die schließlich die Rücklagen für Arbeitskämpfe beeinträchtigten.

Neben der Darstellung positiv verlaufender oder gewerkschaftlich betont positiv vermittelter Gründungsverläufe gewerkschaftlicher Arbeitslosenkassen, wie in diesem Kapitel bereits geschildert, lassen sich also ebenso Beispiele für eine kritische Diskussion der gewerkschaftlichen Bedeutung der verbandlichen Arbeitslosenunterstützung unter den Vorläuferorganisationen der Gewerkschaft Verdi finden. Dafür bietet die in den Freien Gewerkschaften generell ausgetragene Debatte über die verbandlichen Arbeitslosenunterstützungen weitere Aufschlüsse. Sie wurde bereits vor 1896 rege – auch in der Gewerkschaftspresse[49] – geführt, kulminierte dann aber in jenem Jahr in einem Höhepunkt.

---

[47] Ebd., S. 125.

[48] Vgl. etwa Verband der Hafenarbeiter und verwandten Berufsgenossen Deutschlands: Protokoll des achten Verbandstages 1904 mit Geschäftsbericht 1902-1903, hier der Protokollteil, S. 103 ff. die Debatte über Unterstützungseinrichtungen. Dazu auch Verband der Hafenarbeiter und verwandten Berufsgenossen Deutschlands: Protokoll des zehnten Verbandstages 1908 mit Geschäftsbericht 1906-1907, hier der Protokollteil, S. 135 mit Einschätzungen Dörings zum Widerstand im Verband gegen die Arbeitslosenunterstützung. Ebd., S. 145 ff. eine Debatte mit vielen ablehnenden, aber auch zustimmenden Äußerungen zur Arbeitslosenunterstützung.

[49] Generalkommission der Gewerkschaften Deutschlands: Protokoll des zweiten Kongresses 1896, hier S. 118 f. die Erläuterungen Legiens zum Disput über die gewerkschaftliche Arbeitslosenunterstützung.

Während des zweiten Kongresses der Gewerkschaften Deutschlands, der im Mai 1896 in Berlin stattfand, führte diese zu einem organisierten Disput auf dem Podium – mit anschließender Abstimmung über eine Empfehlung des versammelten Kongresses. Mit dem Tagesordnungspunkt vier des Kongresses »Arbeitslosenunterstützung« traten in einem rhetorischen Duell an: der Referent Eichler aus Leipzig, der für die Einführung und den Ausbau gewerkschaftlicher Arbeitslosenunterstützungen plädierte, gegen den Referenten Fricke aus Dresden, der sich entschieden gegen jene Unterstützungseinrichtung wandte.

Fricke führte in seinen Argumenten für die Gegenseite an, dass die organisationspolitischen Erwartungen an die Einführung der Unterstützungseinrichtung überschätzt wären. Die Arbeiter würden von der Befreiung der Arbeiterklasse nur abgelenkt. Gerade die Arbeitslosenunterstützung verschlinge in einigen Verbänden, die sie bereits eingeführt hätten, mehr als die Hälfte der jährlichen Verbandseinnahmen, obgleich der Staat für die Schaffung einer auskömmlichen Arbeitslosenversicherung deutlich oberhalb der Sätze der Armenfürsorge verantwortlich sei. Frickes Hauptargument war die Einschränkung der Streikkraft, finanziell und in Bezug auf eine Schwächung der antikapitalistischen Mentalität der Organisierten. Die Arbeiter müssten ihre Klassenlage erfahren, erkennen, dass nur durch Widerstand und nicht durch Unterstützung etwas dagegen getan werden könne. »Kapitalistische Einrichtungen« – als solche bezeichnete Fricke die gewerkschaftlichen Unterstützungseinrichtungen, womit er sie in die unmittelbare Nähe von Versicherungsunternehmungen brachte – »köderten« die Arbeiter um den Preis, dass dadurch der Anschein der selbständigen Verbesserung der sozialen Lage erweckt und die »Kampfeslust ganz entschieden beeinträchtigt« werde.[50]

Die Argumente Eichlers für die Unterstützerseite wiesen auf die gewerkschaftlichen Reiseunterstützungen hin, deren Pendant die Arbeitslosenunterstützung für die am Ort Verbliebenen sei. Dadurch könnten Verbesserungen für die Lohn- und Arbeitsbedingungen am Ort bewirkt werden, da Arbeitslose mit Unterstützung nicht mehr zu einer Annahme schlechter Arbeitsbedingungen gezwungen waren. Die Arbeitslosenunterstützung, so Eichler, sei damit als Pendant der gewerkschaftlichen Gemaßregelten- und Streikunterstützung zu sehen. Er verwies auf das Beispiel des Buchdruckerverbandes, der über die längste Erfahrung einer erfolgreichen verbandlichen Arbeitslosenunterstützung verfügte und bewies, dass man deren Ausgaben kontrollieren konnte. Eichlers Hauptargument war die organisatorische Festigung der sich aufbauenden Zentral- und Großorganisationen. Damit Gewerkschaftsmitgliedschaften nachhaltig wurden, die Mitglieder gewerkschaftlich sozialisiert werden konnten und sich gefestigte, imposante und im Kampffall stabile Gewerkschaften erst entwickeln konnten, brauchte es demnach soziale Unterstützungsangebote. Durch sie sollten die »Indifferenten« unabhängig von ihren Überzeugungen in die Organisationen geführt werden, »herangezogen«, an

---

[50] Ebd., S. 117 f. das Referat Frickes, die zitierten Begriffe S. 118.

die Organisation »gekettet« und an höhere Beiträge gewöhnt werden. Gewerkschaftliche Kämpfe könnten in großen Gruppen leichter und erfolgreicher bestritten werden als in einem naiven Vertrauen auf die wenigen gewerkschaftlichen Idealisten, die sich in puristischen gewerkschaftlichen Kampforganisationen versammelten, in denen man »bei jedem zu unternehmenden Kampf mit dem Klingelbeutel herumgehen« müsse.[51]

Am Ende entschied der Kongress trotz aller Wortmeldungen der Gegner der Arbeitslosenunterstützung[52] mit großer Mehrheit für die Resolution der Befürworter. In ihr wurde festgehalten, dass die gewerkschaftliche Arbeitslosenunterstützung, abgesehen von ihrem humanitären Charakter, die Stabilität des Mitgliederbestandes garantiere, auf die Lohn- und Arbeitsbedingungen verbessernd einwirke und daher dieser Unterstützungszweig ein bedeutender, ja notwendiger Förderer der gewerkschaftlichen Organisationen sei, der den »Klassen- und Kampfcharakter der Organisationen« nicht verwische.[53] Auch hier wurde also – ähnlich wie in den Beispielen in den vorausgegangenen Passagen dieses Kapitels – eine besondere Bedeutung der gewerkschaftlichen Arbeitslosenunterstützung im Vergleich zu anderen sozialen Unterstützungsformen insinuiert. Der humanitäre Wert jener Einrichtungen wurde eher kursorisch erwähnt. Die zentrale funktionale Bedeutung wurde organisationspolitisch in den positiven Auswirkungen für die Gewinnung und Bindung größerer Mitgliedschaften gesehen. Dass die Arbeitslosenunterstützung mit den skizzierten Effekten auch auf die Lohn- und Arbeitsbedingungen einwirken konnte, etablierte sich als willkommene legitimierende Formel, mit der man den Puristen, die gewerkschaftliche Kampfmaßnahmen einforderten, begegnen konnte.

Die – nicht verbindliche – Empfehlung des Kongresses des freigewerkschaftlichen Dachverbandes, Arbeitslosenunterstützungen, wo immer dies ohne größere Schwierigkeiten möglich war, in den gewerkschaftlichen Mitgliedsorganisationen einzurichten, bewirkte in Verbänden mit einer großen Gruppe an Skeptikern nicht zwingend eine Stärkung der Befürworter, sondern konnte auch zu einer Verfestigung einer oppositionellen Haltung beitragen. So debattierte der Verband der Fabrikarbeiter Deutschlands, in dem Vorbehalte gegenüber dem freigewerkschaftlichen Dachverband grundsätzlich ausgeprägt waren, auf dem Verbandstag in Kassel 1898 die Empfehlung der Generalkommission zur Arbeitslosenunterstützung und die Position der Fabrikarbeiter. Die Versuche der Anbahnung der Kassengründung durch die Verbandsführung scheiterten am Widerstand aus den Gewerkschaftsgliederungen. »Die Gewerkschaften seien nicht da, um die Wunden zu heilen, die die kapitalistischen Einrichtungen den Gesellschafts-

---

[51] Ebd., S. 116 f. das Referat Eichlers, die zitierten Begriffe ebd.

[52] Als Gegner der Arbeitslosenunterstützung traten während der Debatte des Kongresses vor allem Delegierte des Verbandes der Holzarbeiter und der Organisation der Maler, zu der auch Fricke gehörte, auf. Dazu ebd., S. 119 ff.

[53] Die Resolution, hier in indirekter Rede und Zitat im Wortlaut komprimiert, ebd., S. 121.

gliedern schlagen«, lautete etwa der Einwand aus Delmenhorst.[54] Mit dem Hinweis, dass der Verband auf keine hinreichenden Daten über die Arbeitslosigkeit aus einem eigenen Arbeitsnachweiswesen zurückgreifen konnte, mit denen der Aufbau einer entsprechenden Unterstützung zu planen war, wurde das Projekt verschoben. In einer Urabstimmung wurde die Arbeitslosenunterstützung 1902 von einer knappen Mehrheit der Mitglieder abgelehnt. Der Hamburger Verbandstag debattierte 1904 die Einführung dieser Unterstützungseinrichtung dennoch erneut – wieder drohten sich Gegner und Befürworter zu blockieren. Die Auflösung gelang schließlich über eine Einbindung jener Anträge, die eine Einführung einer Krankenunterstützung forderten. Eine Kommission schlug die Einrichtung einer Erwerbslosenunterstützung vor. Sie sah eine Unterstützungsleistung im Fall von Arbeitslosigkeit *und* Krankheit vor. Dieser Vorschlag fand eine überzeugende Mehrheit. Der Verband der Fabrikarbeiter führte im Oktober 1905 seine Erwerbslosenunterstützung ein.[55]

Die Erwerbslosenunterstützung fungierte nicht allein in der Organisation der Fabrikarbeiter als eine Schlichtungslösung, um bestehende Widerstände gegen die eine Unterstützungsform mit der größeren Zustimmung für die andere aufzulösen. Dafür kann der Verband der Gemeinde- und Staatsarbeiter als weiteres Beispiel angeführt werden, der nach einem entsprechenden Votum seiner Mitglieder per Urabstimmung zunächst auf ein lokales Unterstützungswesen setzte. Nach der Jahrhundertwende sollten Unterstützungseinrichtungen als Zentraleinrichtungen der Verbandsführung etabliert werden. Bei starken verbandsinternen Kräften gegen dieses zentrale Unterstützungskassenwesen setzte die Verbandsführung auf die Einführung der kombinierten Kranken- und Arbeitslosenunterstützung als Erwerbslosenunterstützung – dazu im später Folgenden noch mehr. Besonders deutlich jedoch wurde das Schlichtungspotenzial der Erwerbslosenunterstützung bei der Fusion der freigewerkschaftlichen Verbände der Hafen- und Transportarbeiter.

Man muss dabei berücksichtigen, dass die Unterstützungsfrage in der betrachteten Zeit im Lager der Freien Gewerkschaften ideologisch aufgeladen war. Das veranschaulichte der referierte Disput auf dem Berliner Gewerkschaftskongress von 1896. Die Frage, ob man Unterstützungskassen einrichten sollte und, wenn ja, welche oder welche zuerst, wurde zu einem Schauplatz des Aufeinandertreffens von hartem Antikapitalismus und Reformismus, von idealistischem Glauben an die Systemveränderung durch Kampf gegen die Ratio des durch Reformen und vielfältige Eigeninitiative Machbaren unter den systemischen Bedingungen der jeweiligen Zeit. Bei den Hafenarbeitern berührte dies die Wurzeln der verbandlichen Identität und den Gründungsmythos.

---

[54] Der verbandsgeschichtlichen Dokumentation entnommen – Vorstand des Verbandes der Fabrikarbeiter Deutschlands: 40 Jahre Kampf, S. 46.
[55] Zu diesen Vorgängen ebd., S. 45 ff.

Die Hafenarbeiter waren eine heterogene Arbeiterschaft und in ihren frühen Verbandsstrukturen regelrecht zerstritten. So führte Johann Döring, der spätere Vorsitzende des Verbandes der Hafenarbeiter Deutschlands, in den frühen 1890er Jahren die Lokalisten der in Hamburg beschäftigten Schauerleute an, die es strikt ablehnten, der Zentralorganisation der Hafenarbeiter, die 1892 mit den Werftarbeitern fusioniert hatte, beizutreten. Hafen- und Werftarbeiter trennten sich bereits 1894 wieder, während die streikfreudigen Schauerleute gegenüber dem wegen seiner »Lauheit« – so Döring[56] – diffamierten Hafenarbeiterverband weiterhin ihr Glück in der Autonomie suchten. Als 1896 der große Hamburger Streik bei den Stückgutschauerleuten seinen Ausgang fand und schließlich zu einem der größten Massenstreiks der damaligen Zeit sich ausweitete, an dem alle Berufsgruppen der Arbeiterschaft des Hamburger Hafens beteiligt waren, wurden die Zeichen der Zeit erkannt. Kampffähig war man nur gemeinsam. Döring führte 1897 unmittelbar vor dem Ende des elfwöchigen Arbeitskampfes die Organisation der Schauerleute in den Verband der Hafenarbeiter Deutschlands, zu dem sie vor dessen Fusion mit den Werftarbeitern schon einmal gehört hatten.[57] Die umfassende Niederlage der Arbeiterseite im Hamburger Massenstreik wirkte als für das kollektive Gedächtnis prägendes *impact event*.[58] Der Zusammenhalt der Organisation der Hafenarbeiter und seine Kampffähigkeit wurden symbiotisch zu einem Leitmotiv des verbandlichen Selbstverständnisses.

Der Erhalt der Kampffähigkeit tauchte in der Folge bei den Debatten auf den Verbandstagen der Hafenarbeiter immer wieder als besonders betontes Motiv auch für die Ablehnung der kostspieligen, finanziell riskanten und die Finanzierung von Arbeitskämpfen vermeintlich limitierenden Arbeitslosenunterstützung auf: schon in Bezug auf die Erörterung der Empfehlung der Generalkommission, die Arbeitslosenunterstützung einzuführen,[59] aber insbesondere später.[60] Bis zur vollzogenen Fusion mit

---

[56] Zitiert nach dem Beitrag über Johann Döring in der biografischen Sammlung von Zimmermann: 100 Jahre ÖTV – Biografien, S. 45-50, hier S. 46.

[57] Die geschilderten Abläufe nach ebd., S. 45 ff. Zum Hamburger Hafenarbeiterstreik Legien: Der Streik der Hafenarbeiter und Seeleute in Hamburg-Altona oder Grüttner: Der Hamburger Hafenarbeiterstreik 1896/97.

[58] Zu Begriff und Deutung von *impact events* in der Erinnerungsgeschichte Anne Fuchs: After the Dresden Bombing: Pathways of Memory, 1945 to the Present, Basingstoke 2011. Mit Beispielen für die Gewerkschaftsgeschichte Berger (Hg.): Gewerkschaftsgeschichte als Erinnerungsgeschichte.

[59] Zur Debatte der Empfehlung des Gewerkschaftskongresses vgl. Verband der Hafenarbeiter Deutschlands: Protokoll der dritten Generalversammlung 1896 mit Geschäftsbericht 1894-1896, S. 13-16.

[60] Sehr deutlich etwa Verband der Hafenarbeiter und verwandten Berufsgenossen Deutschlands: Protokoll des zehnten Verbandstages 1908 mit Geschäftsbericht 1906-1907, hier der Protokollteil, S. 135. Oder Verband der Hafenarbeiter und verwandten Berufsgenossen Deutschlands: Protokoll des elften Verbandstages 1910 mit Geschäftsbericht 1908-1909, hier der Geschäftsbericht, S. 55. Hier wurden (vor der Einführung der Erwerbslosenunterstützung) die verbandliche Sterbe-

dem Transportarbeiter-Verband im Jahr 1910 blieben die Gegner gewerkschaftlicher Arbeitslosenunterstützungen im Verband der Hafenarbeiter eine starke Gruppe und lange in der Mehrheit. Das skizzierte Leitmotiv des verbandlichen Selbstverständnisses spielte dabei in jenen Jahren offenbar eine wichtige Rolle. In den geradezu rituell verlaufenden Konflikten um die Modalitäten der Fusion zwischen Hafen- und Transportarbeitern führte dies am Objekt der Arbeitslosenunterstützung zu einer gefährlichen Zuspitzung. Im Verlauf des über Jahre mühsam angebahnten Fusionsprozesses gab es immer wieder Rückschläge bei der schwierigen Konsenssuche und aufbrechende offene Streitigkeiten, die besonders in den rhetorischen »Bullenkämpfen« der Verbandsvorsitzenden zum Ausdruck kamen, die auf Verbandstagen im Vorfeld des Zusammenschlusses regelrecht in Szene gesetzt wurden.[61]

In jene aufgeheizte Stimmung platzte das Ergebnis der im Verband der Hafenarbeiter im Winter 1906/1907 durchgeführten Urabstimmung. Die den Zusammenschluss anbahnenden Verbände der Eisenbahner, Transportarbeiter, Seeleute und Hafenarbeiter hatten zuvor Rahmenbedingungen für eine Verbandsfusion ausgehandelt. Während andere Organisationen die Bedingungen akzeptierten, brachten die Hafenarbeiter das Verfahren durch den Ausgang ihrer Urabstimmung zum Stocken. Zwar votierte eine überzeugende Mehrheit der teilnehmenden Mitglieder des Verbandes der Hafenarbeiter für den Zusammenschluss, die aber ebenfalls zur Abstimmung gestellten Konferenzbeschlüsse über die Modalitäten der Fusion wurden hingegen mit großer Mehrheit abgelehnt.[62] Hierzu erklärte Döring als Verbandsvorsitzender: »Gerade der Arbeitslosenunterstützung haben wir es zuzuschreiben, dass die Urabstimmung im verneinenden Sinn ausgefallen ist. Die Kollegen waren der Meinung, dass die Arbeitslosenunterstüt-

---

und Krankenunterstützung mit ihren hohen Ausgaben und eine dadurch bedingte Begrenzung der Mittel für die bevorstehenden wirtschaftlichen Kämpfe bewertet.

[61] Im Vorfeld anstehender Verbandsfusionen waren Delegationen der künftigen Partnerorganisationen auf Verbandstagen zu Gast, was wiederholt zu teilweise hart und persönlich geführten Disputen Anlass gab. Vgl. dazu etwa die Auseinandersetzung, die Oswald Schumann und Hans Dreher als Vertreter der Verbandsspitze des Transportarbeiter-Verbandes auf dem Verbandstag der Hafenarbeiter 1908 mit den Delegierten führten. Dazu Verband der Hafenarbeiter und verwandten Berufsgenossen Deutschlands: Protokoll des zehnten Verbandstages 1908 mit Geschäftsbericht 1906-1907, hier der Protokollteil, S. 141-170 der gesamte Debattenverlauf. Dabei ging es um alte Grenzstreitigkeiten und Kartellverträge, Resolutionen, persönliche Animositäten und ein typisches »Rudelverhalten«, aber auch um Unterstützungsbelange. Der anwesende Vertreter der Generalkommission brachte es auf den Punkt, als er darauf hinwies, dass er ein Ritual aufbrausender Zwistigkeiten kurz vor dem Abschluss von Fusionsverhandlungen beobachte – und rhetorisch fragte, ob die Eheschließungen anwesender Delegierter denn auch stets unmittelbar nach einem heftigen Streit stattgefunden hätten. Dazu Ebd., S. 160 f.

[62] Dazu das Referat Dörings zum Stand und zu den Entwicklungen der Fusionsverhandlungen – ebd., S. 133-138. Dazu ebd. auch der Geschäftsbericht, S. 8 f.

zung alles Geld aufzehren und zur Führung der Kämpfe kein Geld mehr übrig bleiben würde.«[63]

Der Verband der Hafenarbeiter war isoliert. Es stellte sich dringlich die Frage: Wie bekam man dieses Problem nun vom Tisch? Die demokratische Basis der Urabstimmung wurde aufgrund der geringen Beteiligung der Mitglieder in Zweifel gezogen. Deren Ergebnis wurde interpretiert als prinzipielle Zustimmung zur Fusion bei Vorbehalten gegenüber Einzelfragen der Modalitäten des Zusammenschlusses. Dies fasste man nunmehr als Auftrag an die Delegationen auf, diese intensiviert zu verhandeln. Am Ende sollten die Verbandstage die abschließende Entscheidung fällen.[64] Ohne auf Details in den weiteren Abläufen, die erneute Komplikationen hervorbringen sollten, einzugehen: Letztlich musste nach Dörings Interpretation des Referendums die Arbeitslosenunterstützung verschwinden. Da dies undenkbar war, weil diese Unterstützungseinrichtung als Gründungszentralkasse für die Organisation der Handels- und Transportarbeiter – wie dargestellt – eine erhabene Bedeutung hatte, blieb nur der Weg einer argumentativen Makulatur. Die Erwerbslosenunterstützung, die in Wahrheit Arbeitslosen- und Krankenunterstützung lediglich miteinander vereinte, wurde als neue Kasse mit der Fusion eingeführt. Damit konnte die Urabstimmung in ihrem gegen die Arbeitslosenunterstützung gerichteten Votum entkräftet werden. Gleichzeitig waren die Gegner dieser Unterstützung bei den Hafenarbeitern damit gesichtswahrend zu besänftigen, wie Döring es eindringlich mit den eingangs zitierten Worten tat.

Im Fusionsprozess war die Unterstützungsfrage, wie zu erkennen ist, relevant. Es ging dabei letztlich auch um nüchterne materielle Größen – wie etwa neue Leistungsstaffeln bei den Unterstützungen, die wiederum neue Beitragsstaffeln für die Mitglieder begründeten. Zu einem unlösbaren *Casus Belli* wurden die Unterstützungsfragen bei aller Bedeutung, auch der hervorgehobenen der Arbeitslosenunterstützung im geschilderten Fall, eher nicht. Gefährdender für den Fusionsprozess schienen alte Streitigkeiten wie gebrochene Kartellverträge oder persönliche Verletzungen der Vorsitzenden gewesen zu sein, die noch goren. Materielle Fragen wie jene des Unterstützungswesens waren besser verhandelbar, da ein Ausgleich »berechnet« werden konnte. Hier wurde der Weg des extensiven Konsenses über maximierte Zielgrößen gesucht.

Für die Fusion der Hafen- und Transportarbeiter bedeutete dies: die existierende Krankenunterstützung der Hafenarbeiter mit der Kranken- und Arbeitslosenunterstützung des Transportarbeiter-Verbandes so zusammenzufügen, dass in der künftig einheitlich geführten Erwerbslosenkasse der fusionierten Organisationen Einbußen der Mitglieder gegenüber den gewohnten Leistungskatalogen zu vermeiden waren. Das hätte neuen Unmut produziert. Gesucht waren also keine Schnittmengen, die – zwischen den Sätzen der bestehenden Unterstützungseinrichtungen von Hafen- und

---

[63] Ebd. der Protokollteil, S. 135.
[64] Hierzu ebd., S. 134 ff.

Transportarbeitern liegend – einen Mittelweg als Kompromiss definierten. Gefordert war eine ambitionierte Leistungsanpassung mit Blickrichtung nach oben, mit der die Tarife aller Altkassen ihr bisheriges Niveau wenigstens hielten.

Dies betraf insbesondere die Ausschüttungen im Unterstützungsfall, also das gezahlte Tage- oder Wochengeld bei Krankheit oder Arbeitslosigkeit. Es wurde für die neue Erwerbslosenunterstützung – jeweils gestaffelt nach der Dauer der Mitgliedschaft – pro Woche festgesetzt: von sechs Mark für eine Zahlungsdauer von maximal sechs Wochen bis zu elf Mark für maximal zwölf Wochen in der ersten und höchsten Beitragsklasse respektive von fünf Mark für maximal sechs Wochen bis zu zehn Mark für maximal zwölf Wochen in der dritten und niedrigsten der regulären Beitragsklassen – jenseits einer Sonderklasse für weibliche und jugendliche Mitglieder mit herabgestuften Sätzen.[65] Damit stiegen die Zahlungen der Erwerbslosenkasse erheblich an: gegenüber der Arbeitslosenunterstützung der Transportarbeiter mit den Sätzen aus dem Jahr 1907 um eine Mark pro Woche in jeder Staffel, gegenüber der Krankenunterstützung der Transportarbeiter mit den Sätzen aus dem Jahr 1907 sogar auf zwei bis zu drei Mark pro Woche je nach Staffel. Zudem wurde die maximale Laufzeit der Unterstützung erhöht – je nach Staffel und Art der Unterstützung um eine Woche bis zu vier Wochen.[66] Auch im Vergleich mit der Krankenunterstützung der Hafenarbeiter, die Tagessätze nach der Dauer der Mitgliedschaft nur geringfügig differenzierte, waren die Wochenzahlungen der neuen Erwerbslosenkasse höher oder in bestimmten Konstellationen wenigstens gleich hoch. Lediglich in der Kombination mit der Zahlungsdauer, die in der Krankenunterstützung der Hafenarbeiter großzügig bemessen war, konnten in einzelnen Leistungsklassen bei langen Unterstützungsverläufen Minderungen eintreten.[67]

Der Effekt der Kostenkontrolle, in dem von Döring zuvor referierten Plädoyer für die Erwerbslosenunterstützung leitendes Motiv, traf wohl in der Weise zu, dass in der fusionierten Großorganisation Kostenrisiken aus der Sicht des Verbandes der Hafenarbeiter besser verteilt waren. Dennoch war die Einführung der Erwerbslosenunterstützung eine kostspielige Folge der Fusion. Das soziale Unterstützungswesen expandierte ruckartig – mit Gültigkeit für die Mehrheit aller Mitglieder des fusionierten Transportarbeiter-Verbandes und zudem in den traditionell teuersten Kassen der Kranken- und Arbeitslosenunterstützung. Die Hafenarbeiter erhielten eine Unterstützung in Fällen der Arbeitslosigkeit, die Transportarbeiter profitierten insbesondere von den dynamisch angehobenen Sätzen der Unterstützung im Krankheitsfall. Von 1907 bis 1911 explodierten die Jahresausgaben im Transportarbeiter-Verband für unterstützte

---

[65] Dazu Anträge und Beschlussfassung in: Deutscher Transportarbeiter-Verband: Protokoll des sechsten Verbandstages 1909, S. 274 ff. Deutscher Transportarbeiter-Verband: Protokoll des siebten Verbandstages 1910, S. 88 f.

[66] Deutscher Transportarbeiter-Verband: Statut. Gültig ab 1. Juli 1907, §§ 5-6, S. 7 ff.

[67] Verband der Hafenarbeiter und verwandten Berufsgenossen Deutschlands: Statut. Gültig ab 1. April 1906, § 15, S. 5.

Arbeitslosigkeit von 84.000 auf 400.000 Mark und von 163.000 auf 762.000 Mark bei unterstützter Krankheit. Setzt man dies mit den Zugewinnen an Mitgliedern in ein Verhältnis, um die sich in dieser Zeit vollziehenden Verbandszusammenschlüsse angemessen zu berücksichtigen, erhöhten sich die Ausgaben pro Mitglied im Verlauf dieser fünf Jahre um mehr als das Doppelte sowohl bei der Arbeitslosen- als auch bei der Krankenunterstützung.[68]

Der Druck, die Mitgliedsbeiträge an die neue Situation anpassen zu müssen, nahm zu. Debatten über Beitragserhöhungen waren vorgezeichnet.[69] Es schien auf den ersten Blick paradox zu sein: Aus den Widerständen gegen eine Unterstützungskasse entwickelte sich im Verlauf eines Fusionsprozesses eine Maximierung des sozialen Unterstützungswesens.[70] Verbandliche Zusammenschlüsse sind jedoch als generell mit dieser Tendenz wirkende Kraft zu begreifen. Das Zusammenführen unterschiedlicher Kassensysteme führte in der Logik, dabei Leistungsminderungen zu vermeiden – also den in den fusionierenden Verbänden jeweils erreichten höchsten Standard im Leistungswesen zu bewahren –, unweigerlich zu einem dynamischen Ausbau des Unterstützungswesens. In einer Zeit, in der die Gewerkschaftsbewegung zur Massenbewegung wurde und die sich etablierenden großen Organisationen häufig durch Zusammenschlüsse wuchsen, war eine Expansion des friedlichen Unterstützungswesens eine gesetzmäßige Begleiterscheinung dieses Prozesses.

Der hier fokussierte Ausschnitt der Annäherung der Verbände der Hafen- und Transportarbeiter zeigt ferner deutlich auf, dass die Belange des Unterstützungswesens über quantitative Fragen weit hinausreichten. Es wurde ein Eingriff in das verbandliche Selbstverständnis vorgenommen. Dies betraf im Fall der geschilderten Fusion die Hafenarbeiter stärker als die Transportarbeiter, die auf dem Pfad einer inzwischen unterstützungsaffinen Organisation ihr Aushängeschild – die zentrale Arbeitslosenunterstützung – in gewandelter Form bewahrten und mit der Fusion neue Stufen im Niveau gewerkschaftlicher Unterstützungsleistungen erklommen. Für die Hafenarbei-

---

[68] Eigene Berechnungen nach den Angaben zu den Unterstützungsausgaben im Jahresvergleich und nach den Jahresdurchschnittswerten für die Anzahl der Verbandsmitglieder. Deutscher Transportarbeiter-Verband: Jahrbuch 1911, hier der gesonderte Anhang: Tabellarische Übersicht und grafische Darstellung der Entwicklung des Deutschen Transportarbeiter-Verbandes 1897-1911, S. XVII und XXV. Demnach lagen die Kosten pro Mitglied bei: 0,97 Mark (1907) und 2,21 Mark (1911) für die Arbeitslosenunterstützung und bei 1,88 Mark (1907) und 4,20 Mark (1911) bei der Krankenunterstützung.

[69] Die Mitgliedsbeiträge wurden mit der Fusion 1910 erhöht. Dennoch stand bereits der Breslauer Verbandstag im Zeichen der Debatte der Ausgabenkontrolle insbesondere mit Blick auf die stark gestiegenen Ausgaben in der Erwerbslosenunterstützung. Dazu Deutscher Transportarbeiter-Verband: Protokoll des achten Verbandstages 1912, S. 189-198.

[70] Man muss berücksichtigen, dass die Kostensteigerungen nicht allein auf die fusionsbedingten Tariferhöhungen zurückgingen, sondern auch auf andere Beschlüsse zum sozialen Unterstützungswesen und auf die jeweilige konjunkturelle Lage. Der hier skizzierte Vorgang bei der Etablierung der Erwerbslosenunterstützung war aber wesentlich und fusionsbedingt.

ter, die dem Dogma der Kampfbereitschaft folgten und Unterstützungen jenem eher unterordneten, stand ein Kulturbruch an.[71] Erkennbar wurde das in jenen argumentativen Figuren und Erzählungen, die den Anschluss der Hafenarbeiter unter besonderer Berücksichtigung der Kampf- und Unterstützungsfrage mit dem Geist der Modernität versahen.

Hier wurden zur Integration alle erdenklichen Motive bemüht: dass mit der gewerkschaftlichen Arbeitslosenunterstützung der Beweis der Machbarkeit einer staatlichen Arbeitslosenversicherung angetreten werde; dass durch den Ausbau der Sozialpolitik, den Gewerkschaften dem Staat abringen, und durch Unterstützungseinrichtungen, die sie selbst betreiben, die Schwachen nicht nur geschützt, sondern sie dadurch zugleich »stark und kampffähig«[72] gemacht würden. Die Hafenarbeiter – so das Muster –, stets mit starken Arbeitgebern konfrontiert, hatten harte Kämpfe zu bestehen und dazu alle Verbandsmittel zu reservieren – nur mit Mühe schaffte man eine eigene Krankenunterstützung. Der Transportarbeiter-Verband jedoch als fortschrittlich entwickelte Organisation brachte nun entwickelte Finanzen mit einem weit aufgefächerten und akzentuierten zentralen Unterstützungswesen ein. Dies wurde letztlich als Paarung von entwickelter gewerkschaftlicher Zivilisation und Kampf und mithin als Quantensprung in die gewerkschaftliche Moderne gezeichnet.

Den aufgrund ihres Selbstverständnisses noch fremdelnden Hafenarbeitern wurde dadurch ein passend konstruierter Platz in der neuen Großorganisation zugewiesen. »Wir Transportarbeiter als beteiligte Organisation verfügen über das Hinterland, wir verfügen über die Mittel, die Ihr gebraucht, um die Kämpfe zu führen, für die Gesamtheit«, sprach Oswald Schumann als Vorsitzender des Transportarbeiter-Verbandes zu den Hafenarbeitern.[73]

Konflikte und Interessen bei der Etablierung zentralisierter Krankenunterstützungen
Neben der geschilderten Herausstellung der Arbeitslosenunterstützung als besonders bedeutend für die Gewerkschaftsbewegung – auch als weltanschauliche Vorhut, mit der sie als Wegbereiter anderer gewerkschaftlicher Unterstützungskassen fungieren konnte – gab es also ebenso, wie skizziert, Widerstände bei der Etablierung dieser zentralisiert bei den Verbandsvorständen angeordneten Unterstützungseinrichtung.

Deutlich traten Vorbehalte gegen die zentralen sozialen Unterstützungskassen in den Gewerkschaften ebenfalls zum Vorschein, wenn über die Einführung von Krankenunterstützungen zu entscheiden war. Bei den Hafenarbeitern spitzte sich diese Debatte

---

[71] Dazu der Beitrag des Hamburger Kollegen Seidel: Verband der Hafenarbeiter und verwandten Berufsgenossen Deutschlands: Protokoll des elften Verbandstages 1910 mit Geschäftsbericht 1908-1909, hier der Protokollteil, S. 130 f.
[72] Ebd., S. 131.
[73] Verband der Hafenarbeiter und verwandten Berufsgenossen Deutschlands: Protokoll des zehnten Verbandstages 1908 mit Geschäftsbericht 1906-1907, hier der Protokollteil, S. 158.

zu, als die Umwandlung von Zuschusskassen, die auf lokaler Ebene mit Bezügen zu spezifischen Arbeiterkategorien gegründet worden waren, dringlicher wurde. So verfügten, um ein Beispiel zu geben, die Hamburger Speicherarbeiter über eine jener Einrichtungen, nachdem aus dem Kreis dieser mühevoll zu organisierenden Arbeiterschaft im Rahmen der gewerkschaftlichen Agitationsbemühungen immer wieder die Frage aufgeworfen worden war, was denn die Gewerkschaft *konkret* für die Arbeiterschaft leiste. »Die Leute wollen für ihre Beitragszahlung immer auch einen gewissen greifbaren Vorteil haben. Um nun in Etwas entgegenzukommen, unternahmen es mehrere Mitglieder, eine Zuschusskasse zu gründen (...). Diese Kasse hat den Zweck, den Mitgliedern in Krankheitsfällen einen Zuschuss von fünf Mark zu dem wöchentlichen Krankheitsgeld zu gewähren. Mitglied kann nur werden, der dem Verband der Hafenarbeiter (Sektion Speicherarbeiter) angehört.«[74]

Auf dem Verbandstag 1900 wurde kontrovers diskutiert, ob diese lokalen Zuschusskassen systematisch zu verbreiten waren oder besser Vorbereitungen für die Anlage einer zentralen Unterstützungseinrichtung für die Zahlung von Krankengeldzuschüssen getroffen werden sollten: entweder als obligatorische Kasse – verpflichtend für alle Mitglieder – oder abgeschwächt als fakultative Kasse nur für Interessierte, die freiwillig ihre Teilnahme und ihre Bereitschaft zur Zahlung von Sonderbeiträgen erklärten. In der Debatte kamen weiterhin grundsätzliche Bedenken zum Ausdruck. So betonte Georg Kellermann, bis 1898 als Vorgänger Johann Dörings selbst Vorsitzender des Verbandes der Hafenarbeiter: »Ich bin kein Freund des Unterstützungswesens. Eine fakultative Einführung ist zwecklos, eine obligatorische undurchführbar. Es dürfte sich empfehlen, wenn von den einzelnen Mitgliedschaften solche Einrichtungen getroffen werden.«[75]

Daran wurde anschaulich: Der grundlegende Widerstand gegen den Auf- und Ausbau gewerkschaftlicher Unterstützungskassen wurde nicht allein mit dem Argument vorgetragen, dass die Verbände finanziell überfordert und so ihrer Kampfkraft beraubt werden konnten,[76] sondern ebenfalls gepaart mit einer Präferenz lokaler, autonomer

---

[74] Verband der Hafenarbeiter Deutschlands: Protokolle des zweiten Kongresses der Hafenarbeiter 1898 sowie der fünften Generalversammlung 1898 mit Geschäftsbericht 1897-1898, hier die Dokumentation der Generalversammlung, S. 21.

[75] Verband der Hafenarbeiter Deutschlands: Protokoll der sechsten Generalversammlung 1900 mit Geschäftsbericht 1898-1900, hier der Protokollteil, S. 36.

[76] Zum argumentativ genutzten, vermeintlichen Widerspruch von Kampfverband und Unterstützungseinrichtungen – mit und ohne dezidierten Hinweis auf die Verbandsfinanzen – gibt es für den Verband der Hafenarbeiter zahlreiche Belege. Darauf wurde im Zusammenhang mit der Arbeitslosenunterstützung bereits hingewiesen. Als ausgewählte Beispiele Verband der Hafenarbeiter Deutschlands: Protokoll der siebten Generalversammlung 1902 mit Geschäftsbericht 1900-1901, hier der Protokollteil, S. 64 f. Verband der Hafenarbeiter und verwandten Berufsgenossen Deutschlands: Protokoll des elften Verbandstages 1910 mit Geschäftsbericht 1908-1909, hier der Geschäftsbericht, S. 55 mit einer sorgenvollen Bewertung der Ausgaben für soziale Unterstützungseinrichtungen und der Begrenzung der Mittel für die bevorstehenden wirtschaftlichen Kämpfe.

und heterogener Kasseneinrichtungen – womöglich nur für spezifische Arbeitersegmente – gegenüber zentralisierten Kassen mit einem homogenen Leistungsspektrum für alle Mitglieder. Hier zeigten sich lokalistische Tendenzen: Vor Ort sollte entschieden werden, ob und inwiefern aus dem individuellen Beitrag eine Sozialleistung wurde, von dem dann nur die Gemeinschaft am Ort profitierte. An die Frage, ob Unterstützungen lokal oder zentral angeordnet wurden, knüpfte sich jedoch eine für die Existenz und die Expansion der gewerkschaftlichen Zentralverbände elementare Frage: Wurde ein möglichst großer Anteil der Mitgliedsbeiträge an die Zentralkassen überführt, was für den Auf- und Ausbau der zentralisierten Massenorganisationen erforderlich war, oder verblieben relativ hohe Beitragskontingente in den Lokalkassen? Es ging – wie im Kapitel über die organisationspolitischen Kontexte bereits angebahnt – um die Kontrolle der Verbandsfinanzen. Sollte diese möglichst umfassend zentral erfolgen, wie es für den aufsteigenden Zentralverband unerlässlich war, mussten die Beiträge möglichst vollständig an die Zentralkasse überwiesen werden. Entsprechend hatten auch jene Beitragsbestandteile, die für lokale Unterstützungen vor Ort verblieben, perspektivisch in die Zentralkassen umgeleitet zu werden. Das war nur möglich, wenn Unterstützungseinrichtungen als Zentralkassen des Verbandes – und Lokalkassen lediglich noch mit abnehmender, ergänzender Bedeutung – die Leistungserbringung übernahmen. Da ferner über die Anhebung von Unterstützungen die unbeliebten, für den Finanzbedarf der expandierenden Zentralorganisationen jedoch notwendigen Beitragsanhebungen moderiert werden konnten, mussten zentralisierte Unterstützungskassen in das strategische Portfolio der Vorstände der gewerkschaftlichen Zentralverbände gelangen.[77]

Um die Perspektive an dieser Stelle über die Hafenarbeiter hinaus zu erweitern: Zunächst sehr fortschrittlich ging unter genannten Gesichtspunkten der Verband der Gemeinde- und Staatsarbeiter[78] vor. Er konstituierte sich ab 1896 zunächst als Verband der Arbeiter in Gasanstalten, auf Holz- und Kohlenplätzen und sonstiger Arbeitsleute und gab sich später als Zentralverband ein Statut, das sogleich auf ein zentralisiertes Unterstützungswesen setzte. Es umfasste als soziale Unterstützungseinrichtungen eine Krankengeldunterstützung, die – nach Dauer der Mitgliedschaft gestaffelt – eine wöchentliche Unterstützung von drei bis fünf Mark ausschüttete. Darüber hinaus gab es eine zentrale Sterbegeldkasse sowie eine zentrale Invalidenunterstützung, die nach zehnjähriger Mitgliedschaft sechs Mark wöchentliche Unterstützung bei einer Voll-

---

[77] Durch Erhöhung der Unterstützungen waren Anhebungen der Beiträge natürlich auch sachlich begründet und erforderlich.

[78] Im Folgenden wird die Bezeichnung »Verband der Gemeinde- und Staatsarbeiter« als Verbandssynonym genutzt, wenngleich die Gewerkschaft in der ersten Dekade ihres Bestehens seit 1896 eine Vielzahl unterschiedlicher Verbandsbezeichnungen führte und die Staatsarbeiter neben den Gemeindearbeitern erst ab dem Protokolljahrgang 1906 im Titel erschienen. Vgl. hierzu etwa Verband der in Gemeinde- und Staatsbetrieben beschäftigten Arbeiter und Unterangestellten: Protokoll der Verhandlungen des vierten Verbandstages 1906. Verband der Gemeinde- und Staatsarbeiter: Protokoll der Verhandlungen des fünften Verbandstages 1909.

invalidität zur Verfügung stellte.[79] Diese zentralen Unterstützungen trafen jedoch auf Widerstand aus den lokalen Filialen. Per Urabstimmung wurde 1897 beschlossen, das Unterstützungswesen vollständig zu dezentralisieren und die lokalen Zahlstellen autonom entscheiden zu lassen, ob und welche Kassen sie bei Forderung von entsprechenden Extrabeiträgen am Ort führen wollten.[80]

Als sich ab 1900 die Diskussion über die Einführung zentraler Unterstützungseinrichtungen auf den Verbandstagen erneut zuspitzte, wurden die im Verband herrschenden Vorbehalte abermals deutlich. Bei den Gemeindearbeitern spielten die besonderen Formen der Entlohnung dabei eine entscheidende Rolle. Von den kommunalen Arbeitgebern wurde nach dem Vorbild der Kommunalbeamten die »Herausbildung einer loyalen, lebenslänglich an die Stadt gebundenen und mit den Interessen des Betriebes verwobenen Arbeiterschicht«[81] angestrebt. Gemeindearbeiter erhielten – mit Unterschieden von Gemeinde zu Gemeinde – in der Folge diverse Vergünstigungen als ergänzende soziale Lohnbestandteile. Sie konnten beispielsweise Kinder- oder Erziehungszulagen umfassen und die Bereitstellung oder finanzielle Unterstützung von Wohnraum. In Städten und Gemeinden wurden allerdings auch Krankenzuschüsse gezahlt.

Daraus begründete sich die Sorge, dass eine gewerkschaftliche Krankengeldunterstützung dazu führen könnte, dass schließlich die sozialen Lohnbestandteile durch die kommunalen Arbeitgeber gekürzt werden könnten. »Da in den meisten Städten bereits ein Lohnzuschuss zu dem Krankengeld gezahlt würde, glaube er, dass (…) den städtischen Verwaltungen von Seiten des Verbandes in die Hände gespielt würde, weil doch das Krankenunterstützungsgeld den Wochenlohn nicht übersteigen darf«, lautete die Begründung eines Antrags aus Halle an der Saale gegen die Einrichtung einer zentralen gewerkschaftlichen Krankenunterstützung, der auf dem zweiten Verbandstag in Berlin gestellt wurde.[82]

Vor jenem Hintergrund setzte sich zunächst die Entscheidungsautonomie auf lokaler Ebene durch und ab 1900 der Gedanke einer lediglich fakultativen zentralen Krankengeldkasse, bei der wiederum das einzelne Mitglied je nach örtlichem Arbeitsvertrag entscheiden konnte, ob ein Beitritt zu dieser gewerkschaftlichen Einrichtung vorteilhaft oder nachteilig war. Gleichwohl, trotz dieser relevanten Interessenlage, war die Entwicklung zu Zentralkassen auch im freigewerkschaftlichen Verband der Gemeinde- und Staatsarbeiter nun nicht mehr aufzuhalten. Die fakultative zentrale Krankenzuschusskasse des Verbandes sollte noch im Oktober des Jahres 1900 nach der in einer Urabstimmung erfolgten Zustimmung der Filialen in Kraft treten. Sie erwies sich

---

[79] Furtwängler: ÖTV, S. 118.
[80] Ebd.
[81] Wolfgang Kügel: Gemeindearbeiterschaft, Stadtverwaltung und gewerkschaftliche Organisation in Deutschland 1896-1921, Diss. München 1989, S. 52.
[82] Verband der in Gemeindebetrieben beschäftigten Arbeiter und Unterangestellten: Protokoll der Verhandlungen des zweiten Verbandstages 1900, S. 20 f.

jedoch als »organisatorischer Missgriff«[83] – sie war als fakultative Kasse mit kaum zu prognostizierenden Mitgliederzahlen und wegen technischer Versäumnisse wie einer knapp bemessenen Karenzzeit nach kürzester Zeit nicht mehr finanzierbar.[84] Obgleich die fakultative Kasse als eine Art Einstiegskompromiss scheiterte, bremste dies den Siegeszug zentraler verbandlicher Unterstützungseinrichtungen nicht mehr. Im Gegenteil, dadurch wurde nur ein weiterer Anstoß gegeben, zentrale soziale Unterstützungseinrichtungen als für alle Mitglieder verpflichtende Kassen zu etablieren. Im Jahr 1903 führte der Verband die obligatorische zentrale Sterbekasse ein;[85] wenig später, im Jahr 1906, folgte der Beschluss des Verbandstages zur Erweiterung der Statuten. Damit wurde eine zentrale Erwerbslosenkasse als kombinierte Kranken- und Arbeitslosenunterstützung eingerichtet.[86]

Die Einführung der Erwerbslosenunterstützung kann, wie für Hafen- und Transportarbeiter geschildert, als Indikator für zu überwindende Widerstände gedeutet werden. Um 1900 war in der Organisation der Gemeinde- und Staatsarbeiter der Referent des Verbandsvorstandes, der seinerzeit für die Einführung einer fakultativen Krankengeldzuschusskasse plädierte, noch der Überzeugung, dass aufgrund der allgemein sicheren Arbeitsverhältnisse der Arbeiter, die von Gemeinden oder anderweitig öffentlich beschäftig waren, eine verbandliche Arbeitslosenkasse überhaupt nicht in Betracht komme.[87]

Der bis 1906 zu konstatierende Gesinnungswandel war wohl wesentlich auch einem steigenden Finanzbedarf der Verbandszentrale geschuldet. Angestrebt wurde ein neues Reglement mit Einführung gestaffelter Beiträge, mit dem die Zahlungen an die Gewerkschaft besser an die Lohnverhältnisse angeglichen werden konnten, eine Erhöhung der Beitragssätze und eine Anhebung jener Quote vorgenommen wurde, die von den Lokalstellen an die Gewerkschaftszentrale abgeführt werden musste. Verfolgt wurde also eine Neujustierung des Beitragswesens, mit der zum Vorteil der Zentralkasse effizienter besteuert werden konnte. Um jene unbeliebten und hochgradig umstrittenen Forde-

---

[83] Dazu etwa Verband der in Gemeindebetrieben beschäftigten Arbeiter und Unterangestellten: Protokoll der Verhandlungen des dritten Verbandstages 1903, S. 30.

[84] Vgl. ebd., S. 27 und S. 30. Hierzu auch ein Bericht über das Scheitern der fakultativen Kasse in den Geschäftsberichten. Verband der in Gemeindebetrieben beschäftigten Arbeiter und Unterangestellten: Geschäftsbericht 1900 bis 1902, S. 73-76.

[85] Die Beschlussfassung zur Einführung der Sterbeunterstützung in: Verband der in Gemeindebetrieben beschäftigten Arbeiter und Unterangestellten: Protokoll der Verhandlungen des dritten Verbandstages 1903, S. 48 ff. Zu den gewerkschaftlichen Unterstützungskassen für den Sterbefall vgl. das nachfolgende Kapitel dieser Studie.

[86] Die Beschlussfassung zur Einführung der Erwerbslosenunterstützung in: Verband der in Gemeinde- und Staatsbetrieben beschäftigten Arbeiter und Unterangestellten: Protokoll der Verhandlungen des vierten Verbandstages 1906, S. 183 f.

[87] Verband der in Gemeindebetrieben beschäftigten Arbeiter und Unterangestellten: Protokoll der Verhandlungen des zweiten Verbandstages 1900, S. 20.

rungen der Verbandsführung gegenüber den Vertretern der Lokalstellen, die damit vor die Mitgliedschaften zu treten hatten, durchsetzen zu können, wurden Kompensationsangebote benötigt – und die bestanden im Auf- und Ausbau einer zentralen Unterstützungsarchitektur. Die Botschaft an die Mitgliedschaft lautete: Dafür, dass sich das Beitragsaufkommen erhöht und ein größerer Teil künftig nicht mehr in der Lokalkasse verbleibt, sondern in die Zentralkasse abgeführt wird, werden künftig – zusätzlich zu lokalen Unterstützungstarifen – verlässliche und einheitliche Sozialleistungen für die wichtigsten Schicksalsfragen des Lebens bei Krankheit, Tod und Arbeitslosigkeit aus der Kasse der Verbandszentrale gezahlt.[88] Im Verband der Gemeinde- und Staatsarbeiter hielten sich dennoch lokale Unterstützungstraditionen neben dem zentralisierten Kassenwesen nachhaltig – wohl auch wegen der geschilderten, durch die spezifischen Bedingungen kommunaler Arbeit begründete lokale Logik.[89]

Für einen Verband, der das Risiko der Erwerbslosigkeit für seine Mitgliedschaft gering bewertete, war die Einführung einer zentralen Arbeitslosenunterstützung über eine Erwerbslosenkasse finanziell womöglich auf den ersten Blick sogar attraktiv, da bei erwarteten überschaubaren Kosten höhere Beitragseinnahmen durchgesetzt werden konnten. In Zeiten eskalierender Arbeitsmarktkrisen, wie sie insbesondere nach dem Ende des Ersten Weltkriegs aufziehen sollten, wurde diese Motivation allerdings zu Makulatur. Generell war auch schon um die Jahrhundertwende die Sorge vor den hohen Kosten verbreitet, welche die Arbeitslosen- und die Krankenunterstützung verursachen konnten. Die Besorgnis vor der Unberechenbarkeit dieser großen sowie krisenanfälligen Sozialkassen wirkte für Verbandsführungen vielfach abschreckend.

Das war ein wesentlicher Begleitfaktor bei der 1903 erfolgenden Einführung der zentralen Krankenunterstützungskasse im Zentralverband der Handels-, Transport- und Verkehrsarbeiter Deutschlands. Jene Bedenken waren so gewichtig, dass die Ge-

---

[88] Zur Debatte von Beitragsfragen und zu den entsprechenden Beschlüssen im Zusammenhang mit der Diskussion zentraler Unterstützungseinrichtungen etwa Verband der in Gemeindebetrieben beschäftigten Arbeiter und Unterangestellten: Protokoll der Verhandlungen des dritten Verbandstages 1903, S. 28-33. Verband der in Gemeinde- und Staatsbetrieben beschäftigten Arbeiter und Unterangestellten: Protokoll der Verhandlungen des vierten Verbandstages 1906, S. 182 ff. Verband der Gemeinde- und Staatsarbeiter: Protokoll der Verhandlungen des fünften Verbandstages 1909, S. 26-31 oder – sehr deutlich – S. 155 ff.

[89] Der Verband der Gemeinde- und Staatsarbeiter wies in seinen Jahresberichten im statistischen Material über das Unterstützungswesen Daten über »sonstige Unterstützungen« aus lokalen Mitteln (in den Bereichen von Sterbe-, Kranken- oder Notfallunterstützungen) aus. Im Jahr 1914 erreichten diese mit 34.436 Mark Gesamtausgaben einen Höchstwert für die Jahre von 1896 bis 1914. Zum Vergleich: Im Jahr 1914 beliefen sich die Jahresausgaben für die zentrale Erwerbslosenunterstützung auf 336.452 Mark. Für das Jahr 1926 wies der Verband als Daten aus: 146.786 Reichsmark für lokale Unterstützungen gegenüber 797.784 für Erwerbslosigkeit aus der Zentralkasse. Der Anteil der lokalen Unterstützungsausgaben an allen Unterstützungsausgaben des Verbandes (lokal und zentral) lag damit zumeist zwischen fünf und zehn Prozent – in einigen Jahren, wie 1926, auch darüber. Die Zahlen nach Verband der Gemeinde- und Staatsarbeiter: Geschäftsbericht 1926, S. 217.

werkschaftsführung, die mit der zentralen Arbeitslosenunterstützung des Verbandes deutlich signalisiert hatte, dass sie zentralisierte Unterstützungseinrichtungen befürwortete, sich bei der Krankenunterstützung nun zunächst auffällig distanzierte. Auf dem Verbandstag 1901 spitzte sich die Diskussion zu. Aus zahlreichen Ortsverbänden wurde an den Zentralverband die Forderung gerichtet, eine zentrale Krankenunterstützung einzurichten. Der Hintergrund für jene Forderungen war: Insbesondere kleinere Ortsverbände, die sich keine lokale Krankenunterstützung leisten oder sie lediglich mit niedrigen Sätzen anbieten konnten, wollten ihren Mitgliedern den Zugang zu dieser Unterstützungsform in einer aufgewerteten Form ermöglichen – oder reagierten auf den entsprechenden Druck aus ihren Mitgliedschaften. Die Idee der obligatorischen Zentralkassen, für alle Mitglieder jenseits regionaler Grenzen gleiche Unterstützungsleistungen einzurichten, zeigte hier ihre praktische Relevanz. Zugleich ging es wohl auch um die Verantwortung, die bei der Krankenunterstützung sogleich an die Verbandszentrale überwiesen werden sollte. Sowohl Begehrlichkeiten in Bezug auf die Leistungen der Unterstützung als auch Frustrationen, die beim Abweisen von Leistungen unvermeidlich waren und mit denen lokale Gewerkschaftsvertreter in den örtlichen Mitgliedschaften direkt konfrontiert wurden, konnten bei einer zentralisierten Kasse an den Zentralverband delegiert werden.[90]

Die Sorge vor einer Enttäuschung der Mitgliedschaft schreckte auch die Verbandsführung. Hier verwies man auf die schwer kalkulierbaren Kosten wegen der Unberechenbarkeit von Krankheiten oder Epidemien und mahnte ein daher erforderliches vorsichtiges Vorgehen an. Das bedeutete, dass man zuerst mit niedrigen Leistungssätzen in eine zentrale Krankenunterstützung einsteigen wollte, zugleich aber die Abführung der Finanzmittel aus den lokalen Filialen an die Zentrale erhöht werden mussten. In finanzstarken Ortsverbänden, die eine lokale Krankenunterstützung gewährten und sie gut ausstatteten, waren Konflikte vorprogrammiert. Hier hätten die Mitglieder mit der Einführung der zentralen Unterstützungskasse womöglich Leistungseinbußen zu verzeichnen, da ein größerer Teil der lokalen Finanzen an die Verbandszentrale zu überweisen gewesen wäre, die nun für eine zunächst niedrig dotierte Krankenunterstützung zuständig wurde.

Diese Argumente führte Oswald Schumann als Verbandsvorsitzender auf dem Nürnberger Verbandstag 1901 nachdrücklich aus – assistiert von Carl Legien, dem Vorsitzenden der Generalkommission der Gewerkschaften, der als Gast der Veranstaltung

---

[90] Zur Diskussion der Krankenunterstützung auf den Verbandstagen und zum weiter Folgenden die Protokolle der Verbandstage: Zentralverband der Handels-, Transport- und Verkehrsarbeiter Deutschlands: Protokoll der zweiten Generalversammlung 1901 mit Rechenschaftsbericht 1898 bis 1900, Protokollteil, bes. S. 106 f. und S. 114 f. Ders.: Protokoll der dritten Generalversammlung 1903 mit Rechenschaftsbericht 1901 bis 1902, hier der Protokollteil, bes. S. 241 ff.

Schumann zur Seite sprang.[91] Beide Gewerkschaftsführer wollten eine Abstimmung korrigieren, die auf dem Verbandstag eine Mehrheit für die Einführung einer zentralen Krankenunterstützung ergeben hatte. Also schürte man nun selbst – offenbar gezielt – die Vorbehalte der lokalen Kräfte, indem Legien etwa davor warnte, dass soziale Kassen nicht die Mittel für Arbeitskämpfe binden dürften und Ortsverwaltungen damit rechnen müssten, dass sie künftig nur noch 15 bis 20 Prozent der Beitragseinnahmen am Ort behalten könnten. Die Zentralisten in der Gewerkschaftsführung stimulierten also die Reflexe der lokalistischen Kräfte – mit Erfolg. In einer zweiten Abstimmung hatte sich die Mehrheit für einen unmittelbaren Auftrag an den Verbandsvorstand, eine zentrale Krankenunterstützung einzurichten, verflüchtigt.

Was hatten Schumann und Legien erreicht? Es ging offenkundig nicht darum, die zentrale Krankenunterstützung im Verband der Transportarbeiter gänzlich zu verhindern, denn diese wurde bereits zwei Jahre später mit einem Beschluss des Verbandstages 1903 auf Basis einer vom Verbandsvorstand autorisierten Kommissionsvorlage implementiert.[92] Zwei Jahre zuvor – so die naheliegende Interpretation – spielte die Gewerkschaftsführung taktisch, um Zeit zu gewinnen. Vor der Einführung einer zentralisierten Krankenunterstützungskasse sollten Finanzbedarf und Leistungstarife mit der erforderlichen Sorgfalt im Verbandsvorstand vorbereitet werden. Es ging darum, dass die Verbandsführung Herr des Verfahrens war – nicht zuletzt, da man der Krankenunterstützung aus genannten Gründen mit Respekt begegnete und der Verbandsvorstand bei einer zentralisierten Kasse die Risiken übernahm. Durch die Intervention von Schumann und Legien auf dem Verbandstag 1901 wurde überdies bewirkt, dass die Ortsverbände auf finanzielle Zugeständnisse ihrerseits für eine zentrale Krankenunterstützung eingestimmt wurden. Damit war die 1903 anstehende Beitragserhöhung anmoderiert.

Nach einer auf dem Verbandstag 1903 mit Leidenschaft ausgetragenen Kontroverse konnte sich die Verbandsführung schließlich mit der Beitragserhöhung durchsetzen – mit wiederholt vorgetragenem Hinweis, dass sich der Verband ohne die Anhebung von Beitragseinnahmen und ohne die Stärkung der Finanzen der Verbandszentrale obligatorische Unterstützungen mit ambitionierten Sätzen nicht leisten könne.[93] Letztlich begann der Verband der Transportarbeiter seine zentrale Krankenunterstützung auch aus Rücksichtnahme auf die Dissonanzen zunächst mit einer komplizierten gespalte-

---

[91] Zentralverband der Handels-, Transport- und Verkehrsarbeiter Deutschlands: Protokoll der zweiten Generalversammlung 1901 mit Rechenschaftsbericht 1898 bis 1900, hier der Protokollteil, bes. S. 114 f.

[92] Zentralverband der Handels-, Transport- und Verkehrsarbeiter Deutschlands: Protokoll der dritten Generalversammlung 1903 mit Rechenschaftsbericht 1901 bis 1902, hier der Protokollteil, S. 246.

[93] Ebd. bes. der ausführliche Wortbeitrag von Oswald Schumann, S. 245 f. Die kontroverse Debatte ebd., S. 242 ff.

nen Lösung. Dabei wurden kleinere Ortsverwaltungen bei höheren Abführungen an die Zentrale in die neue zentralisierte Krankenunterstützung des Verbandes integriert, während größere Ortsverwaltungen bei geringeren Abführungen an die Zentrale bestehende lokale Krankenunterstützungen weiterführen konnten.[94]

Also war auch hier zu studieren, wie Widerstände gegen zentrale Unterstützungskassen letztlich überwunden wurden, ein finanzpolitisches Junktim und die Stärkung der Zentrale gegenüber der lokalen Autonomie dabei als Faktoren auftauchten, aber zudem: dass dabei auch der Druck zum Auf- und Ausbau zentraler Unterstützungskassen, aus Mitgliedschaften und Lokalvertretungen vorgetragen, zunehmend registrierbar und wirksam wurde. Verstärkt durch einen lokalen Wettstreit der gewerkschaftlichen Organisationen um Mitglieder, bildeten sich an die Gewerkschaftszentralen adressierte Forderungen aus, mit denen offenkundig starke und dynamisch einwirkende soziale Sicherungsinteressen der Mitgliedschaften vor Ort befriedigt werden konnten.

Um schlussendlich wieder den Bogen zu den Hafenarbeitern zu spannen: Der Verbandstag der Hafenarbeitergewerkschaft beauftragte 1900 den Verbandsvorstand, einen Vorschlag für eine zentrale Krankenunterstützungskasse auszuarbeiten.[95] Am Ende lief der Entscheidungsprozess nach langwierigen Diskussionen und trotz aller vorgebrachten Einwände auch bei den Hafenarbeitern auf die Gründung einer obligatorischen und zentralen Krankenunterstützungskasse hinaus. Auf dem Verbandstag 1904 wurde der entsprechende Beschluss gefasst.[96] Nach den in den vorausgegangenen Passagen auch an der Krankenunterstützung dargestellten Widerständen gegen die Etablierung zentraler und obligatorischer sozialer Kassen stellt sich die Frage: Mit welchen Bedeutungszuweisungen vollzog sich zum Beispiel bei den freigewerkschaftlichen Verbänden der Hafenarbeiter, der Transportarbeiter oder der Gemeinde- und Staatsarbeiter

---

[94] Nach der gespaltenen Lösung führten Ortsverbände mit weniger als 1.000 Mitgliedern 70 Prozent der Beitragseinnahmen an die Zentrale ab. Dafür leistete der Verband die zentrale Krankenunterstützung nach den vereinbarten einheitlichen Sätzen. Große Ortsverbände mit mehr als 1.000 Mitgliedern führten 50 Prozent der Beitragseinnahmen ab, dafür mussten diese Verbände eine eigene Krankenunterstützung vorhalten, deren Bestimmungen von der Verbandszentrale zu bewilligen waren. Damit wurden lokale Partikularlösungen in Grenzen zunächst legitimiert, aber dennoch von der Zentrale kontrolliert. In der Logik des Zentralkassenwesens nahm der Druck auf die Vereinheitlichung der Leistungen stetig zu – insbesondere aus den Ortsverbänden, die an die zentrale Unterstützung angeschlossen waren und die zu Ortsverbänden mit höherer lokaler Unterstützung aufschließen wollten. Diese Konkurrenz dynamisierte schließlich die Leistungsausweitung bei der zentralen Krankenunterstützung. Vgl. dazu Zentralverband der Handels-, Transport-, Verkehrsarbeiter und Arbeiterinnen Deutschlands: Protokoll der vierten Generalversammlung 1905 mit Rechenschaftsbericht 1903 bis 1904, hier der Protokollteil, S. 323 ff. und S. 329 f.

[95] Verband der Hafenarbeiter Deutschlands: Protokoll der sechsten Generalversammlung 1900 mit Geschäftsbericht 1898-1900, hier der Protokollteil, S. 38.

[96] Verband der Hafenarbeiter und verwandten Berufsgenossen Deutschlands: Protokoll des achten Verbandstages 1904 mit Geschäftsbericht 1902-1903, hier der Protokollteil, S. 116 ff.

die Konsolidierung einer mehrheitsfähigen Stimmung pro Zentralkassen im sozialen gewerkschaftlichen Unterstützungswesen?

Man könnte hier eine ganze Kaskade von Zitaten aus Wortbeiträgen insbesondere auf den Verbandstagen jener Jahre vortragen, aus denen sich allmählich ein zusammenhängendes Bild einer übergeordneten Sinnkonstruktion ergäbe,[97] die übrigens nicht nur für den Aufbau zentraler Krankenunterstützungen, sondern vielmehr für die meisten zentralisiert angeordneten sozialen Unterstützungskassen bei den hier näher betrachteten Verbänden der Freien Gewerkschaften in der Phase der Einrichtung dieser Kassen auffällig war. In essenzartiger Verdichtung ließe sich jene in etwa wie folgt beschreiben: Um die Jahrhundertwende zeigte sich in gewerkschaftlichen Verbänden eine Ausrichtung am Leitmotiv des Auf- und Ausbaus starker und schnell wachsender Zentralverbände, in welche die Bedeutung des zentralen gewerkschaftlichen Unterstützungswesens eingepasst wurde.

Befördert von einer kurzen wirtschaftlichen Depressionsphase zwischen 1900 und 1902, die sich von 1907 bis 1908 noch einmal wiederholte, bildete sich ein freigewerkschaftliches Erzählmuster aus. So wurde 1903 im Verband der Gemeinde- und Staatsarbeiter festgehalten: »In fast allen Gewerkschaften brach sich unter Einwirkung der Krisis die gesunde Idee Bahn, dass es nicht so sehr gelte, sogenannte Kampfesorganisationen zu schaffen, sondern dass man vor allem bedächtig an den inneren Ausbau der Gewerkschaften durch Unterstützungseinrichtungen denken müsse, um die Fluktuation zu mildern.«[98] Dabei, so hieß es weiter, könnten allein zentralistische und obligatorische Verbandseinrichtungen von wirklichem Nutzen sein.[99] Die Auf- und Ausbauerzählung von den zentralisierten Großorganisationen wurde mit starken Modernisierungsmotiven versehen. Kultivierten gewerkschaftlichen Organisationen, die den inneren Ausbau mit höheren Beiträgen und einem ausgedehnten Unterstützungswesen vorantrieben, die mit einer auch dadurch gesteigerten Attraktivität der Organisation Mitglieder gewinnen und binden konnten, die dabei immer größer wurden, sich konsequent zentralisierten und schließlich im wirtschaftlichen Kampf potenter auftreten konnten, stand das Bild überholter Organisationsformen entgegen: etwa das der Gewerkschaftsarbeit

---

[97] Darauf wie auch auf eine Ansammlung von Einzelbelegen wird verzichtet. Im Folgenden wird – wie schon in den vorangegangenen Passagen dieses Kapitels – eine verdichtete Interpretation vorgestellt, die sich aus der Lektüre und Auswertung insbesondere der vielfältigen Debatten auf den Verbandstagen der genannten Verbände nach der Jahrhundertwende *insgesamt* speist. Auf detailfokussierte diskursanalytische Komplikationen wird hier wie im weiteren Verlauf der Studie bewusst verzichtet. Dem diesbezüglich interessierten Leser sei für einführende und weiterführende Hinweise empfohlen Johannes Angermuller u.a. (Hg.): Diskursforschung. Ein interdisziplinäres Handbuch, zwei Bände, Bielefeld 2014.

[98] Verband der in Gemeindebetrieben beschäftigten Arbeiter und Unterangestellten: Protokoll der Verhandlungen des dritten Verbandstages 1903, S. 27.

[99] Ebd.

im Kneipenmilieu, wo alkoholisiert agitiert wurde, Beiträge kassiert wurden und anstelle geregelter Unterstützungseinrichtungen Sammelbüchsen kreisten.[100]

Dieses Modernisierungsmuster ließe sich – womöglich an etwas mehr als nur einer Laune der Geschichte – für den Verband der Hafenarbeiter biografisch illustrieren: Mit Georg Kellermann agierte in den frühen 1890er Jahren ein Verbandsvorsitzender, der Inhaber einer Gastwirtschaft war – und deren Anschrift in jener Zeit noch zu einem »Synonym der organisierten Hamburger Hafenarbeiterbewegung«[101] wurde. Sein Nachfolger, Johann Döring, der in der ersten Dekade des 20. Jahrhunderts den inneren Ausbau des Verbandes der Hafenarbeiter vorantrieb, leitete in den 1920er Jahren den Verwaltungsrat der Fakulta, der freiwilligen Rechtsschutz- und Haftpflichtkasse des Verkehrsbundes[102] – ein Synonym für den Ausbau des professionellen Unterstützungswesens in den Gewerkschaften der Handels- und Transportarbeiter.

In jener Sinnkonstruktion, die das soziale Unterstützungswesen offensiv integrierte, wurden puristische Kampforganisationen herabgesetzt. Man distanzierte sich von ihnen. »Das alte Steckenpferd von der Kampfesorganisation sollte von vornherein aus der Diskussion ausscheiden. Alle Verbände, die Unterstützungszweige kultiviert haben, haben an Kampfcharakter nichts verloren, sondern haben im Gegenteil mehr erreicht als diejenigen, die nur immer für den Streik geschwärmt haben.«[103] Hier, in einem Beispiel aus dem Umfeld des Verbandes der Gemeinde- und Staatsarbeiter, wurde den »kultivierten« Organisationen mit ausgebauten Unterstützungseinrichtungen der reine Kampfverband als überholte Organisationsform entgegengestellt. Damit reagierte man auf die fortwährende Debatte um den Kampfcharakter der Organisationen, die in der ersten Dekade des 20. Jahrhunderts immer wieder auf den Verbandstagen der hier beispielhaft herausgegriffenen Organisationen aufbrach.

Auf der einen Seite standen die Sympathisanten lokaler Autonomie, die vor Ort entscheiden wollten – auch über Form und Ausmaß sozialer Hilfskassen, damit die finanziellen Mittel des Verbandes im Streikfall zur Verfügung standen. Auf der anderen Seite stand die Idee der modernen Zentralverbände, in welcher die Rationalisierung im Kon-

---

[100] Zum Kneipenmilieu von Hafenarbeit und Gewerkschaftsarbeit Verband der Hafenarbeiter Deutschlands: Protokolle des zweiten Kongresses der Hafenarbeiter 1898 sowie der fünften Generalversammlung 1898 mit Geschäftsbericht 1897-1898, hier die Dokumentation der Generalversammlung, S. 26. Oder Verband der Hafenarbeiter Deutschlands: Protokoll der sechsten Generalversammlung 1900 mit Geschäftsbericht 1898-1900, hier der Protokollteil, S. 30.

[101] Beitrag über Georg Kellermann in der biografischen Sammlung von Zimmermann: 100 Jahre ÖTV – Biografien, S. 109-110, das Zitat S. 110.

[102] Dies nach dem Beitrag über Johann Döring ebd., S. 45-50, hier bes. S. 47 und S. 50.

[103] So ein Beispiel von möglichen vielen, dies in: Verband der in Gemeindebetrieben beschäftigten Arbeiter und Unterangestellten: Protokoll der Verhandlungen des dritten Verbandstages 1903, S. 30.

fliktverhalten[104] überführt wurde in eine Erzählung von mitgliederstarken, mit starker Finanzzentrale ausgestatteten, durch das soziale Unterstützungswesen gefestigten und daher mächtigen Großorganisationen, die abschreckend mit großen Streiks drohen und daher wirtschaftlich erfolgreicher für ihre Mitgliedschaft agieren konnten. Dabei wurde sprachlich mit Kampfbegriffen gearbeitet, wohl nicht zuletzt auch, um Streikerfahrungen und das Selbstverständnis vieler Funktionäre sowie verbandliche Prägungen durch gewerkschaftliche Urkämpfe anzusprechen – wie im Fall der Hafenarbeiter durch den großen Hamburger Hafenarbeiterstreik oder im Fall der Gemeinde und Staatsarbeiter durch den Arbeitskampf der Berliner Gasarbeiter.[105] Zugespitzt wurde diese Konstruktion der Bedeutung für den Kampfcharakter der Organisationen gelegentlich so weit, dass soziale Unterstützungskassen bildhaft als Lazarett oder Sanatorium der ermüdeten Kämpfer oder als deren Rüstung gezeichnet wurden.[106]

Die Fluktuationsbekämpfung, um Wachstum und Stärke der Verbände zu fördern und nachhaltiger zu gestalten, wurde zu einer zentralen Bedeutungszuweisung an das soziale Unterstützungswesen. Der Vertreter der Generalkommission führte auf dem

---

[104] Zur wissenschaftlichen Analyse eines rationalisierten Konfliktaustrags als Entwicklung in den Freien Gewerkschaften jener Jahre zentral die Arbeiten von Heinrich Volkmann: Modernisierung des Arbeitskampfes? Zum Formwandel von Streik und Aussperrung in Deutschland 1864-1975, in: Hartmut Kaelble u.a. (Hg.): Probleme der Modernisierung in Deutschland. Sozialhistorische Studien zum 19. und 20. Jahrhundert, zweite Auflage, Opladen 1978, S. 110-170. Oder auch ders.: Möglichkeiten und Aufgaben quantitativer Arbeitskampfforschung in Deutschland, in: Internationale wissenschaftliche Korrespondenz zur Geschichte der deutschen Arbeiterbewegung 17, 1981, S. 141-154.

[105] Zur Schilderung des Streiks der Berliner Gasarbeiter 1896 – ausgehend vom Gaswerk Danziger Straße – als Keimzelle der Verbandsgründung, die Gasarbeiter und Arbeiter auf Holz- und Kohlenplätzen zunächst vereinte (1897 wanderten jene in den Verband der Transportarbeiter ab), vgl. etwa die zeitgenössische Verbandsgeschichtsschreibung. So Verband der Gemeinde- und Staatsarbeiter: Dreißig Jahre Organisationsarbeit der Gemeinde- und Staatsarbeiter in Berlin, Berlin 1926, S. 10 ff.

[106] Dies ganz deutlich etwa im Verband der Transportarbeiter: Vgl. dazu die schon zu Anfang dieses Kapitels im Text wiedergegebenen Quellen. Ähnlich: »Die wirtschaftlichen Kämpfe werden immer schwieriger und nehmen an Umfang, soweit die Zahl der Betriebe und beteiligten Personen infrage kommen, zu. Der Widerstand der Unternehmer wird immer hartnäckiger, ihre Organisationen kräftiger, die Zahl der Einzelkämpfe wird geringer. Polizei und Regierung, getrieben und angespornt von rücksichtslosen Scharfmachern, legen uns Hemmschuhe und Fallstricke in den Weg (...). Dies alles gilt es zu überwinden und dabei außerdem den in diesen Kämpfen unter die Räder geratenen Kollegen durch Unterstützungen hilfreich beizuspringen. Dies verursacht ständig steigende Unkosten, erfordert also Geld und nochmals Geld.« Deutscher Transportarbeiter-Verband: Jahrbuch 1913, S. 119. Im Verband der Gemeinde- und Staatsarbeiter wurde eine Passage zu den Verbandsausgaben und Unterstützungen abgeschlossen mit dem Satz: »Ein Blick auf die weiteren Ausgabenposten zeigt dem aufmerksamen Kollegen, wo noch Lücken in unserer Rüstung klaffen.« Auch hier wird das gesamte Unterstützungswesen – und keineswegs nur die Kampfunterstützungen – durch die gewählte Diktion und die erzeugten Sprachbilder in das Milieu des Kampfes projiziert. Verband der Gemeinde- und Staatsarbeiter: Geschäftsbericht 1924, S. 96.

Verbandstag der Hafenarbeiter 1904 aus: »Sie haben die Fluktuation bemängelt, das ist aber sehr verständlich. Früher wurden 10 Pfennig Beitrag erhoben, dafür gab es nur das Organ, dadurch, dass die Mitglieder gebunden sind, d.h. wenn sie Anspruch an die Organisation haben, wird sie das nackte Interesse an die Organisation halten. Ich verweise nur auf die Hirsch-Dunckersche Organisation, die sonst keinen Wert an sich hat, wenn sie nicht die Krankenunterstützung hätte.« Und der Vertreter der Generalkommission fügte zur Frage der »Kampfesorganisation«, die in der Debatte wiederholt aufgeworfen wurde, hinzu: »Man sagt, durch die Unterstützungseinrichtungen geht der Charakter der Kampfesorganisation verloren. Ich kann Ihnen aber erklären, dass die Organisationen, die die ausgebautesten Kassen haben, auf wirtschaftlichem Gebiet die größten Fortschritte gemacht haben. Verlorene Streiks werden, wenn sie die Unterstützungseinrichtungen eingeführt, keine Einwirkungen auf das Abspringen der Mitglieder mehr haben.«[107] Mit dem angesprochenen Taubenschlagphänomen, nach dem das Kommen und Gehen der Gewerkschaftsmitglieder im Vorfeld und nach dem Abschluss von Arbeitskonflikten häufig sehr hoch war – nach verlorenen in besonderer Ausprägung –, wurde erneut eine direkte Verbindung zwischen sozialen Unterstützungskassen und Streikbewegungen adressiert.

Bei der Fluktuationsbekämpfung durch soziale gewerkschaftliche Unterstützungseinrichtungen ging es aber um weit mehr: um eine komplexe, modern anmutende Mitgliederbindung, die mit Karenzzeiten arbeitete oder mit steigenden Auszahlungen nach Beitragsjahren, womit lange Mitgliedschaften belohnt und gefördert wurden; oder um eine direkte Ansprache der Ehefrauen der organisierten männlichen Mitglieder, die als Schlüsselfiguren für finanzielle Entscheidungen im Familienverband galten und Mitgliedschaften stabilisierten. Es ging darum, die Ehefrauen als Sachwalterinnen der Lohntüten und Familienfinanzen für eine Investition in die Vorsorge für familiäre Notlagen zu gewinnen, die bei Arbeitslosigkeit, Krankheit oder Tod eintraten. So war im Beisein der Ehefrauen die Bereitschaft zur Zahlung von Gewerkschaftsbeiträgen bei der Hauskassierung zu steigern und darüber hinaus die Gewerkschaftsmitgliedschaft der Ehemänner zu verstetigen. Regelmäßig waren soziale Selbsthilfeeinrichtungen der Gewerkschaften gezielt mit Zahlungen oder anderen Leistungen ausgestattet, die den Familienangehörigen der Mitglieder zugutekamen. Bei gewerkschaftlichen Sterbegeldkassen war das ein bedeutender Aspekt, bei der Mitversicherung der Familie in gewerkschaftlichen Krankenkassen ebenso – dazu im weiteren Verlauf dieser Studie mehr. Diesbezügliche Bedeutungszuweisungen und Erwartungen an den Auf- und Ausbau sozialer Unterstützungskassen sind für die hier näher betrachteten Verbänden häufig zu finden.[108]

---

[107] Verband der Hafenarbeiter und verwandten Berufsgenossen Deutschlands: Protokoll des achten Verbandstages 1904 mit Geschäftsbericht 1902-1903, hier der Protokollteil, S. 108.

[108] Allgemein, nicht nur mit Bezügen zu gewerkschaftlichen Sterbegeldkassen, beispielsweise ebd., S. 104.

Die vermittelte Modernität der expansiven Fluktuationsbekämpfung rief in den Gewerkschaften Fortschrittskritik hervor. Dies spiegelte sich in den immer wieder aufbrechenden Debatten um eine damit einhergehende vermeintliche Metamorphose der Gewerkschaften zu – entsprechend benannten – »Versicherungsanstalten« oder »Versicherungsvereinen«. Dies wurde vornehmlich aus Kreisen der Lokalisten oder von radikaleren Befürwortern puristischer Kampfvereinigungen vorgebracht, um sich gegen Gewerkschaften mit ausgebauten sozialen Unterstützungskassen zu positionieren und mit einem negativen *Branding* von ihnen abzugrenzen. Die expandierenden Zentralverbände ähnelten mit der zunehmend professionellen Ausgestaltung der modernen Instrumente gegen die Mitgliederfluktuation, mit der voranschreitenden Ausdifferenzierung ihrer Satzungen und Unterstützungsstatuten sowie wachsenden Leistungsangeboten tatsächlich Versicherungen und deren Verträgen mehr und mehr.

In den Augen gewerkschaftlicher Funktionsträger, die mit der Modernisierungserzählung für den inneren Ausbau der Zentralorganisationen eintraten, war die Stigmatisierung der Gewerkschaften als »Versicherungsanstalt« vor allem in der frühen Phase der in dieser Studie betrachteten Zeit eine beleidigende Attacke, ja sogar eine Ehrverletzung. »Aber gegen eins verwahre ich die Bremerhavener Mitgliedschaft und unsere Organisation, dass sie eine Versicherungsanstalt sind«, protestierte Oswald Schumann als Vorsitzender der Transportarbeitergewerkschaft auf dem Verbandstag der Hafenarbeiter energisch gegen entsprechende Vorhaltungen.[109] Die Anbindung der Modernisierungserzählung von den dynamisch wachsenden Zentralorganisationen mit ihren expandierenden sozialen Unterstützungseinrichtungen an Kampfmotive war insofern auch ein Plädoyer, damit die modern gezeichnete Gewerkschaftsbewegung weiterhin mit dem »Kampf« für ein besseres Los der Organisierten identifiziert werden konnte – und nicht auf einen Anbieter sozialer Versicherungen reduziert wurde.

Bei erwähntem Disput um die Transportarbeitergewerkschaft als »Versicherungsanstalt« ging es nicht zuletzt auch um den Agitationskampf in Zeiten der Verbändekonkurrenz. Der Verband der Hafenarbeiter verlor seinerzeit Mitglieder an die Transportgewerkschaft – wegen der besseren Unterstützungsangebote. »Die Notwendigkeit, konkurrenzfähig zu bleiben, zwingt uns schon dazu (...). Andere Verbände haben eine enorme Mehrzunahme von Mitgliedern wie wir. Eine Arbeitslosenunterstützung ist nicht praktisch durchführbar, die Sterbeunterstützung haben wir ja, und es bleibt uns nichts anderes übrig, als die Krankenzuschusskasse ins Leben zu rufen. (...) Man muss aber nicht verkennen, dass wir solche Kassen nicht ins Leben rufen, um zu prunken, wir wollen den Mitgliedern etwas bieten, damit sie mehr gefesselt werden. In mehreren Mitgliedschaften haben wir ca. 50 Prozent Mitglieder verloren, und doch nur meisten-

---

[109] Ebd., S. 100.

teils deshalb, weil wir ihnen nicht genug bieten, sie sagen sich, wir gehen lieber in den Verband der Transportarbeiter.«[110]

Zu dieser Einschätzung, die auf dem Verbandstag der Hafenarbeiter 1904 getroffen wurde, hatte der persönlich anwesende Vorsitzende der Transportarbeitergewerkschaft eine Empfehlung. Der Verband der Hafenarbeiter solle doch, den Aufbau sozialer Unterstützungseinrichtungen betreffend, bei der diesbezüglich erfahreneren Organisation der Transportarbeiter in die Schulung gehen – auch, um mit aneinander angeglichenen Unterstützungssätzen eine künftige Fusion beider Organisationen zu erleichtern.[111] Die Auflösung der Konkurrenz durch einen gewerkschaftlichen Zusammenschluss in einem fusionierten, erneut vergrößerten Zentralverband unter Einbindung eines dafür auszubauenden sozialen Unterstützungswesens, wie es bereits um 1904 diskutiert wurde, war eine Vision hinsichtlich jener Fusionskonflikte, die – wie beschrieben – am Ende der Dekade insbesondere mit Blick auf die Arbeitslosenunterstützung auf beide Verbände warteten.

Um die zuletzt am Beispiel der freigewerkschaftlichen Verbände der Hafenarbeiter, der Transportarbeiter und der Gemeinde- und Staatsarbeiter gewonnenen Erkenntnisse zusammenzufassen: Die deutlich ersichtlichen Widerstände gegen das zentralisierte soziale Unterstützungswesen wurden vor allem in der ersten Dekade des 20. Jahrhunderts letztlich überwunden, indem die Etablierung zentraler Unterstützungseinrichtungen in unmittelbare Verbindung gebracht wurde mit einer neuen gewerkschaftlichen Moderne, dem Auf- und Ausbau fortschrittlicher, zentralistisch verfasster und die lokalistischen Tendenzen zurückdrängender Großverbände – mit dynamisch wachsenden und vor allem gefestigten Mitgliedschaften auf der Basis einer entwickelten sozialen Unterstützungsarchitektur. Die für ihre Mitglieder wie Funktionäre so gezeichneten Gewerkschaftsverbände symbolisierten Stärke und abschreckende Kampfkraft. Es wurde eine Modernisierungserzählung geprägt, welche die Tendenz zur Rationalisierung des Konfliktverhaltens aufgriff – mit der die Streikdrohung des großen, zentralistisch stringent geführten und daher besonders schlagkräftigen Verbandes häufige, kleine und aktionistische Bewegungen mehr und mehr ersetzte und tarifpolitische Verhandlungsroutinen am Ende dadurch erst ermöglichte. Letztlich war dies eine Entwicklung, die langfristig zur Reduzierung des Kampfgeschehens führte – was nicht zuletzt aus Kostengründen im gewerkschaftlichen Interesse lag. Präsentiert wurde sie in einer Erzählung, die immer wieder mit Kampfbegrifflichkeiten angereichert wurde und mit dem Kampf als gewerkschaftlicher Urdisziplin kokettierte. Das soziale Unterstützungswesen bildete dabei eine konstruierte Einheit mit einer Kampffähigkeit, die dadurch verbessert oder erst wirksam hergestellt werden konnte.

---

[110] Ebd., S. 105.
[111] Ebd., S. 100.

Somit wurde das soziale Unterstützungswesen schrittweise identitätspolitisch implementiert. Es wurde gegenüber den Skeptikern in seiner zentralisierten Form als neues Signum der Moderne der Gewerkschaftsbewegungen durchgesetzt. Das organisationspolitische Motiv der Stärkung der Mitgliederbasis im Prozess des dynamischen Aufbaus entsprach, wie in dieser Studie geschildert, einer alten, den sozialen Unterstützungskassen schon während ihrer mittelalterlichen Anfänge traditionell zuerkannten Funktion, die in der Zeit des Sozialistengesetzes besonders aufgewertet wurden: jener der allgemein stützenden und schützenden sowie Organisationen statisch stabilisierenden Wirkung. Diese Urbedeutung sozialer Unterstützungseinrichtungen stieg um die Jahrhundertwende blasenartig in den Debatten der Freien Gewerkschaften wieder auf und reicherte sich um die Schlüsselthemen Mitgliedergewinnung und Fluktuationsbekämpfung zur allmählich bestimmenden Bedeutungszuweisung an, wie es in der Debatte um die Arbeitslosenunterstützung auf der Ebene der Generalkommission beim Berliner Kongress 1896 bereits zu erahnen war.[112]

Wo blieben humanitäre Motive? Sie traten, um beim Beispiel der zuletzt betrachteten Verbände aus den Freien Gewerkschaften zu bleiben, im Rahmen der Diskurse über die Gründungen von zentralisierten sozialen Unterstützungskassen eher begleitend in Erscheinung. Formeln, dass man in soziale Notlagen geratenen Kollegen helfen müsse, weil diese sich insbesondere gegen Krankheit und Arbeitslosigkeit selbst allein nicht schützen könnten,[113] tauchten in einer allgemeinen Form, aber auch in Kombination mit der Benennung konkreter und spezifisch benannter sozialer Problemlagen auf. So wurde zum Beispiel der Krankenhausaufenthalt des Hauptenährers der Familie trotz der Zahlung von Krankengeld, das in der gesetzlichen Krankenversicherung ab dem dritten Krankheitstag bis zu maximal 13 Wochen vorgesehen war, als soziale Notlage für die Familien beschrieben. Das altruistisch-humanitäre Motiv, das im Zusammenhang mit dem Auf- und Ausbau der Krankenunterstützung vorgetragen wurde und eine besondere Relevanz der gewerkschaftlichen Krankenunterstützung für die Arbeiterfamilie veranschaulichte, zielte erkennbar auch hier auf das Interesse der Ehefrauen nach sozialer Absicherung, wodurch letztlich die Gewerkschaftsbücher der Männer dauerhaft mit Beitragsmarken gefüllt werden sollten.[114]

Die enge Verbindung der humanitären mit den organisationspolitischen Motiven war offensichtlich. Besonders deutlich wurde jene in einer auf dem Verbandstag der Hafenarbeiter von Johann Döring als Gewerkschaftsvorsitzendem vorgetragenen Forderung, mit dem Aufbau sozialer Unterstützungseinrichtungen »die Organisation als

---

[112] Generalkommission der Gewerkschaften Deutschlands: Protokoll des zweiten Kongresses 1896, bes. S. 116.
[113] Als Belegbeispiel Zentralverband der Handels-, Transport- und Verkehrsarbeiter Deutschlands: Protokoll der dritten Generalversammlung 1903 mit Rechenschaftsbericht 1901 bis 1902, hier der Protokollteil, S. 244 f.
[114] Vgl. ebd., S. 244.

etwas Liebenswertes erscheinen zu lassen« – auch hier unmittelbar verbunden mit der Idee, »die Kollegen mehr an den Verband zu fesseln«.[115] Ergänzend hieß es an anderer Stelle: »Zwar haben wir nicht die Pflicht, die Schäden zu heilen, die der Kapitalismus dem Wirtschaftskörper schlägt, aber wir haben die Pflicht, uns gegenseitig zu stützen, wenn wir durch die Schäden zum Straucheln gebracht werden.«[116] So wurden auch hier – bildhaft – soziale Motive und organisationspolitische Solidarität in der Stärkung der Gemeinschaft miteinander verwoben.

Im Vergleich zur dominanten Modernisierungserzählung führten bei den Hafenarbeitern, Transportarbeitern oder bei den Gemeinde- und Staatsarbeitern die humanitär-altruistischen Bedeutungszuweisungen in der Periode der Kassengründungen um die Jahrhundertwende und in der ersten Dekade des 20. Jahrhunderts bis zum Ersten Weltkrieg im Diskurs der Verbandstage ein begleitendes, eher randständisches Dasein. Dies lässt sich mit verschiedenen Annahmen plausibel erklären. Die soziale Motivlage war in einem Zeitalter sehr stark nachgefragter sozialer Sicherheiten – wie geschildert – so eindeutig und unstrittig, dass sie nicht stetig wiederholend bestätigt werden musste. Sie bildete ferner die Basis des Anreizmotivs – nur mit Einrichtungen, die Menschen nachfragten, konnte organisationsfördernd und organisationsbindend gewirkt werden. Dazu trat, den organisationspolitischen Fokus weiter schärfend, die geschilderte Verbände- und Kassenkonkurrenz. Um 1900 war es in gewerkschaftlichen Vereinigungen offenkundig wichtig, das Unterstützungswesen mit Bedeutungszuweisungen im Bereich gewerkschaftlicher Organisationsfragen und verbandlicher Machtpräsenz auszustatten, um weltanschaulichen Vorbehalten gegen vermeintlich zu starke soziale Selbsthilfe- und Fürsorgetendenzen in Organisationen, die sich in ihrem Selbstverständnis und in ihrer Außendarstellung dem »Kampf« verschrieben, keinen zusätzlichen Vorschub zu leisten. Schließlich hätte eine Akzentuierung sozialer Motivlagen zugleich jene lokalen sozialen Unterstützungskassen in den Gewerkschaften gestärkt, denen seitens der Zentralorganisationen aus strategischen wie finanziellen Überlegungen ein zentralisiertes Unterstützungswesen entgegengestellt wurde – was vor allem mit organisationspolitischen Bedeutungszuweisungen überzeugend zu legitimieren war.

In Geschäftsberichten, Jahrbüchern oder gewerkschaftlichen Medien, die sich – stets angereichert mit Botschaften der Eigenwerbung – an Funktionäre und Mitglieder richteten, traten sprachliche Formeln, die auf das soziale, humanitäre und altruistische Wirken der Organisationen im Zusammenhang mit sozialen Unterstützungseinrichtungen zielten, gehäuft auf. Hier wurden geradezu floskelhaft sich reproduzierende Phrasen eingestreut, die in unterschiedlichen Formulierungen den Beistand der Organisation für jedes einzelne Mitglied in schweren Zeiten und in größter Not pathetisch zum Aus-

---

[115] Verband der Hafenarbeiter Deutschlands: Protokoll der sechsten Generalversammlung 1900 mit Geschäftsbericht 1898-1900, hier der Rechenschaftsbericht Dörings, S. 16.

[116] Verband der Hafenarbeiter und verwandten Berufsgenossen Deutschlands: Protokoll des zehnten Verbandstages 1908 mit Geschäftsbericht 1906-1907, hier der Geschäftsbericht, S. 47.

druck brachten. Bestimmte Verbände und bestimmte Unterstützungseinrichtungen waren dafür besonders anfällig – auf den Deutschnationalen Handlungsgehilfen-Verband und seine Witwen- und Waisenkasse wurde in diesem Zusammenhang bereits hingewiesen.[117] Generalisierend lässt sich sagen, dass gewerkschaftliche Einrichtungen für die Bereiche Alter und Sterbefall diese Tendenz stärker abbildeten als Einrichtungen für Arbeitslosigkeit und Krankheitsfälle.

Dabei ist zu beobachten, dass sich das humanitäre Pathos in der gewerkschaftlichen Berichterstattung über das soziale Unterstützungswesen in der textlichen Darstellung seit 1914 im Lauf der sozialen Krisenzeiten des Ersten Weltkriegs, der Hyperinflation sowie der Arbeitsmarktkrisen der 1920er und frühen 1930er Jahre teilweise dynamisch verstärkte – dazu später mehr. Dennoch fanden sich vergleichbare Aussagen auch schon vor 1914 – auch in freigewerkschaftlichen Verbänden mit starker Kampfrhetorik und mit Bezügen zu den Unterstützungskassen für Krankheit und Arbeitslosigkeit. Als höchste Aufgabe der Gewerkschaften bleibe, urteilte die Gewerkschaft der Gemeinde- und Staatsarbeiter noch vor dem Ausbruch des Weltkriegs, »die Hebung der Lage des Proletariats durch Führung wirtschaftlicher Kämpfe, durch Stärkung der Macht der Arbeiterschaft, durch Aufklärung und Bildung der Massen zu klassenbewussten Kämpfern. Wir können aber die Unterstützungseinrichtungen nicht entbehren. Die heutigen gesellschaftlichen Zustände erfordern geradezu gebieterisch die gegenseitige Hilfe der Arbeiter in den verschiedensten Fällen. Arbeitslosigkeit, Krankheit, Todesfälle sowie sonstige Notfälle werden unser Eingreifen in Zukunft noch stärker verlangen. Die Steigerung dieser Positionen unter unseren Ausgaben wird daher noch anhalten. Um Not und Elend zu lindern, müssen wir uns selbst gegenseitig unterstützen, soweit uns die Kassenverhältnisse und die statutarischen Bestimmungen nicht Beschränkungen auferlegen. Vom Vater Staat ist nach dieser Richtung hin in Zukunft nicht viel zu erwarten«, hieß es im Jahrbuch des Verbandes der Gemeinde- und Staatsarbeiter über das Jahr 1912.[118]

Soziale oder sozialpolitische Bedeutungszuweisungen an das soziale Unterstützungswesen fanden sich schließlich auch mit einem Bezug auf einen Lückenschluss der unzureichenden staatlichen Sozialpolitik – generell oder fokussiert auf den konkreten Mangel der jeweiligen Sozialversicherung. Mit diesem Motiv schloss das vorstehende Zitat aus dem Verband der Gemeinde- und Staatsarbeiter. Im Kontext der Einführung der Arbeitslosenunterstützung tauchte es, wie gezeigt, ebenso auf. Während jenes Motiv bei den freigewerkschaftlichen Organisationen der Transport-, Hafen-, Gemeinde- oder Staatsarbeiter in der Gründungsperiode der zentralisierten Unterstützungskassen im Schatten einer bestimmenden organisationspolitischen Modernisierungserzählung

---

[117] Dazu der Prolog zum dritten Hauptteil dieser Studie.
[118] Verband der Gemeinde- und Staatsarbeiter: Jahresbericht 1912, S. 104.

stand und eher angehängt oder gelegentlich hinzugefügt wirkte, wurde es in Angestelltenorganisationen deutlich stärker betont.

Exkurs: Das Krankenkassenwesen von Angestelltengewerkschaften

Nun muss vorab konstatiert werden, dass die Angestelltenbewegung in der Dekade vor und nach der Jahrhundertwende erst mit einer gewissen Verspätung zur Gewerkschaftsbewegung avancierte. Obgleich einzelne Organisationen in Vorreiterrollen vorauseilten, sollte die Zeit des endenden Weltkriegs, der Revolution und der 1920er Jahre die Ära des – im Vergleich zur Gewerkschaftsbewegung verzögerten – Aufstiegs der sozialistischen, sozialdemokratischen und linksliberalen Angestelltenbewegung im Allgemeinen freien Angestelltenbund werden.[119] In Angestelltenverbänden, die früher gegründet wurden, war nicht nur aufgrund der noch häufigen Abwesenheit einer sozialistisch unterfütterten Kampforientierung – die, wie oben gesehen, immer wieder starke Widersprüche gegen soziale gewerkschaftliche Unterstützungseinrichtungen hervorbrachte – die sozialpolitische Bedeutungszuweisung für Einrichtungen sozialer Selbsthilfe geebnet und auch daher stärker ausgebildet. Hier bildeten der Aufbau von Sozialeinrichtungen und die Gründung eines Angestelltenverbandes nicht selten ein zusammenhängendes Ereignis. Mit Blick auf den Gründungsmythos einer Organisation wurden gerade in Verbandsgeschichten, die dafür gattungsspezifisch besonders geeignet waren, die sozialpolitischen und humanitären Motive aufgewertet.

Darauf wurde etwa am Beispiel des Verbandes der weiblichen Handels- und Büroangestellten in dieser Studie bereits eingegangen.[120] Der Verband verstand seine Krankenhilfe – also eine verbandliche Krankenunterstützung, die freie ärztliche Hilfe und Arznei gewährte – als Gründungszweck.[121] Die Einrichtung bot 1889 in der Zeit ihres Entstehens eine der wenigen Absicherungsmöglichkeiten für angestellte Frauen gegen die auch finanziell bedrohlichen Risiken einer Krankheit.[122] An die Seite des sozialpolitischen Bedarfs trat die empfundene Benachteiligung der Angestellten durch den Aufbau der staatlichen Sozialversicherung, die man aus Angestelltensicht als Bevorzugung

---

[119] Generell vollzog sich bei den Angestelltenorganisationen nach dem Ersten Weltkrieg eine starke Tendenz zur »Vergewerkschaftung« – ausgehend von einer nach dem Krieg und in der Inflationsphase verstärkten Proletarisierungsangst und auch angeregt von der Absicht, so an der 1918 gebildeten Zentralen Arbeitsgemeinschaft partizipieren zu können. Im allgemeinen gewerkschaftlichen Mitgliederboom der Revolutionsphase, der sich in den 1920er Jahren zunächst weiter fortsetzte, stiegen die Organisationsgrößen insbesondere der freigewerkschaftlichen Angestelltenverbände dynamisch an. Das zersplitterte Organisationswesen wurde durch gehäufte Zusammenschlüsse sortiert, Großverbände und neue richtungsgewerkschaftliche Bünde formierten sich. Dazu weiterführend Schulz: Die Angestellten, S. 30 ff.

[120] Dazu Erläuterungen in Kapitel drei.

[121] Verband der weiblichen Handels- und Büroangestellten (Hg.): Vierzig Jahre VWA 1889-1929, S. 22.

[122] Vgl. dazu Kristin Hoesch: Ärztinnen für Frauen. Kliniken in Berlin 1877-1914, Stuttgart/Weimar 1995, S. 50.

der Arbeiterschaft interpretierte und die man auch aus Standesdünkel, realer oder empfundener Benachteiligung meiden wollte.[123] Der Aufbau von eigenen Einrichtungen der Angestelltenschaft lag auf der Hand.

Dies lief bei Angestelltenorganisationen in den 1880er oder 1890er Jahren häufig auf die Gründung eigener verbandlicher Krankenkassen anstelle von Krankenunterstützungen hinaus – nicht selten verbunden mit einer sozialen Stilisierung der Verbandsgründung. Dafür wurden in dieser Studie bereits Fallbeispiele angeführt. Zu erinnern ist an den Zusammenhang der Einrichtung einer Krankenkasse für Architekten, Ingenieure und Techniker mit der Gründung des Deutschen Techniker-Verbandes, einer Vorläuferorganisation des Bundes der technischen Angestellten und Beamten.[124] Auch der Verband der weiblichen Handels- und Büroangestellten installierte 1893, als die gesetzlich neu geregelte Krankenversicherungspflicht weitere Teile der Angestelltenschaft zur Versicherung in einer Allgemeinen Ortskrankenkasse verpflichtete, die als Arbeiterkassen negativ beleumdet waren, eine Eingeschriebene Hilfskasse als Ersatzkasse.[125]

Mit der Gründung von Krankenkassen verließen Angestelltenorganisationen zugleich einen Bereich, in dem sie – wie bei Krankenunterstützungen – autonom agieren konnten. Man begab sich in den Regulierungsbereich der staatlichen Sozialgesetzgebung, die mit fortgesetzten Interventionen im Bereich des Krankenkassenrechts den Rhythmus vorgab, dem viele Angestelltenorganisationen[126] mit Gründungen respektive mit technischen Umwandlungen der eigenen Krankenkassen folgten. Man könnte nun die zahlreichen Etappen der Kassengesetzgebung bis zum Ende der Weimarer Republik mit den Auswirkungen für jene Gewerkschaften, die eigene Krankenkassen unterhielten, referieren. Diesem Pfad folgt diese Studie jedoch nicht. Die gewerkschaftlichen Krankenkassen waren mit ihren sozialversicherungsrechtlichen Verbindlichkeiten am Ende ein Bestandteil des staatlichen Gesundheitswesens. Die vorliegende Studie wird hingegen trotz gelegentlicher Seiten- und Überblicke vom gewerkschaftsgeschichtlichen Blick auf die verbandlichen Unterstützungseinrichtungen geleitet.

Dennoch soll an dieser Stelle darauf hingewiesen werden, dass das gewerkschaftliche Krankenkassenwesen für viele historische Vorläuferorganisationen der heutigen Dienstleistungsgewerkschaft Verdi einen bedeutenden Bereich ihrer Geschichte im hier untersuchten Zeitraum darstellt. Gewerkschaftliche Krankenkassen gab es bei den or-

---

[123] Dies explizit in diesen Zusammenhängen dargelegt in: Verband der weiblichen Handels- und Büroangestellten (Hg.): Vierzig Jahre VWA 1889-1929, S. 22 f.

[124] Vgl. dazu Bund der technischen Angestellten und Beamten (Hg.): 25 Jahre Technikergewerkschaft – 10 Jahre Butab, S. 15 ff. und die vorstehenden Erläuterungen in diesem Kapitel.

[125] Verband der weiblichen Handels- und Büroangestellten (Hg.): Vierzig Jahre VWA 1889-1929, S. 23. Auch hierzu bereits Erläuterungen in Kapitel drei dieser Studie.

[126] Jener Mechanismus galt nicht nur für Angestelltenorganisationen. Für Gewerkschaften aus dem Druckbereich und ihre Krankenkassen wurde darauf in dieser Studie bereits exemplarisch eingegangen – etwa für den Senefelder Bund und seine Krankenkasse in den 1880er Jahren. Hierzu Erläuterungen am Ende von Kapitel zwei dieser Studie.

ganisierten Druckern – so etwa, wie für die 1880er Jahre bereits erläutert, beim Senefelder Bund –, vor allem jedoch auch in den Organisationen der Angestelltenschaft. Unter den weltanschaulich national ausgerichteten Verbänden schuf der Verband der weiblichen Handels- und Büroangestellten 1893 neben der verbandlichen Krankenkasse zugleich auch ein interessantes neues Beitragsreglement, mit dem die Verbandsmitglieder als Bezugsberechtigte der verbandlichen Krankenunterstützung oder als Mitglieder der neuen Krankenkasse – »kundenorientiert« und auf deren Bedürfnisse abgestimmt – eingruppiert wurden.[127]

Der Deutschnationale Handlungsgehilfen-Verband eröffnete kurz vor der Jahrhundertwende seine Kranken- und Begräbniskasse, die als Deutschnationale Krankenkasse und später schließlich unter dem Signum des Deutschen Rings eine – durch die Nähe zum Nationalsozialismus belastete – Karriere machte. Sie sollte zu einem Status- und Prestigeobjekt aufsteigen, verknüpft mit dem zur Schau getragenen Ehrgeiz des Deutschnationalen Handlungsgehilfen-Verbandes, auch und gerade damit unter Beweis zu stellen, dass er im Vergleich zu konkurrierenden Verbänden Bestleistungen zur Hebung des Standes der – bei ihm organisierten – Angestelltenschaft erbrachte. Mit besonderen Höhepunkten in den 1920er Jahren avancierte die Deutschnationale Krankenkasse zu einem Fixpunkt der offensiven Agitation und Mitgliederwerbung des Verbandes. Dazu trug auch die durch den rasanten Erfolg der sozialistischen Angestelltenverbände sich weiter verschärfende Verbändekonkurrenz in den 1920er Jahren bei – darauf wird zurückzukommen sein.

Die Gründung der Deutschnationalen Krankenkasse war im Handlungsgehilfen-Verband indes umstritten.[128] Seit 1896 aus einigen lokalen Vertretungen und besonders aus Berlin gefordert, spielte die Verbandsführung mit dem Hinweis auf fehlende Finanzmittel, dem Vorrang der Stellenlosenunterstützung, dem Erfordernis von Vorarbeiten und dem generellen finanziellen Risiko einer solchen Einrichtung, die man im Angesicht bedrohlicher Epidemien als »Lotteriespiel«[129] bezeichnete, auf Zeit. Erkennbar nicht begeistert von den lokalen Initiativen in dieser Angelegenheit,[130] lenkte die Verbandsführung auf dem Leipziger Verbandstag 1898 widerwillig ein und sagte die Errichtung der Kranken- und Begräbniskasse im Deutschnationalen Handlungs-

---

[127] Verband der weiblichen Handels- und Büroangestellten (Hg.): Vierzig Jahre VWA 1889-1929, S. 23 f.

[128] Hierzu und zum Folgenden Deutschnationaler Handlungsgehilfen-Verband: Verhandlungsschrift über den ersten (ordentlichen) Verbandstag 1896, S. 25 ff. Ders.: Verhandlungsschrift über den zweiten Verbandstag 1897, S. 59-68. Ders.: Verhandlungsschrift über den dritten Verbandstag 1898, S. 25 ff. (Paginierung dieser Dokumente nach Sammelpublikationen des Verbandes mit mehreren Quellen in einem Band).

[129] Deutschnationaler Handlungsgehilfen-Verband: Verhandlungsschrift über den dritten Verbandstag 1898, S. 26 (Paginierung nach der Sammelpublikation des Verbandes mit mehreren Quellen in einem Band).

[130] Explizit dazu der Verbandstag 1898, bes. ebd., S. 25.

gehilfen-Verband zum Beginn des folgenden Jahres zu. »Die allgemeine Stimmung sei nun einmal für die Krankenkasse, und deshalb solle man auch mit deren Einrichtung nicht mehr länger zögern«, räumte Wilhelm Schack als verantwortlicher Verbandsleiter ein.[131] Daran, dass für die allgemeine Stimmung die Erleichterung der Werbearbeit ein entscheidendes Motiv war, ließen Teilnehmer des Verbandstages 1898 keinen Zweifel.[132]

Als Versicherungskonzern war der Deutsche Ring später in der Bundesrepublik nicht zuletzt wegen seiner Krankenversicherung, die heute zur Signal-Iduna-Gruppe gehört, erfolgreich. Eine andere in unserer Gegenwart bekannte Krankenkasse ist die Techniker Krankenkasse.[133] Sie geht, wie es ihr Name zum Ausdruck bringt, auf den Deutschen Techniker-Verband zurück: auf die mit seiner Gründung ins Leben gerufene Eingeschriebene Hilfskasse von 1884. Als 1919 der Bund der technischen Angestellten und Beamten als Zusammenschluss der Organisation der Techniker mit dem Bund der technisch-industriellen Beamten gegründet wurde, erbte dieser die Krankenkasse der Techniker mit einem Makel. Der Techniker-Verband hatte es versäumt, die Hilfskasse zu einer vollwertigen Ersatzkasse aufzuwerten, die versicherungspflichtige Mitglieder wie andere gesetzlich legitimierte Krankenkassen versichern durfte. Nach Regulierungen zur Begrenzung der freien Krankenkassen durch den Gesetzgeber war dies 1919 nicht mehr möglich. Seit den frühen 1920er Jahren wurde der Bund der technischen Angestellten und Beamten trotz des bestehenden rechtlichen Vorbehalts von seinen Mitgliedern mit anwachsendem Nachdruck aufgefordert, die Aufwertung der verbandlichen Krankenkasse anzustreben. Unterdessen verlor die zum Krankenversicherungsverein auf Gegenseitigkeit degradierte vormalige Hilfskasse etwa 70 Prozent ihrer Mitglieder bis zum Jahr 1927.[134]

Eine verbandseigene und möglichst vollwertige Ersatzkasse, das ist daraus zu ersehen, war in den 1920er Jahren ein wichtiges Instrument der Mitgliedermobilisierung und Bindung für Angestelltengewerkschaften. Am Ende erhielt der Bund der technischen Angestellten und Beamten eine nicht zu erwartende weitere Chance zur Umgestaltung seiner Krankenkasse. Das Gesetz über Arbeitsvermittlung und Arbeitslosenversicherung, mit dem 1927 die Arbeitslosenversicherung als weiterer Zweig der staatlichen Sozialversicherung jenseits der existierenden Arbeitslosenfürsorge eingeführt wurde, kam zu Hilfe. Da der Beitrag zur neuen Arbeitslosenversicherung über die

---

[131] Ebd., S. 28.
[132] Vgl. beispielsweise die Einlassungen eines Braunschweiger Delegierten auf dem Verbandstag 1898. Ebd., S. 27.
[133] Sie firmiert in der Gegenwart unter dem Kürzel »TK – Die Techniker«.
[134] Hierzu und zum Folgenden Bund der technischen Angestellten und Beamten (Hg.): 25 Jahre Technikergewerkschaft – 10 Jahre Butab, S. 142 f. Zur Geschichte der Krankenkasse vgl. auch das Internetportal der TK, eingesehen unter https://www.tk.de/techniker/unternehmensseiten/unternehmen/ueber-die-tk/krankenversicherung-wird-pflicht-die-geburtsstunde-der-tk-2012362, abgerufen am 07.11.2019.

Zahlungen der Pflichtversicherten in der Krankenversicherung unter Beteiligung der Krankenkassen eingezogen wurde, öffnete der Gesetzgeber ein Fenster, mit dem große Verbände mit mehr als 10.000 Mitgliedern ihre verbandlichen Krankenkassen als Berufskrankenkassen zu einer vollwertigen Ersatzkasse aufwerten konnten.[135]

Bereits im Oktober 1927 glückte dem Bund der technischen Angestellten und Beamten mit seiner Berufskrankenkasse deutscher Techniker der Neustart als Ersatzkasse. »Die Kasse gewährt gegen mäßige Beiträge Krankenhilfe, Wochenhilfe, Familienwochenhilfe und Sterbegeld. Die Dauer der Krankenhilfe ist nach Mitgliedsjahren bemessen und beträgt in der Stammversicherung bis zu 52 Wochen, in der Familienversicherung bis zu 39 Wochen. Als Krankenhilfe wird gewährt: ärztliche Behandlung, Zahnbehandlung, Arznei, Heilmittel, Krankengeld, Krankenhauspflege«, wurde die Kasse verbandsseitig beworben.[136] Zugleich begann der Bund das Werben um Mitglieder für die nun aufgewertete Krankenkasse und mithin auch für die Gewerkschaft. Der Beitritt zur Krankenkasse war nur Mitgliedern des Bundes der technischen Angestellten und Beamten und ihren Familienangehörigen gestattet. Schnell war man überaus erfolgreich. Die Mitgliederverluste der Hilfskasse hatte man bis zum Ende des Jahres 1927 durch eine sehr starke Nachfrage bereits kompensiert.

Um den Seitenblick auf das Krankenkassenwesen von Vorläuferorganisationen der heutigen Vereinten Dienstleistungsgewerkschaft mit einem letzten Beispiel abzuschließen: Auch der Zentralverband der Angestellten, wie der Bund der technischen Angestellten und Beamten im Allgemeinen freien Angestelltenbund organisiert, verfügte seit 1923 mit der Krankenkasse des Zentralverbandes der Angestellten über eine eigene Ersatzkasse. An die Einrichtung gelangte der Zentralverband als Folge gewerkschaftlicher Zusammenschlüsse. Die Krankenkasse gehörte – bereits als Ersatzkasse fungierend – zum Inventar des Verbandes der Rechtsanwalts- und Notariatsangestellten und blickte gründungsgeschichtlich bis zum Jahr 1889 zurück.[137] Seit 1918 erlebte die Angestelltenbewegung innerhalb der deutschen Gewerkschaftsbewegung eine mit Nacholeffekt erfolgende Expansions- und Konzentrationsphase und mithin eine Formierungsphase der Großverbände. Dafür stand der Zentralverband der Angestellten in der sich nun besonders dynamisch entwickelnden Freien Angestelltenbewegung exemplarisch. In ihm schlossen sich 1919 der Zentralverband der Handlungsgehilfen und Handlungsgehilfinnen Deutschlands, der Verband der Deutschen Versicherungsbeamten und der Verband der Büroangestellten Deutschlands zusammen. Jenem Beispiel folgten schließlich

---

[135] Bund der technischen Angestellten und Beamten (Hg.): 25 Jahre Technikergewerkschaft – 10 Jahre Butab, S. 143.
[136] Ebd. Die 1929 veröffentlichte Verbandsgeschichte liefert in Bezug auf die Etablierung der Berufskrankenkasse einen zeitgenössischen Text.
[137] Dazu Zentralverband der Angestellten: Geschäftsbericht 1924 und 1925, S. 167 f. Siehe auch die Berichterstattung im Organ des Zentralverbandes der Angestellten: Der freie Angestellte Nr. 9, 1923, S. 42.

weitere Organisationen. So trat etwa 1921 der Angestelltenverband des Buchhandels, Buch- und Zeitungsgewerbes und 1922 der Verband der Rechtsanwalts- und Notariatsangestellten dem Zentralverband bei.[138]

Diese Periode war begleitet von weltanschaulich zusätzlich aufgeheizter Konkurrenz der Verbände um die Sammlung und Festigung von Mitgliedschaften und von einer aufgeladenen Leistungskonkurrenz der Organisationen, die auf dem Feld der verbandlichen Krankenkassen ausgetragen wurde. In der Folge der Novellierung der Reichsversicherungsordnung, mit der eine Bereinigung des Hilfskassenwesens verfolgt wurde, waren zahlreiche Krankenkassen gerade kleinerer Handlungsgehilfenverbände unter Druck geraten, zusammengebrochen oder standen vor dem finanziellen Ruin. Es kam zu Zusammenschlüssen von Krankenkassen unter dem Dach der Angestelltenverbände und zur Allokation von Krankenkassen bei den etablierten gewerkschaftlichen Organisationen – sortiert nach weltanschaulicher Richtung und beruflicher Gruppierung.[139] In dieser Phase wurde die Bereitstellung einer eigenen Krankenkasse auf dem Niveau einer Ersatzkasse für viele größere Angestelltengewerkschaften zu einem Standard, den die Mitglieder, die Ortskrankenkassen als Hort der Arbeiterschaft weiterhin häufig mieden und darin von den Werbeabteilungen vieler Angestelltenorganisationen bestärkt wurden, schließlich erwarteten.

Interessant für den Zentralverband der Angestellten sind die Bedeutungszuweisungen, die sich für die verbandlichen Krankenkassen im Licht wichtiger Ereignisse und der gewerkschaftlichen Berichterstattung in den 1920er Jahren entnehmen lassen. Im Jahr 1922 druckte das Organ des Zentralverbandes der Angestellten einen aus der *Freiheit*, der Zeitung der Unabhängigen Sozialdemokratischen Partei Deutschlands, entlehnten Artikel ab. Darin wurde scharf gegen bürgerliche Angestelltenorganisationen polemisiert, die – unter zum Teil rechtswidriger Interpretation der gesetzlichen Vorschriften – die Einrichtung von Ersatzkassen nutzten, um die darin versicherten Personen den jeweiligen Gewerkschaften zugleich als zahlende Mitglieder zuzuführen. Dabei wurde die Ablehnung typischer gewerkschaftlicher Instrumente wie Arbeitskampf oder Tarifvertrag in jenen bürgerlichen Verbänden in einen Zusammenhang damit gebracht,

---

[138] Hierzu ausführlich Stehr: Der Zentralverband der Angestellten, bes. S. 44 f.

[139] Die meisten erlangten den Rang einer Ersatzkasse nach den privilegierten Rechten der Reichsversicherungsordnung. Im Bereich des Gewerkschaftsbundes der Angestellten (liberale Gewerkschaften) etablierten sich etwa die Krankenkasse des Gewerkschaftsbundes der Angestellten (für Handlungsgehilfen), die Krankenkasse des Deutschen Angestelltenbundes (für Techniker) oder die Krankenkasse des Vereins für Kaufleute (für weibliche Mitglieder); im Bereich des Gesamtverbandes Deutscher Angestelltengewerkschaften (christlich-national) erlangte der Verband der weiblichen Handels- und Büroangestellten im Jahr 1927 nach Zusammenschluss mit anderen Organisationen Zugriff auf eine eigene Berufskrankenkasse mit Sitz in Köln, nachdem die eigene Hilfskasse (Ersatzkasse) zuvor an den Bestimmungen der Reichsversicherungsordnung gescheitert war. Dazu eine ausführliche Berichterstattung in: Der freie Angestellte Nr. 8, 1922, S. 63 f. Vgl. auch Verband der weiblichen Handels- und Büroangestellten (Hg.): Vierzig Jahre VWA 1889-1929, S. 23 f.

dass diese im Besonderen auf die Krankenkassen als Mittel ihrer Mitgliedergewinnung angewiesen wären.[140]

Der Zentralverband der Angestellten distanzierte sich. Mit der Veröffentlichung des Artikels positionierte sich der Zentralverband unmissverständlich: Als wahrhaftige Angestelltengewerkschaft, die sich zu allen Machtmitteln der Gewerkschaftsbewegung bekannte und daher von sich aus Attraktivität ausstrahle, habe man es nicht nötig, über ein eigenes Krankenkassenwesen Mitglieder in die Gewerkschaft zwangsweise umzuleiten. In einer erläuternden Anmerkung zum genannten Artikel betonte *Der freie Angestellte*, dass der Zentralverband keine Verbandskrankenkasse unterhielt, sondern für die Mitgliedschaft einen Vergünstigungsvertrag mit der Barmer Ersatzkasse abgeschlossen hatte. Von der Lösung schien man seinerzeit überzeugt. »Die Barmer Ersatzkasse unterscheidet sich vorteilhaft von den in dem vorstehenden Aufsatz genannten Verbandsersatzkassen dadurch, dass sie keines der von ihr aufzunehmenden Mitglieder zwingt, irgendeiner Gewerkschaft oder einer Berufsorganisation anzugehören.«[141]

Die ersichtlichen Motive reproduzierten sich und kommen bekannt vor: wie die Vorbehalte gegen Einrichtungen der sozialen Selbsthilfe, wenn sich Gewerkschaften von anderen, zumeist älteren Organisationen und Organisationsformen distanzieren wollten. Hinzu kam, dass der Zentralverband in den frühen 1920er Jahren – wie viele freigewerkschaftliche Organisationen – mit der kommunistischen Gewerkschaftsopposition zu kämpfen hatte. Er geriet durch Funktionäre, die aus einem akzentuiert linken gewerkschaftspolitischen Spektrum operierten, in Bezug auf klare kämpferische oder revolutionäre Positionen unter Druck, womit der Auf- und Ausbau von Einrichtungen der sozialen Selbsthilfe kollidierte.[142] Dies alles schien jedoch in jenem Moment zu Makulatur zu werden, in dem der Zentralverband durch den Anschluss des Verbandes der Rechtsanwalts- und Notariatsangestellten in den Besitz einer Verbandskrankenkasse kam. Im Zusammenhang mit der erforderlichen Genehmigung, um die der Zentralverband für die Änderung des Namens und der Satzung der Krankenkasse die Versicherungsaufsicht zu ersuchen hatte, stand er alsbald in der gleichen Kritik, die er zuvor an die bürgerlichen Angestelltenorganisationen adressiert hatte. Konkurrenz-

---

[140] Dazu der Artikel über die Ersatzkassen in: Der freie Angestellte Nr. 8, 1922, S. 63 f.

[141] Ebd.

[142] Zur kommunistischen Gewerkschaftsopposition Frank Deppe/Witich Roßmann: Kommunistische Gewerkschaftspolitik in der Weimarer Republik, in: Erich Matthias/Klaus Schönhoven (Hg.): Solidarität und Menschenwürde. Etappen der deutschen Gewerkschaftsgeschichte von den Anfängen bis zur Gegenwart, Bonn 1984, S. 209-231. Rudolf Rettig: Die Gewerkschaftsarbeit der Kommunistischen Partei Deutschlands von 1918 bis 1925 unter besonderer Berücksichtigung der Auseinandersetzung mit den Freien Gewerkschaften, Diss. Hamburg 1954. Gerhard Laubscher: Die Opposition im Allgemeinen Deutschen Gewerkschaftsbund (ADGB) 1918-1923, Frankfurt am Main 1979. Zu den kommunistischen Initiativen im Zentralverband der Angestellten der Vorstandsbericht von Otto Urban, in: Zentralverband der Angestellten: Protokoll des zweiten Verbandstages 1924, S. 13-28, bes. S. 23 ff.

organisationen warfen der Führung vor, man habe die Krankenkasse zu früh für alle Mitglieder des Zentralverbandes geöffnet und damit eine unerlaubte Erweiterung des Personenkreises vorgenommen, die nach Prüfung der Versicherungsaufsicht zu einer erzwungenen Auflösung der Krankenkasse hätte führen können.[143]

Der Zentralverband hätte sich einer vermeintlich unbeliebten und ideologisch problematischen Einrichtung leicht entledigen können. Das Gegenteil war indes der Fall. Die Gewerkschaft kämpfte bei der Versicherungsaufsicht gegen die missgünstig intervenierende Konkurrenz beharrlich um den Erhalt der Krankenkasse.[144] Die dem Zentralverband beiläufig zugefallene Einrichtung wurde in den nachfolgenden Jahren ausgebaut[145] und – wie in den meisten konkurrierenden Organisationen – zu einem wesentlichen Instrument der Mitgliederwerbung.[146] Im Geschäftsbericht für das Jahr 1923, also im Jahr der Etablierung der Krankenkasse des Zentralverbandes, wurde diese Bedeutungszuweisung sehr deutlich und die modifizierte Position des Zentralverbandes gegenüber verbandlichen Ersatzkassen vor dem Hintergrund der verfügbaren eigenen Ersatzkasse damit unumwunden eingeräumt. Es hieß: »Die Forderung auf Schaffung einer eigenen Krankenkasse gewann bei unserer Mitgliedschaft immer mehr an Boden. Insbesondere klagten unsere in der Agitation stehenden Mitarbeiter über die Schwierigkeiten, in gegnerischen Angestelltenverbänden organisierte Kolleginnen und Kollegen für unseren Verband zu gewinnen, weil diese ihre Rechte aus mehrjähriger Mitgliedschaft in der Krankenkasse dieser Verbände nicht ohne Weiteres preisgeben wollten. Es steht ohne Zweifel fest, dass die den einzelnen Verbänden angegliederten Krankenkassen ein starkes Bindeglied zwischen Organisation und Mitgliedern darstellen.«[147]

Von der wenige Monate zuvor noch öffentlich vermarkteten Lösung, die der Zentralverband mit der Barmer Ersatzkasse für seine Mitglieder gefunden hatte, distanzierte sich die Verbandsführung nunmehr. Die weltanschaulich geprägte Forderung nach Vereinheitlichung der Sozialversicherung für alle Arbeitnehmer, die – ähnlich der sozialdemokratischen Forderung einer »Bürgerversicherung« heute – in der Freien Angestelltenbewegung vertreten und vom Zentralverband der Angestellten bis zum Er-

---

[143] Dazu die Berichterstattung in: Der freie Angestellte Nr. 9, 1923, S. 42.

[144] Ebd.

[145] Der Zentralverband übernahm die Krankenkasse der Rechtsanwalts- und Notariatsangestellten im Januar 1923 mit 2.000 Mitgliedern und 32 örtlichen Verwaltungsstellen. Bereits am Ende des Jahres 1923 hatte man in 106 Verwaltungsstellen 8.500 Mitglieder. Zentralverband der Angestellten: Geschäftsbericht 1923, S. 71. Hierzu allgemein auch Stehr: Der Zentralverband der Angestellten, S. 45.

[146] Als beispielhafter Beleg für die Agitation mit der Krankenkasse im Verbandsorgan etwa »Werbt für die Krankenkasse des Zentralverbandes der Angestellten!«, dieser Werbeblock in: Der freie Angestellte Nr. 14, 1923, S. 68. Zur Bedeutung der Krankenkasse für die Mitgliederwerbung wiederholte Hinweise in den Geschäftsberichten des Zentralverbandes – daraus der folgende Auszug.

[147] Zentralverband der Angestellten: Geschäftsbericht 1923, S. 70.

werb einer eigenen Ersatzkasse auch praktisch umzusetzen versucht wurde, wich den nun greifbaren organisationspolitischen Vorzügen und allen faktischen Erfordernissen. So erklärte der Zentralverband: »Durch die Übernahme dieser Krankenkasse glauben wir, einmal ein noch stärkeres Bindeglied zwischen Verband und Mitgliedern gefunden zu haben und das andere Mal unseren Mitgliedern eine gute Krankenversicherung gewährleisten zu können. Der uns von einzelnen Mitgliedern gemachte Vorwurf, dass wir unsere grundsätzliche Forderung auf Vereinheitlichung der Sozialversicherung fallen gelassen haben, ist abwegig. Nach wie vor stehen wir zu dieser Forderung.« Doch man bekannte: »Wir können aber nicht tatenlos zusehen, dass die gegnerischen Angestelltenverbände durch ihre Ersatzkassen ein starkes Agitationsmittel haben und die Angestellten, die sonst den Weg zu uns finden würden, diesen in die Arme getrieben werden.«[148]

An dieser Stelle kann die akzentuierte organisationspolitische Bedeutung des gewerkschaftlichen Krankenkassenwesens mit deutlichen Bezügen zur organisationspolitischen Bedeutung des sozialen Unterstützungswesens weiter konkretisiert werden. So spielte bei der Ersatzkasse des Zentralverbandes die Herausstellung der integrierten Familienversicherung – wie auch bei anderen konkurrierenden Krankenkassen der Angestelltenverbände – eine besondere agitatorische Rolle.[149] Damit wurde gezielt die Familie als Organisationsanker für die Gewerkschaftsmitgliedschaft adressiert – wie es bei sozialen gewerkschaftlichen Unterstützungskassen bereits zu sehen war und im Folgenden auch weiterhin zu sehen sein wird. Zumeist hatte der Ehemann und Vater als Gewerkschaftsmitglied Zugang zu einer Verbandskrankenkasse. Sein Gewerkschaftsbuch eröffnete damit erst die Möglichkeit zur Krankenmitversicherung seiner Ehefrau und Kinder. Damit wurde die Gewerkschaftsbindung erheblich gefestigt und nicht zuletzt stark emotionalisiert – das gesundheitliche Wohlergehen von Frau und Kindern wurde untrennbar mit der gewerkschaftlichen Organisation und der Mitgliedschaft verknüpft. Entsprechend wurde mit sozial-humanitärem Pathos im Zentralverband der Angestellten für die eigene Krankenkasse mit Familienversicherung geworben. »Diese Berufskrankenkasse erstreckt sich auch auf Familienangehörige. Es belastet den Angestellten besonders schwer, wenn er bei einer Erkrankung seiner Frau oder seiner Kinder für diese erhebliche Aufwendungen für Arzt und Arzneikosten machen muss. Diese Sorge nimmt ihm die Familienversicherung der Berufskrankenkasse der Angestellten

---

[148] Ebd.
[149] Eine Familienmitversicherung war bereits im Gesetz über die Krankenversicherung der Arbeiter 1883 vorgesehen. Auch andere Angestelltenorganisationen mit eigenen Krankenkassen boten sie an – so zum Beispiel der Deutschnationale Handlungsgehilfen-Verband in seiner Deutschnationalen Krankenkasse oder der Bund der technischen Angestellten und Beamten in seiner Berufskrankenkasse. In der Regel wurden darin freie ärztliche Behandlung, freie Arznei und Heilmittelfreiheit oder auch weitergehende Leistungen für Familienangehörige angeboten. Zur werbetauglichen Präsentation der Familienversicherung des Zentralverbandes etwa Zentralverband der Angestellten: Geschäftsbericht 1923, S. 70.

in unserem ZdA ab; sie ist dadurch besonders segensreich für weite Kreise seiner Mitglieder.«[150]

Viele Aspekte des gewerkschaftlichen Ersatzkassenwesens und seiner Interaktion mit dem sozialen Unterstützungswesen könnten noch erörtert werden – so etwa die Verfahrensweise von Verbänden, die Krankenkassen und Krankenunterstützungskassen zu verschiedenen Zeiten parallel unterhielten. Für den Verband der weiblichen Handels- und Büroangestellten wurde für die 1890er Jahre darauf hingewiesen. Für den Zentralverband der Angestellten traf dies nach der Etablierung seiner Ersatzkrankenkasse für die 1920er Jahre zu. Dennoch soll der Seitenblick auf das gewerkschaftliche Krankenkassenwesen hier nun abgebrochen werden. Festzuhalten ist, dass die dabei genauer betrachteten Vorläuferorganisationen der heutigen Dienstleistungsgewerkschaft Verdi mit ihren Krankenkassen bei humanitär-altruistischen Akzenten vor allem werbewirksam und stets im Bewusstsein der Verbände- und Kassenkonkurrenz agierten: um Mitgliedschaften zu gewinnen und deren Bestand zu festigen. Den untersuchten Unterstützungseinrichtungen ähnelnd, wurden bestehende, nicht zuletzt ideologisch geprägte Vorbehalte und Widerstände gegen verbandliche Krankenkassen aus pragmatischen und organisationspolitischen Motiven überwunden. Entsprechende Bedeutungszuweisungen waren in den untersuchten Verbänden häufig und dominierend. Anders formuliert: Abermals lassen sich von der Verbände- und Kassenkonkurrenz befeuerte Überschreibungen der Deutung und Sinnstiftung von eher idealistischen zu pragmatisch-organisationspolitischen Motiven konstatieren. Soziale und sozialpolitische Bedeutungszuweisungen assistierten gerade bei einem Blick auf Angestelltenorganisationen dem organisationspolitischen Hauptthema. Sozial-humanitäre Bezüge verstärkten auch mit Pathos die agitatorische Wirkung. Die sozialpolitische Perspektive zog Verbindungen zur Gründung und zur Etablierung der Angestelltenorganisationen selbst und zu ihrem grundsätzlichen gewerkschaftlichen Engagement zur Hebung des sozialen Standes und zum Kampf für sozialversicherungsrechtliche Aufwertungen nicht zuletzt im Kontext kompensierender eigener Selbsthilfeeinrichtungen, die in den Rang von Verbandsgründungsinitiativen gestellt werden konnten – und mithin gar unmittelbar organisationspolitisch wirkten.

Sinnstiftung der gewerkschaftlichen Verankerung

Nach der ausführlichen Betrachtung von Phasen der Kassengründungen, in denen mit der Etablierung sozialer Unterstützungseinrichtungen allgemeine gewerkschaftliche

---

[150] Aus einem Bericht von Josef Aman über die Unterstützungs- und Wohlfahrtseinrichtungen des Zentralverbandes anlässlich des Besuchs von Albert Thomas, dem Direktor des Internationalen Arbeitsamts, am 25. Januar 1928 in der Berliner Zentrale des Zentralverbandes der Angestellten, werbewirksam dargeboten in: Der freie Angestellte Nr. 3, 1928, S. 35 f.

Deutungen des sozialen Unterstützungswesens und konkrete Bedeutungszuweisungen für die einzelnen Einrichtungen verdichtet zu Tage traten, soll jetzt der Blick auf den Fortbestand des existierenden gewerkschaftlichen Kassenwesens gelenkt werden.

Die Unterstützungsbereiche Arbeitslosigkeit und Krankheit stehen daher nun für den weiteren Verlauf der untersuchten Zeit bis zum Ende der 1920er Jahre und dem Beginn der 1930er Jahre im Fokus. Dabei bildet die gewerkschaftliche Sinnstiftung – also die gewerkschaftliche Interpretation sowie die Vermittlung und Wahrnehmung des sozialen Unterstützungswesens innerhalb der Verbände – weiterhin den Zielpunkt des Erkenntnisinteresses. Betrachtet werden hierfür systemisch auftretende, auffällige Themen und thematische Arrangements, die in Phasen der andauernden und gelebten Unterstützungspraxis die Darstellung wie auch die Bedingungen der Wahrnehmung des sozialen Unterstützungswesens prägten.[151] Die thematischen Sujets, die beleuchtet werden, ließen sich beschreiben mit der Schlagwortsammlung: (1) Expansion und Festigung sowie (2) Professionalisierung und Bürokratisierung des sozialen Unterstützungswesens, (3) Erweiterung und Vertiefung und schließlich (4) Krisen, Sparzwänge und sozial-humanitäre Semantiken.

Expansion und Festigung
Verallgemeinernd – in der Absicht, die übergeordneten Tendenzen sichtbar zu machen – kann für die meisten Gewerkschaften und ihr soziales Unterstützungswesen in der Zeit seit den 1890er Jahren bis zu den endenden 1920er Jahre festgestellt werden: Das soziale Unterstützungswesen wurde bei Phasen der dynamischen *Expansion und Festigung*, aber auch der anpassenden Korrekturen und der dynamischen Krisen letztlich mit einer langfristigen Grundtendenz im untersuchten Zeitraum ausgebaut sowie in den gewerkschaftlichen Strukturen gefestigt. Dies lässt sich am Beispiel der in diesem Kapitel betrachteten Unterstützungseinrichtungen im Fall von Arbeitslosigkeit und Krankheit besonders gut veranschaulichen, weil diese Kassen wegen des besonderen Aufwandes und ihrer hohen Ausgaben gewissermaßen als eine Elite des sozialen gewerkschaftlichen Kassenwesens betrachtet werden können.

Dies wird im Folgenden mit Zahlenreihen veranschaulicht, die – ergänzt um hilfreiche eigene Berechnungen – den zahlreichen, für die veröffentlichten Rechenschaftsberichte stilprägenden Tabellen und Übersichten entnommen wurden, mit denen die Expansion sozialer Unterstützungseinrichtungen im Modus gewerkschaftlicher Jahrbücher – Jahrgang auf Jahrgang – quantifiziert und illustriert wurde. Mit der im Folgen-

---

[151] In diesem Verständnis ist Sinnstiftung nicht allein ein Vorgang der aktiven – womöglich aufgeladenen, propagandistisch eingesetzten oder gar verfälschten – Darstellung als Teil menschlicher Inszenierung, sondern ebenso eine Folge von menschlich gestalteten historischen Entwicklungen, durch die das soziale Unterstützungswesen in bestimmten Bedeutungskontexten – gewissermaßen aus sich selbst – eine wahrnehmbare Sinnstiftung generierte. Dieses erweiterte Begriffsverständnis ist Grundlage der Überlegungen dieser Studie.

den absichtsvoll konstruierten Leseerfahrung des Stakkatos der Zahlen wird zugleich die in jenen Quellen ungleich komplexere, jährlich wiederkehrende Präsentation von Datenreihen im Kontext der Expansion und Festigung der Unterstützungseinrichtungen anschaulich – wenngleich adaptiert – erfahrbar.

Als Einstieg in die Zahlen wird der Deutsche Transportarbeiter-Verband und der ihm in den 1920er Jahren nachfolgende Deutsche Verkehrsbund als ein erstes Beispiel ausgewählt. Beim Transportarbeiter-Verband stiegen in der Vorkriegszeit die jährlichen Gesamtausgaben für die Arbeitslosenunterstützung von 260.536 Mark (1910) über 400.745 Mark (1911) auf 649.105 Mark (1913) und für die Krankenunterstützung von 526.449 Mark (1910) über 762.053 Mark (1911) auf 1.069.681 Mark (1913) an. Um diese Entwicklung in ein Verhältnis zum sich parallel vollziehenden Organisationswachstum zu setzen, könnten die Unterstützungsausgaben pro Mitglied berechnet werden. Noch interessanter ist das Verhältnis zu den Gesamteinnahmen und den Gesamtausgaben der Gewerkschaft, denn hier fließen neben der Anzahl der beitragszahlenden Mitglieder auch die Höhe der entrichteten Beiträge ein. Die Ausgaben für die Arbeitslosen- und Krankenunterstützung des Deutschen Transportarbeiter-Verbandes machten etwa 24 Prozent (1910), 27 Prozent (1911) und 28 Prozent (1913) der jährlichen Gesamteinnahmen und 27 Prozent (1910), 30 Prozent (1911) und 34 Prozent (1913) der jährlichen Gesamtausgaben des Verbandes aus.[152]

Die Zahlen illustrieren den geschilderten Prozess des Auf- und Ausbaus zentralisierter sozialer Unterstützungseinrichtungen insbesondere in der ersten Dekade des 20. Jahrhunderts bis zum Vorabend des Ersten Weltkriegs. Auch hier gab es – nicht zuletzt von konjunkturellen Stimmungen, auf welche die Arbeitslosen- und Krankenunterstützungen wie ein Seismograf unmittelbar und besonders sensibel reagierten, verursachte – Auf- und Abschwünge bei den jährlichen Unterstützungskosten. Dennoch blieb die Phase bis in das letzte Vorkriegsjahr die unter Expansionsgesichtspunkten besonders dynamische. Am Beispiel des Transportarbeiter-Verbandes ist das gut zu erkennen. Im erläuterten Fusionsprozess von 1910 schien die Arbeitslosen- und Krankenunterstützung in der etablierten Erwerbslosenunterstützung neue Höhepunkte in der Ausgabenbereitschaft der Verbandsleitung zu erklimmen. Trotz aller unmittelbar nachfolgenden Bekenntnisse, die explodierenden Kosten dieser Unterstützungsgattung nunmehr verschärft in den Blick zu nehmen,[153] ging die eingeleitete Entwicklung – wie die angeführ-

---

[152] Die Zahlen mit eigenen Berechnungen nach Deutscher Transportarbeiter-Verband: Jahrbuch 1911, hier der gesonderte Anhang: Tabellarische Übersicht und grafische Darstellung der Entwicklung des Deutschen Transportarbeiter-Verbandes 1897-1911, S. XXIV f. Ders.: Jahrbuch 1913, S. 108, S. 466 f. und S. 472.

[153] Vgl. dazu den Verbandstag der Transportarbeiter 1912 in Breslau. In der Debatte über erforderliche Sparmaßnahmen nach einer Überdehnung der Erwerbslosenunterstützung im Fusionsprozess tauchten bekannte Motive erneut auf – etwa dasjenige vom Vorrang des Kampfverbandes. Zugleich zeigte sich, dass man sich von den gewonnenen Vorzügen immer dann, wenn deren Abschaffung konkret zu entscheiden war, doch nur ungern trennte. Insofern fielen die Sparbe-

ten Zahlen belegen – zunächst nahezu ungebremst weiter. Im Vorfeld des Ersten Weltkriegs wurden hier also Höchstwerte bei den verbandlichen Unterstützungsausgaben im sozialen Bereich erreicht.

Die anschließende Periode des Ersten Weltkriegs und der Inflation der Jahre 1914 bis 1924 war in vielfältiger Hinsicht, besonders aber auch unter wirtschafts-, sozial- und währungspolitischen Gesichtspunkten eine Etappe der sich zuspitzenden Extreme. Für das gewerkschaftliche Unterstützungswesen stellten sich dabei schnell abnorme Rahmenbedingungen ein, die schließlich in der Phase der Hyperinflation darin gipfelten, dass auch das Finanzsystem der sozialen Unterstützungskassen unter dem Druck der dynamischen Entwertung des Währungssystems implodierte. Die besonderen Konstellationen jener Jahre lassen – wie unter Laborbedingungen – auch besondere Akzentuierungen bei den gewerkschaftlichen Bedeutungszuweisungen zum sozialen Unterstützungswesen erkennen – darauf wird weiter unten noch einmal gesondert eingegangen werden. In Bezug auf eine Vermessung sozialer gewerkschaftlicher Unterstützungseinrichtungen im Spiegel ausgewählter Leistungsdaten ist diese Periode hingegen nicht verlässlich aussagekräftig. Die vor 1914 errichteten Systeme waren für die Hitze der folgenden Jahre weder konstruiert noch geeicht. Insofern wäre eine Analyse unter diesen Bedingungen nicht aussagekräftig für die Entwicklung unter in gewissen Grenzen normalen Bedingungen. Diese wurden spätestens mit der sich zu Beginn der 1920er Jahre immer mehr beschleunigen Inflation überschritten. Die Zahlenkolonnen, die in den gewerkschaftlichen Geschäftsberichten für die Bereiche des Unterstützungswesens nun ausgewiesen wurden, waren schon bald drucktechnisch kaum noch darstellbar.[154] Sie waren darüber hinaus auch im Wortsinn wertlos. Denn im Zeitraum zwischen Drucklegung und Veröffentlichung hatten sich bei der zuletzt erreichten Rasanz der Inflation alle monetären Wertangaben schon wieder marginalisiert.

Ob nach 1924 Zustände einzogen, die als »normal« bezeichnet werden dürfen, wird man mit überzeugenden Argumenten in Zweifel ziehen dürfen. Historisch betrachtet, wurde mit Währungsreform und Währungsstabilisierung jedoch wieder eine Art Normzustand erreicht – der hingegen schon bald durch die aufziehende Weltwirtschaftskrise erneut nachhaltig gestört werden sollte. In der Periode zwischen den mächtigsten Wirtschafts- und Sozialkrisen der 1920er Jahre – der Hyperinflation und der

---

schlüsse letztlich moderat aus. In solchen Debatten wurde die nächste Runde der Beitragsanhebungen perspektivisch angebahnt. Vgl. dazu Deutscher Transportarbeiter-Verband: Protokoll des achten Verbandstages 1912, S. 189-198.

[154] Um beim hier zur Anschauung gewählten Beispiel der Transportarbeiter zu bleiben: Der Deutsche Verkehrsbund konnte die Ausgaben für Unterstützungszwecke im Jahr 1923 nur noch mit großer Mühe tabellarisch darstellen. Obwohl die Angaben bereits in Millionen erfolgten, ergaben sich Zahlenreihen, die nur noch in kleinsten Schriftgraden gedruckt werden konnten. Die Gesamtausgaben für die Arbeitslosenunterstützung beliefen sich demnach im Jahr 1923 auf 3.213.569.743.000.000 Mark, die der Krankenunterstützung auf 1.700.075.815.000.000 Mark. Vgl. Deutscher Verkehrsbund: Jahrbuch 1923, hier der tabellarische Anhang, S. 22.

Weltwirtschaftskrise – zeichnete das soziale gewerkschaftliche Unterstützungswesen zuerst aus, dass es, wie selbstverständlich, nach der inflationsbedingten Einstellung des Kassenwesens wieder in den zuvor errichteten Strukturen den bekannten Betrieb aufnahm.

Wenngleich die Daten der sozialen gewerkschaftlichen Unterstützungskassen für die Zeit nach 1924 in einem neuen Währungssystem entstanden, in dem alle Finanztransaktionen zunächst noch im Reorganisationsprozess der Stabilisierungsphase tendenziell gehemmt waren, sind sie für einen Vergleich mit der Vorkriegszeit aussagekräftig. Bei einer erheblichen Vergrößerung der gewerkschaftlichen Verbände, die Mitglieder in der Nachkriegs- und Revolutionsphase hinzugewinnen konnten, bei erforderlichen Sparmaßnahmen, die in vielen Gewerkschaften mit der sich zuspitzenden Arbeitsmarktlage im Verlauf der 1920er Jahre ergriffen werden mussten, und bei einer mitunter beträchtlichen Erhöhung der verfügbaren gewerkschaftlichen Jahresbudgets erreichten die Leistungswerte vieler sozialer Unterstützungskassen nicht wesentlich geringere Niveaus als jene vor 1914 – und die waren ja als relative Höchstwerte anzusehen.

Im Deutschen Verkehrsbund, der Folgeorganisation des Transportarbeiter-Verbandes, wies man für die Arbeitslosenunterstützung jährliche Gesamtausgaben von 868.955 Reichsmark (1926) und 1.574.311 Reichsmark (1929) aus. Für die Unterstützung bei Krankheit wurden 824.338 Reichsmark (1926) und 2.130.002 Reichsmark (1929) als Ausgaben verzeichnet. Im Verhältnis zu den dynamisch gestiegenen jährlichen Gesamteinnahmen des Verbandes und den zum Ende der 1920er Jahre schließlich auch explodierenden jährlichen Gesamtausgaben kamen Arbeitslosen- und Krankenunterstützung auf einen gemeinsamen Anteil von etwa 21 Prozent (1926 und 1929) an den Gesamteinnahmen und von 32 Prozent (1926) respektive 24 Prozent (1929) an den Gesamtausgaben der Hauptkasse.[155]

Der durch den organisatorischen Auf- und Ausbau der Zentralkassen getriebenen Expansion des sozialen gewerkschaftlichen Unterstützungswesens in der Vorkriegszeit folgte in den 1920er Jahren eine nun vornehmlich auch durch die sozialen Turbulenzen befeuerte sehr hohe Beteiligung insbesondere der Arbeitslosen- und Krankenunterstützung an den gewerkschaftlichen Ausgaben. Diese Expansion und Festigung des sozialen Unterstützungswesens – nun auch als Bastion in Krisenzeiten – ließe sich quantitativ weiter illustrieren: So wies der Verband der Gemeinde- und Staatsarbeiter für seine Hauptkasse jährliche Gesamtkosten für die Arbeitslosenunterstützung von 151.448 Reichsmark (1926) und 346.474 Reichsmark (1929) sowie von 544.030 Reichsmark (1926) und 1.201.913 Reichsmark (1929) für die Unterstützung Kranker aus. Das entsprach einem Anteil der Jahreskosten dieser beiden Unterstützungszweige an den Gesamtausgaben der Hauptkasse von etwa 20 Prozent (1926) respektive 18 Prozent

---

[155] Die Zahlen mit eigenen Berechnungen nach Deutscher Verkehrsbund: Jahrbuch 1926, S. 107 sowie S. 4 und S. 20 f. des tabellarischen Anhangs. Ders.: Jahrbuch 1929, S. 145, S. 157 und S. 161.

(1929)[156] – bei hingegen deutlich geringeren Aufwendungen für die Arbeitslosenunterstützung der in den öffentlichen Betrieben besser abgesicherten Gemeinde- oder Staatsarbeiter. Die Quote der arbeitslosen Verbandsmitglieder variierte von 1926 bis 1929 nach der verbandseigenen Statistik zwischen einem Minimal- und Maximalwert von 1,03 und 2,59 Prozent – und bewegte sich mithin deutlich unterhalb der allgemeinen Arbeitslosenquote auf dem Niveau der Vollbeschäftigung.[157]

Um ein letztes Beispiel zu geben: Der Deutschnationale Handlungsgehilfen-Verband bezifferte seine Ausgaben für die unter »Wohlfahrtseinrichtungen« des Verbandes zusammengefasst verbuchten Unterstützungszweige[158] auf 1.575.628 Reichsmark (1926) und auf 1.452.950 Reichsmark (1929). Dies entsprach einem Anteil von etwa 18 Prozent (1926) respektive von annähernd zehn Prozent (1929) an den jährlichen Gesamtausgaben. Hierbei muss berücksichtigt werden, dass der Handlungsgehilfen-Verband die kostspielige Krankenunterstützung nicht gewährte, sondern ausschließlich Leistungen seiner Verbandskrankenkasse anbot, die als Versicherung gesondert verbucht wurde.[159]

Die Werte zeigen, dass sich verbandstypische sowie branchenspezifische Faktoren bei den kostenintensiven Unterstützungsformen für Arbeitslosigkeit und Krankheit deutlich niederschlagen, zumal wenn sie in Phasen einer wirtschaftlichen Gefährdung der Existenz der Arbeitnehmer und ihrer Familien intensiv – auch mit Versuchen, die statutarischen Vorgaben zu dehnen – in Anspruch genommen wurden. Die Differenzen bestätigen bei Berücksichtigung der spezifischen Faktoren die Gesamttendenz. Das soziale Unterstützungswesen der Gewerkschaften war in einer vergleichsweise kurzen Zeit vom konzertiert erfolgenden Zentralkassenaufbau in der ersten Dekade nach der Jahrhundertwende bis zu den Krisen im Verlauf der 1920er Jahre mit verbandlichen Jahresbudgets in – nicht inflationsbedingter – Millionenhöhe zu einer Art Sozialversicherungswesen der Gewerkschaften ausgebaut worden, das sich nicht zuletzt aufgrund der hohen Anteile an den Gesamtausgaben der Organisationen als damit nunmehr wesentliche, fest implementierte Einrichtung einer etablierten gewerkschaftlichen Aufgabe zeigte.

An dieser Stelle soll das verlockende Spiel mit Zahlen, welche die Rechenschaftsberichte der gewerkschaftlichen Verbände im untersuchten Zeitraum immer umfangreicher zur Verfügung stellten, nicht weiter fortgesetzt werden. Für diese Datenreihen begeisterten sich bereits zeitgenössische Autoren, aber auch die Sozialhistoriker der

---

[156] Verband der Gemeinde- und Staatsarbeiter: Geschäftsbericht 1926, S. 215. Ders.: Geschäftsbericht 1929, S. 258.
[157] Verband der Gemeinde- und Staatsarbeiter: Geschäftsbericht 1929, S. 54.
[158] Darunter fielen beim Deutschnationalen Handlungsgehilfen-Verband: Stellenvermittlung, Auskunftei, Stellenlosenunterstützung, Altersschutz und Rechtsschutz. Vgl. Deutschnationaler Handlungsgehilfen-Verband: Rechenschaftsbericht 1926, S. 7.
[159] Ebd., S. 330. Deutschnationaler Handlungsgehilfen-Verband: Rechenschaftsbericht 1929, S. 332.

1980er Jahre.[160] In dieser Literatur findet der interessierte Leser Tabellen und Übersichten mit beeindruckender Komplexität, die das exemplarisch in groben Linien Herausgearbeitete noch einmal mit Bezügen zu anderen Gewerkschaftsorganisationen auch jenseits des hier zu betrachtenden Rahmens ergänzen und differenzieren.

Noch anschaulicher als im Blick auf die Zahlen wird die Expansion der sozialen gewerkschaftlichen Selbsthilfe bei Erwerbslosigkeit in der Reflexion der gewerkschaftlichen Verbandstopografie. Unter den in dieser Studie ausgewählt betrachteten historischen Vorläuferorganisationen der heutigen Dienstleistungsgewerkschaft Verdi gab es kaum eine bedeutende Organisation, die im Untersuchungszeitraum keine Selbsthilfeeinrichtung – sei es als Arbeitslosen- oder Stellenlosenunterstützung, als Erwerbslosen- oder Krankenunterstützung oder als verbandliche Krankenkasse – auf- und ausbaute respektive bereits aufzuweisen hatte. Unterschiede gab es im verbandlichen Kassenarrangement: Mal tauchte die Arbeitslosen- oder Stellenlosenunterstützung als eigenständige Kasse neben einer Krankenunterstützungen auf, mal wurden beide zur Erwerbslosenunterstützung zusammengelegt – wobei die beiden Unterstützungszweige auch weiterhin differenziert werden konnten.[161] Es existierten Angestelltenorganisationen, die wie der Deutschnationale Handlungsgehilfen-Verband bei einer bestehenden Verbandskrankenkasse auf die Krankenunterstützung verzichteten. Es gab andere Angestelltenverbände, so zum Beispiel den Verband der weiblichen Handels- und Büroangestellten oder den Zentralverband der Angestellten, bei denen Krankenversicherung und Krankenunterstützung zeitweilig parallel existierten.

Das Kaleidoskop der betrachteten Gewerkschaftsorganisationen wurde in diesem Kapitel mit vielfältigen Beispielen reichhaltig bestückt. Der Blick könnte dennoch erweitert werden. Die Expansion des Selbsthilfegedankens im gewerkschaftlichen Raum erfasste in dieser Epoche sogar die Organisationen des verbeamteten Postwesens – trotz der privilegierten Absicherung im Berufsbeamtentum und einer ausgeprägten sozialen

---

[160] Dazu als Studie aus dem Jahr 1908 Brüggerhoff: Das Unterstützungswesen bei den deutschen »Freien« Gewerkschaften. Zu den quantitativen Daten bes. ders.: Statistisches über das Unterstützungswesen der deutschen »Freien« Gewerkschaften. Sehr anschaulich mit zahlreichen quantifizierenden Übersichten – 1932 veröffentlicht – Hüber: Unterstützungswesen. Nicht weniger zahlenaffin als sozialhistorische Studie aus dem Jahr 1980 Schönhoven: Selbsthilfe.

[161] So zum Beispiel im Verband der Gemeinde- und Staatsarbeiter, der seine Erwerbslosenunterstützung in den Geschäftsberichten in den Zweigen der Arbeitslosen- und Krankenunterstützung in den 1920er Jahren schließlich getrennt abrechnete. Dazu bereits Erörterungen im Jahr 1909: Verband der Gemeinde- und Staatsarbeiter: Protokoll der Verhandlungen des fünften Verbandstages 1909, S. 26 ff. und S. 155 ff. In der Verbandssatzung des Jahres 1922 waren einheitliche Unterstützungssätze für die Erwerbslosigkeit durch Arbeitslosigkeit und durch Krankheit festgelegt. In den Statuten 1925 und 1928 wurde in unterschiedlichen Staffeln differenziert. Verband der Gemeinde- und Staatsarbeiter: Statut. Beschlossen auf dem Verbandstag in Magdeburg 1922, §§ 16 ff., S. 10 ff. Ders.: Statut. Beschlossen auf dem Verbandstag in Frankfurt am Main 1925, §§ 16 ff., S. 9 ff. Ders.: Statut. Beschlossen auf dem Verbandstag in Köln am Rhein 1928, §§ 15 ff., S. 13 ff. Zur Berichterstattung in den Geschäftsberichten der 1920er Jahre beispielsweise ders.: Geschäftsbericht 1925, S. 137 und S. 139.

Fürsorge der Deutschen Reichspost. In den Postverbänden fanden sich zwar in der Regel keine Unterstützungseinrichtungen für Arbeitslosigkeit oder Krankheit – wohl aber Sterbefallunterstützungen. Zudem zeigte sich in den Organisationen der Beschäftigten nach der Jahrhundertwende und bis in die 1920er Jahre hinein ein auffälliges Interesse der Mitgliedschaften oder Verbandsleitungen an der Etablierung eigener Krankenkassen. Im Deutschen Postverband wurde diese Absicht, wie es hieß, seit der Verbandsgründung bereits in den 1890er Jahren verfolgt. Auf der Basis eines versicherungsmathematischen Gutachtens entschied der Verbandstag 1910, dass man darauf weiter hinwirken wollte. Wenngleich es bis 1930 nicht zu einer Verwirklichung kam, entsprachen die Bestrebungen zumindest in einer erkennbaren Grundstimmung – trotz der Privilegierung der Beamtenschaft – doch den in Angestelltengewerkschaften ergriffenen, zeitlich parallel verlaufenden Initiativen in Bezug auf die Etablierung verbandlicher Krankenkassen.[162] Auf einen anderen, besonderen Bereich der Gesundheitspolitik in Postorganisationen wurde mit der Tuberkulosefürsorge des Deutschen Postverbandes bereits näher eingegangen.[163]

In einigen Postorganisationen hatte man erkannt, dass man die Mitglieder vom Tropf der staatlichen Fürsorge lösen und unabhängiger machen musste, wenn man deren Interessen gegen den staatlichen Arbeitgeber wirkungsvoll vertreten wollte. Dafür waren eigene Einrichtungen der sozialen Selbsthilfe wichtig oder auch nur eine anhaltende Debatte darüber, mit der zugleich die unzureichende soziale Absicherung durch den Staat gebrandmarkt wurde – und eine Distanzierung von der Fürsorge des Arbeitgebers bei einer gleichzeitig verstärkten Bindung an die verbandliche Organisation erreicht werden konnte. Auch hier ging es also um organisationspolitische Erwägungen, die mit dem um die Jahrhundertwende verzeichneten breiten Forderungskatalog der Mitglieder nach Unterstützungs- oder anderen verbandlichen Selbsthilfeeinrichtungen korrelierten.[164] In einer verbandsgeschichtlichen Selbstdeutung wurde der Wandel im Bereich sozialer Tätigkeiten mit der Bildung und Festigung der Organisation des Deutschen Postverbandes dann dementsprechend eng verknüpft. »Stand früher die Gesamtheit den wirtschaftlichen und sozialen Verhältnissen passiv gegenüber, so griff sie nun, als organisierte Gemeinschaft, aktiv in die Entwicklung der Verhältnisse ein, erwartete sie früher alles Heil allein und ausschließlich vom Staat, so suchte sie nunmehr die Staatshilfe durch Selbsthilfe wirksam zu ergänzen.«[165] Im Jahrbuch 1925 schließlich versah man die Selbsthilfeeinrichtungen des Deutschen Postverbandes mit besonders

---

[162] Deutscher Postverband (Hg.): 40 Jahre Deutscher Postverband 1890-1930, S. 163.
[163] Im Prolog zum dritten Hauptteil dieser Studie.
[164] Winters: Geschichte des Verbandes mittlerer Reichs-Post- und Telegrafenbeamten, S. 170 ff. Nach vielfacher Umbenennung des Verbandes setzte sich im weiteren Verlauf der 1920er Jahre die Bezeichnung Deutscher Postverband durch.
[165] So Winters in der Einleitung zum Kapitel über die wirtschaftlichen und sozialen Einrichtungen des Verbandes – ebd., S. 172.

starken Ausbauakzenten: »Die Einrichtungen immer weiter auszubauen und ihnen neue anzufügen bildet eine Aufgabe, die zu lösen nicht nur die Verbandsleitung, sondern auch jedes einzelne Mitglied berufen und verpflichtet ist.«[166] Das Expansionsthema war auch in den Organisationen der Postbediensteten und ihrem Selbsthilfewesen unverkennbar angekommen.

Professionalisierung und Bürokratisierung

Dieser »Innere Ausbau«, der in den allgemein wachsenden gewerkschaftlichen Großorganisationen so auch immer wieder bezeichnet wurde[167] – also der Ausbau der erforderlichen Strukturen und die Modernisierung der Prozesse in den Bereichen Gewerkschaftsverwaltung und Gewerkschaftsfinanzen, in denen das soziale gewerkschaftliche Unterstützungswesen im Verlauf des untersuchten Zeitraums alsbald die skizzierte herausragende Bedeutung bekam – vollzog sich als *Professionalisierung und Bürokratisierung* gerade auch im Sektor sozialer Unterstützungen. So berichtete der Verband der Gemeinde- und Staatsarbeiter über seine Aktivitäten im Jahr 1925: »Die gute Entwicklung unseres Verbandes (...) wurde auch im Berichtsjahr 1925 gefördert durch eine zweckmäßige Verwaltungstätigkeit, die sich steigert mit dem erfreulichen Wachsen unseres Verbandes. Dank der guten Entwicklung der Verbandsfinanzen war es möglich, die nötige Zahl der Hilfskräfte einzustellen und technische Verbesserungen unserer Bürobetriebe zu schaffen. Bei unseren Maßnahmen haben wir uns von dem bekannten Wort ›Stillstand bedeutet Rückschritt‹ leiten lassen.«[168] Die Anzahl der Verwaltungsbeschäftigten der Gewerkschaften stieg an, Kartotheken oder elektrisch betriebene Präge-, Adressier-, Vervielfältigungs- und Frankiermaschinen modernisierten den Bürobetrieb.[169] Dies bedeutete, dass das soziale gewerkschaftliche Unterstützungswesen, in dem ein erheblicher Teil der gewerkschaftlichen Arbeiten der Finanzverwaltung oder der statistischen Erfassung anfielen, als elementarer Bestandteil des Gewerkschaftswesens anschaulich und immer mehr sichtbar wurde.[170] Besonders deutlich zeigten das lokale Niederlas-

---

[166] Verband Deutscher Post- und Telegrafenbeamten: Jahrbuch 1925, S. 286.

[167] Auch mit Synonymen der inneren Festigung oder Kräftigung als notwendiges Pendant zur Expansion der Organisation (Mitgliederwachstum, steigende Anzahl der Filialen) – so zum Beispiel ganz deutlich im Zusammenhang des dringlich erforderlichen Ausbaus von Verwaltungsstrukturen: Verband der in Gemeinde- und Staatsbetrieben beschäftigten Arbeiter und Unterangestellten: Protokoll der Verhandlungen des vierten Verbandstages 1906, S. 56 f.

[168] Verband der Gemeinde- und Staatsarbeiter: Geschäftsbericht 1925, S. 129.

[169] Ebd.

[170] Vgl. zum Beispiel die Darstellungen über den Büro- und Verwaltungsalltag im Bund der technischen Angestellten und Beamten, in: Bund der technischen Angestellten und Beamten (Hg.): 25 Jahre Technikergewerkschaft – 10 Jahre Butab, S. 87 und S. 134. Im Archiv beim Bundesvorstand der Dienstleistungsgewerkschaft Verdi in Berlin ist unter dem Titel »Der Butab – sein Werden und Wirken« eine Text- und Bildvorlage aus dem Jahr 1929 für einen Lichtbildervortrag (als Ergänzung zur genannten Verbandsgeschichte) zu finden. Darin wurde Bildmaterial integriert, das den Verwaltungs- und Empfangsbereich der Abteilung Unterstützungswesen zeigte – vgl. ins-

sungen oder Zahlstellen von Gewerkschaften, die Kassenbereiche für den Publikumsverkehr unterhielten, in denen am Tresen – ähnlich einer Bankfiliale – die Geldgeschäfte der Mitgliedschaft erledigt wurden.[171] Dazu zählten die Entrichtung der Beiträge, aber ebenso ein Antrag auf Bezug von Unterstützungen, der Nachweis der Berechtigung und schließlich der Empfang von Unterstützungsleistungen.

Die Beitragsleistung der Mitglieder und der daran geknüpfte Anspruch, in Notfällen soziale Unterstützungen zu erhalten, sorgte für eine permanente »virtuelle« Sichtbarkeit des sozialen Unterstützungswesens. Mit jeder Hauskassierung, mit jeder Beitragsentrichtung in der lokalen Zahlstelle, mit jeder Marke, die im Gewerkschaftsbuch klebte, wurde der Anspruch auf eine gewerkschaftliche Sozialleistung nicht nur zu einer Art »Erscheinung vor dem inneren Auge« des Zahlenden – nicht zuletzt auch mit dem Blick auf seine Familie. Der Nachweis der geklebten Marken bestimmte in der modernen Gewerkschaftswelt schließlich auch real die Höhe des Anspruchs.

Auf die Zusammenhänge und Interaktionen zwischen Gewerkschaftsbeitrag, Beitragsform und Unterstützungskassen wurde in dieser Studie mehrfach hingewiesen.[172] Im Prozess der Modernisierung und Bürokratisierung des Finanzsystems gingen viele Gewerkschaften zu Staffelbeiträgen über. Der Verband der Gemeinde- und Staatsarbeiter zum Beispiel führte im Jahr 1928 nicht weniger als 17 Beitragsklassen, mit denen die nach Art und Ort der Beschäftigung variierenden Verdienste der Mitglieder so präzise wie möglich – aus Sicht der Organisation möglichst verlustarm – in Mitgliedsbeiträge umgerechnet wurden. Die zu leistenden Grundbeiträge orientierten sich am Verdienst. Die Art der geklebten Marke und deren Anzahl, mit dem die Beitragswochen dokumentiert wurden, bedeuteten im Unterstützungsfall geldwerten Vorteil. Mit jeder Wochenstaffel und jeder Beitragsstaffel stieg der Anspruch in den komplexen Leistungskatalogen der sozialen Unterstützungskassen bis zu Maximalwerten an. Beim Verband der Gemeinde- und Staatsarbeiter hatte man diese im Jahr 1928 nach achtjähriger durchgängiger Beitragszahlung für den wöchentlichen Grundbeitrag in der Klasse von einer Reichsmark erreicht.[173] Das Gewerkschaftsbuch wurde in dieser Perspektive

---

bes. Bild 67 auf S. 24 der Vortragsdisposition. Die Abbildung auf dem Frontdeckel dieses Buches geht auf das entsprechende Digitalisat aus dem Verdi-Archiv zurück.

[171] Hierzu die Darstellung einer – wie es hieß – »vorbildlich eingerichteten« Zahlstelle in: Deutschnationaler Handlungsgehilfen-Verband: Rechenschaftsbericht 1928, Einheftung vor S. 225.

[172] Hierzu der Prolog zum dritten Hauptteil und Kapitel vier dieser Studie.

[173] Dazu Verband der Gemeinde- und Staatsarbeiter: Statut. Beschlossen auf dem Verbandstag in Köln am Rhein 1928, §§ 9 und 14 ff., S. 10 ff. Die genannten Beitragsklassen beziehen sich hier nur auf die reguläre Differenzierung der Grundbeiträge ohne Sondertarife. Zum Vergleich: Der Verkehrsbund unterhielt nach seiner Satzung von 1927 12 Grundbeiträge – gestaffelt von der ersten Beitragsklasse mit 25 Reichspfennig bis zur zwölften mit 2,10 Reichsmark Bundesbeitrag. Deutscher Verkehrsbund: Satzung. Gültig ab 1. Oktober 1927, § 18, S. 20 ff. Im Verkehrsbund wurde die Zuweisung zu den Beitragsklassen nach Wochen- oder Monatsverdiensten vorgenommen, bei den Gemeinde- und Staatsarbeitern nach Stundenverdiensten.

anschaulich erfahrbar als ein soziales Sparbuch, in das man regelmäßig einzahlte und dafür soziale Berechtigungsscheine in Gestalt der eingeklebten Marken erhielt. Dies war eine im Sinn der Mitgliederbindung und der Organisationspolitik verfolgte Absicht der Verbände. Mit jeder im Gewerkschaftsbuch dokumentierten Aktion wurde das soziale Unterstützungswesen in den engen Rhythmen der Beitragszahlung indirekt sichtbar.[174]

Jene Professionalisierung oder Technisierung der Beitragsbemessung und Leistungserstattung im Unterstützungsbereich hatte einen bekannten »versicherungsmathematischen« Begriff: das Äquivalenzprinzip. In ihm bildeten sich die organisationspolitischen Erwartungen der Gewerkschaften an das Unterstützungswesen plausibel ab. Wer dauerhaft in der Gewerkschaft blieb und am Erfolg der Gemeinschaft auch durch höhere Einkünfte profitierte, zahlte höhere Beiträge an die Gemeinschaft und erhielt im Unterstützungsfall höhere soziale Leistungen. Das aus der gesetzlichen Sozialversicherung hinlänglich bekannte Prinzip soll hier nicht weiter ausgerollt werden. Interessant und genauer zu beleuchten ist indes, dass es zugleich beispielhaft für die Professionalisierung und Technisierung der allgemeinen Prozeduren wie auch des äußeren Erscheinungsbildes des sozialen Unterstützungswesens in den Gewerkschaften stand.

Nachdem die Entscheidungen zugunsten der Etablierung zentraler Unterstützungskassen in den gewerkschaftlichen Organisationen gefallen waren, wurden grundlegende Debatten über den tieferen theoriegestützten Sinn dieser Einrichtungen oder, allgemeiner gesagt, über deren Legitimation bei den turnusmäßigen Treffen zu Gewerkschaftstagen seltener.[175] An jene Stelle traten Verfahrensroutinen. Was den Verbandstagen nach der Gründungsperiode der Unterstützungskassen an Anträgen zu den jeweiligen Unterstützungseinrichtungen vorgelegt wurde, betraf in der überwiegenden Mehrzahl statutarische Fragen. Man setzte sich damit auseinander, ob Wochenziffern erhöht werden, Karenzzeiten für Arbeitslose oder Erkrankte entfallen konnten oder zumindest sozialverträglicher zu bemessen waren oder die Staffeln von Beitrags- und

---

[174] Zum engen Zusammenhang von Beitragsstaffelung – zur Effektivierung der Gewerkschaftseinnahmen – und Unterstützungswesen eine Aussage aus dem Deutschen Verkehrsbund: »Unsere Haupteinnahmen fließen selbstverständlich aus den Beiträgen. Entsprechend der Beitragsziffer gestalten sich auch unsere Einnahmen. Wir haben aber die Empfindung, dass eine große Zahl unserer Mitglieder ihre Beiträge nicht entsprechend ihrem Arbeitsverdienst zahlt, sondern den Arbeitsverdienst verschweigt und geringere Beiträge entrichtet. Wenn man nachträglich dahinterkommt, wird man den betreffenden Kollegen klarmachen können, dass sie sich dadurch ins eigene Fleisch schneiden; denn die Unterstützungssätze richten sich bekanntlich nach den geleisteten Beiträgen.« Deutscher Verkehrsbund: Protokoll über die Verhandlungen des zwölften Bundestages 1925, S. 78.

[175] Dennoch gab es gelegentlich radikale Anträge zur Abschaffung gesamter Unterstützungskassen – etwa im Zentralverband der Angestellten zur Abschaffung der Krankenunterstützung, wobei diese Forderungen im Kontext der bereits angesprochenen kommunistischen Oppositionsbewegung im Verband gesehen werden müssen. Vgl. Zentralverband der Angestellten: Protokoll des zweiten Verbandstages 1924, S. 133.

Unterstützungsklassen generell anders zu gestalten waren. Dabei wurde immer wieder gerungen um erhöhte Ausschüttungen für die Mitglieder einerseits und um die Verantwortung für die Finanzierbarkeit im Ganzen andererseits. Der Wunsch nach Ausweitungen der Zuwendungen traf regelmäßig auch auf die Notwendigkeit von Sparbeschlüssen in schwierigen Zeiten. Man diskutierte, welche Verbandsgremien für welche Entscheidungen im Verlauf einer Unterstützungsbewilligung zuständig sein sollten, welche Formulare genutzt werden mussten, wie man Beschwerden behandelte, wie bei Versuchen des Missbrauchs oder der Täuschung beim Bezug sozialer Leistungen zu verfahren und zu sanktionieren war oder dergleichen mehr.[176]

Entsprechend wurde die Diskussion und Beschlussfassung der Anträge zum sozialen Unterstützungswesen in der Regel in die Statutenberatung gelegt – also in jenen besonders formellen Teil der Verbandstagsroutine, der häufig zu einem späten Zeitpunkt der Tagesordnung oder ganz am Ende als besonders trockene Pflichtübung für die Delegierten verblieb. Dies sollte man nicht vorschnell als Geringschätzung werten. Im Deutschen Verkehrsbund etwa, um es an zufällig gewählten Biopsien zu veranschaulichen, wurden zum Bundestag 1925 bei insgesamt vorliegenden 265 Anträgen 39 zum Gesamtbereich des Unterstützungswesens gestellt – also knapp 15 Prozent. Die Erwerbslosenunterstützung dominierte jenen Teilbereich. Beim Zentralverband der Angestellten erhält man für eine Stichprobe beim Verbandstag 1924 ähnliche Werte. Bei insgesamt 242 nummerierten Anträgen oder Entschließungen fielen 37 allein in den Bereich der sozialen Unterstützungseinrichtungen – also etwas mehr als 15 Prozent. Davon befassten sich 22 Anträge allein mit der Stellenlosen- und Krankenunterstützung.[177] Das soziale Unterstützungswesen wurde also als wesentlicher Bestandteil des Gewerkschaftswesens in einer dies repräsentierenden Routine in den Verfahren abgehandelt.

Technisierung, Bürokratisierung sowie Professionalisierung der Abläufe und Strukturen verstärkten sich im sozialen Unterstützungswesen selbst und reproduzierten sich in den Rhythmen der getakteten Wiederholungen technischer, bürokratischer oder professioneller Routinen. Ein anschauliches Beispiel dafür gaben die Verbandssatzungen selbst. Mit jeder Statutenberatung auf Verbandstagen, die über Anträge und Abstimmungen den Weg zu geänderten, häufig erweiterten und differenzierten Vorschriften für das Unterstützungsreglement einer Kasse ebnete, entwickelten jene sich in der

---

[176] Vgl. beispielhaft die Anträge zur Erwerbslosen- respektive zur Stellenlosen- und Krankenunterstützung auf den Verbandstagen des Deutschen Verkehrsbundes 1925 und 1928 sowie des Zentralverbandes der Angestellten 1924, die hierfür ausgewertet wurden. Deutscher Verkehrsbund: Protokoll über die Verhandlungen des zwölften Bundestages 1925, bes. S. 24 ff. und S. 219 ff. Ders.: Protokoll über die Verhandlungen des 13. Bundestages 1928, bes. S. 423 ff. Ergänzend dazu Zentralverband der Angestellten: Protokoll des zweiten Verbandstages 1924, hier bes. das Antragsregister, S. 131 ff.

[177] Deutscher Verkehrsbund: Protokoll über die Verhandlungen des zwölften Bundestages 1925, hier nach dem Antragsregister, S. 15 ff. Zentralverband der Angestellten: Protokoll des zweiten Verbandstages 1924, hier nach dem Antragsregister, S. 110 ff.

Logik dieses Prozesses bei vielen Gewerkschaften zu einem anschwellenden Regelwerk. In der Satzung des Verbandes der Gemeinde- und Staatsarbeiter wurde die Erwerbslosenunterstützung 1922 in fünf Paragrafen mit 21 Absätzen bei 110 Textzeilen und mit zwei tabellarischen Übersichten der Staffeln erläutert. In der Satzung von 1928 belief sich die Darstellung der gleichen Anzahl von Paragrafen auf 22 Absätze mit 125 Textzeilen mit vier tabellarischen Übersichten der Staffeln. Insgesamt war das Textvolumen der Regelwerke in den 1920er Jahren vielfach erheblich geworden. Der Zentralverband der Angestellten etwa benötigte in seiner Satzung von 1924 insgesamt 14 Paragrafen mit 25 Absätzen, um die Bestimmungen seiner Stellenlosen- und Krankenunterstützung darzulegen. Der Verkehrsbund bewies mit seinen Statuten von 1927, dass es bei einfacheren Strukturen – in diesem Fall bei gleichen Sätzen für den Fall der Arbeitslosigkeit und Krankheit – auch kompakter ging. Hier wurden mit elf Absätzen und einer relativ einfachen Staffelung die Leitlinien der Erwerbslosenunterstützung präsentiert.[178] Immerhin, um es anschaulich zu machen: Allein das in den Verbandssatzungen abgebildete Regelwerk der Arbeitslosen- und Krankenunterstützung konnte auf ein Textvolumen von etwa 6.500 bis zu 7.500 Zeichen kommen, was heute in etwa einem gedruckten fünfseitigen Buchmanuskript entspräche.[179] Auch diesbezüglich waren die sozialen Unterstützungseinrichtungen zu einem prominent und ausführlich repräsentierten Bestandteil der gewerkschaftlichen Organisationen geworden.

Was wurde inhaltlich in den Satzungspassagen geregelt? Nimmt man die Stellenlosenunterstützung, Krankenunterstützung respektive die Erwerbslosenunterstützung im Verband der Gemeinde- und Staatsarbeiter, im Deutschen Verkehrsbund und im Zentralverband der Angestellten in den 1920er Jahren als Beispiel und versucht man, deren Regelungsbereiche zu systematisieren, könnte man folgende Gliederung entwerfen: *Beschreibung des erforderlichen Unterstützungsszenarios* – also genauere Definition der unterstützten Erwerbslosigkeit, Voraussetzungen für die Anerkennung der Arbeitslosigkeit oder Krankheit (zum Beispiel ärztliches Attest oder Bescheinigung der Krankenkasse), Meldeverfahren und Beginn der Unterstützungszahlung; *quantitative Berechtigungen* mit Karenzzeiten, Leistungsstaffeln nach Beitragsklassen und geleisteten Beiträgen, Maximaldauer des Unterstützungsbezugs – möglicherweise wiederum variierend nach dem Niveau der Beitragsleistung; *Begrenzungen des Leistungsbezugs* – etwa Ausschluss mehrfacher Unterstützungsbezüge innerhalb festgelegter Zeiträume oder Limitierung durch Höchstbeträge, die nicht überschritten werden durften (Aussteuerung), kein paralleler Bezug der Arbeitslosen- und Krankenunterstützung; *Sonderfälle* – etwa Unterstützungs-

---

[178] Verband der Gemeinde- und Staatsarbeiter: Statut. Beschlossen auf dem Verbandstag in Magdeburg 1922, §§ 16-20, S. 10 ff. Ders.: Statut. Beschlossen auf dem Verbandstag in Köln am Rhein 1928, §§ 15-19, S. 13 ff. Zentralverband der Angestellten: Satzung. Nach den Beschlüssen des Verbandstages 1924 in Kassel, §§ 76-89, S. 23 ff. Deutscher Verkehrsbund: Satzung. Gültig ab 1. Oktober 1927, § 19, S. 23 ff.

[179] Nach der Normseite der VG Wort mit 1.500 Zeichen einschließlich Leerzeichen.

höhe während des Wechsels in eine andere Beitragsklasse, Festlegung der Ansprüche von Neumitgliedern nach Gewerkschaftsübertritt (Übernahme oder Ablehnung in anderen Verbänden bereits erworbener Ansprüche); *Kompetenzen und Gremien* – etwa Berechtigungen des Gewerkschaftsvorstandes oder begleitender Gremien (Bundesausschüsse, Beiräte) zur kurzfristigen Anpassung der Sätze unter besonderer Berücksichtigung der Kassenlage, Beteiligung der Ortsgruppen, Gaue oder der Gremien des Hauptvorstandes am Verfahren der Bewilligung des einzelnen Unterstützungsantrags, Benennung von Gremien zur Schlichtung von Konflikten beim Unterstützungsbezug; *Modalitäten des Unterstützungsverfahrens*[180] – etwa fortlaufende Kontrolle der Berechtigung (regelmäßige Meldung der Unterstützten bei den zuständigen Gewerkschaftsniederlassungen und bei der verbandlichen Stellenvermittlung, Einreichen ärztlicher Atteste oder weiterer Bescheinigungen der Krankenkasse), Verfahren der Auszahlung der Unterstützungen (Turnus und Zahlungsweise, Ort, Sonderregelungen für Reisen), Sanktionen – zumeist als Verlust der Unterstützungsberechtigung – beim Verstoß gegen das Unterstützungsreglement, bei nicht rechtmäßigem Bezug von Unterstützungen oder Beitragsverzug sowie Ausschluss klagbarer Rechte[181] bei ersatzweise verfügbaren verbandlichen Beschwerdeinstanzen (Schlichtungsverfahren).[182]

Die Komplexität und Institutionalisierung der Regelungen gerade bei den Gremienbezügen zeigen den erreichten Grad der Verankerung des sozialen Unterstützungswesens in den gewerkschaftlichen Organisationen und ihren administrativen Apparaten auf. Darüber hinaus stellt sich die Frage nach der faktischen Bedeutung der Unterstützungen – gemessen an ihrem materiellen Wert. Es wurden in dieser Studie immer wieder beispielhaft Zahlen zur Veranschaulichung der ausgezahlten Unterstützungsbeträge genannt – insbesondere für die Zeit vor dem Ersten Weltkrieg.[183] An dieser Stelle sollen die ausgehenden 1920er Jahre in den Fokus treten, um – wie bei der soeben erfolgten inhaltlichen Auswertung von Verbandssatzungen – der Frage nachzugehen, welches Niveau der Entwicklung im sozialen Unterstützungswesen im untersuchten Zeitraum am Ende schließlich erreicht wurde. Es ist zu beachten, dass die gewerkschaftlichen Unterstützungen bei Arbeitslosigkeit und Krankheit Tagegeldzahlungen waren,

---

[180] Mitunter waren diese in gesonderten Ausführungsverordnungen genauer geregelt.

[181] Das war ein satzungsrechtlicher Pflichtpassus für Unterstützungen. Bei einer Einräumung von Klagerechten jenseits eines verbandsinternen Schlichtungsverfahrens hätte die Unterstützungseinrichtung als Versicherung der staatlichen Versicherungsaufsicht mit umfassenden Auflagen unterstellt werden müssen.

[182] Verband der Gemeinde- und Staatsarbeiter: Statut. Beschlossen auf dem Verbandstag in Köln am Rhein 1928, §§ 15-19, S. 13 ff. Zentralverband der Angestellten: Satzung. Nach den Beschlüssen des Verbandstages 1924 in Kassel, §§ 66-89, S. 21 ff. Deutscher Verkehrsbund: Satzung. Gültig ab 1. Oktober 1927, § 19, S. 23 ff.

[183] Unter Berücksichtigung von Arbeitslosen- und Krankenunterstützungen finden sich für die zeitlichen Etappen vor 1890 und vor dem Ersten Weltkrieg ausgewählte Angaben in den Kapiteln zwei und fünf dieser Studie.

die zusätzlich zu anderen Sozialleistungen gewährt wurden. Das galt nur bedingt für die Lohnfortzahlung im Krankheitsfall, die zwar mit dem Inkrafttreten des Bürgerlichen Gesetzbuches im Jahr 1900 gleich dreifach rechtlich kodifiziert war,[184] indes zwischen Arbeitern, Angestellten und leitenden Angestellten und nach einzelvertraglicher Regelung in der Praxis nicht einheitlich umgesetzt wurde. Vor allem zwischen Arbeitern und Angestellten entstand die bekannte und langandauernde Ungleichbehandlung bei der Lohnfortzahlung, die erst mit dem gewerkschaftlich erkämpften Lohnfortzahlungsgesetz 1969 ausgeglichen werden konnte. Im Krankheitsfall bezog der Erkrankte jedoch ein Krankengeld, das mit Beginn der gesetzlichen Regelung der Krankenversicherung ab 1883 zum sozialen Standard wurde und ab dem dritten Krankheitstag über mehrere Wochen gezahlt wurde.[185] Mit dem Gesetz über Arbeitsvermittlung und Arbeitslosenversicherung von 1927 wurden auch bei Arbeitslosigkeit Geldleistungen aus der staatlichen Sozialversicherung ermöglicht, wodurch die zuvor bestehenden Regelungen der Arbeitslosenfürsorge auf ein höheres sozialstaatliches Versicherungsniveau jenseits der Bedürftigkeitskategorie gehoben wurden.

Vor jenem Hintergrund sind die gewerkschaftlichen Unterstützungszahlungen am Ausgang der 1920er Jahre zu sehen. Der Deutsche Verkehrsbund stellte nach den Statuten des Jahres 1927 in der Erwerbslosenunterstützung nach einer Woche Karenzzeit eine minimale Wochenauszahlung nach geleisteten 60 Wochenbeiträgen in der Höhe des siebenfachen Grundbeitrages je nach Beitragsklasse für längstens vier Wochen zur Verfügung. Eine maximale Wochenauszahlung konnte man nach geleisteten 720 Wochenbeiträgen – also nach einer durchgängigen Verbandsmitgliedschaft von annähernd 14 Jahren – mit dem vierzehnfachen Satz des Grundbeitrages erzielen, der dann sogar für höchstens zehn Wochen bezogen werden durfte. Um es am konkreten Beispiel zu zeigen: Bei einem Monatsverdienst zwischen 130 und 175 Reichsmark zahlte 1927 ein männliches Mitglied im Verkehrsbund in der Beitragsklasse sechs einen wöchentlichen Grundbeitrag von 90 Reichspfennig. Erkrankte dieses Gewerkschaftsmitglied oder wurde es arbeitslos, erhielt es minimal nach 60 geleisteten Wochenbeiträgen 6,30 Reichsmark in der Woche – nach längstens vier Wochen endete die Leistung bei höchstens 25,20 Reichsmark. Im Maximalfall bezog das Gewerkschaftsmitglied nach 720 geleisteten Wochenbeiträgen 12,60 Reichsmark wöchentlich, also 50,40 Reichsmark in vier Wochen – nach längstens zehn Wochen endete die Leistung erst bei höchstens 126 Reichsmark. Gemessen am Bruttoverdienst erreichte die Erwerbslosenunterstützung des Deutschen Verkehrsbundes im Jahr 1927 – nach Staffelung anhand der Dauer der Gewerkschaftsmitgliedschaft und des letzten zurückliegenden

---

[184] Neben dem Bürgerlichen Gesetzbuch existierten um 1900 Regelungen auch im Handelsgesetzbuch und in der Gewerbeordnung, aus denen ein Rechtsanspruch für die Entgeltfortzahlung im Krankheitsfall hergeleitet werden konnte.

[185] Nach dem Gesetz von 1883 für einen Zeitraum von bis zu 13 Wochen.

Unterstützungsfalls – demnach einen Wert von etwa einem Sechstel bis zu einem Drittel des Monatsgehalts.[186]

Der Verband der Gemeinde- und Staatsarbeiter stellte nach seinen Statuten von 1928 nach einer einwöchigen Karenzzeit in der Erwerbslosenunterstützung bei Erkrankung die minimale Auszahlung von 1,20 Reichsmark in der Woche in der Beitragsklasse von 20 Reichspfennig zur Verfügung, wobei die Unterstützung nach geleisteten 52 Wochenbeiträgen längstens vier Wochen und, schrittweise gesteigert, nach 417 geleisteten Wochenbeiträgen längstens acht Wochen gezahlt wurde. Die maximale Zahlung von sechs Reichsmark wöchentlich konnte in der Beitragsklasse von einer Reichsmark erzielt werden – auch hier wiederum gestaffelt nach der Dauer der Mitgliedschaft respektive des letzten zurückliegenden Unterstützungsfalls: nach 52 Beitragswochen mit einer Unterstützungsdauer von längstens vier Wochen und nach 417 Beitragswochen von längstens acht Wochen. Bei Arbeitslosigkeit lagen die Unterstützungssätze – bei gleicher Staffelung – höher. In der Beitragsklasse von 20 Reichspfennig wurden 1,80 Reichsmark wöchentlich bezogen, in der Beitragsklasse von einer Reichsmark neun Mark. Um es ebenfalls an einem konkreten Beispiel anschaulicher zu machen – auch hier, wie für den Verkehrsbund oben, in der Klasse von 90 Pfennig Grundbeitrag: Bei Erkrankung wurde ein wöchentlicher Unterstützungssatz von 5,40 Reichsmark bezogen – nach Dauer der Mitgliedschaft oder des letzten zurückliegenden Unterstützungsfalls für höchstens vier oder acht Wochen. Ein Monatsbezug erreichte die Höhe von 21,60 Reichsmark. Bei Arbeitslosigkeit waren 8,10 Reichsmark in der Woche zu beziehen – ebenfalls nach Beitragsdauer gestreckt zwischen längstens vier bis zu acht Wochen. Ein Monatsbezug belief sich hier auf 64,80 Reichsmark, der nach einer gesonderten Regelung über die Begrenzung der maximalen Ausschüttung innerhalb eines Jahres im Verband der Gemeinde- und Staatsarbeiter indes erst nach geleisteten 417 Wochenbeiträgen gezahlt wurde. In der Beitragsklasse von 90 Reichspfennig wurde 1928 ein Monatsverdienst von etwa 190 Reichsmark zugrunde gelegt. Somit konnte die Arbeitslosenunterstützung den Wert von etwa einem Drittel eines Monatsgehalts, die Krankenunterstützung von etwa einem Neuntel des Monatsgehalts erreichen. In der niedrigsten Beitragsklasse von 20 Reichspfennig konnten bei einem veranschlagten Monatsverdienst von etwa 42 Reichsmark davon rund ein Sechstel bei Arbeitslosigkeit und ein Neuntel bei Krankheit kompensiert werden.[187]

Um zuletzt noch eine Angestelltengewerkschaft zu beleuchten: Der Zentralverband der Angestellten zahlte nach Eintreten des Unterstützungsfalls mit einer Woche Wartezeit Stellenlosenunterstützung. In der Beitragsklasse eins – in dem die Gewerkschaft einen Monatsbeitrag von 2,25 Reichsmark bei einem Monatseinkommen von 60

---

[186] Die Angaben – mit eigenen Berechnungen – nach Deutscher Verkehrsbund: Satzung. Gültig ab 1. Oktober 1927, §§ 18 und 19, S. 20 ff.

[187] Die Angaben – mit eigenen Berechnungen – nach Verband der Gemeinde- und Staatsarbeiter: Statut. Beschlossen auf dem Verbandstag in Köln am Rhein 1928, §§ 9 und 15-19, S. 8 und S. 13 ff.

bis zu 100 Reichsmark veranschlagte – wurde nach der Satzung von 1930 eine Stellenlosenunterstützung von 4,20 Reichsmark für eine Woche ausgezahlt. Dies entsprach einem Tagessatz von 60 Reichspfennig – gewerkschaftliche Unterstützungen wurden für jeden berechtigten Tag exakt abgerechnet. In der Beitragsklasse sechs – es wurde ein Monatsbeitrag von sechs Reichsmark bei einem komfortablen Monatseinkommen von 300 bis zu 500 Reichsmark berechnet – belief sich die Stellenlosenunterstützung auf 15,40 Reichsmark in der Woche. Die Unterstützung konnte nach Anwartschaften von zwei bis 29 Jahren hinsichtlich einer Leistungsdauer von acht bis zu höchstens 52 Wochen erheblich differieren. In der Krankenunterstützung des Zentralverbandes beliefen sich die wöchentlichen Sätze nach einer Wartezeit von zwei Wochen nach dem Eintreten des Unterstützungsfalls auf 2,10 Reichsmark in Beitragsklasse eins und auf 7,70 Reichsmark in der Beitragsklasse sechs. Nach Anwartschaften zwischen einem und zehn Jahren stieg die maximale Bezugsdauer dieser Unterstützung von vier bis auf 13 Wochen. Um es auch hier am konkreten Beispiel zu veranschaulichen: Mit einem Monatseinkommen von 150 bis 200 Reichsmark zahlte man im Zentralverband in der Beitragsklasse drei 4,25 Reichsmark im Monat, was der für den Verkehrsbund und dem Verband der Gemeinde- und Staatsarbeiter gewählten Klasse von 90 Pfennig Grundbeitrag in der Woche annähernd entsprach. Damit erzielte man im Zentralverband Stellenlosenunterstützung von 9,10 Reichsmark und Krankenunterstützung von 4,55 Reichsmark in der Woche – also umgerechnet 36,40 Reichsmark respektive 18,20 Reichsmark in einem vollständigen Unterstützungsmonat. Damit konnte die Stellenlosenunterstützung den Wert von etwa einem Fünftel und die Krankenunterstützung von etwa einem Zehntel eines Monatsgehalts kompensieren. Für den Zentralverband muss man jedoch die Steigerungen über die Anwartschaften besonders würdigen. Mit einer zehnjährigen Anwartschaft stieg der maximale Leistungsbezug in der Stellenlosenunterstützung im gewählten Beispiel auf bis zu 18 Wochen – also auf einen Gesamtbetrag von bis zu 163,80 Reichsmark, was etwa einem vollen Monatsverdienst in dieser Beitragsklasse entsprach –, in der Krankenunterstützung immerhin auf bis zu 13 Wochen und mithin auf einen Gesamtbetrag von bis zu 59,15 Reichsmark.[188]

Was ist aus diesem Stakkato der monetären Satzungsbestimmungen zu folgern? Zuerst ist festzuhalten, dass die ausgezahlten Unterstützungsbeträge in den näher beleuchteten Kassen keine unerheblichen Werte darstellten. Von einem Drittel bis zu einem Zehntel des Monatsverdienstes lag der monatliche Auszahlungsbetrag je nach spezifischer Konstellation. Damit wurde den Arbeitslosen-, Kranken- oder Erwerbslosenunterstützungen seitens der Gewerkschaften eine erhebliche faktische Bedeutung zugewiesen. Dabei ist auch zu berücksichtigen, dass besonders hohe Unterstützungssätze in – wegen der veranschlagten Lohn- und Gehaltshöhe – mitunter schwer er-

---

[188] Die Angaben – mit eigenen Berechnungen – nach Zentralverband der Angestellten: Satzung. Nach den Beschlüssen des Verbandstages 1930 in Stuttgart, §§ 16 ff. und 64 ff., S. 7 f. und S. 23 ff.

reichbaren hohen Beitragsklassen nach langen Anwartschaften, die nach dem Unterstützungsbezug gemeinhin wieder verfielen, oder erst nach schmerzhaften Wartezeiten nach dem Eintreten eines Unterstützungsfalls bezogen werden konnten. In einigen Unterstützungssatzungen traf man gegen eine Überversorgung im Unterstützungsfall dennoch Vorsorge, falls zum Beispiel die Krankengeldbezüge nach der gesetzlichen Krankenversicherung zusammen mit der gewerkschaftliche Krankenunterstützung im Verhältnis zum durchschnittlichen Arbeitsverdienst zu hoch erschienen.[189] Man kann, so darf gefolgert werden, in den monetären Leistungen eine sich daran zeigende, gewerkschaftlich zugewiesene sowie faktische Bedeutung sozialer Unterstützungseinrichtungen erkennen, die einen fortgeschrittenen Grad der vertieften Implementierung des friedlichen Unterstützungswesens in den gewerkschaftlichen Organisationen zum Ende des hier untersuchten Zeitraums beschreibt.

Man könnte, ausgehend von den monetären Satzungsbestimmungen, weitere Erkenntnisse anschließen: so etwa, dass für die oben ausgewählt näher betrachteten Verbände die Zuwendungen bei Arbeitslosigkeit gleich hoch, häufiger jedoch höher bemessen waren als bei Krankheit – und dies in einer Zeit, da sich die Gesamtzahl der Arbeitslosen zwischen der Stabilisierungskrise nach der Inflation und der später einwirkenden Weltwirtschaftskrise bereits zwischen zwei (1926) und drei Millionen (1930) Erwerbsloser bei Quoten von zehn Prozent (1926) respektive 14 Prozent (1930) Arbeitsloser im Verhältnis zur Anzahl der abhängigen Erwerbspersonen bewegte.[190] Trotz der seit 1927 bestehenden staatlichen Arbeitslosenversicherung und trotz einer erheblichen Kostenbelastung durch die zeitweilig hohe Arbeitslosigkeit gaben die Gewerkschaften die Arbeitslosenunterstützung zugunsten der Sozialversicherung nicht auf, sondern hielten, bei erforderlichen Sparmaßnahmen, an ambitionierten Sätzen fest. In Krisenzeiten standen soziale gewerkschaftliche Unterstützungseinrichtungen unter – verbandlich verordneter – Bewährungspflicht. Sie wurden verbandsseitig in ihrer sozialen Bedeutung in dieser Tendenz akzentuiert – dazu weiter unten mehr.

Die Technisierung, die mit jeder Faser der vorgetragenen monetären Satzungsbestimmungen zum Vorschein trat, bildete nicht zuletzt das Äquivalenzprinzip ab, das als tragendes Element der Fluktuationsbekämpfung wie ein organisatorisches Universalwerkzeug zu wirken versprach. Andauernde Mitgliedschaften wurden belohnt: durch die Anhebung der täglichen Unterstützungshöhe, die Verlängerung der maximalen Auszahlungsdauer im Unterstützungsfall oder über eine Kombination dieser

---

[189] Zentralverband der Angestellten: Satzung. Nach den Beschlüssen des Verbandstages 1924 in Kassel, § 89, S. 26 lautete: »Wird von einer Krankenkasse das Krankengeld gemäß § 189 RVO gekürzt, weil die Krankengeldbezüge des versicherten Mitgliedes den Durchschnittsbetrag seines täglichen Arbeitsverdienstes übersteigen, so wird die Verbandsunterstützung um den den Durchschnittsverdienst übersteigenden Betrag herabgesetzt. In diesen Fällen wird die Unterstützungsdauer so verlängert, dass insgesamt die satzungsgemäße Höchstleistung erfüllt wird.«

[190] Nach Dietmar Petzina/Werner Abelshauser/Anselm Faust: Sozialgeschichtliches Arbeitsbuch III. Materialien zur Statistik des Deutschen Reichs 1914-1945, München 1978, S. 119.

oder weiterer Maßnahmen. Eine weitere Komplizierung erfolgte mit der voranschreitenden Staffelung in immer mehr Beitragsklassen. Das Auslesen der konkreten Unterstützungssätze im Einzelfall konnte damit endgültig zu einer versicherungsmathematischen Übung für jene Experten werden, welche die tabellarischen Kartierungen der Staffelungen in den Unterstützungssatzungen zu durchdringen wussten. Dies war zu einem erheblichen Grad der organisationspolitischen Bedeutungszuweisung, die das soziale Unterstützungswesen erfuhr, geschuldet.

Man hatte sich in vielen Gewerkschaften weit von in der Gemeinschaft kreisenden Sammelbüchsen als Urform des Unterstützungswesens wie auch von einfachen Statuten entfernt. Das soziale Unterstützungswesen wurde in der hier untersuchten Zeit seit der Jahrhundertwende dynamisch professionalisiert und bürokratisiert. Die Organisationsfrage spielte erneut eine zentrale Rolle. Das Wachstum der Verbände und mithin auch die Expansion der Unterstützungskassen, die wiederum die Professionalisierung der Systeme intrinsisch befeuerte, waren in jener Logik zwingende wie erwünschte Folgen. Ein versicherungstechnischer Jargon hielt Einzug. Wie selbstverständlich wurden in den Gewerkschaften Fragen der Äquivalenz der Leistungen, der Karenzzeiten als Wartezeiten oder Pflichtanwartschaften erörtert.[191] Der gesamte Bereich der sprachlichen und textlichen Darstellung jener Themen, die mit dem sozialen gewerkschaftlichen Unterstützungswesen abgehandelt wurden, erschien fachsprachlich technisiert und professionalisiert sowie mathematisiert und quantifiziert, da stets über Zahlen gesprochen wurde und Zahlenreihen in Staffeln, Tabellen und Übersichten arrangiert waren.

So hieß es, um ein Beispiel zu geben, in der Statutenberatung des sozialen Unterstützungswesens auf dem Bundestag des Deutschen Verkehrsbundes 1925: »Breslau hat unter Nr. 118 ebenfalls eine Neuregelung der Unterstützungen beantragt, und zwar nach oben eine Erhöhung der Wochenziffer vorgeschlagen. Wir bitten um Ablehnung. Düsseldorf will unter Nummer 119: Aufhebung der Karenzzeit für Arbeitslose; für Kranke eine Verringerung auf drei Tage. Herabsetzung beziehungsweise Aufhebung der Karenzzeit beantragt weiter Chemnitz unter Nummer 120. Harburg befürwortet unter Nummer 121 eine Neuregelung der Unterstützung nach entrichteten Wochenbeiträgen, und zwar eingestellt auf 52, 104 usw. Wochenbeiträgen, entgegen den jetzigen statutarischen Bestimmung, wonach die erste Unterstützung nach 60 Wochenbeiträgen gezahlt wird. Wir bitten, es bei der alten Fassung zu belassen. Mainz und Nordhausen beantragen unter Nr. 122 Aufhebung der Karenzzeit. Diesen Antrag ersuchen wir abzulehnen. Stolp will unter 123 ebenso wie Hamburg den Unterstützungsbezug von 60 auf 52 Wochen herabsetzen. Wir bitten um Ablehnung. Zeitz will unter Nr. 124 Erhöhung der Unterstützungssätze um 50 Prozent. Wenn wir dem stattgeben wollten,

---

[191] Der Begriff der Karenzzeit wurde bei verschiedenen Sachverhalten angewandt, so etwa für eine Wartezeit bis zur Auszahlung nach dem Eintreten eines Unterstützungsfalls oder für eine Anwartschaft, also als Mindestdauer der Mitgliedschaft, bevor die niedrigste Leistungsstaffel griff.

müssten wir auch unsere Beitragssätze entsprechend erhöhen; wir ersuchen also um Ablehnung. Dresden beantragt unter Nr. 125, die jetzt bestehende vierwöchige Karenzzeit zur Erlangung höherer Unterstützungen anzuheben und dafür die Ziffer 7 in § 19 der Satzung wieder einzuführen. Diesen Antrag ersuchen wir abzulehnen. Lübeck befürwortet unter Nr. 126, dass das Mitglied schon nach Entrichtung von 10 erhöhten Wochenbeiträgen statt wie bisher 30 erhöhten Wochenbeiträgen Anspruch auf die höheren Unterstützungssätze hat.«[192]

Die an jenem Beispiel anschaulich zu erkennende Technisierung der Diktion, mit der über die sozialen Unterstützungseinrichtungen in den Gewerkschaften öffentlich kommuniziert wurde, und die Etablierung eines professionellen, zugleich aber techno- und bürokratisch anmutenden Jargons des sozialen Unterstützungswesens formten über Sprach- oder Textbilder wie auch das gesamte Arrangement der Präsentation ein Gesamtbild. Die Beratungen des sozialen Unterstützungswesens auf gewerkschaftlichen Verbandstagen der 1920er Jahre erinnerten im soeben angeführten Beispiel an eine Konferenz von Assekuranzvertretern. Die Statuten, Satzungen sowie die gesonderten Unterstützungsreglements oder Unterstützungsordnungen, in denen die Gewerkschaften das Regelwerk der sozialen Kassen niederlegten, versprühten in ihrer vertragsähnlichen Form, im Streben nach detaillierter sachlicher Differenzierung, mit der Verwendung bürokratisch-technischer Begrifflichkeiten oder der Häufung von Zahlenstaffeln den Geist von Versicherungsverträgen. Die Jahrbücher, Geschäfts- oder Rechenschaftsberichte der Gewerkschaften schließlich bildeten in den Passagen, in denen das soziale Unterstützungswesen darin präsentiert wurde, Stilelemente des Prospektwesens von Finanzmarkt- oder Versicherungsprodukten ab.

In dieser regelmäßigen gewerkschaftlichen Berichterstattung über die sozialen Unterstützungseinrichtungen dominierte die Beschreibung von Daten – häufig als hochgradig differenzierende Darstellung von Leistungsmerkmalen der einzelnen Unterstützungskassen: etwa in Form der Gesamtausgaben nach Unterstützungszweigen und der Verteilung ihrer Anteile an den Ausgaben für alle Unterstützungsleistungen des Verbandes, der dadurch entstehenden rechnerischen Belastung pro gezahltem Beitrag, der Auswertung der Unterstützungszahlungen nach Quartalen im Berichtsjahr und im Vergleich der Kosten vorheriger Jahrgänge; in Form der Auswertung der durchschnittlichen Auszahlungsdauer, der Berechnung von Durchschnittswerten für die Auszahlungen für den Unterstützungsfall, für den unterstützten Tag und pro gezahltem Wochenbeitrag für die einzelnen Unterstützungszweige oder der Verteilung der Kosten auf Ortskassen und Zentralkasse.[193] Dieses verdichtete Stakkato der Leistungsdaten wurde gemeinhin als Kombination eines nüchternen Sachtextes mit tabellarischen Übersich-

---

[192] Deutscher Verkehrsbund: Protokoll über die Verhandlungen des zwölften Bundestages 1925, S. 220.

[193] Dies als beispielhafte Auswertung eines ausgewählten Rechenschaftsberichtes, hierzu Deutscher Verkehrsbund, Jahrbuch 1925, S. 175 ff. und der tabellarische Anhang.

ten oder Schaubildern präsentiert. Dabei wurde den Gattungsmerkmalen jährlicher Geschäftsberichte gefolgt, bei denen die Herausstellung des Geleisteten und Erreichten in den Mittelpunkt gerückt wird. Die Darstellung der sozialen Unterstützungskassen erfolgte in den Formkategorien der Datenpräsentation und -analyse mithin zumeist in der begleitenden Absicht, die Leistungsstärke der Einrichtungen und des Gesamtverbandes zu illustrieren. Besonders in dieser Hinsicht sind die angemerkten Parallelen zu Stilelementen, die in Prospekten von Finanzmarkt- oder Versicherungsprodukten vorzufinden sind, zu konstatieren.

Die gewerkschaftlich gewählte und in den Jahrbüchern akzentuierte Außendarstellung muss als zielgerichtet bewertet werden. Gerade für Funktionsträger und interessierte Mitglieder sollte in den Jahresberichten die Professionalität, Seriosität und finanzielle Potenz der gewerkschaftlichen Einrichtungen exponiert werden – durchaus mit einem kompetitiven Anspruch, in jenen Kategorien mit der freien Versicherungswirtschaft oder der Sozialversicherung auf Augenhöhe zu agieren.[194] Dass auch versicherungsmathematische Gutachten als fachliche Expertise beim Aufbau gewerkschaftlicher Selbsthilfeeinrichtungen eingesetzt wurden, sofern man geeignete Fachleute nicht längst in den eigenen Reihen hatte, entsprach dieser Linie.[195]

Erweiterung und Vertiefung

Die Daten- und Statistikaffinität, die bei der Präsentation der sozialen Unterstützungskassen vor allem in den gewerkschaftlichen Jahrbüchern und Rechenschaftsberichten zu einer Art Stilmittel wurde, leitet über zur *Erweiterung und Vertiefung* des sozialen Unterstützungswesens. Gemeint ist, dass das soziale Unterstützungswesen über den engen Bereich sozialer gewerkschaftlicher Selbsthilfe hinauswuchs und klassische gewerkschaftliche Disziplinen der Intervention sowie der verbandlichen Organisation anreicherte oder stimulierte. Man könnte von Synergieeffekten sprechen. Mit zusätz-

---

[194] Sehr deutlich wurde das in jenen Bereichen, in denen gewerkschaftliche Einrichtungen mit freien Versicherungsunternehmen unmittelbar konkurrierten. Für den Unterstützungsbereich vgl. dazu Passagen in den Quellen des Deutschen Transportarbeiter-Verbandes zu seiner *Fakulta* oder in den Jahrbüchern des Deutschen Verkehrsbundes zu seiner *Rentka* – auf diese Renteneinrichtungen wird in Kapitel sechs dieser Studie näher eingegangen. Vgl. etwa Deutscher Verkehrsbund: Jahrbuch 1929, S. 164.

[195] Im Hintergrund wirkte dabei zumeist die Sorge vor finanziellen Risiken, die man für die Zukunft berechnen wollte. Solche Verfahren kamen bei unterschiedlichen gewerkschaftlichen Einrichtungen zum Einsatz – bei jenen, die jenseits der reinen Unterstützungskasse unter die staatliche Versicherungsaufsicht fielen, mitunter schon aufgrund von Auflagen der Aufsicht. Gewerkschaften ließen aber auch Gutachten anfertigen, wenn sie noch sondierten, ob und in welcher Form – ob als Unterstützung oder anders – Selbsthilfeeinrichtungen entstehen konnten. So etwa für eine Sterbekasse im Deutschnationalen Handlungsgehilfen-Verband, die der Vorstand mit der Hilfe eines versicherungsmathematischen Gutachtens jedoch verhindern wollte. Dazu Deutschnationaler Handlungsgehilfen-Verband: Verhandlungsschrift über den zwölften Verbandstag 1911, S. 53.

lichen gewerkschaftlichen Funktionen wurde die wahrnehmbare Bedeutung des sozialen Unterstützungsbereichs fortwährend erweitert und vertieft.

Die in den 1890er Jahren zur Massenbewegung sich entwickelnde Gewerkschaftsbewegung bildete frühzeitig die ausgeprägte Neigung aus, quantitative Daten zu erheben. Sehr anschaulich lässt sich das am Zentralverband der Handels-, Transport- und Verkehrsarbeiter in der Zeit der Jahrhundertwende aufzeigen. Neben der Mitgliederstatistik, mit der ausführlich und in differenzierten Datenreihen die Organisationsentwicklung der Gewerkschaft Jahr für Jahr durchleuchtet und vermessen wurde, war das verbandliche Arbeitsnachweiswesen eine bedeutende Quelle für die ausführliche Datenerhebung. Aus ihren Arbeitsnachweisen konnten Gewerkschaften vielfältige Informationen auslesen, mit denen eine reiche Sammlung an Beschäftigungsdaten zusammengetragen wurde: betreffend etwa die Arbeitslosigkeit nach Branchen, nach Regionen, nach Orten oder Arbeitgebern, nach Dauer der Erwerbslosigkeit und Vermittlungsgeschwindigkeit oder nach Alter und Geschlecht der betroffenen Personen. In den Gewerkschaften wurden die Informationen extrahiert, in Tabellen gesammelt und quantifizierend aufbereitet, um die Bedingungen der Beschäftigung der Mitglieder in den jeweiligen Branchen abzubilden. Ansporn war stets das Vertrauen in die selbst erhobenen Daten – und die Wahrnehmung von Zahlen als objektive Fakten, mit denen politisch gearbeitet werden konnte. Dabei erfolgten die Datenerhebungen der Gewerkschaften nicht zuletzt auch als gezieltes Gegenmittel gegen Umfragen, denen man misstraute – so etwa im Fall der Reichskommission für Arbeitsstatistik zur Erfassung der Arbeitszeiten im Transportgewerbe.[196]

Statistiken wurden als politisches Mittel eingesetzt. Es ging darum, Forderungen an den Gesetzgeber – etwa im Bereich des Arbeits- und Arbeitszeitschutzes – mit Datenreihen zu untermauern und in die Öffentlichkeit zu dringen, um Gesetzgebungsprozesse oder Vorschriften von Staat oder Verwaltung zu beeinflussen oder den eigenen Interessen zuwiderlaufende Bestrebungen dadurch abzuwehren. Auch daher erhob der Zentralverband der Handels-, Transport- und Verkehrsarbeiter mit der Eingangs- und Eintrittsstatistik umfangreiche Informationen etwa über die Arbeitszeiten und Lohnbedingungen, in denen Neumitglieder beschäftigt waren. Mit der Aufnahme in die Gewerkschaft wurde sogleich die erste Mitgliederumfrage vollzogen, womit man den Stand der Arbeitsbedingungen im Jahr des Gewerkschaftseintritts – also gültig für das Berichtsjahr und mithin hochaktuell – abbilden konnte.[197] Hinzu traten gesonderte Umfragen der Gewerkschaft, die themenbezogen aktuellen politischen Absichten

---

[196] Hierzu Zentralverband der Handels-, Transport- und Verkehrsarbeiter Deutschlands: Rechenschaftsbericht 1901 bis 1902 mit Bericht des Ausschusses, S. 4 zu der benannten statistischen Erhebung der Reichskommission im Berichtszeitraum.

[197] Zum Umfang der Datenreihen der Eingangs- oder Eintrittsstatistik des Zentralverbandes vgl. beispielhaft ebd., S. 51-65. Auf diesen 15 Seiten finden sich ausschließlich tabellarische Auswertungen zu den neu eingetretenen Mitgliedern und ihren Arbeitsbedingungen.

folgten. »Der Herbeiführung und Einleitung statistischer Erhebungen widmeten wir auch in den verflossenen zwei Jahren unsere ständige Aufmerksamkeit«, hieß es im Geschäftsbericht des Zentralverbandes für die Jahre 1901 und 1902.[198] Darunter verstand man, einerseits amtliche statistische Erhebungen – von denen man die Dokumentation sozialen Unrechts erwartete, das gewerkschaftlich vertretene Gruppen erlitten – anzuregen und methodisch zu beaufsichtigen. Diese standen häufig in Verbindung mit der Einleitung oder Abwehr der Gesetzgebung und wurden zu bestimmten Zeitpunkten des Verfahrens von daran beteiligten Körperschaften angefordert. Daneben fertigte der Verband zunehmend eigene statistische Erhebungen an, mit denen Stellungnahmen und Daten der Arbeitgeberseite oder Erhebungen der Reichsstatistik kontrolliert und korrigiert werden sollten. Die Statistiken avancierten zum Kampfgebiet zwischen Gewerkschaften, Arbeitgebern und Staat um die Macht der Zahlen und mithin um die Deutung des vermeintlich Faktischen. Der gewerkschaftliche Glaube an die universelle Überzeugungskraft der nüchternen Zahlen im ideologisch aufgeladenen Ringen des politischen Raums befeuerte dies.[199]

Bis zum Jahr 1906 bildete der Zentralverband der Handels-, Transport- und Verkehrsarbeiter sieben große Statistikblöcke aus, die er in den Rechenschaftsberichten präsentierte: die Gaustatistik sowie die Arbeitslosenstatistik, Kontrollerhebungen des Verbandes zur Sozialstatistik des Kaiserlichen Statistischen Amts, die Eintrittsstatistik – der die Entwicklungsstatistik zur Dokumentation errungener Fortschritte hinzugefügt wurde –, die Mitgliederstatistik, eine ausführliche Dokumentation der Arbeitskämpfe und Lohnbewegungen sowie schließlich die umfassende Datensammlung der gewerkschaftlichen Unterstützungsleistungen. Um es sich besser vorstellen zu können: Auf den etwa 250 Druckseiten des gesamten Geschäftsberichtes des Zentralverbandes für die Jahre 1905 bis 1906 fanden sich annähernd 90 Seiten mit – überwiegend – ganzseitigen tabellarischen Zahlenübersichten, davon etwa 20 Seiten mit Bezug zum verbandlichen Unterstützungswesen.[200]

Das Unterstützungswesen akkreditierte sich als neues Instrument zur Beschaffung statistischer Daten und stieg in den Kreis der Hilfsdisziplinen für jene Strategie der politischen Intervention der Gewerkschaften auf. Zugleich dienten die regelmäßigen Vermessungen der sozialen Lage der Prägung des gewerkschaftlichen Bewusstseins – adressiert an die Funktionsträger und an die interessierten Mitglieder, die einen Blick in die Jahrbücher warfen. Insgesamt, so durfte erwartet werden, wurde so die Überzeugung von der Notwendigkeit des eigenen Engagements zusätzlich befördert. Die Daten, die in der Arbeitslosen- oder Stellenlosenunterstützung produziert wurden, ergänzten

---

[198] Ebd., S. 23. Zum Folgenden ebd., S. 23-38.

[199] Vgl. dazu Zentralverband der Handels-, Transport-, Verkehrsarbeiter und Arbeiterinnen Deutschlands: Rechenschaftsbericht 1905 bis 1906, bes. S. 57-65.

[200] Ebd., hier bes. S. 232-253 mit ganzseitigen Zahlenreihen zum gewerkschaftlichen Unterstützungswesen.

die Informationen aus dem verbandlichen Stellennachweiswesen. Hatte eine Gewerkschaft keine Stellenvermittlung, bot die Arbeitslosenunterstützung eine Möglichkeit, die Arbeitsmarktlage der eigenen Mitgliedschaft genauer zu erfassen. Besonders aber die Krankenunterstützung offerierte neue Möglichkeiten, nun weitere Bereiche der sozialen Lage der Beschäftigten in den genauen Blick zu nehmen und sozialstatistisch zu erforschen.

Die Erfassung von Krankheits- und Todesursachen wurde möglich – und mithin eine Sozialstatistik des Gesundheits- respektive Krankheitszustandes der spezifischen, in der jeweiligen Gewerkschaft vertretenen Berufsgruppen. Damit eröffnete sich schließlich auch die Möglichkeit, Berufskrankheiten zu identifizieren und zu quantifizieren. Die gewerkschaftlichen Krankenunterstützungskassen lieferten die dafür erforderlichen Daten, an die sonst nur schwer zu gelangen war. Jenseits ärztlicher Verschwiegenheitsgebote verboten sich für Gewerkschaften schließlich Mitgliederumfragen, bei denen beispielsweise gefragt wurde, ob man von Erkrankungen der Geschlechtsorgane wie Gonorrhöe oder Syphilis betroffen war. Zudem hätte man diesbezüglich nicht mit ehrlichen Antworten rechnen dürfen – statistisch wären solche Umfragen wertlos gewesen. Über die Krankenunterstützungen eröffnete sich ein anderer Pfad: Wer Krankenunterstützung von der Gewerkschaft bezog, musste in der Regel über ärztliche Atteste oder Unterlagen der Krankenkassen gegenüber der zuständigen gewerkschaftlichen Verwaltungsstelle seine Berechtigung zum Bezug der Unterstützung nachweisen.[201] Darüber gelangten verlässliche Daten über die Art der Krankheiten, ihre Verteilung in der gewerkschaftlichen Mitgliedschaft und nach Berufsgruppen oder auch über die Genesungsprozesse in die Hände gewerkschaftlicher Statistiker. Ergänzt wurden die Daten durch Informationen, die man über den für den Bezug des gewerkschaftlichen Sterbegeldes erforderlichen Sterbenachweis erhielt. Neben der Anzahl der Todesfälle ließen sich dadurch auch die Todesursachen oder das Lebensalter beim Ableben der Mitglieder statistisch erfassen.

Dies bildete die Grundlage für eine umfassende Krankenstatistik und Statistik der Todesfälle und Todesursachen der Gewerkschaften. Im Deutschen Transportarbeiter-Verband, der Nachfolgeorganisation des Zentralverbandes der Handels-, Transport- und Verkehrsarbeiter Deutschlands, führte man seit 1907 eine ausführliche verbandliche Krankenstatistik. Die Ergebnisse wurden in den Geschäftsberichten jährlich und sehr ausführlich präsentiert. Der Schwerpunkt lag auf der Auswertung der Verteilung von Erkrankungen unter den unterschiedlichen Berufsgruppen der Mitgliedschaft. Wie verbreitet waren typisierte Arten von Krankheiten wie Vergiftungen, Krankheiten der Haut, Knochen und Muskeln, Erkrankungen der Gefäße, des Nervensystems, der Atemwege, der Verdauungs- oder der Harn- und Geschlechtsorgane, Infektionskrankheiten,

---

[201] Vgl. hierzu die Ausführungen über die Satzungsbestimmungen der Kranken- oder Erwerbslosenkassen in diesem Kapitel.

Unfälle und Verletzungen unter Fuhrleuten, Bierfahrern, Droschkenkutschern oder Hausdienern, unter Speicher-, Kohlen-, Hafen- oder Hilfsarbeitern, unter Binnenschiffern, Straßenbahn- oder Omnibusangestellten? Entsprechend wurde die Anzahl der Todesfälle mit den betreffenden Todesursachen ermittelt und statistisch zugeordnet, in welcher Berufsgruppe welche Gruppe von Krankheiten – ergänzt um den Selbstmord – für das Ableben verantwortlich war. Die Messung der Verteilung von Erkrankungen in den unterschiedlichen Arbeitnehmergruppen, die im Verband der Transportarbeiter organisiert waren, hatte nicht zuletzt auch Gründe der Legitimation der Krankenunterstützung und der Transparenz. Es wurde dargelegt, dass bei der Krankenunterstützung nicht die eine Arbeitnehmergruppe auf Kosten einer anderen lebte. Das Auftreten spezifischer, besonders hoher Gesundheitsrisiken in mehreren Gruppen und die allgemeine Häufung verbreiteter Krankheitsarten in vielen Gruppen veranschaulichten, dass man im Gesundheitsrisiko eher vereint als getrennt war. Insofern leistete die Gesundheitsstatistik einen spezifischen Beitrag zu Bindung und Integration einer heterogenen Mitgliedschaft im Verband der Transportarbeiter.[202]

Eine noch einmal differenziertere Kranken- und Sterbefallstatistik wurde vom Verband der Deutschen Buchdrucker veröffentlicht. Auch hier wurden in der Krankenunterstützung Daten erhoben, die regelmäßig mit dieser Unterstützung in den Verbandsjahrbüchern präsentiert wurden.[203] Dabei reflektierte der Verband in den tabellarischen Übersichten nicht nur den Krankenstand und die Krankentage nach Gauen – also nach Regionen – und die Anzahl der Krankenunterstützungstage, er ermittelte zudem eine besonders detaillierte Statistik der auftretenden Krankheitsursachen. In diesem Verband lag der Fokus – wohl auch wegen der im Vergleich zur Transportarbeiterschaft homogeneren Mitgliedschaft – nicht auf einer Verteilung von Krankheiten in den Gruppen der Mitgliedschaft. Der Verband der Buchdrucker interessierte sich sehr für die genaue Krankheitsursache. Man differenzierte in der Statistik nicht nur nach übergeordneten Krankheitsarten, sondern teilte darunter noch einmal diagnostisch auf. Bei den Erkrankungen der Verdauungsorgane zählte man die Häufung von Darmleiden, Krebsleiden an den Verdauungsorganen, Leber-, Gallen- und Magenleiden. Bei den Krankheiten der Atmungsorgane wurde zwischen Bronchial- und Luftröhrenkatarrh, Nasen- und Lungenleiden, Asthma, Stirnhöhlenkatarrh und Halsentzündung, Brustfell-, Lungen- oder Rippenfellentzündung unterschieden. Die Erkrankungen des Nervensystems teilte man in Gehirn-, Nerven- und Rückenmarksleiden auf, jene der Geschlechtsorgane in Blasen- und Nierenleiden, Syphilis und Gonorrhöe. Insgesamt wurden auf diese Weise 50 Krankheiten der Berufsgruppe statistisch erfasst und durch eine pro-

---

[202] Dies nach der Statistik für das Berichtsjahr 1912 – vgl. die Übersichten und ausführlichen Erläuterungen im Text der Kranken- und Todesfallstatistik: Deutscher Transportarbeiter-Verband: Jahrbuch 1912, S. 372-379.

[203] Vgl. hierzu und zum Folgenden exemplarisch den Bericht über die Krankenunterstützung in: Verband der Deutschen Buchdrucker: Jahresbericht 1927, S. 41 ff.

zentuale Sterbefallstatistik noch einmal ergänzt. Im Jahr 1927 zum Beispiel wurden als Haupttodesursachen der im Verband organisierten Buchdrucker der Schlagfluss – eine alte Bezeichnung für Schlaganfälle –, Lungen- sowie Herzleiden ermittelt. Diese – auch allgemein – verbreiteten Krankheiten verursachten annähernd die Hälfte aller Todesfälle des Jahres. Dazu ergänzte die Verbandsstatistik eine Übersicht über die Altersverteilung der Verstorbenen und eine detaillierte Quantifizierung der Todesfälle nach ursächlichen Erkrankungen, wobei zwischen zahlenden Mitgliedern und Invaliden – also nicht mehr berufstätigen Mitgliedern – unterschieden wurde.[204]

Die statistische Anlage der Krankenstatistik im Verband der Buchdrucker begünstigte die Identifizierung von Berufskrankheiten. Bei der Optimierung der Erfassung stieß man jedoch an Grenzen, weil infolge einer verbreiteten Unkenntnis über die konkreten Arbeitsbedingungen unter den Ärzten eine korrekte Diagnostik einer beruflichen Erkrankung unterblieb. »Die festgestellten Fälle von Bleierkrankungen werden gewissenhaft registriert, nicht aber die Gewerbeekzeme, die von den Ärzten nicht immer mit ihrem rechten Namen bezeichnet werden. (...) Und doch sind diese Feststellungen von größter Wichtigkeit. Es sei nur auf die Benzolerkrankungen der Arbeiter im Tiefdruck hingewiesen (...)«, hieß es im Jahrbuch des Verbandes für 1929.[205] Die Erkundung des Feldes der Berufskrankheiten erfuhr in den 1920er Jahren eine steigende Beachtung. »Hier erwächst den Sparten, die die Schädigungen in ihrem Arbeitszweig am besten zu erkennen vermögen, ein Aufgabengebiet, dessen gründliche Bearbeitung zum eigenen Wohl und Nutzen dient und der Organisation die Möglichkeit zum erfolgreichen Eingreifen bietet.«[206]

An dieser Stelle lässt sich beobachten, wie durch die gewerkschaftliche Krankenunterstützung, durch die verfügbaren Unterstützungsdaten und die sozialstatistische Vermessung des Gesundheitszustandes der Mitgliedschaft, die damit vorgenommen werden konnte, das gesundheitspolitische Engagement sowie mögliche Interventionen der Gewerkschaften angeregt oder erweitert wurden. Im Verband der Buchdrucker gerieten die Berufskrankheiten und die Erörterung gewerkschaftlicher Maßnahmen in das Visier. Schon mit der regelmäßigen Datenerfassung und dem Bemühen um eine Interpretation der Erkrankungen der Mitgliedschaft betrieb man eine gesundheitspolitische Vorfeldanalyse. Es wurde nach Erkenntnissen geforscht. Dabei versuchte man sich in Anamnesen wie auch in epidemiologischen Einordnungen. Es wurden Krankheitstage und Krankenhaustage, die Ausbreitung und Folgen einer Grippeepidemie, die Zu- oder Abnahme von Infektionskrankheiten – auch in Langzeitbeobachtungen – oder der Bedarf an Kuren interpretiert.[207] Wie am Verband der Deutschen Buchdrucker anschau-

---

[204] Dazu ebd., S. 43 f.

[205] Verband der Deutschen Buchdrucker: Bericht über das Jahr 1929, S. 58 f.

[206] Ebd., S. 59.

[207] Vgl. etwa Verband der Deutschen Buchdrucker: Bericht über das Jahr 1925, S. 28 ff. Ders.: Jahresbericht 1927, S. 41 ff. Mit einer Langzeitanalyse ders.: Bericht über das Jahr 1929, S. 55 ff.

lich zu zeigen ist: Die Gewerkschaften avancierten über die Betätigung als Träger von Krankenunterstützungen zu sozialmedizinisch denkenden und argumentierenden gesundheitspolitischen Akteuren.

Das könnte am Beispiel der vorgestellten Tuberkulosefürsorge im Deutschen Postverband ergänzend bestätigt werden.[208] Ferner waren gesundheitspolitische Maßnahmen ausgeprägt in Organisationen, die über verbandliche Krankenkassen verfügten. Hier traten die Gewerkschaften selbst als Mitträger des Gesundheitswesens auf. Im Verlauf der 1920er Jahre betonten Gewerkschaften über die Angebote ihrer Krankenkassen nachdrücklich den eigenen Anspruch, die gesundheitliche Verfassung ihrer Mitgliedschaft durch Angebote der gesundheitlichen Vorsorge oder der Rehabilitation langfristig zu verbessern.

Besonders auffällig agierte dabei die Deutschnationale Krankenkasse, die Berufskrankenkasse des Deutschnationalen Handlungsgehilfen-Verbandes. Um es beispielhaft zu verdeutlichen: In den Jahresberichten der Krankenkasse wurde die Kinderfürsorge auffällig betont. Sie wurde nach den Angaben der Kasse in der zweiten Hälfte der 1920er Jahre stetig ausgebaut, um gesundheitliche Auswirkungen des Mangels in der Kriegs- und Nachkriegszeit zu kompensieren. »Diese Folgen treffen am härtesten unsere Kinder. Die Statistiken über Kinderuntersuchungen zeigen immer wieder in erschreckendem Umfang ein Anwachsen der Zahlen skrofulöser, blutarmer, unterernährter und tuberkulosegefährdeter Kinder. (...) Im Jahr 1926 sind insgesamt 2.414 Kinder durch die Vermittlung der Deutschnationalen Krankenkasse und mit ihrer Kostenbeteiligung in Kinderheime geschickt worden (...). Die einzelnen Kuren dauerten durchschnittlich fünf Wochen.«[209] Weitere Aspekte der Kinderfürsorge der Kasse wurden im Kontext des allgemein geförderten Kurbetriebs betont: so die Vorzüge der Kinderheime oder Kurhäuser, die sich häufig im Besitz der Krankenkasse befanden und mit attraktiven Lagen etwa in Solbädern oder an norddeutschen Küsten aufwarteten, oder die medizinischen Standards im Kurbetrieb.[210] »Ein Vergleich mit den für Kinderfürsorge aufgewendeten Beträgen unserer Krankenkasse, insbesondere mit Allgemeinen Ortskrankenkassen,

---

Als Hintergrund zur Verfolgung von Grippeepidemien: In den Jahren 1918 bis 1920 wütete die Spanische Grippe als Pandemie in drei Wellen weltweit. Sie verzeichnete hohen Todeszahlen. Es verstarben womöglich mehr Menschen an diesem Influenzavirus als an den unmittelbaren Auswirkungen des Ersten Weltkriegs.

[208] Vgl. die Ausführungen im Prolog zum dritten Hauptteil dieser Studie.

[209] Deutschnationale Krankenkasse (Ersatzkasse, Berufskrankenkasse des Deutschnationalen Handlungsgehilfen-Verbandes): Bericht über die Arbeit der Kasse in den Jahren 1926 und 1927. Erstattet von ihrem Vorstand, Hamburg 1928, S. 9. Die Berichte über die Arbeit der Deutschnationalen Krankenkasse finden sich – mitunter abgekürzt – als Abdrucke auch in den Rechenschaftsberichten des Deutschnationalen Handlungsgehilfen-Verbandes. Hier wurden, soweit verfügbar, die Originalquellen ausgewertet.

[210] Ebd., S. 10.

zeigt auch auf diesem Gebiet die Führerstellung der Deutschnationalen Krankenkasse«, hieß es schließlich vielsagend.[211]

Gesundheitsfürsorge sowie Prophylaxe wurden als neue, innovative Arbeitsgebiete der Krankenkasse angepriesen. Dabei steuerte die Deutschnationale Krankenkasse zielstrebig in das – ihrer Linie entsprechende – völkische Terrain. Die Gesundheitsfürsorge setzte bei der Verbesserung der Kindesgesundheit an und klärte die Eltern über die Bedeutung von Ernährung und Bewegung auf. So konnte ein »Gesundheitsgewissen« entstehen, wobei im Berufsleben stehende Jugendliche in Lehrlingsuntersuchungen hinsichtlich ihrer körperlichen Verfassung regelrecht durchleuchtet werden sollten. Der Deutschnationale Handlungsgehilfen-Verband sah eine »bevölkerungspolitische Aufgabe«, um eine »Leistungssteigerung in Haus und Beruf« anzustreben.[212] Nicht nur an dieser Stelle befand sich der Verband in unmittelbarer Nähe zu nationalsozialistischen Leistungsidealen. Die zunehmend herausgestellte Bedeutung der körperlichen Ertüchtigung und des leistungsorientierten Sports bei Jugendfreizeiten und Kursveranstaltungen entsprach der Ausrichtung.[213] Im Kontext der Gesundheitsvorsorge wurde schließlich unverhohlen von dem »Gewinn des biologisch hohen Leistungszustandes«, der »Stärkung der Volksgemeinschaft in ihren biologischen Äußerungen« oder der »Kräftigung und Sicherung des deutschen Volkstums« gesprochen.[214]

Die vom Handlungsgehilfen-Verband beanspruchte »Führerstellung« seiner Krankenkasse verdeutlichte den Geist erbitterter Konkurrenz, mit dem sich Gewerkschaften der Angestelltenschaft im Bereich ihrer verbandlichen Krankenkassen begegneten. Dabei avancierte der Anspruch, eine möglichst überlegene Versorgung der vertretenen Mitgliedschaft zu gewährleisten, zur wichtigen Disziplin in einem Wettstreit der Leistungen und des Marketings. Die Propaganda warb mit günstigen Tarifen, den vermeintlich qualifizierteren Vertragsärzten, besonderen Leistungen bei Krankenhausaufenthalt und Kuren oder – und dies auffallend engagiert – mit familienbezogenen Angeboten wie der Mitversicherung von Familienangehörigen. Auf deren spezifische Organisationswirkung, die man beabsichtigte, wurde hingewiesen.[215] In diesem Fahrwasser entwickelte sich ein allgemeines gesundheitspolitisches Engagement auch als

---

[211] Ebd., S. 9.

[212] Alle zitierten Begriffe des Absatzes nach: Deutschnationale Krankenkasse (Ersatzkasse, Berufskrankenkasse des Deutschnationalen Handlungsgehilfen-Verbandes): Berichte über die Arbeit der Kasse in den Jahren 1930 und 1931, Hamburg 1932, S. 5.

[213] Deutschnationaler Handlungsgehilfen-Verband: Rechenschaftsbericht 1927, S. 202-206, hierzu Bilddokumente nach S. 200. Ders.: Rechenschaftsbericht 1928, S. 196-202, auch hier mit interessanten Bilddokumenten.

[214] Deutschnationale Krankenkasse (Ersatzkasse, Berufskrankenkasse des Deutschnationalen Handlungsgehilfen-Verbandes): Berichte über die Arbeit der Kasse in den Jahren 1930 und 1931, S. 12.

[215] Vgl. die Passagen zur Berufskrankenkasse deutscher Techniker und zur Ersatzkasse des Zentralverbandes der Angestellten in diesem Kapitel.

thematische Erweiterung beim konkurrierenden Werben um Mitglieder. Entsprechend agierten folgerichtig auch Konkurrenzorganisationen – wie beispielsweise der Zentralverband der Angestellten mit seiner Ersatzkasse. Von einer Präsentation der Leistungen der Wochenhilfe über die Krankenhausunterbringung von Angehörigen bei eigener stationärer Aufnahme bis zum Bruchband und dessen Reparatur reichte das Register der Werbeobjekte.[216]

Auch beim Erholungsheimwesen war der Zentralverband der Angestellten erkennbar um den Anschluss an die Konkurrenz bemüht, womit auch er in den gesundheitspolitisch reklamierten Bereich von Prophylaxe bis Erholung tiefer eintauchte. So konnte auf dem Verbandstag 1927 stolz verkündet werden: »Wir machten in Kassel bereits bekannt, dass der Verbandsvorstand ein Gebäude in Ahlbeck erworben hat. (...) Inzwischen haben wir die Möglichkeit gehabt, noch zwei andere Erholungsheime zu erwerben, und zwar in Finkenmühle und das andere, das mehr für die Jugendlichen bestimmt ist, bei Bielefeld, ›Das bunte Haus‹. (...) Wir sind der Meinung, dass unsere große Organisation ihre sozialen Einrichtungen für die Mitglieder nicht hinter denen der anderen Verbände zurückstehen lassen darf.«[217] Mit fortan regelmäßig publizierten Werbe- und Berichtspassagen über diese Erholungsheime wurde das Engagement des Zentralverbandes immer wieder unterstrichen.[218] Dem Deutschnationalen Handlungsgehilfen-Verband wurde die von ihm – nicht zuletzt auch mit ideologischen Motiven – herausgestellte Gesundheitsversorgung und Gesundheitsvorsorge nicht exklusiv überlassen. In Freien Angestelltengewerkschaften agierte man bei den eigenen Selbsthilfeeinrichtungen für den Krankheitsfall ähnlich.

Neben den – wieder einmal – zu konstatierenden organisationspolitischen Erwägungen in Bezug auf Strategien der Mitgliedergewinnung und deren Bindung waren die Kosten ein wichtiger Faktor, der von der gewerkschaftlichen Krankenunterstützung und Krankenkasse zu einem gesundheitspolitischen Engagement der Gewerkschaften trieb. Die Krankenunterstützung war eine der teuersten Unterstützungsarten. Bei gewerkschaftlichen Krankenkassen konnten die bewegten Jahresbudgets noch einmal beträchtlich ansteigen. Die Deutschnationale Krankenkasse etwa operierte im Geschäftsjahr 1931 mit einem Budget von über 30 Millionen Reichsmark.[219] Es war folgerichtig, dass Verbände, die in der materiellen Versorgung erkrankter Mitglieder engagiert waren, sich für die Bedingungen, die Kosten verursachten oder mildern konnten, interessierten und im Rahmen ihrer Möglichkeiten Einfluss zu nehmen versuchten. Hier verbanden

---

[216] Zentralverband der Angestellten: Geschäftsbericht 1924 und 1925, S. 167 ff.
[217] Zentralverband der Angestellten: Protokoll des dritten Verbandstages 1927, S. 33.
[218] Vgl. beispielhaft Zentralverband der Angestellten: Geschäftsbericht 1927, hier das Kapitel »Unsere Erholungsheime«, S. 59 f.
[219] Deutschnationale Krankenkasse (Ersatzkasse, Berufskrankenkasse des Deutschnationalen Handlungsgehilfen-Verbandes): Berichte über die Arbeit der Kasse in den Jahren 1930 und 1931, S. 14 f.

sich rationale organisatorische Motive wie jene der Kostenentwicklung mit einer zunehmend akzentuierten sozialpolitischen und sozial-humanitären Sinnstiftung, die in sozialen Unterstützungs- und Selbsthilfeeinrichtungen nach deren Etablierung insbesondere in der Epoche der sozialen Herausforderungen von Weltkrieg über Inflation bis zur Weltwirtschaftskrise zu verzeichnen war – dazu weiter unten mehr. In diesen Kontext gehört auch die gesundheitspolitische Erweiterung der Gewerkschaftspolitik in den 1920er Jahren.

Dies vollzog sich in Ansätzen aber auch schon in der Vorkriegszeit. Die Aufnahme der Wöchnerinnenunterstützung in die gewerkschaftliche Krankenunterstützung lieferte dafür ein Beispiel. Im Deutschen Transportarbeiter-Verband fiel der Beschluss zur Einführung der Wöchnerinnenunterstützung im Jahr 1907 unter aufschlussreichen Bedingungen. Auf dem tagenden Berliner Verbandstag wurde der Verbandsvorstand von der Vielzahl an Anträgen, mit denen die Ausweitung sozialer Unterstützungsleistungen gefordert wurde, geradezu überrollt. An allen Ecken und Enden der Arbeitslosen- und Krankenunterstützung artikulierten die Gewerkschaftsgliederungen ihre Wünsche: nach höheren Unterstützungssätzen – auch in der Verbindung mit der Einführung einer Erwerbslosenunterstützung –, nach einer Ausdehnung der Zahlungsdauer oder nach einer Reduzierung der Karenzzeiten. Der Vorgang entsprach den sich nach der Etablierung der Zentralkassen einspielenden und oben bereits beschriebenen Routinen auf Verbandstagen. Im Rahmen der Statutenberatungen wurde fortan regelmäßig um die Maximierung der möglichen Mehrausgaben aus der Perspektive der Ortsverwaltungen und Mitglieder gegen die Einwände der Verbandsleitung gerungen, die für die Kassenlage Verantwortung zu tragen und das finanziell Mögliche zu bewerten hatte. In diesem Kontext tauchte auf dem Verbandstag in mehreren Anträgen die Forderung nach der Wöchnerinnenunterstützung als Ausweitung der Krankenunterstützung auf. Schließlich kam der Verbandsvorstand der Flut an Expansionsforderungen entgegen. Man bot eine Erhöhung der Sätze der Arbeitslosenunterstützung an, wollte dafür aber im Gegenzug maximale Bezugszeiten für Unterstützungen verankern. Und man bewilligte die Einführung der Wöchnerinnenunterstützung. Das sei, so äußerte sich seinerzeit der Verbandsvorsitzende Oswald Schumann, das Höchstmaß, das man gewähren könne.[220]

In der Satzung verursachte die Anerkennung der Wöchnerinnenunterstützung nur einen Federstrich. Die bislang gültige Bestimmung »Unterstützung an Wöchnerinnen wird nicht gewährt« wurde gestrichen. Das Wochenbett wurde als unterstützungsfähige Krankheit anerkannt.[221] Mitentscheidend für diesen Beschluss war auch die dahinter wir-

---

[220] Deutscher Transportarbeiter-Verband: Protokoll der fünften Generalversammlung des Zentralverbandes der Handels-, Transport-, Verkehrsarbeiter und Arbeiterinnen Deutschlands 1907 mit Rechenschaftsbericht 1905 bis 1906, hier der Protokollteil, S. 522 ff.

[221] Ebd., S. 525. Entsprechend legte die geänderte Satzung fest: »Wochenbett wird als Krankheit angesehen und statutengemäß unterstützt.« Dazu Deutscher Transportarbeiter-Verband: Statut.

kende gewerkschaftliche Organisationsstrategie für Arbeiterinnen. Seit der Jahrhundertwende nahmen viele Gewerkschaften ihre Schwierigkeiten mit der Organisation weiblicher Mitglieder genauer in den Blick. Man registrierte, dass erwerbstätige Frauen für eine eigene Mitgliedschaft in der Gewerkschaft schwer zu gewinnen waren und die Fluktuation weiblicher Mitglieder noch höher lag als bei den männlichen Kollegen – und das war bereits als zentrales Problem einer gewerkschaftlichen Organisationsschwächung ausgemacht. Eine Wertung der wirkenden vielfältigen Faktoren kann hier unterbleiben. Wichtig ist, dass in der Wahrnehmung der Zeit ein Verharren vieler erwerbstätiger Frauen in ihrer Privatheit für ein geringeres Interesse an einer professionellen Berufsvertretung verantwortlich gemacht wurde. In dieser zeitgenössischen Interpretation trafen die geschlechtsspezifische gesellschaftliche Sozialisation der Zeit und das Rollenverständnis der männlichen gewerkschaftlichen Funktionseliten zusammen, die selbst in Verbänden mit zahlenmäßig überlegenen weiblichen Arbeitnehmerschaften unangefochten dominierten. Die gewerkschaftliche Frauenpolitik wurde besonders in ihren Anfängen, aber noch danach über viele Jahrzehnte aus der Wahrnehmung männlicher Arbeiterfunktionäre und ihrem Blick auf die vermeintliche Rolle der Frau bestimmt.[222]

Eine gewerkschaftliche Organisationspolitik, die von einem vorrangigen Bezug der Arbeitnehmerinnen zum familiären, häuslichen und privaten Lebensumfeld der Frau ausging, berücksichtigte in der Agitation häufig einen darauf bezogenen Themenkanon: Haushalt, Kindererziehung, Kochrezepte. Selbst im Deutschen Textilarbeiter-Verband, einer Freien Gewerkschaft, die das Heer der Textilarbeiterinnen zu organisieren hatte und daher in dem Ruf stand, eine nach den Maßstäben der Zeit fortschrittliche gewerkschaftliche Interessenvertretung für Frauen anzubieten, lief das so ab.[223] Man versuchte, die Arbeitnehmerinnen so in gewerkschaftliche Veranstaltungen zu bekommen und dort mit anderen Fragen zu politisieren. Der Themenkreis des Mutterschutzes und des Wochenbettes galt hierfür als prädestiniert. So, wurde angenommen, holte man Frauen in ihrer Privatheit ab und führte sie über ein emotional aufgeladenes Themenfeld zu Fragen des Arbeitsschutzes und den Vorzügen der Gewerkschaften. In diesem Kontext stand der Wöchnerinnenschutz als Teil gewerkschaftlicher Krankenunterstützungen.

Gültig ab 1. Juli 1907, § 6, S. 9. In Bezug auf die Umsetzung in der Praxis gab es weiteren Klärungsbedarf. Schließlich wurde entschieden, dass Wöchnerinnen die Unterstützung von Beginn des Wochenbettes an, aber nicht länger als sechs Wochen erhielten, wobei Karenzzeiten entfielen. Vgl. hierzu die Durchführungsbeschlüsse der Gau- und Ortsvorstände in: Deutscher Transportarbeiter-Verband: Jahrbuch 1909, S. 27.

[222] Die Literatur zu diesem Themenkontext ist vielfältig, noch immer besonders gut in der Komplexität der Darstellung Gisela Losseff-Tillmanns: Frauenemanzipation und Gewerkschaften, Wuppertal 1978.

[223] Diese und nachfolgende Aussagen zum Deutschen Textilarbeiter-Verband basieren auf einer umfassenden Quellenauswertung des Verfassers. Stefan Remeke: Gewerkschaften und Inflation. Zur Sozialgeschichte des Deutschen Textilarbeiter-Verbandes 1914-1924, Staatsarbeit Bielefeld 1996. Vgl. hierzu insbesondere die Themensetzungen im Textil-Arbeiter, dem Verbandsorgan des Deutschen Textilarbeiter-Verbandes, und in seiner Frauenbeilage bis in die 1920er Jahre.

Der Textilarbeiter-Verband führte ihn bereits 1900 ein.[224] Der Verband etablierte vor dem Ausbruch des Ersten Weltkriegs auch ein eigenes Sekretariat für Arbeiterinnen, was zu dieser Zeit keine unumstrittene gewerkschaftliche Maßnahme war, wenngleich die Generalkommission seit 1905 eine entsprechende Einrichtung zu Agitationszwecken selbst unterhielt.[225] In den Gewerkschaften begann sich in jenen Jahren die Personengruppenarbeit zu konturieren, die – insbesondere für Arbeitnehmerinnen und Jugendliche – ein konstituierendes Element des gewerkschaftlichen Organisationsaufbaus werden sollte.

Als der Deutsche Transportarbeiter-Verband im Jahr 1907 seinerseits die Wöchnerinnenunterstützung beschloss, waren die skizzierten Kontexte auch hier zumindest in Ansätzen wirksam. In der Organisation waren erste behutsame Zeichen der Personengruppenarbeit ersichtlich. Seit 1909 berichteten die Jahrbücher über die »Jugendbewegung« des Verbandes – also über die besonderen Bestrebungen zur Organisation und Bildung junger Gewerkschaftsmitglieder.[226] In Bezug auf die Arbeiterinnen, die man beispielsweise in den zahlreichen Verbandsstatistiken insbesondere zur Mitgliederorganisation bereits als besondere Gruppe wahrnahm, wurde in den Jahren von 1905 bis 1907 eine besondere Aufmerksamkeit auch dadurch zum Ausdruck gebracht, dass in jenen Jahren der Verbandsname gesondert auf eine Organisation für Arbeiterinnen hinwies.[227]

Auf dem Berliner Verbandstag trat im Jahr 1907 die Frage der Frauenorganisation in einen spezifischen Fokus. Man suchte nach Instrumenten, mit denen man Frauen den Eintritt in die Gewerkschaft erleichterte und zugleich deren besonders hohe Fluktuation mindern konnte. Debattiert wurde über ermäßigte Beiträge für die Arbeiterinnen und die erzieherische Wirkung der Eintrittsgelder. »Wenn wir hier das Eintrittsgeld auf 50 Pfennig festsetzen, so machen wir den Kolleginnen das Hinein- und Herauslaufen aus der Organisation noch bequemer, die weiblichen Mitglieder sind ohnehin ein sehr bewegliches Element in unserer Organisation, und durch diese eine Mark Eintrittsgeld können wir sie erziehen, in Zukunft nicht so leicht die Organisationszugehörigkeit auf-

---

[224] Die Wöchnerinnenunterstützung des Deutschen Textilarbeiter-Verbandes wurde auf dem Gößnitzer Verbandstag 1900 eingeführt. Ihre Leistungen wurden gemeinsam mit der seit 1901 abrechnenden Krankenunterstützung des Verbandes statistisch erfasst. Dazu Deutscher Textilarbeiter-Verband: Leitfaden zur Führung der Geschäfte in der Agitation, bei Streiks und Lohnbewegungen für unsere Kollegen und Kolleginnen, Berlin 1911, S. 43 ff. Ellerkamp: Industriearbeit, Krankheit und Geschlecht, S. 250 ff.

[225] Vgl. hierzu Gisela Losseff-Tillmanns (Hg.): Frau und Gewerkschaft, Frankfurt am Main 1982, S. 51-103. Karen Hagemann: Frauenalltag und Männerpolitik. Alltagsleben und gesellschaftliches Handeln von Arbeiterfrauen in der Weimarer Republik, Bonn 1990, S. 490 ff.

[226] Vgl. etwa Deutscher Transportarbeiter-Verband: Jahrbuch 1909, S. 36 ff. Ders.: Jahrbuch 1910, S. 62 ff.

[227] In jenen Jahren firmierte die Organisation unter dem Titel Zentralverband der Handels-, Transport-, Verkehrsarbeiter *und Arbeiterinnen* Deutschlands.

zugeben.«[228] Nur wenige Augenblicke später fällte der Verbandstag den Beschluss zur Einführung der Wöchnerinnenunterstützung.[229]

Eine verbesserte medizinische Versorgung nach der Niederkunft gehörte auch in gewerkschaftlichen Krankenkassen zu einem beachteten Bereich des Leistungskatalogs. Die Deutschnationale Krankenkasse etwa führte in ihren Jahresberichten stets genau auf, wie viele Entbindungsfälle und Wochenhilfefälle über die Kasse entschädigt wurden.[230] Die hier wie in den vorausgehenden Passagen deutlich werdende gesundheitspolitische Erweiterung gewerkschaftlichen Handelns bot ein Spiegelbild der Sozialgeschichte der Zeit – von noch immer gegenwärtigen Epidemien, Infektionskrankheiten und zu hohen Sterblichkeitsraten gerade auch im Zusammenhang mit Schwangerschaften und unzureichenden Vorkehrungen des Arbeitsschutzes. Die Kampagne, die der Deutsche Textilarbeiter-Verband in den frühen 1920er Jahren zur Verbesserung des Schwangerenschutzes initiierte, war wie viele weitere der skizzierten gewerkschaftlichen Aktivitäten zur Evaluierung und Verbesserung gesundheitlicher Standards humanitär legitimiert und sozialpolitisch sinnvoll. Man muss dennoch betonen, dass zugleich organisatorische Motive für Gewerkschaften dabei eine auffällig starke Rolle spielten und geradezu symbiotisch mit sozialen oder humanitären Absichten zusammenwirkten. Auch bei der erwähnten Kampagne des Deutschen Textilarbeiter-Verbandes zur Verbesserung des Schwangerenschutzes wurde seitens der Gewerkschaft eingeräumt, dass man dabei die Arbeiterinnen und die Festigung ihrer Organisationsbindung im Blick hatte.[231]

Bei der veranschaulichten Erweiterung und Vertiefung des sozialen Unterstützungswesens wird ersichtlich, wie gewerkschaftliche Arbeits- und Interventionsbereiche in der Gesundheitspolitik und beim beginnenden Aufbau der Personengruppenarbeit durch soziale Unterstützungskassen angereichert oder stimuliert werden konnten. Auch hier tauchten in vielen Bereichen bekannte organisationspolitische Erwägungen der Verbandsführungen als Bedeutungszuweisung und als Legitimation für das eigene Handeln auf. Dennoch verbreitete sich zugleich die sozial-humanitäre und sozialpolitische Sinnstiftung, die soziale gewerkschaftliche Unterstützungskassen vermittelten. Das galt nicht nur für den ausführlicher geschilderten Bereich von Krank-

---

[228] Deutscher Transportarbeiter-Verband: Protokoll der fünften Generalversammlung des Zentralverbandes der Handels-, Transport-, Verkehrsarbeiter und Arbeiterinnen Deutschlands 1907 mit Rechenschaftsbericht 1905 bis 1906, hier der Protokollteil, S. 521.

[229] Ebd., S. 525.

[230] Etwa Deutschnationale Krankenkasse (Ersatzkasse, Berufskrankenkasse des Deutschnationalen Handlungsgehilfen-Verbandes): Berichte über die Arbeit der Kasse in den Jahren 1930 und 1931, S. 12.

[231] Vgl. Deutscher Textilarbeiter-Verband: Erwerbsarbeit – Schwangerschaft – Frauenleid. Die Aktion des Deutschen Textilarbeiter-Verbandes betreffend Besserung des Loses erwerbstätiger schwangerer Frauen, Berlin [wohl um 1922/23], bes. S. 5 mit deutlichen Hinweisen zu den Agitationsbezügen.

heit und Gesundheit, gesundheitlicher Vor- oder Fürsorge. Ähnliches könnte man für eine gewerkschaftliche Arbeitsmarktpolitik feststellen. Auch hier war die statistische Erfassung von Arbeitsmarktdaten für die Organisation ein Transmissionsriemen des gewerkschaftlichen Engagements. Auch hier bot die verbandliche Arbeitslosenunterstützung Erweiterungsmöglichkeiten. Schon mit dem eigenen Arbeitsnachweis arbeiteten Gewerkschaften proaktiv gegen die Arbeitslosigkeit. Hohe Arbeitslosenraten am Ort oder insgesamt erschwerten gewerkschaftliche Interventionen. Zugleich wirkte die Arbeitslosigkeit wie ein Bremsschuh für jede dynamische Organisationsentwicklung. Entsprechend waren Gewerkschaften – erneut auch aus organisatorischen Motiven – an der schnellen und guten Vermittlung der Arbeitskräfte interessiert, womit man zugleich sozialpolitisch agierte. Das soziale Unterstützungswesen vergrößerte auch hier die möglichen Hebelwirkungen im existierenden System.

Arbeitslosenunterstützungen wurden in Organisationen mit einem eigenen Arbeitsnachweiswesen gegebenenfalls nur dann ausgezahlt, wenn sich die Mitglieder den Bedingungen der gewerkschaftlichen Stellenvermittlung unterwarfen. Entsprechende Vorschriften hatte zum Beispiel der Deutschnationale Handlungsgehilfen-Verband verankert. In den Bestimmungen über seine Stellenlosenkasse hieß es, dass arbeitsfähigen stellenlosen Mitgliedern auf Antrag Stellenlosenunterstützung gewährt wird, wenn sie sich innerhalb von acht Tagen nach einer Kündigung oder fristlosen Entlassung oder innerhalb von sechs Wochen vor Ablauf eines befristeten Beschäftigungsverhältnisses bei der Stellenvermittlung der zuständigen Hauptabrechnungsstelle des Verbandes als Bewerber eingeschrieben hatten.[232] Der Deutschnationale Handlungsgehilfen-Verband betrieb mit der Stellenlosenunterstützung nach eigenem Anspruch eine aktive Arbeitsmarktpolitik. Durch die Unterstützung bei Stellenlosigkeit war mithin ein gesteigertes Interesse jener Mitglieder, die arbeitslos wurden, an einer umgehenden Meldung bei der verbandseigenen Stellenvermittlung geschaffen. Diese sorgte unter Auswertung der Daten der Auskunftei für eine Vermittlung an Arbeitgeber, die nach der Einschätzung des Verbandes soziale Standards beachteten. Der Aspekt wurde für den Handlungsgehilfen-Verband – im Zusammenhang des Wandels von der Stellenlosenversicherung zur Stellenlosenunterstützung – in diesem Kapitel dargestellt. Daher kann hier darauf verzichtet werden, die Anreicherung einer gewerkschaftlichen Arbeitsmarktpolitik durch soziale Unterstützungseinrichtungen weiter auszurollen.

Interessant ist aber der abschließende Hinweis auf die arbeitsmarktpolitische Wirkung der Altersversorgung für die Mitglieder des Deutschnationalen Handlungsgehilfen-Verbandes. Sie bestand aus mehreren Komponenten: aus einem Altersgeld als Rente über die Berechtigung zur Unterkunft in einem verbandseigenen Altenheim bis zu gesonderten Sterbegeldansprüchen – hierzu im nachfolgenden Kapitel über die gewerkschaftlichen

---

[232] Deutschnationaler Handlungsgehilfen-Verband: Satzung. Beschlossen auf dem Verbandstag 1921 und ergänzt auf dem Verbandstag 1924, hier die Bestimmungen über die Deutschnationale Stellenlosenkasse als Anhang zu § 58 der Satzung, S. 19 f.

Altersunterstützungen mehr. Zur Altershilfe zählte der Deutschnationale Handlungsgehilfen-Verband auch einen besonderen Aufschlag zum Stellenlosengeld, das erst nach der Vollendung des 60. Lebensjahres an Mitglieder gezahlt wurde. Bis zum Erwerb des Altersgeldes mit 65 Jahren, das als Zusatzrente bei bestehenden anderweitigen Einkünften etwa aus Renten- oder Pensionsansprüchen ungekürzt ausgezahlt wurde, erhielten arbeitslose langjährige Mitglieder nach Vollendung des 60. Lebensjahres einen vorgezogenen Anspruch auf das Altersgeld in Höhe von 50 Reichsmark monatlich – als besondere Leistung der Stellenlosenunterstützung.[233] So wurde für schwer zu vermittelnde ältere Erwerbslose – auf verbandlicher Ebene – eine Art »Frühverrentung« geschaffen. Maßnahmen wie diese zählen zu Werkzeugen einer intervenierenden Arbeitsmarktpolitik.

Soziale Semantik im Zeitalter der Herausforderungen durch Krisen und Sparzwänge
In den zuvor geschilderten Themengebieten war die latente Verstärkung der sozialen Bedeutung gewerkschaftlicher Unterstützungseinrichtungen bereits zu erkennen. Der Blick auf die Gesundheits- und Arbeitsmarktpolitik sowie die interessante Beteiligung sozialer Selbsthilfeeinrichtungen daran verdeutlichten es beispielhaft. Einführend wurde darauf hingewiesen, dass es insbesondere bei Selbsthilfeeinrichtungen wie Sterbe-, Witwen- oder Waisenkassen immer einen großen Resonanzboden für Pathos gab, mit dem sich Organisationen als Kümmerer in schweren sozialen Notlagen auch in Szene zu setzen wussten. Dagegen verbreitete sich im expandierten, bürokratisierten und modernisierten sozialen Unterstützungswesen wie in einer »Sozialversicherung der Gewerkschaften« allmählich noch eine andere soziale Sinnstiftung: im Zug einer Modernisierung und Erweiterung wie beispielsweise bei der Gesundheitspolitik, jedoch auch im Zug der Zeit – wegen zunehmender sozialer Herausforderungen und der aufziehenden sozialen Bewährungsproben für das soziale Unterstützungswesen.

Im weiteren Verlauf der Entwicklung der etablierten zentralisierten Unterstützungskassen zog zunehmend eine sich selbst verstärkende, erweiterte Sinnstiftung des sozialen Unterstützungswesens ein. Nach den Gründungsdebatten begann eine Phase, in der die Sinnstiftung der Verankerung des sozialen Unterstützungswesens allmählich immer bedeutender wurde. Das soziale Unterstützungswesen expandierte, die Leistungen waren erheblich, es wurde modernisiert und bürokratisiert, vernetzte sich mit anderen gewerkschaftlichen Bereichen, bildete Synergien aus – man könnte ebenso vereinfacht sagen: Es wurde selbstverständlich. Legitimierende Diskurse tauchten zwar noch gelegentlich auf, sie wurden aber selten. Sie hatten dann eher den Charakter einer didaktischen Schleife, mit der die aus den Gründungsdiskursen bekannten Argumente noch einmal in einem Schnelldurchlauf abgearbeitet wurden. Diskurse der Legitimation bestimmten folglich immer weniger die Bedeutungszuweisung. Die Sinnstiftung der

---

[233] Siehe etwa Deutschnationaler Handlungsgehilfen-Verband: Merkbuch 1927, S. 103 f. mit einer guten Übersicht dazu.

Verankerung hingegen expandierte und dominierte zunehmend – nicht zuletzt über ihre »Medien«: mit Berichten über erfolgreiche Entwicklungen, Satzungen, Routinen, Statistiken und Zahlen – Letzte mit der Aussagekraft des vermeintlich Faktischen sowie einer dargebotenen Relevanz sozialer Unterstützungsleistungen.

In der Sinnstiftung der Verankerung tauchte das in den Legitimationsdiskursen dominierende organisationspolitische Motiv – wie gesehen – weiterhin auf. Es wurde aber sozial ergänzt und allmählich sozial überschrieben. Die Sichtbarkeit des sozialen Unterstützungswesens als selbstverständliche gewerkschaftliche Leistung, dessen Expansion und Modernisierung wie die darin transportierten Themen in ihren sozialen und humanitären Kontexten – etwa die gewerkschaftliche Gesundheits- oder Arbeitsmarktpolitik – trugen dazu wesentlich bei. Erheblich dynamisiert wurde dies durch den Krisencharakter der Jahre des Weltkriegs, der Inflation und der Weltwirtschaftskrise – wobei die Krisenjahre zunächst die gewerkschaftliche Verankerung der sozialen Unterstützungseinrichtungen noch einmal in Szene setzten. Im Ersten Weltkrieg wurde das gewerkschaftliche Unterstützungswesen aus den Angeln gehoben, in der Nachkriegszeit mit der Hyperinflation implodierte es schließlich. Leicht hätten sich die Gewerkschaften nun – mit Blick auf die unterstützungskritischen Gründungsdiskurse – ungeliebter Teile entledigen können. Es passierte das Gegenteil.

Die Gewerkschaften hielten wie selbstverständlich am sozialen Unterstützungswesen fest, hielten es so weit wie möglich und so lange wie möglich in Gang oder bauten es schließlich in den bewährten Strukturen wieder auf und aus. Man verhielt sich pfadorientiert. Das soziale Unterstützungswesen schien unterdessen ebenso selbstverständlich zu den Gewerkschaften zu gehören wie das damit eng verzahnte Organisations-, Beitrags- und Finanzwesen. Das Herz-Kreislauf-System der gewerkschaftlichen Organisation durfte nicht aus dem Takt geraten. Krisen definierten bei einem erreichten Selbstverständnis des sozialen Kassenwesens soziale Herausforderungen: bis an die Schmerzgrenze gehen, für die Mitglieder soziale Hilfen bis zum Machbaren geben. Dies entwickelte sich, durch Sprache und gewählte Begrifflichkeiten verstärkt, zu einer verdichteten Sinnstiftung der Verankerung, die im Folgenden an Beispielen für das Themenfeld der vordringenden *sozialen Semantik im Zeitalter der Herausforderungen durch Krisen und Sparzwänge* abschließend dargestellt werden soll.

Mit dem Ausbruch des Ersten Weltkriegs griff im August 1914 in vielen Gewerkschaften eine fieberende Existenzangst um sich. »Die Verbandsfunktionäre müssen es als ihre unabweisbare Pflicht betrachten, den Bestand und die Wirksamkeit des Verbandes unter allen Umständen zu sichern«, lautete der erste Satz der Mitteilungen an die Verwaltungsstellen des Verbandes der Gemeinde- und Staatsarbeiter, mit denen am 22. August 1914 die Kriegsmaßnahmen der Gewerkschaft verkündet wurden.[234] Die

---

[234] Der Verband während des Krieges. Mitteilungen an die Verwaltungsstellen des Verbandes, Berlin, den 22. August 1914, abgedruckt in: Verband der Gemeinde- und Staatsarbeiter: Jahresbericht 1914, S. 80-83.

Existenzkrise, welche die Gewerkschaften auf sich zukommen sahen, war jenseits der bevorstehenden Umwälzungen durch den 1914 noch nicht erkannten Weltenbrand zuerst vor allem eine Krise der Verbandsfinanzen. Die immer zahlreicher zum Waffendienst abkommandierten männlichen Gewerkschaftsmitglieder verursachten einen Exodus. Wenngleich deren Mitgliedschaft ruhte und sie damit auch nicht mehr zum Bezug von gewerkschaftlichen Unterstützungsleistungen berechtigt waren, leisteten sie zugleich auch keine Beiträge mehr. Damit erlitten die Gewerkschaften bei ihrer bedeutendsten Einnahmequelle erhebliche Einbußen. Sie mussten auf Vermögensrücklagen zurückgreifen – und die Ausgaben senken. Gleichzeitig sahen sich die Verbände seit Kriegsausbruch im August 1914 mit einer besonderen Verpflichtung gegenüber ihren Mitgliedern und deren Familien konfrontiert. Eine davon betraf die mit Kriegsausbruch und Mobilmachung dynamisch ansteigende Arbeitslosigkeit.[235]

Wie die meisten Gewerkschaften nahm auch der Verband der Gemeinde- und Staatsarbeiter erhebliche Leistungskürzungen vor. Mit den Kriegsmaßnahmen wurde die Verbandssatzung im August 1914 in Teilen außer Kraft gesetzt. Vor allem das verbandliche Unterstützungswesen war davon betroffen. Jene Unterstützungen, die von den Filialen auf lokaler Ebene eigenständig gewährt wurden, waren auf Anweisung der Verbandszentrale zu begrenzen. Die zentralen Verbandsunterstützungen für Streiks und Maßregelungen wurden, auch als Folge der gewerkschaftlichen Burgfriedenspolitik, ausgesetzt. Die Unterstützung im Krankheitsfall wurde nur noch ausgezahlt, sofern keine anderen Leistungen von einer Krankenkasse oder seitens des Arbeitgebers bezogen werden konnten. Die Sterbefallunterstützung wurde halbiert – lediglich die Arbeitslosenunterstützung blieb in voller Höhe erhalten.

Gleichzeitig führte die Gewerkschaft der Gemeinde- und Staatsarbeiter eine neue Unterstützung für die zum Militärdienst eingezogenen Mitglieder ein. Deren Familien erhielten nun Verbandszuwendungen nach einer festgelegten Staffelung. Dabei wurde einerseits berücksichtigt, in welcher Höhe Zuwendungen in Form der Reichsunterstützung oder anderer Zuschüsse etwa der Gemeinden oder seitens des Arbeitgebers bereits an diese Familie gezahlt wurden. Andererseits wurden die Leistungen beispielsweise über die Anzahl der Kinder differenziert. Die Leistungen konnten nur Familien derjenigen Mitglieder erhalten, die zuvor mindestens 26 Wochenbeiträge entrichtet hatten – also auch hier arbeitete man mit Karenzzeiten. Eine Frau mit vier Kindern unter 16 Jahren erhielt auf diesem Weg eine gewerkschaftliche Zuwendung – je nach dem Grad anderweitiger Leistungen – zwischen sieben und neun Mark monatlich. Dies war kein Vermögen, aber dennoch ein wichtiges Zubrot – es entsprach in etwa einer Wochenleistung einer gewerkschaftlichen Arbeitslosen- oder Krankenunterstützung

---

[235] Hierzu und zum Folgenden – am Beispiel des Verbandes der Gemeinde- und Staatsarbeiter – ebd., S. 80-94. Verband der Gemeinde- und Staatsarbeiter: Jahresbericht 1915, S. 61-66 und S. 70 ff. Ders.: Jahresbericht 1916, S. 72-81. Ders.: Jahresbericht 1917, S. 83-92. Ders.: Jahresbericht 1918, S. 94-102.

der Vorkriegszeit.[236] Wurde die Hälfte des vormaligen Gehalts des im Feld stehenden Ehemannes durch staatliche oder kommunale Kriegsunterstützungen gedeckt, entfiel die zusätzliche Gewerkschaftsleistung. Im Sterbefall konnten die unterstützten Familien einen Zuschuss zu den Beerdigungskosten beantragen.[237]

Was lässt sich anhand der beispielhaft geschilderten Maßnahmen zu Beginn des Ersten Weltkriegs erkennen? Auch hier wieder spielten organisatorische Erwägungen eine wichtige Rolle. Zur Sicherung und Bewahrung der Existenzgrundlagen der Organisation, so wurde verkündet,[238] wurde ein Verteidigungswall durch Einsparungen errichtet, in deren Mitte – im besonders hartnäckig verteidigten gewerkschaftlichen Zentrum – soziale gewerkschaftliche Unterstützungsleistungen erhalten oder – wie bei den Kriegsunterstützungen für Familien – sogar neu errichtet wurden. Damit wurden gleichzeitig organisationspolitische Botschaften ausgesandt: etwa an die im Feld stehenden Mitglieder, deren Familien jetzt gewerkschaftliche Unterstützungsleistungen beziehen konnten. Trotz ruhender Mitgliedschaft konnten Soldaten so weiterhin in einem emotionalen Kontext an die Gewerkschaft gebunden werden. Zudem rechnete man 1914 noch allgemein mit einem kurzen Waffengang, der von einer hohen Arbeitslosigkeit bei Kriegsausbruch auch infolge der Mobilmachung sowie am Kriegsende in der Phase der Demobilisierung begleitet werden würde. In diesen kritischen Phasen vermochte die gewerkschaftliche Arbeitslosenunterstützung Mitglieder zu binden. Vor allem in der Demobilisierungskrise konnte diese Unterstützung, wenn sie zurückkehrenden arbeitsuchenden Soldaten mit ruhender Verbandsmitgliedschaft gewährt wurde, den Weg zurück in die Gewerkschaften ebnen – und dazu beitragen, ruhende Mitgliedschaften wieder in aktive umzuwandeln.

Ferner wird ersichtlich, dass die zwischen Kampf- und sozialen Unterstützungen tarierte Unterstützungsanordnung des Verbandes der Gemeinde- und Staatsarbeiter mit Kriegsausbruch hin zu den sozialen Leistungen kippte – trotz der auch dort vorzunehmenden Einsparungen. Hinzu traten humanitäre Not- und Hilfsprogramme für in Schwierigkeiten geratene Familien im Krieg – weil die Männer als Ernährer im Militärdienst standen oder im Feld fielen. Die Arbeitslosenunterstützung schien im skizzierten Beispiel, wohl nicht zuletzt auch aus genannten Gründen, eine Art Bestandsschutz zu genießen. Bei der Krankenunterstützung hingegen wurde die Bereitschaft ersicht-

---

[236] Hier der Vergleich mit Unterstützungssätzen des Transportarbeiter-Verbandes. Deutscher Transportarbeiter-Verband: Statut. Gültig ab 1. Juli 1907, §§ 5-6, S. 7 ff.

[237] Der Verband während des Krieges. Mitteilungen an die Verwaltungsstellen des Verbandes, abgedruckt in: Verband der Gemeinde- und Staatsarbeiter: Jahresbericht 1914, S. 80-83. Der Zuschuss zu den Beerdigungskosten erstmals in: Abänderung der Kriegsmaßnahmen. Mitteilungen an die Verwaltungsstellen des Verbandes, Berlin, den 10. Oktober 1914, abgedruckt in: ebd., S. 85-89, hier bes. S. 87.

[238] Der Verband während des Krieges. Mitteilungen an die Verwaltungsstellen des Verbandes, Berlin, den 22. August 1914, abgedruckt in: Verband der Gemeinde- und Staatsarbeiter: Jahresbericht 1914, bes. S. 80 und S. 83.

Das Kassenwesen bei Arbeitslosigkeit, Krankheit oder Erwerbslosigkeit

lich, wegen anderweitig verfügbarer Sozialleistungen insbesondere aus der staatlichen Sozialversicherung gerade hier gewerkschaftliche Unterstützungen zu kürzen. Dieser Schachzug traf in der Mitgliedschaft des Verbandes der Gemeinde- und Staatsarbeiter auf negative Resonanz. Die Verbandsführung geriet unter Druck.

Die Gewerkschaft, das Organ des Verbandes der Gemeinde und Staatsarbeiter, veröffentlichte wenige Wochen nach der Bekanntgabe der Kriegsbeschlüsse einen Aufruf. In den Filialen des Verbandes registrierte man Proteste gegen die Kürzung der Unterstützungsleistung.[239] Die Verbandsleitung sah sich zu einem propagandistischen Appell veranlasst: »Die Gewerkschaften haben eine Belastungsprobe zu bestehen, wie sie schlimmer nicht gedacht werden kann. Auf viele Monate hinaus sind große Geldmittel in erster Reihe für die Unterstützung der Arbeitslosen und ferner auch für eine Beihilfe an die Familien der im Feld stehenden Mitglieder nötig. (...) In erster Reihe musste dabei unter allen Umständen die Sicherung der Existenz unserer Organisation als Leitmotiv entscheidend sein. Daneben kam es darauf an, die Verbandseinrichtungen so zu gestalten, dass die vorhandenen flüssigen Vermögensbestände und die zu erwartenden Einnahmen ausschließlich den unter der schlimmsten Not leidenden Mitgliedern oder den Familien derselben nutzbar gemacht werden. Das konnte nur erreicht werden, wenn andere Leistungen außer Kraft gesetzt wurden. (...) Wir wissen wohl, dass die teilweise Aufhebung und Einschränkung der Kranken- und Sterbeunterstützung den Mitgliedern ein erhebliches Opfer auferlegt. Kollegen! Dazu muss jetzt aber jeder bereit sein, denn es gilt, die Not da zu lindern, wo sie am größten ist. (...) Kollegen! Wenn je, so ist jetzt, wo furchtbare Stürme über unseren stolzen Bau der proletarischen Solidarität hinwegbrausen und ihn in seinen Grundpfeilern zu erschüttern drohen, die Einigkeit aller Verbandsmitglieder bitter notwendig. (...) Wir fordern unter allen Umständen Euer rückhaltloses Vertrauen, ebenso wie wir darauf bauen, dass keiner von Euch aus kleinlichem Geist oder Unmut die Fahne verlässt.«[240]

Unter jenem Druck lockerte der Verband der Gemeinde- und Staatsarbeiter seine Sparmaßnahmen – nach Maßgabe des finanziell Möglichen, wie es stets hieß – alsbald auf. So wurde ab Februar 1915 das Sterbegeld wieder in voller Höhe gezahlt. Für im Krieg Gefallene gab es diesbezüglich eine gesonderte Regelung. Die Kriegsunterstützungen für Familien wurden hingegen eingeschränkt. Vor allem jedoch die Limitierung der Krankenunterstützung, die von der Mitgliedschaft offensichtlich »am drückendsten«[241] empfunden wurde, milderte die Verbandsführung ab. Im August 1915 schließlich hob man weitere Beschränkungen in den regulären sozialen Unterstützungskassen auf, wofür die Kriegsunterstützungen der Familien – bei Protesten der Mitgliedschaft

---

[239] Verband der Gemeinde- und Staatsarbeiter: Jahresbericht 1914, S. 83.
[240] Der Aufruf im Verbandsorgan: Die Gewerkschaft Nr. 37, 1914, abgedruckt in und hier zitiert nach ebd., S. 84 f.
[241] Verband der Gemeinde- und Staatsarbeiter: Jahresbericht 1915, S. 61.

auch dagegen – aufgehoben wurden. Aufgrund der unerwartet langen Dauer des Kriegs und des stetig steigenden Umfangs der Einberufenen seien diese zu kostspielig geworden, hieß es.[242]

Die finanziell angespannte Situation fand damit kein Ende. Gegen Widerstände der Basis sollten ab Juli 1917 Kriegszuschläge zum Wochenbeitrag der Mitglieder erhoben werden.[243] Diese Maßnahme kam nach Ansicht der Finanzabteilung des Verbandes zu spät – der Verlust an Einnahmen vornehmlich durch die hohe Zahl der Eingezogenen lag unterdessen bei 33 Prozent. Die Ausgaben konnten lediglich um 21 Prozent reduziert werden. Entsprechend wurde die Mitgliedschaft zu einer Entscheidung in einer Urabstimmung aufgefordert: entweder eine Beitragssteigerung durchzuführen, oder aber eine pauschale Kürzung der Leistungssätze in der Krankenunterstützung zu akzeptieren. Im Januar 1918 stimmten 12.375 gegen 1.751 Mitglieder gegen die Kürzungen in der Krankenunterstützung. Obwohl die Mitgliedschaften auf Erhöhungen der Beiträge in der Regel äußerst kritisch reagierten, waren sie dazu bereit, um die Krankenunterstützung zu verteidigen.[244]

Auch daraus kann man eine Aufwertung der sozialen gewerkschaftlichen Unterstützungen im Verlauf der spezifischen Maßnahmen, die im Verlauf des Ersten Weltkriegs sondiert oder ergriffen wurden, herleiten. Diese Maßnahmen sollen hier nicht weiter vertieft werden – es soll bei exemplarischen Biopsien bleiben. Bedeutend und für die Absicht der Studie interessant ist die Sinnstiftung, die sich mithin verstärkte. Im Verlauf des Kriegs blieb der Kostendruck, der auf den Verbandsführungen lastete, hoch. Die Reaktionen der Mitglieder auf die vorzunehmenden Interventionen waren in den Verbandsleitungen gefürchtet. Es etablierten sich rhetorische Überschreibungen der ungeliebten Sparmaßnahmen mit aufgeladenen Begrifflichkeiten der sozialen verbandlichen Fürsorge, womit eine Aufwertung des sozialen Unterstützungswesens insbesondere in den Freien Gewerkschaften – bei zunächst vollständig eingestellten Kampfunterstützungen – aktiv sinnstiftend vermittelt wurde. So verkündete eine beispielhafte Textpassage über die Unterstützungsleistungen im Verband der Gemeinde- und Staatsarbeiter: »Aber auch allgemein wird anerkannt werden müssen, dass der Verband in der schweren Zeit, die durch den Krieg über die Arbeiterschaft hereingebrochen ist, alles getan hat, was in seinen Kräften stand, um das Los der Mitglieder und ihrer Angehörigen zu erleichtern.«[245]

Jener in den Kriegsjahren genährte Agonie-Plot setzte sich in den Jahren der Inflation und in nachfolgenden Krisenphasen weiter fort. Als hätte man 1914 ein Sinnstiftungsmuster gefunden, mit dem man – aus Sorge vor negativen Reaktionen der Mitgliedschaft und der gewerkschaftlichen Gliederungen auf Kürzungen im Portfolio sozialer

---

[242] Ebd., S. 63.
[243] Verband der Gemeinde- und Staatsarbeiter: Jahresbericht 1916, S. 75 ff.
[244] Verband der Gemeinde- und Staatsarbeiter: Jahresbericht 1917, S. 83 f.
[245] Verband der Gemeinde- und Staatsarbeiter: Jahresbericht 1914, S. 89.

Zuwendungen – aus dem Takt geratene soziale Unterstützungsleistungen zu zeichnen vermochte: als Kraftakt der Organisation, als Beweis für ihre beharrliche Leistungsbereitschaft und bestehende Leistungskraft auch in der Krise, als Zeugnis des Willens, bis an die Grenzen des Machbaren zu gehen, um humanitär-altruistisch dem Wohl der Mitglieder zu dienen – zugleich aber als vorrangige Verpflichtung, dabei die Organisation nicht zu überfordern, finanziell zu schützen und insgesamt zu bewahren. Somit wurde eine tiefgreifende gewerkschaftliche Implementierung des sozialen Unterstützungswesens kommuniziert – und die sozialen Unterstützungsbereiche im Katalog gewerkschaftlicher Handlungsbereiche aufgewertet. Dabei erschienen die Unterstützungseinrichtungen erneut in einem symbiotischen Zusammenhang mit dem Überleben der gewerkschaftlichen Organisationen selbst. Die Geschichte organisationspolitischer Bedeutungszuweisungen, die das soziale Kassenwesen in den Gewerkschaften beständig begleitete, wurde um eine weitere Episode ergänzt. Diese weckte in ihrer Sinnstiftung Erinnerungen an die Bedeutung des Kassenwesens für die Gewerkschaften unter dem Sozialistengesetz – nun jedoch mit abgewandelter Intention. Seinerzeit waren die Kassen der Hort der Gewerkschaftsfinanzen. Jetzt musste kommuniziert werden, dass Etats wie Vermögen und mithin die Organisationen selbst durch Anpassungen bei den Kassenleistungen geschützt werden mussten.

In der Phase der Hyperinflation, mit der die nächste Finanzkrise auf die deutschen Gewerkschaften wartete, traten Elemente dieses Agonie-Plots erneut auf die Bühne gewerkschaftlicher Sinnstiftung. Während der Verband der Gemeinde- und Staatsarbeiter bis zum Jahr 1922 eine sehr kritische, aber letztlich noch zu bewältigende Finanzlage konstatierte, rückte der finanzielle Überlebenskampf 1923 in den Brennpunkt der gewerkschaftlichen Wahrnehmung. Die Entwertung des Geldes erfolgte derart rasant, dass die zuvor getroffenen Krisenmaßnahmen – wie etwa dynamisch angepasste Beitrags- und Leistungssysteme für Unterstützungen – nicht mehr hinreichend schützten. Schnelligkeit wurde zum Trumpf während der inflationär enthemmten Finanzwelt jener Jahre. Nur konnte man die erforderliche Geschwindigkeit bald nicht mehr realisieren. In der Zeit, in der Geldbeträge, die während der Hyperinflation in unvorstellbaren Summen – oder besser gesagt: in berstenden Mengen – die Zahlstellen der Gewerkschaften erreichten, als Beiträge verbucht, gezählt und auf dem Zentralkonto der Hauptverwaltung erschienen, waren sie unterdessen wertlos geworden. Die Ausgaben des Tages hingegen – beispielsweise in Form von Unterstützungsleistungen – hatten einen aktuellen Teuerungswert. In kürzester Zeit eskalierten Ausgaben, die auf der Einnahmeseite ungedeckt waren. Das explodierende Minus, das die Kassen schrieben, zählte nach wenigen Tagen allerdings auch nichts mehr. Zugleich musste die Versorgung der Filialen mit Marken immer schneller erfolgen. Am Ende behalf man sich mit Gruppenmarken ohne Wertaufdruck. Letztlich lohnte es sich für die Mitglieder nicht mehr, ihre Unterstützungen bei der Gewerkschaft abzuholen – denn auch sie waren in diesem Moment bereits wertlos geworden. Folgerichtig stellte der Verband der Gemeinde- und Staatsarbeiter am 1. Dezember 1923 seine Unterstützungszahlungen ein.[246]

Mögliche Sorgen der Verbandsleitungen vor einer Rebellion der Mitglieder gegen solche Maßnahmen waren nicht aus der Luft gegriffen. Während des Ersten Weltkriegs hatten Gewerkschaftsgliederungen des Verbandes der Gemeinde- und Staatsarbeiter Widerstände gegen Sparbeschlüsse – wie angesprochen – zum Ausdruck gebracht. Der Bund der technisch-industriellen Beamten, um ein Beispiel aus der Angestelltenbewegung hinzuzufügen, berichtete von ähnlichen Schwierigkeiten in der Folge seiner Kriegsmaßnahmen. »Die Unterstützungsansprüche der Mitglieder wurden mit dem Ausbruch des Kriegs aufgehoben. Die Kriegsteilnehmer wurden von der Beitragspflicht befreit, ihre Mitgliedschaft aber angerechnet und durch eine besondere Kriegsmarke quittiert. Diese Maßnahmen fanden bei einer Reihe von Mitgliedern Widerspruch und führten zu einem Konflikt, der sogar die Absplitterung einer Anzahl Bundesmitglieder zur Folge hatte. Die Kollegen schlossen sich zu einer neuen Organisation, dem Bund der technischen Angestellten (B.t.A.) zusammen.«[247] Kürzungen im gewerkschaftlichen Unterstützungsbereich und die vorübergehende Einstellung bestimmter Unterstützungszweige konnten demnach innerverbandliche Oppositionsgruppen oder separatistisch motivierte Kräfte fördern.

Im Verlauf der Inflationskrise der frühen 1920er Jahre wurden die Kassenleistungen – monetär bedingt – entwertet und Unterstützungseinrichtungen in der Eskalation der Hyperinflation erneut vorübergehend eingestellt. Mit der Währungsreform und der damit einhergehenden Stabilisierungskrise wurde das gewerkschaftliche Unterstützungswesen vor allem in den Jahren 1924 und 1925 bereits vor die nächste Bewährungsprobe gestellt. Mit der Etablierung der neuen, stabilen Währung wurde der wirtschaftliche Fieberwahn der Inflationsjahre beendet. Die Rückkehr realistischer wirtschaftlicher Rahmenbedingungen war in der ersten Anpassungsphase insbesondere auf dem Arbeitsmarkt mit einer erhöhten Arbeitslosigkeit messbar.[248] Gewerkschaften, die nach der Inflationskrise finanziell geschwächt waren und ihre finanziellen Rücklagen verloren hatten, mussten darauf erneut mit Einsparungen reagieren. Der Zentralverband der Angestellten sah sich aus diesen Gründen zwischen Oktober 1924 und Juni 1925 gezwungen, die Zahlungen der Stellenlosenunterstützung um 50 Prozent zu reduzieren.[249]

---

[246] Verband der Gemeinde und Staatsarbeiter: Geschäftsbericht 1922 und 1923, S. 94 ff. Ders.: Geschäftsbericht 1924, S. 94 ff.

[247] Bund der technischen Angestellten und Beamten (Hg.): 25 Jahre Technikergewerkschaft – 10 Jahre Butab, S. 48.

[248] Ein heute noch recht aktuelles Beispiel für die wirtschaftlichen und sozialen Folgen einer technischen Währungsstabilisierung bietet die griechische Finanz- und Staatsschuldenkrise unter den Rahmenbedingungen der Eurozone in den Jahren seit 2010.

[249] Zentralverband der Angestellten: Geschäftsbericht 1924 und 1925, S. 154 ff.

Gleichzeitig war in den Freien Gewerkschaften die kommunistische Gewerkschaftsopposition aktiv,[250] die auch mit dem sozialen Unterstützungswesen thematisch agitierte. Die opponierenden Kräfte waren bestrebt, Keile zwischen die leitenden Funktionärsebenen einerseits und die Funktionärsbasis sowie die Mitgliedschaft andererseits zu treiben. Dafür boten die Inflationsjahre mit ihrer sozialen Sprengkraft viele Gelegenheiten. Geschürt wurde das Misstrauen gegenüber etablierten Funktionsträgern – dem Establishment oder der Elite der Gewerkschaftsfunktionäre. Ihnen wurde von den oppositionellen Kräften etwa vorgehalten, die Rechte der Basis zu beschneiden, die Errungenschaften der Revolution zu verraten, in den Gewerkschaften selbst eine konsequente demokratische Praxis zu verweigern, als Gewerkschaftsbürokratie repressiv zu agieren oder gar sich selbst auf Kosten der Mitglieder zu bereichern. In Regionen, in denen radikale und oppositionelle Kräfte Rückhalt genossen, kam es in jener Zeit zu gewalttätigen Übergriffen gegen Gewerkschaftsfunktionäre.[251] Die Kürzungen sozialer Unterstützungen passte in einen allgemeinen Kontext des geschürten Misstrauens gegen die Gewerkschaftsführungen. Als zeitlich korrespondierend etwa die Gewerkschaft der Gemeinde- und Staatsarbeiter am Höhepunkt der Inflations- und Stabilisierungskrise eine Verbesserung der Versorgung von Verbandsfunktionären durch eine eigene Pensionskasse etablierte, schienen sich jene Vorhaltungen zu bestätigen.[252]

Konkret sah sich das soziale Unterstützungswesen aus dem Umfeld der kommunistischen Gewerkschaftsopposition dagegen heftigen Attacken ausgesetzt. Es ging – wieder einmal – um den Vorwurf mangelnder Streik- und Kampfbereitschaft in den Verbandsführungen, der sich am Beispiel der ausgebauten sozialen Unterstützungsapparate der bürokratisierten Großorganisationen vermeintlich anschaulich belegen ließ. Deutlich wurde dies, um ein Beispiel zu geben, etwa an der ablehnenden Haltung der kommunistischen Opposition gegenüber der Einführung einer Invalidenunterstützung im Verband der Gemeinde- und Staatsarbeiter, die 1928 auf dem Kölner Verbandstag diskutiert wurde. Seitens eines Delegierten der kommunistischen Opposition wurde

---

[250] Auf die kommunistische Gewerkschaftsopposition wurde mit Hinweisen auf weiterführende Literatur bereits eingegangen.

[251] Zu den Themen der kommunistischen Gewerkschaftsopposition sehr anschaulich Verband der Gemeinde- und Staatsarbeiter: Protokoll der Verhandlungen des elften Verbandstages 1928, S. 44-57. Von gewaltsamen Übergriffen gegen Funktionäre berichteten Verbände insbesondere bei einer regional starken kommunistischen Gewerkschaftsopposition, so etwa der freigewerkschaftliche Verband der Textilarbeiter. Vgl. hierzu Deutscher Textilarbeiter-Verband: Protokoll des 15. Verbandstages 1924, hier der Vorstandsbericht, S. 67 ff.

[252] Die Pensionskasse für Verbandsangestellte wurde auf dem Verbandstag 1922 in Magdeburg beschlossen. Damit wurde eine Versorgungseinrichtung für ehrenamtliche und angestellte Funktionsträger der Gewerkschaft geschaffen. Die Pensionskasse wurde der Hauptkasse des Verbandes zugeordnet, mit einer Einlage von 500.000 Mark aus der Hauptkasse gebildet und im Folgenden aus Pflichtabgaben der angestellten Funktionäre und einer regelmäßigen Abführung von drei Promille der Jahreseinnahmen der Gewerkschaft – also auch aus Anteilen der Mitgliedsbeiträge – gespeist. Dazu Verband der Gemeinde- und Staatsarbeiter: Geschäftsbericht 1922 und 1923, S. 98 f.

hierzu vorgetragen: »Wir vertreten die Auffassung, dass dieser Antrag [die Invalidenunterstützung betreffend; S.R.] unter allen Umständen abzulehnen ist, weil wir letzten Endes kein Unterstützungsverein sind, sondern eine Organisation, die im Kampf ihre Schlagkraft zu beweisen hat, die im Kampf zu erringen hat, was der kapitalistische Staat und die kapitalistische Gesellschaftsordnung uns (...) vorenthalten haben. Wir werden durch derartige Anträge die Kollegen immer mehr von dem Problem des Klassenkampfes abdrängen (...).«[253]

Das bereits erwähnte gelegentliche Aufbrechen der legitimierenden Diskurse, mit denen sich die Debatten der Gründungsphase zentralisierter sozialer Unterstützungskassen wie in einer didaktischen Schleife zu wiederholen schienen, zeigte sich hier. Die aus der Gründungsphase bekannten Motive erlebten eine Renaissance. Die Begrifflichkeiten des Arbeiterkampfes wurden gegen den gewerkschaftlichen »Unterstützungsverein« mit seiner kritisierten *Versicherungsneigung*[254] gestellt. Mit der kommunistischen Gewerkschaftsopposition blühte die Kritik an den vermeintlich zu großen, zu teuren und »ungewerkschaftlichen« sozialen Kassen an den Rändern der Radikalen auf, während die Mehrheitsgewerkschafter die Auseinandersetzung mit der verhassten Opposition und ihren organisationszersetzenden Zellen nun auch mit der Verteidigung des etablierten Unterstützungswesens und dem Plädoyer für eine Fort- und Weiterentwicklung des sozialen Kassenwesens verbanden, soweit es sich finanzieren ließ. Die Gewerkschaftsführungen hatten sinnstiftend sowohl die gegen Einschnitte bei den sozialen Unterstützungen votierende Mitgliederbasis zu bedienen als auch gegen die organisierte Opposition zu argumentieren, die auf das geschilderte Vordringen der sozialen Semantik im gewerkschaftlichen Unterstützungswesen im Zeitalter von Krisen und Sparzwängen mit der Forderung nach ausgestellter Kampfbereitschaft provozierte. Daraus entstanden angepasste Formeln oder Mutationen des Agonie-Plots.

Welche Formen das annehmen konnte, zeigt beispielhaft eine Textpassage, mit dem der Verband der Gemeinde- und Staatsarbeiter die Wiedereinführung der Arbeitslosen- und Krankenunterstützung nach Überwindung der Hyperinflation im Frühjahr 1924 sinnstiftend markierte. »Durch die Einführung (...) hatte der Verbandsvorstand im Verein mit dem Verbandsbeirat im Hinblick auf die Kassenverhältnisse das Menschenmöglichste getan. Mit dem 1. April 1924 hatten wir unsere sämtlichen Unterstützungen wieder eingeführt. Wenn nicht alle Wünsche erfüllt werden konnten, so lag es nicht an dem guten Willen, sondern an den allgemeinen und besonderen Verhältnissen, die zur Zeit der Tagung noch zu unübersichtlich und unklar waren (...). Auf jeden Fall waren wir mit der erfolgten Neuregelung unserer alten vorbildlichen Kampf- und Sozialunterstützung

---

[253] Verband der Gemeinde- und Staatsarbeiter: Protokoll der Verhandlungen des elften Verbandstages 1928, S. 71 (Wortbeitrag Büser aus Köln, der – ebd., S. 56 – eine Einladung der Kölner KPD und der russischen Organisation der Gemeindearbeiter gefordert hatte).

[254] Im ausgewählten Beispiel sprach der Vertreter der Opposition von der »Invaliden*versicherung*«. Ebd., S. 71.

einen großen Schritt nähergekommen.«[255] Man hatte das »Menschenmöglichste« getan in einer Zeit, die vom finanziellen Überlebenskampf der Organisation gezeichnet war und als solche anschaulich beschrieben wurde, man strebte die rasche Wiedereröffnung der »alten, vorbildlichen« Unterstützungen an und betonte wieder besonders eine Ausgewogenheit von Kampf- und Sozialeinrichtungen, die in den an Krisen reichen Jahren seit 1914 aufgrund der Bedeutungszuwächse der Sozialkassen so eindeutig nicht mehr oder nicht immer bestanden hatte.

Es wäre zu kurz gesprungen, wollte man die Verdichtung vor allem der Arbeitsmarktkrisen zwischen Weltkrieg, Inflation und Währungsstabilisierung sowie Weltwirtschaftskrise als isolierte Faktoren heranziehen, um die Ausdehnung des sozialen gewerkschaftlichen Unterstützungswesens gewissermaßen als natürliche Reaktion auf die Krisenlage zu begründen. Die Expansion war, wie wiederholt deutlich gemacht wurde, ein Vorgang, der bereits vor 1914 sehr dynamisch war. Die sozialen Kassen der Gewerkschaften etablierten und vergrößerten sich in einer komplexen Gemengelage der Kassen- und Verbändekonkurrenz im heftigen Ringen der zu Massenorganisationen sich vergrößernden Gewerkschaften um Mitgliedschaften. Die sozialen Kassen expandierten in den Zwängen und in der Logik der zahlreichen Gewerkschaftsfusionen. Und das soziale Kassenwesen war, basierend auf Ansprüchen und geweckten Erwartungen hinsichtlich begehrlich nachgefragter sozialer Sicherheiten bei gewerkschaftlichen Mitgliedschaften, im Wechselspiel mit den Erhöhungen der Beitragsleistungen, die in den expandierenden Gewerkschaften dringlich benötigt wurden, ein unverzichtbares, regelmäßig eingesetztes Gegengewicht. In den Jahren unmittelbar vor dem Ersten Weltkrieg reagierte die Leitung des Verbandes der Transportarbeiter auf die sich abzeichnende Überdehnung des Budgets sozialer Unterstützungskassen nach dem Leistungsausbau der Vorjahre auch in der Folge der Fusion des Jahres 1910 bereits mit Sparappellen, in denen sich der Agonie-Plot der anschließenden Krisenjahre abzeichnete. Das Bild eines Überlebenskampfes bemühte man freilich noch nicht. Doch auch seinerzeit schon wurde betont, dass die Verbandsleitung bereit war, bis an die Grenzen des finanziell Vertretbaren zu gehen, um den Wünschen der Mitglieder zu entsprechen – wohl auch hier nicht zuletzt aus der Besorgnis, dass Mitglieder auf Einsparungen bei sozialen Kassenleistungen mehrheitlich ebenso ablehnend reagierten wie auf Erhöhungen der Beiträge.[256]

---

[255] Verband der Gemeinde- und Staatsarbeiter: Geschäftsbericht 1924, S. 95. Im Januar 1924 wurden – vor den wichtigsten sozialen Unterstützungskassen – die Streik- und Gemaßregeltenunterstützung des Verbandes wieder in Kraft gesetzt. Auch damit trat man dem Vorwurf der Minderung von Kampfinteressen entgegen.

[256] Auf Debatten vor 1914 über die Lage der Verbandsfinanzen im Zusammenhang mit der Höhe der Unterstützungsleistungen wurde in diesem Kapitel wiederholt hingewiesen. Besonders anschaulich ist dazu die Debatte des Transportarbeiter-Verbandes auf dem Breslauer Verbandstag über die Ausgabenkontrolle mit Blick auf die stark gestiegenen Kosten der Erwerbslosenunterstützung nach der Fusion von 1910. Dazu Deutscher Transportarbeiter-Verband: Protokoll des achten Verbandstages 1912, S. 189-198. Auch in Diskussionen über eine Begrenzung der Aus-

Die beschriebene Expansionslogik war in den 1920er Jahren nicht ausgesetzt. Sie setzte sich weiter fort – in Teilen unter nochmals verschärften Bedingungen. Bei den Angestelltengewerkschaften spitzte sich in jener Dekade mit dem nun erfolgenden dynamischen Erfolg der Freien Angestelltenbewegung die Verbände- und Kassenkonkurrenz zu. In den Freien Gewerkschaften operierte man in den 1920er Jahren als Massenorganisationen mit entwickelten, differenzierten Unterstützungsordnungen, die fortwährend unter Erweiterungsdruck standen. Die heiße Kassen- und Verbändekonkurrenz in der weltanschaulich konkurrierenden Gewerkschaftswelt nahm nicht ab.

Im Verlauf der späten 1920er und frühen 1930er Jahre entwickelte sich generell ein ideologisch aufgeheizter, vergifteter und sich radikalisierender Straßenkampf, der sich – begleitet von der Präsenz paramilitärischer Wehrverbände wie dem Reichsbanner oder dem Stahlhelm – in regelmäßigen Unruhen unter Beteiligung organisierter Kommunisten oder der Sturmabteilung der Nationalsozialistischen Deutschen Arbeiterpartei zeigte. Das belegt, wie aufgeladen weltanschauliche Konflikte waren und zunehmend wurden. Dieses Klima war geeignet, auch die gewerkschaftliche Konkurrenz zwischen sozialdemokratisch, christlich oder national-völkisch orientierten Organisationen weiter anzuheizen – und mithin auch die Konkurrenz um die Leistungsstärke sozialer Selbsthilfeeinrichtungen. Dazu traten ein explosionsartiger Mitgliederzulauf, den die Gewerkschaften im Verlauf der Revolutionsjahre erlebten, und ein erheblicher Exodus in den Jahren der eskalierenden Inflation.[257] Auch daher standen die Gewerkschaften in den 1920er Jahren bei ihren sozialen Unterstützungsangeboten unter beträchtlichem Agitations- und vor allem Fluktuationsdruck.

Dies kristallisierte sich im Verlauf der 1920er Jahre in dem Bemühen der Freien Gewerkschaften heraus, im Allgemeinen Deutschen Gewerkschaftsbund Rahmenvorgaben für eine homogene Gestaltung des Beitrags- und Unterstützungswesens in allen Mitgliedsverbänden herbeizuführen. Auslöser dieser Initiative zur Reform der Gewerkschaftsverwaltung war die Debatte um das Industrieverbandsprinzip. Da mit

---

weitung von Unterstützungsangeboten, in denen seitens der Verbandsführungen bei geforderten Leistungsexpansionen auf eine Überforderung der Verbandsfinanzen hingewiesen wurde, bahnten sich die genannten Motive an. Dies wurde beispielhaft für den Verbandstag des Transportarbeiter-Verbandes 1907 geschildert, auf dem die Wöchnerinnenunterstützung eingeführt wurde. Dazu Deutscher Transportarbeiter-Verband: Protokoll der fünften Generalversammlung des Zentralverbandes der Handels-, Transport-, Verkehrsarbeiter und Arbeiterinnen Deutschlands 1907 mit Rechenschaftsbericht 1905 bis 1906, hier der Protokollteil, S. 522 ff.

[257] Besonders in den freigewerkschaftlichen Organisationen verliefen die Mitgliederkurven jener Jahre dynamisch. Für den Allgemeinen Deutschen Gewerkschaftsbund (in Millionen): 1,2 (1917), 2,8 (1918), 7,3 (1919), 8,0 (1920), 7,7 (1921), 7,8 (1922), 5,8 (1923), 4,0 (1924); für den Allgemeinen freien Angestelltenbund: 689.000 (1920), 609.000 (1921), 658.000 (1922), 618.000 (1923), 447.000 (1924), 428.000 (1925), 400.000 (1926), 395.000 (1927); für den christlich-nationalen Gesamtverband Deutscher Angestellten-Gewerkschaften – zum Vergleich: 463.000 (1920), 422.000 (1921), 460.000 (1922), 408.000 (1923), 393.000 (1924), 411.000 (1925), 418.000 (1926). Die Zahlen gerundet nach Petzina/Abelshauser/Faust: Sozialgeschichtliches Arbeitsbuch III, S. 111 f.

den Beschlüssen der Konferenz von Breslau[258] eine Kompromisslösung zwischen den Befürwortern und Gegnern eines dynamischen Konzentrationsprozesses der Gewerkschaften hin zu immer größeren Industrieorganisationen gefunden wurde, suchte man nach Wegen, wie die Gewerkschaften dennoch auf diesen Pfad gelenkt werden konnten. Die Vereinheitlichung gewerkschaftlicher Einrichtungen und der gewerkschaftlichen Verwaltung wurde als Anbahnung dieses Weges angesehen. Wichtige Beschlüsse in dieser Hinsicht trafen der Gewerkschaftskongress in Leipzig[259] und der Bundesausschuss des Allgemeinen Deutschen Gewerkschaftsbundes im Dezember 1925. Eine Kommission wurde ins Leben gerufen, die Vorschläge für die Vereinheitlichung der gewerkschaftlichen Beitragserhebung und für das gewerkschaftliche Unterstützungswesen erarbeiten sollte. Die Kommission verstand es als ihre Aufgabe, bei Art und Umfang der Unterstützungsleistungen »eine gewisse Übereinstimmung herbeizuführen«.[260]

Die Motive, die der Gewerkschaftsbund mit diesem Reformprozess verfolgte, wurden wortstark in den Kontext der Vision von einer gewerkschaftlichen Moderne gestellt, in der durch stetigen Ausbau und Konzentration der Organisationen mächtige Groß- oder Einheitsverbände angestrebt wurden. Eine »festgefügte Gesamtorganisation«, der »Ausbau der Grundfesten« und eine »innere Festigung des Bundes« waren, wie es hieß, dazu erforderlich.[261] In Bezug auf das gewerkschaftliche Unterstützungswesen wurden jene Ziele auf zwei vorrangige Maßnahmen heruntergebrochen: die Einrichtungen der Freien Gewerkschaften so aneinander anzupassen, dass Übertritte von Mitgliedern in andere Organisationen leichter möglich wurden, und »insbesondere die gegenseitige Konkurrenz der Verbände zu verhindern«.[262] Es bedeutete – vereinfacht übersetzt –, dass die Voraussetzungen für Gewerkschaftsfusionen verbessert und Maßnahmen der Kostenkontrolle und Kostenentlastung im Unterstützungsbereich angebahnt werden sollten. Bedeutend ist der Hinweis, dass die Notlagen der Gewerkschaftsfinanzen – erfahren im Weltkrieg, in der Hyperinflations- und Stabilisierungskrise, wie es oben skizziert wurde – als Motiv für den Reformprozess im Gewerkschaftsbund zur Mitte der 1920er Jahre keine nachdrücklich artikulierte Relevanz besaß. Vielmehr befand sich die Verbände- und Kassenkonkurrenz als zersetzendes Gift der Einheit wie als Kostentrei-

---

[258] Allgemeiner Deutscher Gewerkschaftsbund: Protokoll des zwölften Kongresses 1925, hier zu Punkt vier der Tagesordnung: Organisationsfrage, etwa S. 31 ff. und S. 59-72.

[259] Allgemeiner Deutscher Gewerkschaftsbund: Protokoll des elften Kongresses 1922, hier zu Punkt vier der Tagesordnung: Organisationsformen und Methoden der Gewerkschaftsbewegung mit den Referenten Tarnow und Dißmann, S. 35 ff. und S. 503-535 (mit anschließender Aussprache).

[260] Allgemeiner Deutscher Gewerkschaftsbund: Jahrbuch 1926, S. 136. Die in diesem Absatz zusammengefassten Angaben zum Reformprozess im ADGB nach ebd., S. 133 ff.

[261] Alle Zitate ebd., S. 133.

[262] Ebd., S. 136. Beim Gewerkschaftsübertritt von Mitgliedern gab es häufig Unklarheiten, inwiefern ihre im abgebenden Verband erzielten Anwartschaften in Unterstützungseinrichtungen vom aufnehmenden Verband anerkannt werden mussten. Besonders bei Alters- und Invalidenunterstützungen war dies ein Streitpunkt.

ber im Blick der Reformer. Jene Konkurrenz sollte zumindest für den Sektor der Freien Gewerkschaften abgemildert oder gar neutralisiert werden.[263]

Diesbezüglich interessant ist, womit sich die Reformkommission im Jahr 1927 befasste. Die Arbeitslosenversicherung war soeben als staatliche Sozialversicherung eingeführt worden. Bei der Kommission des Gewerkschaftsbundes, die mit der Reform des Unterstützungswesens befasst war, wurden aus diesem Anlass widersprüchliche Anträge der Verbandsvorstände vorgelegt. Einige wollten die gewerkschaftliche Arbeitslosenunterstützung, da eine staatliche Sozialversicherung auch in diesem Zweig nun vorlag, einstellen. Andere Gewerkschaften brachten zum Ausdruck, an der Unterstützung festhalten zu wollen, wieder andere wollten sie zu einer Ergänzung der Sozialversicherung umgestaltet sehen, die erst einschritt, sobald die staatliche Zuwendungen Versorgungslücken ließen. Zu diesem Zeitpunkt unterhielten im Allgemeinen Deutschen Gewerkschaftsbund die Mehrzahl der Verbände eine Arbeitslosenunterstützung, und zwar überwiegend als Erwerbslosenunterstützung. Bei der Unterstützungsdauer, den Tagessätzen sowie dem Grad der Differenzierung nach Staffelsätzen wichen die Statuten erheblich voneinander ab.[264]

Ende 1927 legte die Reformkommission den vom Ausschuss des ADGB gebilligten Vorschlag zum Verfahren mit der Arbeitslosenunterstützung vor. Darin wurde eine Rahmung angeregt, die hinsichtlich einer maximalen Staffelung und einem definierten Verhältnis im Beitrags- und Leistungsgefüge eine Homogenisierung sowie Begrenzung der Unterstützungsangebote vorsah.[265] Wichtiger waren andere Ergebnisse des Reformprozesses. Unterstützungseinrichtungen wie die gewerkschaftlichen Arbeitslosenkassen wurden gerade nicht zugunsten des 1927 neu etablierten Pfades der Sozialversicherung abgeschafft, sondern im Reformprozess am Ende gestärkt. Der Bundesausschuss des ADGB empfahl in seiner Sitzung am 25. November 1927, entsprechend der Empfehlung der Reformkommission »trotz der staatlichen Versicherung die Arbeitslosenunterstützung beizubehalten und die einheitliche Erwerbslosenunterstützung (...) durchzuführen.«[266] Der Impuls zur Vereinheitlichung war an dieser Stelle ein Aufruf an die Mitgliedsgewerkschaften, das soziale Unterstützungswesen auszubauen. Verbände, die keine Arbeitslosenunterstützung, keine Kranken- oder Reiseunterstützung

---

[263] Hierzu sehr deutlich ebd., S. 133 und S. 136.

[264] In der Berichterstattung der Reformkommission wurden Spannweiten von 24 bis zu 280 Tagen bei der Unterstützungsdauer, von 15 bis zu 400 Reichspfennig bei den Tagessätzen und von bis zu zwölf Staffeln dokumentiert. Allgemeiner Deutscher Gewerkschaftsbund: Jahrbuch 1927, S. 232. Zu den geschilderten Vorgängen in der Kommission im Jahr 1927 ebd., S. 231 f.

[265] Angeregt wurde: höchstens fünf Staffeln, nach 52 Beitragswochen höchstens 100 Prozent des Wochenbeitrages an die Hauptkasse als tägliche Unterstützung, nach 156 Beitragswochen höchstens 110 Prozent, nach 260 Beitragswochen höchstens 120 Prozent – dies steigerte sich weiter bis zu 520 Beitragswochen mit einem maximalen Tagessatz von 150 Prozent. Zudem wurde die Begrenzung der Unterstützungsdauer empfohlen. Dies ebd., S. 232.

[266] Ebd.

unterhielten oder diese noch nicht unter dem Dach einer Erwerbslosenkasse zusammengeführt hatten, sollten genau dies anstreben.[267] Zudem zeigten die Erfahrungen bei Gewerkschaftsfusionen, dass es bei der Integration unterschiedlicher Unterstützungskassen als Folge der erforderlichen Anpassung und aus Gründen der Vermittlung gegenüber den Mitgliedern häufig zur Erhöhung der Unterstützungsleistungen im neuen Kassensystem kam. Am Beispiel der Erwerbslosenunterstützung im Deutschen Transportarbeiter-Verband ist dies im Zusammenhang mit der Gewerkschaftsfusion von 1910 geschildert worden.

Ein weiterer, ebenfalls wirksamer Ausbauakzent wurde im geschilderten ADGB-Reformprozess bei der Invalidenunterstützung vollzogen. Um Verbandswechsel von Mitgliedern zu erleichtern und letztlich auch Verbandsfusionen zu flankieren, drang man auch für diese Unterstützungskasse auf einheitliche Rahmenstandards. Die Unterstützungseinrichtungen der Mitgliedsgewerkschaften sollten durch angeglichene Leistungsportfolios anschlussfähiger werden. Schließlich wurden alle Organisationen des ADGB angehalten, Invalidenunterstützungen einzurichten. Diese waren in den Freien Gewerkschaften in den 1920er Jahren weniger verbreitet als Arbeitslosen- oder Krankenunterstützungen. In Übereinstimmung mit den Zielen der Reforminitiative, wie der ADGB es selbst sah, kam es Ende der 1920er Jahre zu einer Gründungsinitiative bei der in den Mitgliedschaften nachgefragten Invalidenunterstützung.[268]

Das soziale Unterstützungswesen wurde im Reformprozess des ADGB, in dem auch Möglichkeiten der Kostenentlastung verfolgt wurden, gestärkt. Auch das Streben nach Expansion und Erweiterung wurde nicht abgeschafft, sondern blieb vielmehr intendiert – wie soeben gezeigt. Das erinnerte in den Grundzügen an die Wirkungen von Weltkrieg und Inflation auf das soziale Unterstützungswesen – Stärkung unter Sparbemühungen. Vor allem erfolgte im Prozess der Verwaltungsreform des ADGB oder durch ihn selbst eine erneuerte Akkreditierung und grundlegende Anerkennung des sozialen Unterstützungswesens als elementares soziales sowie organisationspolitisches Instrument einer als fortschrittlich verstandenen Gewerkschaftsbewegung. »In zunehmendem Umfang haben die Gewerkschaften Unterstützungseinrichtungen geschaffen, die den Mitgliedern in allen Wechselfällen des Lebens helfend zur Seite stehen. Der Ausbau dieser Selbsthilfemaßnahmen trug wesentlich zur inneren Festigung der Verbände bei«, erklärte der ADGB während der Arbeitsphase der Reformkommission.[269] Der Ausbau der Einrichtungen und die Bedeutung der Expansion des Unterstützungs-

---

[267] Ebd.

[268] Die Invalidenunterstützung gehört in den Kontext des nachfolgenden Kapitels. In den Jahren 1929 und zu Jahresbeginn 1930 nahmen nach der Zählung des ADGB 13 Invalidenunterstützungen in seinem Bereich ihren Betrieb auf. Dazu Allgemeiner Deutscher Gewerkschaftsbund: Jahrbuch 1929, S. 257. Zur starken Nachfrage nach Alters- oder Invalidenunterstützungen in den Mitgliedschaften ders.: Jahrbuch 1926, S. 136.

[269] Allgemeiner Deutscher Gewerkschaftsbund: Jahrbuch 1926, S. 136.

wesens – wieder mit Bezug zu organisatorischen Aspekten – wurden deutlich markiert. Zum Ende der Tätigkeit der Kommission, die der Idee des fortgesetzten Zusammenschlusses der Gewerkschaftsbewegung zu modernen, machtvolleren Großverbänden folgte, wurde das soziale Unterstützungswesen mit seiner stabilisierenden und bindenden Funktion, die für noch größere Organisationen mit ihren starken Fliehkräften nicht minder relevant war, ultimativ in einem Kontext der Moderne bestätigt. Der Ausschuss des ADGB stimmte mit eindeutigen Mehrheiten den erarbeiteten Richtlinien zu. Mit jenem Reformprozess war das soziale Unterstützungswesen in der organisatorischen Herzkammer verbandlicher Vitalfunktionen endgültig verankert worden.[270]

Der Gewerkschaftsbund musste aber schon seinerzeit erkennen, dass die Mitgliedsgewerkschaften in elementaren Organisationsfragen ihren eigenen Vorstellungen folgten und der Bund keine starken Interventionsmöglichkeiten besaß. Er konnte lediglich Empfehlungen aussprechen, die auf den einzelgewerkschaftlichen Verbandstagen, bei einer zustimmenden Haltung der jeweiligen Verbandsführung, vorgelegt wurden. Das hieß nicht, dass sie von den zur Abstimmung berechtigten Gewerkschaftsgliederungen wohlwollend aufgenommen wurden. Schon im Verlauf der Verwaltungsreform brachten die Einzelverbände des ADGB regelmäßig ihre Partikularinteressen mit dem Hinweis auf die besonderen Bedingungen der jeweiligen Branchen und Arbeitnehmerschaften zum Ausdruck – und pochten damit hinsichtlich der Gestaltung des eigenen Unterstützungswesens auf Freiheitsrechte und erinnerten an ihre Autonomie. Ein wesentlicher Faktor dafür war auch der fortbestehende Konkurrenzduck zwischen Kassen und weltanschaulich zersplitterter Gewerkschaftsbewegung. Mit Vereinbarungen innerhalb der Freien Gewerkschaftsbewegung vermochte man diesen nicht zu entschärfen. Zugleich spitzte sich mit den Arbeitsmarktkrisen der 1920er und frühen 1930er Jahre die Konkurrenz im vergleichenden Bewährungsdruck für die verbandlichen Arbeitslosen-, Stellenlosen- oder Erwerbslosenkassen noch einmal erheblich zu.[271]

Die Erfordernisse des Sparens wurden auch in den ausgehenden 1920er und beginnenden 1930er Jahren unter dem Druck einer erneut und nachhaltig eskalierenden Arbeitslosigkeit eher nach den bekannten Agonie-Mustern bedient. In der fortbestehenden Konkurrenz der Verbände und Kassen wurden Kürzungen der Leistungen der verbandlichen Arbeitslosenunterstützungen, sofern sie überhaupt vorgenommen wurden,[272]

---

[270] Vgl. Allgemeiner Deutscher Gewerkschaftsbund: Jahrbuch 1929, S. 255 ff.

[271] Zu den geringen Durchsetzungsrechten der Reformkommission und den Partikularinteressen der Verbände etwa Allgemeiner Deutscher Gewerkschaftsbund: Jahrbuch 1926, S. 133 f. Ders.: Jahrbuch 1927, S. 234 f.

[272] Veränderungen in den Sätzen von gewerkschaftlichen Erwerbslosenunterstützungen zwischen dem Ende der 1920er Jahre und dem Beginn der 1930er Jahre sind nachweisbar, fielen aber relativ moderat aus. Beispiel Erwerbslosenunterstützung (Unterstützungsfall: Erwerbslosigkeit durch Arbeitslosigkeit), hier *Verkehrsbund 1927*: Beitragsklasse 90 Reichspfennig, nach 120 Wochenbeiträgen 7,20 Reichsmark wöchentliche Auszahlung für maximal fünf Wochen, insgesamt 36 Reichsmark; *Verband der Gemeinde- und Staatsarbeiter 1925 und 1928*: Beitragsklasse 90 Reichspfen-

wie auch die als beharrlich gezeichnete Haltung, genau dies verhindern zu wollen, mit den benannten Elementen des Agonie-Plots garniert: als Kraftakt der Organisationen, als Nachweis ihrer Leistungsbereitschaft und Leistungskraft in der Krise, als Zeugnis des unbedingten Willens, bis an die Grenzen des Machbaren zu gehen, um humanitär-altruistisch dem Wohl der Mitglieder zu dienen. So hieß es im Rechenschaftsbericht für den Deutschnationalen Handlungsgehilfen-Verband 1931: »Ihren Niederschlag findet die starke Stellenlosigkeit in den Unterstützungsleistungen der Verbandsstellenlosenkasse. (...) Die Gesamtausgaben an satzungsgemäßer Stellenlosenunterstützung betrugen im Berichtsjahr 3.294.389 Reichsmark, das ist das Doppelte gegenüber dem Vorjahr und das Vierfache gegenüber dem Jahr 1929. (...) Trotz dieser außerordentlich großen Inanspruchnahme unserer Stellenlosenkasse wurde von einer Leistungsherabsetzung Abstand genommen. (...) Den außerordentlichen Anforderungen, die das Krisenjahr 1931 mit der gesteigerten Stellenlosigkeit auch in den Kreisen unserer Verbandskollegen an uns stellte, ist der Verband in vollem Umfang gerecht geworden.«[273]

Auch in der sich dynamisch entwickelnden Weltwirtschaftskrise, in der Gewerkschaftsleitungen vor allem hinsichtlich der Bewährung der verbandlichen Arbeitslosenunterstützungen liefern mussten, waren Sparmaßnahmen – wie im Ersten Weltkrieg anschaulich zu lernen war – problematisch in der Vermittlung, problematisch für das Verbandsklima und möglicherweise entstehende organisationsinterne Protestpotenziale. Dabei lieferte die 1927 neu etablierte staatliche Arbeitslosenversicherung den Gewerkschaften die verlockende Möglichkeit, mit den zusätzlichen Leistungen der staatlichen Sozialversicherung eigene Sparmaßnahmen begründen und einleiten zu können. Das Argument tauchte, wie gesehen, auch auf – schon im Ersten Weltkrieg im Zusammenhang mit Einsparungen bei der Krankenunterstützung, im Reformprozess des Allgemeinen Deutschen Gewerkschaftsbundes schließlich auch dezidiert in Bezug auf gewerkschaftliche Arbeitslosen- oder Erwerbslosenunterstützungen. Die Argumentation, mit der im ADGB sogar eine Abschaffung dieser gewerkschaftlichen Unterstützungskassen gefordert wurde, setzte sich nicht durch. Die Arbeitslosen-, Stellenlosen- oder Erwerbslosenunterstützungen blieben erhalten. Ihre Leistungen wurden, wie schon in den Dekaden zuvor, stetig an die organisatorische Entwicklung, an konjunk-

---

nig, nach 105 Wochenbeiträgen 8,10 Reichsmark wöchentliche Auszahlung für maximal fünf Wochen, insgesamt 40,50 Reichsmark (1925 und 1928 gleichbleibend); *Gesamtverband der Arbeitnehmer der öffentlichen Betriebe und des Personen- und Warenverkehrs 1930*: Beitragsklasse 95 Reichspfennig (90-Pfennig-Klasse gab es nicht mehr), nach 156 Wochenbeiträgen (wurde gestreckt) 5,70 Reichsmark wöchentliche Auszahlung für maximal sechs Wochen, insgesamt 34,20 Reichsmark. Deutscher Verkehrsbund: Satzung. Gültig ab 1. Oktober 1927, § 19, S. 23. Verband der Gemeinde- und Staatsarbeiter: Statut. Beschlossen auf dem Verbandstag in Frankfurt am Main 1925, § 17, S. 11. Ders.: Statut. Beschlossen auf dem Verbandstag in Köln am Rhein 1928, § 16, S. 16. Gesamtverband der Arbeitnehmer der öffentlichen Betriebe und des Personen- und Warenverkehrs: Programm und Satzung. Gültig ab 1. Januar 1930, § 12, S. 24.

[273] Deutschnationaler Handlungsgehilfen-Verband: Rechenschaftsbericht 1931, S. 30 f.

turelle Herausforderungen oder an andere Einflussfaktoren angepasst. Gerade während extremer sozialer Krisenlagen, so auch in der Weltwirtschaftskrise, lag ein gebündelter Strahl der Aufmerksamkeit auf den besonders herausgeforderten gewerkschaftlichen Sozialkassen. Sie wurden dadurch und durch die begleitende gewerkschaftliche Sinnstiftung – obgleich finanziell angegriffen – gestärkt und noch tiefer im gewerkschaftlichen Bewusstsein verankert.

Hinsichtlich des Verhältnisses zwischen sozialen gewerkschaftlichen Unterstützungskassen und der staatlichen Sozialversicherung – vor allem vor dem Hintergrund der Verbesserung staatlicher Leistungen, wie sie 1927 mit der Einführung der Arbeitslosenversicherung verbunden war – verfuhren Gewerkschaften pragmatisch. In Gewerkschaftsstatuten findet sich ein diesbezüglich aufschlussreicher Passus. Mit ihm war ausgeschlossen, dass Unterstützungen auf staatliche Leistungen angerechnet werden konnten.[274] Damit vollzogen Gewerkschaften eine Grenzziehung zwischen ihrem sozialen Unterstützungswesen und der staatlichen Sozialversicherung. Die Unterstützungseinrichtungen der Gewerkschaften sollten einerseits geschützt werden vor Übergriffen der Sozialversicherung, durch die man nicht zuletzt Organisations- und Bindungseffekte, die man mit dem eigenen Kassenwesen verband, eingebüßt hätte. Andererseits zeigte sich dadurch aber auch, dass man von gewerkschaftlicher Seite nach Spielregeln einer Kooperation von Unterstützungswesen und Sozialversicherung suchte, von denen Mitglieder profitierten. Dazu konnte zählen, dass Gewerkschaften eigenen Unterstützungen bei einem fortentwickelten staatlichen Sozialsystem den Charakter einer Ergänzungsleistung zuwiesen. So war es etwa in der Satzung des Verbandes der Deutschen Buchdrucker 1929 verankert.[275]

Diese Beobachtungen veranschaulichen, dass Gewerkschaften ihre sozialen Unterstützungssysteme nicht auf Augenhöhe mit der staatlichen Sozialversicherung sehen wollten, aber doch als vergleichbare und erhebliche Zusatzleistungen auf demselben Spielfeld. In den späten 1920er Jahren und zu Beginn der 1930er Jahre fanden sich in der gewerkschaftlichen Sinnstiftung auch Motive, die das soziale gewerkschaftliche Unterstützungssystem – der Wirkungen der Sozialversicherung ähnelnd – als Mechanismus der sozialen innerverbandlichen Verteilung oder Umverteilung zeichneten. So beschrieb der Gesamtverband nach der Fusion von Verkehrsbund und dem Verband der Gemeinde- und Staatsarbeiter 1930, also im ersten Jahr seines Bestehens, die Leistungen im Unterstützungswesen etwa wie folgt: »Die angegebenen Zahlen zeigen, dass rund ein Drittel der geleisteten Beiträge den Verbandsmitgliedern in Gestalt der verschiedensten Unterstützungen direkt wieder zugeflossen sind. Groschenweise zusammengetragen, haben diese Millionensummen von den Familien Tausender unserer Ver-

---

[274] So etwa Verband der Deutschen Buchdrucker: Satzungen nebst den Bestimmungen über die Unterstützungen. Beschlossen auf dem Verbandstag zu Frankfurt am Main 1929, § 14, S. 10.

[275] Ebd. hieß es: »Alle Unterstützungen des Verbandes werden mit der ausdrücklichen Bestimmung gewährt, dass sie lediglich die öffentlichen Leistungen ergänzen sollen.«

bandsmitglieder die schlimmste Not ferngehalten. So stellen diese Zahlen nicht zuletzt ein glänzendes Zeugnis gewerkschaftlicher Solidarität dar.«[276]

Die Muster des Agonie-Plots, vor allem die starke humanitär-altruistische Akzentuierung, lassen sich auch hier deutlich erkennen. Mit der Reformdebatte, im Ringen um Erhalt, Ausbau und Einsparpotenziale unter widrigen Umständen, was offensiv gegenüber einer Mitgliedschaft mit Anspruchshaltung und gegenüber Funktionären, die vermitteln mussten, zu kommunizieren war, wurden soziale Bedeutungszuweisungen im Unterstützungsbereich akzentuiert. Das soziale Unterstützungswesen der Gewerkschaften erfuhr intern Bedeutungszuwächse, Bestätigung und Vertiefung im gewerkschaftlichen Selbstverständnis. Als Variante im Agonie-Plot konkretisierte sich das Bild der sozialen Umverteilung im System des sozialen gewerkschaftlichen Unterstützungswesens – und mithin eine auch dadurch zur Schau gestellte finanzielle Potenz gewerkschaftlicher Organisationen, die schließlich wie eine Monstranz dargeboten wurde. Mit dem Beginn der Weltwirtschaftskrise wurde das besonders anschaulich. Das soziale Unterstützungswesen wurde wie die Chimäre einer eigenständigen gewerkschaftsinternen Sozialversicherung, allen Widrigkeiten trotzend, als Prunkstück gewerkschaftlicher Solidarität in den Vitrinen gewerkschaftlicher Erfolge zur Schau gestellt.

Die Vorbehalte in vielen Gründungsdebatten erinnernd, kann man erkennen: Zwei bis zu drei Dekaden nach jenen Debatten wurde trotz griffbereiter Argumentationen, mit denen man sich von den einst nicht selten als »ungewerkschaftlich« kritisierten Einrichtungen jetzt distanzieren oder gar trennen konnte – auch da sie mit den Krisen der 1920er Jahre kostspielig geworden waren und, in Anlehnung an die damalige Debatte, andere elementare Funktionen der Gewerkschaften womöglich beeinträchtigten –, jene Option nicht gezogen und von den gemäßigten Kräften in den Gewerkschaften auch nicht ernsthaft erwogen. Mit den Krisen der Jahre zwischen 1914 und 1933 war das soziale Unterstützungswesen vielmehr endgültig im gewerkschaftlichen Selbstverständnis angekommen und überstand – vertieft verankert – seinen sozialpolitischen Belastungstest. Erst das nationalsozialistische Regime beendete 1933 dieses Kapitel.

Unscharf bleibt damit zugleich, wie Gewerkschaften nach Überschreiten des Höhepunktes der Erwerbslosigkeit den Bereich der Erwerbslosenunterstützung und anderer sozialer Unterstützungseinrichtungen sinnstiftend gestaltet hätten. Gewerkschaftliche Geschäftsberichte, Jahrbücher oder Rechenschaftsberichte wurden als zentrale Quelle bereits seit den Jahren 1932 und 1933 in der Regel nicht mehr publiziert.[277]

---

[276] Gesamtverband der Arbeitnehmer der öffentlichen Betriebe und des Personen- und Warenverkehrs: Jahrbuch 1930, S. 123.

[277] Hier zeigt sich ein Quellenproblem: Wegen der Zerschlagung der Gewerkschaften in der ersten Hälfte des Jahres 1933 fand zumeist keine Publikation der Jahres- oder Geschäftsberichte für das Jahr 1932 mehr statt. Auf der Suche nach der gewerkschaftlichen Deutung der Arbeitslosenunterstützungen findet man vollständige Quellensortimente folglich zuletzt für das Jahr 1931 vor.

6. Gewerkschaftliche Unterstützungen zur Altersfürsorge und im Sterbefall

Vorkriegs- und Nachkriegsgründungen

Auf der Generalversammlung des Verbandes der Hafenarbeiter, die 1902 in Hamburg tagte, sprach der Vorsitzende der Gewerkschaft, Johann Döring, aufschlussreich über die von ihm erkannten Perspektiven der zentralen Sterbeunterstützungskasse des Verbandes: »Es wird sich ja im Lauf der nächsten Jahre herausstellen, wie diese Kasse prosperiert, ich glaube aber, dass wir bald in der Lage sein werden, die Höchstgrenze auf 750 Mark heraufzusetzen. Wir können heute ja beschließen, dass der Antrag mit rückwirkender Kraft angenommen wird, dass also die Mitglieder, die zehn Jahre dem Verband angehören, 500 Mark Sterbeunterstützung erhalten (...). Hinzu kommt der Antrag des Vorstandes, welcher besagt, dass für die Frauen das Sterbegeld ebenfalls auf 100 Mark erhöht wird.«[1]

Die Beträge, die für die einmalige Auszahlung im Sterbefall damit zur Diskussion standen, waren erheblich. Der durchschnittliche Jahresverdienst von Arbeitnehmern in Industrie, Handel oder Verkehr im Deutschen Kaiserreich wurde für das Jahr 1900 mit 784 Mark berechnet.[2] Die Summe, die eine Volksversicherung als Kleinstlebensversicherung durchschnittlich ausschüttete, lag im Vergleich deutlich niedriger. Zweck der Volksversicherungen war es, »Geld für Begräbniskosten beim Tod des Versicherten und darüber hinaus für die Hinterbliebenen für die erste Zeit nach dem Tod bereitzustellen oder für das eigene Alter vorzusorgen oder für größere Ausgaben für die Kinder eine gewisse Geldsumme zu einem bestimmten Zeitpunkt (Konfirmation, Heirat) zur Verfügung zu haben«, führte es die Volksfürsorge Versicherungsgruppe hierzu rückblickend selbst aus. »Die durchschnittliche Höhe der Versicherungssumme lag bei den deutschen Volksversicherern 1907 insgesamt bei 180 Mark«, hieß es an gleicher Stelle.[3]

Wenngleich der durchschnittliche Jahresverdienst der Arbeitnehmer um 1900 allenfalls zum Nötigsten reichte und die durchschnittlichen Ausschüttungen der Volksversicherung, deren zulässige Versicherungssumme in der Regel bei höchstens 1.500 Mark lag, dahinter zurückblieben, auch weil hier eher »für die Gewinne der Versicherungsgesellschaften vorgesorgt wurde«[4] – der Auszug aus der Debatte über die Sterbekasse der

---

[1] Verband der Hafenarbeiter und verwandten Berufsgenossen Deutschlands: Protokoll der siebten Generalversammlung 1902 mit Geschäftsbericht 1900-1901, hier der Protokollteil, S. 65.
[2] Der durchschnittliche Jahresverdienst der Arbeitnehmer (nominal) nach Hohorst/Kocka/Ritter: Sozialgeschichtliches Arbeitsbuch. Materialien zur Statistik des Kaiserreichs 1870-1914, S. 107.
[3] Volksfürsorge Versicherungsgruppe (Hg.): 75 Jahre Volksfürsorge Versicherungsgruppe 1913-1988, Lübeck 1988, S. 19.
[4] Ebd., S. 18. Vgl. hierzu auch ebd., S. 16 ff.

Hafenarbeiter veranschaulicht: Es ging bei gewerkschaftlichen Sterbeunterstützungen nach den Vorstellungen, die leitende Gewerkschaftsfunktionäre zur Jahrhundertwende äußerten, nicht mehr allein darum, eine Bestattung zu subventionieren oder Kranzgaben zu finanzieren. Hier ging es – nicht zuletzt wegen der diskutierten Beträge – um erweiterte Perspektiven, welche aus tradierten Sterberitualen der gemeinschaftlichen Fürsorge unter organisierten Arbeitnehmern im Todesfall, die seit Jahrhunderten Bestand hatten, ein Element der Altersfürsorge und der materiellen Zuwendung für die Familie des Verstorbenen in der Zeit des Verlustes des Familienernährers entwickelten. Dies war der Lebensversicherung und insbesondere der seinerzeit boomenden Volksversicherung als Kleinstlebensversicherung ähnlich.

Mit welchen gewerkschaftlichen Bedeutungszuweisungen dies geschah, wird in diesem Kapitel etwas später betrachtet werden. Nachdem im letzten Kapitel über die Arbeitslosen- und Krankenunterstützungen ausführlich in die Kassengründungen und ihre Bedeutungszuweisungen sowie in die weitere Sinnstiftung in thematischen Feldern eingeführt wurde, kann darauf in diesem Kapitel nun aufgebaut und daher systematisch verdichtend verfahren werden. Zunächst soll eine beispielhaft sondierende Entwicklungsgeschichte von Unterstützungseinrichtungen für den Todesfall, im Alter oder bei Invalidität im Mittelpunkt stehen und die Leistungen beleuchten, die den Mitgliedern der Gewerkschaften in jenen Unterstützungskassen zugesagt wurden. Nach der Betrachtung von Vorkriegs- und Nachkriegsgründungen im Bereich der gewerkschaftlichen Sterbe-, Alters- und Invalidenkassen kann der analytische Fokus auf die Bedeutungszuweisungen und Sinnstiftung in diesen Prozessen und in weiteren interessanten Themenfeldern gelenkt werden.

Dass Unterstützungsarten für Alter und Tod gemeinsam betrachtet werden, mag aus heutiger Sicht womöglich befremdlich erscheinen. Schließlich wird wegen höherer Standards in der materiellen Altersversorgung und wegen einer höheren Lebenserwartung die Zeit des beruflichen Ruhestandes heute als dritte Lebensphase – von Ungebundenheit gezeichnet und mit Reiselust oder Seniorensport garniert – gerne positiv gezeichnet. Die gesamtgesellschaftliche Lebenserwartung von Deutschen, die in den 1870er Jahren geboren wurden, lag nach den Sterbetafeln hingegen so niedrig, dass lediglich knapp 25 Prozent der männlichen Bevölkerung und knapp 30 Prozent der weiblichen ein Alter von 65 Jahren erwarten durften und lediglich noch knapp elf respektive 14 Prozent ein Alter von 75 Jahren. Lediglich ein Drittel bis ein Viertel eines Geburtsjahrganges aus den 1870er Jahren erreichte oder überschritt demnach rechnerisch im Verlauf der 1930er Jahre das Renteneintrittsalter von 65 Jahren.[5]

Für die Arbeitnehmerschaft war die Ausgangslage noch schlechter. Im Vergleich zur gesamtgesellschaftlichen Situation, die sich in vorgenannten Daten niederschlug,

---

[5] Zu den Angaben der Sterbetafeln – ergänzt durch eigene Berechnungen – Hohorst/Kocka/Ritter: Sozialgeschichtliches Arbeitsbuch. Materialien zur Statistik des Kaiserreichs 1870-1914, S. 33 ff.

trugen schwierige Lebensumstände, berufliche Auszehrung und mangelhafte Gesundheitsversorgung zu einer häufig nochmals reduzierten Lebenserwartung bei. Mit der staatlichen Sozialversicherung wurde erstmals eine Lebensphase des Rentenbezugs allgemein definiert – zunächst ab 70 Jahren für die Arbeiterschaft, später dann unter Angleichung an die Angestelltenregelung beginnend mit 65 Jahren.[6] Wer als Arbeitnehmer dieses Alter überhaupt erreichte, war aber auch nicht versorgt. Die staatliche Rente gewährleistete kein umfassendes Auskommen, das den Lebensstandard sicherte. Wer dazu imstande war, die Altersfürsorge, die in weiten Teilen ein intakter Familienverband sicherte, aus eigener Kraft zu unterstützen, suchte nach altersgerechter Erwerbsarbeit. Als Gastwirt, Händler, Hausierer, Portier, Nachtwächter oder Rathausdiener fanden ältere, aus der Industrie und anderen Unternehmen ausscheidende Arbeitnehmer typische – und zumeist gering qualifizierte – Altersbeschäftigungen.[7] Alter, Invalidität, Tod und Erwerbsarbeit lagen in jener Zeit, die von dieser Studie ins Auge gefasst wird, viel enger zusammen als heute. Auch vor diesem Hintergrund ist eine integrierte Betrachtung der darauf zielenden gewerkschaftlichen Unterstützungsangebote sinnvoll.

Gründungen gewerkschaftlicher Sterbekassen vor 1914

Ein Anfang wird gemacht, indem die bereits angesprochene Sterbeunterstützung des Verbandes der Hafenarbeiter genauer betrachtet wird. Der Gewerkschaftstag der Hafenarbeiter beschloss 1898 die Einführung einer zentralen Verbandsunterstützungskasse. Die Bestimmungen waren einfach. Wer mindestens zwei Jahre ununterbrochen Mitglied der Gewerkschaft war, erhielt im Todesfall eine Ausschüttung von 50 Mark, die

---

[6] Mit der staatlichen Alters- und Invaliditätsversicherung, 1889 vom Reichstag verabschiedet und ab 1891 in Kraft, erhielten Arbeiter zunächst ab einem Renteneintrittsalter von 70 Jahren Bezüge. Das Versicherungsgesetz für Angestellte, 1911 verabschiedet und ab 1913 in Kraft, definierte die Angestelltenrente mit einem Renteneintrittsalter von 65 Jahren. Inmitten des Ersten Weltkriegs beschloss der Reichstag 1916 die Reduzierung des Renteneintrittsalters für Arbeiter auf 65 Jahre. Die Maßnahme ist im Kontext des Gesetzes über den vaterländischen Hilfsdienst zu sehen. Man gewährte der Arbeiterschaft Kompensationen – wie auch das Recht zur Bildung ständiger Arbeiterausschüsse –, als mit dem Dienst in der Rüstungsindustrie die Wahlfreiheit des Arbeitsplatzes aufgehoben und andere Belastungen einfordert wurde.

[7] Zur sozialen Lage im Alter weiterführend Hermann Schäfer: Die berufliche und soziale Lage von Arbeitern im Alter. Eine Skizze zur Situation in Deutschland im 19./20. Jahrhundert sowie Peter Borscheid: Altern zwischen Wohlstand und Armut. Zur materiellen Lage alter Menschen während des 18. und 19. Jahrhunderts im deutschen Südwesten, beide in: Christoph Conrad/Hans-Joachim von Kondratowitz (Hg.): Gerontologie und Sozialgeschichte. Wege zu einer historischen Betrachtung des Alters, Berlin 1983, S. 255-272 und S. 217-254. Heinz Reif: Soziale Lage und Erfahrungen des alternden Fabrikarbeiters in der Schwerindustrie des westlichen Ruhrgebiets während der Hochindustrialisierung, in: Archiv für Sozialgeschichte 22, 1982, S. 1-94. Sehr gut, kompakt und mit Literaturhinweisen: Einleitung, in: Tennstedt u.a. (Hg.): Quellensammlung zur Geschichte der deutschen Sozialpolitik 1867-1914, Zweite Abteilung, Band sechs, S. XVII-L, hier bes. S. XVII ff.

den nächsten Angehörigen ausgehändigt wurde.[8] Eine Erweiterung der Leistungen der Sterbeunterstützungskasse stand bei den nachfolgenden Verbandstagen wiederholt auf der Tagesordnung – wohl auch, da sie im Organisationsbereich der Hafenarbeiter mit anderen vor Ort praktizierten Unterstützungsritualen konkurrierte. Wenn ein Mitglied verstarb, wurde vielerorts in der Gemeinschaft der jeweiligen Arbeiterkategorie noch immer wie in Frühzeiten mit dem Klingelbeutel gesammelt. Jedes Mitglied der Gemeinschaft gab im Todesfall eine feste Summe – etwa 25 Pfennig. Dabei kamen, wie berichtet wurde, nicht selten stattliche Beträge zusammen. So wurde aus Bremen überliefert, dass bei diesen Sammlungen in der Regel 100 Mark an die Hinterbliebenen ausgezahlt wurden.[9]

In Konkurrenz mit jenen und anderen Ausprägungen lokaler Sterbeunterstützungen auch in Form traditioneller Totenladen, worüber Hamburger Hafenarbeiter um die Jahrhundertwende berichteten,[10] war die zentrale Verbandskasse attraktiv zu gestalten. In einigen Zahlstellen des Verbandes der Hafenarbeiter wurden bei anstehenden Beerdigungen Sondermarken erhoben, um die Kranzspende, ein geringes Witwengeld oder das Fuhrwerk zum Leichentransport zu finanzieren, wobei die Gewerkschaftsleitung ausufernde Sondersteuern beispielsweise zum Zweck der Bestellung einer Musikkapelle im Zusammenhang mit der Beisetzung von Gewerkschaftsmitgliedern mit Nachdruck rügte.[11] Schon 1900 stimmte der Verbandstag der Erweiterung der zentralen Sterbeunterstützung zu, indem fortan auch beim Tod der Ehefrau eines Gewerkschaftsmitgliedes – in diesem Fall an das organisierte Verbandsmitglied – ein Betrag von 30 Mark ausgehändigt werden sollte.[12]

Auf dem Verbandstag der Hafenarbeiter 1902 kam es schließlich zur einführend angesprochenen Debatte über die Aufstockung der Sterbegelder. In der Mehrzahl der Anträge wurde für die zentrale Unterstützungskasse eine Erhöhung der Sätze für verstorbene Verbandsmitglieder und im Todesfall der Frau gefordert, wobei nach einem Antrag der Speicherarbeiter in einem Staffelsystem nach zehnjähriger Verbandsmitgliedschaft Höchstsätze von 500 Mark – oder, wie Döring als Verbandsvorsitzender ergänzte, sogar von 750 Mark – erreicht werden konnten. Der Todesfall der Ehefrauen von

---

[8] Verband der Hafenarbeiter Deutschlands: Protokolle des zweiten Kongresses der Hafenarbeiter 1898 sowie der fünften Generalversammlung 1898 mit Geschäftsbericht 1897-1898, hier die Dokumentation der Generalversammlung, S. 46 f.

[9] Verband der Hafenarbeiter Deutschlands: Protokoll der sechsten Generalversammlung 1900 mit Geschäftsbericht 1898-1900, hier der Protokollteil, Wortbeitrag von Meyer-Bremen, S. 35.

[10] Verband der Hafenarbeiter Deutschlands: Protokolle des zweiten Kongresses der Hafenarbeiter 1898 sowie der fünften Generalversammlung 1898 mit Geschäftsbericht 1897-1898, hier die Dokumentation der Generalversammlung, S. 22.

[11] Verband der Hafenarbeiter und verwandten Berufsgenossen Deutschlands: Protokoll der siebten Generalversammlung 1902 mit Geschäftsbericht 1900-1901, hier der Protokollteil, S. 41.

[12] Verband der Hafenarbeiter Deutschlands: Protokoll der sechsten Generalversammlung 1900 mit Geschäftsbericht 1898-1900, hier der Protokollteil, S. 46 f.

Verbandsmitgliedern war in diesem Modell mit einem Sterbegeld von 100 Mark weiterhin deutlich geringer veranschlagt, aber gegenüber den bestehenden Sätzen ebenfalls erhöht. Finanziert werden sollte diese erheblich ausgeweitete Sterbeunterstützungskasse durch erhöhte Mitgliedsbeiträge – eine Sonderumlage für jedes Mitglied bei jedem Sterbefall wurde diskutiert.[13]

Am Ende scheiterte der zur Abstimmung gestellte ambitionierte Ausbau der Sterbekasse des Verbandes der Hafenarbeiter denkbar knapp. Lediglich ein stimmberechtigter Delegierter des Gewerkschaftstages hätte 1902 anstatt erteilter Ablehnung für das expansive Konzept votieren müssen, dann hätte der Verband der Hafenarbeiter eine für jene Zeit außerordentlich großzügig bemessene Sterbeunterstützung erhalten. Beschlossen wurde stattdessen eine moderate, aber dennoch fortschrittliche Anhebung der Sterbegelder, nach der im Todesfall eines männlichen Gewerkschafters wie auch im Todesfall seiner Ehefrau gleichberechtigt jeweils 50 Mark bezahlt wurden.[14] Dies ist erwähnenswert, da andere Gewerkschaften mitunter erst viel später die Unterstützung der verbandseigenen Sterbekassen auf den Tod von Familienangehörigen ohne Gewerkschaftszugehörigkeit ausweiteten, was im Verband der Hafenbereiter bereits 1900 umgesetzt wurde. Im Jahr 1902 setzten die Hafenarbeiter mit ihren – kurzzeitig – gleichberechtigten Sätzen einen weiteren fortschrittlichen Akzent. Dieser wurde in den folgenden Jahren mit der Anpassung der Sätze hingegen wieder überschrieben. Nach den Statuten von 1906 wurde beim Tod eines Gewerkschaftsmitgliedes Sterbegeld nach der Dauer der Verbandszugehörigkeit in einer Höhe zwischen 50 und 100 Mark ausgezahlt. Verstarb die Ehefrau eines Gewerkschafters, verblieb die ausgezahlte Unterstützung einstweilen jedoch bei 50 Mark. In einem besonderen Fall wurden auch die Kinder begünstigt. Hinterließ ein Gewerkschaftsmitglied nach zehnjähriger Verbandszugehörigkeit eine, wie es hieß, »legitime Frau«, und hatte diese bei ihrem Tod, ohne erneut geheiratet zu haben, Kinder im Alter unter 15 Jahren, wurde auch jenen ein Sterbegeld in der Höhe von 50 Mark ausbezahlt.[15]

In vielen Gewerkschaften, die in dieser Studie als historische Vorläuferorganisationen der Dienstleistungsgewerkschaft Verdi in den Blick genommen werden, waren Unterstützungsleistungen für den Todesfall häufig bereits im Verlauf der Gründungsphase der Organisation eingerichtet worden. Als Vorgänger des Bundes der technischen Angestellten und Beamten trat im Deutschen Techniker-Verband mit den Beschlüssen des Berliner Delegiertentages 1890 eine obligatorische Verbandssterbekasse in Kraft, die seinerzeit eine Beihilfe von 50 bis 200 Mark einführte. Diese Einrichtung war auf dem Delegiertentag 1889 in Nürnberg strittig debattiert worden. Dabei ging es um die Frage,

---

[13] Verband der Hafenarbeiter und verwandten Berufsgenossen Deutschlands: Protokoll der siebten Generalversammlung 1902 mit Geschäftsbericht 1900-1901, hier der Protokollteil, S. 59-67.

[14] Ebd., S. 66 f.

[15] Verband der Hafenarbeiter und verwandten Berufsgenossen Deutschlands: Statut. Gültig ab 1. April 1906, §§ 16 ff., S. 6 f.

ob diese Kasse als Unterstützung obligatorisch, also automatisch für alle Verbandsmitglieder eingeführt werden sollte. Eine starke Opposition sprach sich dagegen aus. Erst als der Verbandsvorstand ein Finanzierungsmodell vorschlug, mit dem Beitragserhöhungen ausgeschlossen wurden, war die obligatorische Sterbekasse beschlussfähig. Die Mehrheit der Delegierten votierte schließlich für das obligatorische Unterstützungskassenmodell, ohne dafür den bestehenden Mitgliedsbeitrag zu erhöhen.[16]

Es lässt sich daran erkennen, dass Sterbekassen nicht nur als zentralisierte obligatorische Verbandsunterstützungen – neben den häufig noch bestehenden Zusatzkassen auf der Ebene der lokalen Gewerkschaftsfilialen – geführt werden konnten, sondern auch als zentralisierte fakultative Unterstützungen oder Versicherungen der Gewerkschaften. Dazu liefert der Deutschnationale Handlungsgehilfen-Verband ein interessantes Fallbeispiel. Er unterhielt mit seiner Krankenkasse zugleich eine daran angeschlossene Sterbekasse, die auch als Deutschnationale Kranken- und Begräbniskasse firmierte. Dennoch tauchte auf den Verbandstagen wiederholt das Anliegen auf, im Verband eine obligatorische Sterbeunterstützung einzurichten, von der alle Verbandsmitglieder profitieren konnten. Als der Verbandstag 1911 in Breslau tagte, forderte der vom Delegierten Böttger aus Magdeburg vorgelegte Antrag: »Der Verbandstag wolle beschließen, dass dem nächsten Verbandstag der Entwurf einer für alle Mitglieder obligatorischen Sterbekasse vorgelegt werde, deren Anfangsleistung nach einer fünfjährigen Karenzzeit 100 Mark beträgt und mit jedem Jahr bis zu einer Höchstleistung von 300 Mark steigt.«[17]

Die Verbandsführung lehnte jenes Anliegen ab – mit dem Verweis auf ältere vergleichbare Initiativen und einer interessanten Begründung: »Der Antrag des Herrn Böttger ist herzlich gut gemeint, er ist aber nicht neu. Ich kann Ihnen mitteilen, dass vor sechs oder acht Jahren bereits unser früherer Verbandsvorsteher Schack in einer Denkschrift an die Verwaltung den Vorschlag machte, eine Sterbekasse einzurichten. Die Verwaltung hat damals sehr ernsthaft die Frage der Einführung einer Sterbekasse durchgearbeitet. Aber zu unserem großen Leidwesen sind wir damals zu der festen Überzeugung gekommen, dass eine solche Sterbekasse versicherungstechnisch vollständig undurchführbar ist.« Und weiter hieß es: »Wir hatten uns damals mit einem Versicherungsmathematiker besprochen und ein allgemeines Gutachten eingefordert, aus dem dann hervorging, dass eine solche Sterbekasse für uns tatsächlich unmöglich ist.«[18]

---

[16] Zunächst wurde die Finanzierung der Sterbekassen aus dem Reservekapital des Verbandes bestritten. Der Aspekt wurde in der Verbandsgeschichte hervorgehoben. Vgl. Bund der technischen Angestellten und Beamten (Hg.): 25 Jahre Technikergewerkschaft – 10 Jahre Butab, S. 19.

[17] Deutschnationaler Handlungsgehilfen-Verband: Verhandlungsschrift über den zwölften Verbandstag 1911, S. 80.

[18] Ebd., S. 81.

Die Verbandsführung erhob den Anspruch, eine unter die Versicherungsaufsicht fallende Sterbeversicherung einzuführen. Die damit einhergehenden Auflagen sah man als undurchführbar an und verwies auf die noch verbreiteten freien Sterbekassen, Totenladen oder Totenzünfte jenseits der Gewerkschaften, die von den Regierungspräsidenten zunehmend unter die Versicherungsaufsicht gezwungen wurden – und unter dem Druck des Kaiserlichen Aufsichtsamts den Betrieb schließlich einstellten. Bei dem Vorgang kommt für den Deutschnationalen Handlungsgehilfen-Verband abermals zum Ausdruck, was bei seiner Stellenlosenversicherung und seiner Krankenkasse bereits als auffällig herausgearbeitet wurde: Der Verband suchte bei seinen Einrichtungen der sozialen Selbsthilfe gezielt nach der – auch zur Schau gestellten – Professionalisierung und betonte damit seine vermeintliche Überlegenheit gegenüber anderen Organisationen. Entsprechend herabwürdigend urteilte die Verbandsleitung über obligatorische Sterbeunterstützungen, wie sie in vielen Gewerkschaften vorzufinden waren, und bezeichnete diese als »rohestes Umlageverfahren« oder als nicht einmal »ernsthaften Versuch«.[19]

Genau dieses sogenannte Umlageverfahren, also die Finanzierung einer obligatorischen Sterbegeldkasse aus den regulären Mitgliedseinnahmen des Verbandes, war jedoch auf dem Verbandstag eingefordert worden. Die Leitung des Handlungsgehilfen-Verbandes wich aber nicht von ihrer Linie ab. Man wollte zu dieser Zeit möglichst keine oder allenfalls eine geringe Anzahl von Unterstützungseinrichtungen, welche den vermeintlich »modernen« Deutschnationalen Handlungsgehilfen-Verband in seinem Selbstverständnis als neue, handlungsstarke und innovative sozialpolitische Interessenvertretung für kaufmännische Angestellte abwerten konnte, indem geläufige Kassen ihn mit traditionellen Standesvereinigungen vergleichbar machten. Die Verbandsführung verfolgte vielmehr die Absicht, den Anspruch besonderer Profession und Superiorität durch den unternehmerischen Erfolg zu belegen, den verbandseigene Versicherungsunternehmungen erzielten. So beabsichtigte man, die Unterstützungskassen konkurrierender Gewerkschaften in den Schatten zu stellen.[20]

Da wäre es kontraproduktiv gewesen, wenn man sich eine verbandseigene Konkurrenz zur Deutschnationalen Krankenkasse und der ihr angeschlossenen Begräbniskasse geschaffen hätte. Die Krankenkasse wurde auch mit ihren Leistungen im Sterbefall offensiv beworben. Zu einem Höhepunkt der Propaganda für die Mitgliedschaft der Handlungsgehilfen in der Deutschnationalen Krankenkasse, die sich kurz nach der Jahrhundertwende vor allem gegen die Allgemeine Ortskrankenkasse richtete, wurde das sehr deutlich. So führte die Deutschnationale Kranken- und Begräbniskasse in Chemnitz 1904 in einem Agitationsschreiben anschaulich aus, dass – neben anderen Leistungen – ein jährlich ansteigendes Begräbnisgeld zwischen 150 und 300 Mark ge-

---

[19] Beide Zitate ebd., S. 83 und S. 84.
[20] Zu den hier referierten Kontexten vgl. die gesamte Erörterung zur Einrichtung einer verbandlichen Sterbekasse auf dem Verbandstag 1911, ebd., S. 80-85.

währt werde, während die Ortskrankenkasse für Chemnitz und Umgebung lediglich zwischen 50 und 150 Mark – nach Tarifgruppe und nicht ansteigend – auszahlte.[21] In der Satzung der Deutschnationalen Kranken- und Begräbniskasse hieß es: »Mitglied der Kasse kann jedes in Deutschland wohnhafte Mitglied des Deutschnationalen Handlungsgehilfen-Verbandes (Sitz Hamburg) sowie auch jeder der Lehrlingsabteilung angehörende, in Deutschland wohnhafte kaufmännische Lehrling werden, sofern diese gesund sind, sich im Besitz der bürgerlichen Ehrenrechte befinden, nicht im aktiven Heeresdienst stehen und das 50. Lebensjahr nicht überschritten haben.«[22] Anders ausgedrückt: Wer in den Genuss der beschriebenen Vorzüge der Deutschnationalen Kranken- und Begräbniskasse kommen wollte, musste über deren Mitgliedschaft zudem jene des Handlungsgehilfen-Verbandes erwerben.

Die Organisation der verbandlichen Sterbeleistungen in Form einer Versicherungseinrichtung gab es auch in anderen Organisationen. In den 1920er Jahren traten Sterbekassen als fakultative Unterstützungen oder verbandseigene Versicherungen gehäuft in Erscheinung. Um in gewerkschaftlichen Alters- oder Rentenkassen geleistete Beiträge abzugelten, wenn das Mitglied vor dem ersten Rentenbezug verstarb, wurden Sterbegeldregelungen in diesen Einrichtungen häufig als fakultatives oder versicherungsnahes Element je nach Charakter der Alters-oder Rentenkasse integriert – dazu später mehr. Im Deutschen Postverband, der vor den 1920er Jahren unter anderen Titeln firmierte, wurde nach der Anhebung des Verbandsbeitrages 1902 eine Sterbekasse eingerichtet, die im Jahr 1903 zunächst als Unterstützungskasse, finanziert durch die Beitragsmehreinnahmen, ihren Betrieb aufnahm und zunächst zwischen 125 und 375 Mark im Todesfall auszahlte. Im Rahmen einer Reorganisation des Verbandes wurde die Sterbekasse 1912 umgestaltet. Aus der Unterstützungseinrichtung ohne rechtlichen Anspruch auf Leistungen wurde eine Einrichtung mit Rechtsanspruch und angehobenen Sätzen, die sich nunmehr auf 250 bis 750 Mark erstreckten.[23] Damit wurde die Sterbekasse Deutscher Postverband, wie sie benannt wurde, zu einer Versicherung auf Gegenseitigkeit. In dieser Form konnte die Einrichtung die Zeit des Ersten Weltkriegs trotz finanzieller Belastungen durch die hohe Anzahl an Kriegsopfern überstehen. Nach der Hyperinflation kehrte der Verband später jedoch zu einer Bestattungsbeihilfe in der Höhe von 300 Reichsmark zurück. Kleine Versicherungen, die mit Verfahren der Kapitalhinterlegung arbeiteten, überlebten die Inflationsphase in der Regel nicht, da ihre angesparten Sicher-

---

[21] Dazu Deutschnationale Kranken- und Begräbniskasse, Auskunftsstelle Chemnitz: Satzungsauszug der Deutschnationalen Kranken- und Begräbniskasse (mit beiliegendem Agitationsschreiben), Chemnitz 1904. Ähnlich auch Deutschnationale Kranken- und Begräbniskasse, Auskunftsstelle Chemnitz: Deutsche Handlungsgehilfen und Lehrlinge! [Aufforderung zum Austritt aus den Ortskrankenkassen], Chemnitz 1910.

[22] Satzungsauszug nach Deutschnationaler Handlungsgehilfen-Verband: Jahrbuch 1905, S. 210.

[23] Deutscher Postverband (Hg.): 40 Jahre Deutscher Postverband 1890-1930, S. 165.

heiten aufgezehrt wurden. Die Rückkehr zur Unterstützungskasse im Umlageverfahren ohne Rechtsanspruch der Mitglieder schaffte einen möglichen Ausweg.[24]

Viele Gewerkschaften, die im Fokus dieser Studie stehen, verfolgten den Weg der obligatorischen Unterstützungskasse. Der Verband der Fabrikarbeiter Deutschlands richtete 1898 eine entsprechende Sterbeunterstützungskasse ein. Die Zustimmung dazu fiel auf dem Verbandstag in Kassel, der 1898 leidenschaftlich über den Ausbau des Unterstützungswesens debattierte, da die Einführung einer Arbeitslosenunterstützung umstritten war. Schließlich beschloss der Verbandstag in einer Kompromissformel, die Arbeitslosenunterstützung, welche 1902 in einer Urabstimmung abgelehnt wurde, zu verschieben und dafür eine Sterbegeldkasse einzuführen. Der beschlossene Antrag Büchel aus Bielefeld lautete: »Im Todesfall eines verheirateten Mitgliedes kann den Hinterbliebenen nach zweijähriger Mitgliedschaft eine Unterstützung von 25 Mark und nach fünfjähriger Mitgliedschaft eine solche von 50 Mark gewährt werden.«[25] Auch hier lieferte die Einführung der Sterbegeldunterstützung eine Legitimation, mit der die Erhöhung der Verbandsbeiträge begründet werden konnte.[26]

Der Verband der Büroangestellten Deutschlands – aus dem Zusammenschluss des Zentralvereins der Büroangestellten mit dem Verband der Verwaltungsbeamten der Krankenkassen und Berufsgenossenschaften Deutschlands im Jahr 1908 gebildet und nach dem Ersten Weltkrieg im Zentralverband der Angestellten aufgehend – verfügte ebenfalls über eine Sterbeunterstützung. Nach der Verbandssatzung aus dem Jahr 1908 gewährte sie Ehegatten und Kindern als Hinterbliebenen eines verstorbenen Gewerkschaftsmitgliedes ein nach der Dauer der Mitgliedschaft gestaffeltes Sterbegeld in der Höhe von 50 bis zu 100 Mark.[27] Etwas höher lagen die Beträge, die der Verband der Gemeinde- und Staatsarbeiter sowie der Deutsche Transportarbeiter-Verband in ihren Sterbeunterstützungen in der ersten Dekade des 20. Jahrhunderts ausschrieben. Als Verband der in Gemeinde- und Staatsbetrieben beschäftigten Arbeiter und Unterangestellten verfügte der Verband der Gemeinde und Staatsarbeiter nach den Statuten von 1903 über eine zentrale Sterbekasse, die – gestaffelt von einjähriger bis zehnjähriger Mitgliedschaft – 60 bis zu 150 Mark Sterbegeld gewährte.[28] In der Gründungsphase kurz vor der Jahrhundertwende begann diese Organisation ihre Genese als Zentralverband zunächst mit einem sehr fortschrittlichen Statut, in dem bereits zentralisierte Unterstützungseinrichtungen gegenüber den verbreiteten lokalen aufgenommen wa-

---

24   Ebd., S. 217, S. 364 und S. 366.
25   Zitiert nach Vorstand des Verbandes der Fabrikarbeiter Deutschlands: 40 Jahre Kampf, S. 47.
26   Hierzu insgesamt ebd., S. 45 ff.
27   Vgl. Verband der Büroangestellten und der Verwaltungsbeamten der Krankenkassen und Berufsgenossenschaften Deutschlands: Statut. Beschlossen auf dem Verbandstag in Berlin 1908, § 41, S. 22 f.
28   Vgl. Verband der in Gemeinde- und Staatsbetrieben beschäftigten Arbeiter und Unterangestellten: Statut. Beschlossen auf der Generalversammlung in Berlin 1903, § 12, S. 13 f.

ren. Berücksichtigt war dabei auch ein zentrales Sterbegeld, das nach einjähriger Mitgliedschaft gezahlt wurde und beim Tod des Mannes 30 Mark, beim Tod der Ehefrau 20 Mark und beim Tod eines Kindes zehn Mark auszahlte. Von den eher niedrigen Sätzen abgesehen, war die Einbeziehung der nächsten Familienangehörigen, ohne dass eine Gewerkschaftszugehörigkeit bei ihnen selbst bestand, progressiv und zukunftsorientiert – ähnlich wie beim Verband der Hafenarbeiter. Andere Gewerkschaften folgten diesem Beispiel, wie noch zu sehen sein wird, später.

Bereits 1897 nahm der Verband der Gemeindearbeiter nach einer Urabstimmung jedoch zunächst wieder von seinem zentralen Unterstützungswesen Abstand – die genauen Gründe wurden im vorausgehenden Kapitel über die Arbeitslosen- und Krankenunterstützungen bereits erläutert. In der Folge bestanden Unterstützungskassen zunächst lediglich als lokale Einrichtungen der Filialen am Ort, bevor zentrale verbandliche Unterstützungseinrichtungen nach der Jahrhundertwende endgültig etabliert werden konnten.[29] Dabei war die Sterbekasse die erste zentrale und obligatorische soziale Verbandsunterstützung, die 1903 ihren Weg in die Gewerkschaftssatzung fand. Eine Mitversicherung von Familienangehörigen wurde 1903 diskutiert, aber zunächst abgewiesen.[30] Schon 1906 wurde die Satzung der Sterbekasse hingegen erweitert. »In Sterbefällen von Ehegatten der Mitglieder wird eine Beihilfe in Höhe der Hälfte der (...) Sätze bezahlt.«[31] Damit setzte die Gewerkschaft einen besonderen Anreiz für ihren Unterstützungsbereich, da etwa bei kommunalen Arbeitgebern beschäftigte Mitglieder als Bestandteil ihres Beschäftigungsverhältnisses bereits soziale Leistungen erhalten konnten. Dazu zählte vielerorts eine von Städten und Gemeinden eingerichtete Alters- und Hinterbliebenenversorgung der Gemeindearbeiter.[32]

Die Mitversicherung von Familienangehörigen in der gewerkschaftlichen Sterbekasse war auch im Verband der Transportarbeiter in der ersten Dekade des 20. Jahrhunderts ein wichtiges Thema. Als die Einrichtung der zentralen Sterbeunterstützungskasse auf dem Gewerkschaftstag 1905 in Frankfurt am Main diskutiert und beschlossen wurde, war dieser Aspekt Gegenstand der Debatte, wurde aber zurückgewiesen.[33] Schon auf dem Berliner Verbandstag 1907 spiegelte sich der Wunsch nach Leistungsausweitungen in der Sterbekasse in verschiedenen Anträgen wider. Gefordert wurde ein

---

[29] Dazu Furtwängler: ÖTV, S. 112-128, bes. S. 118.

[30] Vgl. dazu Verband der in Gemeindebetrieben beschäftigten Arbeiter und Unterangestellten: Protokoll der Verhandlungen des dritten Verbandstages 1903, S. 29-33. Die Beschlussfassung zur Einführung der Sterbeunterstützung ebd., S. 48 ff.

[31] Verband der in Gemeinde- und Staatsbetrieben beschäftigten Arbeiter und Unterangestellten: Protokoll der Verhandlungen des vierten Verbandstages 1906, S. 21. Zur Beschlussfassung ebd., S. 186.

[32] Kügel: Gemeindearbeiterschaft, S. 54 ff.

[33] Zentralverband der Handels-, Transport-, Verkehrsarbeiter und Arbeiterinnen Deutschlands: Protokoll der vierten Generalversammlung 1905 mit Rechenschaftsbericht 1903 bis 1904, hier der Protokollteil, S. 331 ff.

erhöhtes Sterbegeld, die Auszahlung auch im Fall des Todes der Ehefrau eines Gewerkschaftsmitgliedes oder eines seiner Kinder sowie eine auf pflegende Personen erweiterte Auszahlungspraxis. Der Verbandsvorstand bot daraufhin die Erhöhung der Sterbegeldsätze für weibliche und jugendliche Verbandsmitglieder an, um im Gegenzug jedoch auf eine Zahlung beim Tod der Ehepartner von Verbandsmitgliedern zu verzichten.[34]

In seiner Satzung aus dem Jahr 1907 sah der Deutsche Transportarbeiter-Verband eine Unterstützung im Todesfall nach einer Karenzzeit von 52 geleisteten Wochenbeiträgen vor. Sie wurde nach der Dauer der Mitgliedschaft zwischen einem Jahr und zehn Jahren gestaffelt und betrug in der höchsten Beitragsklasse für Männer zwischen 40 und 120 Mark und in der niedrigsten zwischen 20 und 60 Mark. Für weibliche und jugendliche Mitglieder waren die Leistungen geringer. Sie pendelten, auch hier gestaffelt nach der Dauer der Gewerkschaftszugehörigkeit, von zehn bis zu 30 Mark.[35] Auf dem Verbandstag 1912 erhöhten die Transportarbeiter diese Staffel moderat auf 15 bis 35 Mark, wobei die erforderliche Dauer der Mitgliedschaft als eine der zugleich diskutierten Sparmaßnahmen gestreckt wurde.[36] Eine wesentliche Ausweitung der Sterbeunterstützung im Transportarbeiter-Verband erfolgte hingegen 1910, als in der zentralen Unterstützungskasse – auf lokaler Ebene bestanden entsprechende Regelungen bereits – schließlich auch das Sterbegeld für Ehegatten aufgenommen wurde. »Eine Erweiterung der Rechte der Mitglieder an der Verbandskasse ist insofern eingetreten, als mit Rücksicht auf die Mitglieder des Hafenarbeiterverbandes eine Beerdigungsbeihilfe für Ehegatten der Mitglieder eingeführt werden soll. In unserem Verband bestand die Einrichtung ja in sehr vielen Orten schon auf lokaler Basis. Wird der neue Statutenentwurf angenommen, dann sind wir in der Lage, auch diejenigen Mitglieder, die sich über die Erhöhung des Beitrages beklagen, darauf hinzuweisen, dass mit der Erhöhung der Pflichten auch eine Erweiterung der Rechte der Mitglieder eingetreten ist«, legte Oswald Schumann als Verbandsvorsitzender dar.[37]

Hier werden zwei bekannte Aspekte sichtbar: Der Zusammenhang zwischen Beitragserhöhungen und Leistungserhöhungen in den Verbandsunterstützungen wurde auch für die zentralisierte Sterbekasse werbewirksam zum Ausdruck gebracht. Und: Der Fusionseffekt, der bei der Vereinigung von Gewerkschaften und Unterstützungseinrichtungen dazu beitrug, dass häufig die höheren Unterstützungsstandards in die neue gemeinsame Kasse übernommen wurde, machte sich auch hier bemerkbar. Zur Erinnerung: Mit dem Verbandstag 1910 trat der Verband der Hafenarbeiter der Orga-

---

[34] Siehe Deutscher Transportarbeiter-Verband: Protokoll der fünften Generalversammlung des Zentralverbandes der Handels-, Transport-, Verkehrsarbeiter und Arbeiterinnen Deutschlands 1907 mit Rechenschaftsbericht 1905 bis 1906, hier der Protokollteil, S. 525 ff.
[35] Deutscher Transportarbeiter-Verband: Statut. Gültig ab 1. Juli 1907, § 7, S. 9 f.
[36] Dazu Deutscher Transportarbeiter-Verband: Protokoll des achten Verbandstages 1912, S. 25-26 und S. 198.
[37] Deutscher Transportarbeiter-Verband: Protokoll des siebten Verbandstages 1910, S. 69.

nisation der Transportarbeiter bei. Die Hafenarbeiter, die eine Sterbegeldzahlung auch für die – nicht organisierten – Frauen der männlichen Verbandsmitglieder seit Jahren kannten, sollten in der Unterstützungseinrichtung der gemeinsamen gewerkschaftlichen Organisation keine Einbußen erleiden. Auch beim Verhältnis zwischen Beiträgen und der Höhe des Sterbegeldes behielt man dies im Blick.[38]

Die Sterbeunterstützungen hatten in der gewerkschaftlichen Gründungszeit seit den 1890er Jahren einen besonderen Stellenwert. Sie fanden in nahezu jedem Verband Verbreitung, selbst in jenen, die über das Unterstützungswesen insgesamt stritten, mit ihm fremdelten und Arbeitslosen- oder Krankenunterstützungen noch mit erheblicher Skepsis begegneten. Dies hatte verschiedene Gründe, auf die im Folgenden näher eingegangen wird. Ein gutes Beispiel boten die Hafenarbeiter, die gegenüber der zentralen Arbeitslosen- und Krankenunterstützung, wie es erläutert wurde, recht hartnäckig Einwände erhoben. Für eine zentrale Sterbeunterstützung debattierten die Hafenarbeiter jedoch fortschrittliche Visionen, wenngleich sie diese letztlich nur partiell umsetzten. Man wird einwenden, dass die Höhe der Ausschüttungen im Unterstützungsfall, die in einigen gewerkschaftlichen Sterbekassen in der ersten Dekade nach der Jahrhundertwende gewährt wurden, noch keinen besonderen Status zum Ausdruck brachte. Die Debatte der Hafenarbeiter über einen erheblichen materiellen Ausbau ihrer Kasse und auch die bereits recht hohen Unterstützungssätze in einigen anderen Verbänden zeigten allerdings, dass bereits vor dem Krieg Bewegung in die gewerkschaftliche Beurteilung des Sterbegeldes kam. Dies wurde mit einer deutlicheren materiellen Aufwertung von Sterbekassen nach dem Ersten Weltkrieg sichtbar, wie noch zu zeigen ist. In den gewerkschaftlichen Debatten um eine testamentarische Erklärung in Bezug auf die Sterbeunterstützungen wurde dies auch schon vor 1914 angedeutet.

Im Verband der Hafenarbeiter wurde auf dem Verbandstag 1902 eine Art Mitgliedertestament beschlossen. Das Gewerkschaftsmitglied wurde aufgefordert, im Mitgliedsbuch den Begünstigten seiner gewerkschaftlichen Sterbeunterstützung zu vermerken, die sonst, sofern rechtmäßige Angehörige fehlten, verfallen konnte. Diese Mitglieder wurden dann satzungsgemäß von der jeweils zuständigen Ortsverwaltung beerdigt.[39] Zudem enthielt die Satzung 1906 einen Passus, nach dem Angehörige, sobald sie An-

---

[38] Im Verband der Hafenarbeiter konnte man bei einem Wochenbeitrag von 45 Pfennig 1906 ein Sterbegeld von bis zu 100 Mark erwarten. Nach der Fusion von Hafen- und Transportarbeitern lag der Höchstsatz der gemeinsamen Sterbekasse in der ersten und zweiten Beitragsklasse für Männer bei 90 respektive 120 Mark bei einem Wochenbeitrag von 45 respektive 50 Pfennig. Vgl. dazu Verband der Hafenarbeiter und verwandten Berufsgenossen Deutschlands: Statut. Gültig ab 1. April 1906, §§ 8 und 16, S. 3 und S. 6. Deutscher Transportarbeiter-Verband: Protokoll des siebten Verbandstages 1910, S. 77, S. 87 und S. 91.

[39] Verband der Hafenarbeiter und verwandten Berufsgenossen Deutschlands: Statut. Gültig ab 1. April 1906, §§ 20 und 21, S. 6 f. Verband der Hafenarbeiter und verwandten Berufsgenossen Deutschlands: Protokoll der siebten Generalversammlung 1902 mit Geschäftsbericht 1900-1901, hier der Protokollteil, S. 59 ff.

spruch auf das Sterbegeld des verstorbenen Mitgliedes erhoben, Nachweise beizubringen hatten. Das Mitgliedsbuch, eine Sterbeurkunde und ein schriftlicher Bericht des örtlichen Gewerkschaftsbevollmächtigten über Todesursache und Familienstand des Verstorbenen waren an den Verbandsvorstand zu leiten.[40] Somit wurde eine relevante Quelle für die statistische Auswertung von Todesursachen unterschiedlicher Arbeiterkategorien geschaffen, die – wie im vorangegangenen Kapitel geschildert – auf der Basis der Daten, die in den Unterstützungskassen erhoben werden konnten, expandierte.

Der Verband der Gemeinde- und Staatsarbeiter nahm 1914 eine ähnliche Erweiterung seiner Sterbekassensatzung vor. Verwandte oder Bekannte des Verstorbenen konnten die Auszahlung der Sterbeunterstützung demnach nur beantragen, wenn sie nachweisen konnten, dass sie ihn zuvor gepflegt hatten. »Wer bloß die Bestattungskosten deckte, hat nur dann Anrecht auf Sterbeunterstützung, wenn der Betreffende im verwandtschaftlichen Verhältnis als Vater, Mutter, Sohn oder Tochter zu dem Verstorbenen stand. Andere Personen erhalten das Sterbegeld nur, wenn eine diesbezügliche letztwillige Verfügung des Verstorbenen vorliegt.«[41] Im Transportarbeiter-Verband kam man 1912 zu dem Beschluss, in den Regularien der Sterbeunterstützung den Begriff der *Beerdigungsbeihilfe* zu streichen. Mit der Änderung der Begriffe – von der *Beerdigungsbeihilfe* zur *Unterstützung bei Todesfällen* – wurde die Unabhängigkeit der Sterbeunterstützung von den Kosten, der Erstattung und den Prozeduren der Beerdigung verdeutlicht.[42]

Die Grauzone zwischen einer »Kranzspende« und einer »Versicherungsleistung« im Todesfall wurde abgebaut, der Kreis der Bezugsberechtigten über den engsten Familienkreis hinaus erweitert. Dabei wurde der Charakter einer zweckgebundenen Sachleistung zunehmend unscharf, der des vererbbaren geldwerten Vermächtnisses des verstorbenen Gewerkschaftsmitgliedes gestärkt. Aus den geschilderten Satzungsanpassungen geht hervor, dass auch Missbrauch und Begehrlichkeiten im familiären Zwist um die materielle Hinterlassenschaft des Verstorbenen, in welche die gewerkschaftlichen Verwaltungsstellen vor Ort gerieten, dabei eine Rolle spielten. Die Ansprüche aus der gewerkschaftlichen Sterbeunterstützung standen auch daher zunehmend eher im Kontext eines materiellen Erbes – über das testamentarisch bestimmt werden sollte – als im Kontext eines traditionellen und solidarischen Bestattungsrituals, wie es in Organisationen der Beschäftigten seit Jahrhunderten verbreitet gewesen war. Oder zugespitzt formuliert: Die gewerkschaftlichen Sterbekassen rückten an die Kleinstlebensversicherung der Volksversicherungen heran, deren Konkurrenz die Gewerkschaften spürten. Dennoch ging man bei Sterbeunterstützungen und auch Lebensversicherungen davon aus, dass die Auszahlung im Todesfall zuerst zur Deckung damit verursach-

---

[40] Verband der Hafenarbeiter und verwandten Berufsgenossen Deutschlands: Statut. Gültig ab 1. April 1906, § 19, S. 6.
[41] Verband der Gemeinde- und Staatsarbeiter: Protokoll der Verhandlungen des siebten Verbandstages 1914, S. 120.
[42] Deutscher Transportarbeiter-Verband: Protokoll des achten Verbandstages 1912, S. 198.

ter Auslagen der nächsten Angehörigen eingesetzt wurde.[43] Dazu zählten die Kosten für Überführung und Erdbestattung, derer man sich allenfalls entledigen konnte, falls der Leichnam der Anatomie örtlicher Lehranstalten zu medizinischen Ausbildungs- oder Forschungszwecken zur Verfügung gestellt wurde. Im Vergleich zur verbreiteten Erdbestattung spielte in Deutschland die Feuerbestattung seit der Jahrhundertwende bis zum Beginn der 1930er Jahre zwar eine allmählich wachsende, aber noch keine relevante Rolle. Sie wurde von den Kirchen engagiert abgelehnt.[44]

Weitere Aspekte gewerkschaftlicher Sterbekassensatzungen könnten hier noch ausgeführt werden, etwa die bereits erwähnte und in vielen Statuten zu findende Staffelung nach der Dauer der Verbandszugehörigkeit. Sie sorgte dafür – erneut mit Parallelen zu einer Lebensversicherung –, dass der ausgeschüttete Betrag mit den Beitragsjahren anwuchs, die Bindungswirkung also zunahm und mithin die Dauerhaftigkeit der Mitgliedschaft in der Gewerkschaft – wie das Festhalten an einem Lebensversicherungsvertrag – materiell vergütet wurde. Auch weitere aufschlussreiche Schlaglichter auf die Geschichte anderer Gewerkschaften könnten im Zusammenhang mit dem Sterbekassenwesen geworfen werden. So könnte der Blick auf die frühen Vorläuferorganisationen der Dienstleistungsgewerkschaft Verdi gelenkt werden. Im Verband der Deutschen Buchdrucker respektive seinen organisatorischen Vorgängern verfügte man schon in den 1850er und 1860er Jahren in der Reaktionszeit nach der Revolution über lokale Kassensysteme, zu denen auch Kranken- und Begräbniskassen zählten. Seit dem Beginn der 1880er Jahre unterhielt der Verband auch für diese Unterstützung eine Zentralkasse.[45] Im Jahr 1912, um ein Beispiel zu geben, buchte der Verband der Buchdrucker insgesamt 98.173 Mark als Gesamtausgaben für das Begräbnisgeld. Nimmt man den Stand der Mitglieder am Ende des Jahres 1912 zum Maßstab, zahlte der Verband in jenem Jahr einen statistischen Betrag von 1,45 Mark pro Mitglied und Jahr als zentrales Sterbegeld aus.[46] Im Verband der Gemeinde- und Staatsarbeiter lag der Vergleichswert des Jahres 1912 bei 90 Pfennig pro Mitglied und Jahr.[47] Das hohe Niveau der Sterbeleistung des Verbandes der Buchdrucker kam auch in späteren Satzungen zum Ausdruck.

---

[43] »Die Sterbekasse hatte den Zweck, den Angehörigen der Mitglieder im Todesfall die Mittel zur sofortigen Bestreitung der auftretenden Kosten zu gewähren.« Deutscher Postverband (Hg.): 40 Jahre Deutscher Postverband 1890-1930, S. 165. Dies als Belegbeispiel zur Gründung der Sterbekasse der Organisation 1903.

[44] Weiterführend hierzu Norbert Fischer: Vom Gottesacker zum Krematorium. Eine Sozialgeschichte der Friedhöfe in Deutschland seit dem 18. Jahrhundert, Köln 1996. Ders.: Zwischen Trauer und Technik: Feuerbestattung, Krematorium, Flamarium. Eine Kulturgeschichte, Berlin 2002.

[45] Nach Helmholz: Verband der Deutschen Buchdrucker, S. 17 f.

[46] Der Mitgliederstand am Ende des Jahres 1912 betrug nach Verbandsangaben 67.276 Personen. Verband der Deutschen Buchdrucker: Rechenschaftsberichte 1913, S. 4. Zu dieser Berechnung ferner ders.: Rechenschaftsberichte 1912, S. 18, hier die Ausgaben der Sterbegeldkasse.

[47] Verband der Gemeinde- und Staatsarbeiter: Jahresbericht 1912, S. 2 f.

So gab der Verband am Ende der 1920er Jahre nach 750 geleisteten Beiträgen ein Sterbegeld von 375 Reichsmark und ab 1.500 gezahlten Beiträgen den Höchstbetrag von 600 Reichsmark.[48] Im Verband der Gemeinde- und Staatsarbeiter konnte man ausgangs der 1920er Jahre nach 832 geleisteten Beiträgen in der höchsten Beitragsklasse ein Sterbegeld von 200 Reichsmark erreichen.[49]

Der Senefelder Bund als Vorläuferorganisation des Verbandes der Lithografen, Steindrucker und verwandten Berufe betrieb mit seiner Allgemeinen Unterstützungskasse ebenso frühzeitig eine Krankenunterstützung mit Sterbegeld.[50] Ab dem Jahr 1890 schließlich gewährte die Gewerkschaft auch ein Sterbegeld beim Tod der Frau eines Gewerkschaftsmitgliedes, ohne dass sie selbst ein Gewerkschaftsbuch besitzen musste. Auch diesbezüglich war man in Druckgewerkschaften fortschrittlich und dem Verband der Hafenarbeiter zeitlich voraus. In der Organisation der Lithografen und Steindrucker führte man in jenen Jahren zudem ein Witwengeld in der Invalidenkasse des Verbandes ein.[51]

Eine letzte Episode sei aus dem Bereich der Postorganisationen hervorgehoben. Dabei spielt in dieser Studie die Frage, welche jener Verbände aus der Vielzahl der Postorganisationen, die es im Untersuchungszeitraum gab, im engen Sinn Vorläufer der Deutschen Postgewerkschaft nach dem Zweiten Weltkrieg war und damit folgerichtig historischer Bestandteil der heutigen Verdi-Familie, nicht die entscheidende Rolle. Die Allgemeine Deutsche Postgewerkschaft im Deutschen Verkehrsbund zählte ohne Zweifel hierzu, wobei dies ein Teil der Nachkriegsgeschichte ist, mit der sich weiter folgend beschäftigt wird. Die Sterbekasse, welche die Allgemeinen Deutschen Postgewerkschaft unterhielt, wird dort Berücksichtigung finden. In der in dieser Studie betrachteten Zeit war die Mehrheit der Postbediensteten berufsständisch organisiert. Wichtige Verbände wie der bereits in Erscheinung getretene Deutsche Postverband mit seinen Vorläufern gehört in die Traditionslinie des Deutschen Beamtenbundes, zu einer Richtung also, mit der die Gewerkschaft Verdi konkurriert. Dennoch ist der in dieser Studie gelegentlich praktizierte Blick auf diese Organisationen mehr als nur jener sprichwörtliche »über den Tellerrand«. Denn aus der Perspektive der organisierten Mitgliedschaften betrachtet, ging die Tradition jener Verbände in jene der Gewerkschaft Verdi zumindest partiell über. Diese folgt heute dem Anspruch, gewerkschaftliche Hauptvertretung der Dienstleistungsbeschäftigten im modernen Logistikbereich des Postwesens zu sein. Im Untersuchungszeitraum dieser Studie übernahm diese Rolle der dominanten Organisation

---

[48] Vgl. Verband der Deutschen Buchdrucker: Satzungen nebst den Bestimmungen über die Unterstützungen. Beschlossen auf dem Verbandstag zu Frankfurt am Main 1929, § 30, S. 33.

[49] Verband der Gemeinde- und Staatsarbeiter: Statut. Beschlossen auf dem Verbandstag in Köln am Rhein 1928, § 20, S. 19 f.

[50] Darauf wurde in Kapitel zwei dieser Studie in den spezifischen Zusammenhängen der Zeit vor 1890 bereits eingegangen. Darauf sei verwiesen.

[51] Vgl. Müller: Die Organisationen der Lithografen und Steindrucker, S. 551 ff. und S. 557 ff.

ein Verband aus dem berufsständischen Organisationsbereich des Beamtenbundes: der Reichsverband Deutscher Post- und Telegrafenbeamten. Er konnte bis zum Beginn der 1930er Jahre 145.000 Mitglieder organisatorisch vereinen. Die freigewerkschaftliche Allgemeine Deutsche Postgewerkschaft kam auf eine Mitgliederzahl von lediglich 40.000.[52]

Für die Gründung des Dortmunder Bezirksvereins des Reichsverbandes war das Sterbekassenwesen von erheblicher Bedeutung. Es war eine Generalversammlung der Bezirks-Sterbekasse in Herne, auf der im Jahr 1905 angeregt wurde, den in Düsseldorf und Berlin bereits bestehenden Bezirksvereinen nachzueifern und für Dortmund eine entsprechende Regionalgliederung des Reichsverbandes als gewerkschaftsähnliche Interessenvertretung der Postbediensteten ins Leben zu rufen. Wenngleich der Vorstand der Sterbekasse dies seinerzeit zu verhindern suchte, trafen die Versammelten auf der Generalversammlung die erforderlichen Vereinbarungen, um die Gründung des Bezirksvereins einzuleiten. Die Gremien der Sterbekasse waren für die nun angestrebte wirtschaftliche und sozialpolitische Interessenorganisation nicht mehr ausreichend. Das Netzwerk der Sterbekasse allerdings war für den Gründungsprozess des Bezirksvereins äußerst hilfreich. Die Ortsvereine der Sterbekasse, deren Vorstände und Kassierer wurden zur Vereinsgründung eingeladen. Über sie konnte die Mitgliedschaft rekrutiert werden. Zunächst entstand somit zwischen dem Bezirksverein und der Bezirks-Sterbekasse ein Konkurrenzverhältnis. Im Jahr 1907 wurde eine Verschmelzung angebahnt. Schließlich konnte der Bezirksverein ab dem Jahr 1911 allen beigetretenen Mitgliedern eine eigene und obligatorische Sterbegeldkasse anbieten.[53]

Vorkriegsgründungen gewerkschaftlicher Pensions- und Rentenkassen
An vier Tagen im April des Jahres 1908 tagten in Berlin – unmittelbar nacheinander folgend – die Versammlungen des Verbandes der Verwaltungsbeamten der Krankenkassen und Berufsgenossenschaften und des Zentralvereins der Büroangestellten Deutschlands, um sich schließlich in einer Gründungsversammlung zum neuen Verband der Büroangestellten Deutschlands zusammenzuschließen.[54] Und es war vermutlich kein

---

52 Vgl. Küsgen u.a. (Hg.): Handwörterbuch des Postwesens, hier vor allem »Fachverbände der Post- und Telegrafenbeamten«, S. 221-225. Dazu auch Friedrich-Ebert-Stiftung, Archiv der sozialen Demokratie: Deutsche Postgewerkschaft (DPG), Hauptvorstand. Erläuterungen zum Archivbestand, eingesehen unter: https://www.fes.de/archiv/adsd_neu/inhalt/gewerkschaften/dpg/dpg-hauptvorstand.htm, abgerufen am 14.03.2017.

53 Reichsverband Deutscher Post- und Telegrafenbeamten, Bezirksverein Dortmund: 25 Jahre Bezirksverein Dortmund 1905-1930, o.O. 1930, S. 12-22.

54 Verband der Büroangestellten Deutschlands: Protokoll des Verbandstages des Verbandes der Büroangestellten und der Verwaltungsbeamten der Krankenkassen und Berufsgenossenschaften Deutschlands 1908. Gemeinsamer Protokollband mit dem siebten Verbandstag des Verbandes der Verwaltungsbeamten der Krankenkassen und Berufsgenossenschaften Deutschlands und der dritten Generalversammlung des Zentralvereins der Büroangestellten Deutschlands. Im Folgenden wird aus dem Protokoll des Vereinigungsverbandstages, das in diesem Quellenband ent-

Zufall, dass es – wieder einmal – ein Fusionsereignis war, das den Rahmen für die Etablierung einer neuen gewerkschaftlichen Unterstützungseinrichtung setzte. Im Vorfeld des Verbandstages in vielen lokalen Veranstaltungen diskutiert,[55] beschlossen die Delegierten in Berlin die Einführung einer verbandlichen Pensionskasse für Mitglieder. Ohne an dieser Stelle bereits auf wichtige Bedeutungszuweisungen näher einzugehen, die weiter folgend systematisch dargestellt werden sollen: Die Frage der Alterssicherung war in den Angestelltenverbänden zu jener Zeit brisant und wurde virulent debattiert. Nach der Einführung der staatlichen Rente in der Invalidenversicherung warteten die davon nicht begünstigten Angestellten auf einen Vorstoß des Gesetzgebers zu ihren Gunsten, der indes erst mit dem Angestelltenversicherungsgesetz von 1911 kommen sollte. In einer sich hinziehenden politischen Debatte verloren Angestelltenvereinigungen wie jene der Büroangestellten Zuversicht wie Geduld. Da der Glaube schwand, dass es zu einer baldigen staatlichen Regelung tatsächlich kommen werde, wie es auf dem Verbandstag 1908 seitens der leitenden Funktionsträger referiert wurde,[56] etablierte man mit der verbandlichen Pensionskasse 1908 eine eigene Lösung. Für die Gewerkschaftsfusion verhieß sie organisationspolitisch günstige Perspektiven. Man durfte sich erhoffen, die mit der Vereinigung der Organisationen zusammengeführten heterogenen Mitgliedschaften mit einer gemeinsamen Pensionskasse zusätzlich zu verschmelzen und zu binden – und die Attraktivität der neuen vereinten Gewerkschaft für neue Mitglieder zusätzlich zu steigern.

Auf dem Gründungsverbandstag des Jahres 1908 ragte unter mehreren Fragen, die im Zusammenhang mit der Etablierung der Pensionskasse erörtert wurden, eine hervor: In welcher Form sollte sie errichtet werden? Man sprach von einer »Anteilsversicherung«, mit der Invaliden-, Alters-, Waisen- und Witwenunterstützung in der Pensionskasse zu leisten waren, von Möglichkeiten der schrittweise erfolgenden zusätzlichen Absicherung zu bereits bestehenden anderen Maßnahmen der Altersvorsorge und von der Absicht, mit der Pensionskasse nicht in den Fokus der staatlichen Versicherungsaufsicht geraten zu wollen. Eine obligatorische Einrichtung hielt man zwar für erstrebenswert, aber zunächst für nicht durchführbar. Also sprach man von einer »fakultativen Versicherung«, womit man freilich eine fakultative Unterstützung meinte, denn nur mit der konnte man das Kaiserliche Aufsichtsamt für Privatversicherung umgehen. Dass dennoch im Zusammenhang mit der Gründung der Pensionskasse wiederholt von einer »Versicherung« gesprochen wurde, legt den Schluss nahe, dass für Verbandsmit-

---

    halten ist, mit verkürzter Titelangabe belegt und zitiert. Wegen der durchlaufenden Paginierung des Quellenbandes sind die Seitenzuordnungen eindeutig.

[55] Nach dem Verbandsorgan: Der Büroangestellte [in der zeitgenössischen Schreibung: Der Bureauangestellte] Nr. 8, 1908, S. 65.

[56] Verband der Büroangestellten Deutschlands: Protokoll des Verbandstages des Verbandes der Büroangestellten und der Verwaltungsbeamten der Krankenkassen und Berufsgenossenschaften Deutschlands 1908, S. 49.

glieder, die beruflich selbst in Versicherungsbereichen tätig waren, der Anspruch bestand, für die eigene Interessenorganisation eine professionelle Einrichtung schaffen zu wollen, die etablierten Versicherungen ebenbürtig war.[57]

Mit jener hinter einer fakultativen Unterstützung verborgenen »Pensionsversicherung« eckte der Verband sogleich bei der Versicherungsaufsicht an. Von konkurrierenden Vereinigungen,[58] die mit Argusaugen neue Angebote im Unterstützungsportfolio der Mitbewerber beobachteten, bei der Versicherungsaufsicht angezeigt, musste der Verband der Büroangestellten sogleich Korrekturen vornehmen. Vor allem die Verbandsstatuten waren zu erweitern. Hier musste eine Bestimmung ergänzt werden, dass der Verband eine Invaliden-, Alters, Witwen- und Waisenunterstützung als Einrichtung der Gewerkschaft für deren Mitglieder vorhielt. Das Aufsichtsamt für Privatversicherung hatte angemahnt, dass der Eindruck einer freien Einrichtung – ohne Beschränkung auf die Verbandsmitgliedschaft, mit Rechtssicherheit und ohne Verankerung in der gewerkschaftlichen Verbandssatzung – nicht entstehen dürfe. Der Verbandstag passte die Statuten im Jahr 1911 dementsprechend an.[59]

Neben einem erweiterten Paragrafen in den Verbandsstatuten, der auf die neue Einrichtung der Gewerkschaft hinwies, enthielt das nun geltende Pensionsregulativ in seinen allgemeinen Bestimmungen eine ausführliche Darstellung jener Bestimmungen, die das Aufsichtsamt für Unterstützungen in Abgrenzung zu privaten Versicherungsunternehmen vorschrieb.[60] Wie funktionierte die Pensionskasse nach den Vorgaben jener Satzung? Die Mitglieder des Verbandes konnten freiwillig, wie es eine fakultative Unterstützung vorsah, Anteile an der Pensionskasse erwerben. Jedes Mitglied durfte maximal fünf Anteile erwerben, wobei jeder einzelne Anteil – ähnlich einer Aktie – isoliert abgerechnet wurde. Das Alter zum Zeitpunkt des Erwerbs spielte dabei eine Rolle. Zugelassen zur Pensionskasse wurden lediglich jene Mitglieder, die das 50. Lebensjahr noch nicht vollendet hatten und nicht erwerbsbehindert oder krank waren. Diese versicherungstechnisch notwendigen Zugangsbeschränkungen waren bei der Etablierung

---

[57] Dies und die markierten begrifflichen Zitate des Absatzes nach ebd., S. 48 ff. Der Bezug zu den Versicherungsangestellten in der Mitgliedschaft des Verbandes, die in Krankenkassen, Hilfskassen, Sterbekassen sowie in großen Versicherungskonzernen wie beispielsweise der Victoria tätig waren, erkennbar etwa in: Verband der Büroangestellten Deutschlands: Bericht an den zweiten Verbandstag über die Geschäftsperiode 1908-1910, S. 9 ff.

[58] Dazu Verband der Büroangestellten Deutschlands: Protokoll der Verhandlungen des zweiten Verbandstages 1911, S. 45 f. »Denunziert« habe der Leipziger Verband. Dieser verfolge, wie es ebd. geschildert wurde, ebenso wie der Wiesbadener Verband, der 1902 mit der Ankündigung einer Pensionskasse gegründet worden war, die Strategie der Mitgliedergewinnung, indem eine Altersversorgung in Aussicht gestellt werde. Beide Verbände hätten bis zur Gründung der Pensionskasse des Verbandes der Büroangestellten keine Einrichtung etabliert.

[59] Ebd., S. 45 f. und S. 119 f.

[60] Das Pensionsregulativ nach dem Abdruck in: Der Büroangestellte Nr. 13, 1911, S. 155-158, hier § 17, S. 157. Die abgedruckte Fassung wurde auf dem Verbandstag 1911 angenommen.

der Pensionskasse gerade hinsichtlich des Höchstalters für Erstzeichner umstritten gewesen.[61]

Der monatliche Zusatzbeitrag für jene Mitglieder, die Anteile an der Pensionskasse erwarben, belief sich auf 1,10 Mark pro Anteil für Mitglieder, die im Alter von bis zu 40 Jahren diesen Anteil erwarben, auf 1,50 Mark für Personen, die im Alter von bis zu 50 Jahren kauften und auf zwei Mark für Mitglieder, die in höherem Alter ihrem Bestand weitere Anteile hinzufügen wollten. Leistungsberechtigt wurden die Mitglieder der Pensionskasse nach Wartezeiten, die zwischen fünf und zehn Jahren für die Invalidenunterstützung differierten. Für die Altersunterstützung waren 20 Beitragsjahre erforderlich. In jedem Fall mussten mindestens 60 Monatsbeiträge gezahlt worden sein, bevor die Unterstützung überhaupt bewilligt werden konnte. Dann konnte man sowohl in der Invaliden- wie auch in der Altersunterstützung erzielen: 150 Mark jährlich nach fünf Beitragsjahren, 200 Mark nach 15 und maximal 250 Mark nach 25 Jahren. Diese Ausschüttungen bezogen sich auf einen Anteil. Wer zwei, drei oder gar fünf Anteile gezeichnet hatte, konnte rechnerisch auf den zwei-, drei- oder fünffachen Wert kommen. In einem besonders günstigen Fall erwarb man mit spätestens 45 Jahren fünf Anteile. Dafür zahlte man einen Jahreszusatzbeitrag von 90 Mark, der sich in 20 Beitragsjahren auf 1.800 Mark summierte. Damit konnte man nach der Vollendung des 65. Lebensjahres eine Jahreszusatzrente von 1.100 Mark erlangen.[62] Der durchschnittliche Jahresverdienst der Arbeitnehmer in Industrie, Handel und Verkehr lag 1913 nach Angaben von Hohorst, Kocka und Ritter bei 1.083 Mark. Nach einer Erhebung des Kaiserlichen Statistischen Amtes verdienten gewerbliche gelernte männliche Arbeiter im Jahr 1909 durchschnittlich 1.536 Mark, Handels- und Verkehrsarbeiter 1.374 Mark und Privatangestellte 2.012 Mark jährlich.[63]

Die genannten Renten waren zunächst theoretische Maximalbeträge, aber dennoch statutarisch zugesagte Werte. In der Praxis der ersten Jahre nach Gründung der Pensionskasse verteilten sich die gehaltenen Anteile durchaus den gesetzten Anreizen entsprechend. Bis zum Jahr 1910 traten 1.331 Mitglieder der Kasse bei und erwarben insgesamt 4.469 Anteile. Die meisten Anteile wurden in der Altersklasse der Mitglieder unter

---

[61] Vgl. dazu etwa Verband der Büroangestellten Deutschlands: Protokoll des Verbandstages des Verbandes der Büroangestellten und der Verwaltungsbeamten der Krankenkassen und Berufsgenossenschaften Deutschlands 1908, S. 49 f.

[62] Die zuvor referierten Bestimmungen – ergänzt um eigene Berechnungen – nach dem Pensionsregulativ des Verbandes der Büroangestellten 1911: Der Büroangestellte Nr. 13, 1911, hier §§ 2-11, S. 155 ff.

[63] Der durchschnittliche Jahresverdienst der Arbeitnehmer (nominal) nach Hohorst/Kocka/Ritter: Sozialgeschichtliches Arbeitsbuch. Materialien zur Statistik des Kaiserreichs 1870-1914, S. 107. Die Ergebnisse der Umfrage des Kaiserlichen Statistischen Amtes ebd., S. 112. Im Pensionsregulativ war festgelegt, dass die Unterstützung das Niveau des regulären Arbeitsverdienstes des Mitgliedes nicht übersteigen durfte. Das war ein relevanter Aspekt, um dem Charakter der Unterstützung nach den Vorgaben der staatlichen Versicherungsaufsicht zu entsprechen. Dazu das Pensionsregulativ nach: Der Büroangestellte Nr. 13, 1911, hier § 17, S. 157.

40 Jahren verkauft. Mit zunehmendem Alter, der Erhöhung des Beitragssatzes und einer Verschlechterung der Aussicht, nach den Warte- und Beitragszeiten überhaupt in den Genuss der Rente zu gelangen, nahm die Beteiligung ab. In der interessiertesten Altersgruppe der Kassenmitglieder unter 40 Jahren waren es annähernd 40 Prozent, die mit fünf Anteilen den maximal möglichen Bestand an Beteiligungen erwarben.[64]

In der Witwenunterstützung sah die Pensionskasse die Auszahlung der Hälfte der Invalidenunterstützung vor, die das verstorbene Mitglied am Todestag erhalten hätte. Sollte die Witwe erneut heiraten, entfiel der Anspruch auf die Witwenrente bei einer einmaligen Zahlung einer Aussteuerunterstützung in Höhe des doppelten Jahresbetrages der Rente. Als Waisenunterstützung sah die Gründungsatzung der Pensionskasse einen Betrag von 15 Prozent der Höhe der Invalidenunterstützung am Todestag des Mitgliedes vor, wenn zugleich auch eine Witwenunterstützung gewährt wurde, und in einer Höhe von 25 Prozent, falls Kinder ohne Mutter zurückblieben. Diese Unterstützungen galten in der Höhe für jedes Kind, summierten sich mit der Anzahl der Kinder also auf, falls die für diesen Fall festgelegten Höchstgrenzen damit nicht überschritten wurden.[65]

Ein sensibler Bereich des Pensionsregulativs war die Anerkennung der Rentenberechtigung. Für die Altersrente war eine Auslegung der Vorgaben eindeutig: Sobald ein Mitglied seine Erwerbstätigkeit aufgab, es das 65. Lebensjahr vollendet hatte und 20 Beitragsjahre nachgewiesen waren, konnte der Antrag gestellt werden. Die Anerkennung einer Invalidenunterstützung war komplizierter. Konnte das betreffende Mitglied keine bereits bewilligte Invalidenrente auf der Basis von Reichs- oder Landesgesetzen nachweisen, musste der Verbandsvorstand selber prüfen. Hierfür mussten ärztliche Gutachten eingereicht werden. Daran hatte der Verbandsvorstand zu prüfen, ob das Mitglied dauerhaft in seiner Erwerbsfähigkeit um zwei Drittel gemindert war und vergleichbare Berufstätigkeiten wie die bisher ausgeführten nicht mehr ausgeführt werden konnten. Es wird ersichtlich, dass dabei nicht unerhebliche Interpretationsspielräume bei der Rentenbewilligung vorlagen. Sie erweiterten sich bei den detaillierten Bestimmungen zu Ausnahmen oder für den Verfall der Invalidenunterstützung.[66]

Da diesbezüglich schwierige wie vorhersehbar umstrittene Entscheidungen zu treffen waren und weil man nach einem Surrogat suchte, mit dem der fehlende Rechtsanspruch einer Unterstützung kompensiert werden konnte – nicht zuletzt als vertrauensbildende Maßnahme für die Mitglieder, die über viele Jahre nicht unerhebliche Investitionen in die Einrichtung vornehmen sollten –, wurden Beschwerde- und Schlichtungsgremien der Pensionskasse benannt. »Wenn wir aber den Rechtsanspruch

---

[64] Verband der Büroangestellten Deutschlands: Bericht an den zweiten Verbandstag über die Geschäftsperiode 1908-1910, S. 30.
[65] Nach dem Pensionsregulativ des Verbandes der Büroangestellten 1911: Der Büroangestellte Nr. 13, 1911, hier §§ 12-16, S. 157.
[66] Ebd., §§ 10-11, S. 156 f.

ausschalten, so müssen wir Kautelen schaffen, damit unsere Mitglieder zu ihrem Recht kommen, und diese Kautelen schaffen wir durch die Einführung von drei Spruch-Instanzen«, führte ein Vertreter des Verbandsvorstandes während des Verbandstages 1908 aus. »In erster Linie entscheidet ein fünfgliedriger Vorstand darüber, ob jemand Pension zu bekommen hat; wird der Antragsteller abgewiesen, so wendet er sich an die Berufungskommission, und als dritte Instanz entscheidet die Revisionskommission.«[67]

Die Statuten der Pensionskasse des Verbandes der Büroangestellten enthielten weitere interessante Regelungen. So war im Pensionsregulativ eine virtuelle Sterbekasse integriert. Sollte ein Mitglied der Pensionskasse nach mindestens einem Jahr Mitgliedschaft versterben, bevor Rentenanwartschaft vorlag, weil die geforderte Wartezeit noch nicht erfüllt war, erhielten die nächsten Angehörigen 40 Prozent des bereits für die Pensionskasse gezahlten Beitrages als Rückerstattung. Dieses Sterbegeld wurde der Familie des Verstorbenen zusätzlich zur Ausschüttung der regulären Verbandssterbekasse zur Verfügung gestellt.[68]

Interessant war auch, dass der Verband der Büroangestellten Möglichkeiten wahrnahm, die Pensionskasse institutionell zu verankern und strategisch zu positionieren. »Gleich zu Anfang wurde von mehreren Seiten beantragt, bei kassenweisem oder korporativem Eintritt aller Mitglieder einer Arbeitsstelle alle Kollegen mit einer fünfjährigen Karenzzeit aufzunehmen«, hieß es im Geschäftsbericht des Verbandes. »Eine Reihe von Hilfskassen hatte nämlich beschlossen, ihren Angestellten eine Pensionsfürsorge durch Übernahme der Beiträge für unsere Unterstützungseinrichtung zu verschaffen. (...) Für die Übergangszeit gewährten wir (...) die besondere Vergünstigung bei korporativem Beitritt.«[69] Mit jener Möglichkeit verfolgte der Verband der Büroangestellten nicht nur das lukrative Ziel, große Arbeitnehmergruppen – im konkreten Fall aus dem Versicherungsgewerbe – an Gewerkschaft und Pensionskasse gleichermaßen zu binden sowie Arbeitnehmerschaften in einem »normalen Durchschnittsalter«[70] mit länger andauernder Beitragsverpflichtung für den Aufbau finanzieller Rücklagen der Unterstützungskasse zu gewinnen. Aus gewerkschaftlicher Perspektive ging es auch darum, Kassen der Arbeitgeberseite mit dem eigenen Angebot zu verhindern. Die Pensionskasse des Verbandes sollte die Angestellten gewerkschaftlich orientieren und konkurrierende Offerten der Betriebe und Unternehmen, mit denen die Beschäftigten gegenüber dem

---

[67] Verband der Büroangestellten Deutschlands: Protokoll des Verbandstages des Verbandes der Büroangestellten und der Verwaltungsbeamten der Krankenkassen und Berufsgenossenschaften Deutschlands 1908, S. 49.

[68] Nach dem Pensionsregulativ des Verbandes der Büroangestellten 1911: Der Büroangestellte Nr. 13, 1911, hier § 6, S. 156.

[69] Verband der Büroangestellten Deutschlands: Bericht an den zweiten Verbandstag über die Geschäftsperiode 1908-1910, S. 32.

[70] Ebd.

Arbeitgeber abhängig wurden und Verhaltenskontrollen ausgeübt werden konnten, entwerten.[71]

Dieser Aspekt ist bei der noch zu betrachtenden Altersunterstützung im Deutschen Transportarbeiter-Verband von erheblicher Bedeutung. Der etwas ausführlichere Blick auf die wichtige gewerkschaftliche Pensionskasse des Verbandes der Büroangestellten wird hier zunächst unterbrochen. Die Pensionskasse ging nach dem Ersten Weltkrieg mit der Gründung des Zentralverbandes der Angestellten und der erfolgenden Eingruppierung des Verbandes der Büroangestellten als Einrichtung in den Zentralverband über und wurde in den 1920er Jahren fortgeführt. An diesem Beispiel kann also gut beobachtet werden, mit welchen Themen eine gewerkschaftliche Pensionskasse in ihrem nachhaltigen Bestand und in ihrer Fortentwicklung verbandsseitig konfrontiert oder sinnstiftend aufgeladen wurde. Dazu später im weiteren Verlauf dieses Kapitels mehr.

Bereits vor dem Jahr 1908, in dem der Verband der Büroangestellten seine Pensionskasse etablierte, gab es gewerkschaftliche Einrichtungen der Altersvorsorge. Zu erinnern ist an die Organisationen der Buchdrucker, der Lithografen und Steindrucker, die vor dem im Jahr 1890 beginnenden Untersuchungszeitraum, den diese Studie verfolgt, Invalidenkassen unterhielten.[72] Die Invalidenunterstützung des Senefelder Bundes, nebenbei bemerkt, wurde in der Phase der Etablierung der Pensionskasse des Verbandes der Büroangestellten als nachahmenswertes Beispiel genannt.[73] Unter den Angestelltenorganisationen gab es vielfältige Initiativen. Der Hamburger Verein von 1858 warb beispielsweise zum Ende des 19. Jahrhunderts mit hohen Rücklagen, die er für seine Pensions- und Altersversorgungskassen gebildet hatte. Darüber hinaus wurde gestritten, ob eine bessere staatliche Angestelltenrente oder nicht doch autonom organisierte Rentensysteme der Angestelltenorganisationen der richtige Weg seien.[74] Von diesem »Parfümieren« der alten Angestelltenorganisationen mit ihren Unterstützungsangeboten distanzierte sich seinerseits der Deutschnationale Handlungsgehilfen-Verband energisch. Als Angestelltenvertretung, in der die wirtschaftlichen und sozialen Interessen der Mitglieder mit neuen Instrumenten vertreten werden sollten, waren die alten Einrichtungen der sogenannten »Wohlfahrtsvereine« verpönt.[75]

Dennoch debattierte auch der Handlungsgehilfen-Verband 1909 über eine verbandliche Alters- und Invalidenversicherung. Im Zusammenhang mit der Debatte über

---

[71] Ebd.

[72] Darauf wurde in den Kapiteln zwei und vier dieser Studie bereits näher eingegangen.

[73] Vgl. Verband der Büroangestellten Deutschlands: Protokoll des Verbandstages des Verbandes der Büroangestellten und der Verwaltungsbeamten der Krankenkassen und Berufsgenossenschaften Deutschlands 1908, S. 50.

[74] Nach der Verbandsgeschichte des Deutschnationalen Handlungsgehilfen-Verbandes aus dem Jahr 1909: Die Deutschnationale Handlungsgehilfen-Bewegung. Ihr Werdegang, S. 11 f., hier nach einem Bericht aus der Kontorzeitung.

[75] Ebd., bes. S. 12, dort auch die zitierten Begriffe.

eine Beitragserhöhung und die Staffelung des Beitragswesens kam ein Vorschlag aus der Verbandsverwaltung ins Gespräch, dies mit der Einführung einer Alterskasse zu verbinden. Seitens der Regionalgliederungen wurde das aufgegriffen und sogleich die Vorlage der konkreten Ausgestaltung der Alterskasse beim nächsten Verbandstag gefordert. Auch hier zeigte sich das bekannte Muster. Beitragserhöhungen, die während des Ausbaus und der Expansion der Organisationen regelmäßig anstanden, wurden mit der Einführung neuer oder der Anhebung bestehender Unterstützungsleistungen gegenüber den Gliederungen der Organisation und der Mitgliedschaft vermittelt. Im vorliegenden Fall jedoch zog die Verbandsführung des Handlungsgehilfen-Verbandes auf dem Verbandstag 1909 die Notbremse. Für eine Alters- oder Invalidenkasse, die dem elitären Anspruch des Handlungsgehilfen-Verbandes genüge, müssten große Mehraufwendungen von den Mitgliedern gefordert werden, damit eine solche Kasse finanziell gesichert sei und zugleich Renten in einer Höhe abwerfe, die dann auch tatsächlich einen relevanten Beitrag leisten könnten, hieß es. Dafür, so berechnete man 1909, müsse eine Alterskasse zunächst wohl über einen Zeitraum von zehn Jahren eine Kapitalhinterlegung von zehn bis zu zwölf Millionen Mark aufbauen. Das sei mit den Beitragserwartungen der Mitglieder nicht zu vereinbaren, erläuterte Wilhelm Schack als Verbandsvorsteher.[76]

Auf dem Verbandstag 1909 nahm der Verbandsvorstand die Alters- und Invalidenkasse von der Tagesordnung. Auch erteilte er dem Wunsch, eine Satzung auf dem kommenden Verbandstag 1911 zu diskutieren, eine Absage. Stattdessen gab die Verbandsführung eine vage Zusage. Sobald mit der Einrichtung einer Alters- und Pensionsversicherung als staatliche Sozialversicherung eine neue Sachlage eingetreten sei, werde man erneut prüfen, wie der Verband für die Mitglieder »etwas Ansehnliches« schaffen könne.[77] Die Aussicht auf eine staatliche Regelung wurde hier also ganz anders interpretiert als im Verband der Büroangestellten, der selbst aktiv wurde, weil eine staatliche Lösung lange auf sich warten ließ und der Verband sich vor diesem Hintergrund sozialpolitisch positionieren konnte. Im Deutschnationalen Handlungsgehilfen-Verband wollte man vor 1914 noch keine Rentenkasse. Die geplanten Beitragserhöhungen sollten anderen Zwecken, vor allem dem Ausbau des Verbandes und seiner Verwaltung, dienen und nicht in die Sicherungseinlagen einer Alterskasse fließen.[78] Verbunden wurde das mit der Propaganda vom Bestleistungsanspruch des Verbandes, stets besonders professionell anmutende, vermeintlich überlegene Einrichtungen auch als Abgrenzung zu den als Wohlfahrtsvereinen diskreditierten traditionellen Vereinigungen der Angestellten in einer sich als modern definierenden Organisation schaffen

---

[76] Deutschnationaler Handlungsgehilfen-Verband: Verhandlungsschrift über den elften Verbandstag 1909, S. 43-73, die Gegenrede Schacks S. 56-73.
[77] Ebd., S. 60 f., das Zitat S. 61.
[78] Vgl. dazu die argumentative Anlage der gesamten Gegenrede Schacks: ebd., S. 56 ff.

zu wollen. Eine Unterstützungseinrichtung, welche allenfalls Kleinstrenten produzierte, konnte man vor diesem Hintergrund mit expressiver Überzeugung ablehnen.[79] Auf die vage Zusage aus dem Jahr 1909 jedoch sollte der Verband nach dem Ersten Weltkrieg und nach dem Ende der Inflationsperiode, welche die Vermögen in Pensions- und Rentenkassen mit Kapitalhinterlegung radikal vernichten sollte, in den 1920er Jahren zurückkommen.

In anderen Verbänden ging man mitunter ähnliche, mitunter jedoch auch eigene Wege. Der Verband der weiblichen Handels- und Büroangestellten schuf 1909 einen Sparfonds, mit dem zu gegebener Zeit ein verbandseigenes Altersheim für die Aufnahme von Mitgliedern errichtet werden sollte. »Die ersten Schritte im Interesse der Alten wurden 1909 durch den Aufruf eines Mitgliedes getan, für ein Altersheim zu sammeln. Die Anregung fiel auf fruchtbaren Boden. Bei Kriegsende besaß der Fonds dank der Opferwilligkeit der Mitglieder (...) rund 80.000 Mark. Damit konnte freilich noch kein Heim gebaut werden. Die Inflation hat natürlich auch diese Summe auf einen verhältnismäßig unbedeutenden Betrag zusammenschmelzen lassen. Inzwischen haben Aufforderungen und Anfragen ergeben, dass schließlich unter den alten Mitgliedern, von denen die meisten eine eigene Wohnung besitzen und die sich auch nicht gern von der gewohnten Umgebung trennen möchten, das Bedürfnis nach einem Altersheim nicht so groß war (...). So wird denn der Zinsbetrag aus der verbliebenen Summe, auf deren Vergrößerung ein Altersheimausschuss des VWA dauernd bedacht ist, an einige alte bedürftige Mitglieder verteilt, und allen ist der Zuschuss willkommen.«[80] In der Agnes-Herrmann-Stiftung führte der Verband den Altenheimfonds des Verbandes weiter fort und berichtete in den 1920er Jahren regelmäßig in der Verbandszeitschrift über Spenden und Initiativen.[81]

Das Problem der Inflationsvernichtung von Einlagen, die als Kapitalhinterlegung und Spendenfonds den Herausforderungen in der Zukunft dienen sollten, zeichnet sich für die Alterskassen bereits deutlich ab. Die zuletzt geschilderten zurückhaltenden Maßnahmen im Kontext der verbandlichen Debatten der Vorkriegszeit, die in den skizzierten Fällen – wie etwa beim Handlungsgehilfen Verband – von hinhaltenden, zögerlichen und jedenfalls noch nicht von proaktiv gestalteten Aktionen der Verbandsleitungen begleitet wurden, schufen jedoch eine interne Sensibilisierung und mithin eine Art Prädisponierung für das Thema gewerkschaftlicher Mitgliederrenten. Nach der Inflationsperiode konnten sich aus diesem Vorfeld der Sondierung von Rentenkassen in

---

[79] Ebd., bes. S. 60 ff.
[80] Verband der weiblichen Handels- und Büroangestellten (Hg.): Vierzig Jahre VWA 1889-1929, S. 33 f.
[81] Vgl. hierzu das Verbandsorgan: Die Handels- und Büroangestellte – hier nach dem Inhaltsverzeichnis für die Jahre 1925-1928 Berichterstattungen über die Agnes-Herrmann-Stiftung in: Nr. 1, 3, 6, 7, 8, 10 und 12 im Jahr 1925, Nr. 3, 6, 8 und 11 im Jahr 1926, Nr. 6 und 11 im Jahr 1927 und Nr. 3, 6, 7, 8, 9 und 11 im Jahr 1928.

der Vorkriegszeit ab Mitte der 1920er Jahre Kassensysteme für die gewerkschaftliche Altersfürsorge entwickeln. Für den Verband der weiblichen Handels- und Büroangestellten und für den Deutschnationalen Handlungsgehilfen-Verband ist dies später genauer zu veranschaulichen.

Aktiv und vor 1914 gestaltend agierte der Transportarbeiter-Verband. Als Gewerkschaft der Arbeiter schuf er vor dem Weltkrieg zwar keine obligatorische Invalidenunterstützung, wie es für Arbeitergewerkschaften der eher genutzte Pfad war,[82] sondern, ähnlich der Angestelltenorganisation der Büroangestellten, eine fakultative Einrichtung, die später *Fakulta* genannt wurde. »Werte Kollegen! Die Schaffung fakultativer Unterstützungseinrichtungen innerhalb unserer Organisation ist auf eine Anregung aus den Kreisen der Kollegen Straßenbahner zurückzuführen«, legte der beauftragte Referent auf der Generalversammlung im Jahr 1912 über die neue Unterstützungseinrichtung dar.[83] Und er führte in seinen Ausführungen fort: »Für diese bestehen von den Unternehmern ins Leben gerufene Pensions- respektive Unterstützungskassen, die von Vertrauensmännern der Direktionen verwaltet werden. Anspruch auf Unterstützungen haben die Angestellten nur so lange, als sie sich im Dienst befinden. Mit der Entlassung erlöschen alle Ansprüche. Um diese Kollegen wenigstens in etwas schadlos zu halten, regten sie beim Verbandsvorstand an, ähnliche Einrichtungen, wenn auch nur fakultativ, für alle Verbandskollegen zu schaffen.«[84] Auf die gewerkschaftlichen Bedeutungszuweisungen soll später systematisch eingegangen werden. Aber soviel vorab: Die Ablösung der Straßenbahner von den Pensionskassensystemen der Arbeitgeber, mit denen die gewerkschaftlichen Möglichkeiten der Koalition – und mithin die Koalitionsfreiheit – erheblich behindert wurden, spielte dabei eine zentrale Rolle.

Aber nicht nur die Forderungen der Straßenbahner waren maßgeblich dafür, dass der Vorstand dem Verbandstag im Jahr 1909 Vorschläge für ein fakultatives Unterstützungssystem machte. Der Gewerkschaftstag des damaligen Zentralverbandes der Handels- und Transportarbeiter initiierte bereits 1903 gleich auf mehreren Ebenen diese Entwicklung. Einerseits wurde seinerzeit schon intensiv über die Organisierung der Straßenbahner mit Blick auf das Koalitionsrecht jener Arbeitnehmerkategorie beraten. Andererseits wurden dem Verbandstag aber auch Anträge zu einer fakultativen Witwen- und Waisenunterstützung vorgelegt – und dem Vorstand zur weiteren Behandlung überwiesen. Hierbei spielte, nebenbei angemerkt, eine bekannte Absicht eine Rolle. Die Forderung nach fakultativen Kassen wurde seinerzeit als Geste an den ge-

---

[82] Dazu Hüber: Unterstützungswesen, etwa Tabelle 8, S. 1804. Für die Verbände des Allgemeinen Deutschen Gewerkschaftsbundes werden hier Invalidenunterstützungen nachgewiesen, und zwar in 19 von insgesamt 31 Verbänden mit Auszahlungen im Jahr 1930.

[83] Protokoll der Generalversammlung der fakultativen Unterstützungseinrichtungen des Deutschen Transportarbeiter-Verbandes am 12. Juni 1912, dies als Anhang zu: Deutscher Transportarbeiter-Verband: Protokoll des achten Verbandstages 1912, S. 216-230, hier S. 216.

[84] Ebd.

werkschaftlichen Kampfverband verstanden. Um soziale Versorgungskassen wie jene, die für Witwen- und Waisen vorgeschlagen wurden, nicht als obligatorische, für alle Mitglieder geltende Einrichtungen und somit als Relativierung des seinerzeit besonders betonten gewerkschaftlichen Kampfcharakters wahrzunehmen, sollten sie Wahlkassen lediglich für Interessierte bleiben. Hinter der Gründung fakultativer Einrichtungen standen auch andere Überlegungen. So konnte man diese Kassenarchitektur, die in gewisser Hinsicht eine Versuchsanordnung darstellte, bei einer geringen Anzahl daran teilnehmender Mitglieder leichter gesichtswahrend auflösen als eine obligatorische Unterstützungskasse, wenn finanzielle Risiken auftraten. Und jene waren bei gewerkschaftlichen Rentenkassen besonders gefürchtet.[85]

Ursprünglich begann der Transportarbeiter-Verband also mit Planungen für eine Invaliden- und Pensionszuschusskasse sowie die Witwen- und Waisenunterstützungskasse.[86] Während der Vorstand des Verbandes bereits mit der Ausgestaltung der Statuten befasst war, gelangte mit dem Automobilgesetz im Jahr 1909 eine weitere Herausforderung auf die Agenda. »Dasselbe sah in Verbindung mit dem Haftpflichtgesetz derartig hohe Ersatzansprüche voraus, dass wir annehmen mussten, mit unserem im Verbandsstatut vorgesehenen Rechtsschutz auf die Dauer nicht mehr auskommen zu können. Das Statut schließt Rechtsschutz in Schadenersatzklagen aus. Da durch die voraussichtlichen Kosten der zu erwartenden Prozesse, die nur im Interesse einer bestimmten Gruppe (Chauffeure) zu führen wären, die Organisation zu hoch belastet werden würde, beschloss der Vorstand, diesen Kollegen die Möglichkeit zu schaffen, sich gegen Zahlung eines geringen Wochenbeitrages Rechtsschutz auch in Schadensfällen zu sichern sowie die Haftpflicht auf die Unterstützungskasse zu übertragen.«[87]

Mit dem Beschluss der Konferenz der Gau- und Ortsvorstände des Deutschen Transportarbeiter-Verbandes im Februar 1910 wurden die fakultativen Unterstützungseinrichtungen ab Anfang April des Jahres eingeführt.[88] Als sich im Mai 1910 in Hamburg der außerordentliche Verbandstag versammelte, der im Zeichen der zu vollziehenden Gewerkschaftsfusion stehen sollte, war dieses neue Unterstützungssystem des Verbandes also bereits seit wenigen Wochen im Betrieb. Im Geschäftsbericht an den Verbandstag ging Oswald Schumann als Verbandsvorsitzender auf das neue Kassenwesen ein. Schumann bewarb die fakultativen Unterstützungseinrichtungen als geson-

---

[85] Zum Erläuterten vgl. Zentralverband der Handels-, Transport- und Verkehrsarbeiter Deutschlands: Protokoll der dritten Generalversammlung 1903 mit Rechenschaftsbericht 1901 bis 1902, hier der Protokollteil, S. 235 ff., S. 242 und S. 245 f. Es gab Anträge zu einer obligatorischen und einer fakultativen Witwen- und Waisenunterstützung.

[86] Protokoll der Generalversammlung der fakultativen Unterstützungseinrichtungen des Deutschen Transportarbeiter-Verbandes am 12. Juni 1912, dies als Anhang zu: Deutscher Transportarbeiter-Verband: Protokoll des achten Verbandstages 1912, S. 216.

[87] Ebd.

[88] Ebd.

derte Einrichtungen insbesondere für die im Verkehrsgewerbe beschäftigten Kollegen. Dabei hob er vor allem die Haftpflichtkasse als neue Einrichtung hervor, die nicht nur für Kraftwagenfahrer wegen des neuen Automobilgesetzes besonders bedeutend sei, sondern ebenfalls für andere im Transportgewerbe beschäftigte Gruppen aufgrund der auch für sie bestehenden Haftpflichtvorschriften. Die Straßen- und Eisenbahner nannte Schumann explizit.[89] Als besondere Einrichtungen für bestimmte Mitgliedergruppen vermittelt, war die Anlage als fakultative Kasse folgerichtig, da eine obligatorische alle Mitglieder verpflichtet hätte. Entsprechend ausführlich ging Schumann auf den Sonderstatus der fakultativen Kassen ein. Er brachte besonders zum Ausdruck, »dass diese Einrichtung vollständig losgelöst ist von den übrigen Einrichtungen des Verbandes, dass also die dort erzielten Einnahmen nach Abzug eines bestimmten Prozentsatzes für Unkosten ausschließlich dem bezeichneten Zweck zugeführt werden sollen, dass also eine besondere Kassenführung vorgenommen und auch die Geschäfte durchaus selbständig geführt werden.«[90] Die eine Botschaft war, dass die Einlagen derer, die auf die Übernahme der Haftpflicht oder auf Renten in ferner Zukunft setzten, gesichert waren und nicht anderen Verbandszwecken dienten. Eine andere Botschaft war, dass die finanziellen Risiken der neuen Unterstützungskassen in ein eigenständiges Kassensystem ausgelagert wurden.

Natürlich hatten die Statuten der fakultativen Unterstützungseinrichtungen den Vorgaben der Versicherungsaufsicht zu entsprechen, um nicht als Privatversicherung eingestuft zu werden – was der Verbandsvorstand in jedem Fall vermeiden wollte. »Allerdings müssen wir darauf achten, dass diese Einrichtung in engste organische Verbindung mit dem Verband gebracht wird, sodass die Mitgliedschaft in einer der Unterstützungsabteilungen nur erworben werden kann von Mitgliedern unseres Verbandes.«[91] Damit blieben zugleich alle Möglichkeiten erhalten, mit den neuen Unterstützungsangeboten neue Gewerkschaftsmitglieder zu gewinnen und bestehende dauerhaft an die Organisation zu binden. Dennoch war die Präsentation der neuen fakultativen Unterstützungen auf dem Verbandstag 1910 gezeichnet von der ausstrahlenden Professionalität einer Sach-, Haftpflicht- oder Lebensversicherung. Besonders deutlich wurde dies in jenen Passagen, in denen Schumann ein Rückversicherungsmodell erläuterte, mit dem Schadensrisiken an große Versicherungsgesellschaften weitergegeben werden konnten.[92]

Was bestimmte die Satzung der fakultativen Unterstützungseinrichtungen des Deutschen Transportarbeiter-Verbandes im Jahr 1910? Das Kassensystem war in vier Abteilungen gegliedert. Die erste Abteilung umfasste den Rechtsschutz und die Haft-

---

[89] Das Folgende nach dem mündlichen Geschäftsbericht Schumanns, abgedruckt in: Deutscher Transportarbeiter-Verband: Protokoll des siebten Verbandstages 1910, S. 17-33, hier S. 25.
[90] Ebd.
[91] Ebd.
[92] Ebd., S. 26.

pflichtunterstützung, die zweite Abteilung die Invaliden- und Pensionszuschussunterstützung, die dritte Abteilung die Witwen- und Waisenunterstützung sowie eine vierte Abteilung eine Zuschussunterstützung bei Todesfällen. Die erste, zweite und dritte Abteilung konnte als eigenständiger Unterstützungszweig separat gebucht werden. Nur die gesonderte Sterbekasse in der vierten Abteilung nicht: Sie wurde als zusätzliche Leistung allen Mitgliedern zur Verfügung gestellt, die an einer der ersten drei Abteilungen teilnahmen.[93]

Die Rechtsschutz- und Haftpflichtkasse ist an dieser Stelle zu vernachlässigen. Sie war keine soziale Unterstützungseinrichtung, wie sie in der vorliegenden Studie betrachtet werden. Dennoch war dieser Bereich für das fakultative Kassensystem von hervorgehobener Relevanz, denn in jener Abteilung wurde nach der Kassengründung zuerst mit dem Leistungsbezug begonnen: satzungsgemäß nach 52 geleisteten Wochenbeiträgen, in der Praxis aber schon eher.[94] Die Invaliden- und Pensionszuschussunterstützung sowie die Witwen- und Waisenunterstützung waren auf keinen bestimmten Personenkreis oder auf bestimmte Arbeitnehmerkategorien begrenzt. Man musste Gewerkschaftsmitglied im Deutschen Transportarbeiter-Verband sein, um daran teilnehmen zu können. Als Beitrittsgeld wurde einmalig eine Mark für männliche und 50 Pfennig für weibliche Mitglieder erhoben. Der Wochenbeitrag in der zweiten und dritten Versicherungsabteilung lag für Männer bei 25 Pfennig – Frauen zahlten die Hälfte. Einen Anspruch auf Invaliden- oder Pensionszuschuss erwarb man nach 260 geleisteten Wochenbeiträgen, also nach fünf Beitragsjahren. Von da an stieg der Rentenanspruch mit der Summe der geleisteten Beitragszeiten an. Nach fünf Jahren wurden nach der Satzung 1910 234 Mark Jahresrente gezahlt, nach acht Jahren 273 Mark, nach elf Jahren 312 Mark, nach 15 Jahren 390 Mark, nach 20 Jahren 468 Mark und schließlich nach 25 Jahren der Maximalwert von 546 Mark. Für weibliche Mitglieder waren die Unterstützungssätze halbiert.[95] Um auch hier wieder eine Vergleichsgröße zu benennen, mit der man die Kaufkraft jener Werte besser einschätzen kann: Im Jahr 1910 lag der durchschnittliche nominale Jahresverdienst von Arbeitnehmern in Industrie, Handel und Verkehr bei 979 Mark. Nach einer Umfrage des Kaiserlichen Statistischen Amtes verdienten männliche Handels- und Verkehrsarbeiter nach einer Umfrage 1.374 Mark im Jahr.[96]

---

[93] Dieses und das Folgende nach Deutscher Transportarbeiter-Verband: Satzung für die fakultativen Unterstützungseinrichtungen des Deutschen Transportarbeiter-Verbandes 1910, abgedruckt im Verbandsorgan des Deutschen Transportarbeiter-Verbandes: Courier Nr. 11, 1910, S. 97-98.

[94] Ebd., § 5, S. 97. Schumann stellte auf dem Verbandstag 1910 eine Erweiterung vor, nach der die Leistungsberechtigung ohne Kranzzeit in dieser Abteilung sofort beginnen konnte. Dazu Deutscher Transportarbeiter-Verband: Protokoll des siebten Verbandstages 1910, S. 25 f.

[95] Deutscher Transportarbeiter-Verband: Satzung für die fakultativen Unterstützungseinrichtungen des Deutschen Transportarbeiter-Verbandes 1910, in: Courier Nr. 11, 1910, §§ 4 und 6, S. 97.

[96] Der durchschnittliche Jahresverdienst der Arbeitnehmer (nominal) nach Hohorst/Kocka/Ritter: Sozialgeschichtliches Arbeitsbuch. Materialien zur Statistik des Kaiserreichs 1870-1914, S. 107.

Als Bezugsberechtigung für die Unterstützung wurde der »Eintritt der Invalidität« definiert. Hier wurde ergänzt: »Als Invalide im Sinn dieses Statuts gilt dasjenige Mitglied, welches infolge Krankheit, Unglücksfall oder vorgerückten Alters nicht mehr in der Lage ist, ein Drittel des durch die periodischen Verbandserhebungen festgestellten örtlichen Durchschnittsverdienstes der Verbandsmitglieder zu erzielen.«[97] Zur Feststellung einer vorzeitigen Berufsunfähigkeit wurde ein komplexes Verfahren beschrieben, das ärztliche Zeugnisse und Entscheidungen des Verwaltungsausschusses der Unterstützungskassen in Streit- und Grenzfällen vorsah. Für die Altersinvalidität wurde vereinfacht geregelt: »Mitglieder staatlicher oder privater Pensionskassen sind von der Beibringung eines ärztlichen Zeugnisses befreit. In solchen Fällen gilt die Bescheinigung über die erfolgte Pensionierung als genügender Beweis für den Eintritt der Invalidität im Sinn der Bestimmungen dieses Statuts.«[98]

In der Witwen- und Waisenunterstützung, der dritten Sektion der fakultativen Unterstützungseinrichtungen, wurden für die Ehefrau des verstorbenen Mitgliedes folgende Staffelsätze ausgezahlt: Nach 260 geleisteten Wochenbeiträgen, also nach wenigstens fünf Beitragsjahren, 156 Mark Jahresrente, nach acht Jahren 182 Mark, nach elf Jahren 208 Mark, nach 15 Jahren 260 Mark, nach 20 Jahren 312 Mark und schließlich nach 25 Jahren ein Maximalwert von 364 Mark. Zusätzlich zur Witwenunterstützung wurde an die Kinder des verstorbenen Mitgliedes dieser Kasse ein Erziehungsgeld in Höhe von zehn Prozent der Witwenrente bis zur Vollendung des 16. Lebensjahres gezahlt. Insgesamt durfte die Waisenunterstützung bei kinderreichen Familien 50 Prozent der Witwenunterstützung nicht überschreiten. Wurden Vollwaisen hinterlassen, stieg die Waisenunterstützung mit der Anzahl der Kinder auf 30 bis zu maximal 70 Prozent der Sätze der Witwenrente. In den Statuten der Witwen- und Waisenunterstützung wurden übliche Ausschlusskriterien verfügt. Sie bestimmten, wer etwa als legitime Ehefrau oder ebenfalls rentenberechtigte legitime Lebensgefährtin galt, wie lange die Ehe vor dem Renteneintritt bestehen musste, dass kein Scheidungsgesuch vorliegen durfte oder dass bei der Wiederverheiratung der Witwe deren Rente erlosch, wobei zwei Jahresrenten als Abschlussleistung gewährt werden konnten.[99]

Darüber hinaus gewährten die fakultativen Unterstützungseinrichtungen in der vierten Abteilung eine Zuschussunterstützung bei Todesfällen. Diese wurde eingeführt, um die Attraktivität des angebotenen Unterstützungspakets zu steigern. Vor allem für den Bereich der Invaliden-, Alters-, Witwen- und Waisenrenten, in denen nach fünf vollständigen Beitragsjahren Leistungen erstmals ausgezahlt werden sollten, war es bedeutend, bei einem zuvor eintretenden Sterbefall materielle Kompensation für die Zah-

---

Die Ergebnisse der Umfrage des Kaiserlichen Statistischen Amtes ebd., S. 112.
[97] Deutscher Transportarbeiter-Verband: Satzung für die fakultativen Unterstützungseinrichtungen des Deutschen Transportarbeiter-Verbandes 1910, in: Courier Nr. 11, 1910, § 6, S. 97.
[98] Ebd.
[99] Ebd., §§ 7 und 8, S. 97.

lungen des Mitgliedes zu offerieren.[100] Mindestens zwei Jahre musste man dafür Mitglied in einer der genannten Sektionen der fakultativen Unterstützungseinrichtungen gewesen sein. Dann wurde, erneut nach der Dauer der Mitgliedschaft gestaffelt, als Sterbegeld an die Hinterbliebenen gezalt: 200 Mark nach zwei Beitragsjahren, 250 Mark nach fünf Jahren, 300 Mark nach acht Jahren, 350 Mark nach elf Jahren, 400 Mark nach 15 Jahren, 500 Mark nach 20 Jahren und schließlich 600 Mark als Höchstbetrag nach 25 Jahren. Falls man lediglich die Invaliden- und Altersrente oder die Witwen- und Waisenunterstützung gebucht hatte, halbierten sich die Sterbegelder. Die weiblichen Kassenmitglieder erwarben wegen der verminderten Beitragsleistung Ansprüche in Höhe der Hälfte der regulären Sätze. Die Sterbekasse bot den Mitgliedern zudem Leistungen für den Fall an, dass Familienangehörige verstarben, die selbst nicht den fakultativen Unterstützungseinrichtungen angehörten. Beim Tod des Ehegatten wurde die Hälfte der regulären Beihilfe ausgezahlt. Beim Ableben von Kindern gab es nach dem Lebensalter und nach der Beitragsdauer gestaffelte Sätze zwischen zehn und 50 Mark, die als Zuschuss zu den Beerdigungskosten verstanden wurden.[101]

Das Sterbegeld der fakultativen Unterstützungskasse wurde explizit als eigenständige Leistung gegenüber der obligatorischen Verbandssterbekasse gewährt – also ohne Anrechnungspraxis. Fernerhin war die fakultative Zuschussunterstützung bei Todesfällen in Bezug auf eine Mitberücksichtigung von Sterbefällen in der Familie des Kassenmitgliedes und in Bezug auf die in Aussicht gestellten Höchstsummen recht attraktiv ausgestaltet – auch im Vergleich zur obligatorischen Verbandssterbekasse, von der man sich in einer fakultativen Zusatzeinrichtung auch zwingend absetzten musste, wollte man Verbandsmitglieder für die Zusatzkassen gewinnen. Im Vergleich zu 120 Mark, welche die obligatorische Verbandssterbekasse nach der Satzung des Jahres 1907 für Männer in der höchsten Beitragsklasse anbot,[102] stellte die fakultative Kasse – allerdings erst nach einer langen Mitgliedschaftsdauer – den fünffachen Maximalwert in Aussicht. Realistischer waren wohl andere Werte. Mit 60 Mark aus der obligatorischen Verbandssterbekasse und mit 250 Mark aus der fakultativen Unterstützung bei Todesfällen konnte ein männliches Mitglied in der mittleren Beitragsklasse als Teilnehmer in mehreren Abteilungen der fakultativen Kasse nach fünfjähriger Mitgliedschaft rechnen. Damit wäre – wohlgemerkt immer auf der Grundlage der statutarischen Zusagen im Jahr der

---

[100] Protokoll der Generalversammlung der fakultativen Unterstützungseinrichtungen des Deutschen Transportarbeiter-Verbandes am 12. Juni 1912, dies als Anhang zu: Deutscher Transportarbeiter-Verband: Protokoll des achten Verbandstages 1912, S. 216.

[101] Deutscher Transportarbeiter-Verband: Satzung für die fakultativen Unterstützungseinrichtungen des Deutschen Transportarbeiter-Verbandes 1910, in: Courier Nr. 11, 1910, § 9, S. 97 f.

[102] Deutscher Transportarbeiter-Verband: Statut. Gültig ab 1. Juli 1907, § 7, S. 9 f.

Bekanntgabe – annähernd ein Drittel des durchschnittlichen Jahresverdienstes von Arbeitnehmern in Industrie, Handel und Verkehr im Jahr 1910 abgebildet worden.[103]

Interessant ist, um den Blick auf die Statuten der fakultativen Unterstützungseinrichtungen des Deutschen Transportarbeiter-Verbandes abzuschließen, die Vielfalt der mit dem neuen Kassenwesen etablierten Gremien. Die Verwaltung der fakultativen Unterstützungen erfolgte einerseits über gesonderte Kassengremien: einen Verwaltungsausschuss, die Revisionskommission, örtliche Ausschüsse und die Generalversammlung. Andererseits waren auch die Gremien des Transportarbeiter-Verbandes eingebunden. Der Verbandsvorstand agierte als Berufungsinstanz der Kassenverwaltung, der Verbandsausschuss als Beschwerdeinstanz sowie der Verbandstag als oberstes Beschluss- und Satzungsgremium, das über die Änderung der Statuten oder die Auflösung der Kasse entscheiden musste. Durch den Vorsitzenden der Gewerkschaft war die Bindung des fakultativen Unterstützungssystems an den Verband personell symbolisiert. So agierte Oswald Schumann als Verbandsvorsitzender ebenfalls als Vorsitzender des Verwaltungsausschusses der fakultativen Kassen. Das operative Kassengeschäft oblag einem Sekretär und einem Kassenverwalter, die vom Verbandstag ernannt wurden. Zusammensetzung, Funktionsweise, Kompetenzen und Interaktion aller Gremien wurden in der Satzung der fakultativen Unterstützungseinrichtungen genau beschrieben.[104]

Dabei fällt – wie ähnlich schon für die Pensionskasse des Verbandes der Büroangestellten – ins Auge, dass mit der Gremienvielfalt auch ein Rechts- und Beschwerdeverfahren abgebildet wurde. Damit wurde eine Alternative zum Klageweg geschaffen, den eine Unterstützung nicht anbieten durfte, da sie in diesem Fall in den Regulierungsbereich des Kaiserlichen Aufsichtsamts für Privatversicherung geraten wäre. Entsprechend hieß es im Statut der fakultativen Unterstützungseinrichtungen: »Alle aufgrund dieses Statuts gezahlten Unterstützungen sind freiwillige. Ein gesetzliches oder sonstiges klagbares Recht auf dieselben steht weder dem Mitglied noch dessen Angehörigen zu.«[105] Als Surrogat jedoch gab es interne Schlichtungsstellen, ja eine Art Verbands- oder Kassengerichtsbarkeit, in der Berufungs- und Beschwerdeinstanzen wirkten.

Das Paket der fakultativen Unterstützungseinrichtungen des Transportarbeiter-Verbandes bestand als Einheit aller vier beschriebenen Abteilungen lediglich bis zum Jahr 1913. Schon auf der Generalversammlung 1912 wurde über eine unerwartete Zurückhaltung und Fluktuation gerade auch jener Mitglieder geklagt, aus deren Berufsrich-

---

[103] Der durchschnittliche Jahresverdienst der Arbeitnehmer (nominal) nach Hohorst/Kocka/Ritter: Sozialgeschichtliches Arbeitsbuch. Materialien zur Statistik des Kaiserreichs 1870-1914, S. 107. Er lag im Jahr 1910 demnach bei 979 Mark.
[104] Deutscher Transportarbeiter-Verband: Satzung für die fakultativen Unterstützungseinrichtungen des Deutschen Transportarbeiter-Verbandes 1910, in: Courier Nr. 11, 1910, §§ 11-16, S. 98.
[105] Ebd., § 10, S. 98.

tungen verbandliche Rentenunterstützungen zuvor gefordert worden waren.[106] Bis zum Jahresende 1912 buchten 650 Mitglieder die Invaliden- und Pensionszuschussunterstützung, 116 die Witwen- und Waisenunterstützung und 922 beide Rentenunterstützungen in einer Kombination. Im Vergleich dazu konnte die Rechtsschutz- und Haftpflichtkasse der *Fakulta* zwar auch nicht auf wesentlich mehr Mitglieder, aber auf einen stetigen Zuwachs verweisen.[107] So fanden sich hier bis zum Jahresende 1913 1.100 und bis zum Ausklang des Jahres 1914 1.242 Mitglieder ein, von denen 494 nach Kriegsbeginn zum Heeresdienst eingezogen wurden. Deren Mitgliedschaft ruhte daher.[108]

Für die Jahre 1913 und 1914 fiel ein Vergleich der Mitgliederzahlen zwischen den verschiedenen Abteilungen der *Fakulta* schon aus. Zu dieser Zeit waren alle Rentenabteilungen der fakultativen Unterstützungseinrichtungen bereits faktisch suspendiert worden. Die Gründe erläuterten die verantwortlichen Akteure des Transportarbeiter-Verbandes in den Jahrbüchern genau: »Im Jahrbuch 1911 behandelten wir die Ursachen der langsamen Entwicklung unserer fakultativen Unterstützungseinrichtungen und wiesen auf die einem schnelleren Vorwärtsschreiten derselben im Weg stehenden Hindernisse hin. Als eines dieser Hindernisse bezeichneten wir die bevorstehende Gründung einer gewerkschaftlich-genossenschaftlichen Volksversicherung. Wir deuteten auch an, dass unsere Generalversammlung (...) sich mit dieser neuen Einrichtung werde beschäftigen und zu der Frage Stellung nehmen müssen, ob eine eventuelle Angliederung (...) der Mitglieder unserer Unterstützungseinrichtungen in die in absehbarer Zeit ins Leben tretende neue Versicherung möglich und angebracht sei.«[109]

Die Rentenabteilungen der *Fakulta*, die man im Deutschen Transportarbeiter-Verband auch als gewerkschaftliche Antwort auf die privaten großen Volksversicherungskonzerne mit ihren Kleinstlebensversicherungen positionierte,[110] wurden am Ende nicht allein durch deren Vormachtstellung, sondern ebenso durch den Gründungsprozess der gewerkschaftlichen Volksfürsorge ausgebremst. Als Einzelverband wollte der Transportarbeiter-Verband keine gesonderte Unterstützungseinrichtung gegen ein gesamtgewerkschaftliches Projekt unterhalten. Die Rentenkassen der *Fakulta* – bereits als finanzielle Herausforderung markiert – hätten damit noch mehr vor einer schwierigen Zukunft gestanden. Frühzeitig stockte auch die Agitation für die eigene Kasse, und man trat mit Überlegungen eines Anschlusses an die Volksfürsorge an die Öffentlichkeit.[111]

---

[106] Protokoll der Generalversammlung der fakultativen Unterstützungseinrichtungen des Deutschen Transportarbeiter-Verbandes am 12. Juni 1912, dies als Anhang zu: Deutscher Transportarbeiter-Verband: Protokoll des achten Verbandstages 1912, S. 220.

[107] Deutscher Transportarbeiter-Verband: Jahrbuch 1912, S. 382.

[108] Deutscher Transportarbeiter-Verband: Jahrbuch 1913, S. 485. Ders.: Jahrbuch 1914, S. 245.

[109] Deutscher Transportarbeiter-Verband: Jahrbuch 1912, S. 380.

[110] Deutlich etwa in: Deutscher Transportarbeiter-Verband: Jahrbuch 1911, S. 319.

[111] Deutscher Transportarbeiter-Verband: Jahrbuch 1911, S. 319 f. Ders.: Jahrbuch 1912, S. 380. Ders.: Jahrbuch 1913, S. 482.

Dass sich bei dieser Nachrichtenlage bis zum Ende des Jahres 1912 annähernd 1.700 Gewerkschaftsmitglieder – immerhin 0,75 Prozent aller Verbandsmitglieder in nur zwei Jahren – dennoch dazu entschlossen, ein langfristiges Engagement wie auch ein eigenes finanzielles Risiko mit einer der verbandlichen Rentenkassen der Transportarbeiter einzugehen, könnte – im Widerspruch zur vermittelten Interpretation der damaligen Verbandsleitung – auch als Ausdruck des Zuspruchs verstanden werden.

Ein weiterer Faktor, welcher die Nervosität der Kassenverantwortlichen im Transportarbeiter-Verband ansteigen ließ, war die Altersverteilung der Kassenmitglieder. In den ersten Jahren des Bestehens zeichneten zu viele ältere und zu wenige jüngere Kollegen die Rentenkassen der Fakulta, lautete das Urteil.[112] Für eine nachhaltige Finanzplanung waren in jeder Rentenkasse jüngere Beitragszahler gesucht, die noch längere Zeit einzahlten, und ältere Beitragszahler, die in absehbarer Zeit zum Leistungsbezieher wurden, gefürchtet. Also setzte man auf eine Exit-Strategie, die sich mit der Gründung der Volksfürsorge anbot. Am 1. Juli des Jahres 1913 nahm die Volksfürsorge ihren Betrieb auf. »Der Verwaltungsausschuss der *Fakulta* hatte von dem im Juni 1912 in Breslau abgehaltenen Verbandstag die Ermächtigung erhalten, zu geeigneter Zeit mit den maßgebenden Organen der Volksfürsorge Fühlung zu nehmen, um eventuell die Invaliden- und Pensionszuschussunterstützung sowie die Witwen- und Waisenunterstützung dort anzugliedern (...).«[113] Das Manöver verlief allerdings nicht reibungslos. Mit der Bekanntgabe des Geschäftsplanes wurde ersichtlich, dass das Portfolio an Versicherungen der Volksfürsorge und die Rentenkassen der *Fakulta* nicht kompatibel waren.[114]

Eine Weiterführung der Kassen hingegen wollte die Verbandsleitung des Transportarbeiter-Verbandes nun nicht mehr verantworten. Man war zu der Bewertung gelangt, dass viele Mitglieder an ihren bei den bekannten privaten Anbietern wie etwa der Berliner Versicherungsgesellschaft Victoria bestehenden Volksversicherungsverträgen festhielten und diese nicht kündigten, um in die *Fakulta* zu wechseln. Und man war auch zu der Einschätzung gelangt, dass alle, die wechselwillig waren, da sie aus Überzeugung eine gewerkschaftsnahe Einrichtung suchten, künftig eher den vertrauenswürdigen gewerkschaftlich-genossenschaftlichen Großbetrieb der Volksfürsorge vorziehen könnten.[115] Propagandistisch wurde es freilich auch anders dargestellt. Man wolle, so hieß es durchaus ambitioniert, mit der eigenen Kasse, die »der Volksfürsorge, also einem Unternehmen sämtlicher Gewerkschaften, immerhin einigen Abbruch tun konnte«,[116] dieser keine Konkurrenz machen.

---

[112] Deutscher Transportarbeiter-Verband: Jahrbuch 1913, S. 482.
[113] Ebd.
[114] Ebd.
[115] Deutscher Transportarbeiter-Verband: Jahrbuch 1911, S. 319. Deutscher Transportarbeiter-Verband: Protokoll des neunten Verbandstages 1914, bes. S. 217.
[116] Deutscher Transportarbeiter-Verband: Jahrbuch 1913, S. 482.

Diese Entscheidung ließ man sich einiges kosten. »Der Verwaltungsausschuss kam aus allen diesen Gründen zu dem Entschluss, diese Unterstützungszweige unserer *Fakulta* aufzulösen und den vorhandenen Mitgliedern die eingezahlten Wochenbeiträge zurückzuerstatten.«[117] Die Verwaltung der *Fakulta* zahlte insgesamt 78.494 Mark an die bis zum Auflösungsbeschluss eingetragenen Mitglieder der Rentenabteilungen aus. Damit wurde nach eigenen Angaben kein Verlustgeschäft gemacht, weil die zuvor auf eigenen Wunsch aus der Unterstützungskasse ausgeschiedenen Beitragszahler satzungsgemäß keine vollwertige Erstattung der von ihnen geleisteten Beiträge erhielten.[118] Die vollständige Beitragsrückerstattung hätte die Gewerkschaft der Transportarbeiter – rechtlich gesehen – auch an die bis zuletzt verbliebenen Kassenmitglieder nicht leisten müssen. »Ein gesetzliches oder sonst einklagbares Recht« bestand für diese wie für andere Unterstützungen nicht, so erklärte die Satzung der *Fakulta* explizit.[119] Dass man dies dennoch tat, veranschaulichte den Geist, mit dem Gewerkschaften ihre Unterstützungen führten. Wie bei Gremien, die als interne Rechts- oder Beschwerdeinstanzen den bei Unterstützungen fehlenden Rechtsanspruch kompensierten, wurde auch in dieser Praxis verfahren. Man orientierte sich an einem der Versicherung mindestens gleichwertigen Verhalten, um eine Minderung der Rechte der Mitglieder oder deren finanzielle Nachteile möglichst zu vermeiden. Unterstützungen sollten hinter die Standards von anerkannten Versicherungen nicht zurückfallen. Im Gegenteil, sie sollten im Konfliktfall möglichst solidarisch im Interesse der Mitglieder verfahren. Bei der Auflösung der Rentenkassen der *Fakulta* gelang das im Hinblick auf die Beitragsrückerstattung weitgehend. Bei einer Auflösung einer privaten Lebensversicherung galten ungleich ungünstigere Bedingungen für die Versicherten.

Zum Jahresende 1913 wurde die Abwicklung der Rentenkassen der *Fakulta* abgeschlossen. Die Rechtsschutz- und Haftpflichtunterstützung blieb als tragende Abteilung erhalten – sie sollte in den folgenden Jahren den Titel *Fakulta* sinnstiftend prägen. Dass diese einst als Initiative für die beschriebenen Rentenkassen ins Leben gerufen wurde, geriet zunehmend in Vergessenheit. Die gesonderte Sterbekasse der *Fakulta* sollte nach der Reorganisation mit reduziertem Leistungskatalog fortgeführt werden. Der Verbandstag 1914 lehnte das jedoch ab. Die Sterbegeldsektion wurde mit der fortschrittlichen Regelung der Familienunterstützung aus dem Statut entfernt.[120] Genau genommen waren die fakultativen Unterstützungseinrichtungen des Transportarbeiter-Verbandes seit ihrer Gründung 1910 nur in dieser reduzierten Form in Kraft. Die Rentenkassen liefen seinerzeit zwar an, waren aufgrund der bestimmenden Karenzzeiten jedoch noch leistungslos gestellt. Renten hatte die *Fakulta* vor der Auflösung ihrer

---

[117] Ebd.
[118] Ebd., S. 482 f.
[119] Deutscher Transportarbeiter-Verband: Satzung für die fakultativen Unterstützungseinrichtungen des Deutschen Transportarbeiter-Verbandes 1910, in: Courier Nr. 11, 1910, § 10, S. 98.
[120] Deutscher Transportarbeiter-Verband: Protokoll des neunten Verbandstages 1914, S. 224.

Rentensektionen nicht ausbezahlt. Entsprechend verlief die Generalversammlung der *Fakulta* 1912 thematisch als jene einer reinen Haftpflichtkasse.[121] Über die geänderte Satzung und die Formalitäten der Umgestaltung der fakultativen Unterstützung beschloss der Kölner Verbandstag des Deutschen Transportarbeiter-Verbandes, dem 1914 die verantwortlichen Funktionäre ausführlich Bericht erstatteten.[122]

Der Eindruck, in der *Fakulta* thematisch und kontextuell im Kulturraum des professionellen Versicherungsgewerbes gelandet zu sein, begleitete auch das Ende ihrer Rentensektionen. Im hallenden Echo der soeben gegründeten gewerkschaftlichen Volksversicherung – der neuen Volksfürsorge – wurden sie abgewickelt. Dennoch sollte die gewerkschaftliche Rentenkasse für Verkehrs- oder Transportarbeiter mit der *Rentka* im Deutschen Verkehrsbund schließlich erneut aufleben.

Nachkriegsgründungen von Alters- und Invalidenkassen

Um von den letzten Monaten vor dem Ausbruch des Ersten Weltkriegs in die Mitte der 1920er Jahre springen zu können, müsste man – so könnte man einwenden – auch die Zeit von Weltkrieg, Revolution und Inflation im Hinblick auf verbandliche Renteninitiativen der Gewerkschaften genauer untersuchen. Es ist nicht so, als würde man diesbezüglich nicht fündig werden können, obgleich die Kriegszeit wie auch die nachfolgenden Wirren, allen voran die der Geldentwertung, die Frage nach kapitalhinterlegten Unterstützungskassen zunächst in den Hintergrund treten ließ. Zumeist planten Gewerkschaften bei der Etablierung von Renten- oder Alterskassen für Mitglieder mit längeren Karenz- oder Wartezeiten, in denen ein Altersfonds angespart wurde. Dieser sollte schließlich als finanzieller Puffer dienen, sobald die ersten Mitglieder leistungsberechtigt wurden. In Zeiten eines Finanznotstandes wie dem während der Hyperinflation war die Etablierung eines solchen Kassensystems nicht möglich. Die besondere Herausforderung der Zeit stellte sich vielmehr für Verbände, die Rentenkassen mit Elementen der Kapitalhinterlegung längere Zeit zuvor eingerichtet hatten. Sie waren von der Vernichtung der Rücklagen in ihren Altersfonds schwer getroffen.

Umso bemerkenswerter war es, dass der Verband der Gemeinde- und Staatsarbeiter in dieser Periode eine Pensionskasse für die Mitarbeiter der Gewerkschaft einrichtete. Die Pensionskasse für Verbandsangestellte wurde auf dem Verbandstag 1922 in Magdeburg beschlossen. Der Hauptkasse des Verbandes zugeordnet, wurde sie schließlich mit einer Einlage von 500.000 Mark aus der Hauptkasse gebildet und im Folgenden aus Pflichtabgaben der angestellten Funktionäre und einer regelmäßigen Abführung von

---

[121] Protokoll der Generalversammlung der fakultativen Unterstützungseinrichtungen des Deutschen Transportarbeiter-Verbandes am 12. Juni 1912, dies als Anhang zu: Deutscher Transportarbeiter-Verband: Protokoll des achten Verbandstages 1912, S. 216-230. Auch die Sterbegeldkasse der *Fakulta* war wegen ihrer zweijährigen Karenzzeit nur in den Jahren 1913 und 1914 auszahlungsfähig.

[122] Deutscher Transportarbeiter-Verband: Protokoll des neunten Verbandstages 1914, S. 216-224.

drei Promille der Jahreseinnahmen der Gewerkschaft – und mithin auch aus Teilen der Mitgliedsbeiträge – gespeist. Damit wurde eine Versorgungseinrichtung für ehrenamtliche und angestellte Funktionsträger des Verbandes der Gemeinde- und Staatsarbeiter geschaffen, die als Invaliden- und Pensions-, Unfall- und Sterbekasse fungierte.[123] Solche Einrichtungen waren nicht unüblich. Der Deutschnationale Handlungsgehilfen-Verband beispielsweise unterhielt seit 1906 eine verbandliche Alterssicherung für seine Angestellten.[124] Der Verband der Gemeinde- und Staatsarbeiter trat 1924 mit seiner Pensionskasse für Gewerkschaftsmitarbeiter der neu ins Leben gerufenen Unterstützungsvereinigung bei, in der die deutsche Sozialdemokratie einschließlich ihrer Unternehmungen und die Mehrzahl der Freien Gewerkschaften ihre Unterstützungskassen für Partei- sowie Verbandsangestellte korporativ führten. Am Ende des Jahres 1924 waren in der Unterstützungsvereinigung 36 Organisationen mit annähernd 5.500 angemeldeten Funktionsträgern vertreten. Man zahlte zu diesem Zeitpunkt an 441 Witwen, 79 Waisen und an 202 alte respektive invalide Funktionäre Unterstützungen aus.[125]

Dennoch war die Pensionsinitiative des Verbandes der Gemeinde- und Staatsarbeiter aus anderer Perspektive unglücklich terminiert. Nicht nur vor dem Hintergrund der im Jahr 1922 bereits dynamischen Inflation: In diesen Jahren machte sich die Verbandsführung mit der Etablierung dieser neuen Einrichtung zusätzlich angreifbar für eine kommunistische Verbandsopposition, die gegen das vermeintlich überbordende Unterstützungs- und Versorgungswesen der Gewerkschaften agitierte. Die Opposition arbeitete zudem strategisch an der Entfremdung der Gewerkschaftsmitglieder von den etablierten und zumeist gemäßigten Funktionsträgern, indem die Misswirtschaft mit Mitgliedsbeiträgen suggeriert wurde. Darauf wurde in einem anderen Kontext in dieser Studie bereits eingegangen.[126]

Die Brücke von der Vorkriegszeit des Jahres 1914 zur Mitte der 1920er Jahre wird hinsichtlich gewerkschaftlicher Alters- oder Rentenunterstützungen – nun wieder fokussiert auf Leistungen für die Mitglieder – von der *Fakulta* zur *Rentka* geschlagen. Der Bundesvorstand des Deutschen Verkehrsbundes, der dem Deutschen Transportarbeiter-Verband organisatorisch folgte, beschloss am 1. Januar 1927, eine verbandliche Renten-, Pensions- und Sterbezuschusskasse in Kraft zu setzen.[127] Diese verkürzt *Rentka* bezeichnete Kasse ähnelte in ihrer Satzung jener der Rentensektionen der *Fakulta* in der Vorkriegszeit, auf die soeben ausführlich eingegangen wurde. Ein wesentlicher

---

[123] Verband der Gemeinde- und Staatsarbeiter: Geschäftsbericht 1922 und 1923, S. 98 f.
[124] Vgl. die Satzung der Alters- und Hinterbliebenenversicherung der Angestellten des Deutschnationalen Handlungsgehilfen-Verbandes, abgedruckt in: Deutschnationaler Handlungsgehilfen-Verband: Bericht und Abrechnung für das Geschäftsjahr 1905/06, S. 67-71.
[125] Verband der Gemeinde- und Staatsarbeiter: Geschäftsbericht 1924, S. 97.
[126] Vgl. dazu Ausführungen zum Verband der Gemeinde- und Staatsarbeiter in Kapitel fünf dieser Studie.
[127] Hierzu Deutscher Verkehrsbund: Jahrbuch 1927, S. 162.

Unterschied war, dass die *Rentka* Anfang 1927 als Zuschussunterstützung zur Invaliden- oder Angestelltenrente, zu einer Pension oder zu anderweitig bestehenden Sterbeunterstützungen an den Start ging – also keine Tarife für Witwen- und Waisenrenten mehr unterhielt.[128] Dies, so wurde es seinerzeit angekündigt, wurde indes mitbedacht. »Mit dem ständigen Anwachsen der Mitgliederzahl steigt die Leistungsfähigkeit der Kasse. Durch intensive Werbearbeit muss dafür gesorgt werden, dass die *Rentka* weiter ausgebaut werden kann. Unser Bestreben ist es, die Kasse so zu gestalten, dass nicht nur die Mitglieder selbst vor Not und Elend geschützt werden, sondern dass darüber hinaus auch die nächsten Angehörigen eine Unterstützung erhalten können.«[129] Im Jahrbuch des Verkehrsbundes für das Jahr 1927 wurden damit Witwen- oder Waisenunterstützungen als Perspektiven der Kassenerweiterung in der Zukunft angedeutet. Schon ab Januar 1929 eröffnete die *Rentka* die Möglichkeit, nach einer Mitgliedschaft in der Kasse von wenigstens zehn Jahren eine Witwenrente zu beanspruchen.[130]

Die Anträge zur *Rentka* auf dem Bundestag des Deutschen Verkehrsbundes 1928 zeigten jedoch bereits auf, dass deren Zukunft in einer allgemeinen Alters- und Invalidenunterstützung gesucht wurde. Die *Rentka* war eine fakultative Unterstützungseinrichtung nach dem Muster der *Fakulta*, gefordert wurde auf dem Bundestag allerdings gehäuft eine obligatorische Unterstützungskasse, die sich im Einvernehmen mit den anderen Gewerkschaften des Allgemeinen Deutschen Gewerkschaftsbundes und mit einheitlichen Tarifen der verbandlichen Alterssicherung widmete. Daneben traten wiederholt Forderungen nach der Ergänzung einer Witwen- und Waisenrente in den Vordergrund. Und gefordert wurde auch eine Gleichbehandlung bei Invalidität, Pensionen und Altersrenten. Die Satzung der *Rentka* formulierte als Zweck, den Mitgliedern »im Fall dauernder Invalidität«[131] einen Rentenzuschuss zu gewähren. Die Passage wurde auf dem Leipziger Bundestag 1928 zur Überarbeitung empfohlen. Auch der Empfang einer Altersrente sollte unmissverständlich zum Bezug der verbandlichen Zuschussrente berechtigen, wenn aus Altersgründen keine berufliche Tätigkeit ausgeübt wurde. Der Bundesvorstand beantragte schließlich, die in Leipzig vorgebrachten Änderungsanträge zur *Rentka* als Material zu überweisen, um die Vorarbeiten für eine umfassende verbandliche Alters- und Invalidenunterstützung damit anzureichern und zu beschleunigen. Der *Rentka* sollte die in Aussicht gestellte neue obligatorische Unterstützung an-

---

[128] Deutscher Verkehrsbund: Satzung der Renten-, Pensions- und Sterbezuschusskasse. Gültig ab 1. Januar 1927.
[129] Deutscher Verkehrsbund: Jahrbuch 1927, S. 163.
[130] Deutscher Verkehrsbund: Jahrbuch 1929, S. 164.
[131] Deutscher Verkehrsbund: Satzung der Renten-, Pensions- und Sterbezuschusskasse. Gültig ab 1. Januar 1927, § 1, S. 2.

gegliedert werden. Der Gewerkschaftsvorstand stellte dabei ambitioniert in Aussicht, dass die neue Unterstützung bereits ein Jahr später eingeführt werden könnte.[132]

Für diejenigen, die als Mitglieder im Verkehrsbund bis dahin der *Rentka* beitraten, galten Zusatzbeiträge, die sich nach der Zugehörigkeit zu den Beitragsklassen von 30 über 60 und 90 bis zu 120 Reichspfennig in der Woche staffelten.[133] Dafür war nach der Mindestdauer von 240 gezahlten Wochenbeiträgen ein Rentenanspruch in der Höhe des vierfachen Beitragssatzes erreicht. Diesen Wert konnte man satzungsgemäß nach einer maximalen Leistung von 1.560 Wochenbeiträgen, also nach 30 Jahren fortgesetzter Mitgliedschaft, auf einen Multiplikator von 15 steigern. Gestaffelt nach der Anzahl und Höhe der geleisteten Wochenbeiträge, kam man nach der Satzung 1927 auf wöchentliche Zuschussrenten von 1,20 bis zu 4,80 Reichsmark (nach 240 Wochenbeiträgen), von 2,10 bis zu 8,40 Reichsmark (nach 600 Wochenbeiträgen), auf 3,30 bis zu 13,20 Reichsmark (nach 1.080 Wochenbeiträgen) oder auf 4,50 bis zu 18 Reichsmark als Höchststaffel (nach 1.560 Wochenbeiträgen). Damit ergab sich eine Bandbreite satzungsgemäß möglicher Monatsrenten in der Höhe von 4,80 bis zu 72 Reichsmark – also rechnerische Jahresrenten zwischen 57,60 und 864 Reichsmark. Nach 20 Beitragsjahren waren in den mittleren Beitragsklassen der *Rentka* Monatsrenten von 26,40 oder 39,60 Reichsmark – also rechnerische Jahresrenten von 316,80 oder 475,20 Reichsmark – zu erzielen.[134]

Die Berechtigung zum Bezug des Sterbegeldes wurde in der *Rentka* nach der Satzung von 1927 nach 60 geleisteten Wochenbeiträgen erlangt. Maximalbeträge konnten auch beim Sterbegeld erst nach 1.560 Wochenbeiträgen erzielt werden. Das Sterbegeld war wie schon die Rentenberechnung in der Höhe zusätzlich nach Beitragsklassen gestaffelt. Entsprechend erwarb man einen Anspruch auf Sterbegeld in der Höhe von 30 bis zu 120 Reichsmark (nach 60 Wochenbeiträgen), von 60 bis zu 240 Reichsmark (nach 240 Wochenbeiträgen), von 105 bis zu 420 Reichsmark (nach 600 Wochenbeiträgen), von 165 bis zu 660 Reichsmarkt (nach 1.080 Wochenbeiträgen) und von 225 bis zu 900 Reichsmark als Maximalwerte, die ab 1.560 geleisteten Wochenbeiträgen ausbezahlt werden sollten. Nach 20 Beitragsjahren lag der satzungsgemäße Anspruch auf

---

[132] Deutscher Verkehrsbund: Protokoll über die Verhandlungen des 13. Bundestages 1928, S. 22 ff. und S. 141.

[133] In der *Rentka* gab es nach der Satzung vom Januar 1927 zunächst vier Beitragsklassen. Bald darauf wurden höhere Beitragsklassen hinzugefügt, die Staffelung von Beiträgen und Leistungen also weiter aufgefächert. Der Deutsche Verkehrsbund führte in seiner Verbandssatzung des Jahres 1927 hingegen zwölf Beitragsklassen. Hier ist zu unterscheiden: Die Einteilung der Klassen für den Gewerkschaftsbeitrag wurde nach der Höhe des Verdienstes vorgenommen. Die Beitragsklasse der fakultativen *Rentka* konnten Mitglieder nach der Verfügbarkeit ihrer Mittel oder dem Versicherungsbedürfnis selbst wählen. Vgl. hierzu Deutscher Verkehrsbund: Jahrbuch 1927, S. 162. Ders.: Satzung. Gültig ab 1. Oktober 1927, § 18, S. 21. Ders.: Satzung der Renten-, Pensions- und Sterbezuschusskasse. Gültig ab 1. Januar 1927, § 5, S. 4.

[134] Deutscher Verkehrsbund: Satzung der Renten-, Pensions- und Sterbezuschusskasse. Gültig ab 1. Januar 1927, § 7, S. 5 – ergänzt durch eigene Berechnungen.

Sterbegeld in den mittleren Beitragsklassen demnach bei 330 oder 495 Reichsmark.[135] Als Vergleich: Angestellte männliche Expedienten kamen im Jahr 1930 auf tarifliche Endgehälter zwischen monatlich 240 Reichsmark im Großhandel, 342 Reichsmark im Versicherungsgewerbe oder 415 Reichsmark im Bankgewerbe.[136] Der Verkehrsbund berechnete im Jahr 1927 seine Beitragsklassen in einer mittleren Kategorie (Klasse sechs) auf der Basis eines Monatseinkommens von 130 bis 175 Reichsmark, in einer hohen Staffel (Klasse neun) auf der Basis eines Monatseinkommens von 260 bis 300 Reichsmark und in der höchsten Staffel auf der Basis eines Monatseinkommens von 400 bis zu 450 Reichsmark.[137]

Wenn man nur in den genannten mittleren Leistungskategorien mit einer groben Schätzung operiert, könnte man schließen, dass nach der Satzung der *Rentka* eine Gewerkschaftsrente von annähernd 20 Prozent eines mittleren Einkommens nach den Einkommenskategorien des Verkehrsbundes in Aussicht gestellt wurde. Dafür musste ein Mitglied der Beitragsklasse sechs seinen Grundbeitrag an die Gewerkschaft durch den Zusatzbeitrag zur *Rentka* verdoppeln und diese Beitragsleistung 20 Jahre verlässlich gewähren. Zugleich wuchs der Anspruch auf ein zusätzliches Sterbegeld aus der *Rentka* in dieser Zeit auf eine Höhe von etwa zwei bis drei Monatsgehältern an. Starb das Mitglied unmittelbar an den Folgen eines Unfalls, verdoppelte sich der Sterbegeldanspruch.[138] Die Regelung, die Ausschüttungen bei einem Unfalltod zu verdoppeln, war aus den Verträgen von Lebensversicherungen bekannt – dazu später noch mehr. Auch hier näherten sich gewerkschaftliche Sterbekassen und Lebensversicherungen also an.

Weitere Satzungsbestimmungen der *Rentka* sollen nicht näher beleuchtet werden. Auch hier gab es auffällige Parallelen zur *Fakulta* des Transportarbeiter-Verbandes in der Vorkriegszeit – etwa bezüglich der Kassengremien. So wartete auch die Verwaltung der *Rentka* mit einer Revisionskommission, einer Berufungs- und Beschwerdeinstanz sowie örtlichen Gremien auf. An der Spitze der Verwaltungspyramide stand in der *Rentka* wie in der *Fakulta* der Verwaltungsausschuss, der in der Regel prominent geführt wurde und mithin die Bedeutung der fakultativen Unterstützungseinrichtungen für die Gewerkschaft personell symbolisierte sowie die Anbindung derselben an die Gewerkschaft dokumentierte – auch um der Vorgabe der Versicherungsaufsicht für Unterstützungen zu entsprechen. Dem Verwaltungsausschuss der *Fakulta* saß 1910 Oswald Schumann,

---

[135] Ebd.
[136] Die Vergleichszahlen der tariflichen Endgehälter für Expedienten nach Petzina/Abelshauser/Faust: Sozialgeschichtliches Arbeitsbuch III, S. 100. Für einen erweiterten Blick auf historische Löhne und Einkommen in Deutschland noch immer bedeutend Gerhard Bry: Wages in Germany 1871–1945, Princeton 1960.
[137] Deutscher Verkehrsbund: Satzung. Gültig ab 1. Oktober 1927, § 18, S. 21.
[138] Deutscher Verkehrsbund: Satzung der Renten-, Pensions- und Sterbezuschusskasse. Gültig ab 1. Januar 1927, § 7, S. 6. Die quantitativen Näherungen in diesem Absatz basieren auf den zuvor dargelegten Angaben – unter Anwendung von Satzungsbestimmungen der *Rentka* 1927 und der Beitragsforderungen des Verkehrsbundes nach seiner Satzung 1927.

Verbandsvorsitzender des Transportarbeiter-Verbandes, vor. Ab 1925 war Johann Döring, vormals Vorsitzender des Hafenarbeiter-Verbandes und seinerzeit stellvertretender Vorsitzender des Verkehrsbundes, Vorsitzender des Verwaltungsausschusses der *Fakulta*.[139]

Jedoch musste sich die *Rentka* unter schwierigen Bedingungen etablieren. Im Deutschen Verkehrsbund stand man in den ausgehenden 1920er Jahren in voranschreitenden Fusionsverhandlungen mit dem Verband der Gemeinde- und Staatsarbeiter. Auch dort erwog man eine Invalidenunterstützung. Es lag also auf der Hand, mit dem anspruchsvollen Projekt einer obligatorischen Alters- und Invalidenunterstützung bis zur Gründung des fusionierten Gesamtverbandes zu warten, um die Verhandlungen über einen Zusammenschluss nicht auch noch durch unterschiedliche Invalidenkassen mit variierenden Tarifen oder abweichenden Vorleistungen zusätzlich zu belasten.[140] Als fakultative Rentenzuschusskasse im Vorfeld der Bildung der obligatorischen Invalidenunterstützung, deren Leistungsspektrum für die Mitglieder noch ungewiss war, operierte die *Rentka* nach ihrer Gründung folglich im problematischen Terrain der Unsicherheit. Als Mitglied musste man sich fragen: Wollte man jetzt in die *Rentka* eintreten und dafür Sonderbeiträge entrichten, wenn eine obligatorische Kasse angekündigt war, die ähnlichen Zwecken dienen sollte? Trotz der schwierigen Ausgangslage wurden die Anfänge der *Rentka* positiv gezeichnet. Durch anteilige Anrechnungen der Beitragsleistungen an den Bund gestützt, wies die *Rentka* zur Mitte des Jahres 1928 ein Kassenvermögen von etwa 600.000 Reichsmark auf.[141] Am Ende des Jahres 1927 zählte die *Rentka* etwa 13.000 Mitglieder – doch die erhoffte Fortsetzung des dynamischen Mitgliederzustroms stockte. Ende des Jahres 1928 gehörten etwa 13.500 Mitglieder der *Rentka* an, Ende des Jahres 1929 schließlich etwa 14.300. Dennoch verlief die Kapitalbildung der *Rentka*, durch Zinserträge auf das bereits gebildete Vermögen angereichert, recht erfolgreich. Ende 1929 wies die Kasse einen Vermögensbestand von annähernd 1,5 Millionen Reichsmark aus.[142]

Die *Rentka* des Deutschen Verkehrsbundes muss im Kontext der Altersinitiativen auch anderer Gewerkschaften gesehen werden, die sich seit der Mitte der 1920er Jahre häuften. Im Jahr 1925 beispielsweise installierte der Verband der weiblichen Handels-

---

[139] Deutscher Transportarbeiter-Verband: Satzung für die fakultativen Unterstützungseinrichtungen des Deutschen Transportarbeiter-Verbandes 1910, in: Courier Nr. 11, 1910, § 12, S. 98. Vgl. dazu auch den Beitrag über Johann Döring in der biografischen Sammlung von Zimmermann: 100 Jahre ÖTV – Biografien, S. 45-50, hier S. 50.

[140] Vgl. Deutscher Verkehrsbund: Protokoll über die Verhandlungen des 14. (Außerordentlichen) Bundestages 1929, S. 24 (in: Gesamtverband der Arbeitnehmer der öffentlichen Betriebe und des Personen- und Warenverkehrs: Protokoll über die Verhandlungen der Gründungstagungen des Gesamtverbandes 1929; Paginierung nach der Sammelpublikation des Verbandes).

[141] Deutscher Verkehrsbund: Protokoll über die Verhandlungen des 13. Bundestages 1928, S. 124.

[142] Deutscher Verkehrsbund: Jahrbuch 1927, S. 162 und Tabellenanhang, S. 24. Ders.: Jahrbuch 1928, S. 111 und Tabellenanhang, S. 24. Ders.: Jahrbuch 1929, S. 164 und Tabellenanhang, S. 24.

und Büroangestellten eine eigene Rentenversicherung. Sie ähnelte in Teilen der *Rentka*, verfuhr im Detail dann doch wieder ganz anders. Die *Rentka* war eine fakultative Unterstützungskasse, vom Deutschen Verkehrsbund durch eigene Gremien und ein eigenständiges Kassenwesen separiert und dennoch als Verbandskörperschaft fest an diesen gebunden. Die *Rentka* setzte Elemente der Kapitalhinterlegung ein, um während der leistungsfreien Zeit aus den Beiträgen der Mitglieder einen Vermögensstock anzusparen, aus dem die jährlichen Kasseneinnahmen durch Kapitalverzinsung angehoben und das künftige Umlageverfahren vom Beitrag zur Rentenzahlung entlastet werden sollte. Die Rentenkasse des Verbandes der weiblichen Handels- und Büroangestellten operierte diesbezüglich ähnlich, indes mit einem Anteilsystem, das dem der Pensionskasse des Verbandes der Büroangestellten ähnelte. Dabei setzte dieser Verband auf keine Unterstützungsarchitektur. Der Verband der weiblichen Handels- und Büroangestellten unterstellte die Rentenkasse als Versicherungsverein auf Gegenseitigkeit dem Aufsichtsamt für Privatversicherung. Damit war sie faktisch ein eigenes Versicherungsunternehmen.[143]

Doch auch die Rentenversicherungskasse des Verbandes der weiblichen Handels- und Büroangestellten bot Leistungen nur für die Mitglieder des eigenen Verbandes an.[144] Damit beschränkte man Größe und Risiken, sicherte zugleich aber auch die Agitationseffekte der Kasse. Wer sich von dem Konzept der Rentenversicherungskasse angezogen fühlte, hatte sich zugleich als Verbandsmitglied einzutragen. Dafür offerierte die Kasse ein interessantes Leistungspaket. Jedes Verbandsmitglied konnte bis zu zehn Versicherungsanteile erwerben. Für jeden Anteil zahlte man einen nach dem Lebensalter am Tag des Ankaufs gestaffelten Monatsbeitrag von 1,20 Reichsmark (im Alter bis 20 Jahren) oder 1,60 Reichsmark (im Alter bis 25 Jahren) bis zu 6,50 Reichsmark (in der höchsten Altersstufe von 45 bis zu 50 Jahren). Dafür wurde nach den im Jahr 1929 geltenden Statuten eine Monatsrente von 20 Reichsmark pro Anteil in Aussicht gestellt. Die Rente wurde als Zusatzrente fällig, sobald die Empfängerin »Altersruhegeld oder Berufsunfähigkeitsgeld aus der Angestellten- oder Invalidenversicherung«[145] bezog. Wer vor dem Renteneintritt verstarb, erhielt nach einer dreijährigen Mitgliedschaft in der Rentenversicherungskasse ein Sterbegeld von 100 Reichsmark pro Anteil. Für die weiblichen Mitglieder, die der Verband ausschließlich organisierte, wurde eine zeit- und rollentypische Zusatzbestimmung aufgenommen. Wer vor dem Renteneintritt heirate-

---

[143] Verband der weiblichen Handels- und Büroangestellten (Hg.): Vierzig Jahre VWA 1889-1929, S. 35 f.

[144] Dazu die im September 1929 gültige Satzung des Verbandes der weiblichen Handels- und Büroangestellten, abgedruckt in: ebd., S. 79-89, hier § 8, S. 80.

[145] Verband der weiblichen Handels- und Büroangestellten (Hg.): Vierzig Jahre VWA 1889-1929, S. 36.

te, dem wurde die bereits geleistete Beitragssumme mit einer Verzinsung von fünf Prozent als Aussteuer ausgezahlt.[146]

Im Jahr 1929 berichtete der Verband der weiblichen Handels- und Büroangestellten von dem »über Erwarten starken Anklang«[147] der verbandlichen Rentenversicherungskasse. Über 5.600 Mitglieder hatten sich unterdessen zum Ankauf von über 14.700 Anteilen der Renteneinrichtung entschlossen. Bei etwa 81.000 Verbandsmitgliedern bedeutete dies 1929 eine Quote von knapp sieben Prozent an teilnehmenden Verbandsmitgliedern.[148] Im Vergleich damit kam der Verkehrsbund 1929 bei 14.300 Mitgliedern in seiner *Rentka* und einem Gesamtmitgliederstand von annähernd 400.000 am Ende des Jahres auf eine Teilnahmequote von immerhin noch annähernd vier Prozent aller Gewerkschaftsmitglieder.[149] Satzungsgemäß ermöglichte die Rentenversicherungskasse des Verbandes der weiblichen Handels- und Büroangestellten maximale Monatsrenten von 200 Reichsmark und ein maximales Sterbegeld von 1.000 Reichsmark. Gemittelt lag der Wert der durchschnittlichen Verteilung der Anteile unter allen versicherten Personen bei zwei bis drei Anteilen. Also lagen die Rentenerwartungen im Mittel laut Satzungsbestimmungen im Jahr 1929 rechnerisch bei ungefähr 60 Reichsmark monatlich und die Sterbegelderwartungen bei etwa 300 Reichsmark. Berücksichtigt man, dass Frauenverdienste Ende der 1920er Jahre nur zwischen 60 und 70 Prozent der Verdienste der männlichen Kollegen betragen konnten, ersetzte die am Ende der 1920er Jahre prognostizierte Rente in Abhängigkeit von der jeweiligen Anstellung und dem jeweiligen Einkommen zwischen 30 und 50 Prozent der seinerzeit geltenden Monatsverdienste weiblicher Angestellter. Trotz des reduzierten Einkommens für Frauen, das bei einer Bewertung berücksichtigt werden muss, waren diese Werte für eine verbandliche Rentenzuschusskasse ambitioniert.[150]

Als sich 1919 der Zentralverband der Angestellten aus einem Zusammenschluss des Zentralverbandes der Handlungsgehilfen und Handlungsgehilfinnen Deutschlands, des Verbandes der Deutschen Versicherungsbeamten und des Verbandes der Büroangestellten Deutschlands bildete, ging auch die zuvor bereits beschriebene Pensionskasse des Verbandes der Büroangestellten als Einrichtung in den Zentralverband über.[151]

---

[146] Ebd.

[147] Ebd.

[148] Eigene Berechnungen nach ebd., S. 15 und S. 36. Weitere Übersichten und Zahlen zur Rentenversicherung des Verbandes in den endenden 1920er Jahren in: Verband der weiblichen Handels- und Büroangestellten: Arbeitsbericht für die Jahre 1927-1930.

[149] Zu den Zahlen der *Rentka* die vorausgegangenen Erläuterungen. Ergänzend Deutscher Verkehrsbund: Jahrbuch 1929, Tabellenanhang, S. 3.

[150] Die angegebenen Werte als grobe Überschläge genähert aus Zahlenangaben in: Verband der weiblichen Handels- und Büroangestellten (Hg.): Vierzig Jahre VWA 1889-1929, S. 36. Dazu ergänzend Petzina/Abelshauser/Faust: Sozialgeschichtliches Arbeitsbuch III, S. 99 f.

[151] Vgl. etwa Zentralverband der Angestellten: Protokoll des ersten Verbandstages 1921, S. 111-114.

Auf wichtige Themen, die im Zentralverband im Hinblick auf die Entwicklung der Pensionskasse im Verlauf der 1920er Jahre gesetzt wurden, wird in diesem Kapitel später noch eingegangen werden. Hier interessiert zunächst eine andere Initiative der 1920er Jahre, mit welcher der Zentralverband neben der fortbestehenden Pensionskasse einen weiteren Zweig der Altersfürsorge für seine Mitglieder etablierte. Der Kölner Verbandstag beschloss 1927, eine allgemeine Altersunterstützung einzurichten.[152] Hiermit wurde eine obligatorische Unterstützung installiert, die künftig für alle Verbandsmitglieder eine Altershilfe zahlen sollte, sobald die erforderliche Anwartschaftszeit zurückgelegt worden war.

Die Altersunterstützung trat im Januar 1928 in Kraft. Zum Bezug einer Leistung waren Verbandsmitglieder berechtigt, die das 65. Lebensjahr vollendet hatten. Ferner mussten sie zu diesem Zeitpunkt eine Anwartschaft von mindestens 25 Jahren nachweisen. Darunter war zunächst zu verstehen, dass eine Mitgliedschaftsdauer von wenigstens 25 Jahren vorliegen musste. Zum Erreichen der Anwartschaften offenbarte die Satzung allerdings einige Sonderregelungen. So wurde die Mitgliedschaftsdauer in jenen Verbänden, die sich 1919 zum Zentralverband zusammenschlossen, zu zwei Dritteln angerechnet, und in Verbänden, die später dem Zentralverband beitraten, zu einem Drittel anerkannt. Als Organisation im Allgemeinen freien Angestelltenbund unterstützte der Zentralverband Neumitglieder, die aus anderen sozialdemokratisch orientierten Freien Gewerkschaften zu ihm übertraten, mit der Anrechnung eines Drittels ihrer dort geleisteten Mitgliedschaftsdauer für die Altersunterstützung; bei einem Wechsel aus konkurrierenden Angestelltenverbänden wurden sogar zwei Drittel anerkannt.[153] Die Positionierung der Altersunterstützung im weltanschaulich befeuerten Ringen um die organisationswilligen Arbeitnehmer ist an dieser Stelle besonders deutlich zu erkennen.

Die Anwartschaftszeiten lieferten das zentrale Berechnungskriterium der Altersunterstützung und waren daher von erheblicher Bedeutung. Nach den Beschlüssen des Jahres 1927 wurde Berechtigten eine monatliche Unterstützung von 50 Reichsmark nach 25 Anwartschaftsjahren, von 65 Reichsmark nach 35 und von 80 Reichsmark nach 45 Jahren in Aussicht gestellt.[154] Mit der Ausrichtung der Unterstützungseinrichtung auf Anwartschaften wurden im Jahr der Einrichtung der Kasse historische Leistungen der Mitglieder angerechnet. Man startete nicht mit einer Zählung von Beitragsjahren an

---

[152] Zentralverband der Angestellten: Protokoll des dritten Verbandstages 1927, S. 45 f., S. 80-108, S. 155 f. mit Passagen zur Erörterung der Altersunterstützung. Zur Beschlussfassung ebd., S. 117 – zur Annahme des Antrages von Verbandsvorstand und Beirat.

[153] Dies erfolgte allerdings wieder unter gesonderten Bedingungen – etwa einer angerechneten Maximalzeit mit Berücksichtigung gesonderter Stichdaten. Vgl. dazu Zentralverband der Angestellten: Satzung. Nach den Beschlüssen des Verbandstages 1930 in Stuttgart, § 83, S. 29 f.

[154] Zentralverband der Angestellten: Protokoll des dritten Verbandstages 1927, S. 80 ff., S. 155, zur Beschlussfassung S. 117. Auch 1930 galten noch dieselben Sätze. Vgl. Zentralverband der Angestellten: Satzung. Nach den Beschlüssen des Verbandstages 1930 in Stuttgart, § 83, S. 30.

dem Tag, an dem die neue Altersunterstützung offiziell in Kraft trat, sondern berücksichtigte explizit vor dem Bestehen der Kasse bereits existierende Mitgliedschaften – besonders im Zentralverband selbst, denn die Zeiten wurden vollständig anerkannt, aber abgeschwächt auch in anderen Organisationen, wenn eine komplexe Gewerkschaftsbiografie eines Verbandsmitgliedes vorlag.

Belohnt wurden damit Mitglieder, die sehr lange Mitgliedschaften nachweisen konnten. Um es an einem fiktiven Beispiel zu veranschaulichen: Ein beliebiger Angestellter trat im Jahr 1908 im Alter von 35 Jahren in den Verband der Büroangestellten Deutschlands ein und wurde auf jenem Pfad nach dem Ersten Weltkrieg Gewerkschaftsmitglied im Zentralverband der Angestellten. Als die Altersunterstützung des Zentralverbandes 1928 ihre Arbeit aufnahm, kam dieses Mitglied, nun 55 Jahre alt, auf eine Anwartschaft von 16 Jahren. Mit der Vollendung des 65. Lebensjahres hätte es zum Zeitpunkt der Altersruhe die erforderliche Anwartschaftszeit für den Bezug der Leistungen aus der Altersunterstützung soeben erfüllt. Von den Statuten wurden junge Mitglieder begünstigt, die vollwertige Beitragsjahre im Zentralverband ansammeln konnten. Gewerkschaftsmitglieder im vorgerückten Alter, welche die erforderliche Anwartschaftszeit nicht nachweisen konnten, waren benachteiligt. Dies wurde von der Verbandsführung registriert – Sonderregelungen für die Anrechnung von Anwartschaftsjahren nach Vollendung des 65. Lebensjahres sollten eine gewisse Linderung schaffen. Damit wurde ein Faktor, der bei der Pensionskasse des Verbandes stets zu Kritik geführt hatte – nämlich der Zugangsausschluss für ältere Mitglieder, die das 50. Lebensjahr beendet hatten – in der Altersunterstützung nur in engen Grenzen entschärft. Dafür wurde die Altersunterstützung als solidarische Verpflichtung des gemeinschaftlichen Eintretens und als Opfergabe für die kommenden Alten – die heutige Jugend – pathetisch aufgeladen.[155] Die bestehenden Beitragsklassen spielten im Zentralverband keine Rolle für die Berechnung der Unterstützungshöhe. Sie war für Bezieher in den Klassen eins bis sechs satzungsgemäß immer gleich und variierte lediglich nach dem Maßstab der Anwartschaftszeiten.[156]

Wenige Monate vor dem Zentralverband der Angestellten fasste auch der Deutschnationale Handlungsgehilfen-Verband Beschlüsse, die der Einführung des verbandlichen Altersschutzes dienten. »Verwaltung und Aufsichtsrat des Verbandes haben dem am 18. Juni 1926 in München versammelten 20. Verbandstag folgenden Antrag zur Beschlussfassung unterbreitet: ›Die Verwaltung kann ordentlichen Mitgliedern, die dem Verband 25 Jahre angehören und das 65. Lebensjahr vollendet haben, eine monatliche Unterstützung gewähren. Die Unterstützung soll bei 25-jähriger Mitgliedschaft mit einem Grundbetrag von monatlich 50 Reichsmark beginnen. Für Mitglieder, die dem

---

[155] Dazu anschaulich der Bericht der Satzungskommission: Zentralverband der Angestellten: Protokoll des dritten Verbandstages 1927, S. 80 f.

[156] Zentralverband der Angestellten: Satzung. Nach den Beschlüssen des Verbandstages 1930 in Stuttgart, § 83, S. 29 f.

Verband nach dem 1. Januar 1927 beitreten, beginnt der Unterstützungsanspruch nach 30-jähriger Verbandszugehörigkeit. Für jede fünf Jahre weiterer Mitgliedschaft, die vor der Inanspruchnahme der Unterstützung zurückgelegt wurden, werden fünf Reichsmark monatlich als Steigerungssatz gewährt. Statt der Barunterstützung kann auf Wunsch des Mitgliedes Aufnahme in ein Altersheim des Verbandes erfolgen.«[157]

Anders als die Altersunterstützung des Zentralverbandes der Angestellten bot jene des Deutschnationalen Handlungsgehilfen-Verbandes ein gesondertes Sterbegeld in den Fällen an, in denen Mitglieder nach einer Verbandszugehörigkeit von mindestens zehn Jahren nicht in den Genuss der Altersunterstützung kamen – weil sie beispielsweise vor der Vollendung des 65. Lebensjahres verstarben. An Hinterbliebene wurde dann ein Sterbegeld in der Höhe von 200 Reichsmark gezahlt. War der Verstorbene 25 Jahre oder länger ordentliches Mitglied des Handlungsgehilfen-Verbandes, wurde der Betrag auf 500 Reichsmark angehoben.[158] Ansonsten ähnelten sich die Altersunterstützungen des Zentralverbandes der Angestellten und des Handlungsgehilfen-Verbandes sehr. So staffelte die deutschnationale Gewerkschaft ihre Monatsrenten von 50 bis zu maximal 75 Reichsmark zwischen 25 und 50 Jahren anzurechnender Mitgliedschaftsjahre.[159] Im Zentralverband lagen die Monatsrenten bei 50 bis zu maximal 80 Reichsmark nach Anwartschaftszeiten zwischen 25 und 45 Jahren.[160] Um noch einmal die tariflichen Endgehälter angestellter männlicher Expedienten heranzuziehen, die im Jahr 1930 in den Branchen Chemie, Einzel- und Großhandel, Metall, Versicherungen und Bankgewerbe zwischen 240 und 415 Reichsmark lagen: Die Renten der Altersunterstützungen erreichten im Zentralverband wie im Handlungsgehilfen-Verband nach den Daten des Jahres 1930 höchstens 33 Prozent – bei niedrigen Einkommen und höchsten Rentenansprüchen. Bei höheren Einkommen und geringen Rentenansprüchen nach Mindestanwartschaft sank das Rentenniveau[161] auf bis zu

---

[157] Deutschnationaler Handlungsgehilfen-Verband: Rechenschaftsbericht 1926, S. 266.

[158] Ebd. Vgl. hierzu auch Deutschnationaler Handlungsgehilfen-Verband: Satzung. Beschlossen auf dem Verbandstag 1928, hier der Anhang: Grundsätze und Vorschriften für die Gewährung von Altersfürsorge und Sterbegeld gemäß § 60 der Verbandssatzung, S. 25 ff.

[159] Dabei gab es Sonderbestimmungen für Mitglieder, die vor respektive nach dem 1. Januar 1927 der Gewerkschaft beigetreten sind. Letztere konnten nur eine maximale Monatsrente von 70 Reichsmark nach 50 Jahren Mitgliedschaft erlangen. Deutschnationaler Handlungsgehilfen-Verband: Satzung. Beschlossen auf dem Verbandstag 1928, hier der Anhang: Grundsätze und Vorschriften für die Gewährung von Altersfürsorge und Sterbegeld gemäß § 60 der Verbandssatzung, § 2 der Grundsätze, S. 25.

[160] Vgl. dazu die genaueren Angaben weiter oben.

[161] Hier wird wie im Folgenden von »Rentenniveau« gesprochen. Damit ist nicht jene Größe gemeint, die heute als Rentenniveau der gesetzlichen Rentenversicherung berechnet wird. Generell wird in diesem Kapitel der Versuch unternommen, die Satzungsangaben eines spezifischen Jahres hinsichtlich der in Aussicht gestellten Rentenhöhen mit der Kaufkraft durchschnittlicher Einkommen der Mitgliedschaft in demselben Jahr in ein Verhältnis zu bringen. Bei diesem Rentenniveau geht es um eine Annäherung, wie reizvoll zum Zeitpunkt der Satzungsveröffentlichung die in

zwölf Prozent ab.[162] Immerhin theoretisch begünstigte die Berechnung der Altersunterstützung weibliche Angestellte. Da die Beitragshöhe, die sich in den 1920er Jahren an der Höhe der Einkünfte bemaß, keine Rolle für die Rentenberechnung spielte, sondern lediglich die Summe anrechenbarer Jahre der Mitgliedschaft, hätten weibliche Gewerkschaftsmitglieder mit nachhaltiger Gewerkschaftsbiografie die gleichen Bezüge der Altersunterstützung geltend machen können wie ihre männlichen Kollegen. Bei geminderten Einkünften für weibliche Angestellte hätte dies den Anteil der Rentenzahlung am vormaligen Einkommen nicht unerheblich angehoben. Dies galt nicht für den Deutschnationalen Handlungsgehilfen-Verband, der keine Frauen organisierte.

Es gab weitere Ähnlichkeiten zwischen der Altersunterstützung des Zentralverbandes der Angestellten und jener des Deutschnationalen Handlungsgehilfen-Verbandes. Beide setzten dezidiert auf eine obligatorische Unterstützung – ähnlich einer Invalidenunterstützung. Mit der Mitgliedschaft und dem Gewerkschaftsbeitrag erwarb *jedes* Mitglied unter den genannten Bedingungen einen Anspruch auf Rentenzahlungen. Die *Rentka* oder auch die Rentenversicherungskasse des Verbandes der weiblichen Handels- und Büroangestellten zeigten beispielhaft andere Modelle auf, die mit einer externen Architektur der Kasse und gesonderten Beitragszahlungen für die Mitglieder operierten. Im Fall des Handlungsgehilfen-Verbandes ist auffällig, dass ausgerechnet dieser Verband in der Altersfrage explizit auf eine Unterstützung setzte. Der Verband predigte bei anderen Einrichtungen, die er zuvor installiert hatte, häufig das hohe Lied der professionellen Versicherung, die er zur Hebung des Standes seiner Mitglieder erfolgreich zu führen imstande war – entgegen konkurrierender Verbände, die es allenfalls zu Unterstützungskassen brächten. Erinnert man sich an die Aussage des Verbandes im Jahr 1909, keine Unterstützungskasse schaffen zu wollen, die Kleinstrenten produzierte, sondern »etwas Ansehnliches«,[163] wechselte mit der Einführung der Altersunterstützung der 1920er Jahre die Präferenz und Diktion. Mit seiner neuen »Wohlfahrtseinrichtung« pries der Deutschnationale Handlungsgehilfen-Verband die Loyalitätspflicht der Gemeinschaft der Mitglieder gegenüber den Alten. Und man distanzierte sich nachdrücklich von einer mathematisch berechneten professionellen Versicherung, in der Renten nach Beitragsleistung gestaffelt würden. Stattdessen forderte man für alle, die

---

den gewerkschaftlichen Kassen avisierten Renten in zeitgenössischer Perspektive gewesen sein könnten. Die Berechnung eines Rentenniveaus zum Zeitpunkt der – in der Zukunft liegenden – Rentenbewilligung, unter Einschluss von Teuerungsentwicklung und Leistungsentwicklung der Kasse, kann aus verschiedenen Gründen nicht durchgeführt werden – darauf wird im weiteren Verlauf des Kapitels noch genauer eingegangen werden.

[162] Eigene Berechnungen nach den Angaben zu den tariflichen Endgehältern für Expedienten bei Petzina/Abelshauser/Faust: Sozialgeschichtliches Arbeitsbuch III, S. 100.

[163] Deutschnationaler Handlungsgehilfen-Verband: Verhandlungsschrift über den elften Verbandstag 1909, S. 60 ff., das Zitat S. 61.

im Verband ein hohes Lebensalter erreichten, eine »große kollektive Opferleistung«.[164] Das harmonierte mit dem Modell einer obligatorischen Unterstützung – und erinnerte semantisch an die solidarische Verpflichtung und Opfergabe, an die der Zentralverband der Angestellten auf seinem Verbandstag 1927 im Hinblick auf die eigene Altersunterstützung appellierte.[165] Auf diese Bedeutungszuweisung wird im weiteren Verlauf zurückzukommen sein.

Bei der Altersunterstützung des deutschnationalen Verbandes fällt der integrierte Passus zur Aufnahme in ein Altersheim als Besonderheit ins Auge. Die Grundsätze und Vorschriften der Altersfürsorge führten hierzu aus, dass alle Mitglieder, die Anspruch auf Altersunterstützung hatten, die Aufnahme in ein Altersheim des Verbandes beantragen konnten. Für Verpflegung und Wohnung wurde ein Betrag von 50 Reichsmark im Monat berechnet, der in der Altersunterstützung verbucht wurde. Bezieher der Unterstützung, die eine Heimunterbringung wählten, erhielten nur dann einen Geldbetrag ausbezahlt, wenn sie erhöhte Ansprüche in der Altersunterstützung erworben hatten, die über 50 Reichsmark monatlich hinausgingen. Es bestand die Möglichkeit, auch die Ehefrau des berechtigten Mitgliedes im Altersheim unterzubringen, wofür gesonderte Kosten von 50 Reichsmark im Monat in Rechnung gestellt wurden. Bei der Antragstellung musste nachgewiesen werden, dass die Frau nach dem Ableben ihres Mannes finanziell in der Lage war, die Heimkosten weiter zu bestreiten.[166]

Als Ort, an dem das verbandseigene Altersheim entstehen sollte, war Lobeda auserkoren. »Im herrlichen Saaletal, etwa eine Stunde Fußweg von Jena, liegt die (...) Lobedaburg, die seit Sommer 1922 Eigentum unseres Verbandes ist. In erster Linie dient jetzt die Burg den Aufgaben und Arbeiten unserer Jugend (...). Sie findet dort unter bewährter Führung Pflege deutschen Jugend- und Gemeinschaftslebens, Erholung, Schulung und Bildung. (...) Für Erholungsaufenthalt, Führertagungen, Schulungswochen und größere Jugendtagungen stehen zur Verfügung: ein Gewölbesaal (...), ein großer Tagungssaal, ein mit Holztäfelung ausgestatteter Festsaal, dem eine Kapelle angegliedert ist.«[167] Die »Jugendburg Lobeda« war modernisiert worden, hatte Zentralheizung und elektrisches Licht, Brauseraum und Badezimmer und war nicht nur von einem »parkähnlichen Schmuckgarten« umgeben, sondern unterhielt zudem eine eigene Freilichtbühne und

---

[164] Deutlich etwa Deutschnationaler Handlungsgehilfen-Verband: Rechenschaftsbericht 1926, S. 266 f., das Zitat S. 267. Der Altersschutz wurde einsortiert unter der Überschrift: »Wohlfahrtspflege«, ebd., S. 256.

[165] Dies wurde bereits erläutert. Vgl. Zentralverband der Angestellten: Protokoll des dritten Verbandstages 1927, S. 80 f.

[166] Deutschnationaler Handlungsgehilfen-Verband: Satzung. Beschlossen auf dem Verbandstag 1928, hier der Anhang: Grundsätze und Vorschriften für die Gewährung von Altersfürsorge und Sterbegeld gemäß § 60 der Verbandssatzung, § 3 der Grundsätze, S. 26.

[167] Deutschnationaler Handlungsgehilfen-Verband: Rechenschaftsbericht 1925, S. 178.

eine neue Badeanstalt. Man verfügte über 80 Betten in größeren und kleineren Zimmern und über ein zusätzliches Gebäude als Jugendherberge.[168]

Im Jahr 1926 wurde der Jugendburg eine »Heilstätte für die deutsche Kaufmannsjugend« angegliedert – das Thema der Kräftigung körperlich zurückgebliebener Jugendlicher durch medizinisch angeleitete Kuraufenthalte wurde neben der Jugendbildungsarbeit immer bedeutender für die Einrichtung in Lobeda. Im weiteren Verlauf der 1920er Jahre wurde der Akzent zunehmend auf ein Sportsanatorium gelegt. Sport und Körperertüchtigungen, Wettkämpfe und Mutübungen, Sonne, gesunde Ernährung und Gewichtszunahme wurden als Ziele genannt und dehnten den Ansatz der Kuren in ideologische Bereiche aus. Die Jugendlichen sollten Gemeinschaft erfahren, dienendes Glied einer Gruppe sein, Selbstzucht und Unterordnung unter leitende Gedanken üben sowie Einsatz und Tatkraft als Charaktermerkmale ausbilden. Der Sprung von der Charakterschulung im völkisch-nationalen Gewerkschaftsverband zur Hitlerjugend war nicht weit.[169] Dazu passte, dass das Burggelände in Lobeda nach der Machtergreifung für das nationalsozialistische Schulwesen genutzt wurde.

In diesem Umfeld entstand das Altersheim des Deutschnationalen Handlungsgehilfen-Verbandes. Es wurde auf dem Gelände der Jugendburg Lobeda Bauland erworben, auf dem 1927 mit der Errichtung eines Flügelgebäudes der Burganlage begonnen wurde. Im Jahr 1928 feierte man Richtfest, wobei das Altersheim als Neubau nicht in die auf dem Burgareal bestehenden Einrichtungen integriert werden sollte. Nach der Fertigstellung verfügte die gesamte Burganlage über 100 Betten. Als sogenannte Wohnungen wurden im Altersheim möblierte Zimmer angeboten.[170] Dabei rechnete der Verband zunächst mit einer starken Nachfrage nach den begrenzt verfügbaren Plätzen. Als Basis der Annahme diente eine 1925 durchgeführte Sonderumfrage der Verbandsverwaltung unter den Mitgliedern, welche die Notwendigkeit der Altershilfe thematisierte und Daten zu Mitgliedschaft und Altersverteilung erhob. Wie die Altersunterstützung des Zentralverbandes der Angestellten honorierte die des deutschnationalen Verbandes historisch geleistete Mitgliedschaftsjahre. Wer im Alter von 60 Jahren zum Zeitpunkt der Umfrage 20 Jahre oder länger Mitglied im Verband war, galt als Anwärter für die Altershilfe oder einen Heimplatz ab dem Jahr 1930. In seiner Umfrage ermittelte der

---

[168] Mit den begrifflichen Zitaten ebd.
[169] Vgl. dazu den Bericht – auch über den »charakterbildenden Wert der Kursweise« – in: Deutschnationaler Handlungsgehilfen-Verband: Rechenschaftsbericht 1927, S. 193-206, hier mit zahlreichen Bilddokumenten über die Kurse im Sportsanatorium. Ähnlich ders.: Rechenschaftsbericht 1928, S. 185 ff. und S. 199 ff. Ein ausführlicher Bericht über die Methodik der Jugendkuren in Lobeda in: ders.: Rechenschaftsbericht 1926, S. 227-243.
[170] Hierzu Deutschnationaler Handlungsgehilfen-Verband: Rechenschaftsbericht 1926, S. 268. Ders.: Rechenschaftsbericht 1927, S. 234. Ders.: Merkbuch 1931, S. 102. Ders.: Satzung. Beschlossen auf dem Verbandstag 1928, hier der Anhang: Grundsätze und Vorschriften für die Gewährung von Altersfürsorge und Sterbegeld gemäß § 60 der Verbandssatzung, § 3 der Grundsätze, S. 26.

Verband etwa 2.350 Personen im Alterssegment der Mitglieder, die 60 Jahre alt oder älter waren. Im Jahr 1926 wurde die Umfrage wiederholt. Nun gehörten etwa 2.500 Personen zum Kreis jener Altersgruppe. Im Gründungsjahr der Einrichtung 1927 war die Anzahl der Unterstützungsberechtigten in der Mitgliedschaft nicht geringer geworden. Entsprechend kündigte man mit Lobeda ein »erstes« Verbandsaltersheim an – weitere waren offenbar angedacht.[171]

Dass man mit einem starken Bewerberandrang für das Heim plante, zeigten die Vorschriften der Altersfürsorge. Es wurde mit Wartelisten gerechnet. Dazu erklärte die Satzung: »Über den Antrag auf Aufnahme entscheidet die Verwaltung. Die Reihenfolge der Aufnahme soll sich tunlichst nach der Dauer der Mitgliedschaft richten, wobei Alleinstehende den Vorzug haben.«[172] Die tatsächliche Nachfrage blieb offenbar hinter den Erwartungen zurück. Ähnliche Erfahrungen schilderte der Verband der weiblichen Handels- und Büroangestellten, der sich ebenfalls zeitweilig mit dem Projekt eines verbandseigenen Altersheimes befasste.[173] So blieb auch Lobeda bis zum Jahr 1933 das einzige Altenheim des Deutschnationalen Handlungsgehilfen-Verbandes.[174]

Ähnlichkeiten im Bereich der Altenhilfe gab es zwischen dem Verband der weiblichen Handels- und Büroangestellten und dem Deutschnationalen Handlungsgehilfen-Verband noch an anderer Stelle. So wurde – nicht als gesonderte Altersunterstützung, sondern angeschlossen an die Stellenlosenunterstützung der Verbände – ein neuer gesonderter Tarif für Mitglieder im Alter über 60 Jahren installiert. Auch dies ereignete sich zeitlich Mitte der 1920er Jahre – also exakt zu jener Zeit, in der gewerkschaftliche Altersunterstützungen sowie Rentenkassen verdichtet auftraten. Im Handlungsgehilfen-Verband geschah dies in einer koordinierten Handlungseinheit. Als auf dem Verbandstag in München im Jahr 1926 die Altersfürsorge beschlossen wurde, stimmten die Delegierten im Kontext jener Maßnahme auch der Erweiterung der Bestimmungen der Stellenlosenunterstützung für ältere Mitglieder zu.[175] Dies wurde im vorausgehenden Kapitel über die Stellenlosenunterstützung des Verbandes bereits kurz skizziert. In den Zusammenhängen der Unterstützungseinrichtungen für Ältere, in denen diese Maßnahme beim Handlungsgehilfen-Verband administrativ wie sinnstiftend stand, ist sie an dieser Stelle noch einmal aufzugreifen.

---

[171] Deutschnationaler Handlungsgehilfen-Verband: Rechenschaftsbericht 1926, S. 303 ff. Ders.: Rechenschaftsbericht 1927, S. 234, hier auch der Hinweis auf Lobeda als »erstes« Verbandsaltersheim.

[172] Deutschnationaler Handlungsgehilfen-Verband: Satzung. Beschlossen auf dem Verbandstag 1928, hier der Anhang: Grundsätze und Vorschriften für die Gewährung von Altersfürsorge und Sterbegeld gemäß § 60 der Verbandssatzung, § 3 der Grundsätze, S. 26.

[173] Verband der weiblichen Handels- und Büroangestellten (Hg.): Vierzig Jahre VWA 1889-1929, S. 33 f.

[174] Deutschnationaler Handlungsgehilfen-Verband: Merkbuch 1933, S. 99.

[175] Deutschnationaler Handlungsgehilfen-Verband: Rechenschaftsbericht 1926, S. 266 f.

In der Beschlussvorlage für den Verbandstag 1926 hieß es hierzu: »Mitgliedern, die nach Vollendung des 60. Lebensjahres stellungslos werden und noch nicht 25 Mitgliedsjahre zurückgelegt haben, wird nach der Höchstdauer des Unterstützungsbezuges die Hälfte der monatlichen Stellenlosenunterstützung bis zur nochmaligen Höchstdauer gewährt.«[176] Der dabei zu erreichende Höchstwert wurde auf 50 Reichsmark begrenzt – also exakt auf jenen Betrag, der beim Einstieg in die verbandliche Altersunterstützung nach Vollendung des 65. Lebensjahres zu erreichen war. Dies hatte seinen Grund, denn weiter hieß es in der Beschlussvorlage: »Mitgliedern, die nach Vollendung des 60. Lebensjahres stellungslos werden und bereits 25 Mitgliedsjahre zurückgelegt haben, wird für jeden Monat der Stellenlosigkeit bis zur Inanspruchnahme der (...) vorgesehenen Altersversorgung eine Unterstützung von 50 Reichsmark gewährt.«[177] Diese Unterstützung war maximal fünf Jahre zu beanspruchen.

Der Handlungsgehilfen-Verband hatte damit eine Regelung getroffen, die durch eine Installation verbandlicher Unterstützungsinstrumente eine altersbedingte Frühverrentung anbot. Wenn künftig ein Verbandsmitglied im Alter von über 60 Jahren arbeitslos wurde, konnte es bis zum 65. Lebensjahr in der Stellenlosenunterstützung und nach Vollendung des 65. Lebensjahres in der Altersunterstützung die Verbandsrente beziehen. Der Eintritt in die Verbandsrente war damit für arbeitslose Mitglieder um bis zu fünf Jahre vorgezogen. Alle Beschlüsse zum Altersschutz traten im Handlungsgehilfen-Verband Anfang 1927 in Kraft. In einer Epoche wiederkehrender Krisenlagen auf dem Arbeitsmarkt setzte der Verband auf Maßnahmen, die er pathetisch als Linderung der Härten des Alters anpries. Man rückte damit indes auch in die Nähe des arbeitsmarktpolitischen Eingriffs, was für gewerkschaftliche Unterstützungskassen, wie im Kapitel über die Arbeitslosen- und Krankenunterstützungen beschrieben, nicht ungewöhnlich war. Zwar wurde mit einer vorgezogenen Verbandsrente von 50 Reichsmark im Monat kein Angestellter dazu bewogen, vorzeitig in einen freiwillig gewählten Ruhestand zu wechseln und einen Arbeitsplatz für Jüngere zur Verfügung zu stellen. Dennoch ist dieser Grundgedanke, der in der gewerkschaftlichen Arbeitsmarktpolitik der Moderne eine wichtige Rolle spielt, hier bereits rudimentär angelegt und zu erkennen. Dabei hat das Unterstützungswesen die gewerkschaftliche Genese jener Idee als ein Geburtshelfer ein Stück weit begleitet.

Ebenfalls im Jahr 1927, in diesem Fall zwei Jahre nach der Einführung der verbandlichen Rentenversicherungskasse, trat in der Organisation für die weiblichen Handels- und Büroangestellten eine ähnliche Regelung wie im Deutschnationalen Handlungsgehilfen-Verband in Kraft. Demnach bezogen Mitglieder, die wenigstens 55 Jahre alt waren und mindestens 20 Jahre Mitglied des Verbandes waren, eine gestaffelte Monatsrente von 25 bis zu 40 Reichsmark, sobald sie arbeitslos wurden. Die sogenannte Alters-

---

[176] Die Beschlussvorlage des Verbandstages in München ebd., S. 268.
[177] Ebd.

und Stellenlosenrente diente als Brücke bis zu dem Zeitpunkt, an dem das betroffene Mitglied eine Rente aus der staatlichen Sozialversicherung beziehen konnte. Sie war eine obligatorische Verbandsleistung und wurde aus Rücklagen finanziert, die von der Verbandsverwaltung durch Abführungen aus den regulären Beitragseinnahmen gebildet wurden.[178]

An dieser Stelle ist erneut auf den Deutschen Verkehrsbund zurückzukommen. Im Rahmen der Darstellung seiner fakultativen Rentenkasse – der sogenannten *Rentka* – wurde bereits ersichtlich, dass man im Verkehrsbund in den ausgehenden 1920er Jahren weitergehende Planungen für die Einführung einer obligatorischen Rentenunterstützungskasse anstellte. Nach den Beschlüssen des Leipziger Bundestages 1928 sollte schon Anfang des Jahres 1929 eine Invalidenunterstützung eingeführt werden. Hierfür war ein Invalidenzuschussbeitrag vorgesehen, der es ermöglichen sollte, älteren Mitgliedern mit den erforderlichen Beitragsjahren eine Rente zukommen zu lassen. Da der Verband der Gemeinde- und Staatsarbeiter ebenfalls an der Einführung einer Invalidenunterstützung arbeitete und sich beide Verbände im Jahr 1929 unmittelbar vor dem Abschluss ihrer Fusionsverhandlungen befanden, sah man vor, die Etablierung der Invalidenunterstützung als ein erstes Gemeinschaftsprojekt des fusionierenden Großverbandes vorzulegen.[179]

Der Gesamtverband der Arbeitnehmer der öffentlichen Betriebe und des Personen- und Warenverkehrs konstituierte sich im Oktober des Jahres 1929 als Zusammenschluss des Deutschen Verkehrsbundes, des Verbandes der Gemeinde- und Staatsarbeiter sowie des Verbandes der Gärtner und Gärtnereiarbeiter in Berlin. Im Rahmen der Gründungstagungen der fusionierenden Gewerkschaften und des anschließenden ersten Verbandstages des Gesamtverbandes wurde den Delegierten bereits der konkretisierte Vorschlag einer verbandlichen Invalidenunterstützung präsentiert. Die Erarbeitung der Satzung einer Invalidenunterstützung war also Bestandteil der Fusionsverhandlungen. In entwickelten Großverbänden wie dem Verband der Gemeinde- und Staatsarbeiter und dem Verkehrsbund waren solche Verhandlungen besonders anspruchsvoll. Das Beitragswesen mit der Harmonisierung unterschiedlicher Beitragsklassen war ein äußerst sensibler Bereich, bei dem für Teile der Mitgliedschaft Veränderungen unvermeidlich waren. Damit wurden Modifikationen bei den Unterstützungsstaffeln und Korrekturen bei den Leistungstarifen der Unterstützungskassen erforderlich. Das Gespenst

---

[178] Verband der weiblichen Handels- und Büroangestellten (Hg.): Vierzig Jahre VWA 1889-1929, S. 34.

[179] Deutscher Verkehrsbund: Protokoll über die Verhandlungen des 14. (Außerordentlichen) Bundestages 1929, S. 24 (in: Gesamtverband der Arbeitnehmer der öffentlichen Betriebe und des Personen- und Warenverkehrs: Protokoll über die Verhandlungen der Gründungstagungen des Gesamtverbandes 1929; Paginierung nach der Sammelpublikation des Verbandes).

höherer Beiträge – von kommunistischen Oppositionsgruppen gezielt eingesetzt – und geringerer Unterstützungsleistungen geisterte durch die Gründungstagungen.[180]

Hier eröffnete die Einführung der Invalidenunterstützung Möglichkeiten der Beschwichtigung und Moderation. Indem die Gewerkschaftsführungen auf das im Gesamtverband künftig ausgebaute Portfolio der Unterstützungsangebote verweisen konnten, waren Belastungen für bestimmte Mitgliedergruppen besser zu vermitteln.[181] Dementsprechend ging der Gesamtverband in seiner Gründungssatzung[182] mit den neuen Statuten für die verbandliche Invalidenunterstützung an den Start. Die *Rentka* übrigens blieb daneben bestehen – allerdings mit einer modifizierten Leistungsstaffel und anderweitig ergänzten Details ihrer Statuten.[183]

Die Satzungsbestimmungen der Invalidenunterstützung waren komplex. Über 22 Absätze mit zahlreichen Detailbestimmungen wies der einschlägige Paragraf der Statuten des Gesamtverbandes auf, der die Invalidenunterstützung regelte. Im Folgenden

---

[180] Zum Verlauf der Gründungstagungen vgl. ebd. sowie Verband der Gemeinde- und Staatsarbeiter: Protokoll der Verhandlungen des zwölften (Außerordentlichen) Verbandstages 1929, hier bes. S. 73 ff., S. 76 ff. oder S. 90 ff. Zudem Gesamtverband der Arbeitnehmer der öffentlichen Betriebe und des Personen- und Warenverkehrs: Protokoll über den ersten Verbandstag des Gesamtverbandes der Arbeitnehmer der öffentlichen Betriebe und des Personen- und Warenverkehrs – zugleich Protokoll über die Verhandlungen der gemeinsamen Tagung der fusionierenden Verbände (in: Gesamtverband der Arbeitnehmer der öffentlichen Betriebe und des Personen- und Warenverkehrs: Protokoll über die Verhandlungen der Gründungstagungen des Gesamtverbandes 1929; Paginierung nach der Sammelpublikation des Verbandes).

[181] Verband der Gemeinde- und Staatsarbeiter: Protokoll der Verhandlungen des zwölften (Außerordentlichen) Verbandstages 1929, hier bes. S. 76 f. (in: Gesamtverband der Arbeitnehmer der öffentlichen Betriebe und des Personen- und Warenverkehrs: Protokoll über die Verhandlungen der Gründungstagungen des Gesamtverbandes 1929; Paginierung nach der Sammelpublikation des Verbandes).

[182] Gesamtverband der Arbeitnehmer der öffentlichen Betriebe und des Personen- und Warenverkehrs: Programm und Satzung. Gültig ab 1. Januar 1930, § 17, S. 31-35. Mit der Zustimmung zur neuen Satzung erfolgte auch die Zustimmung zur Invalidenunterstützung. Gesamtverband der Arbeitnehmer der öffentlichen Betriebe und des Personen- und Warenverkehrs: Protokoll über den ersten Verbandstag des Gesamtverbandes der Arbeitnehmer der öffentlichen Betriebe und des Personen- und Warenverkehrs – zugleich Protokoll über die Verhandlungen der gemeinsamen Tagung der fusionierenden Verbände, S. 200 f. (in: Gesamtverband der Arbeitnehmer der öffentlichen Betriebe und des Personen- und Warenverkehrs: Protokoll über die Verhandlungen der Gründungstagungen des Gesamtverbandes 1929; Paginierung nach der Sammelpublikation des Verbandes).

[183] Gesamtverband der Arbeitnehmer der öffentlichen Betriebe und des Personen- und Warenverkehrs: Programm und Satzung. Gültig ab 1. Januar 1930, § 17, S. 35. Ders.: Programm und Satzung. Gültig ab 1. Januar 1933, Ausführungsbestimmungen für erhöhte Invalidenunterstützung respektive Pensionszuschuss nach § 17 der Satzung des Gesamtverbandes (*Rentka*), S. 71-74. Die Spanne der Monatsrenten differierte demnach nun – mit erweiterten Zahlungsfristen nach 520 in der *Rentka* geleisteten Mindestbeiträgen bis zu 1.820 geleisteten Maximalbeiträgen – von 7,80 bis zu 78 Reichsmark monatlich je nach Beitragsklasse. Entsprechend wurden Witwenrenten und Sterbegeldzuschüsse angepasst. Auch in Bezug auf die Kassengremien gab es neue Formulierungen. Dazu ebd., bes. die §§ 3 sowie 6-8 der Ausführungsbestimmungen, S. 72 ff.

soll nur auf die tragenden Eckpfeiler der Unterstützungsbedingungen eingegangen werden. Unterstützungsberechtigt waren alle Verbandmitglieder, die 520 Verbandsbeiträge und 520 Beitragszuschläge, die seit Januar 1930 für die Invalidenkasse galten, gezahlt hatten. Altmitglieder, die lange vor der Einführung der Invalidenunterstützung in die Organisation eingetreten waren, konnten ebenso wie bereits anerkannte Invalide und Pensionäre Übergangsbestimmungen in Anspruch nehmen, nach denen diese Gruppen ohne geleistete Beitragszuschläge unmittelbar mit der Installation der Invalidenkasse Unterstützung beziehen konnten.

Für alle Mitglieder galt der Nachweis einer andauernden Erwerbsunfähigkeit aufgrund von Krankheit, Unfall oder altersbedingt als unabdingbare Voraussetzung für den Bezug der verbandlichen Invalidenunterstützung. Er erfolgte in der Regel durch die Bewilligung einer entsprechenden staatlichen Sozialversicherungsleistung, konnte aber auch durch ärztliche Gutachten erbracht werden. Eine zur Unterstützung berechtigende Erwerbsbeschränkung lag satzungsgemäß auch dann vor, wenn – durch Unfall oder Krankheit verursacht – eine dauerhafte Einkommensminderung von 50 Prozent nachgewiesen werden konnte. In jenen Fällen setzte der Verbandsvorstand die Höhe der Unterstützung selbst fest. Im regulären Unterstützungsszenario sollten Mitglieder nach der Beantragung der Invalidenunterstützung in ihrer örtlichen Geschäftsstelle, der Weiterleitung der Unterlagen an den Verbandsvorstand und erfolgreicher Prüfung eine vorab exakt festgeschriebene Unterstützungshöhe erhalten, die sich in einem recht komplexen Verfahren aus einem Grundbetrag und einem möglichen Steigerungsbetrag berechnete.

Der Grundbetrag war abhängig von der Höhe der vom Mitglied geleisteten Beitragszuschläge, die in sechs gesonderten Klassen der Invalidenunterstützung[184] zwischen fünf und 30 Reichspfennig pro Woche betrugen. Dafür erwarb man satzungsgemäß einen Anspruch auf Invalidenunterstützung in Höhe von vier bis zu zwölf Reichsmark monatlich. Bei der Berechnung des Grundbetrages der Invalidenunterstützung spielte die Beitragshöhe die entscheidende Rolle. Erst beim Steigerungsbetrag war auch die Dauer der Mitgliedschaft über die Anzahl der gezahlten Beitragszuschläge berücksichtigt. Mit zehn Prozent der Summe aller geleisteten Beitragszuschläge wurde der Grundbetrag monatlich aufgestockt. Da erst 520 Verbandsbeiträge und 520 Beitragszuschläge zum Bezug der Invalidenunterstützung berechtigten, hätten Unterstützungsempfänger satzungsgemäß mindestens 520 Zuschläge mit Renteneintritt aufweisen müssen. Damit hätte der monatliche Steigerungsbetrag je nach Unterstützungsklasse von 2,60 bis 15,60 Reichsmark variiert. Aus Grundbetrag und Steigerungsbetrag ergab sich bei 520

---

[184] Diese Klassen waren nicht identisch mit den Beitragsklassen des Gesamtverbandes, korrespondierten aber mit jenen. So gelangten Mitglieder der Beitragsklassen eins bis drei in die Zuschlagsklasse mit fünf Reichspfennig, die Beitragsklassen vier bis sechs in die Zuschlagsklasse mit 10 Reichspfennig. Dieses System setzte sich fort bis zu den höchsten Beitragsklassen 16 bis 18, die der Zuschlagsklasse mit 30 Pfennig zugeordnet wurden.

geleisteten Beiträgen – also nach zehnjähriger Mitgliedschaft – eine Mindestrente der Invalidenunterstützung zwischen 6,60 und 27,60 Reichsmark im Monat. Nach 25 Jahren ununterbrochener Mitgliedschaft wären die Rentenansprüche nach den Vorgaben der Satzungsbestimmungen im Jahr 1930 auf 10,50 bis zu 51 Reichsmark angestiegen. In den drei höheren Klassen der Unterstützung mit Beitragszuschlägen von 20 bis zu 30 Reichspfennig hätten Mitglieder monatlich zwischen 34,50 und 51 Reichsmark bezogen. Nach 40 Jahren dauerhafter Beitragsleistung hätten jene Werte auf monatliche Rentenbeträge von 50,10 bis zu 74,40 Reichsmark ansteigen sollen. In den niedrigeren Klassen der Invalidenunterstützung wären die Renten allerdings bei Beträgen von 14,40 bis zu 38,20 Reichsmark verblieben.[185]

In der höchsten Unterstützungsklasse war die Invalidenunterstützung des Gesamtverbandes damit auf einem Rentenniveau, wie es zum Beispiel die Satzungen der Altersunterstützungen des Zentralverbandes der Angestellten oder des Deutschnationalen Handlungsgehilfen-Verbandes vorsahen.[186] Um es an einem konkreten Beispiel etwas anschaulicher zu machen: Mit einem Monatsverdienst von 425 bis zu 480 Reichsmark zahlten Mitglieder des Gesamtverbandes im Jahr 1930 in die Beitragsklasse 16 ein. Der gesamte Wochenbeitrag, bestehend aus Grundbeitrag, Ortsbeitrag und Zuschlag zum Invalidenfonds, betrug in dieser Klasse 2,95 Reichsmark. Monatlich wurden demnach zwischen 2,5 und 2,7 Prozent des angerechneten Einkommens in die gewerkschaftliche Beitragskasse abgeführt, womit der Zugang zu allen obligatorischen Unterstützungskassen gewährleistet war. Aus heutiger Sicht war damit der Eintritt in die »Sozialversicherung der Gewerkschaften« vergleichsweise preisgünstig. Mitglieder in der Beitragsklasse 16 wurden der höchsten Klasse in der Invalidenunterstützung zugeordnet. Damit hatten sie nach der Satzung des Jahres 1930 Rentenerwartungen in der Invalidenunterstützung von 27,60 Reichsmark nach zehn Jahren, 43,20 Reichsmark nach 20 Jahren, 58,80 Reichsmark nach 30 Jahren oder 74,40 Reichsmark nach 40 Jahren ununterbrochener Mitgliedschaft. Als Rentenniveau erreichte die Invalidenunterstützung des Gesamtverbandes demnach in diesem Beispiel 6,5 Prozent (nach zehn Jahren), 10,2 Prozent (nach 20 Jahren), 13,8 Prozent (nach 30 Jahren) oder 17,5 Prozent (nach 40 Jahren). Das waren Werte einer Unterstützung, die neben einer staatlichen Rente und anderen Sozialleistungen bezogen werden sollte. Vor einer Anrechnungspraxis wurde die Invalidenunterstützung auch daher zu schützen versucht.[187] Ferner ist zu berücksichtigen, dass über die *Rentka* zusätzliche Rentenansprüche erworben werden konnten. Damit

---

[185] Die genannten Unterstützungsdaten – ergänzt um eigene Berechnungen – nach: Gesamtverband der Arbeitnehmer der öffentlichen Betriebe und des Personen- und Warenverkehrs: Programm und Satzung. Gültig ab 1. Januar 1930, § 17, S. 31 ff.

[186] Dazu die entsprechenden Erläuterungen in diesem Kapitel.

[187] Gesamtverband der Arbeitnehmer der öffentlichen Betriebe und des Personen- und Warenverkehrs: Programm und Satzung. Gültig ab 1. Januar 1930, § 17, S. 34.

wies der Gesamtverband ab 1930 ein ausgebautes und komplexes verbandliches Rentensystem für seine Mitglieder aus.[188]

Um die Betrachtung der Invalidenunterstützungen an dieser Stelle abzuschließen, soll zuletzt ein Blick auf die Unterstützung der dauernd Arbeitsunfähigen des Verbandes der Deutschen Buchdrucker am Ende der 1920er Jahre geworfen werden. Die Kasse gehörte zu jenen gewerkschaftlichen Invalidenunterstützungen, die schon vor dem hier genau betrachteten Zeitraum Bestand hatten. Diesbezüglich wurden in der vorliegenden Studie bereits einige Entwicklungen skizziert und erläutert. Auf die Statuten der Invalidenunterstützung des Buchdruckerverbandes soll hier nicht mehr im Detail eingegangen werden. Die Höhe ihrer Leistungsstaffel wies ausgangs der 1920er Jahre Werte aus, die mit dem Gesamtverband vergleichbar waren. Im Verband der Deutschen Buchdrucker wurde eine Tagesunterstützung gezahlt, die nach geleisteten Beiträgen und mithin nach der Dauer der Mitgliedschaft gestaffelt war. Nach den Bestimmungen der Satzung des Jahres 1929 lag die Staffelung der Tagessätze zwischen 1,40 und 2,40 Reichsmark. Wenn man für einen Monat 30 Tage anrechnet, erreichten die monatlichen Renten für Buchdrucker in der Invalidenunterstützung demnach zwischen 42 und 72 Reichsmark.[189] Hier wird anschaulich, dass es hinsichtlich der in Aussicht gestellten Rentenhöhe zum Ende der in dieser Studie untersuchten Zeit keinen erheblichen Unterschied machen musste, ob man in den Freien Gewerkschaften in einer seit längerer Zeit bereits bestehenden traditionellen oder in einer unmittelbar gegründeten neuen Invalidenunterstützung Ansprüche erwarb. Offenbar wirkte sich aus, dass in der zweiten Hälfte der 1920er Jahre im Allgemeinen Deutschen Gewerkschaftsbund, dem Dachverband der Freien Gewerkschaften, Anstrengungen unternommen worden waren, die Leistungen und Kosten des Unterstützungswesens allgemein und der Invalidenunterstützung im Besonderen zwischen den Mitgliedsverbänden zu harmonisieren. Darauf wird im Folgenden noch einmal zurückzukommen sein.

Gründungsdeutungen und Sinnstiftung im Bestand

Viele der häufig sehr komplexen Regelungsbereiche gewerkschaftlicher Alters- und Invalidenunterstützungskassen konnten in der vorangehenden Darstellung trotz des Bemühens, wie mit einem Senkblei immer wieder auch in die Details der Bestimmungen einzutauchen, nicht dargestellt werden. Dies ist bei einer Studie, die sich als Exkurs ver-

---

[188] Die vorgenannten Berechnungen nach: ebd., § 8, S. 15 f. und § 17, S. 32 ff.

[189] Die Staffelung im Verband der Deutschen Buchdrucker reichte von 450 respektive 700 bis zu 2.000 geleisteten Beiträgen. Dazu und zu den genannten Satzungsbestimmungen – ergänzt um eigene Berechnungen: Verband der Deutschen Buchdrucker: Satzungen nebst den Bestimmungen über die Unterstützungen. Beschlossen auf dem Verbandstag zu Frankfurt am Main 1929, §§ 33 ff., S. 34 ff.

steht und exemplarisch vorgeht, hinzunehmen. Auch die Nachkriegsgründungen gewerkschaftlicher Sterbekassen wurden bislang nicht dezidiert beleuchtet. Dies wird in den nun folgenden Passagen aus einem anderen Blickwinkel nachgeholt werden – auch, weil sich der Charakter der vor dem Ersten Weltkrieg etablierten gewerkschaftlichen Sterbekassen von jenen, die nach dem Krieg entstanden, unterschied.

Im Folgenden wird bewusst anders vorgegangen werden als im Kapitel über die Kranken- und Arbeitslosenunterstützungen. Wurden dort die Gründungen der Kassen im Zusammenhang mit den dabei zugewiesenen Bedeutungen konsekutiv – von Einzelfall zu Einzelfall springend – beschrieben, soll im Folgenden ein systematischer Ansatz verfolgt werden. Es wird versucht, besonders wichtig erscheinende, sich wiederholende oder besonders interessante Gründungsdeutungen beschreibend zu sortieren – und am ausgewählten Fallbeispiel zu illustrieren. Auch dabei wird exemplarisch vorgegangen. Eine Ansammlung möglichst vieler Beispiele für die jeweilige Bedeutungsgattung wird ausdrücklich nicht angestrebt. Im Anschluss daran ist der Blick auf jene Sinnstiftung zu werfen, die im mehrjährigen Bestand einer Altersunterstützungseinrichtung von gewerkschaftlicher Seite in dieser vermittelt oder mit dieser verbunden wurde. Dafür kommt aus methodischen Gründen insbesondere die Pensionskasse des Zentralverbandes der Angestellten in Betracht. Daher wird die Perspektive der Interpretation gewechselt werden. *Eine* Einrichtung nur *eines* Verbandes wird über den Verlauf mehrerer Jahre hinsichtlich interessanter Aspekte der Sinnstiftung in Themen, die in Verbindung mit der Alterskasse auftraten, als ausgewählter Solist präsentiert.

Um Missverständnissen vorzubeugen: Die Zuweisung von Bedeutungen erfolgte in den gewerkschaftlichen Präsentationen oder den Diskursen ihrer Funktionsträger nicht monothematisch. Das lag auch in der Natur der Sache. Bei Debatten kamen die Sichtweisen vieler Akteure zum Ausdruck. In Jahrbüchern oder in der Verbandspresse war man geneigt, die vielfältigen Vorzüge gewerkschaftlicher Unterstützungseinrichtungen anzupreisen. Insofern sammelte sich in gewerkschaftlichen Publikationen, die sich an Funktionäre und Mitgliedschaft richteten, ein Mosaik positiv vermittelter Werte gewerkschaftlicher Kassen als Bedeutungszuweisungen an. Dies galt nahezu im gesamten Spektrum gewerkschaftlicher Unterstützungen und entsprechend für Alterseinrichtungen – wie es das Beispiel der Gründung der Pensionskasse des Verbandes der Büroangestellten veranschaulicht. Hier tauchten im Prozess der Etablierung der Pensionskasse – sei es in Debatten der Verbandstage, in Referaten der Verbandsführung oder als Präsentation der Kasse in der Verbandspresse – als verbandsseitig definierte Bedeutungen der neuen Einrichtung auf: Motive der organisatorischen Bindung der Mitgliedschaft und der Eindämmung ihrer Fluktuation, die Überwindung des Widerstands der fundamentalen Gegner gewerkschaftlicher Unterstützungen mit einer Kasse, die mit der Rentenfrage der Angestellten angesichts der diesbezüglich zurückbleibenden staatlichen Sozialversicherungspolitik einen sensiblen Kern der Angestelltenbewegung berührte, oder die Lösung der Angestellten aus den Betriebspensionskassen als Fesseln der Arbeitgeber, was man allerdings vorrangig als Auftrag der staatlichen Sozialpolitik betrachtete. Daneben gab es weitere Bedeutungskontexte, die bei zuvor erläuterten gewerkschaftlichen Unterstützungseinrichtungen erörtert wurden: etwa das Zusammentreffen von Neugründungen oder Leistungsausweitungen gewerkschaftlicher Unterstützungseinrichtungen mit Verbandsfusionen, wie sie der Verband der Büroangestellten Deutschlands 1908 selbst vollzog – auch hier verbunden mit der Absicht, dem erweiterten, noch fragilen Verbandskonstrukt und der größeren Mitgliederbasis mit Bindungskräften aus dem Unterstützungsbereich Stabilität zu verleihen. Ebenfalls relevant waren beim Verband der Büroangestellten schließlich Fragen der erforderlichen Beitragsanpassung. Bei dem gegenüber Funktionären wie Mitgliedern schwer vermittelbaren Thema griffen Gewerkschaftsführungen gerne zum Instrument einer Angebotsoffensive und stellten der bitteren Forderung die Süße der in Aussicht gestellten besseren Unterstützungen gegenüber.[190]

Gründungsdeutungen systematisch: Kontexte der Organisationspolitik
Im Folgenden soll jedoch nicht, wie gesagt, die Vielfalt der Bedeutungszuweisungen in speziellen Fällen einzelner Kassengründungen im Fokus stehen. Angestrebt wird vielmehr die gezielt gesuchte Vereinfachung, eine Art Systematik, die jene Bedeutungszuweisungen zum gewerkschaftlichen Unterstützungswesen zu ordnen versucht, die in Gründungskontexten von Sterbe- und Alterskassen exponiert in Erscheinung traten. Dabei soll vom angesprochenen Fall der Gründung der Pensionskasse im Verband der Büroangestellten Deutschlands ausgegangen werden.

Im unmittelbaren Vorfeld des Gründungsverbandstages, der den Zentralverein der Büroangestellten mit dem Verband der Verwaltungsbeamten der Krankenkassen und Berufsgenossenschaften Deutschlands zusammenführen sollte, hieß es im Verbandsorgan zur Ankündigung des Kongresses, auf dem die Fusion vollzogen wurde: »Mit gespannter Aufmerksamkeit werden wir insbesondere auch die Vorgänge auf dem Gebiet der Sozialpolitik verfolgen müssen, die Hand am Schwert. Die Reform der Arbeiterversicherung, die für viele Kollegen sich zu einer Existenzfrage auswachsen kann, die Pensionsversicherung der Privatangestellten und der Ausbau des Invalidenversicherungsgesetzes, (...) die Sicherung und der Ausbau des Koalitionsrechts und eine gan-

---

[190] Vgl. als exemplarische Quellenpassagen für die aufgeführten Bedeutungszuweisungen im Kontext der Etablierung der Pensionskasse im Verband der Büroangestellten im Jahr 1908 etwa das Verbandsorgan: Der Büroangestellte Nr. 8, 1908, S. 59. Zu den lokalen Veranstaltungen im Vorfeld des Verbandstages, auf denen man die Gegner gewerkschaftlicher Unterstützungsleistungen, die sich selbst als Avantgarde puristischer Kampforganisationen sahen, von der Pensionskasse zu überzeugen suchte, ebd., S. 64. Vgl. ferner das Protokoll des Gründungsverbandstages: Verband der Büroangestellten Deutschlands: Protokoll des Verbandstages des Verbandes der Büroangestellten und der Verwaltungsbeamten der Krankenkassen und Berufsgenossenschaften Deutschlands 1908, bes. S. 48 ff. Zudem ders.: Protokoll der Verhandlungen des zweiten Verbandstages 1911, S. 73 ff., bes. auch S. 78 f.

ze Reihe anderer Fragen werden eine tatkräftige, schlagfertige Organisation unserer Berufsgenossen erfordern. Deshalb ist auch nicht zuletzt unser aller Streben darauf gerichtet, den neuen Bau, dessen Richtfest wir Ostern feiern wollen, so auszustatten, dass er allen Kollegen wohnlich und einladend entgegenwinkt. Diesem Zweck dient in erster Linie ja die Einführung einer Pensionskasse. Wohl sind Zweifel laut geworden, ob die Mittel ausreichen werden, den Plan durchzuführen. Darüber wird noch auf dem Verbandstag zu reden sein. Mit Genugtuung können wir aber feststellen, dass der Plan selbst überall Verständnis, ja freudige Zustimmung gefunden hat. (...) Der Verband wird harten Stürmen entgegengehen, darüber wollen wir uns doch nicht täuschen. Da wird uns die Pensionskasse, das können wir ganz offen erklären, ein neues Bindeglied sein. Die Zweifelnden und Schwankenden, sie werden erkennen, dass der solidarische Zusammenhalt allein soziale Taten schafft. Ohne Solidarität kein sozialer Fortschritt und auch kein wirtschaftlicher.«[191]

Die Quellenpassage bringt zum Ausdruck, dass gewerkschaftliche Unterstützungskassen im Themenfeld Alter zum Objekt der Politisierung von Angestelltenverbänden wurden und dabei den Rang von Gründungsinitiativen für gewerkschaftliche Organisationen erlangten oder gar als Organisationsanlass gezeichnet wurden. Die Frage einer verbandseigenen Pensionskasse habe die Büroangestellten seit der Gründung ihrer Organisation beschäftigt, leitete der Referent auf dem Verbandstag 1908 seine Ausführungen zur Kassengründung ein.[192] Unmittelbar war jene Verbindung beim Dortmunder Bezirksverein des Reichsverbandes Deutscher Post- und Telegrafenbeamten, der sich – wie geschildert – aus den Strukturen einer Sterbekasse formierte, die so direkt zur Keimzelle gewerkschaftlicher Strukturen wurde. Bei Angestelltenorganisationen wie dem Verband der Büroangestellten waren es eher die inhaltlichen Bezüge der Etablierung einer verbandlichen Altersunterstützung zur Gründung der gewerkschaftlichen Organisation selbst, die in den Vordergrund gerückt wurden. Diese »Gründungsepik« fand ihr verbindendes Element in der Politisierung der Angestellten durch die Kritik an der gesetzlichen Sozialversicherung. Diese fokussierte die Lage der Arbeiterschaft, die Regelungen, welche die Angestellten betrafen, wurden als unzureichend und in der Angestelltenschaft häufig gar als degradierend wahrgenommen. Das betraf insbesondere die Altersversorgung in der Invalidenversicherung. Hier wurde in Angestelltenkreisen eine Versorgung nach Maßgabe der Altersbezüge der Beamtenschaft als standesgemäß angesehen.[193] Sie bekam man lange nicht – und aus der eigenen Perspektive mit dem Angestelltenversicherungsgesetz 1911 erst verspätet und in einer die eigenen Ansprü-

---

[191] Der Büroangestellte Nr. 8, 1908, S. 59.

[192] Verband der Büroangestellten Deutschlands: Protokoll des Verbandstages des Verbandes der Büroangestellten und der Verwaltungsbeamten der Krankenkassen und Berufsgenossenschaften Deutschlands 1908, S. 48.

[193] Vgl. hierzu wie zum Themenbereich der Sozialversicherung als Motor der Politisierung in einer Angestelltenorganisation – von den Gründerjahren bis in die 1920er Jahre – beispielhaft Verband

che nicht erfüllenden Ausführung. An jener Frage entzündete sich eine Politisierung der Angestelltenschaft. Bereits existierende Angestelltenvereinigungen mutierten zu Gewerkschaften, erhöhten durch Zusammenschlüsse ihre politische Schlagkraft oder gründeten sich neu – wobei eine verbandliche Pensionskasse ein starkes Signal an die politisierte Mitgliedschaft war. Das, was der Staat den Angestellten lange nicht zu bieten vermochte – nämlich eine auskömmliche Altersversorgung –, organisierte eine starke, potente Verbandsgemeinschaft für die eigene Mitgliedschaft im Alleingang.

Die Kritik an der staatlichen Sozialversicherung für Angestellte blieb als Motiv der verbandlichen Bedeutungszuweisung bei gewerkschaftlichen Altersunterstützungen auch in den 1920er Jahren erhalten. Die Angestelltenversicherung, die ab Januar 1913 in Kraft trat, wurde in eine Dekade der Extreme – bestimmt durch den Ersten Weltkrieg am Anfang und die Hyperinflation am Ende – hineingeboren. Die Einrichtung gewerkschaftlicher Altersunterstützungen in den ausgehenden 1920er Jahren nahm darauf Bezug. Das staatliche Ruhegeld für Angestellte sei aufgrund der Vermögensverluste in der Inflation nicht hoch, hieß es in manchen Organisationen – man musste, wie es dargestellt wurde, abermals die Defizite der staatlichen Sozialversicherung kompensieren und richtete eigene Altersunterstützungen nun als ein Zuschussrentenwesen ein.[194]

Nicht nur bei Angestelltengewerkschaften tauchte das Motiv auf. In abgewandelter Form erschien es auch bei der Gründung des Gesamtverbandes der Arbeitnehmer der öffentlichen Betriebe und des Personen- und Warenverkehrs im Jahr 1930. Hier wurde die Bedeutung der nun etablierten Invalidenunterstützung durch eine andere Perspektive der Staatskritik aufgeladen. Solange der Sozialismus nicht verwirklicht sei – und die soziale Architektur des Staatswesens daher unvollkommen – müssten die Gewerkschaften mit eigenen Einrichtungen die Lücken noch schließen. So wurde wohl gezielt zu entschärfen versucht, dass der Ausbau von Unterstützungskassen im Lager der fundamentalen Sozialisten unter den Funktionären im Verband engagierte Gegner hatte. Zugleich gab es Differenzen bei der Anpassung der Unterstützungssätze nach der Fusion zum Gesamtverband. Sie konnten mit einer wichtigen neue Unterstützungseinrichtung abgefangen werden. Dafür wirkte ein ideologisch aufgeladener Kontext zur Einführung der Invalidenunterstützung womöglich befriedend.[195]

---

der weiblichen Handels- und Büroangestellten (Hg.): Vierzig Jahre VWA 1889-1929, S. 61 ff., bes. S. 63.

[194] Sehr deutlich ausformuliert im Verband der weiblichen Handels- und Büroangestellten, ebd., S. 35.

[195] Vgl. hier die Gründungsverbandstage, die Ende des Jahres 1929 stattfanden, bevor der Gesamtverband zum Jahresbeginn 1930 offiziell den Zusammenschluss vollzog: Verband der Gemeinde- und Staatsarbeiter: Protokoll der Verhandlungen des zwölften (Außerordentlichen) Verbandstages 1929, etwa S. 90 oder S. 98 f. Gesamtverband der Arbeitnehmer der öffentlichen Betriebe und des Personen- und Warenverkehrs: Protokoll über den ersten Verbandstag des Gesamtverbandes der Arbeitnehmer der öffentlichen Betriebe und des Personen- und Warenverkehrs – zugleich Protokoll über die Verhandlungen der gemeinsamen Tagung der fusionierenden Verbände (in:

War Staats- und Sozialversicherungskritik also eine rhetorische Kulisse der Gründung gewerkschaftlicher Alterskassen? Hier darf man den Kontext nicht übersehen. Der übergeordnete Bedeutungsbezug dieses wiederkehrenden Motivs war die gewerkschaftliche Organisation selbst. Im Bericht über die Pensionskasse wurde auf dem Gewerkschaftstag des Zentralverbandes der Angestellten, der 1927 in Köln zusammentrat, die Frage der Altersversorgung als eine Urfrage der Begründung der gewerkschaftlichen Angestelltenbewegung gezeichnet.[196] Mit der staatlichen Invalidenrente war zugleich ein Sonderstatus der Angestellten etabliert worden, der von ihnen – hinsichtlich der Altersversorgung – als ungerechte staatliche Benachteiligung aufgefasst wurde. Die Pensionskasse des Verbandes wurde vor dem Hintergrund dieses Schlüsselereignisses der Politisierung zu einer Reliquie stilisiert, die an jene Urfrage im Spiegel verbandlicher Institutionen symbolisch und dauerhaft erinnerte. Eine Reliquie musste gehegt werden. In der Inflationsphase der frühen 1920er Jahre hielt der Zentralverband der Angestellten an der aus dem Verband der Büroangestellten übernommenen Pensionskasse trotz erheblicher Finanzprobleme fest. Die zusätzlich zur Pensionskasse 1927 eingeführte Altersunterstützung veranschaulichte die Entschlossenheit und die Potenz einer großen und starken Organisation, an dieser Urfrage der Organisation fortgesetzt und aus eigener Kraft zu arbeiten. Die Kritik an der staatlichen Sozialversicherung wurde organisationspolitisch gewendet und in die Erzählung vom Aufstieg und der stetig wachsenden Macht gewerkschaftlicher Großverbände eingearbeitet. Dass die Einführung von gewerkschaftlichen Altersunterstützungen mit gewerkschaftlichen Fusionsereignissen zeitlich zusammenfallen konnte, wie es 1908 beim Verband der Büroangestellten oder 1930 beim Gesamtverband der Fall war, basierte auf einer Mehrzahl an Gründen. Dennoch passte der Umstand hervorragend in das gewerkschaftlich in Szene gesetzte Bild.

Auch die ganz konkrete und pragmatische Organisationsbedeutung stand damit im Zusammenhang. In der oben präsentierten Quellenpassage zur Ankündigung der Pensionskasse und des bevorstehenden Fusionsverbandstages für den Verband der Büroangestellten war dies bereits sehr deutlich geworden. Dabei wurde die Reform der Sozialversicherung und insbesondere die Pensionsfrage als Existenzfrage der Angestellten verknüpft mit dem »Bau« der Organisation und seiner »wohnlichen und einladenden« Ausgestaltung – nicht zuletzt durch eine verbandliche Pensionskasse. Diese sollte dem »solidarischen Zusammenhalt« dienen – also »Bindeglied« sein, den Mitgliederzuwachs befördern, die Fluktuation abschwächen und mithin die Expansion der Organisation absichern. Am Ende stand die Zukunftsvision einer auf jenem Pfad besonders schlagkräftig gewordenen Organisation, die durch ihren »solidarischen Zusammenhalt«

Gesamtverband der Arbeitnehmer der öffentlichen Betriebe und des Personen- und Warenverkehrs: Protokoll über die Verhandlungen der Gründungstagungen des Gesamtverbandes 1929; Paginierung nach der Sammelpublikation des Verbandes), etwa S. 192 ff.

[196] Zentralverband der Angestellten: Protokoll des dritten Verbandstages 1927, S. 45 f.

schlussendlich »soziale Taten« erwirkte, also »sozialen und wirtschaftlichen Fortschritt« für jeden einzelnen Organisierten.[197]

Hier wird deutlich, dass der Bezug zur Entwicklung der gewerkschaftlichen Organisation in den verbandlichen Zuweisungen von Bedeutungen an das soziale Unterstützungswesen auch für Alterskassen eine hervorgehobene Rolle spielte. Die Organisationsbedeutung erschien geradezu als universeller Fluchtpunkt, auf den eine Vielzahl an Vorzügen oder Funktionen des Unterstützungswesens – auch semantisch – ausgerichtet wurde. Im Themenfeld Alter oder Tod mag es überraschen, dass der Kontext von Agitation und Organisation erneut die gewerkschaftlichen Deutungspfade markierte. Bei Alter und Tod würde man vor allem doch sozialpathetische Semantiken erwarten – sie waren auch vorhanden, dazu sogleich mehr.

Für das gewerkschaftliche Sterbekassenwesen in der Vorkriegszeit könnte man zugespitzt formulieren, dass sich jenes geradezu als »Humus« für die Projektion gewerkschaftlicher Organisationsfragen anbot. Nicht nur, da sich das Thema sozialpathetisch sowie emotional aufladen ließ: aufgrund lokaler sowie berufsgruppenspezifischer Traditionen bei der Ritualisierung und Finanzierung des Sterbefalls rückten jene Kassen in den Fokus, wenn es in den aufstrebenden Zentralgewerkschaften um die Frage von Zuständigkeiten und der Macht der Zentrale ging. In enger Verbindung wurden Finanzfragen erörtert: die Höhe und Zuschnitte der Beiträge oder die finanziellen Abführungen der Lokalstellen an die Zentralkassen. In diesem Kontext organisationspolitischer Schlüsselfragen erhielten zentrale gewerkschaftliche Sterbekassen nach der Jahrhundertwende ihr Bedeutungsprofil.

Man könnte an dieser Stelle an die 1903 eingeführte und 1906 auf die Ehegatten erweiterte zentrale Sterbekasse des Verbandes der Gemeinde- und Staatsarbeiter erinnern, die beispielhaft für den Durchbruch des Zentralkassenwesens in dieser Gewerkschaft wurde, nachdem es in den Jahren zuvor ein Hin und Her zwischen zentraler und lokaler Unterstützungsarchitektur gegeben hatte.[198] Das Kraftfeld Zentralkassenwesen versus Lokalkassen war auch für die Beerdigungsbeihilfe der Transportarbeitergewerkschaft von erheblicher Bedeutung. Die zentrale Verbandssterbekasse wurde im Jahr 1905 etabliert. Dabei gab es einen Zusammenhang zur Beitragsdebatte. Nicht nur der Gewerkschaftsbeitrag der Mitglieder wurde seinerzeit erhöht, auch die Abführungen der Filialen an die Zentralkasse wurde verbindlicher gestaltet – zum Vorteil der Zentralkasse. Beide Maßnahmen waren umstritten, wurden intensiv debattiert und forderten

---

[197] Die hier aufgegriffenen Zitate weiter oben in Wortlaut und Sinnzusammenhang wiedergegeben. Der Büroangestellte Nr. 8, 1908, S. 59, auch die Wortzitate nach ebd.

[198] Vgl. hierzu Verband der in Gemeindebetrieben beschäftigten Arbeiter und Unterangestellten: Protokoll der Verhandlungen des dritten Verbandstages 1903, bes. S. 26 ff. (Referat Schubert und Debatte) sowie S. 48 ff. (Beschlussfassung). Verband der in Gemeinde- und Staatsbetrieben beschäftigten Arbeiter und Unterangestellten: Protokoll der Verhandlungen des vierten Verbandstages 1906, S. 20 ff. und S. 186. Dazu ausführliche Angaben in der Passage über die Vorkriegsgründungen gewerkschaftlicher Sterbekassen in diesem Kapitel.

die Frage nach Kompensation für Mitglieder und Filialen heraus.[199] Das zentrale Unterstützungswesen rückte somit in einen besonderen Fokus.

In der Debatte während der Frankfurter Generalversammlung der Transportarbeiter im Jahr 1905 lässt sich erkennen, wie das lokale Sterbekassenwesen durch gute Leistungen an bestimmten Orten die Zentralkassenarchitektur zusätzlich unter Zugzwang setzte.[200] So zahlten Berliner Filialen nicht nur Sterbegeld beim Tod des Mitgliedes, sondern auch beim Versterben der Ehefrau oder Kinder. In der zentralen Sterbekasse begründete anfänglich nur der Tod des Mitgliedes den Unterstützungsfall. Zunächst wurde eine gespaltene Lösung etabliert. Lokale Filialen konnten Zusatzleistungen in der Sterbeunterstützung, die über das Portfolio der zentralen Unterstützung hinausgingen, beibehalten – solange diese aus lokalen Sondermitteln eigenständig finanziert wurden. Faktisch stand die Zentralkasse damit vom ersten Tag ihres Bestehens unter internem Konkurrenzdruck. Es musste der Anspruch der zentralen Unterstützungseinrichtungen sein, das Unterstützungswesen überregional zu harmonisieren, um die Bindungskräfte der Zentrale zu maximieren und die lokalen Fliehkräfte zu minimieren. Es sollte nicht lange dauern, bis der Transportarbeiter-Verband die zentrale Sterbekasse für den Tod der Ehefrau des Mitgliedes öffnete. Mit dem Anschluss des Verbandes der Hafenarbeiter kam 1910 jene Regelung – auch wegen der entsprechenden Traditionen der Hafenarbeiter. Zugleich bot die Transportarbeitergewerkschaft seit 1910 in ihrer *Fakulta* eine zusätzliche Sterbekasse sowie eine Witwen- und Waisenunterstützung an.[201]

Im Jahr 1905, als der Zentralverband der Handels-, Transport- und Verkehrsarbeiter die Einführung der zentralen Sterbekasse debattierte, war der Druck auf das Leistungsangebot der Zentralkasse bereits zu spüren. Berliner Delegierte verwiesen auf ihre Erfahrungen mit hohen Sterbegeldern. »Wir können die höchste Stufe ruhig stehen lassen, wir haben in Berlin eine große Reihe von Mitgliedern, die dem Verband zwölf Jahre angehören. Wenn wir bis zu 150 Mark Sterbegeld in der ersten Beitragsklasse zahlen, so wirkt das agitatorisch und die Ausgaben sind nicht groß.«[202] Berliner Vertreter drangen vor dem Hintergrund der eigenen Erfahrungen mit einer gut ausgestatteten lokalen Sterbekasse auf eine ambitionierte Zentralkasse. Dabei ging es auch hier um Organisationspolitik. Die Agitation mit einer Sterbekasse, die eine lange Gewerkschaftszuge-

---

[199] Vgl. Zentralverband der Handels-, Transport-, Verkehrsarbeiter und Arbeiterinnen Deutschlands: Protokoll der vierten Generalversammlung 1905 mit Rechenschaftsbericht 1903 bis 1904, hier der Protokollteil, S. 316-327 und S. 331 ff.

[200] Vgl. hierzu ebd., bes. S. 333.

[201] Die entsprechenden Darstellungen zur zentralen Sterbekasse und ihrer Fusionsanpassung sowie zur *Fakulta* des Deutschen Transportarbeiter-Verbandes sind im Zusammenhang mit den Vorkriegsgründungen von gewerkschaftlichen Sterbe-, Renten- oder Pensionskassen in diesem Kapitel bereits erfolgt.

[202] Zentralverband der Handels-, Transport-, Verkehrsarbeiter und Arbeiterinnen Deutschlands: Protokoll der vierten Generalversammlung 1905 mit Rechenschaftsbericht 1903 bis 1904, hier der Protokollteil, S. 333.

hörigkeit mit steigenden Sterbegeldsätzen honorierte, wurde häufig als reizvoller für die Mitglieder betrachtet als eine zentrale gewerkschaftliche Krankenunterstützung.[203]

Ein reflektierender Exkurs in den Verband der Hafenarbeiter liefert noch einmal genauere Aufschlüsse über die organisationspolitischen Bedeutungszuweisungen, die das zentrale Sterbekassenwesen in Gewerkschaften um die Jahrhundertwende erfuhr. Die Bezüge zur Organisationswirkung waren dabei ein immer wieder in den Vordergrund gerücktes Leitmotiv der gewerkschaftlichen Bedeutungszuweisung – auch bei den sozialen Unterstützungskassen, die das Themenfeld Alter repräsentierten. Die Sterbekasse des Verbandes der Hafenarbeiter liefert besondere Einsichten. Dieser Verband veranschaulicht beispielhaft, wie zentrale gewerkschaftliche Sterbegeldkassen aus der Funktion einer Kompromissformel Karriere machten. Wie es bereits dargelegt wurde: Im Verband der Hafenarbeiter wurde die gewerkschaftliche Arbeitslosenunterstützung lange beharrlich abgelehnt. Auch eine zentralisierte und obligatorische Krankenunterstützung traf auf erhebliche Widerstände. Während sich hier zeigte, wie um die Jahrhundertwende um die Einführung sozialer Unterstützungskassen in Gewerkschaften gerungen wurde, erwies sich die Sterbekasse als Hebel, mit dem der Knoten des Widerstandes gelockert werden konnte. Die zentrale Verbandssterbekasse war in der Organisation der Hafenarbeiter weitgehend widerspruchsfrei durchzusetzen. Woran lag das? Lag es an einer besonderen Tradition, einer kulturellen Bedeutung und einer emotionalen Aufladung des Themas? Oder lag es abermals an der Zuschreibung einer spezifischen Agitationswirkung zum Vorteil der gewerkschaftlichen Organisation?

In einem Milieu, das vom Umfeld großer Seehäfen geprägt war und in dem sich Seeleute und Hafenarbeiter über Generationen wechselseitig sozialisierten, existierte eine Art Begräbniskultus. In Berufsgruppen, in denen der Grad der Gefährdung besonders hoch war und diese als solche wahrgenommen wurde, fielen Frömmigkeit und religiöse Aufladungen häufig auf einen besonders fruchtbaren Boden. Das maritime Umfeld lieferte dafür Beispiele. Das Tragen von Ohrringen beispielsweise war für Seeleute mehr als nur ein identitätsstiftendes Merkmal. Mit den sogenannten Fischercreolen, mit denen der Träger am Ohrring seine Initialen vermerkte, sollte sichergestellt werden, dass der Leichnam in einem Unglücksfall zu identifizieren war. Der Goldwert des Ohrrings ermöglichte schließlich ein christliches Begräbnis. Das Seemannsgrab als symbolische Darstellung – um ein weiteres kulturgeschichtliches Beispiel zu geben –, aus Kreuz, Herz und Anker zusammengefügt, ist ein tradiertes Motiv der christlichen Ikonografie.[204] Die Prägung im christlichen Glauben brachte auch die seit 1805 bestehende Unterstützungseinrichtung »Ewerführer-Kranken-Brüderschaft, Gott mit uns!« bereits in

---

[203] Ebd.
[204] Vgl. weiterführend etwa Timo Heimerdinger: Der Seemann. Ein Berufsstand und seine kulturelle Inszenierung (1844-2003), Köln u.a. 2005.

ihrem Titel deutlich zum Ausdruck. Sie sicherte, wie man es erwarten konnte und wie es weiter vorne erläutert wurde, auch den Sterbefall ab.[205]

Zeigten also tradierte Sterberituale oder frühe Sterbekassen wie jene der Ewerführer, dass die Kulturgeschichte der Unterstützungstraditionen in Gilden, Zünften oder anderen beruflichen Vereinigungen, die seit Jahrhunderten bestehen konnten, in die Zeit der Wende vom 19. in das 20. Jahrhundert direkt eingriff, da sich im Entstehungsprozess der Gewerkschaft der Hafenarbeiter die Sterbekasse als zentrale Unterstützungskasse leichter durchsetzen ließ als andere Einrichtungen? Freilich stellten die Vorläufer einen relevanten Faktor dar, warum es auch in den Gewerkschaften später Unterstützungseinrichtungen gab – daher wurden sie in dieser Studie eingangs beschrieben. Allein die Tatsache, dass sie vor den Gewerkschaften im Umfeld organisierter Arbeitnehmerschaften als feste Größe existierten, musste dazu führen, dass sie in der Gründungsphase der gewerkschaftlichen Massenbewegung eine Rolle spielten und zum Thema wurden. Man muss jedoch beachten, dass dies zunächst kritisch geschah – mit der geschilderten Abstoßungsreaktion in den 1890er und folgenden Jahren, als Gewerkschaften, die sich als etwas Neues und Modernes begriffen, mit den überkommenen Unterstützungsvereinigungen zunächst einmal wenig zu tun haben wollten. Der Verband der Hafenarbeiter zeigte dies anschaulich. Auch die Tradition der Unterstützungskasse der Ewerführer, die ja zunächst eine »Kranken-Brüderschaft« war, änderte schließlich nichts am Widerstand vieler Gewerkschafter im Verband der Hafenarbeiter gegen eine zentrale Krankenunterstützung.[206]

Betrachtet man genauer, mit welchen Bedeutungszuweisungen die Sterbekasse der Hafenarbeiter installiert wurde, fällt auf, dass Traditionen und Begräbniskultus nicht hervorgehoben artikuliert wurden. Im Gegenteil, man findet in den gewerkschaftlichen Quellen vielmehr eine Mischung von Emotionalisierung und Pathos – beim Themenfeld Tod zu erwarten – mit einem nüchternen Agitationskalkül vor. Im Jahr 1898 vermerkt das Protokoll des Gewerkschaftstages der Hafenarbeiter, auf dem die zentrale Sterbekasse beschlossen wurde, dazu: »In der sehr ausgedehnten Diskussion wird allseitig hervorgehoben, dass etwas getan werden müsse, um die Mitglieder an den Verband zu fesseln. Im Fall des Ablebens eines Mitgliedes müsse den Hinterbliebenen eine Unterstützung in Form eines Sterbegeldes ausgezahlt werden. Hierdurch würde man auch die Frauen der Mitglieder zu Freundinnen des Verbandes machen.«[207] Wenige Jahre

---

[205] Dazu Ausführungen in Kapitel vier dieser Studie.

[206] Hier spielten, wie gezeigt, auch andere Fragen eine wichtige Rolle, so etwa, ob man von lokalen oder berufsgruppenspezifischen Unterstützungskassen zu zentralisierten Verbandskassen wechseln sollte. Im Verband der Hafenarbeiter unterhielten Berufsgruppen ein eigenes Kassenwesen – beispielsweise auch die Speicherarbeiter mit einer Zuschusskasse bei Krankheit. Vgl. Verband der Hafenarbeiter Deutschlands: Protokolle des zweiten Kongresses der Hafenarbeiter 1898 sowie der fünften Generalversammlung 1898 mit Geschäftsbericht 1897-1898, hier die Dokumentation der Generalversammlung, bes. S. 21.

[207] Ebd., S. 46.

später resümierte der Verband in einem Rückblick pathetisch das humanitäre Potenzial der Kasse. »Man kann überzeugt sein, dass manche Träne damit getrocknet, manche Not damit gelindert ist«, hieß es im Geschäftsbericht für das Jahr 1902 hinsichtlich der geleisteten Hilfe der zentralen Sterbekasse in den ersten Jahren ihres Bestehens.[208]

Derlei Pathos fand sich bei gewerkschaftlichen Erörterungen des Sterbekassenwesens im Vergleich mit anderen sozialen Unterstützungen gehäuft. Das Thema Tod war emotional aufgeladen. Christentum und Glaubensfragen, familiäre Schicksalsschläge sowie existenzielle Krisen waren damit eng verbunden. Damit war das Sterbekassenthema prädestiniert, um das männliche Milieu der Hafenarbeiterschaft emotional anzusprechen – mehr noch aber deren Frauen und Familien. Es war nicht allein der emotionale Zugang, den man – in einem hergebrachten Rollenbild – eher den Frauen zusprach. Man setzte ebenso auf deren wirtschaftliche Voraussicht. Für die Verwendung der knappen Mittel in Arbeiterhaushalten häufig zuständig, hatte das Votum der Frau beispielsweise darüber Gewicht, ob Gewerkschaftsbeiträge gezahlt werden sollten oder besser nicht. Weil Frauen der Gewerkschaftsmitglieder von der Sterbekasse explizit begünstigt wurden, da sie beim Tragen der Kostenlast nach dem Tod des Ehemannes unterstützt wurden, war die gewerkschaftliche Sterbekasse so etwas wie eine »Ehefrauenkasse«.

Die gewerkschaftlichen Erwartungen waren seinerzeit, dass die Ehefrauen der männlichen Verbandsmitglieder die Mitgliedschaft dauerhaft stabilisierten. In Sterbekassen, in denen eine ansteigende Ausschüttung häufig an die Dauer der Mitgliedschaft gekoppelt war, erhielten die Unterstützten Vorteile bei langfristiger Beständigkeit. Dies entsprach einer individuellen Sicht auf das Thema Tod. Jeder Mensch hofft auf ein gnädiges und vor allem spätes Ableben. Gepaart mit Emotionalität und Vernunft, bei den Arbeiterfrauen verortet, erschien besonders das gewerkschaftliche Sterbekassenwesen, aber auch die gewerkschaftliche Unterstützung bei Krankheit, sobald sie auf die Ehefrau oder die Familie ausgeweitet wurde, als Mittel der Wahl bei der Bekämpfung der gewerkschaftlichen Mitgliederfluktuation. Hierzu erklärte ein Magdeburger Delegierter auf dem Verbandstag der Hafenarbeiter 1902: »Wenn die Frauen erst von der Nützlichkeit der Kasse überzeugt sind, so werden diese schon dafür sorgen, dass die Beiträge pünktlich bezahlt werden. Bei den Krankenkassen werden sie finden, dass dort meistens die Frauen oder Kinder die Beiträge bezahlen. Ja, warum tun sie das? Weil sie ihre Rechte behalten wollen.[209]

Die Unterstützungskasse als Gerüst der entstehenden, noch fragilen Organisation, später als Stabilisator der Bindungskräfte in den Großverbänden mit ihrer zunehmend

---

[208] Verband der Hafenarbeiter Deutschlands: Protokoll der siebten Generalversammlung 1902 mit Geschäftsbericht 1900-1901, hier der Geschäftsbericht, S. 8.
[209] Ebd., hier der Protokollteil, S. 64 f. Vgl. ähnlich beispielsweise auch Verband der Hafenarbeiter und verwandten Berufsgenossen Deutschlands: Protokoll des achten Verbandstages 1904 mit Geschäftsbericht 1902-1903, hier der Protokollteil, S. 104.

heterogenen Mitgliedschaft: War nicht in Wirklichkeit das der innere Kern jener Tradition, die vom alten Unterstützungswesen in das moderne der gewerkschaftlichen Massenbewegung nach der Jahrhundertwende transferiert wurde? In den Passagen der vorliegenden Studie, die sich mit Unterstützungseinrichtungen bei Knappschaften, Zünften oder Gesellenvereinigungen vor dem zeitlichen Schwerpunkt der Untersuchung befassten, wurde ja recht deutlich, wie bedeutend dieser Gesichtspunkt bereits zu jener Zeit war. Besonders anschaulich war der Aspekt der Sicherung der Organisation mithilfe bestehender Unterstützungskassen in der Zeit des Sozialistengesetzes.[210] Für den Verband der Hafenarbeiter kann man es auf das genutzte Beispiel herunterbrechen und dadurch ebenfalls sichtbar machen. Die »Ewerführer-Kranken-Brüderschaft, Gott mit uns!« nutzte über die angegliederte Sterbekasse und die kostenfreie Mitversicherung der Witwen die erhofften positiven Wirkungen für die Agitation und die Nachhaltigkeit der Mitgliederpartizipation durch die Einbeziehung der Arbeiterfrauen schon seit 1805.[211]

Das soziale Pathos, das man in den Gründungskontexten von Alters- oder insbesondere Sterbekassen in der Zeit vor dem Ersten Weltkrieg bisweilen vorfindet, kann man als Ornament und Zierrat interpretieren. Damit soll dieser Aspekt nicht entwertet werden. Schließlich wurde hier dem emotionalen Themenfeld Alter und Tod entsprochen, die soziale und emotionale Aufladung desselben transportiert und damit durchaus eine soziale und humanitäre Perspektive eingenommen. Diese hatte wiederum einen organisationspolitischen Mehrwert. Weil menschliche Sicherheitsbedürfnisse in Bereichen zielgerichtet angesprochen wurden, die eine existenzielle Bedrohung mit einer individuellen Emotionalisierung kombinierten, wurden zugleich mögliche Organisationseffekte durch darauf zielende Einrichtungen der Gewerkschaften optimiert. Wichtig ist der Befund, dass im Kontext der Gründung von Unterstützungskassen, die das Thema Alter reflektierten, zunächst kein konkretes soziales Projekt als Leitmotiv gewerkschaftlicher Bedeutungszuweisungen in den Vordergrund trat und als solches erkennbar in Szene gesetzt wurde. Überwiegend blieb es bei eingestreuten sprachlichen Formeln und Floskeln, die soziales Pathos transportierten. Das galt für die Etappe bis zum Ersten Weltkrieg. Danach wurden Änderungen auffällig – dazu gleich mehr.

Der Bezug zu pragmatischen Fragen der gewerkschaftlichen Organisation blieb zunächst das Leitfeuer gewerkschaftlicher Bedeutungszuweisungen auch im Bereich sozialer Alterskassen. Dabei waren die Organisationsanreize der Gewerkschaften – um dies klarzustellen – nicht darauf ausgerichtet, durch Alterskassen die Alten und Gebrechlichen als Beitragszahler der Gewerkschaften zu erhalten. Dies war zumeist satzungsrechtlich ausgeschlossen. Wer Alters- oder Invalidenunterstützung bezog, wurde in der Regel von der Beitragsleistung freigestellt oder deutlich entlastet. Die Pensionskasse des

---

[210] Dazu Kapitel zwei dieser Studie.
[211] Vgl. dazu die weiterführenden Erläuterungen in Kapitel vier dieser Studie.

Verbandes der Büroangestellten, um ein Beispiel zu geben, verfügte in ihrer Satzung: »Während des Bezuges einer Unterstützung aufgrund dieses Regulativs ruht die Beitragspflicht.«[212]

Im Organisationskalkül der Gewerkschaften wurden die Jüngeren und die Familien, die langfristige Vorsorge und Sicherheit anstrebten, in den Blick genommen. Hier lag die besondere Stärke verbandlicher Rentenkassen für die Fluktuationsbekämpfung. Sie begünstigten in der Regel junge Beitragszahler und versprachen damit, eine eher instabile Mitgliedergruppe nachhaltig an den Verband zu binden. Die langen Zahlungsfristen, die für verbandliche Altersunterstützungen in vielen Statuten vorgegeben waren, unterstützten dies. Die Altersunterstützung des Zentralverbandes der Angestellten, um auch hier ein konkretes Beispiel anzuführen, staffelte ihre Rentenzahlungen nach Anwartschaftszeiten zwischen 25 und 45 Jahren.[213] Gewerkschaftliche Alterskassen funktionierten in dieser Hinsicht wie Sparverträge, in die man mit dem Gewerkschaftsbeitrag oder einer Beitragszusatzleistung über einen sehr langen Zeitraum beständig »einzahlte«, um schließlich ein gesteigertes materielles Anrecht zu erwerben. In der Erwartung der Verbandsadministrationen stabilisierte dies die Dauerhaftigkeit der Gewerkschaftszugehörigkeit und dämmte die Fluktuation in den Mitgliedschaften ein.

Für das klassische organisatorische Ziel der Mitgliederagitation und der Bekämpfung der Fluktuation war der Familienbezug der Unterstützungskassen ein wichtiges Element. Was sich an der Sterbekasse des Verbandes der Hafenarbeiter veranschaulichen ließ, zeigte sich mindestens ebenso stark bei der Witwen- und Waisenkasse der fakultativen Unterstützungseinrichtungen des Deutschen Transportarbeiter-Verbandes.[214] Jene bewies indes, dass der Familienbezug kein agitatorischer Selbstläufer war. Die fakultativen Unterstützungseinrichtungen der Transportarbeiter waren in ihrer Architektur des Jahres 1910 speziell in einer Hinsicht eine Fehlkonstruktion – wegen der Nähe, zeitlich wie inhaltlich, zum Versicherungsprojekt der Volksfürsorge. Dies wurde dargestellt. In dieser Konstellation entwickelte sich die Agitationswirkung der Kasse nicht. In der Witwen- und Waisenkasse verzeichnete man gar eine besonders hohe Fluktuation. Zugleich zeigte sich in der Witwen-, Waisen- und Pensionskasse eine hohe Mitgliederstabilität bei denjenigen, die für sich *und* ihre Familien sorgten. Die Kombina-

---

[212] Das Pensionsregulativ nach dem Abdruck in: Der Büroangestellte Nr. 13, 1911, S. 155-158, hier § 6, S. 156.

[213] Vgl. Zentralverband der Angestellten: Protokoll des dritten Verbandstages 1927, S. 80 ff., S. 155, zur Beschlussfassung S. 117. Auch 1930 galten noch dieselben Sätze. Vgl. Zentralverband der Angestellten: Satzung. Nach den Beschlüssen des Verbandstages 1930 in Stuttgart, § 83, S. 30.

[214] Vgl. hierzu Deutscher Transportarbeiter-Verband: Satzung für die fakultativen Unterstützungseinrichtungen des Deutschen Transportarbeiter-Verbandes 1910, abgedruckt im Verbandsorgan des Deutschen Transportarbeiter-Verbandes: Courier Nr. 11, 1910, S. 97-98.

tion von Familienbezug und individuellem Vorteil der beitragszahlenden Person erwies sich als besonders effektiv.[215]

Die fakultativen Unterstützungseinrichtungen des Deutschen Transportarbeiter-Verbandes, die 1910 eingeführt wurden, fassten – wie dargestellt – drei Initiativen zusammen. Einmal setzten sie eine Witwen- und Waisenkasse um, die in Delegiertenkreisen schon auf früheren Verbandstagen angeregt worden war – dies aber weitgehend unkommentiert, eher sammelnd in Bezug auf gewünschte weitere Unterstützungszweige des Verbandes.[216] Daneben war die Einführung der Haftpflichtkasse eine Reaktion auf die gesetzliche Reglementierung des automobilen Straßenverkehrs, die einen entscheidenden Anstoß zur Etablierung der Kasse im Jahr 1910 gab. Mit der Gründung hob die Gewerkschaftsführung eine Bedeutung der neuen Einrichtung explizit hervor. Die Schaffung fakultativer Unterstützungseinrichtungen war demnach vor allem eine Maßnahme, mit der den Forderungen der Straßenbahner in deren Kampf gegen die Arbeitgeber entsprochen wurde. Sie forderten von der Gewerkschaft eine Pensionsunterstützung, um den betrieblichen Einrichtungen der Straßenbahngesellschaften etwas entgegensetzen zu können.[217]

Man muss einen Blick auf die Arbeitsbedingungen der Straßenbahner um 1900 werfen, um besser verstehen zu können, worum es ging. Den Beschäftigten eilte in den Transportgewerkschaften in jener Zeit der Ruf voraus, so etwas wie die Avantgarde einer modernen Transportarbeiterschaft zu sein.[218] Dies hatte mit der Faszination für eine neue Technologie zu tun. Im vollzogenen Wechsel vom Pferdegespann zum elektrischen Antrieb – also von der Pferdebahn zur Elektrischen – wurde die technische Transformation im urbanen Alltag besonders veranschaulicht. Die Arbeitsbedingungen der Straßenbahner waren hingegen geprägt von herkömmlicher militärischer Tradition. Da Straßenbahnen als Pferdewagen entstanden waren, mussten die Betriebsleiter mit Pferden umgehen können. Sie wurden häufig unter ehemaligen Offizieren der berittenen Einheiten rekrutiert. Jene etablierten einen militärischen Führungsstil mit der Pflicht zum militärischen Gruß, mit Entlassungen bei Alkoholgenuss oder einer

---

[215] Siehe dazu Protokoll der Generalversammlung der fakultativen Unterstützungseinrichtungen des Deutschen Transportarbeiter-Verbandes am 12. Juni 1912, dies als Anhang zu: Deutscher Transportarbeiter-Verband: Protokoll des achten Verbandstages 1912, S. 216-230, hier, S. 221.

[216] Vgl. Zentralverband der Handels-, Transport- und Verkehrsarbeiter Deutschlands: Protokoll der dritten Generalversammlung 1903 mit Rechenschaftsbericht 1901 bis 1902, hier der Protokollteil, Antrag Halle, S. 242.

[217] Protokoll der Generalversammlung der fakultativen Unterstützungseinrichtungen des Deutschen Transportarbeiter-Verbandes am 12. Juni 1912, dies als Anhang zu: Deutscher Transportarbeiter-Verband: Protokoll des achten Verbandstages 1912, S. 216-230, hier S. 216.

[218] Protokoll der Verhandlungen der ersten Konferenz der Straßenbahner Deutschlands. Abgehalten zu München am 28. und 29. Januar 1907, Berlin 1907, S. 13 f., hier das Referat Oswald Schumanns, des Vorsitzenden des Transportarbeiter-Verbandes.

nicht angemessen erscheinenden Frisur. Es herrschte ein Betriebsklima wie auf einem »Kasernenhof und Exerzierplatz«.[219]

Im Gegensatz zu Werkstatt- oder Streckenarbeitern war das Dienstpersonal der Straßenbahner – etwa Wagenführer oder Schaffner – nicht als Arbeiterschaft nach den Bestimmungen der Gewerbeordnung anerkannt. Sie waren damit nicht den Gewerbegerichten unterstellt – und für sie galt nicht das Koalitionsrecht. Als im Verlauf der 1890er Jahre Streikbewegungen bei den Straßenbahnern immer häufiger auftraten, antworteten die Betreiber der Gesellschaften gegenüber den rebellierenden »Untertanen«, von denen man militärischen Befehlsgehorsam erwartete, mit Repression. Beteiligte von Arbeitskampfmaßnahmen oder Lohnkommissionen wurden ebenso konsequent entlassen wie Dienstpersonal, das sich gewerkschaftlich, insbesondere freigewerkschaftlich, organisierte. Seinerzeit trauten sich viele Bedienstete nur mit angeklebten Bärten oder anderweitig verkleidet in die gewerkschaftlichen Versammlungen. Im großen Maistreik der Berliner Straßenbahner offenbarte die Taktik der harten und abschreckenden Repression im Jahr 1900 deutliche Risse. Nach Maßregelungen drohte ein Massenausstand. Seither duldete die *Große Berliner Straßenbahngesellschaft* widerwillig die gewerkschaftliche Organisation ihrer Mitarbeiter, solange in ihren Augen nicht heftig agitiert oder revoltiert wurde.[220]

Dennoch besserte sich das Koalitionsrecht der Straßenbahner damit nicht. Mit dem Ausbau der Elektrischen wurden Straßenbahner von Landesregierungen und Gerichten den Eisenbahnern gleichgestellt, auf die das Koalitionsrecht keine Anwendung fand. Um die Jahrhundertwende wurde nach gesetzlichen Hebeln gesucht, mit denen Verkehrsarbeiter generell vom Koalitionsrecht zu entbinden waren, da sie die öffentliche Ordnung stören konnten.[221] Auch die Repressionen gegen die Straßenbahner wurden methodisch erweitert. Als Hilfsmittel setzten die Betreiber auf betriebliche Pensionskassen. Vielfach bestimmten diese betrieblichen Pensionskassen in ihren Statuten eine Zwangsmitgliedschaft. Jeder Straßenbahnangestellte hatte der Kasse seines Arbeitgebers beizutreten, das Eintrittsgeld zu entrichten und eine festgeschriebene Summe des Verdienstes regelmäßig abzuführen. Wer später aus der Pensionskasse austreten wollte, erhielt nur einen geringen Anteil seiner Einzahlungen erstattet. Zudem war es schwierig, die Pensionsberechtigung überhaupt zu erreichen. Es gab in Straßenbahngesellschaften betriebliche Satzungen für Pensionskassen, die erst mit der Vollendung

---

[219] Max Quarck: Die deutschen Straßenbahner und ihre Arbeitsverhältnisse. Eine Vorarbeit für die amtliche Arbeiterstatistik – unterstützt und herausgegeben vom Zentralverband der Handels-, Transport-, Verkehrsarbeiter und Arbeiterinnen, Berlin 1906, S. 73; zur Beschreibung des Arbeitsklimas ebd., S. 73 ff.

[220] Ebd., bes. S. 74-85. Vgl. hierzu auch Protokoll der Verhandlungen der ersten Konferenz der Straßenbahner Deutschlands, S. 14 ff.

[221] Protokoll der Verhandlungen der ersten Konferenz der Straßenbahner Deutschlands, S. 58 ff.

des 70. Lebensjahres auszahlten oder eine lange Betriebszugehörigkeit von mindestens 35 Jahren voraussetzten.[222]

Dass die betrieblichen Pensionskassen in ihrer Organisation, bei der Zusammensetzung ihrer Gremien, hinsichtlich der Mitbestimmung der Arbeitnehmer und in Bezug auf die hohen Pensionen für Direktionsangehörige bei den Straßenbahnbediensteten umstritten waren, trat erschwerend hinzu. Den Kern des Übels dieser Pensionskassen bildete jedoch die Sanktionsfunktion. Bei einem Verstoß gegen die Dienstvorschriften oder einem anderen ungebührlichen Verhalten drohte dem Beschäftigten der Verlust des Pensionsanspruches. Viele Dienstvorschriften für Straßenbahner enthielten ein umfassendes Register an Verboten und Geboten, häufig erweitert um Bestimmungen der Polizeiverordnungen.[223] Auch Verbote der gewerkschaftlichen Betätigung zählten dazu. Die Gesellschaften banden ihre Wohlfahrtseinrichtungen mithin an das Koalitionsverbot und bauten mit einer vermeintlichen Altersvorsorge einen Schutzwall, der die Gewerkschaften von den Betrieben fernhalten sollte.[224]

Auf die Organisation der Straßenbahner hatte der Deutsche Transportarbeiter-Verband einen besonders interessierten Blick geworfen. Es ging darum, eine Arbeitnehmerschaft, die als technische Avantgarde im Fokus der Öffentlichkeit stand, die zunehmend gegen ihre Arbeitsbedingungen streikte und diffuse Formen gewerkschaftlicher Organisierung hervorbrachte, unter dem Dach des Transportarbeiter-Verbandes organisatorisch zu einen.[225] Dafür hatte die Einführung einer gewerkschaftlichen Pensionskasse für Transportarbeiter einen hohen symbolischen sowie agitatorischen Wert: nicht nur, weil man eine direkte Forderung der Straßenbahner aufnahm, um jenen Kollegen etwas anbieten zu können, die wegen gewerkschaftlicher Betätigung ihre Pensionsansprüche bei den Unternehmen verloren hatten; nicht nur, da der Deutsche Transportarbeiter-Verband mit dem Anspruch einer integrierenden und führenden Großorganisation langfristig ein Zentralkassenwesen anbieten musste, das auch im Pensionsbereich anderen Organisationen der Straßenbahner gleichwertig oder überlegen war;[226] sondern auch, weil hier eine Bedeutungszuweisung gelang, die in der Zeit, in der das soziale Unterstützungswesen gewerkschaftsintern vielfach umstritten war, gesucht wurde. Im Ringen um das Koalitionsrecht der Straßenbahner wurde eine gewerkschaftliche Pensionskasse zur Kampfkasse, die dem Verteidigungswall der Unternehmen gegen das betriebliche Vordringen der Gewerkschaften etwas Vergleichbares entgegensetzte.

---

[222] Vgl. hierzu Beispiele etwa aus Hamburg und Bremen bei Quarck: Die deutschen Straßenbahner und ihre Arbeitsverhältnisse, S. 217-225.

[223] Dazu die Sammlung von Vorschriften sowie die Ausführungen zu Koalitionsrecht und Trambahnerbeschwerden ebd., S. 135-211 und S. 226-231, hier bes. die Bezüge zur *Großen Berliner*.

[224] Protokoll der Verhandlungen der ersten Konferenz der Straßenbahner Deutschlands, S. 16 f., Referat Oswald Schumanns.

[225] Ebd., S. 13-18, Referat Oswald Schumanns.

[226] Ebd., S. 20 f.

Ähnliches war beim Verband der Büroangestellten zu beobachten. Auch dort wurde die gewerkschaftliche Pensionseinrichtung im erweiterten Kontext der Betriebspensionskassen der Arbeitgeberseite und möglicher Gegenmaßnahmen gesehen und an die Beseitigung der Fesseln, die den Angestellten dadurch angelegt seien, erinnert.[227]

Die Nähe zum gewerkschaftlichen Kampf wurde in der Darstellung sozialer Unterstützungseinrichtungen immer wieder gesucht – besonders in der Vorkriegszeit, begleitet von dem gewünschten Effekt, diese organisationswirksamen Einrichtungen gegenüber skeptischen Klassenkämpfern aus den eigenen Reihen gewerkschaftspolitisch besser legitimieren zu können. Die Arbeitslosenunterstützung wurde vom Verband der Transportarbeiter – wie gezeigt – daher besonders protegiert, die Verbindung der Koalitionsrechtsfrage mit dem Pensionskassenwesen zeigt für die Straßenbahner einen anderen vergleichbaren Mechanismus auf. Dazu trat eine Sprache, die mit angehäuften Floskeln in den Jargon der Klassenkampf- und Kriegssprache wechselte – auch und gerade dann, sobald über soziale Unterstützungseinrichtungen gesprochen wurde. Dies war auch im Kontext von Pensions- oder Sterbekassen zu beobachten. »Die Hand am Schwert«, hieß es im weiter oben zitierten Beitrag einer Gewerkschaftszeitung, die sich mit der bevorstehenden Etablierung der Pensionskasse im Verband der Büroangestellten befasste.[228]

Derlei Kampf- oder Kriegsmetaphern wie auch andere Begrifflichkeiten jenes Jargons könnten hier in reichhaltiger Zahl gelistet werden – im nachfolgenden Kapitel wird auf den Aspekt der sprachlichen Darstellung des Unterstützungswesens zurückzukommen sein. Bei der Bildungs-, Schulungs- und Erziehungsfunktion der Gewerkschaften gingen soziale Unterstützungsleistungen und die Kampfbereitschaft der Funktionäre schließlich eine vollständige Symbiose ein. Im Protokoll der Generalversammlung des Verbandes der Hafenarbeiter wurde als typische Aussage eines Delegierten hierzu 1902 vermerkt: »Ich war früher der Meinung, dass durch Unterstützungseinrichtungen der Charakter der Kampfesorganisation verloren gehe, jetzt bin ich jedoch anderer Ansicht, nämlich der Ansicht, dass man dadurch Mitglieder heranzieht und diese später zu guten Klassenkämpfern innerhalb der Organisation erziehen kann.[229]

Für die Gründungsphase der *Fakulta* fällt im Deutschen Transportarbeiter-Verband die Verbindung der Klassenkampfsemantik – mit klaren Bezügen zur gewerkschaftlichen Altersunterstützung – zu einer anderen Bedeutungsebene auf: der Konkurrenz gewerkschaftlicher Unterstützungseinrichtungen mit den kommerziell agierenden Versicherungskonzernen. So wurde in der Generalversammlung der *Fakulta* 1912 inbrünstig proklamiert: »Es kommt uns bei der Errichtung und dem Ausbau unserer *Fakulta* nicht

---

[227] Verband der Büroangestellten Deutschlands: Protokoll der Verhandlungen des zweiten Verbandstages 1911, etwa S. 78 f.

[228] Der Büroangestellte Nr. 8, 1908, S. 59.

[229] Verband der Hafenarbeiter Deutschlands: Protokoll der siebten Generalversammlung 1902 mit Geschäftsbericht 1900-1901, hier der Protokollteil, S. 64.

allein darauf an, unsere Mitglieder gegen die Folgen des Alters und der Invalidität sicher zu stellen, wir wollen auch den bestehenden kapitalistischen Versicherungsgesellschaften das Wasser abgraben, ihrer weiteren Entwicklung und Volksvermögen aufsaugenden Tätigkeit einen Damm entgegensetzen. Wir als organisierte Arbeiter dürfen nicht länger mit verschränkten Armen zusehen, wie einer der besten Triebe im Volk, der Trieb, sich und seine Familie gegen alle Zufälle des Lebens sicher zu stellen, immer mehr zum Tummelplatz kapitalistischer Raffsucht und Profitgier wird.« Mit dem Hinweis auf Überschüsse und Gewinne, Wucher und höchste Gehälter, welche die Konzerne der privaten Versicherungswirtschaft aus den Beiträgen ihrer Kunden speisten, folgte der Aufruf: »Es kommt darauf an, unsere Kollegen auch auf diesem Gebiet den Fesseln und Fangarmen des Kapitalismus zu entziehen, sie auf den Weg der gemeinsamen Selbsthilfe zu weisen, wo der in der Arbeiterbewegung altbewährte Grundsatz gilt: ›Einer für Alle, Alle für Einen!‹«[230]

Auch hier wurden soziale gewerkschaftliche Unterstützungskassen in den Kontext antikapitalistischer Kampfinstrumente gestellt. Dabei ging es nicht allein um die Gegnerschaft zu kapitalistischen Unternehmen. Diese wurde in der Gewerkschaftspresse oder in anderen Verbandsveröffentlichungen immer wieder zum Ausdruck gebracht[231] – so auch noch im Verlauf der 1920er Jahre im Zusammenhang mit der Etablierung der *Rentka* im Deutschen Verkehrsbund.[232] In der Auseinandersetzung mit den kapitalistischen Großversicherungen im Lebensversicherungs- und Volksversicherungsbereich vermittelten die Gewerkschaften zugleich – neben einer moralischen und sozialen Überlegenheit – die Modernität, Professionalität und Zuverlässigkeit der eigenen Einrichtungen. Der Fortschritt, die Potenz und die Expertise gewerkschaftlicher Selbsthilfeeinrichtungen wurden damit indirekt ausgestellt. Der Bedeutungskontext der Expansion, Professionalisierung und Bürokratisierung ist im Kapitel über die Arbeitslosen- und Krankenunterstützungen eingehend erörtert worden.

---

[230] Protokoll der Generalversammlung der fakultativen Unterstützungseinrichtungen des Deutschen Transportarbeiter-Verbandes am 12. Juni 1912, dies als Anhang zu: Deutscher Transportarbeiter-Verband: Protokoll des achten Verbandstages 1912, S. 216-230, das Zitat aus dem Kassenbericht, S. 226.

[231] So zum Beispiel im Jahr der Gründung der *Fakulta* im Deutschen Transportarbeiter-Verband. Vgl. das Verbandsorgan des Deutschen Transportarbeiter-Verbandes: Courier Nr. 30, 1910, S. 260, hier der Bericht über die Mitgliederversammlung der *Fakulta* in Breslau. Darin klar benannt: Man wolle mit der neuen Einrichtung der Gewerkschaft die Versicherungsgesellschaft Victoria angreifen. Als ergänzende Artikel, in denen wiederkehrend vor den Geschäftspraktiken der kommerziellen Versicherungskonzerne gewarnt und die *Fakulta* als bessere Einrichtung angepriesen wurde, etwa Courier Nr. 23, 1910, S. 196; Nr. 33, 1910, S. 298; Nr. 40, 1910, S. 375. Hier wurden die Kapitalinteressen großer Versicherungskonzerne beschrieben und die Arbeitnehmer aufgefordert, mit dem eigenen Geld keine Kapitalisten zu unterstützen, sondern in die Unterstützungseinrichtungen des eigenen Verbandes einzutreten.

[232] Zur Darstellung der Konkurrenzsituation, in der sich die *Rentka* gegenüber kommerziellen Versicherungen befand, Deutscher Verkehrsbund: Jahrbuch 1929, S. 164. Ders.: Jahrbuch 1928, S. 110.

Aber damit nicht genug: Es ging nicht nur um die Schwächung der kapitalistischen Konkurrenz, es ging in einer gewerkschaftlichen Vision, die den Ursprung der oben wiedergegebenen Quellenpassage bildete, um weit mehr. Hier spielte die Vorstellung eines gewerkschaftlich bestimmten Wirtschafts- und Kapitalraums eine Rolle. Paradox daran war, dass sich die Idee eines – wie man es für die Freien Gewerkschaften bezeichnen könnte – Vorhofs des Sozialismus und einer ständestaatlich verklärten Autarkie in nationalen Gewerkschaften in den Ansätzen praktischer Umsetzung wenig unterschieden. Nach jenen Vorstellungen organisierten die Gewerkschaften als Massenbewegung in Großorganisationen das Millionenheer der Arbeiter, Angestellten und Beamten. Diese leiteten ihre Geldmittel an die gewerkschaftlichen oder gewerkschaftsnahen Einrichtungen und deren Unternehmungen weiter: Gewerkschaftsbanken, gewerkschaftliche Versicherungen und Unterstützungskassen, Genossenschaften oder Konsumvereine. Damit bildete sich im Idealfall nicht nur ein eigener Markt, auf dem eigene Regeln etabliert werden konnten – wie der Verzicht auf auszuschüttende Gewinne und hohe Gehälter etwa oder die Beteiligung der Arbeitnehmer an den Entscheidungsprozessen. In der Konsequenz dieser Idee bildete sich vielmehr noch ein gewerkschaftlicher Machtfaktor aus. Besonders deutlich wurden jene Überlegungen im Deutschnationalen Handlungsgehilfen-Verband. Das Streben nach führenden gewerkschaftseigenen Unternehmen vor allem im Versicherungsbereich und die gewerkschaftliche Kontrolle über Kapitalwerte – der eigenen Unternehmen, der Einlagen im verbandlichen Bankensektor oder der damit verbundenen Vertretungsrechte in Unternehmen[233] – wurde von der Gewerkschaftsführung als gewerkschaftliche Kapitalmacht und mithin als Gegenmacht gesehen.[234]

Gewerkschaftliche Machtvorstellungen und -fantasien, Kampf gegen die Repressionen der Arbeitgeber oder Antikapitalismus wurden als Motive in den zuvor dargelegten Beispielen gewerkschaftlicher Bedeutungszuweisungen eng mit sozialen Selbsthilfeeinrichtungen der Gewerkschaften verbunden – womöglich überraschend gerade auch im Bereich gewerkschaftlicher Alterskassen. Organisationsfragen und Agitationserwartungen bildeten auch dabei ein Leitmotiv, das wie ein roter Faden für Verbindung sorg-

---

[233] Hierzu die Berichterstattung über die »Effektenabteilung« des Deutschnationalen Handlungsgehilfen-Verbandes: etwa Deutschnationaler Handlungsgehilfen-Verband: Rechenschaftsbericht 1928, S. 281 f., hier bes. zum Besuch von Generalversammlungen durch Verbandsvertreter (Wahrnehmung von Aktionärsrechten der Mitglieder durch den Verband).

[234] Vgl. etwa Deutschnationaler Handlungsgehilfen-Verband: Merkbuch 1927, hier die Passagen über die Bankabteilungen des Verbandes und die Anleihe, die er als Kapitalschatz für deutsche Arbeit ausgab, S. 91. ff. Ders.: Merkbuch 1926, hier auch zur Vermögensberatung und Vermögensverwaltung der Verbandsmitglieder, S. 86 ff. Ebd., S. 88, heißt es etwa: »Der Kapitalschatz für deutsche Arbeit hilft, die Bestrebungen des Deutschnationalen Handlungsgehilfen-Verbandes nach Besitz und Gewinnbeteiligung zu unterstützen. Er ist unter den Mitteln, die die Kaufmannsgehilfen zu gleichberechtigten Gliedern der Wirtschaft machen sollen, eines der wichtigsten.« Zur Deutung der Versicherungsunternehmen des Verbandes als »Kapitalsammelbecken« für die angestrebte »Kapitalmacht« ders.: Rechenschaftsbericht 1925, S. 213.

te. Ob es nun um das Koalitionsrecht der Straßenbahner und das Pensionskassenwesen ging oder um die Werbung der Beitragszahler kommerzieller Volksversicherungen als Gewerkschaftsmitglieder mit Angliederung an deren Selbsthilfewesen für den Bereich der Altersvorsorge – die Expansion der gewerkschaftlichen Mitgliederbasis, die Stiftung einer nachhaltigen Bindung an die Organisation und mithin Expansion und Ausbau der Massengewerkschaften bildeten eine stete Triebkraft des gewerkschaftlichen Engagements in diesen Fragen. Dies bildete sich in den organisationspolitischen Bedeutungszuweisungen, die das soziale Unterstützungswesen erfuhr, ab.

Überschreibung der Organisationspolitik: Kontexte eines sozialen Leitmotivs

Vor 1914 blieb es bei gewerkschaftlichen Sterbe- und Alterskassen, wie zuvor geschildert, eher bei sozialpathetischen sprachlichen Formeln oder Floskeln, also bei Sozialpathos als rhetorischer Figur und nicht als Ausdruck eines akzentuierten und eindeutig beschriebenen sozial-humanitären Leitmotivs. Dieses Leitmotiv setzten vielmehr die vielfältigen Bezüge zur gewerkschaftlichen Organisationspolitik. In der zweiten Gründungsphase gewerkschaftlicher Alterskassen in den 1920er Jahren jedoch und besonders ab der Mitte der Dekade änderte sich dies. Man könnte nun von einer Bedeutungsüberschreibung wenigstens als Ergänzung oder als Erweiterung des organisationspolitischen Paradigmas sprechen. Die Altersfrage wurde jetzt als soziale Frage konturiert und zu einem Leitmotiv der Gründung oder Erweiterung gewerkschaftlicher Alterskassen aufgebaut.

Im Deutschnationalen Handlungsgehilfen-Verband wurde mit Blick auf die Etablierung der Altershilfe 1926 erklärt: »Unser Verbandstag vom 18. bis 19. Juni in München hat die großzügigen Maßnahmen der Selbsthilfe beschlossen, die die Lage jener alten Mitglieder erleichtern sollen, die in der Folge des großen Umschichtungsprozesses um Lohn und Brot gekommen sind.«[235] Und neben der pathetischen Einforderung einer kollektiven Opferbereitschaft der jüngeren Kollegen für die älteren, die als generationenübergreifender Aspekt bei Alterskassengründungen in den 1920er Jahren auch in anderen Verbänden zu beobachten war, wurde nun die soziale Lage der Alten zu einem neuen Leitmotiv stilisiert. »In den 33 Jahren unserer Verbandsarbeit stellten wir von Jahr zu Jahr mehr fest, dass die Zahl der alten Handlungsgehilfen, die in Not und Elend leben müssen, immer größer wurde. Wir würden es als Pflichtverletzung einer mit so reichen Erfahrungen ausgerüsteten Standesorganisation betrachten, wenn sie nicht in dieser schweren Zeit die eigenen Kräfte prüfen und sammeln wollte, um hier Hilfe zu schaffen.«[236]

Im Zentralverband der Angestellten deutete man die Einführung der verbandlichen Altersunterstützung, mit der die bereits bestehende Pensionskasse um eine weitere,

---

[235] Deutschnationaler Handlungsgehilfen-Verband: Rechenschaftsbericht 1926, S. 10.
[236] Ebd., S. 266.

obligatorische Einrichtung ergänzt wurde, nicht zuletzt als eine Maßnahme gegen die Arbeitslosigkeit. Die Erweiterung der Stellenlosenunterstützung und die Einführung der Altersunterstützung standen, wie es vor dem Verbandstag in Köln 1927 für die Verbandsführung vorgetragen worden war, »in unmittelbarem Zusammenhang (...), weil man eben erreichen wollte, dass die Kollegen vor der größten Not geschützt sind.«[237] Was gemeint war, machte ein Artikel im Gewerkschaftsorgan besonders deutlich, der wenige Monate nach dem Verbandstag anlässlich des Besuchs von Albert Thomas, dem Direktor des Internationalen Arbeitsamts, beim Zentralverband in Berlin eine Präsentation der Gewerkschaftseinrichtungen darbot. »Weit mehr als vor dem Krieg ist es in den Handels- und Bürobetrieben üblich geworden, alte Angestellte nicht mehr zu beschäftigen. Während man früher diese Angestellten noch mit durchhielt, werden sie jetzt rücksichtslos entlassen. Der ZdA hilft seinen Mitgliedern nicht nur in der Zeit ihrer Erwerbsfähigkeit, sondern er sorgt auch für jene Mitglieder, die ihm bis in ihre alten Tage hinein die Treue bewahrt und mit ihm den Kampf um die Besserstellung unserer Berufsangehörigen geführt haben. Er gewährt diesen Mitgliedern nach 25-jähriger Mitgliedschaft und nach Vollendung des 65. Lebensjahres eine laufende monatliche Altersunterstützung (...). Durch diese Unterstützung beweist der ZdA solchen Mitgliedern seinen Dank für die Treue, die sie ihm bis in ihr spätes Lebensalter hinein bewahrt haben.«[238]

In den Vordergrund treten in diesen Äußerungen zwei Aspekte. Einmal ist es der Generationenaspekt, der aufgeladen wurde. Die langjährigen Mitglieder, die alten, getreuen Gefährten im gewerkschaftlichen »Kampf« – der auch hier wieder begrifflich bemüht wurde – sollten von der Opferbereitschaft des Kollektivs profitieren. Das Motiv der Ehrerbietung, die der Generation des Aufbaus der gewerkschaftlichen Massenorganisationen entgegengebracht werden sollte, wird deutlich gesetzt. Man darf in diesem Kontext auch eine spezifische Sensibilisierung für die Lebenslagen der Älteren durch den gewerkschaftlichen Funktionärskörper annehmen. Ein Akteur, mit dem man diesen Gesichtspunkt besonders gut veranschaulichen kann, ist Oswald Schumann. Seit 1897 stand er allen Organisationen der Handels-, Transport- und Verkehrsarbeiter – vom Zentralverband und dem Transportarbeiter-Verband bis zum Verkehrsbund – vor und war die unbestrittene Licht- und Führungsgestalt der Bewegung. Als Schumann 1930 als einer der Vorsitzenden des Gesamtverbandes der Arbeitnehmer der öffentlichen Betriebe und des Personen- und Warenverkehrs eine weitere neue Amtsperiode begann, war er 64 Jahre alt – im Verlauf des Jahres 1930 sollte er das gesetzliche Rentenalter erreichen. Dennoch setzte Schumann seine Gewerkschaftskarriere zunächst weiter fort – bis in das Jahr 1932, in dem er schließlich über eine verbandsinterne Revision

---

[237] Zentralverband der Angestellten: Protokoll des dritten Verbandstages 1927, S. 80.
[238] Der freie Angestellte Nr. 3, 1928, S. 35 f., hier der Beitrag von Josef Aman, im Zentralverband zuständig für die Unterstützungs- und Wohlfahrtseinrichtungen, das Zitat S. 36.

aufgrund der ausufernden Kosten beim Bau der Gewerkschaftszentrale am Berliner Michaelkirchplatz stolperte und zusammen mit den verantwortlichen Kassierern zurücktrat.[239] Gewerkschaftliche Führungskader wie Oswald Schumann, die den Auftakt der gewerkschaftlichen Massenbewegung in den 1890er Jahren selbst miterlebt und mitgestaltet hatten, blickten in der Mitte der 1920er Jahre – nun in einem Alter um 60 Jahre, den eigenen beruflichen Rückzug vor Augen – sensibilisiert auf das Los ihrer Altersgenossen in der gewerkschaftlichen Mitgliedschaft.

Mit den Altersunterstützungen, die an die Opferbereitschaft der jüngeren Mitglieder appellierten, begegneten die so handelnden Gewerkschaften letztlich auch den Generationenkonflikten, welche in einer Dekade ökonomischer Krisen, die auf die Arbeitsmärkte ungebremst durchschlugen, angeheizt wurden. Dies war der zweite Aspekt, der in den oben zitierten Bedeutungszuweisungen hervorstach: die soziale Lage der Älteren allgemein und in Bezug auf ihre Arbeitsmarktstellung im Besonderen. Dies wurde in den 1920er Jahren – womöglich unterstützt von der skizzierten Sensibilisierung der erfahrenen Funktionsträger – gewerkschaftlich stark reflektiert. Generell wurden Rationalisierungsprozesse in der Arbeiter- und Gewerkschaftsbewegung in den 1920er Jahren zu einem aktivierten Thema.[240] Das kommt in den oben zitierten Quellenpassagen, welche die Einführung gewerkschaftlicher Altersunterstützungen konnotierten, deutlich zum Ausdruck. Für die älteren Kollegen, »in der Folge des großen Umschichtungsprozesses um Lohn und Brot gekommen«, die man nun nicht mehr »durchhielt«, wie es früher üblich gewesen sein sollte, sondern als erste von Krisen, Rationalisierung und Stellenabbau betroffene Kohorte »rücksichtslos«[241] entließ, sollten die Altersunterstützungen der Gewerkschaften eine soziale Maßnahme sein.

Generell trat das Altersthema in der Weimarer Republik gesellschaftspolitisch weiter in den Vordergrund. Allgemein förderten langwierige Prozesse wie die voranschreitende Industrialisierung und Urbanisierung die Schwächung der familiären Solidargemeinschaften. Gleichzeitig stieg die Zahl der Alten mit den Fortschritten in der Medizin oder der Hygiene allmählich an. Längere Lebenszeiten begründeten einen vermehrten Fürsorgebedarf. Ferner wurde das gesellschaftliche Verständnis von der zeitlichen Etappe und der Gestaltung des Alters nicht zuletzt durch die staatliche Sozialversicherung geformt. Mit dem Invaliditäts- und Altersversicherungsgesetz für Arbeiter und dem Angestelltenversicherungsgesetz galt spätestens ab 1913, als Letztes in Kraft trat, ein annähernd universeller Anspruch auf altersbedingte Berufsunfähigkeit. Mit leichter

---

[239] Vgl. den Beitrag über Oswald Schumann in der biografischen Sammlung von Zimmermann: 100 Jahre ÖTV – Biografien, S. 213-220.

[240] Einführend hierzu etwa Richard Vahrenkamp: Wirtschaftsdemokratie und Rationalisierung. Zur Technologiepolitik der Arbeiterbewegung in der Weimarer Republik, in: Gewerkschaftliche Monatshefte 34, 1983, S. 722-735. Horst Kern: Gewerkschaft und Rationalisierung in der Weimarer Zeit, in: Gewerkschaftliche Monatshefte 29, 1978, S. 412-419.

[241] Alle begrifflichen Zitate aus den oben wiedergegebenen und belegten Quellenpassagen.

Verzögerung begann nach der Jahrhundertwende auch eine Phase des Ausbaus der Altenheiminfrastruktur. In den 1920er Jahren bildete sich eine dreigliedrige Ausrichtung in Altenwohnung, Altenheim und Pflegeheim aus. Dabei spielte eine zunehmende Nachfrage nach Wohnraum vor allem in den urbanen Zentren eine wichtige begleitende Rolle. Mit der Auslagerung des altersgerechten Wohnens in darauf ausgerichtete Heime wurde auf den damit verfügbaren Wohnraum spekuliert. Phasen sozialer Krisen, wie sie über annähernd zwei Dekaden durch Weltkrieg, Inflation und Weltwirtschaftskrise verstetigt wurden, beförderten darüber hinaus die Expansion der Wohlfahrtspflege für Alte etwa in der Diakonie. Hinzu trat als erheblicher Faktor die zunehmende Problematik der Vermittlung Älterer auf dem schwierigen Arbeitsmarkt der 1920er Jahre.[242]

In den Gewerkschaften wurde diese Entwicklung erkennbar aufgegriffen. Im August 1929 erschien im Gewerkschaftsorgan des Zentralverbandes der Angestellten unter dem Titel »Altern wir rascher als früher?« ein diesbezüglich aufschlussreicher Artikel. In ihm wird anhand statistischer Daten veranschaulicht, dass die mittlere Lebenserwartung in den Jahren zwischen 1880 und 1929 signifikant angestiegen sei. Ein erheblicher Sprung der mittleren Lebenserwartung ereignete sich zwischen 1911 und 1925, wobei die erhöhte Sterblichkeit im Weltkrieg den Effekt in den 1920er Jahren verstärkt wahrnehmbar machte. Aufgrund der geringeren Säuglingssterblichkeit, der Fortschritte in der Sozialpolitik und der Medizin sowie allgemein besserer Lebensumstände würden die Menschen älter, zeigte der Gewerkschaftsbeitrag auf. Diskutiert wurde schließlich die These des unabwendbaren »Berufstodes«, den Angestellte im Alter zwischen 35 und 40 Jahren unvermeidlich erlitten, weil ihre Leistungsfähigkeit von da an stark nachlasse. Dem hielt der Gewerkschaftsbeitrag entgegen, dass ein vorzeitiges Altern symptomatisch für eine zu hohe Abnutzung durch die Arbeit sei. Neue Erscheinungen wie die Intensivierung der Arbeitsbelastung durch Rationalisierung seien dafür mitverantwortlich. Es wurden sozialpolitische Korrekturen eingefordert.[243]

Im sozialen Unterstützungswesen von Angestelltenverbänden und in ihren Wohlfahrtseinrichtungen wurden die geforderten korrigierenden sozialpolitischen Interventionen – auch hier, wenn man so will, als Ausdruck der Kritik an einer unzureichenden staatlichen Sozial- und Sozialversicherungspolitik – vorgelebt. Vor allem spiegelten sich im sozialen Unterstützungswesen die aufgezeigten Entwicklungen einer Sozialgeschichte des Alters in den ersten Dekaden des 20. Jahrhunderts wider. Altersheime

---

[242] Hierzu als Hintergrund und erweiternd Kenan H. Irmak: Der Sieche. Alte Menschen und die stationäre Altenhilfe in Deutschland 1924-1961, Essen 2002. Klaus Hartmann/Kaus Hildemann: Altenhilfe, in: Günter Ruddat/Gerhard K. Schäfer (Hg.): Diakonisches Kompendium, Göttingen 2005, S. 455-466. Als zeitgenössischer Text Gustav Schneider: Der Schutz der älteren Angestellten, in: Hermann Seib (Hg.): Jahrbuch für Sozialpolitik 1930, Leipzig 1930, S. 153-157. Schneider war Reichstagsabgeordneter und Bundesvorsteher des Gewerkschaftsbundes der Angestellten.

[243] Der freie Angestellte Nr. 16, 1929, S. 310 f., hier der genannte Artikel mit aufschlussreichen Bildillustrationen zu den Themen »Erholung«, »Lebenslauf« und »Nachlassen der Spannkraft – Müdigkeit – Alterserscheinungen«, das Wortzitat S. 311.

etwa tauchten, wie geschildert wurde, als gewerkschaftliche Initiativen auf. Im Verband der weiblichen Handels- und Büroangestellten wurde ausgangs der 1920er Jahre deutlich gemacht, wie Altersthemen in den Blickpunkt der Gewerkschaften gerückt sind. »Heute sind es vorwiegend die Alten, denen die Sorge des Verbandes gilt«, hieß es dort. Und erläuternd fuhr man fort: »War es schon früher für ältere Angestellte, die das Unglück hatten, arbeitslos zu werden, außerordentlich schwer, einen neuen Posten zu finden, so sind die Aussichten jetzt noch viel geringer.«[244] Im sozialen verbandlichen Unterstützungswesen schlugen sich entsprechend nicht nur Heiminitiativen nieder, sondern auch arbeitsmarktpolitische Instrumente, mit denen man die Problematik der Altersarbeitslosigkeit zu beantworten suchte. Dies wurde bereits erläutert. Zu erinnern ist an den Verband der weiblichen Handels- und Büroangestellten oder auch an den Deutschnationalen Handlungsgehilfen-Verband. Hier wurden in den 1920er Jahren Vorzugsbedingungen für ältere Mitglieder ab 55 oder 60 Jahren in den verbandlichen Stellenlosenunterstützungen mit einem anschließenden fortlaufenden Übergang in die verbandlichen Altersunterstützungen verbunden. Mit den kombinierten Alters- und Stellenlosenrenten wurde durch gewerkschaftliche Unterstützungen eine Brücke gebaut, mit welcher der Weg von der Altersarbeitslosigkeit bis zum Eintritt der Leistungen der gesetzlichen Rente erleichtert werden konnte.

Was wird an dieser Stelle deutlich? Wie schon bei der Arbeitslosen- und Krankenunterstützung zu beobachten war, fand auch bei gewerkschaftlichen Altersunterstützungen eine Überlagerung der Bedeutungszuweisungen statt. Die Epoche von Weltkrieg und Inflation mit den daran anschließenden weiteren Arbeitsmarktkrisen der 1920er Jahre wirkte dabei wie ein Katalysator. Während die gewerkschaftlichen Arbeitslosen- und Krankenunterstützungen in dieser Phase in eine Art Belastungstest liefen – und die Gewerkschaften im Unterstützungsbereich nun ihre Resilienz beweisen mussten, was für die gewerkschaftliche Deutung der sozialen Kassen die beschriebenen Auswirkungen hatte –, zeigten die Altersunterstützungen noch etwas anderes auf. Gewerkschaften reagierten auf dynamische oder entsprechend wahrgenommene soziale Prozesse wie die Veränderungen des Alters proaktiv durch die Gründung darauf ansprechender Unterstützungseinrichtungen. Und sie passten mit einer stärker werdenden Akzentuierung sozialer sowie sozialpolitischer Bedeutungskontexte auch hier die verbandsöffentliche Wahrnehmung dieser Einrichtungen an. Die organisationspolitischen Motive wurden dabei sukzessive überschrieben. Sie traten aus dem Spotlight der Bühne in den Schlagschatten – waren aber nicht minder weiterhin vorhanden.

Organisationspolitische Erwägungen spielten nach wie vor eine zentrale Rolle. Wenn ein Verband in den 1920er Jahren eine Altersunterstützung einführte, wirkte das zugleich als Druckmittel auf die gewerkschaftlichen Konkurrenzorganisationen, im

---

[244] Verband der weiblichen Handels- und Büroangestellten (Hg.): Vierzig Jahre VWA 1889-1929, S. 33.

Ringen um die Mitgliedschaft der Arbeitnehmer das Angebot zu erwidern und durch eine eigene Verbandseinrichtung möglichst zu übertreffen. Die Verbandskonkurrenz war im Verlauf der Weimarer Republik besonders im nunmehr dynamisch expandierenden Bereich der Angestelltengewerkschaften stark ausgeprägt. Die Gründungen von Altersunterstützungen fanden sich – nicht nur, aber auch aus diesem Grund – häufig bei Angestelltenorganisationen.

Unter den Freien Gewerkschaften im Allgemeinen Deutschen Gewerkschaftsbund wirkte ein anderes, ebenfalls der organisationspolitischen Logik folgendes Kraftfeld: das der Orchestrierung der Massenbewegung. Der Gewerkschaftsbund wollte in den späten 1920er Jahren mit Reforminitiativen die Homogenisierung der gewerkschaftlichen Verwaltung, des Beitrags- und nicht zuletzt auch des gewerkschaftlichen Unterstützungswesens erreichen, um damit die Einheit der Mitgliedsverbände zu stärken und vor allem Zusammenschlüsse, die nach dem favorisierten Großverbands- und Industrieverbandsmodell anzustreben waren, zu erleichtern.[245] Als Initiative kommuniziert, mit der eine exzessive Ausweitung des Unterstützungswesens in den Gewerkschaften gebremst und ein abgestimmter Leistungskorridor der Mitgliedsorganisationen erschaffen werden sollte, vermittelte das Programm am Ende gerade in Bezug auf die gewerkschaftlichen Altersunterstützungen die gegenteilige Botschaft. Da in den 1920er Jahren einige Freie Gewerkschaften bereits eine Invalidenunterstützung unterhielten, andere aber noch nicht, und da eine Fusion von Gewerkschaften bei unterschiedlichen Anwartschaften der Mitglieder in verbandlichen Altersunterstützungen kompliziert wurde, empfahl der Gewerkschaftsbund schließlich allen Mitgliedsverbänden, möglichst bald Invalidenunterstützungen mit vergleichbaren Standards einzurichten.[246] In schwachen Dachverbänden wie dem Allgemeinen Deutschen Gewerkschaftsbund, in dem die Einzelverbände für ihren Organisationsbereich die verbindlichen Entscheidungen fällten, endete die Vermittlung eines Konsenses – wie es auch an anderer vergleichbarer Stelle zu beobachten war – mit der Empfehlung einer Maximallösung, die weniger Widerstände provozierte.[247]

Die organisationspolitische Bedeutung des sozialen Kassenwesens blieb also bis zum Ende des hier untersuchten Zeitraums gewerkschaftspolitisch akut. Sie war ein

---

[245] Allgemein zu den Reformbestrebungen und zur Arbeit der Reformkommission des ADGB Allgemeiner Deutscher Gewerkschaftsbund: Jahrbuch 1926, S. 133-138. Ders.: Jahrbuch 1927, S. 231-241. Ders.: Jahrbuch 1929, S. 253-257.

[246] Allgemeiner Deutscher Gewerkschaftsbund: Jahrbuch 1929, S. 255 ff.

[247] Hierzu sind die Mechanismen der internen Willensbildung im Deutschen Gewerkschaftsbund nach dem Ende des Zweiten Weltkriegs aufschlussreich – auch der DGB war, ähnlich wie der ADGB, ein schwacher Dachverband, der von der Zustimmung der Einzelgewerkschaften abhängig blieb. Dies hatte erhebliche Auswirkungen auf die Muster der Konsensbildung und auf eine Tendenz, dabei maximale Lösungen anzubieten. Am Beispiel der Sozialpolitik des DGB in den 1970er Jahren aufgezeigt bei Remeke: Gewerkschaften und Sozialgesetzgebung.

zentraler Motor der Meinungsbildung in den gewerkschaftlichen Leitungsebenen[248] – auch und gerade in Bezug auf gewerkschaftliche Alters- oder Invalidenunterstützungen. Aber wurden späte Gründungen von Invalidenunterstützungen dann auch mit entsprechenden Bedeutungszuweisungen aufgeladen, etwa dergestalt, dass diese Einrichtungen als organisationspolitischer Steigbügelhalter für das Groß- und Industrieverbandsprinzip gelten konnten?

Am Beispiel einer interessanten Äußerung zur Gründung der Invalidenunterstützung des Gesamtverbandes der Arbeitnehmer der öffentlichen Betriebe und des Personen- und Warenverkehrs, die mit dem Vollzug der ihn bildenden Gewerkschaftsfusion vonstatten ging,[249] lässt sich zunächst eine andere Tendenz zeigen. »Ja, aber solange der Staat diese Verpflichtung nicht erfüllt, weil er noch nicht unser Staat ist, halten wir es für ein Verbrechen und einen Verstoß gegen die Solidarität, wenn wir zusehen wollten, wie die Kollegen, die jahrzehntelang mit uns zusammengearbeitet haben, mit den paar Bettelgroschen der staatlichen Invalidenrente ihre Existenz fristen sollen.« Und weiter hieß es ergänzend: »Solange wir anderen noch gesund und kräftig sind, um verdienen zu können, wollen wir den alten Kollegen mit den geringen Summen, die wir ihnen zahlen können, doch zeigen, dass wir auch über den Betrieb hinaus mit ihnen verbunden sind, dass wir als anständige Menschen uns der Pflicht bewusst sind, aufgrund unserer Solidarität auch noch die Beiträge zu opfern, um die Invalidenunterstützung zur Auszahlung bringen zu können. Das ist auch Kampfunterstützung, denn wir zahlen den Invaliden die Unterstützung, um sie vom Arbeitsmarkt fernzuhalten, damit sie nicht als Lohndrücker auftreten.«[250]

Diese Stellungnahme zum Aufbau einer Invalidenunterstützung aus dem Kreis der Gewerkschaftsdelegierten der Gemeinde- und Staatsarbeiter entstammt einem Kontext, in dem Widerstand gegen die Angriffe kommunistischer Oppositionskräfte auf das Gewerkschaftsestablishment und etablierte gewerkschaftliche Institutionen wie das soziale Unterstützungswesen geübt wurde.[251] In solchen Situationen geriet das soziale gewerkschaftliche Unterstützungswesen unter Legitimationszwang. Dies war wie in

---

[248] Die Reformkommission des ADGB zeigte dies sehr anschaulich.

[249] Im Deutschen Verkehrsbund und im Verband der Gemeinde- und Staatsarbeiter befasste man sich seit den endenden 1920er Jahren mit konkreten Planungen für eine Invalidenunterstützung. Der Verband deutscher Berufsfeuerwehrmänner erhob kurz vor der Fusion zum Gesamtverband erste Beiträge zu einer Invalidenunterstützung. Der Verband der Gärtner und Gärtnereiarbeiter schließlich hatte die Frage noch nicht eingehend erörtert. Gesamtverband der Arbeitnehmer der öffentlichen Betriebe und des Personen- und Warenverkehrs: Jahrbuch 1930, S. 123.

[250] Verband der Gemeinde- und Staatsarbeiter: Protokoll der Verhandlungen des zwölften (Außerordentlichen) Verbandstages 1929, S. 98 f. (in: Gesamtverband der Arbeitnehmer der öffentlichen Betriebe und des Personen- und Warenverkehrs: Protokoll über die Verhandlungen der Gründungstagungen des Gesamtverbandes 1929; Paginierung nach der Sammelpublikation des Verbandes).

[251] Vgl. hierzu die Debatte zur Satzungsänderung ebd., bes. S. 87-99.

diesem Fall im Jahr 1929 jedoch, im Gegensatz zu den Dekaden vor und nach der Jahrhundertwende, selten geworden – das soziale Unterstützungswesen galt weitgehend als fest konstituiert. Gerade deswegen ist das Zitat so interessant. Die rechtfertigende Deutung sozialer Unterstützungseinrichtungen wurde nicht mehr um Mitgliederagitation und -fluktuation, nicht mehr um die kleinteiligen Werkzeuge des organisatorischen Gewerkschaftshandwerks aufgebaut. Hier wurden nunmehr die großen Kontexte aufgetischt: Solidarität, Humanität, Identität. Die Invalidenunterstützung war darin Ausdruck der Solidarität unter Arbeits- und Gewerkschaftskollegen. Wenn man ihr folgte, organisierte man sich gewerkschaftlich, bildete eine starke Gemeinschaft und gab als »gesunder und kräftiger« Kollege den vorgeschriebenen Anteil am Verdienst in die Gewerkschaftskasse, um den alten Kollegen eine Altersunterstützung zu ermöglichen, aber nicht zuletzt auch sich selbst das Anrecht auf die Unterstützung der Gemeinschaft zu sichern. Humanität – eine, abweichend von der Solidarität, vom Altruismus getragene Haltung der reinen sozialen Zuwendung oder gar Nächstenliebe – kam zum Ausdruck, indem erklärt wurde, dass »anständige Menschen« nicht tatenlos bleiben konnten, wenn Kollegen eine darbende Existenz im Alter fristeten. Und schließlich zeigte sich eine gefestigte Konstruktion der Verankerung des Unterstützungswesens als gewerkschaftliche Identität und ebenso in der gewerkschaftlichen Identität, indem die Invalidenunterstützung zu einer Maßnahme des gewerkschaftlichen Kampfes bis zu jenem Zeitpunkt geworden war, an dem dieser Staat schließlich zu »unserem Staat« werden sollte.[252]

Hier spiegelte sich alles wider, was über Jahrzehnte eingeschrieben worden war. Hier war nun wie in einem Kaleidoskop alles zusammenhängend arrangiert, was zuvor bereits in Teilen angelegt war: die organisationspolitische Bedeutung des Unterstützungswesens als Größe der solidarischen Gemeinschaftsbildung von Gewerkschaften überhaupt, die zunehmende Überschreibung mit sozialen Bedeutungszuweisungen in Zeiten wachsender sozialer Herausforderungen und Krisen und die allmählich sich vertiefende Verankerung des sozialen Kassenwesens als selbstverständlicher Bestandteil gewerkschaftlicher Institutionen in einer gewerkschaftlichen Identität, die rhetorisch wie sinnstiftend von Kampf und Systemwandel getragen und um diese Fixpunkte konstruiert war.

Die Großverbandserzählung, immer wieder eingesetzt, um für Unterstützungskassen wegen ihrer Anziehungskraft gerade für diejenigen zu werben, die vom gewerkschaftlichen Weltbild allein noch nicht hinreichend überzeugt waren, bildete im Verlauf der 1920er Jahre, nachdem die fusionierten Großgewerkschaften immer häufiger Realität geworden waren, eine modifizierte Rahmung: durch das Motiv der Ausstellung finanzieller Potenz der machtvollen Großgewerkschaft im Spiegel der Leistungskraft

---

[252] Alle begrifflichen Zitate aus der oben wiedergegebenen und belegten Quellenpassage.

ihrer sozialen Kassen.²⁵³ Dies war bei den Alters- und Invalidenunterstützungen ebenso erkennbar ein Faktor, die in der Gründungsphase seit der zweiten Hälfte der 1920er Jahre gelegentlich wie ein Prestigeobjekt des sozialen Kassenwesens angepriesen wurden. Wer verwirklichte sie zuerst, wer war Pionier, welche Gewerkschaft war mit ihrer Mitgliedschaft so finanz-, leistungs- und organisationsstark, dass ein verbandseigenes Rentensystem gewagt wurde?²⁵⁴ Dem entsprach – mit Blick auf die Arbeitslosen- oder Krankenunterstützungen – der geschilderte Modus der Bewährung in den Krisenlagen der 1920er Jahre. Das soziale Unterstützungswesen mutierte zu einer sozialen, finanziellen und organisatorischen Monstranz der etablierten Großgewerkschaft.²⁵⁵ Die schleichende Überschreibung der organisationspolitischen durch die sozialen Bedeutungszuweisungen hatte darin eine tiefe Logik.

Zwischenfazit und: Eine symbiotische Beziehung zwischen Solidarität und Humanität
Es ist an der Zeit, einen systematischen Blick auf die Bedeutungszuweisungen und Sinnstiftungen zu werfen, die – dem Untersuchungsdesign dieser Studie folgend – in den Gewerkschaften festzustellen waren. Es gilt dabei an dieser Stelle, die Perspektive von den Sterbe-, Renten- oder Invalidenkassen zu weiten und die bereits erzielten Erkenntnisse in Bezug auf die Arbeitslosen- und Krankenunterstützungen zu integrieren.

Generell lässt sich sagen, dass die dem sozialen Unterstützungswesen in den Gewerkschaften zugewiesenen Bedeutungen zwischen den 1890er Jahren und dem Ende der Weimarer Republik äußerst vielfältig waren. Sie waren wie Glassplitter in einem Kaleidoskop zahlreich und unterschiedlich im Detail, bildeten jedoch zugleich gemeinsam zusammenhängende Strukturen als übergeordnete Kontexte ab. Man könnte diese Vielfalt mit einem Milieu der Legitimierung begründen, in dem das soziale Unterstützungswesen seit dem Aufstieg der gewerkschaftlichen Massenbewegung in den 1890er Jahren um seine Akkreditierung und um seinen Platz in den sich als modern und neuartig definierenden Arbeitnehmerorganisationen rang. Um die alten, traditionellen

---

[253] So verkündete, um ein Beispiel für den Jargon um diese Monstranz zu geben, der Gesamtverband etwa in seinem Jahrbuch, dass man »im Jahr 1930 die Riesensumme von 9.764.396,60 Mark für Unterstützungen aller Art zur Auszahlung gebracht hat«. Gesamtverband der Arbeitnehmer der öffentlichen Betriebe und des Personen- und Warenverkehrs: Jahrbuch 1930, S. 119.

[254] Vgl. beispielhaft Deutschnationaler Handlungsgehilfen-Verband: Rechenschaftsbericht 1927, S. 234.

[255] Im Kontext klassischer Ausbaumotive einer Angestelltengewerkschaft Ende der 1920er Jahre: steigende Mitgliederzahlen, Festigung des Verbandes, positive Dynamik bei den Kassenverhältnissen, erhebliche Ausgaben durch Unterstützungen – durch die kostspielige Erwerbslosenunterstützung in der Krise, aber auch durch die Altersunterstützung –, konnotativ mit dem Subtext verknüpft, dass die anwachsende Großorganisation sich dies aber auch leisten könne (Monstranz). Beispielhaft für den Zentralverband der Angestellten hierzu der Artikel: Wir schreiten vorwärts, in: Der freie Angestellte Nr. 21, 1929, S. 387. Hier auffallend und aufschlussreich der gebildete Kontext zum architektonisch-baulichen Ausbau: Der Verband wächst über seine bisherigen Grenzen hinaus, ein neues Verbandshaus wird erforderlich.

Unterstützungsvereinigungen – welche die Botschaft des Karitativen, nicht die des Widerstandes transportierten, zugleich aber gewerkschaftliche Strukturen vorprägten und beim Ausbau der neuen Organisationen nützlich zu sein schienen – in neue organisatorische Muster übertragen zu können, war Legitimität erforderlich.

Das soziale Unterstützungswesen musste unter dem Banner des Kampfes und des Kräftemessens mit Arbeitgebern, Staat oder Kapitalismus gewerkschaftlich neu eingeschrieben werden. Um die Jahrhundertwende und während der ersten beiden Dekaden bis zum Ersten Weltkrieg gab es in diesen Zusammenhängen eine Stimmungslage, die – befördert in einer Zeit zahlreicher Gründungen zentraler gewerkschaftlicher Unterstützungskassen – eine vielfältige Zuweisung von Bedeutungstitel für soziale Unterstützungen hervorbrachte und damit zugleich die Deutung des sozialen Kassenwesens über diese Zeit hinaus formte.

Wenn die Bedeutungszuweisungen, welche die sozialen Unterstützungseinrichtungen in den Gewerkschaften im Kontext der Kassengründungen erfuhren, sortiert werden, kann man Motivtypen identifizieren. Es ließe sich beispielsweise *Gemeinschaft und Schlagkraft bildende Solidarität* als Motivtyp systematisieren. Wenn soziale Unterstützungskassen mit Aussagen zur Festigung der Gewerkschaften als Kampfverband verknüpft wurden, indem Bezüge zu Arbeitskämpfen oder mit dem Kampf der Arbeiterklasse gegen das Kapital, gegen die Kapitalinteressen oder den Kapitalismus konstruiert wurden, indem sie sprachlich im Jargon einer Kampfrhetorik präsentiert wurden oder soziale Kassen als Fluktuationshemmer zum gewerkschaftlichen Instrument der Erhaltung der Kampfkraft stilisiert wurden, wurde dieser Motivtyp konkretisiert.

Man findet dieses Motiv auch dann, wenn gewerkschaftliche Arbeitslosen- und Invalidenunterstützungen mit der Deutung präsentiert wurden, Erwerbslose oder Erwerbsunfähige durch Unterstützungen als kritische Konkurrenz vom Arbeitsmarkt zu nehmen, durch die gewerkschaftlich errungene Standards bei Einkommen oder im Arbeitsrecht unterlaufen wurden. Im weiteren Sinn ging es um mehr: um die Verringerung von Abhängigkeiten. Kranke, Erwerbslose oder Alte, die in ihrer Notlage auch schäbigste Arbeitsbedingungen akzeptieren mussten, wurden zu einem leichten Opfer der Ausbeutung und in der Folge zur »Schmutzkonkurrenz«. Arbeitnehmer, die sich in der Hoffnung auf eine materielle Unterstützung im Alter an betriebliche Altersversorgungen der Unternehmer banden, begaben sich in Abhängigkeiten, die der gewerkschaftlichen Organisation und mithin der Gemeinschaftsbildung der Werktätigen in Organisationen, die ihren Interessen folgten, im Weg standen oder diese zumindest erschweren konnten. Man kann hinsichtlich der Verringerung von Abhängigkeiten von einem *Entbindungsmotiv* sprechen, mit dem die Bedeutung sozialer gewerkschaftlicher Unterstützungskassen erhöht wurde.

Hierbei war der Übergang zu einer aktiven gewerkschaftlichen Arbeitsmarktpolitik fließend. Es ging am Ende um eine Absicherung der gemeinschaftlich errungenen Erfolge. Werktätige wurden geschützt, indem Arbeitnehmer, die durch Notlagen oder

der Angst davor in starke Abhängigkeiten von den Arbeitgebern geraten waren, gewerkschaftlich unterstützt wurden. In der gewerkschaftlichen Organisationslogik gelang die Befreiung von Abhängigkeiten natürlich durch eine neue Bindung: die an die Gewerkschaften. Schlussendlich ging es bei dieser Bedeutungszuweisung für soziale Unterstützungseinrichtungen um die Schaffung der Voraussetzungen für nachhaltige gewerkschaftliche Organisierung. Die Koalitionsfreiheit spielte hier eine wichtige Rolle.

Daneben lässt sich ein Motivtypus definieren, der nicht auf ein abstraktes, sondern auf ein konkretes *Privilegierungssystem für Organisierte* zielte. Immer dann – und dies war sehr häufig –, wenn es im Zusammenhang mit sozialen gewerkschaftlichen Unterstützungskassen um pragmatische Anreize zur Organisation und um eine Vermittlung von Vorteilen der Organisierung in der Agitation ging, wurde jenes Motiv erkennbar. Häufig nahm es Bezüge zu den Konkurrenzsystemen auf, die es befeuerten: jenes der seinerzeit zahlreichen Gewerkschaften, die diesseits und jenseits der unterschiedlichen weltanschaulichen Orientierungen heftig miteinander konkurrierten, oder jenes der sozialen Kassen. Auch zwischen staatlicher Sozialversicherung, privaten Versicherungen, betrieblichen Sozialeinrichtungen und gewerkschaftlichen Unterstützungen gab es einen Stimulus durch Wettbewerb und Interessenopposition. Soziale Gewerkschaftskassen waren wegen ihrer Absicherung von sensiblen Lebensrisiken besonders bedeutend für die Frage, mit welchen stetig zu erneuernden Angeboten Gewerkschaften auf dem umkämpften Markt der Mitgliederagitation in Zeiten der umkämpften Expansion Anreize setzten und somit bestehen konnten.

Daneben war ein weiteres, auf den ersten Blick organisationsegoistisch anmutendes Motiv erkennbar: die *Maximierung der Einnahmen*. Das Unterstützungswesen war für Gewerkschaftsführungen ein bedeutendes Vermittlungsinstrument, mit dem effektivere und höhere Beitragseinnahmen legitimiert werden konnten. Der Anreiz höherer Unterstützungsleistungen verbesserte die Akzeptanz der ansonsten immer schwer vermittelbaren Beitragserhöhungen. Zugleich folgte aus der Ausweitung von Unterstützungsleistungen eine »Kassenlogik«, nach der die Beitragssätze anzuheben waren. Überhaupt übernahm gerade das soziale Kassenwesen die wichtige Aufgabe, der Mitgliedschaft zunehmend differenzierte Staffelsysteme für die Beitragszahlung schmackhaft zu machen, mit denen die Einnahmeseite der Organisation immer effizienter gestaltet werden konnte.

Wer besser verdiente, stieg auf. Er hatte, an Wochen- oder Monatsverdienste angepasst, zugleich höhere Beiträge an seine Gewerkschaft zu leisten. Da er mit dem Aufstieg in höhere Beitragsklassen zugleich höhere Unterstützungsleistungen beanspruchen konnte, wurde mit dem Beitragsanstieg die Reizschwelle für einen materiell begründeten Austritt aus der Gewerkschaft abgesenkt. Darüber hinaus wurde dem Unterstützungswesen in diesem Kontext auch eine Bedeutung als Förderer der Beitragsehrlichkeit zuerkannt: nicht nur, weil sich eine Manipulation von Beitragspflichten über das soziale Unterstützungswesen negativ auf die Ansprüche auswirkte, sondern auch, weil säumige Beiträge bei der Auszahlung von Leistungen angerechnet werden konnten. Zudem funktionierten Unterstützungen als Vehikel, um über den Ausbau des zentralisierten Kassenwesens immer mehr Einnahmen direkt der Zentrale der gewerkschaftlichen Verbände zuzuführen. Die Zentralisierung wurde gestärkt, lokale Fliehkräfte – durch lokale Finanzautonomie gestärkt – wurden geschwächt. Das harmonierte mit dem Ziel des organisatorischen Ausbaus zu großen und schlagkräftigen Massengewerkschaften. Je besser es Arbeitnehmern durch starke Gewerkschaften in dieser Logik ging, desto höher waren ihre Beitragsleistungen, aber zugleich auch ihre Unterstützungsberechtigungen. Der Auf- und Ausbau des sozialen Unterstützungswesens wurde als Spiegelung der Erfolgserzählung von den Großverbänden sinnstiftend aufgeladen.

Als weiteren Motivtypus könnte man ferner die Bezüge zu einer *Urform einer Gemeinschaftsbildung von Arbeitnehmern* beschreiben. Man findet jenen Typus für die gewerkschaftliche Deutung der frühen Jahre der Bildung gewerkschaftlicher Massenorganisationen vor, also insbesondere für die Zeit vor und bis zur Jahrhundertwende – er trat aber auch in gewerkschaftlichen Deutungen sozialer Unterstützungen für die 1920er Jahre noch immer vereinzelt auf. Dabei wurde die in der Idee der sozialen Selbsthilfe vollzogene Gruppenbildung als eine anthropologische Kraft beschrieben, die besonders auch das einfache Gemüt der »Indifferenten« anspreche. Die soziale Selbsthilfe wurde hierbei gelegentlich abwertend als eine primitive Vorform der höherwertigen politischen Gewerkschaftsarbeit in einem natürlichen Evolutionsprozess gezeichnet. Soziale Unterstützung diente damit der menschlichen Befreiung aus einer von tiefster Verelendung bewirkten Lethargie, indem Menschen für die Idee der Gemeinschaftsbildung durch soziale Selbsthilfeangebote überhaupt empfänglich wurden.[256]

Man könnte diese Motivtypen, die aus den in dieser Studie vorgestellten Bedeutungszuweisungen systematisiert wurden,[257] sicherlich noch erweitern, differenzieren oder auch anders arrangieren. Die genannten Motivtypen veranschaulichen allerdings sehr gut, dass sie eine übergeordnete Ausrichtung und Orientierung aufweisen. Wie Eisenteilchen, die sich in der Nähe eines Magneten an dessen Feldlinien ausrichten, repräsentieren die Motivtypen die dominierende Feldlinie, an der sich die gewerkschaftliche Deutung des sozialen Unterstützungswesens in einer Phase, die mindestens bis zum Beginn des Ersten Weltkriegs andauerte, am stärksten orientierte: die Deutung sozialer Unterstützungskassen anhand der ihnen zugeschriebenen gewerkschaftspolitischen

---

[256] Solche Motivkonstruktionen mit dem Blick auf die Gründerzeiten in den 1890er Jahren wurden in den Verbandsgeschichten reproduziert. Vgl. dazu – aus dem Jahr 1907 – Dreher/Schumann: Die ökonomischen Vorbedingungen und das Werden der Organisation, etwa S. 151 ff. und S. 162 ff. Als Wiederaufnahme des Motivs in einer späteren Verbandsgeschichte vgl. Deutscher Transportarbeiter-Verband: 25 Jahre Gewerkschaftsarbeit, Berlin 1922, hier das Kapitel über das Unterstützungswesen, S. 194-204.

[257] Da in der Form eines zusammenfassenden und systematisierenden Zwischenfazits auf die bereits erarbeiteten Erkenntnisse dieser Studie zurückgegriffen wird, kann auf die Angabe von Belegstellen hier weitgehend verzichtet werden.

Funktionen. Es ging dabei letztlich um eine Dynamisierung, Unterstützung oder Absicherung des Prozesses der Gemeinschaftsbildung in Gewerkschaften. Der Einzelne hatte sich einzubringen, etwas zu opfern, etwas zu riskieren, bevor er nach einer Zeit der Bewährung, nach einem Beweis der Nachhaltigkeit seiner Absichten von den Vorteilen, dem Schutz, der Größe und der Macht der Gemeinschaft als Gruppe selbst profitieren konnte. Das ist – in der Abgrenzung zu Altruismus und Humanismus, zu reiner Selbstlosigkeit und dem Streben nach Menschlichkeit – eine treffende Beschreibung für: *Solidarität*.[258]

Gewerkschaften deuteten das soziale Unterstützungswesen als strukturelle Fördermaßnahme für die solidarische Gemeinschaftsbildung, um mit der Hilfe jener gewerkschaftspolitisch eingesetzten Werkzeuge auf dem Weg zu zentralisierten und starken Großgewerkschaften schneller voranschreiten zu können. Zugleich bildete das soziale Unterstützungswesen mit den Karenz-, Wartezeit- oder Äquivalenzregelungen anschaulich und geradezu lehrreich gewerkschaftliche Tugenden der Solidarität ab: etwas einzubringen und zu opfern, um als aktiver Part einer Idee den Schutz der Gemeinschaft, aber auch andere persönliche Vorteile beanspruchen zu können, wofür Standfestigkeit und Ausdauer gefordert waren. Das Gefühl der Zusammengehörigkeit und das füreinander Eintreten wurden in der durch eine soziale Unterstützungsarchitektur konkret erlebbaren solidarischen Gemeinschaft vielfach reproduziert und verstärkt. Oder anders formuliert: Das soziale Unterstützungswesen war eine praktische Schule gewerkschaftlicher Solidarität.

Jene organisationspolitisch akzentuierte Feldlinie der Solidarität im Sinn der dynamisch voranschreitenden und erfolgreichen Gemeinschaftsbildung bestand auch nach dem Ersten Weltkrieg und in den 1920er Jahren weiter fort. Beispiele lieferten gewerkschaftliche Alterskassen. Jene Einrichtungen, die seit der Mitte der 1920er Jahre etabliert und in der zuvor dargelegten Weise mit nunmehr sozialen und sozialpolitischen Bedeutungen stark aufgeladen wurden, erschienen weiterhin auch in den bekannten organisationspolitischen Deutungskontexten. So pries der Gesamtverband in seinem Jahrbuch 1930 das »glänzende Zeugnis gewerkschaftlicher Solidarität«, das sich in seinen Unterstützungsleistungen konkretisierte. Es ging darum, von den Familien der Verbandsmitglieder »die schlimmste Not fernzuhalten«. Es ging zugleich aber ebenso darum, mit neuen Einrichtungen wie der Invalidenunterstützung »in den Versammlungen agitatorisch« zu werben.[259]

Besonders deutlich wurde das im Zentralverband der Angestellten für die in den 1920er Jahren – zusätzlich zur verbandlichen Pensionskasse – installierte Altershilfe. Im Jahr 1927 referierte ein Mitglied des Verbandsvorstandes: »Kolleginnen und Kolle-

---

[258] Zu Begriff, Deutung und ihrer Veränderung in historischer Perspektive nun Dietmar Süß/Cornelius Torp: Solidarität. Vom 19. Jahrhundert bis zur Corona-Krise, Bonn 2021.

[259] Alle vorgenannten begrifflichen Zitate aus: Gesamtverband der Arbeitnehmer der öffentlichen Betriebe und des Personen- und Warenverkehrs: Jahrbuch 1930, S. 123 und S. 125.

gen! Ich möchte nur noch einige Worte an Euch richten wegen der neu beschlossenen Unterstützungen, besonders wegen der Altershilfe. Wir haben uns außerordentlich gefreut, dass diese Altershilfe doch einmütig beschlossen worden ist. Daraus geht hervor, dass die Vertreter des Verbandes überzeugt sind, dass diese Altershilfe notwendig ist, dass sie überzeugt sind, dass sie segensreich wirken wird für unsere Mitglieder und dass sie überzeugt sind, dass sie im Verband diejenige Werbekraft haben wird, die der Verband braucht. Wir können auf die beschlossenen Unterstützungen stolz sein. Wir müssen besonders hervorheben, dass das, was Sie an Altershilfe beschlossen haben, weit über das hinausgeht, was irgendeine andere Organisation bisher leistet. (...) Wir werden den Gedanken der Altershilfe hinaustragen in die Massen, und ich bin überzeugt, wir werden werben, wir werden an Mitgliedern gewinnen und wir werden erst recht nicht nachlassen in unseren grundsätzlichen Aufklärungen, sondern wir werden dadurch die Massen heranziehen, um sie grundsätzlich aufklären zu können.«[260]

In jener Äußerung aus dem Jahr 1927, also am Ende des Untersuchungszeitraums, den die vorliegende Studie betrachtet, sind soeben beschriebene organisationspolitische Motivtypen weiterhin sichtbar: Das *Privilegierungssystem für Organisierte* sowie die *Urform einer Gemeinschaftsbildung* sind klar zu erkennen. Man könnte resümieren: Die organisationspolitische Feldlinie der Dynamisierung sowie statischen Abstützung der solidarischen Gemeinschaftsbildung blieb bis zum Beginn des Ersten Weltkriegs als Bedeutungszuweisung in vielen Gründungskontexten sozialer Gewerkschaftskassen zunächst dominant. Die Feldlinie bestand zeitlich danach bis zum Ende der 1920er Jahre und bis zum Auftakt in die 1930er Jahre fort, wurde in dieser Zeitspanne allerdings – beginnend bereits im Ersten Weltkrieg – zunehmend überschrieben durch eine nunmehr immer stärker in den Vordergrund tretende Feldlinie der humanitär akzentuierten Intervention sozialer gewerkschaftlicher Unterstützungskassen. Dies stand im unmittelbaren Zusammenhang mit der Krisendekade von Krieg und Inflation 1914 bis 1924 und der anschließenden Etappe andauernder Herausforderungen vor allem auf dem Arbeitsmarkt.

An dieser Feldlinie orientiert, ließen sich ebenfalls Motivtypen differenzieren. Man könnte beispielsweise von einem Motivtypus *Humanitäre Solidarität* sprechen. Jener trat immer dann hervor, wenn die Notlage der unter dem Kapitalismus darbenden Arbeiterschaft besonders eindringlich geschildert wurde und das gewerkschaftliche Unterstützungswesen als eine bessere, solidarische Maßnahme im Vergleich zur schikanösen öffentlichen Armenfürsorge oder zur Füllung der am schwersten wiegenden Lücken, welche die gesetzliche Sozialversicherung ließ, gezeichnet wurde. Der Motivtypus, der eher eingestreut und universell zeitübergreifend auftrat, wandelte sich im Verlauf der in dieser Studie betrachteten Epoche. Man könnte dabei die *Soziale Abfederung von Modernisierungskosten* als neu entstehenden Motivtypus isolieren. Er trat bei der Installation

---
[260] Zentralverband der Angestellten: Protokoll des dritten Verbandstages 1927, S. 118.

spezifischer gewerkschaftlicher Unterstützungszweige in Erscheinung – wie dem gewerkschaftlichen Rechts- und Haftpflichtschutz als Reaktion auf die Modernisierung des Verkehrs in Organisationen der Transport- und Verkehrsarbeiter. Man kann jenes Motiv aber auch bei der Etablierung gewerkschaftlicher Alterskassen insbesondere ab Mitte der 1920er Jahre erkennen, wenn diese mit einem sozialen oder sozialpolitischen Leitmotiv der Linderung von Altersarmut oder Altersarbeitslosigkeit als Folge technisch motivierter und von der Lage der Arbeitsmärkte diktierter Rationalisierungsvorgänge ausgestattet wurden.

Ausgerichtet an der sozialen Feldlinie wurde schließlich auch ein Motivtypus, der zunächst gar nicht damit zu harmonieren schien: der eines *Sozialpolitischen Professionalismus*. Soziale Unterstützungskassen wurden in den Gewerkschaften, wie in dieser Studie eingehend beschrieben, ausgebaut, bürokratisiert und professionalisiert in Bezug auf ihre Statuten, ihr Leistungsportfolio oder ihre Verwaltung. Die gewerkschaftlichen Einrichtungen näherten sich in ihren Prozeduren und in ihrem Erscheinungsbild dem professionellen Versicherungswesen in privatwirtschaftlichen Konzernen und in der staatlichen Sozialversicherung an. Soziale gewerkschaftliche Unterstützungen wurden im Verlauf der untersuchten Zeit mit zunehmender Tendenz entsprechend präsentiert – etwa durch die Hervorhebung einer transparenten Bilanzführung, der Schlichtungs- oder Schiedsverfahren zur Beilegung von Konfliktfragen, konkurrenzfähiger Kassenleistungen oder der Expertise der verantwortlichen Mitarbeiter.

Dabei agierten Gewerkschaften mit ihren Kranken-, Arbeitslosen-, Sterbe-, Renten- oder Invalidenunterstützungen auf dem gleichen »Markt« wie Sozialversicherung und Versicherungskonzerne. Lebens-, Haftpflicht- oder Sachversicherungen boten Gewerkschaften zudem in dafür speziell errichteten gewerkschaftlichen Versicherungsunternehmen an – wie es exzessiv der Deutsche Ring als Versicherungsunternehmen des Deutschnationalen Handlungsgehilfen-Verbandes betrieb. Über Witwen-, Waisen-, Renten- sowie Sterbeunterstützungen operierten Gewerkschaften mit ihren verbandlichen Unterstützungseinrichtungen ebenfalls gegen die privatwirtschaftlich ausgerichteten Lebensversicherer. Zum privatwirtschaftlichen Versicherungsmodell suchten die Gewerkschaften mit ihren Unterstützungseinrichtungen geradezu die Konkurrenz. Die sozialen Unterstützungskassen wurden kontrastierend als antikapitalistisches Gegenmodell gezeichnet, mit dem man den Großkapitalisten das Geschäft mit den Arbeitnehmern entreißen wollte.

Auch zur staatlichen Sozialversicherung wurden die Unterstützungseinrichtungen durch die Gewerkschaften selbst in ein Verhältnis gesetzt, sobald etwa betont wurde, dass damit Nachlässigkeiten der Sozialversicherung von den Gewerkschaften auf dem Weg der Selbsthilfe kuriert werden sollten. Bei den verbandlichen Renten- und Pensionskassen der Angestelltenorganisationen war dies sowohl im zeitlichen Umfeld der Einrichtung der gesetzlichen Angestelltenversicherung als auch bei den Gründungen von Alterskassen in den 1920er Jahren ein wichtiges Thema. In der Folge des Leistungsausbaus der gewerkschaftlichen Kassen, insbesondere aber wegen der sich zuspitzenden und sich verstetigenden sozialen Krisenlagen seit 1914 und – mit besonderer Dynamik – in den 1920er Jahren, geriet das soziale Unterstützungswesen der Gewerkschaften unter Beweislast: vor allem in Bezug auf den beanspruchten sozialpolitischen Professionalismus. In einer Zeit der Prüfungen musste nun auch tatsächlich geliefert werden.

Entsprechend konkretisierten sich die gewerkschaftlichen Deutungen der nun mitunter eskalierenden Jahresbudgets der sozialen Kassen: Sie wurden als Indikator der Finanzkraft, der wirtschaftlichen Potenz und des hohen Entwicklungsstandes der Organisationen gezeichnet. Die sozialen Unterstützungseinrichtungen selbst wurden dabei als tragende Säulen des Organisationsbaus eines fortentwickelten Verbandes gesehen, womit Stolz, Status, Stärke und Prestige vermittelt wurde. Im Subtext ließ sich gelegentlich auch die Botschaft herauslesen, dass das soziale Kassenwesen der Gewerkschaften gerade in Zeiten der Krise und der hohen Kosten wie ein solidarisches Umverteilungssystem funktionierte. Die Kassen arbeiteten in einer Art Umlageverfahren, bei dem die Bezieher hoher Einkommen entsprechend hohe Beiträge an die Solidargemeinschaft der gewerkschaftlich Organisierten abführten, während zugleich Arbeitslose oder Kranke zu Empfängern gewerkschaftlicher Leistungen wurden. In Zeiten der Krise dynamisierte sich auch dieser Umverteilungsaspekt.

Diese das Soziale stärker akzentuierende oder einarbeitende Motivgruppe zeigte sich eher beiläufig auch bereits in frühen Gründungskontexten gewerkschaftlicher Unterstützungskassen – zunehmend aber, was der 1914 beginnenden und in den 1920er Jahren sich dynamisierenden Krisenetappe geschuldet war, durch die Sinnstiftung im Bereich der Themen, die im langjährigen Fortbestand sozialer Unterstützungskassen gesetzt wurden oder sich entwickelten.[261] Bei den gewerkschaftlichen Alterskassen, die im Verlauf der 1920er Jahre und zu Beginn der 1930er Jahre spät etabliert wurden, gerieten soziale Gesichtspunkte allerdings entsprechend intensiviert in den Kontext von Bedeutungszuweisungen in der Gründerzeit. Sollten die skizzierten Motivgruppen der beschriebenen sozialen Feldlinie auf eine den evolutionären Prozess einfangende Formel heruntergebrochen werden, könnte formuliert werden: *Humanität* wurde als strukturelles Leitbild im Kontext immer professioneller agierender sozialer Unterstützungen stärker präsent und in Szene gesetzt.

Die Überleitung zur Sinnstiftung im Bestand der Kassen und den dabei auffallenden Themen ist gesetzt – die sogleich folgende Passage wird sich für die Sterbe- und Rentenkassen der Gewerkschaften damit abschließend befassen. An dieser Stelle jedoch fordern die Beschreibungen von gewerkschaftlicher *Solidarität* und gewerkschaftlicher *Humanität* zuvor zu einem weiteren Gedankenexkurs heraus. Dabei soll ein Aspekt in

---

[261] Daher findet sich dieser Aspekt bei gewerkschaftlichen Kranken- oder Arbeitslosenunterstützungen, die bis zum Jahr 1914 längst etabliert waren, im Bereich der Sinnstiftung im Fortbestand der Kassen, wie es in Kapitel fünf dieser Studie dargelegt wurde.

den Vordergrund gerückt werden: das symbiotische Verhältnis von *Solidarität* und *Humanität* bei den sozialen gewerkschaftlichen Unterstützungseinrichtungen.

Die Beförderung der solidarischen Gemeinschaftsbildung durch ein soziales gewerkschaftliches Kassenwesens basierte auf der Annahme, Arbeitnehmerinnen und Arbeitnehmer durch das Angebot von *friendly benefits* für den Eintritt in die gewerkschaftliche Organisation zu interessieren und für einen dauerhaften Verbleib zu gewinnen. Dies konnte – von Feinheiten wie den Kosten und Leistungen der Einrichtung im Einzelfall einmal abgesehen – nur dann erfolgreich gelingen, wenn soziale Herausforderungen, die Bedürfnisse der Arbeitnehmerschaft und die gewerkschaftlichen Angebote sich aneinander ausrichteten. Die Dekaden zwischen 1890 und dem Beginn der 1930er Jahre wurden als januskö̈pfige Epoche, als Zeiten des Wandels, der Verunsicherung und der Risiken geschildert. Es wurde anhand ausgewählter sozialer Entwicklungen aufgezeigt, warum vor diesem Hintergrund von einem Aufbruch sozialer Sicherheit ab den 1890er Jahren gesprochen werden kann, der sich in der Entwicklung der staatlichen Sozialversicherung wie im privaten Versicherungsbereich beispielsweise am Aufstieg der Volksversicherung deutlich abzeichnete.[262]

Das Streben der Menschen nach sozialer Sicherung und die dafür passgenau adressierten sozialen Unterstützungsangebote aus den Gewerkschaften bezogen ihr verbindendes Kraftfeld aus den sozialen Realitäten der Zeit. Ohne die permanente, reale sowie häufig existenzielle Gefahr, die Erwerbslosigkeit, Krankheit, Alter und Tod für Arbeitnehmerfamilien darstellte, wären Agitationseffekte oder Organisationserfolge wie die Linderung der Fluktuation als antizipierte Wirkungen sozialer Unterstützungseinrichtungen unter Mitgliedern oder Funktionsträgern der Gewerkschaften nicht zu vermitteln gewesen. Das Argument des Organisationsanreizes entfaltete erst in jener Logik seine Plausibilität, ohne dass dafür die weithin bekannten sozialen Realitäten referiert werden mussten. Inwiefern die sozialen Unterstützungskassen die ihnen zugewiesenen Organisationseffekte tatsächlich bestätigten und wie jene Kräfte historisch überhaupt verlässlich messbar wären, kann in dieser Studie nicht weiter vertieft werden.[263] Ihr geht es um die Genese der zeitgenössischen Deutungen und Sinnstiftungen in den Gewerkschaften. Dafür ist ein erkennbares, logisch anmutendes Zusammenspiel von

---

[262] Hierzu die Ausführungen in Kapitel drei dieser Studie.

[263] Zur Beantwortung der Frage, inwiefern soziale Unterstützungseinrichtungen die ihnen zugewiesenen Organisationseffekte im Untersuchungszeitraum in der Realität auch tatsächlich nachwiesen, benötigte man nach wissenschaftlichen Kriterien angefertigte zeitgenössische Befragungen. Tatsächlich führten Gewerkschaften Umfragen unter ihren Mitgliedern durch. Im Zentralverband der Handels-, Transport- und Verkehrsarbeiter Deutschlands waren diese frühzeitig besonders ausgeprägt. Man führte auf der Basis von Befragungen eine Eintrittsstatistik, bei der Arbeitszeiten, Pausenregelungen oder Wochenlöhne zum Zeitpunkt des Eintritts in die Gewerkschaft erfasst wurden, oder eine Mitgliederstatistik, die beispielsweise die Dauer der Gewerkschaftszugehörigkeit oder lokale Veränderungen der Verbandszugehörigkeit dokumentierte. Nicht erfasst wurden dabei allerdings psychologische Faktoren – etwa das persönliche Motiv, das zum Eintritt in die Gewerkschaft entscheidend motiviert hat. Hier trifft der Forschende auf Quellenprobleme.

menschlichen Bedürfnissen – basierend auf den im Arbeitnehmerpublikum bekannten sozialen Daseinsbedingungen – und darauf eingehenden gewerkschaftlichen Angeboten relevant.

In der gewerkschaftlichen Darstellung, soziale Unterstützungseinrichtungen dienten dem Wachstum der Organisation, ihrer Stabilisierung und mithin gar einer Stärkung ihrer Kampfkraft, wurden soziale oder sogar altruistische Motive mittransportiert. Sie wurden anfänglich zurückhaltend in Szene gesetzt. Gewerkschaften sahen sich als moderne und neuartige Institutionen, als Avantgarde des nun endlich hart geführten Ringens um die Lebenschancen der Arbeitnehmerschaft. Da passte die soziale Selbsthilfe nicht ins Bild – wohl aber die Stärkung der Organisation oder die der Kampfgemeinschaft. Dennoch war, damit Organisationsanreize überhaupt ihre Wirkung entfalten konnten, das soziale Bedürfnis der Menschen und ihre sozialen Lagen stets mitzudenken. Dies trat mit dem Fortgang der Epoche, mit der Etablierung der Gewerkschaften und ihrer Unterstützungskassen und mit der Verdichtung der Krisenlagen seit dem Ersten Weltkrieg und im Verlauf der 1920er Jahre immer mehr in den Vordergrund der Präsentation gewerkschaftlicher Unterstützungskassen. Gleichwohl war die symbiotische Verbindung zwischen altruistischer Humanität und organisationspolitisch verstandener Solidarität als innere Logik des sozialen gewerkschaftlichen Unterstützungswesens dabei immer vorhanden.

Das galt auch für die gewerkschaftliche Vision: die Stärkung der Organisationen, der Aufbau von Massengewerkschaften mit dem Ziel, die Kräfte zu sammeln, um systemkorrigierend und schließlich systemverändernd wirken zu können. Der Gehalt einer Weltanschauung in der Praxis sozialer Unterstützungsleistungen kann nach den Kriterien dieser Studie allenfalls eine nachgeordnete Rolle für das Erkenntnisinteresse spielen. Vorrangig geht es um die gewerkschaftliche Ideenwelt der Deutung des Unterstützungswesens. In dieser gewerkschaftlich konstruierten Ideenwelt war über den organisationspolitischen Fortschritt, in dessen Dienst soziale Kasseneinrichtungen gestellt und als dessen Instrumente sie präsentiert wurden, letztlich ein besseres und gerechteres Dasein der Mitglieder anzustreben – zuerst im Kleinen, durch schrittweise erfolgende Reformen, schließlich auch visionär im Großen, durch eine Neuordnung von Wirtschaft und Gesellschaft. Auch hier also, in der weiten und vielfältigen Ideenwelt der Arbeiterbewegung, wurde dem sozialen gewerkschaftlichen Unterstützungswesen in den betrachteten Verbänden am Ende ein passgenauer Platz zugewiesen, auf dem Solidarität und Humanität – im definierten Verständnis – eine symbiotische Beziehung pflegten.

Wollte man einen roten Faden finden, an dem sich die gewerkschaftliche Präsentation des sozialen Unterstützungswesens zu orientieren schien, könnte vereinfacht und schlagwortartig formuliert werden: Von einem Motto *Alles zum Wohl der Organisation – mit sozialer Dividende für die Organisierten* in der frühen Phase der in dieser Studie untersuchten Zeitspanne wurde schließlich mit dem Fortgang der Entwicklung gewerkschaftlicher Großverbände, dem Ausbau des Unterstützungswesens und der wachsenden Herausforderungen durch epochale soziale Krisen allmählich übergegangen zu einer modifizierten Leitformel *Die gewonnene Stärke und finanzielle Potenz der Organisation für die Mitgliedschaft – als sozialer Fels in der Brandung.*

Hinter dem Vorhang der Präsentation sozialer Unterstützungseinrichtungen – die mit Emotionalisierungen und Pathos arbeitete, was in den konstruierten Schlagwörtern daher bewusst abgebildet wurde – spielten sich bei der Evolution gewerkschaftlicher Solidarität und Humanität Prozesse der Konkretisierung gewerkschaftlicher Identität ab. Klaus Schönhoven formulierte hierzu treffend: »An keiner innerverbandlichen Diskussion nahmen die Mitglieder so leidenschaftlich Anteil wie an der Kontroverse um die Erweiterung der Unterstützungseinrichtungen, ging es doch hier um Probleme, die sie unmittelbar in ihrem Lebensalltag betrafen und in ihrem Gewerkschaftsverständnis berührten; für keinen anderen gewerkschaftlichen Tätigkeitsbereich lässt sich die praktische Entfaltung des gewerkschaftlichen Solidaritätsgedankens intensiver beleuchten als für diesen Bereich der kollektiven Sozialleistungen der Gewerkschaftsverbände, denn die Aufwendungen für Unterstützungszwecke machten den Hauptteil der Gewerkschaftsausgaben aus; nirgendwo kann die schrittweise Herausbildung von reformorientierten Strategien besser illustriert werden als am Beispiel des Unterstützungswesens.«[264]

Welche weiteren Erkenntnisse aus einem gezielten Blick auf Selbstverständnis und Identität der Gewerkschaften zu gewinnen sind, wenn man dabei das soziale Unterstützungswesen fokussiert, wird im letzten Kapitel diskutiert werden.

Sinnstiftung im Bestand gewerkschaftlicher Sterbe- und Pensionskassen

Im Mittelpunkt der Aufmerksamkeit des Kapitels über Sterbe-, Renten- oder Invalidenkassen standen bis hierher gewerkschaftliche Deutungen des sozialen Unterstützungswesens im Kontext von Kassengründungsvorgängen. Zu diesen Zeiten war die Motivation, sich von Seiten einer Gewerkschaft zu erklären und eine neuartige Gewerkschaftseinrichtung mit Sinn aufzuladen, in besonderer Weise gegeben. Doch auch im Bestand, also im Verlauf jener Entwicklung, die der Gründung über Jahre oder Jahrzehnte nachfolgte, vermittelten Kasseneinrichtung – über die reale »Kassenpolitik« wie über verbandsoffizielle Interpretationen – eine Sinnstiftung. Jene war zumeist nicht mehr so plakativ und verdichtet wie unter dem Brennglas der Gründungsdiskurse oder Gründungsinszenierungen.

Sie zeigte sich häufig als Botschaft, die von realgeschichtlich messbaren Entwicklungsprozessen im sozialen Unterstützungswesen ausgesandt wurde – nicht immer lautstark, dafür aber häufig wirkmächtig in der anschaulichen Erkenntnis. Am Beispiel der gewerkschaftlichen Arbeitslosen- und Krankenunterstützungen wurde das Terrain

---

[264] Schönhoven: Selbsthilfe, S. 147.

der hierbei in Erscheinung tretenden Themenfelder bereits erkundet. Ob Expansion und Festigung, Professionalisierung und Bürokratisierung, Erweiterung und Vertiefung oder – mit der Zeit zunehmend – soziale Semantiken vermittelt wurden: Am Ende ließ sich als Überschrift für alle diese Bereiche die Sinnstiftung der Verankerung des sozialen Unterstützungswesens in den Gewerkschaften erkennen.

An dieser Stelle könnten die vorgenannten Themenbereiche auch für das gewerkschaftliche Sterbekassenwesen, für Renten- und Invalidenkassen abgeschritten werden. Auf eine Wiederholung dieses Erkenntnisprozesses soll aber verzichtet werden. Auch für gewerkschaftliche Sterbe- und Rentenkassen traten bekannte Phänomene auf, die bereits für Arbeitslosen- und Krankenunterstützungen und ihre Sinnstiftung im Bestand beschrieben wurden: etwa die Neigung zur statistischen Durchdringung des Themenfeldes durch Erhebung, Nutzung und Präsentation von Daten. Die Sterbekassen lieferten über die für den Leistungsbezug bei der Gewerkschaftsverwaltung einzureichenden Sterbenachweise Angaben über das Alter und die Todesursache der Verstorbenen, die – gesamtverbandlich zusammengetragen – Eingang in die Analyse des Gesundheitszustandes der Organisierten fanden.[265] Rentenunterstützungen forderten die gewerkschaftliche Administration heraus, Erkenntnisse über die Altersverteilung der Verbandsmitglieder zu erheben, um Anwartschaftszeiten oder die in der Zukunft zu erwartenden Rentenzahlungen prognostizieren zu können.[266] Die Präsentation der Unterstützungen war in den gewerkschaftlichen Medien reichlich mit Zahlen und Tabellenwerken versehen und wurde schließlich in wissenschaftlicher Anmutung auswertend vermittelt. Damit wurden Botschaften ausgesandt: von der Professionalisierung etwa, die Gewerkschaften in ihrem sozialen Kassenwesen anstrebten, oder von Fortschritt und Moderne, denen Gewerkschaften folgten.

Zudem war das Themenfeld anschlussfähig. Aus Todesursachen konnten Rückschlüsse auf soziale Daseinsbedingungen gezogen werden, was wiederum Eingang in gewerkschaftlichen Kampagnen finden konnte. Die Verbesserung des Arbeitsschutzes durch die Anerkennung von Berufskrankheiten war – wie im Kapitel über die Kran-

---

[265] Detaillierte Statistiken der Todesfälle und Todesursachen finden sich zum Beispiel für den Transportarbeiter-Verband oder den Verband der Deutschen Buchdrucker. Dazu etwa Deutscher Transportarbeiter-Verband: Jahrbuch 1913, S. 480 f. Verband der Deutschen Buchdrucker: Jahresbericht 1926, S. 47 f. Ebd., S. 44-48, wird anschaulich, wie Statistiken über das Alter beim Ableben der Mitglieder und über die Todesursachen mit Übersichten zum Krankenstand, Krankentagen und Krankheitsursachen kombiniert dargestellt wurden. Als vergleichbares Beispiel aus dem Angestelltenbereich Zentralverband der Angestellten: Jahresbericht 1930, S. 390 f.

[266] Der Deutschnationale Handlungsgehilfen-Verband veröffentlichte im Vorfeld der Einführung seiner Rentenunterstützung die Ergebnisse eigener statistischer Auswertungen zur Altersstruktur seiner Mitgliedschaft, die er mit der Absicht durchgeführt hatte, das Umfeld für eine Unterstützung aufgrund der zunehmenden Arbeitslosigkeit alter Angestellter zu erkunden. Vgl. Deutschnationaler Handlungsgehilfen-Verband: Rechenschaftsbericht 1925, S. 216 ff.

kenunterstützungen beschrieben²⁶⁷ – beispielsweise ein solches Thema. Hierfür war die Sammlung und Auswertung von Todesursachen, durch Sterbenachweise für die Bewilligung der gewerkschaftlichen Sterbeunterstützung unterstützt, ein Hilfsmittel, um Langzeitfolgen bei schweren Verläufen in bestimmten Berufsgruppen darstellen zu können. Dabei war problematisch, dass die meisten Ärzte aufgrund häufig fehlender Kenntnisse über die Arbeitsbedingungen und Produktionsabläufe Krankheits- oder Sterbeursachen im beruflichen Spektrum nicht hinreichend einordnen konnten. Somit blieben Erhebungen der Ortskrankenkassen, aber auch jene der Gewerkschaften, die auf der ärztlichen Diagnostik beruhten, defizitär. Bei den Gewerkschaften jedoch waren die Daten in sachkundigen Händen. Aufgrund der profunden Kenntnisse über die Arbeitsprozesse und gesundheitsgefährdenden Tätigkeiten konnten sie in den Gewerkschaften interpretiert werden.²⁶⁸ Das Unterstützungswesen konnte so an einer komplexen gewerkschaftlichen Interventionsstrategie beteiligt werden. Im Bereich der Alterskassen sind Erweiterung und Vertiefung – wie für die Arbeitslosen- und Krankenunterstützungen beschrieben – also ebenfalls darstellbar.

Was brachten schließlich die Präsentation der Daten und die faktische Entwicklung der Kassen selbst zum Ausdruck? Hier soll nicht noch einmal reflektiert werden, welche Wirkungen Satzungstexte, Statutendebatten oder die komplexe Arithmetik bei der Veröffentlichung der Kassenbudgets – wie für die Arbeitslosen- und Krankenunterstützungen geschildert – bei gewerkschaftlichen Sterbe-, Alters- oder Invalidenkassen entfalteten. Man darf sich abkürzend darauf verständigen, dass vergleichbare Anordnungen und Präsentationen auch zu vergleichbaren Effekten bei der Sinnstiftung führten.

Die Leistungsdaten hingegen verdienen einen vertieften Blick. Die Sterbe- und Rentenkassen hatten – aus einer Perspektive der gewerkschaftlichen Verwaltung betrachtet – eine Gemeinsamkeit. Sie verlagerten die Ausschüttung als Leistung für das Mitglied bei idealtypischem Verlauf in eine ferne Zukunft. Die mitunter sehr langen Wartezeiten, die zum Bezug einer Rente berechtigten, oder die noch längeren Beitragszeiten, mit denen die Unterstützungsleistungen in ihre abschließende Höhe getrieben werden konnten, machten dies anschaulich. Es dauerte in der Regel Jahrzehnte und, wie im Fall der Sterbekasse, bis zum Ende eines Menschenlebens, bis die Auszahlung anstand. Man ist geneigt, in diesem Zusammenhang von einer virtuellen Leistung zu sprechen. Dies ist nicht zutreffend, da die Unterstützungsansprüche real waren. Doch im Gegensatz zur Arbeitslosen- oder Krankenunterstützung, bei denen der Unterstützungsfall jederzeit und sich wiederholend eintreten konnte, war bei der Sterbe- und Rentenunterstützung die langfristige Verschiebung des Leistungsanspruchs in eine ferne Zukunft gegeben. Dies machte sich konkret insbesondere bei den im Verlauf der 1920er Jahre erst spät

---

[267] Vgl. dazu die Ausführungen zum Themenfeld Erweiterung und Vertiefung in Kapitel fünf dieser Studie.
[268] Vgl. Verband der Deutschen Buchdrucker: Bericht über das Jahr 1929, S. 58 f.

etablierten gewerkschaftlichen Alters- oder Rentenunterstützungen bemerkbar. Bis zur Auflösung der Gewerkschaften und ihrer sozialen Leistungssysteme im Jahr 1933 konnte die Mehrzahl der in diese neuen Kassensysteme einzahlenden Mitglieder technisch nicht mehr in den Genuss einer Rentenzahlung kommen. Das Leistungsspektrum dieser Einrichtungen blieb wegen ihrer Zerschlagung durch die Nationalsozialisten für die Mehrzahl der Mitglieder tatsächlich virtuell.

Die methodisch in die weiter entfernte Zukunft verlagerte Leistung konnte Gewerkschaftsleitungen sowie Verbandsverwaltungen dazu verleiten, bei den Ausschüttungen der Kassen in der Tendenz großzügig zu planen. Zwar fürchtete man insbesondere bei Renten- oder Invalidenkassen die Verlagerung von Ungewissheit in die Zukunft, also eine unklare finanzielle Hypothek für die Gewerkschaftskasse. Man musste zugleich aber auch die erwartete Ferne des Unterstützungsbezugs bei Renten- oder Sterbekassen durch eine verlockende Perspektive materiell aufwerten, um den Organisationsanreiz nachhaltig gestalten zu können. Zugleich war eine lange Zeit der Beitragsbindung womöglich sogar mit geleisteten Zusatzbeiträgen für eine Renten- oder Sterbekasse ohne unmittelbar anstehende Leistungsforderung aus Sicht der Gewerkschaftsverwaltung ein interessanter Einnahmeaspekt.

Entsprechend waren die Beobachtungen bei den vorgestellten Satzungen der gewerkschaftlichen Rentenunterstützungen: Steigerungssätze über lange Anwartschaftstreppen mit am Ende für den zeitgenössischen Beobachter attraktiv und hoch erscheinenden Rentenausschüttungen im Maximaltarif. Ob die Gewerkschaftsrenten an einem in der Zukunft liegenden Termin der tatsächlichen Auszahlung überzeugt hätten, kann nicht gesagt werden. In dieser Studie sind die Satzungsangaben mit ihren prognostizierten Rentenstaffeln für den Zeitpunkt der statutarischen Festsetzung mit Vergleichsangaben über die zu ebenjenem Zeitpunkt berechneten Verdienste ins Verhältnis gesetzt worden. Daraus wurden statutarische Rentenniveaus für den Zeitraum der Etablierung der Kassen ermittelt. Dabei kann nicht berücksichtigt werden, mit welchen Teuerungsabschlägen Beitragszahler in den nachfolgenden Dekaden konfrontiert worden wären und inwiefern Gewerkschaftskassen in einer langen Entwicklungsphase ihrer Einrichtungen darauf womöglich mit Leistungsanpassungen reagiert hätten. Durch die Zerschlagung der Gewerkschaften und ihres Kassenwesens 1933 werden die meisten dieser Überlegungen für die im Untersuchungszeitraum der Studie eingerichteten gewerkschaftlichen Rentenkassen schließlich obsolet.

Im Verhältnis der statutarisch ausgerufenen Maximalrenten zu den Einkommensniveaus der betreffenden Zeit kann das »Attraktivitätsniveau« der Renteneinrichtung und ihre über die materielle Bedeutung vermittelte Relevanz aus der Perspektive der zeitgenössischen Betrachter quantifiziert werden. Die Niveaus waren von Kasse zu Kasse zum Teil sehr unterschiedlich. Auch die Berechnung von zeittypischen Vergleichseinkünften ist mit erheblichen Ungenauigkeiten verbunden. Bei Berücksichtigung dieser Unschärfe konnten Gewerkschaftsrenten, die in den aufgezeigten Beispielen zwischen

20 und 50 Prozent – manchmal auch mehr, mitunter auch weniger – der zeittypischen Vergleichseinkünfte darstellten, als in Aussicht gestellte gewerkschaftliche Zusatzrenten zur staatlichen Altersversorgung ermittelt werden. Das waren keine unerheblichen Werte. Dass hierfür lange Anwartschaftszeiten von bis zu 45 Jahren wie im Zentralverband der Angestellten oder im Deutschnationalen Handlungsgehilfen-Verband[269] gefordert waren, also eine möglichst kontinuierliche Mitgliedschaftsbiografie vom 20. bis zum 65. Lebensjahr nachgewiesen werden musste, trübte das Erscheinungsbild für den kritischen und sachkundigen Betrachter. Auch die Gewerkschaftsauflösungen durch die Nationalsozialisten 1933, die dazu führten, dass für die meisten Mitglieder niemals Renten ausgezahlt wurden, müssen als Ursache einer negativen materiellen Bilanz der Gewerkschaftsrenten berücksichtigt werden. Doch dies war in den 1920er Jahren noch nicht absehbar. Im Blickwinkel zeitgenössischer Betrachter mussten die avisierten Leistungen insbesondere jener Rentenunterstützungen, die in den Gewerkschaften seit Mitte der 1920er Jahre etabliert wurden, relevant wie verlockend erscheinen.

Noch ausgeprägter war der Trend zu erheblichen Ausschüttungen im gewerkschaftlichen Sterbekassenwesen der 1920er Jahre, das an dieser Stelle noch einmal in den Mittelpunkt des Interesses rückt, nachdem es in der Passage über die Nachkriegsgründungen von Alters- und Invalidenkassen eher beiläufig beachtet worden war. Bei der Analyse ausgewählter Sterbekassen war für die Zeit vor 1914 bereits ersichtlich geworden, dass es eine Aufwertung dieser Unterstützungsgattung durch eine Debatte über eine dynamische Anhebung ihrer Auszahlungen geben konnte. Insbesondere der Verband der Hafenarbeiter war in dieser Hinsicht auffällig, als er bereits im Jahr 1902 Höchstsätze in der Sterbekasse von 500 bis zu 750 Mark diskutierte – aber letztlich nicht umsetzte.[270] In den 1920er Jahren schließlich wurde die Tendenz zu hohen Ausschüttungen in der Sterbekasse verwirklicht und ausgeweitet.

Vier Faktoren waren erkennbar. Zunächst wurden die Ausschüttungen im zeitlichen Verlauf in der Höhe angepasst. In allen Unterstützungskassen sahen sich Gewerkschaftsleitungen den Wünschen ihrer Gliederungen, die den Druck der Mitgliedschaften vor Ort artikulierten, ausgesetzt, die Leistungen von Unterstützungseinrichtungen zu erhöhen. Dass dem im gewerkschaftlichen Sterbekassenwesen in auffallender Weise entsprochen wurde, kann mit dem erläuterten Mechanismus in Zusammenhang gebracht werden. Für Gewerkschaftsverwaltungen waren Sterbekassen eine vorteilhafte Einrichtung: mit Leistungsausschüttungen in noch ferner Zukunft, hohen Bindungseffekten und mithin nachhaltiger Absicherung der Gewerkschaftseinnahmen bei überschaubaren und kalkulierbaren Kosten, da es sich um eine Einmalzahlung handelte.

---

[269] Es handelt sich hier um einen Rückgriff auf bereits erläuterte und belegte Ergebnisse aus diesem Kapitel. Auf erneute Quellenbelege wird daher weitgehend verzichtet.

[270] Vgl. Verband der Hafenarbeiter und verwandten Berufsgenossen Deutschlands: Protokoll der siebten Generalversammlung 1902 mit Geschäftsbericht 1900-1901, hier der Protokollteil, S. 59-67.

Der Verband der Deutschen Buchdrucker zahlte 1929 ein mittleres Sterbegeld in Höhe von 375 Reichsmark und einen Höchstsatz von 600 Reichsmark aus.[271] Im Zentralverband der Angestellten erreichte das obligatorische Sterbegeld im Jahr 1930 in einer mittleren Beitragsklasse bis zu 300 und in der höchsten Beitragsklasse bis zu 400 Reichsmark.[272] Der Deutsche Verkehrsbund berechnete im Jahr 1927 für einen mittleren Grundbeitrag von 90 Reichspfennig ein maximales Sterbegeld von 144 Reichsmark, bei einem hohen Grundbeitrag von 2,10 Reichsmark eine maximale Ausschüttung von 336 Reichsmark.[273]

Als Faktor, der die Anreizgestaltung im gewerkschaftlichen Sterbekassenwesen der 1920er Jahre zusätzlich dynamisierte, wirkte das Interesse an der Organisation von Beamten. Der Ausbau der Mitgliedschaft über die statischen Grenzen von Arbeiter-, Angestellten- und Beamtenschaft hinaus war in vielen Gewerkschaften gerade in den 1920er Jahren zu verfolgen – in einigen Verbänden war das Bestreben aufgrund ihrer komplexen Organisationsbasis besonders ausgeprägt. In den Deutschen Verkehrsbund etwa wurde in den 1920er Jahren die Allgemeine Deutsche Postgewerkschaft integriert. Es war naheliegend, dass eine dynamisch wachsende Transportgewerkschaft diesen Kernbereich des Transportgewerbes organisatorisch abbildete. Jenen Mitgliedern, die im Beamtenverhältnis standen oder in Reichs-, Staats- oder Gemeindebetrieben beschäftigt waren, bot der Verkehrsbund eine Sonderregelung an. Sie konnten durch eine verbindliche Erklärung auf Leistungen der Erwerbslosenunterstützung – weil diese ihnen entbehrlich schienen oder von ihren Arbeitgebern durch soziale Entgeltbestandteile geleistet wurden – verzichten. Dafür erhielten sie die Berechtigung zum Bezug eines erhöhten Sterbegeldes. Für die Allgemeine Deutsche Postgewerkschaft im Verkehrsbund erhöhte sich die Sterbegeldleistung damit um das Fünffache. Bei einem Grundbeitrag von 90 Reichspfennig wurden maximal 720 Reichsmark, bei einem Höchstbeitrag von 2,10 Reichsmark bis zu 1.680 Reichsmark angeboten.[274]

Als weiterer Faktor einer erheblichen Leistungsexpansion wirkte im gewerkschaftlichen Sterbekassenwesen die statutarische Einarbeitung von Unfallklauseln. Diese waren – auch als Akt Gottes beschrieben – aus Lebensversicherungen bekannt. Sobald der Todesfall durch einen Unfall herbeigeführt wurde, erhöhte sich in einigen gewerkschaftlichen Sterbekassen wie in einer Lebensversicherung die Sterbegeldzahlung er-

---

[271] Verband der Deutschen Buchdrucker: Satzungen nebst den Bestimmungen über die Unterstützungen. Beschlossen auf dem Verbandstag zu Frankfurt am Main 1929, § 30, S. 33. Das mittlere Sterbegeld bezog man nach 750, den Höchstsatz nach 1.500 geleisteten Beiträgen.

[272] Zentralverband der Angestellten: Satzung. Nach den Beschlüssen des Verbandstages 1930 in Stuttgart, § 79, S. 28 – in beiden Fällen nach einer maximalen Anwartschaftszeit von 30 Jahren.

[273] Deutscher Verkehrsbund: Satzung. Gültig ab 1. Oktober 1927, § 21, S. 25 ff. Das maximale Sterbegeld wurde nach 720 geleisteten Beiträgen angewiesen.

[274] Ebd. und Deutscher Verkehrsbund: Sondersatzung der Allgemeinen Deutschen Postgewerkschaft (Mitgliedschaft im Deutschen Verkehrsbund). Gültig ab 1. Oktober 1927, § 13, S. 7 ff. Auch hier wurde das maximale Sterbegeld nach 720 geleisteten Beiträgen ausgezahlt.

heblich. Üblich war eine Verdoppelung der Sätze, wie sie zum Beispiel der Verband der Gemeinde- und Staatsarbeiter vorsah.[275] Der Zentralverband der Angestellten ging über diese Anhebung noch einmal weit hinaus. Er bewilligte nach einer Mitgliedschaftsdauer von lediglich zwei Jahren ein pauschales Unfallsterbegeld von 500 Reichsmark in den niedrigen und von 1.000 Reichsmark in den gehobenen Beitragsklassen. Die halben Sätze galten im Fall eines Unfalltodes der Ehefrau eines Gewerkschaftsmitgliedes.[276] Um ein letztes Beispiel herauszugreifen: Auch die *Rentka* im Deutschen Verkehrsbund kannte – wie vorne bereits erwähnt – die Verdoppelung der Sterbefallleistung. In der Zuschusskasse für das Sterbegeld konnten bei einem Unfall maximal 1.800 Reichsmark ausgezahlt werden.[277]

Mit der Vervielfachung gewerkschaftlicher Unterstützungseinrichtungen in ein und derselben Organisation wurde die Expansion der Ausschüttungen abermals in höhere Sphären geführt. Gewerkschaftliche Sterbekassen bildeten insbesondere im Verlauf der 1920er Jahre in bestimmten Verbänden ein Mehrfachkassenwesen. Neben die obligatorische Verbandsunterstützung als Begräbnis- oder Sterbegeld konnten weitere, zumeist fakultative Unterstützungseinrichtungen treten, die einen weiteren Sterbegeldanspruch begründeten. Diese Kassen konnten als fakultative Sterbekasse etabliert werden, um Mitgliedern die Möglichkeit der Aufstockung der Leistungen in der obligatorischen Sterbeunterstützung anzubieten. Zusätzliche Ansprüche konnten auch andere fakultative Gewerkschaftskassen enthalten: etwa gewerkschaftlichen Renten- oder Pensionskassen. Hier konnten Sterbegeldzahlungen für den Fall vorgesehen werden, dass das Kassenmitglied vor dem Renteneintritt verstarb. Ein dann ausgeschüttetes zusätzliches Sterbegeld entschädigte für die geleisteten Beiträge und die nicht mehr beanspruchten Rentenzahlungen.[278]

Rentenkassen mit ihren für den Beitragszahler in eine ungewisse und ferne Zukunft projizierten Ansprüchen wurden mit einem ergänzenden Sterbegeld zum Vorteil der nächsten familiären Angehörigen emotional aufgewertet und attraktiver gemacht. Dabei konnte eine zusätzliche Sterbegeldkasse, die mit dem Eintritt in eine gewerkschaftliche Rentenkasse oder eine andere fakultative Einrichtung miterworben wurde, Ansprüche generieren, die vom Status in der Rentenunterstützung weitgehend unabhängig waren. Die *Fakulta* im Transportarbeiter-Verband oder die *Rentka* im Verkehrs-

---

[275] Vgl. etwa Verband der Gemeinde- und Staatsarbeiter: Statut. Beschlossen auf dem Verbandstag in Köln am Rhein 1928, § 20, S. 20.

[276] Zentralverband der Angestellten: Satzung. Nach den Beschlüssen des Verbandstages 1930 in Stuttgart, § 80, S. 29.

[277] Deutscher Verkehrsbund: Satzung der Renten-, Pensions- und Sterbezuschusskasse. Gültig ab 1. Januar 1927, § 7, S. 5 f.

[278] Dies wurde für die Pensionskasse des Verbandes der Büroangestellten vorne bereits erläutert. Vgl. Pensionsregulativ des Verbandes der Büroangestellten 1911: Der Büroangestellte Nr. 13, 1911, hier bes. § 6, S. 156.

bund sind Beispiele dafür. In der *Fakulta* waren ab dem Jahr 1910 zusätzliche Sterbegeldleistungen in einer maximalen Höhe von 600 Mark möglich. Die *Rentka* offerierte nach ihrer Gründung in den späten 1920er und frühen 1930er Jahren in der Sterbezuschusskasse Auszahlungen von bis zu 900 Reichsmark.[279]

Im Zentralverband der Angestellten wurde das Mehrfachsterbekassenwesen im Verlauf der 1920er Jahre auf die Spitze getrieben. Neben dem obligatorischen Sterbegeld des Verbandes, das je nach Beitragsklasse und Anwartschaftszeit im Jahr 1930 bis zu 400 Reichsmark betrug und bei einem Unfalltod auf bis zu 1.000 Reichsmark ansteigen konnte, unterhielt die Gewerkschaft ab 1925 einen vom Reichsaufsichtsamt für Privatversicherungen zugelassenen Versicherungsverein. Dieser bot eine Sterbekasse an, die mit einem Anteilsystem arbeitete. Allein die Mitglieder des Zentralverbandes konnten Versicherungsanteile erwerben. Mit der im Jahr 1926 festgesetzten Anteilshöhe, die ein Mitglied halten durfte, konnte das Sterbegeld in dieser Zusatzeinrichtung einen Höchstwert von seinerzeit 1.000 Reichsmark erreichen.[280] Dazu trat für die Mitglieder des Zentralverbandes, die der Ersatzkasse des Verbandes beigetreten waren, ein weiteres zusätzliches Sterbegeld auch aus dieser Quelle, das im Jahr 1925 bis zu 300 Reichsmark umfassen konnte.[281] Wer schließlich zudem in der Pensionskasse des Zentralverbandes eingeschrieben war und als Ruhegeldempfänger oder -berechtigter verstarb, vererbte Ansprüche auf Witwen- und Waisengeld in jener Kasse in nicht unerheblicher Höhe.[282] Am Ende war das nichts anderes als ein zu einer Rente umgewandeltes Sterbegeld oder die Ausschüttung einer kleinen Lebensversicherung in Rentenform.

Somit befanden sich die kumulierten maximalen Leistungsangebote des Zentralverbandes für den Sterbefall durchaus auf dem Niveau einer Volksversicherung als Kleinstlebensversicherung. Vor der Jahrhundertwende beschränkten sich die Versicherungssummen der großen Volksversicherungsgesellschaften in der Regel auf 600 Mark für Verträge, die ohne ärztliche Voruntersuchung abgeschlossen wurden, und auf bis zu 1.500 Mark, sobald ein ärztlicher Befund vorlag. Die tatsächliche Versicherungssumme der abgeschlossenen Verträge lag im Mittel deutlich darunter. Aber auch hier fand bis zum Ende der 1920er Jahre ein Dynamisierungsprozess statt. Die Volksfürsorge offerierte am Ende der Dekade ihre Volksversicherung in zwei Tarifgruppen, deren

---

[279] Deutscher Transportarbeiter-Verband: Satzung für die fakultativen Unterstützungseinrichtungen des Deutschen Transportarbeiter-Verbandes 1910, in: Courier Nr. 11, 1910, § 9, S. 97 f. Deutscher Verkehrsbund: Satzung der Renten-, Pensions- und Sterbezuschusskasse. Gültig ab 1. Januar 1927, § 7, S. 5 f.

[280] Zentralverband der Angestellten: Satzung der Sterbekasse (Versicherungsverein auf Gegenseitigkeit) 1926, hier vor allem § 12, S. 6 und § 33, S. 11.

[281] Zentralverband der Angestellten: Geschäftsbericht 1923, S. 70. Ders.: Geschäftsbericht 1924 und 1925, S. 169.

[282] Zentralverband der Angestellten: Ordnung für die Pensionskasse des Zentralverbandes der Angestellten. Gültig ab 1. Juli 1930, §§ 12 und 13, S. 9 f.

Höchstversicherungssumme im Sterbefall 3.000 Reichsmark betrug.[283] Dabei waren die gewerkschaftlichen Unterstützungskassen auch auf der Beitragsseite mit der Volksversicherung konkurrenzfähig, zumal sie neben dem Sterbegeld Mehrwerte in kombinierten Kassensystemen wie etwa eine Rentenunterstützung anboten.[284]

Die sinnstiftenden Botschaften, welche die beispielhaft skizzierten faktischen Entwicklungen im sozialen gewerkschaftlichen Unterstützungswesen der Sterbe- oder Rentenkassen aussandten, sind demnach bekannte Themen wie der Expansion und Festigung oder der Professionalisierung zuzuordnen – auch in Gestalt einer Anpassung an die jeweiligen Märkte hinsichtlich der Konkurrenz der Volksversicherung. Erkennen lässt sich ebenso Erweiterung und Vertiefung – die Bedeutung sozialer Semantiken in einer Zeit der Herausforderungen und Krisen konnte zuvor in den Gründungskontexten nachgewiesen werden. Parallelen in der Sinnstiftung gewerkschaftlicher Alterskassen mit jener in Arbeitslosen- und Krankenunterstützungen sind folglich festzustellen. Das soziale Unterstützungswesen, das mehr und mehr Größe, Stärke und Moderne vermittelte, spiegelte damit zugleich die immer tiefere reale und allmählich voranschreitende ideelle Verankerung der verbandlichen Sozialleistungen in der Gewerkschaftsbewegung wider.

Welche anderen Themen tauchten im Fortbestand einer gewerkschaftlichen Rentenkasse auf, waren auffällig und interessant oder wurden erkennbar in Szene gesetzt? Es wurde zuvor angekündigt, diesen Gesichtspunkt am Beispiel der Pensionskasse des Verbandes der Büroangestellten unter Einnahme eines speziellen Blickwinkels zu verfolgen. Die Pensionskasse ging mit der Gründung des Zentralverbandes der Angestellten und der Eingruppierung des Verbandes der Büroangestellten als Einrichtung in den Zentralverband über und wurde in den 1920er Jahren fortgeführt. In dieser Zeit geriet der Betrieb der Pensionskasse zu einer gewerkschaftlichen Herausforderung. Das soll im Folgenden in einer verdichteten Analyse mit dem Fokus auf nur eine ausgewählte gewerkschaftliche Einrichtung in einer längeren zeitlichen Etappe – den 1920er Jahren – erörtert werden. Hier kann beispielhaft beobachtet werden, wie eine gewerkschaftliche Pensionskasse, die im Untersuchungszeitraum gegründet wurde und danach über

---

[283] Vgl. Volksfürsorge Versicherungsgruppe (Hg.): 75 Jahre Volksfürsorge Versicherungsgruppe 1913-1988, S. 19 und S. 90. Braun: Geschichte der Lebensversicherung, bes. S. 283 f. Surminski: Im Zug der Zeiten. Die Victoria von 1853 bis heute, S. 16.

[284] Selbst beim Blick auf nur eine isolierte gewerkschaftliche (fakultative) Sterbekasse wie jener des Zentralverbandes der Angestellten lässt sich die Konkurrenzfähigkeit darstellen. Trat man dieser bis zum 30. Lebensjahr bei, konnte man mit Jahresbeiträgen zwischen 16 und 18 Reichsmark die maximale Ausschüttung von 1.000 Reichsmark (nach den Bestimmungen des Jahres 1926) erreichen. In der Volksversicherung der Volksfürsorge zahlte man in den verfügbaren Tarifen I und IIa am Ende der 1920er Jahre eine Jahres*mindest*prämie von 12 bis 24 Reichsmark, mit der die Höchstversicherungssumme von 3.000 Reichsmark indes nicht zu erreichen war. Vgl. dazu Zentralverband der Angestellten: Satzung der Sterbekasse (Versicherungsverein auf Gegenseitigkeit) 1926, hier vor allem §§ 9 und 12, S. 5 f. Volksfürsorge Versicherungsgruppe (Hg.): 75 Jahre Volksfürsorge Versicherungsgruppe 1913-1988, S. 90.

Dekaden bis zum Beginn der 1930er Jahre fortexistierte, immer wieder neuen gewerkschaftlichen Deutungsinitiativen unterzogen wurde. Die gewerkschaftliche Sinnstiftung schien dabei zu einem sondierenden Prozess zu werden. Er fand seinen Ausdruck in Themensetzungen, die den Eindruck vermittelten, dass in den 1920er Jahren nach modifizierten Bedeutungen für die Pensionskasse in ihrer Präsentation regelrecht gesucht wurde.

Die Ausgangslage war anspruchsvoll. Die 1908 vom Verband der Büroangestellten etablierte Pensionskasse war in ihrer Gründungsbedeutung stark aufgeladen. Dies wurde in diesem Kapitel bereits als Beispiel dafür geschildert, wie gewerkschaftliche Unterstützungskassen im Themenfeld Alter zum Ausdruck der Politisierung von Angestelltenverbänden werden konnten und dabei in den Rang von Gründungsinitiativen gewerkschaftlicher Organisationen gelangten oder sogar als Organisationsanlass gezeichnet wurden. Diese Teilgeschichte der Organisation der Büroangestellten musste mit der Gründung des Zentralverbandes der Angestellten in der neuen Großgewerkschaft angemessen aufgegriffen und fortgeführt werden. Dabei repräsentierte die Pensionskasse ein generelles Leitthema der Angestelltenbewegung: die Forderung nach einer staatlichen Alterssozialversicherung für Angestellte.

Weil diese im Jahr 1908 – im Gegensatz zur staatlichen Arbeiterrentenversicherung – noch immer nicht umgesetzt war und sich die Zweifel mehrten, ob sie und wann sie denn jemals kommen würde, setzte der Verband der Büroangestellten seinerzeit eine verbandliche Pensionskasse um: als ein Instrument der Selbsthilfe mit entsprechender Agitationswirkung, aber auch als ein Zeichen des politischen Protestes und der Bloßstellung mangelhafter staatlicher Initiative. Nach dem Ende des Ersten Weltkriegs, der Gründung des Zentralverbandes der Angestellten und der Übernahme der Pensionskasse hatten sich diese Voraussetzungen allerdings grundlegend geändert. Das Angestelltenversicherungsgesetz von 1911 war 1913 in Kraft getreten. Fortan gab es die staatliche Angestelltenrente.

Zudem entwickelte sich die gewerkschaftliche Pensionskasse in den Jahren der Hyperinflation und der nachfolgenden Stabilisierung zur finanziellen Hypothek für den Zentralverband – mit Herausforderungen für die Vermittlung gegenüber der Mitgliedschaft. In der Inflationsphase der frühen 1920er Jahre boten die Berichte über die Pensionskasse, die der Zentralverband der Angestellten veröffentlichte, ein anschauliches Bild, in welche Schwierigkeiten diese nun geriet. Durch die Auswirkungen des Weltkriegs bereits geschwächt,[285] erwartete die Verbandsleitung in den nachfolgenden Jahren der sich beschleunigenden Geldentwertung den Kampf gegen den Ruin dieser Gewerkschaftseinrichtung. Im Jahr 1924 war der Befund, den die Verbandsführung über die Pensionskasse traf, ernüchternd. Die Einrichtung existierte nicht mehr in der vor

---

[285] Zentralverband der Angestellten: Geschäftsbericht 1919 und 1920, hier die Berichterstattung über die Pensionskasse, S. 177 f.

der Inflationsepoche bekannten Form. Man hatte einen Rückgang der Kassenmitglieder und der gehaltenen Anteile zu verzeichnen. Der Vermögensbestand, der seit 1908 aufgebaut worden war, wurde im Prozess der Geldentwertung vollständig vernichtet, obwohl er entsprechend den statutarischen Vorgaben mündelsicher angelegt gewesen war. Mehr als eine Million Mark gingen letztlich verloren. Der »versicherungstechnische Fehlbetrag«, von einem Sachverständigen ermittelt und 1924 bekannt gegeben, belief sich gar auf fünf Millionen Mark.[286]

Die Preisgabe der Pensionskasse wurde von der Führung des Zentralverbandes 1924 nicht artikuliert. Im Gegenteil: Man propagierte den Neuaufbau der Verbandspensionskasse. Mit einem beharrlich-trotzigen Appell, auf die schwierige Situation mit einem Neuaufbau der Pensionskasse zu antworten, wurde die Mitgliedschaft auf unangenehme Maßnahmen eingestimmt: höhere Beiträge, neue Beitragsstaffeln, geringe Leistungen. Ein weiteres Problem stellten die Altrenten dar – also die in der alten, entwerteten Währung angesammelten Rentenansprüche. Sie hatten nach der Währungsumstellung nur noch einen geringen Wert. Ein Aufwertungsmechanismus sollte der Brisanz dieser Frage die Spitze nehmen – verbunden mit zusätzlichen Investitionen, die der Zentralverband dafür zukünftig in seine Pensionskasse leiten musste.[287]

Eine Umdeutung der Funktion der Pensionskasse und mithin die Modifikation der Sinnstiftung lag auf der Hand. Schon 1912 wurde dies im Rahmen einer Kampagne zur Bewerbung der Pensionskasse im Organ des Verbandes der Büroangestellten ersichtlich. Wegen der etablierten gesetzlichen Angestelltenrente hatten Verbandsmitglieder zunehmend Pensionskassenanteile zurückgegeben. Dem versuchte man seitens der Gewerkschaftsverwaltung entgegenzuwirken, indem die eigene Pensionskasse nun als Zuschuss- und Ergänzungskasse zu einer noch defizitären staatlichen Grundsicherung umgedeutet wurde. In Lokalveranstaltungen des Verbandes wurde seinerzeit erläutert, dass die Mitgliedschaft in der Verbandspensionskasse nicht von der Versicherungspflicht befreite. Folglich wurde die Pensionskasse mit der Einführung der Angestelltenversicherung in Mitleidenschaft gezogen. Dennoch propagierte man optimistisch: »An ein Eingehen der Kasse sei nicht zu denken. Als Zuschusskasse wird sie allen Kollegen sehr willkommen sein, denn die Renten sind noch sehr dürftig.«[288] Auf einem Werbebanner im Verbandsorgan hieß es entsprechend: »Die Leistungen der staatlichen Pensionsversicherung bieten keine ausreichende Alters- und

---

[286] Zentralverband der Angestellten: Protokoll des zweiten Verbandstages 1924, hier der Bericht über die Pensionskasse, S. 35 ff.

[287] Vgl. ebd. und Zentralverband der Angestellten: Protokoll des dritten Verbandstages 1927, Bericht über die Pensionskasse, S. 45 ff. Dazu auch die Berichterstattung über die Pensionskasse in den Geschäftsberichten, etwa Zentralverband der Angestellten: Geschäftsbericht 1925 und 1925, S. 167. Ders.: Geschäftsbericht 1927, S. 242 f.

[288] Bericht über eine Lokalveranstaltung in Berlin im Verbandsorgan: Der Büroangestellte Nr. 19, 1912, S. 259.

Hinterbliebenenfürsorge. Der Beitritt zur Verbandspensionskasse ist deshalb jedem Kollegen nur zu empfehlen.«[289]

Mit der Botschaft, »die Pensionskasse auf einer neuen Grundlage aufzubauen«,[290] wurde die Deutung als Zuschuss- oder Ergänzungskasse 1924 erneut vitalisiert und zudem erweitert. »Nach einer Reorganisation, wie wir sie vorschlagen, ist unsere Kasse durchaus konkurrenzfähig und geeignet, insbesondere auf die Kollegen in den Privatbetrieben eine starke Anziehungskraft auszuüben. Es ist ja heute nicht mehr so, wie es ursprünglich bei der Gründung unserer Kasse war. (...) Es gibt in ähnlicher Weise auch in sehr vielen Privatbetrieben besondere Pensionseinrichtungen, sodass unsere Kasse jetzt nur noch als Pensionszuschusskasse in Betracht kommt. Es soll den Kollegen, die aus der Angestelltenversicherung oder aus privaten Pensionskassen Renten beziehen, zu diesen, in den meisten Fällen immer noch sehr niedrigen Renten aus unserer Kasse ein entsprechender Zuschuss gewährt werden«, hieß es im Bericht für den Verbandstag in Kassel über die gewerkschaftliche Rentenkasse des Zentralverbandes der Angestellten.[291]

In der schwierigen Lage, in der sich die Pensionskasse nach der Inflation befand – den Blick auf künftig relativierte Leistungen oder höhere Beitragsforderungen sowie auf eine für die Finanzen der angeschlagenen Kasse herausfordernde Phase der Währungsstabilisierung gerichtet –, bettete die Verbandsführung die Einrichtung offensiv in ein hybrides Alterssicherungssystem ein. Neben der staatlichen Angestelltenrente und nun auch hervorgehobenen weiteren – etwa betrieblichen – Pensionseinrichtungen, die jetzt nicht reflexartig verteufelt wurden, pries man die gewerkschaftliche Pensionskasse im Zentralverband als dritte Säule einer mehrteiligen Alterssicherung an. Damit war gleichzeitig den nivellierten Leistungserwartungen an die eigene Kasse zu begegnen. Jenes Defizit im Bereich der Altersvorsorge musste die Verbandsführung als Minderung der Attraktivität der Außendarstellung des Verbandes – in der damals geläufigen Sichtweise mit Auswirkungen für die Mitgliederbindung und -werbung – hinnehmen.[292]

Dem steuerte der Zentralverband in der zweiten Hälfte der 1920er Jahre mit der Altersunterstützung gezielt entgegen. Hiermit wurde eine zweite – diesmal obligatorische – gewerkschaftliche Rentenunterstützung geschaffen, die den Eindruck vermittelte, dass sich die Verbandsführung weiterhin engagiert um den verbandlichen Rentenzuschuss kümmerte und die Schäden, welche die Pensionskasse in der Inflationsetappe erlitten hatte, damit partiell kompensierte. Zugleich vertrat der für die Pensionskasse zuständige Funktionär des Zentralverbandes gegen Skeptiker offensiv die These, dass mit der neuen verbandlichen Altersunterstützung kein Grab für die fakultative Pensi-

---

[289] Ebd. das Werbebanner – auf der letzten (nicht mehr paginierten) Seite der Ausgabe.
[290] Zentralverband der Angestellten: Protokoll des zweiten Verbandstages 1924, hier der Bericht über die Pensionskasse, S. 35.
[291] Ebd., S. 36.
[292] Der Kontext der Mitgliederwerbung auch hier wieder explizit deutlich ebd., S. 36 f.

onskasse ausgehoben werde, sondern – im Gegenteil – die Attraktivität der Pensionskasse wieder gesteigert werden könne. So führte der Kollege Aman für die Gewerkschaftsleitung auf dem Verbandstag im Jahr 1927 aus: »Ich habe die Überzeugung, dass gerade durch die Schaffung der Altersunterstützung, durch die Tatsache, dass unsere Kollegen auf Schäden hingewiesen werden, der Anreiz zur Erwerbung der Mitgliedschaft bei der Pensionskasse stärker und größer werden wird, als er bisher war.«[293]

Eine Arbeitsteilung zwischen der Pensionskasse und der Altersunterstützung des Zentralverbandes der Angestellten wurde ab 1927 ersichtlich. Die Altersunterstützung deckte als obligatorische Unterstützung, also als Rentenzuschuss für alle, die sich dem Zentralverband anschlossen, nun eher das Feld der Mitgliederwerbung ab. Die neue Einrichtung wurde in Werbe- und Agitationskampagnen des Verbandes entsprechend zur Geltung gebracht – dazu später in dieser Studie noch mehr. Dabei adressierte diese Unterstützung das Thema Renten eher allgemein, während dagegen die Pensionskasse mit wechselnden Deutungen spezifisch präsentiert wurde: wie beispielsweise als Invaliditäts- und Hinterbliebenenunterstützung.

So führte der Bericht über die Pensionskasse 1927 mit aus dieser Zeit bekanntem Pathos aus: »Auch der Verbandstag im Jahr 1924 in Kassel hat sich mit unserer Pensionskasse beschäftigt. Er hatte Stellung zu nehmen zu der Tatsache, dass die ungeheure Inflation gerade die Invaliden, die Witwen und Waisen in einer ganz unverantwortlichen Weise geschädigt hat.«[294] Es ging um die Bestandsrentner, deren satzungsgemäßen Renten zuerst durch die Inflation und im Anschluss daran durch die Umrechnung in Rentenmark marginalisiert worden waren. Für die betroffenen Gruppen sagte die Verbandsführung eine Aufwertung der Bezüge in Rentenmark zu, die über das gesetzlich geforderte Maß »ganz bedeutend« hinausging. Die »Ärmsten der Armen«, die »alten Invaliden«, die Witwen und Waisen werde man »nicht im Stich« lassen, wurde 1927 verkündet.[295] Das entsprach der beschriebenen sozialen und sozialpolitischen Überschreibung bei der Zuweisung von Bedeutungen zum sozialen gewerkschaftlichen Kassenwesen in der Phase der außerordentlichen sozialen Krisen der 1920er Jahre und einer nun sich stellenden Bewährungsprobe für die geschaffenen gewerkschaftlichen Einrichtungen. In diesem Kontext wurde die Deutung der verbandlichen Pensionskasse als Zusatzkasse – mit dem Schwerpunkt Invalidität und Schutz der Hinterbliebenen – sinnstiftend akzentuiert.

Die Tendenz, die Pensionskasse im Zentralverband als Einrichtung gegen den sozialen Abstieg der Invaliditätsrentner besonders zu bewerben, konnte in der gesamten Dekade beobachtet werden. So wurde 1921 vor dem Abrutschen der »Arbeiterinvali-

---

[293] Zentralverband der Angestellten: Protokoll des dritten Verbandstages 1927, S. 105. Vgl. zum Kontext auch den Bericht über die Pensionskasse ebd., S. 45 ff.

[294] Bericht über die Pensionskasse ebd., S. 46.

[295] Die begrifflichen Zitate ebd.

den« ins »Lumpenproletariat« gewarnt, wofür zusätzliche Anstrengungen der gewerkschaftlichen Selbsthilfe durch die Pensionskasse erforderlich seien.[296] Ähnlich spiegelte es auch die Nomenklatur wider. Im Zentralverband der Angestellten firmierte das Regulativ der Kasse zuerst unter dem Titel einer fakultativen Invaliditäts-, Alters-, Witwen- und Waisenunterstützung, dem der Hinweis auf die traditionelle Terminologie als Pensionskasse nur in Klammern angehängt war. Im Jahr 1924 wurde das Regulativ im Zentralverband umbenannt. Nun firmierte es als Ordnung für die Pensionskasse des Zentralverbandes der Angestellten – mit einem klaren Bezug zur traditionellen Namensgebung.[297]

Für das Jahr 1924 kann man besonders deutlich erkennen, wie die Pensionskasse als sozialpolitisches Multifunktionswerkzeug des Zentralverbandes sinnstiftend aufgeladen wurde. Vieles sollte mit ihr und in ihr möglich sein: ein neuer Vermögensaufbau der Kasse, das Bedienen der bestehenden Rentenansprüche, die Ausdehnung und Verjüngung der Kassenmitglieder, eine erfolgreiche Agitation. Hierfür musste die Kasse alle erdenklichen Funktionen repräsentieren: das Ruhegeld im Alter als Haupt- oder Zuschussrente, eine Absicherung gegen eine vorzeitige Invalidität und der Hinterbliebenen. Wie ein Hybridwesen, das nur Vorzüge kannte, sollte das Anteilsystem den Mitgliedern der Pensionskasse multiple Nutzungsformen ermöglichen. Nach fünf Jahren Mitgliedschaft konnte man bei einer Berufsunfähigkeit bereits Invalidenrente beanspruchen, nach 20 Jahren und nach Vollendung des 65. Lebensjahres eine Altersunterstützung. Eine Witwe erhielt die Hälfte der Invalidenunterstützung ihres Mannes ausgezahlt, eine Vollwaise in der Regel ein Viertel. Zudem gab es Sterbegeld bei nicht erfüllter Wartezeit. Entsprechend bewertete das Organ des Zentralverbandes 1924: »Unsere neugestaltete Pensionskasse kann den Wettbewerb mit jeder anderen Pensionsversicherung aushalten. Das Anteilsystem besitzt die wertvolle Eigenschaft, dass die Unterstützung sich nach Bedarf als Haupt- oder auch als Zuschussversicherung verwenden lässt.«[298] Als Erwartung wurde formuliert, dass die multifunktionale Deutung der Kasse schnell neue und junge Mitglieder ansprechen werde. Mithilfe der neuen Beitragszahler sollten die Bezüge der Rentner in einer finanziell schwierigen Etappe abgesichert werden. Das Organ des Zentralverbandes erläuterte: »Eine rege Werbearbeit liegt deshalb auch im Interesse unserer Invaliden und der Witwen und Waisen unserer verstorbenen Kollegen. Deshalb wieder: Mit neuen Kräften an die Arbeit für unsere Pensionskasse.«[299]

---

[296] Geschäftsbericht, vorgetragen vor dem Weimarer Verbandstag, in: Zentralverband der Angestellten: Protokoll des ersten Verbandstages 1921, S. 6-16, hier bes. S. 15. Ebd. auch die begrifflichen Zitate.

[297] Zentralverband der Angestellten: Protokoll des zweiten Verbandstages 1924, hier der Bericht der Satzungskommission über die Pensionskasse, S. 91.

[298] Dazu ein Artikel über die Pensionskasse im Organ des Zentralverbandes der Angestellten: Der freie Angestellte Nr. 13, 1924, S. 62.

[299] Ebd.

Die Akzentuierung als Multifunktionswerkzeug, nicht zuletzt aus der beschriebenen finanziellen Not der Pensionskasse geboren, setzte sich weiter fort. Im Jahr 1927 wurde der Charakter der verbandlichen Pensionskasse als Berufsunfähigkeitskasse gestärkt. Der Verbandstag beschloss, dass eine Berufsunfähigkeit nicht erst bei Erreichen einer Erwerbsminderung in der Höhe von 66 $^2/_3$ Prozent – analog zu den Bestimmungen der staatlichen Invalidenversicherung –, sondern bereits bei einer Minderung von 50 Prozent – analog zu den Bestimmungen des Angestelltenversicherungsgesetzes – anerkannt wurde. Die Pensionskasse des Zentralverbandes hob damit den Unterstützungsauftrag bei Berufsunfähigkeit hervor.[300]

Weil mit Leistungsausweitungen zugleich die Kosten der Pensionskasse stiegen, schienen solche Maßnahmen angesichts der schwierigen finanziellen Kassenlage auf den ersten Blick fragwürdig zu sein. Die Verbandsführung verband mit diesen Zusatzleistungen jedoch zugleich Eingriffe in das allgemeine Beitrags- und Leistungsgefüge der Kasse, die als Sparmaßnahmen wirksam werden sollten. Mit zusätzlichen Kassenangeboten konnte die Zustimmung der Verbandstagsdelegierten leichter erreicht werden. Sie wurden als Gegenleistung für die im Jahr 1927 abermals erhöhten Beiträge für die fakultative Verbandspensionskasse präsentiert.[301]

Die multifunktionale Inszenierung der verbandlichen Pensionskasse war äußerst vielfältig. Mal wurde – insbesondere vor der Einführung der Altersunterstützung – die Funktion als Hauptrentenkasse auf das Schild gehoben, mal jene als Zuschuss- oder Ergänzungskasse, dann jene als Berufsunfähigkeitskasse. Schließlich sollte die Pensionskasse auch noch eine attraktive »Sparkasse« für die Aussteuer sein. Für weibliche Mitglieder der Pensionskasse war in den Statuten die Möglichkeit geschaffen worden, zum Zeitpunkt der Eheschließung aus der verbandlichen Rentenkasse auszutreten. Dafür bot die Pensionskasse Tarife für die Rückzahlung der geleisteten Beiträge an. Im Jahr 1927 wurde die Rückerstattung auf 85 Prozent der eingezahlten Beitragssumme festgelegt, im Jahr 1930 wurde dieser Betrag auf 90 Prozent erhöht.[302]

Die Überlegungen, die dabei eine entscheidende Rolle spielten, wurden auf dem Verbandstag 1930 im Rahmen der Debatte über Satzungsergänzungen der Pensionskasse sehr deutlich. Die Verbandsführung schlug vor – und setzte sich schließlich auch damit durch –, dass weibliche Gewerkschaftsmitglieder des Zentralverbandes nur noch in die Pensionskasse aufgenommen werden konnten, sofern sie noch nicht verheiratet waren. Begründend hieß es dazu: »Wir haben an sich nichts gegen verheiratete Angestellte, aber es handelt sich bei der Pensionskasse um eine Einrichtung, die ihrem Wesen nach für die Ernährer einer Familie gedacht ist, während die verheiratete Kollegin im Norm-

---

[300] Zu Anträgen und Beschlussfassung Zentralverband der Angestellten: Protokoll des dritten Verbandstages 1927, S. 47 und S. 115 ff.

[301] Ebd., S. 105 f.

[302] Vgl. dazu ebd., S. 47 und S. 115 ff. Zentralverband der Angestellten: Ordnung für die Pensionskasse des Zentralverbandes der Angestellten. Gültig ab 1. Juli 1930, § 4, S. 5.

fall doch nicht der Ernährer der Familie ist.«[303] Gegen diese Satzungsänderung hatten Kolleginnen engagiert, aber letztlich erfolglos protestiert.[304]

Hier trat nicht allein ein zeittypisches geschlechterspezifisches Rollenbild zum Vorschein, das durch ein stark ausgeprägtes Gewerkschaftspatriarchat gegen eine Avantgarde engagierter Gewerkschafterinnen letztlich über viele Dekaden noch bis zum endenden 20. Jahrhundert konserviert werden sollte. Erkennbar wurde auch ein im patriarchalischen Denken verankertes Kalkül, nach dem die jungen und unverheirateten Kolleginnen im Gegensatz zu den verheirateten für die Pensionskasse gewonnen werden sollten. Aus der Perspektive des patriarchalischen Familienbildes leistete die Pensionskasse für Frauen ein Angebot der eigenen Absicherung, solange sie unverheiratet waren. Zum Zeitpunkt einer Eheschließung jedoch verwandelte sich die Pensionskasse zu einer Aussteuerunterstützung. Mit der Rückerstattung der eingezahlten Beiträge wurde die Aussteuer heiratswilliger Frauen aufgewertet. Da der Zentralverband überdies mit seiner Aussteuerbeihilfe eine zusätzliche obligatorische Unterstützung gab, die sich im Jahr 1930 auf einen Betrag von 50 bis zu 100 Reichsmark belief,[305] gewann die Botschaft an Klarheit. Verheiratete Gewerkschafterinnen, so die auch der Rechtslage entsprechende Erwartung, begaben sich mit ihrer Eheschließung in die materielle Obhut des Ehemannes. Dass sie hiermit aus einer eigenen Rentenversicherung ausschieden, wurde in der männlich geprägten gewerkschaftlichen Ideenwelt nicht in Zweifel gezogen. Im Bewusstsein der männlichen Funktionäre lag dies ganz im Interesse der Frauen.[306]

Jenes Modell war aber besonders für die Gewerkschaft selbst interessant. Schließlich ergriff die Verbandsleitung Maßnahmen, mit denen die Pensionskasse von weiblichen Rentenberechtigten befreit wurde, indem sie nach der Eheschließung mit einer Aussteuerzahlung aus der Pensionskasse entlassen wurden oder indem die Kasse für eine Neuaufnahme von verheirateten Frauen gesperrt wurde. Zugleich sollten die Finanzen der Pensionskasse von den Beitragsleistungen der unverheirateten und jungen Frauen profitieren. Zwar zahlte der Zentralverband in seiner Aussteuerklausel mit 85 oder später 90 Prozent des geleisteten Beitragsvolumens höhere Sätze zurück als beispielsweise Lebensversicherer bei einem vorzeitigen Rücktritt vom Versicherungsvertrag. Dennoch arbeitete auch die Gewerkschaft mit jenem Kapital, das die Frauen in Form ihrer Beiträge der Pensionskasse zur Verfügung stellten, wie mit einem zinslosen Darlehen, das schließlich nur zu 85 oder 90 Prozent zurückgezahlt werden musste.

---

[303] Zentralverband der Angestellten: Protokoll des vierten Verbandstages 1930, S. 128.

[304] Vgl. ebd.

[305] Zentralverband der Angestellten: Satzung. Nach den Beschlüssen des Verbandstages 1930 in Stuttgart, § 82, S. 29.

[306] Vgl. dazu die aufschlussreichen Aussagen im Verbandstagsprotokoll. Zentralverband der Angestellten: Protokoll des vierten Verbandstages 1930, S. 128 f.

Im Zentralverband der Angestellten wurde für die verbandlichen Rentenunterstützungen unumwunden eingeräumt, dass kein vollständiges Umlage- oder Kapitaldeckungsverfahren eingeführt werden konnte und durch die Anlage von Alterssicherungsfonds für diese Einrichtungen Rücklagen gebildet werden mussten, um der Ungewissheit der weit in der Zukunft liegenden Leistungsbezüge bei Rentenkassen zu begegnen. Hierzu hieß es aufschlussreich: »Wir müssen selbstverständlich mit großen Versicherungsgewinnen aus der Fluktuation rechnen.«[307] Der Ausstieg aus den Renteneinrichtungen des Verbandes vor dem Rentenbezug – sei es, weil Mitglieder den Zentralverband als Gewerkschaft verließen oder andere satzungsrechtliche Vorgaben griffen – war ein wesentlicher sowie kalkulierter Einnahmefaktor. Obgleich jener für die weiblichen Mitglieder durch höhere Rückzahlungsquoten gemindert wurde, war er relevant. Und er wurde durch die strukturelle Verankerung des patriarchalischen Rollenverständnisses in den Statuten der Pensionskasse dynamisiert.

Wie weit dieses Rollenverständnis mit Blick auf die verbandliche Pensionskasse ging, veranschaulicht ein anderes Zitat aus den Verhandlungen, die auf dem Verbandstag 1930 geführt wurden. »Wohl aber haben wir es erlebt, dass sich ein Kollege, der Mitglied der Pensionskasse ist, mit einer Kollegin verheiratet hat, die weiter Mitglied des Verbandes geblieben ist und die auf die fabelhafte Idee kam, nun auch zur Sicherung der Zukunft der Familie dadurch beizutragen, dass sie auch Mitglied der Pensionskasse werden wollte. Da waren wir der Meinung, dass das nicht dem Sinn der Satzung entspricht (...).«[308] Der Vorgang bot den Anlass, um den Zugang von verheirateten Frauen zur Pensionskasse – wie oben erläutert – satzungsrechtlich zu untersagen. Die Art und Weise, wie das berechtigte Anliegen einer verheirateten Frau, eigene Rentenansprüche zu erwerben, seitens der Gewerkschaftsführung seinerzeit abgewiesen wurde, ist dabei offenbarend. Mit Empörung wie ironisch vorgetragener Belustigung über einen Versuch einer ungebührlichen materiellen Bevorzugung wurde die Zurückweisung von »Doppelbezügen« in der Pensionskasse durch Eheleute zum Ausdruck gebracht. Dies war nichts anderes als eine in der Gewerkschaftsadministration auf die Rentenfrage projizierte und in die Statuten der Pensionskasse verlängerte Doppelverdienerkampagne.

Der beschriebene Vorgang ist ein Fingerzeig, mit dem auf das Beschwerdemanagement für Unterstützungen hingewiesen wird. Im Zentralverband der Angestellten entschied letztinstanzlich der Beiratsausschuss im Einzelfall über strittige Unterstützungsfragen. Um 1930 waren Altersunterstützung und Pensionskasse wiederholt Gegenstand von Verhandlungen. Häufig legten Mitglieder Beschwerde gegen die Verweigerung der Altersunterstützung durch den Verbandsvorstand ein, weil beispielsweise Wartezeiten nicht erfüllt waren. Für die Pensionskasse wurden Einsprüche von Mit-

---

[307] Ebd., S. 125.
[308] Ebd., S. 128 f.

gliedern behandelt, denen der Zutritt zur Kasse oder die Rückerstattung von Beiträgen verweigert worden war. Häufig wurde zudem gegen die Rentenfestsetzung geklagt.[309] Ohne die Streitfragen hier im Detail weiter zu verfolgen: Sichtbar wird bei einer Gesamtbetrachtung, dass der Zentralverband der Angestellten um 1930 für sein gesamtes Unterstützungswesen und dabei nicht minder für seine Alterseinrichtungen Beschwerderoutinen in hohen Gewerkschaftsgremien etabliert hatte und intensiv nutzte. Es gab eine interne Verbandsgerichtsbarkeit, eine Schiedsstelle, die in Streitfällen schlichten sollte. Damit wurde einerseits der gerichtliche Klagepfad ersetzt, den es bei Unterstützungen aus technischen Gründen nicht geben durfte. Eine Unterstützung, die einen Rechtsanspruch auf ihre Leistung gewährte, hatte beim staatlichen Aufsichtsamt als Privatversicherung mit den damit verbundenen Auflagen angemeldet zu werden, was viele Verbände vermeiden wollten. Andererseits war ein geregeltes Schiedsverfahren bedeutend für die Wahrung des Verbandsfriedens. Regeln sollten eingehalten werden und unerledigte Streitigkeiten sich nicht zersetzend in der Kollegenschaft ausbreiten. Dass dabei die Abwehr unberechtigter Forderungen im Vordergrund stand, lag in der Natur der Sache.

Die Verbandsgerichtsbarkeit, über die in der Gewerkschaft öffentlich berichtet wurde, vermittelte darüber hinaus eine wichtige Botschaft. Unterstützungsfragen waren im Verband demnach so bedeutend, dass sie im Streitfall auf der Ebene des Einzelfalls in hohen Gremien des Vorstandes der Zentrale mit bekundeter Ernsthaftigkeit und Sorgfalt erörtert wurden.[310] Das spiegelte das sensible Interesse der Mitgliedschaft an ihren Unterstützungsansprüchen wider und zugleich die vermittelte Besorgnis des Verbandes, jenem im Einzelfall auch gerecht werden zu wollen. Hiermit war eine gewerkschaftliche Sinnstiftung verknüpft, welche Unterstützungseinrichtungen mit einer hohen Relevanz für die Organisation versah: Das Kassenwesen beschäftigte zu Beginn der 1930er Jahre die Spitzen der gewerkschaftlichen Administration. Es war bis in die höchsten Stellen im Organigramm der Gremien nicht zuletzt über die Verbandsschlichtung verzweigt, verästelt und mithin gefestigt. Als Gegenstand der verbandsinternen Schiedsgerichtsbarkeit erhielt das Unterstützungswesen generell eine hohe Bedeutung zugewiesen.[311]

---

[309] Vgl. ebd. den Bericht des Beirats als Schiedsstelle für die Altersunterstützung und Pensionskasse, S. 53.

[310] Der im Zentralverband der Angestellten als Hauptbeschwerdeinstanz in Unterstützungsfragen agierende Beiratsausschuss bestand aus dem Obmann des Beirats und zwei weiteren seiner Mitglieder. Er prüfte die Verbandskasse, die Geschäfts- und Rechnungsführung und entschied über Beschwerden gegen die Beschlüsse des Vorstandes. Der Beirat selbst war das Aufsichtsgremium des Gewerkschaftsvorstandes. Zentralverband der Angestellten: Satzung. Nach den Beschlüssen des Verbandstages 1930 in Stuttgart, §§ 43-46, S. 17 f.

[311] Vgl. dazu Zentralverband der Angestellten: Protokoll des vierten Verbandstages 1930, hier der Bericht über die Aktivitäten des Beirats, S. 53.

Am Ende soll noch einmal an das erkennbare Leitbild einer wechselhaften Multifunktionalität erinnert werden, das die Sinnstiftung der 1920er Jahre in der verbandlichen Darstellung der Pensionskasse eskortierte. Die Multifunktionalität galt in einer weiteren Dimension. Nachdem die Pensionskasse in jener Dekade finanziell unter starken Druck geraten war, Renten nominell gekürzt, in Reichsmark indes aufgewertet werden mussten und die Mitgliedschaft mit Beitragsanhebungen zu konfrontieren war, waren gute Nachrichten über die Pensionskassenfinanzen mehr denn je gefragt. Am Ende der 1920er Jahre konnten diese wieder angeboten werden. Zwar nagte man noch immer an den schweren Rückschlägen der Inflationsperiode. Nun konnte der Zentralverband jedoch berichten, dass trotz der Belastungen mit Rentenzahlungen wieder Überschüsse erwirtschaftet wurden. Die Pensionskasse des Zentralverbandes baute wieder ein Rücklagevermögen auf.[312]

Interessant war, wie dies von der Verbandsführung in der Berichterstattung über die Pensionskasse beworben wurde. So hieß es zum Vermögenszuwachs der Pensionskasse im Umfang von 215.500 Reichsmark im Bilanzjahr 1929 und zum Stand des Kassenvermögens in der Höhe von 915.000 Reichsmark auf dem Verbandstag 1930: »Dieses Vermögen ist für unseren Verband und für die Mitglieder von der allergrößten Bedeutung. Wir haben aus diesem Vermögen an Mitglieder der Pensionskasse zum Erwerb von Eigenheimen – eine sehr wichtige und notwendige Angelegenheit, die zur Hebung der sozialen Lage unserer Mitglieder beiträgt – mündelsichere Hypotheken im Betrag von rund 102.000 Mark gegeben.«[313] Über die Treuhandvereinigung der Pensionskasse betrieb der Zentralverband der Angestellten mit den Rücklagen zur Sicherung der künftigen Renten der Pensionskasse ein reges Investmentbanking. Man legte diese Gelder in Wertpapieren und Hypotheken an.[314] Dabei beschrieben die verantwortlichen Funktionäre ein reizvoll erscheinendes Anlagemodell: mit Investitionen in Sachwerte, wie es nach der Inflationserfahrung geboten war, und mit einem konkreten Mehrwert für die Mitglieder durch Hypothekengeschäfte zu ihren Gunsten.

Auch für die Gewerkschaftsorganisation selbst und für ihren Finanzbedarf im Prozess des schnellen Wachstums, das Angestelltengewerkschaften in den 1920er Jahren erlebten, war dieses Anlagemodell interessant. »Wir haben dem Zentralverband der Angestellten, dessen Einrichtung unsere Pensionskasse ist, und zwar eine der wichtigsten Einrichtungen, für den Erwerb eines Erholungsheimes eine Hypothek von 1.000.000 Mk. und, wie schon berichtet worden ist, für den Erwerb des Verbandshauses eine solche von 500.000 Mk. zur Verfügung stellen können. Also wir haben es ermöglichen

---

[312] Vgl. hierzu den Bericht über die Pensionskasse ebd., S. 65 ff.
[313] Ebd., S. 66.
[314] Vgl. etwa Zentralverband der Angestellten: Geschäftsbericht 1929, S. 453.

können, auf der einen Seite den Bau und die Beschaffung von Eigenheimen unseren Mitgliedern zu ermöglichen und auf der anderen Seite auch dem Verband zu nützen.«[315]

Auch hier wurde die gewerkschaftliche Unterstützungseinrichtung zu einer finanzpolitischen Monstranz des Verbandes oder – anders ausgedrückt – zum Schaustück der finanziellen Kraft der Gemeinschaft. Die Pensionskasse finanzierte Bau- und Prestigeobjekte wie das neue, imposante Verbandsgebäude der Hauptverwaltung, das die Gewerkschaftsleitung im Geschäftsbericht 1929 in ganzseitiger Illustration stolz der Mitgliedschaft präsentierte.[316] Darüber hinaus leistete sie zum Auftakt der 1930er Jahre aus Sicht der Verbandsverantwortlichen erhebliche Renten. »Dass die Renten, die wir aus der Pensionskasse bezahlen, keineswegs nur für Schnupftabak für alte Herren reichen oder für eine Tafel Schokolade für alte Damen, möge Ihnen die Tatsache beweisen, dass wir an Ruhegeld heute schon (...) an die im Dienst unserer Bewegung und im Dienst der kapitalistischen Wirtschaft invalide gewordenen Kollegen und Mitglieder der Pensionskasse (...) Ruhegelder von 75 Mk. monatlich zahlen, Monat für Monat, solange diese Mitglieder leben, und Altersrenten von etwa 65 Mk. sowie Witwen- und Waisenrenten von etwa 50 Mk.«[317] Die Absicherung guter Renten in der Zukunft sollte doppelter Mehrwert der gewerkschaftsinternen Hypothekengeschäfte sein, von denen die Mitglieder wie auch die gewerkschaftliche Organisation als Begünstigte bereits profitierten. In jener Darstellung wiedergewonnener finanzieller Potenz wurde geflissentlich Makulatur betrieben. Dass die Pensionskasse des Zentralverbandes noch wenige Jahre zuvor durch die Inflation und ihre Auswirkungen finanziell schwer getroffen wurde und zu einem finanziellen Sorgenkind der Gewerkschaft geworden war, sollte – nicht ohne propagandistische Kunstfertigkeit – in Vergessenheit geraten.

Der vielfache Nutzwert der Pensionskasse als Investitionsfonds der Gewerkschaft, als Ausdruck finanzieller Potenz, als Finanzierungshilfe für den Ausbau einer expandierenden erfolgreichen Organisation, als Hypothekenbank für das Eigenheim der Mitglieder und als Rentenkasse sollte schließlich die bekannte Bedeutungszuweisung absichern. Mit Bezug auf die Anlagepolitik der Pensionskasse, die sowohl den Mitgliedern als auch dem Verband nutzen sollte, vermerkte der dem Verbandstag 1930 vorgetragene Bericht über die Pensionskasse aufschlussreich: »Ich glaube, diese Tatsache ist in unseren Mitgliederkreisen nicht unbekannt geblieben, denn auch in der Zeit bis Mitte Mai haben wir schon wieder einen erfreulichen Mitgliederzuwachs zu verzeichnen.«[318] Da war sie erneut: die Bedeutung gewerkschaftlicher Unterstützungseinrichtungen als

---

[315] Zentralverband der Angestellten: Protokoll des vierten Verbandstages 1930, hier der Bericht über die Pensionskasse, S. 66.
[316] Vgl. Zentralverband der Angestellten: Geschäftsbericht 1929, Bild auf der Rückseite des vorderen Einbandes.
[317] Zentralverband der Angestellten: Protokoll des vierten Verbandstages 1930, hier der Bericht über die Pensionskasse, S. 67.
[318] Ebd., S. 66.

ein Instrument der Mitgliederwerbung. Darauf wurde auch in der Darstellung der Pensionskasse wieder Bezug genommen, als man die Anlagepolitik des Sicherungsfonds populär zeichnete und Organisationserfolge damit begründete. Ferner wurde die Nachhaltigkeit jener Erfolge in Bezug auf die Gewerkschaftsmitgliedschaft in Erinnerung gebracht, denn Mitglied in der Pensionskasse konnte man nur als Gewerkschaftsmitglied des Zentralverbandes werden und bleiben. »Wir haben in der Satzung der Pensionskasse Bestimmungen, wonach jemand, der einmal für die Pensionskasse gewonnen ist, sich aus diesen Fesseln so leicht nicht mehr befreien kann und auch nicht befreien will (...). Es müsste mit dem Teufel zugehen, wenn wir nicht (...) auch den letzten Angestellten, der finanziell dazu in der Lage ist und der die Verpflichtung in sich fühlt, für seine Familie zu sorgen, für diese gute und wertvolle Einrichtung gewinnen sollten.«[319]

Am Ende, so könnte man schlussfolgern, zeigten die hier beispielhaft geschilderten Vorgänge der Sinnstiftung im Verlauf der Entwicklung der Pensionskasse des Zentralverbandes in den 1920er Jahren auf, wie tief jene sich im damaligen Gewerkschaftswesen und im Selbstverständnis dieser Organisation – und darüber hinaus – verankert hatte. Rentenunterstützungen waren zum festen Bestandteil insbesondere vieler Angestelltengewerkschaften geworden. Die Pensionsfrage hatte hier einen besonders hohen symbolischen wie auch identitätsstiftenden Wert. Die lange fehlende und später als unzureichend empfundene Regelung der staatlichen Alterssicherung für Angestellte hatte politisiert und gewerkschaftspolitisch mobilisiert. Mit den Pensionskassen für ihre Mitgliedschaft legten Angestelltengewerkschaften den Finger in die weiterhin bestehende Wunde. Man symbolisierte damit, dass der Staat zu wenig tat. Damit schürte man zugleich das Feuer, das in dieser Frage in der Angestelltenschaft loderte. Und man nutzte die Rentenkassen, um für die Gewerkschaften zu werben, die damit anschaulich zum Ausdruck brachten, dass sie den wahren Anliegen der Angestellten besonders nahe zu sein schienen.

Eine Insolvenz einer gewerkschaftlichen Pensionskasse in den herausfordernden 1920er Jahren konnte vor jenem Hintergrund keine Option sein. Im Gegenteil: Die Pensionskasse des Zentralverbandes musste in einer finanziell schwierigen Zeit mit harten Beschlüssen von zunächst abgesenkten Rentenerwartungen bis zu höheren Beiträgen sinnstiftend aufgeladen werden – mit wiederholt und wechselhaft akzentuierten Bedeutungen, die in den Fokus der Gewerkschaftsöffentlichkeit gerückt wurden. Die Pensionskasse war längst zum wichtigen Bestandteil der Identität des Zentralverbandes der Angestellten geworden. Dies konnte und wollte die Verbandsführung unter den schwierigen Bedingungen der 1920er Jahre nicht opfern. Also rang die Gewerkschaft mithilfe der aufgezeigten multifunktionalen Bedeutungszuweisungen um den anhaltenden Zuspruch der Mitglieder für die Pensionskasse, der bei Sparbeschlüssen auf dem Spiel stand.

---

[319] Ebd., S. 67.

Zugleich zeigte die tiefe Verankerung auch eine Grenze, ja geradezu eine Bruchlinie auf. Auf dem Verbandstag des Zentralverbandes 1930 wurde dies deutlich gemacht. »Ich komme nun zu der Frage, die, wenn man die Debatten auf den Gaukonferenzen verfolgt, anscheinend *die* Frage im Zentralverband der Angestellten ist: die Altershilfe. Ich war immer der Meinung, dass wir uns als gewerkschaftspolitische Organisation mit wirtschaftspolitischen und sozialpolitischen Fragen in erster Linie zu beschäftigen haben und dass die Unterstützungseinrichtungen einer Organisation eigentlich nur Notbehelf sind, ein Notbehelf, solange der Staat nicht die berechtigten sozialen Anforderungen der Angestellten erfüllt. Nur von diesem Gesichtspunkt eines Behelfsmittels müssen und können wir die Unterstützungseinrichtungen betrachten. Deshalb scheint mir die Frage, ob die Altershilfe so oder so zu gestalten ist, keineswegs eine grundsätzliche Frage zu sein (...). Wir haben uns lediglich zu fragen: Was ist praktisch möglich und was kann mit den vorhandenen finanziellen Mitteln geleistet werden?«[320]

Was hier im Bericht der Satzungskommission über die Beratung der vorliegenden Anträge auf dem Verbandstag des Zentralverbandes 1930 geäußert wurde, diente einem markierten Ziel. Hier bot die Debatte um eine weitere Aufstockung der verbandlichen Altersunterstützung den Anlass. Die fakultative Pensionskasse sowie die obligatorische Altersunterstützung sollten nach dem Willen aktiver Basiskräfte von einer umfassenden Invalidenunterstützung, wie sie in den späten 1920er und frühen 1930er Jahren im Trend lag, überbaut und der gesamte Bereich der verbandlichen Altershilfe damit neu strukturiert werden. Die Gewerkschaftsleitung wollte dies indes verhindern. Dafür trug man nicht nur Szenarien von steigenden Beiträgen vor, die abschrecken sollten.[321] Hier nun traten die prinzipiellen gewerkschaftlichen Einwände gegen das soziale Unterstützungswesen wieder zum Vorschein. Die Abwehrreflexe der 1890er Jahre, in denen sich die zahlreich emporsteigenden Gewerkschaften im Selbstverständnis einer neuen, modernen Bewegung etablierten und Vorbehalte gegen die tradierten Unterstützungseinrichtungen kommunizierten, blieben offenbar konserviert erhalten. Sie schienen trotz der tiefgreifenden Verankerung des Unterstützungswesens im hier betrachteten Zeitraum in das gewerkschaftliche Erbgut eingetragen worden zu sein. Bei passender Gelegenheit konnten die Vorbehalte in bekannten Arrangements erneut blasenartig aufsteigen – und brachten damit eine noch nicht gestoppte Gärung zum Vorschein. Dies sollte – wie eine Sollbruchstelle der Verbindung zwischen Gewerkschaften und sozialen Unterstützungseinrichtungen – über den untersuchten Zeitraum hinaus erhalten bleiben.

---

[320] Ebd., S. 124 f.
[321] Ebd., S. 125.

IV. Abschließende Analysen

Zum Ende der Expedition, die diese Studie in die in Vergessenheit geratene Gewerkschaftswelt des sozialen Unterstützungswesens unternommen hat, ist der analytische Blick noch einmal zu weiten. Über die inhaltlichen Botschaften hinausgehend, die als gewerkschaftliche Deutungen respektive gewerkschaftliche Sinnstiftungen des verbandlichen sozialen Kassenwesens in den vorausgegangenen Kapiteln im Fokus standen, soll abschließend ein konzentrierter Blick auf die gewerkschaftlichen Darstellungsformate geworfen werden. Nicht *was* über das soziale Unterstützungswesen in offiziellen gewerkschaftlichen Verlautbarungen gesagt wurde, steht dabei im Mittelpunkt, sondern *wo* es gesagt wurde – und *wie*. Es geht um die Verortung und um Präsentationsformen des sozialen Unterstützungswesens als Thema in der Außendarstellung der gewerkschaftlichen Organisationen.

Auch dabei wird – dem Expeditionscharakter folgend – exemplarisch und ausgewählt vorgegangen werden. Die Gewerkschaftswelt der 1920er Jahre wird in der analytischen Betrachtung vorherrschend sein. Es soll damit ein Eindruck vermittelt werden, in welcher Weise in wichtigen gewerkschaftlichen Darstellungsformaten auch durch die vielfältige Arten der Präsentation zum Ausdruck gebracht wurde, dass das soziale Unterstützungswesen nunmehr als fest in das Gewerkschaftswesen verankert galt. Der nun folgende Parforceritt durch gewerkschaftliche Präsentationsmedien und ihre Techniken wird – mit einem wichtigen Schwerpunkt bei den Aspekten der sprachlichen Darstellung – das weit fortgeschrittene Einwachsen des sozialen Unterstützungswesens in das Gewerkschaftswesen der 1920er Jahre gut nachvollziehbar machen.

Gegenständlich wie zugleich auch symbolisch veranschaulichte das gewerkschaftliche soziale Unterstützungswesen dabei, dass und wie sich die gewerkschaftlichen Organisationen unterdessen im Reformismus eingerichtet hatten. Die am Ende des vorausgehenden Kapitels betonte Sollbruchstelle der Verbindung von Gewerkschaften und sozialen Unterstützungskassen, in der das Provisorium dieser Einrichtungen hervorgehoben und mit einem noch nicht erreichten sozialen Systemwandel von Staat, Gesellschaft, Wirtschaft und Gemeinwesen verknüpft wurde, beleuchtete nur eine Seite der Medaille. Auf der anderen fügten sich die Gewerkschaften in das unbefriedigende System dauerhaft ein.

Die rhetorisch vermittelte Ausnahme wurde mit jedem Jahr, das ins Land ging, mehr und mehr zur Regel. Das soziale Unterstützungswesen als ungeliebtes gewerkschaftliches Provisorium, das allenfalls als eine Krücke der Organisationsbildung diente: Diese gewerkschaftliche Interpretation, die in der Zeit um und nach 1890 einen Höhepunkt fand, tauchte blasenartig zwar noch am Ende der hier untersuchten Zeitspanne und auch noch später gelegentlich wieder auf – aber im Verlauf der 1920er Jahre immer seltener. Bestimmend wurden vielmehr andere Bilder, die von den kulturgeschichtlichen Stilen der Zeit wie dem *Art Nouveau* oder dem *Art Déco* unterstützt waren: das soziale Unterstützungswesen als organischer Bestandteil des Gewerkschaftskörpers etwa oder als Prunkstück der Ausstattung im Bau der modernen, imposanten Großgewerkschaft.

7. Das soziale Unterstützungswesen in gewerkschaftlichen Darstellungsformaten

Positionierung des Themenbereichs in gewerkschaftlichen Leitquellen

Die vorliegende Studie wertet Leitquellen ausgewählter gewerkschaftlicher Organisationen aus, die in der untersuchten Zeit angefertigt und veröffentlicht wurden. In diesen Leitquellen – den gewerkschaftlichen Jahrbüchern, den jährlichen Geschäfts- oder Rechenschaftsberichten, in der autochthonen Verbandsgeschichtsschreibung sowie in Presseorganen der Gewerkschaften – wurde der Mainstream der betreffenden Verbände zur jeweiligen Zeit abgebildet. Das, was hier veröffentlicht wurde, genoss die Billigung der gewerkschaftlichen Vorstände, die durch das Votum einer Mehrheit der Delegierten auf den Verbandstagen nach den Regularien der Gewerkschaftsdemokratie legitimiert waren.

Wenngleich in Verbandstagsprotokollen oder in Meinungsforen der Gewerkschaftspresse auch Diskurse und mithin Partikularinteressen oder Minderheitsmeinungen aufgezeichnet wurden, liegt hier nicht das zentrale Interesse dieser Studie. Es geht nicht um eine diskursanalytische Nachverfolgung, welche Gruppen in welchen Gewerkschaften zu welchen Zeitpunkten welche Positionen zum sozialen verbandlichen Unterstützungswesen bezogen haben. Es geht vielmehr um eine Annäherung, wie das soziale gewerkschaftliche Unterstützungswesen in der veröffentlichten Verbandspositionierung – offiziell, wenn man es so sagen möchte – gedeutet wurde. Wie sahen Gewerkschaften ihre sozialen Unterstützungseinrichtungen? Wie sahen sie sich dabei im gewerkschaftlichen Selbstverständnis selbst oder: Wie wollten sie gesehen werden?

Hierzu hat die vorliegende Studie in den vorausgehenden Kapiteln versucht, anhand zahlreicher Quellenauswertungen Informationen und Bewertungen anzubieten. Die dabei im Mittelpunkt stehende Inhaltsebene soll nun verlassen werden. Die Frage der Positionierung des Themenbereichs des sozialen verbandlichen Unterstützungswesens in den gewerkschaftlichen Leitquellen steht abschließend im Fokus. Betrachtet man zunächst die Jahrgänge der Jahrbücher, Rechenschafts- oder Geschäftsberichte der Gewerkschaften in den späten 1920er Jahren, könnte man für die betrachteten Verbände allgemein beschreiben: Diese Medien gliederten sich idealtypisch in drei Themenkomplexe. Häufig begannen sie mit einem wirtschaftlichen, politischen und sozialen Blick auf das Berichtsjahr, referierten die soziale Lage der vertretenen Arbeitnehmerschaften, die konjunkturelle Entwicklung, bedeutende wirtschafts- und sozialpolitische Entscheidungen oder die spezifische Lage in den gewerkschaftlich vertretenen Branchen und Berufsbereichen. Danach folgte in der Regel eine Berichterstattung über die Tätigkeiten und die Entwicklung der Gewerkschaft im betreffenden Jahr. Dabei konnte es um Gewerkschaftsfusionen oder Kartellverträge gehen, die Agitation, Lohnbewegungen,

Tarifverträge und Arbeitskämpfe, die Aktivitäten der gewerkschaftlichen Fachabteilungen für bestimmte Berufs- oder Personengruppen, Konferenzberichte und schließlich: die Darstellung der gewerkschaftlichen Vitalfunktionen.

Als solche konnten die regelmäßigen Erläuterungen zur Mitgliederbewegung sowie der Kassenbericht gelten. Hier wurde der aktuelle Zustand der Organisation diagnostiziert: Wuchs die Gewerkschaft an Mitgliedern, hatte sie Zulauf, war sie attraktiv, blieben ihre Mitglieder dauerhaft, mehrten sich finanzielle Rücklagen, war man finanzstark, also zur Aktion fähig – kurzum: Wurde man größer, mächtiger, potenter? In diesen Passagen wurde stärker als in allen anderen Darstellungsbereichen der Pulsschlag der gewerkschaftlichen Organisation gefühlt, ihre gesundheitliche Verfassung und ihr Entwicklungspotenzial gemessen.

Inmitten dieser Passagen wurde zumeist auch das gewerkschaftliche Unterstützungswesen präsentiert. Mit Zahlenkolonnen, Schaubildern oder Tabellen versehen, waren die Berichte über die Sozialleistungen der Gewerkschaften mit ihren extrem hoch anmutenden Ausgabenpositionen zugleich immer auch eine Ausstellung der finanziellen gewerkschaftlichen Potenz. In der Nähe zum Kassenbericht, in dem häufig auch der Weg zu höheren Beitragseinnahmen oder abgebremsten gewerkschaftlichen Leistungen geebnet wurde, schien der Jahresbericht über die Unterstützungseinrichtungen durch seine Anordnung und Gestaltung zum Ausdruck zu bringen: Schaut her, zu welch solidarischer und sozialer Leistung für die Mitglieder die starke Gemeinschaft der Gewerkschaft in der Lage war. Inmitten der Vitalfunktionen der Organisation platziert, transportierte dies eine zentrale Botschaft der Bedeutung der sozialen Unterstützungen und ihrer Inkorporierung in das Gewerkschaftswesen.

Dies wurde in einem dritten, häufig getrennt angeordneten Themenbereich der gewerkschaftlichen Jahrbücher, Geschäfts- oder Rechenschaftsberichte noch einmal verstärkt. In einem Tabellenanhang, der mit ganzseitigen Zahlenübersichten die Datenflut der Berichterstattung im Text noch einmal ergänzte, spielte das soziale Unterstützungswesen zwischen Arbeitskampfstatistiken oder der Vermessung der Mitgliederbestände zumeist eine ebenfalls relevante Rolle.[1]

Dieser Aspekt wurde in der vorausgehenden Darstellung ebenso bereits erläutert wie die Botschaften, die mit der Verortung des sozialen Unterstützungswesens in den besonders stark ritualisierten Bereichen der Satzungsberatungen der Gewerk-

---

[1] Die vorgestellte Dreiteilung konnte in den spezifischen Arrangements der Jahrbücher, Geschäfts- oder Rechenschaftsberichte der einzelnen Verbände – auch abhängig von der Zeit – variieren. Letztlich lässt sich das hier systematisierte dreigliedrige Sujet dennoch meistens wiedererkennen. Vgl. stellvertretend und anschaulich Deutscher Verkehrsbund: Jahrbuch 1928, hier S. 3 f. die Gliederungsübersicht, S. 105-115 die Berichterstattung über das Unterstützungswesen – dabei auf S. 109 ein Schaubild zur Präsentation der Unterstützungsausgaben. Am Ende folgt ein gesonderter Tabellenanhang, der allein 24 Seiten umfasst und auf den Seiten 18-24 zumeist in den Zahlenübersichten zum Kassenbereich auf das Unterstützungswesen eingeht.

schaftskongresse vermittelt wurden.[2] War das soziale Unterstützungswesen auf gewerkschaftlichen Verbandstagen um 1900 und im Verlauf der ersten Dekade des 20. Jahrhunderts noch häufiger Gegenstand im Diskurs oder auch im Disput der Verbandstagsdelegierten – insbesondere dann, wenn es um die Einführung neuer zentralisierter Unterstützungseinrichtungen ging –, verlagerte sich die Anordnung des Themas mit der Zeit und der Etablierung der Unterstützungseinrichtungen in den Sektor der zumeist trockenen Satzungsberatungen. Es ging um die Erweiterung der Vorschriften für die Praxis der Unterstützungskassen, neue Angebote oder neue Leistungsstaffeln der Einrichtungen, um eine Schließung von Gerechtigkeitslücken oder die Beseitigung von Streitfällen durch neue Regeln. Mit der Etablierung des Kassensystems und seiner praktischen Anwendung lernten die verantwortlichen Funktionäre, was wie – vor dem Hintergrund spezieller sozialer Herausforderungen – angepasst oder verändert werden musste. Dazu traten der Wille und die Bereitschaft der Gewerkschaftsführungen wie die seitens der Basis mehrheitlich signalisierten Forderungen, die verbandlichen Sozialleistungen auszuweiten. In der Folge expandierten die Statuten der Unterstützungskassen – sei es innerhalb der Gewerkschaftssatzungen oder in gesonderten Unterstützungsreglements. Dies reflektierte den Prozess der Etablierung, der Bürokratisierung und Professionalisierung des sozialen gewerkschaftlichen Unterstützungswesens.

Wie verhielt es sich mit der Verbandsgeschichtsschreibung als weiterem Format, in dem das soziale Unterstützungswesen der Gewerkschaften dargestellt wurde? Inhaltlich ist auch diese Quellengattung in den vorangehenden Passagen reichhaltig zu Wort gekommen. Doch wie gestaltete sich – bei einer Betrachtung als Übersicht aus größerer Höhe – das Arrangement des sozialen Unterstützungswesens als Thema in dieser Gattung im Allgemeinen? Zunächst muss noch einmal in das Bewusstsein dringen, was unter der autochthonen Verbandsgeschichtsschreibung zu verstehen ist.[3] Es handelte sich dabei gattungsspezifisch um eine gewerkschaftliche Selbstbetrachtung. Häufig zu Gedenkanlässen wie Jubiläen veröffentlicht, präsentierten die Autoren, die in ihrer Mehrzahl führende Funktionsträger oder Redakteure der beschriebenen Gewerkschaft selbst waren, die Historie der Organisation, ihre Kämpfe, ihr Werden und Wachsen. Die Verbandsgeschichten waren damit letztlich eine von den Gewerkschaftsführungen autorisierte Geschichtserzählung, die in dieser Form in der Ruhmeshalle des Verbandsgedächtnisses verewigt werden sollte.

Dieser hohe Grad der Selbstpräsentation macht die Gattung für die Frage nach dem gewerkschaftlichen Selbstverständnis so interessant. Zugleich hat man für die Thematik des sozialen Unterstützungswesens sogleich eine wesentliche Einschränkung vorzunehmen: Für die ereignisaffine Textform der gewerkschaftlichen Verbandsgeschichten,

---
[2] Hierzu insbes. die Ausführungen zur Sinnstiftung der gewerkschaftlichen Verankerung in Kapitel fünf dieser Studie.
[3] Dazu und zum Folgenden sei nochmals verwiesen auf Borsdorf: Gewerkschaften und Geschichte, S. 509 ff. Beier: Glanz und Elend der Jubiläumsliteratur.

die stellenweise zum Heldenepos mutieren konnten, war das trockene, ereignisarme und auf Zahlen angewiesene Sujet der gewerkschaftseigenen Sozialleistungen eigentlich vollständig ungeeignet. In die Ruhmeshalle des Verbandsgedächtnisses gehörten die Erzählungen von den konstituierenden Kämpfen der Bewegung, von den Führungspersönlichkeiten und von den symbolischen Erfolgen im Zurückdrängen der Ausbeutung der Arbeitnehmerschaft.

Vor allem eine spannende und fesselnde Handlung in Verbindung mit repräsentativen Helden hatte die Geschichte der sozialen Unterstützungseinrichtungen kaum anzubieten. Dass sie in den gewerkschaftlichen Verbandsgeschichten dennoch thematisch auftauchten, ist vor diesem Hintergrund an sich bemerkenswert. Es spricht für die gewerkschaftlich zuerkannte Bedeutung, dass das soziale Unterstützungswesen entgegen den genannten Merkmalen der Textgattung gewissermaßen widernatürlich dennoch Eingang in die verbandsgeschichtliche Selbstbetrachtung fand. Dabei sind Systematisierungen in der gewerkschaftlichen Verbandsgeschichtsschreibung schwierig und nicht unproblematisch. Je nach Weltanschauung und gewerkschaftlicher Organisation, vertretener Arbeitnehmergruppierung oder dem Zeitpunkt der Veröffentlichung hatte man es keinesfalls mit einem Konglomerat homogener Texte zu tun.[4]

Dennoch erscheint die Bildung einiger Typen vertretbar und hilfreich zu sein. Die *Verbandsgeschichten älterer Gewerkschaften* mit einer Zentralverbandsbildung deutlich vor dem Jahr 1890 und entsprechend längeren und spezifischen Unterstützungstraditionen wären einer Gruppe zuzuordnen. Als Beispiele unter den eingeführten verbandsgeschichtlichen Darstellungen aus der Untersuchungszeit könnten die Arbeiten von Krahl, Helmholz oder Müller[5] über die Gewerkschaften der Buchdrucker, Lithografen

---

[4] Die Verbandsgeschichtsschreibung bietet ein unübersichtliches Feld. Die erhebliche Anzahl der Titel zeigt sich in den bibliografischen Sammlungen etwa bei Schönhoven: Expansion und Konzentration, S. 395-412 oder in den reichhaltigen bibliografischen Anmerkungen bei Borsdorf: Gewerkschaften und Geschichte. Für die vielen historischen Vorläuferorganisationen der heutigen Großgewerkschaft Verdi existieren ebenfalls zahlreiche verbandsgeschichtliche Texte. Die Gedenk- oder Jubiläumsliteratur vervielfältigte sich bereits in einzelnen Organisationen häufig mit jedem neuen Verbandsjubiläum. Bei einer Vielzahl an Vorläuferverbänden – aus Organisationen der Beamtenschaft, der Angestelltenschaft und der Arbeiterschaft bestehend –, wie es bei der Dienstleistungsgewerkschaft Verdi in besonders ausgeprägter Form vorliegt, multipliziert sich der Bestand an Verbandsgeschichten geradezu. Der Verweis auf einen Gang durch die Regalmeter in der Außenstelle des Berliner Verdi-Archivs im Westhafen, den der Autor mit sachkundiger Begleitung von Hartmut Simon im Jahr 2015 durchführen konnte, sagt hier womöglich mehr aus als eine Aufzählung zahlloser gesichteter Titel. Im Folgenden bleibt der Fokus auf die Auswahl jener Verbandsgeschichten gerichtet, die beispielhaft für die im Vordergrund dieser Studie stehenden Organisationen ausgewählt wurden und in den vorausgehenden Kapiteln bereits zur inhaltlichen Auswertung beitragen.

[5] Krahl: Der Verband der Deutschen Buchdrucker, beide Bände (1916 und 1933 veröffentlicht). Helmholz: Verband der Deutschen Buchdrucker (1914 veröffentlicht). Müller: Die Organisationen der Lithografen und Steindrucker (1917 veröffentlicht). Willi Krahl und Karl Helmholz waren hauptamtliche Redakteure für den Korrespondent für Deutschlands Buchdrucker und

und Steindrucker gelten. Das Thema des sozialen Unterstützungswesens war in diesen Publikationen ideologisch weniger aufgeladen. Die Gründung der Gewerkschaften und die Etablierung wichtiger Unterstützungskassen lag zum Zeitpunkt der Veröffentlichung, die bei den genannten Beispielen zwischen 1914 und 1933 erfolgte, Dekaden zurück.

Bei diesen Altverbänden verwuchs das Thema der Unterstützungen in der historiografischen Präsentation oft mit der Gründungsgeschichte des Verbandes oder mit wichtigen Etappen der Neuorganisation. Im Verband der Deutschen Buchdrucker etwa spielte der Streit um die Liquidierung der Invalidenkasse für die Reorganisation der Gewerkschaft nach Aufhebung des Sozialistengesetzes eine wichtige Rolle. In der Verbandsgeschichte über die Lithografen und Steindrucker war die Rettung und Bewahrung der Organisation mithilfe der Unterstützungseinrichtungen in der Phase der Repression des Sozialistengesetzes ein bedeutendes Thema.

In der verbandsgeschichtlichen Perspektive verteidigten traditionelle, seit Dekaden etablierte Unterstützungskassen die gewerkschaftliche Organisation gegen einen übergriffigen Staat. Die Gewerkschafter rangen in der Phase der Repression des Sozialistengesetzes mit den Behörden um die maskierten Gewerkschaftssatzungen. Um das Organisationsskelett zu erhalten, war man gezwungen, sich in dieser Zeit in jedweder Außendarstellung auf das Kassenwesen zu konzentrieren. Um als Tarnorganisation nicht erkannt zu werden, mutierten die Gewerkschaften im alltäglichen Geschäft von der Verbandstagsgestaltung bis in die Statuten, die polizeilich zu genehmigen waren, zu spezifisch sozialen Unterstützungsorganisationen. In der historischen Erzählung der Altverbände war das soziale Unterstützungswesen also umfassend legitimiert. Aus Verbandsgeschichten, die wie die gewählten Beispiele nach 1914 veröffentlich wurden – in einer Zeit, als neue Großgewerkschaften noch mit dem Auf- und Ausbau ihres sozialen Kassenwesens beschäftigt waren und diesen allmählich zu feiern begannen –, sprach der Stolz der Altgewerkschaften auf ihre besonders traditionsreichen Unterstützungseinrichtungen, über die sie ihrerseits bereits lange verfügten. Dies kam auch durch gesonderte Kapitel über das Unterstützungswesen zum Ausdruck.[6]

Gewerkschaften, die erst nach 1890 ihre Zentralverbandsgründung erlebten, hatten die starke Traditionslinie des Überlebenskampfes unter dem Sozialistengesetz mit einer entsprechenden Bedeutungsaufladung des sozialen Unterstützungswesens nicht. Stattdessen geriet die Etablierung von sozialen Unterstützungseinrichtungen und Zentralkassen im Prozess des Aufbaus und der Stabilisierung der neuen Organisationen seit den 1890er Jahren zunächst zu einer ideologisch umstrittenen Frage, wie es in die-

---

Schriftgießer. Hermann Müller war zweiter Vorsitzender im Verband der Lithografen und Steindrucker sowie Redakteur für das Korrespondenzblatt des ADGB.

6 Vgl. beispielsweise Müller: Die Organisationen der Lithografen und Steindrucker, zweiter Teil, die Kapitel 10, 11 und 12.

ser Studie ausführlich dargelegt wurde.⁷ Dies spiegelte sich in *frühen Verbandsgeschichten* dieser sich nun neu etablierenden Gewerkschaftsorganisationen wider, die als weitere Gruppe definiert werden sollen. In Publikationen der ersten Dekade des 20. Jahrhunderts spielte die Charakteristik des Verbandes und ein diesbezüglicher Entscheidungskampf in der Gründungsphase häufig eine zentrale Rolle. Die im Jahr 1907 veröffentlichte autochthone Geschichte des Transportarbeiter-Verbandes steht dafür beispielhaft.⁸ Die Autoren dieser Verbandsgeschichte waren Oswald Schumann und Hans Dreher, der langjährige Gewerkschaftsvorsitzende und sein Gewerkschaftsredakteur. Ein beträchtlicher Teil der auf mehr als 400 Seiten ausgebreiteten Darstellung des »Werdens der Organisation« ist ein in Teilen mit autobiografischen Zügen ausgestatteter Bericht, warum wichtige Entscheidungen für die weitere Entwicklung der Gewerkschaft im Gründungsprozess von den verantwortlichen Autoren und der um sie versammelten Mehrheitsgruppe der Zentralisten getroffen worden waren. An den Urkonflikt – Zentralisten versus Lokalisten oder Bildung eines großen Zentralverbandes versus autonome lokale Einheiten – schlossen sich andere Fragen der Verbandscharakteristik an. Eine Leitfrage, die sich wie ein roter Faden durch die verbandsgeschichtliche Darstellung aus dem Jahr 1907 zog, war: Warum war eine gewerkschaftliche Zentralorganisation, die auf ein dynamisches Mitgliederwachstum und auf Expansion setzte, um alle Segmente der Arbeitnehmerschaft aus dem Handels-, Transport- und Verkehrsgewerbe in sich zu vereinen, eine machtvollere Organisation im steten Ringen und im Kampf für die Belange der Vertretenen als lokale Streikvereine? Und – daran unmittelbar anschließend: Warum war der Auf- und Ausbau zentralisierter sozialer Unterstützungseinrichtungen, die dem Kampfcharakter dem Anschein nach widersprachen, dafür aus Sicht der Verbandsführung nicht nur hilfreich, sondern erforderlich?

Das soziale Unterstützungswesen wurde als gewerkschaftliche Selbsthilfe in der Darstellung von Dreher und Schumann dabei nicht gezeichnet als Mittel der Wahl für eine Organisation, die der Arbeitgeberseite, dem Staat oder dem kapitalistischen System Gerechtigkeit abringen wollte. Dies führte zu einer auffälligen textlichen Ambivalenz: mit Distanzierungen vom sozialen Selbsthilfewesen als Gewerkschaftsdisziplin einerseits und der zugleich gegenteiligen Legitimierung der zum Zeitpunkt der Veröffentlichung dynamisch voranschreitenden Installierung von zentralisierten verbandlichen Unterstützungskassen andererseits. Nicht das Mittel der Wahl, aber Mittel zum Zweck konnte das soziale Unterstützungswesen in dieser Lesart sein: zum Zweck der Anwerbung, einer dauerhaften gewerkschaftlichen Bindung und schließlich der erfolgreichen Erweckung möglichst vieler Arbeitnehmerinnen und Arbeitnehmer zu überzeugten Gewerkschaftern.

---

[7] Dazu Kapitel drei dieser Studie.
[8] Dreher/Schumann: Die ökonomischen Vorbedingungen und das Werden der Organisation.

In den skizzierten Kontexten wurde die Betrachtung sozialer Unterstützungsleistungen in der Verbandsgeschichte der Transportarbeiter des Jahres 1907 aufgeladen – dies forderte Legitimierung heraus. Jene Linie verflüchtigte sich zum Auftakt der 1920er Jahre in der nun veröffentlichten erneuerten verbandsgeschichtlichen Selbstdarstellung der Handels-, Transport- und Verkehrsgewerkschaft aus dem Jahr 1922[9] zwar nicht grundsätzlich. Dennoch wurde das verbandliche soziale Unterstützungswesen nun gänzlich anders arrangiert – die *späteren Verbandsgeschichten* zeigten im untersuchten Zeitraum somit ebenfalls Merkmale einer Gruppe auf. Jetzt wurde darin der Nachweis geführt, dass die Entscheidung für den Aufbau eines sozialen Unterstützungswesens richtig gewesen war. Die Organisation war der Darstellung entsprechend prächtig gediehen, stand an der Schwelle der Umbenennung zum Deutschen Verkehrsbund, organisierte annähernd 570.000 Mitglieder im heterogenen Bereich der Handels-, Transport- und Verkehrsarbeiter und hatte Millionenbeträge über das soziale Unterstützungswesen an bedürftige Gruppen in der Mitgliedschaft zur Verteilung gebracht. »Zieht man die Summen in Betracht, die während der 25 Jahre an die Mitglieder in Form von Unterstützungen zurückgeflossen sind, so erkennt man erst, wie segensreich diese Einrichtungen gewirkt haben. Viel Elend und Not sind gemildert und viele Familien vor dem Untergang bewahrt worden. Diejenigen, die früher und auch heute vielleicht noch in verstärktem Maß dem Abbau bzw. der völligen Beseitigung der Unterstützungseinrichtungen das Wort reden, mögen sich einmal überlegen, was es bedeutet hätte, wenn diese 33 Millionen Mark nicht in die Hände der durch wirtschaftliche Verhältnisse in Not geratenen Berufskollegen gelangt wären.«[10]

Man kann in dieser Äußerung das sozial-humanitäre Pathos, das sich in den Krisenjahren der Inflation und den nachfolgenden Wirtschafts- und Arbeitsmarktkrisen der 1920er und frühen 1930er Jahre verstärkte, gut im Zusammenspiel mit der Deutung des sozialen Unterstützungswesens erkennen. Aus der gewerkschaftlichen Perspektive war dies zu einem gewerkschaftsinternen sozialen Umverteilungssystem geworden, auf dessen Transferleistungen in mehrstelliger Millionenhöhe nicht mehr verzichtet werden konnte. Infrage gestellt wurde das etablierte soziale Unterstützungssystem aus der nun gefestigten Perspektive allenfalls von den Feinden der Organisation: wie in der Gründerzeit von den Lokalisten in der Gegenwart des Jahres 1922 durch die kommunistische Gewerkschaftsopposition.[11] Für die proaktiven Kräfte des zentralverbandlichen Ausbaus hingegen waren soziale Unterstützungseinrichtungen im »Bau der Organisation« – einem »stolzen Gebäude«[12] – ein unter den gegebenen Bedingungen unverrückbarer Einrichtungsgegenstand geworden.

---

[9] Deutscher Transportarbeiter-Verband: 25 Jahre Gewerkschaftsarbeit.
[10] Ebd., S. 200.
[11] Dies ist angedeutet im obigen Zitat. Vgl. dazu erweitert ebd., S. 194 und S. 200.
[12] Die begrifflichen Zitate ebd., S. 194 und S. 204.

Entsprechend wurde das Unterstützungswesen in der Verbandsgeschichte des Jahres 1922 in einem eigenständigen Kapitel arrangiert. Gemeinsam mit der Mitgliederbewegung und den Verbandsfinanzen stellte es jene gewerkschaftlichen Vitalfunktionen dar, mit denen Fortschritt und Erfolg der Organisationsbildung – in einem opulenten Anhang mit tabellarischen Zahlenkolonnen und Schaubildern eindrucksvoll präsentiert – illustriert vermessen wurde. Das soziale Unterstützungswesen erschien dabei als Umverteilungssystem, das Millionensummen bewegte, und avancierte zu einem wichtigen Schaustück, das als Monstranz der Leistungsfähigkeit und Stärke der Organisation diente. Das Kapitel über das Unterstützungswesen in der Verbandsgeschichte des Jahres 1922 markierte zugleich das Textende der gesamten Darstellung und schloss mit einem dazu passgenauen Ausblick in die prognostizierte Zukunft des Verkehrsbundes: »Dann wird der Deutsche Verkehrsbund eine unüberwindliche Macht darstellen und als stolzes Gebäude jedem Schutz und Schirm in allen Lebenslagen sein, der sich in seinen Rahmen einfügt. Bis dahin: Vorwärts und aufwärts!«[13]

Hinzuweisen ist schließlich auch auf die Darstellung von Gründungsmotiven als Spezialität der Verbandsgeschichtsschreibung. Die bildreiche und häufig pathetisch aufgeladene Schilderung der unmittelbaren Gründungsereignisse einer Gewerkschaft ließ gelegentlich das soziale Unterstützungswesen oder andere gewerkschaftliche Selbsthilfeeinrichtungen in diesen Lichtkegel des ultimativen Glanzes treten. Wie es in der Studie an verschiedenen Stellen aufgezeigt wurde, waren diesbezüglich gerade Angestelltenorganisationen auffällig. Die Situation von Angestellten in der gesetzlichen Sozialversicherung und die Wahrnehmung derselben als nicht angemessen oder gar zurückweisend beförderten die Einrichtung sozialer Selbsthilfeeinrichtungen in enger Verbindung mit der Entwicklung eines gewerkschaftspolitischen Profils der dadurch organisierten Gemeinschaften.

Entsprechend konnte die Etablierung von Einrichtungen der sozialen Unterstützung für definierte Berufsgruppen der Angestelltenschaft verbandsgeschichtlich zum bedeutenden Teilereignis im Gründungsprozess einer Gewerkschaft stilisiert werden. Pensions- und Krankenkassen avancierten beispielsweise in der verbandsgeschichtlichen Jubiläumsschrift des Bundes der technischen Angestellten und Beamten zu einem wichtigen Gründungsmotiv des Deutschen Techniker-Verbandes als einer Vorläuferorganisation.[14] Für den Verband der Büroangestellten spielten die Pensionskasse des Verbandes und seine – das Thema der Benachteiligung vieler Angestellter durch die soziale Arbeiterkrankenversicherung aufgreifende – Krankengeldunterstützung eine ebenfalls als bedeutend markierte Rolle in verbandsgeschichtlichen Präsentationen der

---

[13] Ebd., S. 204.

[14] Bund der technischen Angestellten und Beamten (Hg.): 25 Jahre Technikergewerkschaft – 10 Jahre Butab (veröffentlicht 1929), S. 13 ff.

gewerkschaftlichen Gründungsphase.¹⁵ Ebenso fügte der Verband der weiblichen Handels- und Büroangestellten vergleichbare Passagen in seine Verbandsgeschichte ein.¹⁶ Man könnte also mit Blick auf die ausgestellte Bedeutung des sozialen Unterstützungswesens in verbandsgeschichtlichen Darstellungsformaten eine weitere Gruppe definieren. *Verbandsgeschichten von Angestelltengewerkschaften* mit Organisationsgründungen ab den 1890er Jahren, die wie in den vorgenannten Beispielen in den 1920er Jahren oder in zeitlicher Nähe veröffentlicht wurden, zeigten in Teilen eine besonders starke Eintragung des sozialen Unterstützungs- oder Selbsthilfewesens in die historische Identität des Verbandes, indem es als Gründungsereignis hervorgehoben wurde.

Andere Gewerkschaften, die häufig jenseits der Angestellten- und Beamtenschaft tätig waren, taten sich mit der Bedeutung sozialer Unterstützungseinrichtungen für ihren Gründungsprozess schwerer. Die Verbandsgeschichte des Deutschen Transportarbeiter-Verbandes aus dem Jahr 1907 liefert dafür ein gutes Beispiel. Hier wurde eher der klare Schnitt zu den Unterstützungsvereinigungen als gewerkschaftliche Vorläufer bevorzugt. Das Neuartige, Innovative einer wahrhaftigen Gewerkschaftsbewegung begann demnach erst mit der Zentralverbandsgründung in den 1890er Jahren. Das vielfältige Panoptikum der regionalen oder berufsgruppenspezifischen Unterstützungsvereinigungen war – wenngleich es im Text ausführlich dargestellt wurde – in der Linie jener verbandsgeschichtlichen Präsentation allenfalls ein Vorspiel, das es in der Ära der Moderne der gewerkschaftlichen Zentralverbände als Massenorganisationen allerdings mühevoll zu überwinden galt. Dieser Logik folgend, stand erst am Ende eines langwierigen Prozesses der Transformation etwas gänzlich Neuartiges: ausgebaute, moderne, professionalisierte und zentralisierte Sozialkassen der Gewerkschaften, mit denen der Aufstieg der mitgliederstarken, intern heterogenen und nach außen kompetitiven Zentralverbände als Großgewerkschaften strategisch flankiert wurde.

Tendenziell lässt sich erkennen: Verbandsgeschichten, die im Verlauf der 1920er Jahre und bis zu deren Ende veröffentlicht wurden, schienen eher einen natürlichen Bezug zur historischen Implementierung des sozialen Unterstützungswesens zu suchen. Das soziale Kassenwesen war unterdessen im Gewerkschaftswesen verbreitet, ausgebaut, bürokratisiert und professionalisiert. In den Angestelltengewerkschaften setzte in den 1920er Jahren der eigentliche Expansionsimpuls ein, der zu verstärkter Konkurrenz der Verbände untereinander und zu entsprechenden Anreizen in Bezug auf den Ausbau auch des Angebots im sozialen Unterstützungsbereich führte. In Zeiten sich verschärfender Konkurrenz im Kampf um die Mitgliedschaft der Angestellten machten sich die

---

[15] Der Büroangestellte Nr. 7, 1919, bes. S. 49 ff. Bei der Nummer handelte es sich um eine verbandsgeschichtliche Sonderausgabe anlässlich des 25-jährigen Jubiläums von Vorläuferorganisationen und des Verbandsorgans 1919 sowie des zehnjährigen Jubiläums des Verbandes der Büroangestellten 1918.

[16] Verband der weiblichen Handels- und Büroangestellten (Hg.): Vierzig Jahre VWA 1889-1929 (veröffentlicht 1929), etwa S. 22.

Verbände »hübsch« für ihre Außendarstellung. Auch Verbandsgeschichten hatten die Leistungsschau zum Zeitpunkt der Publikation im Blick und orientierten sich daran beim historischen Rückblick.

Für den Deutschnationalen Handlungsgehilfen-Verband zeigten in den 1920er Jahren veröffentlichte Verbandsgeschichten ähnlich wie bei der freigewerkschaftlichen Organisation der Transportarbeiter die Tendenz zu einer Überschreibung der in früheren Werken stärker akzentuierten Aversion gegen das soziale gewerkschaftliche Selbsthilfewesen. In verbandsgeschichtlichen Publikationen aus den Jahren 1926 und 1928[17] etwa wurde der Präsentation des Gegenwärtigen als dem, was der Verband nach einem geschilderten historischen Entwicklungsprozess nunmehr erreichen konnte, ein prominenter Platz eingeräumt. In der von Albert Zimmermann[18] 1928 veröffentlichten Verbandsgeschichte, die eine Neuauflage einer 1921 unter gleichem Titel erschienenen Fassung darstellte, war ein neues Kapitel ergänzt worden, das den »DHV von heute« beschrieb, bevor am Kapitelende zur historischen Genese der bis dahin erreichten »Größe« übergeleitet wurde.[19] Gezeichnet wurde darin wie schon in Zimmermanns Text von 1926 ein Bild der Vollkommenheit, der erreichten Macht und Kraft des Verbandes. Dessen Wohlfahrtseinrichtungen, Krankenkasse und Versicherungen, zahlreiche Erholungsheime wie nicht zuletzt auch das prunkvolle Hauptgebäude der Organisation in Hamburg fungierten als Schaustücke einer Leistungserzählung, bei der die verbandliche Selbsthilfe als Teil einer dargebotenen Finanzmacht der Organisation zur Monstranz wurde.[20]

Jene Tendenz der Überschreibung vormaliger Vorbehalte gegenüber dem sozialen Unterstützungswesen durch eine Leistungsschau des gewerkschaftlichen Inventars unter Beteiligung des verbandlichen sozialen Kassenwesens könnte als *weiteres Gruppenmerkmal* der autochthonen gewerkschaftlichen Geschichtsschreibung festgehalten werden. Dieses Merkmal trat bei den untersuchten Organisationen und ihren verbandsgeschichtlichen Texten ab den 1920er Jahren, also in der späten Verbandsgeschichtsschreibung des in dieser Studie untersuchten Zeitrahmens, mit einer zunehmenden Tendenz auf. Insofern wäre es besonders interessant gewesen, in der zeitlichen

---

[17] Mit klangvollem Untertitel vom »Werden, Wirken und Wollen«: Zimmermann: Der Deutschnationale Handlungsgehilfen-Verband (veröffentlicht 1928). Dazu zuvor ders.: Der DHV, in: Deutschnationaler Handlungsgehilfen-Verband: Jahrbuch 1926, S. 35-48. Dieser Beitrag ist im Zusammenhang mit den verbandsgeschichtlichen Haupttexten des Autors als verbandshistorisch unterlegte Propagandaschrift zu sehen.

[18] Albert Zimmermann bekleidete führende Verbandsfunktionen und trat als Autor verbandsgeschichtlicher Texte in Erscheinung. Vgl. als autobiografischen Beitrag dessen Selbstbeschreibung im Jahrbuch des Verbandes. Deutschnationaler Handlungsgehilfen-Verband: Jahrbuch 1926, S. 72-76. Dazu ferner Deutschnationaler Handlungsgehilfen-Verband: Jahrbuch 1913, S. 238, hier ein Nachweis seiner Verbandsfunktionen.

[19] Vgl. Zimmermann: Der Deutschnationale Handlungsgehilfen-Verband (veröffentlicht 1928), S. 5-35, die begrifflichen Zitate S. 5 und S. 35.

[20] Vgl. ebd. und ergänzend Zimmermann: Der DHV, bes. S. 37-38.

Reihe der Verbandsgeschichten des Transportarbeiter-Verbandes aus den Jahren 1907 und 1922 noch eine weiteres avisiertes *Opus magnum* zum Ende der 1920er oder zum Auftakt der 1930er Jahre zu analysieren. Doch die Geschichte des Deutschen Verkehrsbundes erschien 1929 lediglich mit ihrem ersten Band, der die Entwicklung des Handels, Transports und Verkehrs in Deutschland – beginnend mit der Antike – schilderte.[21] Mit dem Übertritt des Verkehrsbundes in den Gesamtverband der Arbeitnehmer der öffentlichen Betriebe und des Personen- und Warenverkehrs sollte schließlich ein zweiter Band folgen. »Der zweite Band des Werkes wird die Geschichte der Organisation des Deutschen Verkehrsbundes umfassen«, kündigte Max Quarck als Autor im Vorwort des ersten Bandes im Juni 1929 an.[22] Ein halbes Jahr später verstarb Quarck in Frankfurt am Main.[23] In jenem zweiten Band, so darf vermutet werden, hätte auch das soziale Unterstützungswesen seinen Platz gefunden.

Öffentlichkeitsarbeit, strategische Kommunikation und Werbung: Unterstützungskassen in der Verbandspresse

Die Analyse von Gruppenmerkmalen der Verbandsgeschichtsschreibung ist hilfreich, um in diesem Darstellungsformat Gesichtspunkte zu erkennen, die eine voranschreitende Verankerung des sozialen Unterstützungswesens im gewerkschaftlichen Selbstverständnis der untersuchten Zeit aufzeigen. Wie sah es mit der Gewerkschaftspresse als einem weiteren gewerkschaftlichen Darstellungsformat aus? Wie war das soziale Unterstützungswesen in diesem Medium repräsentiert?

Wertet man die Jahrgänge wichtiger Gewerkschaftsorgane für Organisationen aus dem Untersuchungszuschnitt dieser Studie exemplarisch aus, erzielt man für den Zeitraum der ersten drei Dekaden des 20. Jahrhunderts als überwiegenden Befund: Das soziale Unterstützungswesen kam in der Regel nicht in einer besonders auffälligen Form zur Geltung. Dies hatte zunächst damit zu tun, dass das Sujet gewerkschaftlicher Presseorgane sehr reichhaltig war. Um es am Beispiel des *Courier* als Verbandsorgan des Deutschen Transportarbeiter-Verbandes für die Vorkriegsjahre des Jahrhunderts einmal konkret zu verdeutlichen: Hier befasste man sich mit längeren Artikeln wie auch

---

[21] Vorstand des Deutschen Verkehrsbundes (Hg.): Geschichte des Deutschen Verkehrsbundes, erster Band: Die Entwicklung des Handels, Transports und Verkehrs in Deutschland, Berlin 1929.

[22] Ebd., S. XIII.

[23] Max Quarck war für die SPD Reichstagsabgeordneter und Mitglied der Weimarer Nationalversammlung. Er war als promovierter Jurist erfahrener Zeitungsredakteur und unterhielt später auf dem Frankfurter Anwesen seiner Frau Meta im Kutscherhaus ein Schreibbüro und eine Bibliothek. In den 1920er Jahren publizierte er mehrere historische Arbeiten. Vgl. Kai Gniffke: Max Quarck (1860-1930). Eine sozialdemokratische Karriere im Deutschen Kaiserreich. Zum Aufstieg eines bürgerlichen Akademikers in der Arbeiterbewegung im Spannungsfeld von revolutionärer Theorie und reformistischer Praxis, Diss. Frankfurt am Main 1992.

mit kürzeren Notizen zu allgemeinen Themen der Politik und der Gewerkschaften, aber ebenso zu technischen Aspekten im Umfeld der vertretenen Berufsgruppen. So schrieb man etwa über Automobile, Pferdehaltung, Straßenverkehr oder Zeppelinbau. Man erörterte ferner Soziales und die Sozialgesetzgebung, indem über Wohnungsmarkt, Tuberkulosebekämpfung, Berufsgenossenschaften, Krankenkassenwesen und Selbstverwaltung, über das Reichsversicherungsamt und seine Statistiken sowie über Gesetze und Sozialpolitik berichtet wurde. Man schilderte Unfallgeschehen und schrieb über Themen der Unfallversicherung, über die Unfallstatistik, die Unfallrenten oder die Arbeit der Berufsgenossenschaften. Aufmerksam beobachtete das Organ auch die Polizei- und Gerichtspraxis am Beispiel der Polizeischikanen bei Streiks, der Urteile zu Verkehrsfragen oder gar der rechtmäßigen Tierhaltung. Berichtet wurde ferner über die Arbeitgeberorganisationen und ihre Politik sowie über Fälle der Unternehmerschikane gegen Arbeitnehmer und Gewerkschaften.

In vergleichbarer Weise wurden die gegnerischen Arbeiterorganisationen in Bezug auf konkrete Streitfälle wie auf die Beobachtung ihrer allgemeinen Entwicklung regelmäßig der Kritik unterzogen. Für die eigene Organisation dominierte hingegen die positive Präsentation: in Berichten aus Gauen und Ortsverwaltungen, über die internationalen Kontakte, kooperierende Organisationen oder angrenzende Bereiche wie die Genossenschaftsbewegung. In den Rubriken jener gewerkschaftlichen Rundschau wurden auch wiederkehrende Standardinformationen angeboten. Hierzu zählte die Berichterstattung über Verbandstage und Gewerkschaftskongresse, die Bekanntmachung und Erläuterung von Beschlüssen der Gewerkschaftsgremien, allgemeine Mitteilungen, die Ankündigung von oder Informationen über Gewerkschaftsveranstaltungen auch auf lokaler Ebene oder die Verbreitung von Satzungsänderungen. In diese Rubrik ließen sich auch die wiederkehrenden Informationen über die Vermessung der Verbandsentwicklung einordnen, mit denen –den Jahrbüchern oder Geschäftsberichten ähnelnd – Daten zur Mitgliederbewegung, zu Arbeitskämpfen und Gewerkschaftsfinanzen publiziert wurden.

Über Gewerkschaftskartelle, Arbeitersekretariate, die Organisation von Frauen und Jugendlichen in den Gewerkschaften, über Tarifvereinbarungen und einzelne Streikverläufe wurde ebenso berichtet wie über gewerkschaftspolitische Themenschwerpunkte wie Ladenschluss oder Sonntagsruhe. Daneben fanden volkswirtschaftliche Themen von der Betrachtung wichtiger Wirtschaftsbranchen bis zu den Lebensmittel- und Brennstoffpreisen Beachtung. Aus der Perspektive der vertretenen Berufe wurden regelmäßig spezifische Fragen der Chauffeure, Bierfahrer, Droschkenführer, Lastentransporteure oder Handelsarbeiter geschildert. Und schließlich gab es auch Erbauliches im Feuilleton oder Literarisches wie beispielsweise Gedichte.[24]

---

[24] Auf Einzelbelege wird verzichtet. Geschildert wird eine Interpretation, die anhand einer Durchsicht der Jahrgänge 1905 bis 1914 des Courier vorgenommen wurde.

Dass das soziale Unterstützungswesen als eigenständiger Bereich in jener recht umfangreichen Liste an vielfältigen Themen nicht in einer gesonderten Rubrik hervorgehoben wurde und so nicht in den Vordergrund trat, ist nicht verwunderlich. Einerseits galt für die Gewerkschaftspresse, was auch für die Verbandsgeschichte zutraf. Das Themenfeld des Unterstützungswesens produzierte in der Regel keine spannenden Ereignisabläufe. Es gab keine klaren Handlungsstränge, die man erzählen konnte oder mit denen die Leser leicht zu fesseln waren. Das soziale Unterstützungswesen war als Thema – um im Pressejargon zu bleiben – per se nicht prädisponiert, Schlagzeilen und Leitartikel zu produzieren. Es war vielmehr ein Thema der Daten und Fakten. Entsprechend tauchte es innerhalb der vorgenannten Presserubriken auf: in Texten über Gewerkschaftsversammlungen oder Zusammenkünfte der Organe fakultativer Unterstützungskassen, in denen – überregional wie lokal – über geänderte Unterstützungstarife oder neue Statuten berichtet wurde; in der Darstellung der Organisation, wo neben der Mitgliederentwicklung oder den Gewerkschaftsfinanzen das Unterstützungswesen präsentiert wurde; und in der Vorberichterstattung sowie in Artikeln über die nationalen Gewerkschaftstage, in denen das soziale Unterstützungswesen bei Einführung neuer Kassen oder bei bedeutenden Änderungen im Unterstützungsreglement in den Vordergrund rücken konnte. Im Themenspektrum gewerkschaftlicher Presseorgane, das für den *Courier* beispielhaft skizziert wurde, war das soziale Unterstützungswesen häufig innerhalb übergeordneter Kontexte repräsentiert. Als eigenständiges Thema erschien es seltener.[25]

Zeit war offensichtlich ein Faktor. Es lassen sich Hinweise dafür finden, dass die Repräsentation des sozialen Unterstützungswesens in Angestelltenorganen mit leichter Tendenz im Verlauf der 1920er Jahre abnahm.[26] Parallel lässt sich feststellen, dass die von Schönhoven angemerkten lebhaften Diskurse in der Verbandspresse[27] über

---

[25] Auf Einzelbelege wird verzichtet – dies als Auswertung einer Durchsicht: Courier (Jahrgänge 1905 bis 1914), Der Büroangestellte (Jahrgänge 1908 bis 1919) und Der freie Angestellte (Jahrgänge 1920 bis 1932).

[26] Solche Aussagen sind mit Vorsicht zu treffen. Hinweise werden durch die umfangreiche Digitalisierung von Presseorganen der Angestelltengewerkschaft möglich, die von der Friedrich-Ebert-Stiftung durchgeführt wurde. Das Onlineportal der Friedrich-Ebert-Stiftung mit diversen Möglichkeiten der digitalen Recherche zuletzt eingesehen über http://library.fes.de/angestelltenpresse/content/below/index.xml, abgerufen am 30.12.2020. Vgl. hierzu Zimmermann (Hg.): Das gedruckte Gedächtnis der Tertiarisierung. Der Büroangestellte (Jahrgänge 1906 bis 1919) und Der freie Angestellte (Jahrgänge 1919 bis 1933) wurden einer Volltextsuche mit den Stichworten »Arbeitslosenunterstützung«, »Krankenunterstützung«, »Sterbeunterstützung«, »Sterbekasse«, »Unterstützungskasse«, »Pensionskasse« und »Altersunterstützung« unterzogen. Der Büroangestellte zeigte bei 14 Jahrgängen (regulär mit 24 Jahrgangsheften) 362 Volltexttreffer. Der freie Angestellte wies in 15 Jahrgängen (regulär mit 24 Jahrgangsheften) 191 Volltexttreffer aus. Berücksichtigen muss man Ungenauigkeiten bei der systematischen Suche und abweichende Redaktionskonzepte der Organe, wodurch die Aussage relativiert werden könnte.

[27] Schönhoven: Selbsthilfe, S. 147.

das Unterstützungswesen und seinen Stellenwert eher der frühen Untersuchungszeit um die Wende des Jahrhunderts zugeordnet werden können, als die Frage des Aufbaus zentraler Kassen in den Gewerkschaften noch grundsätzlichen Charakter hatte. Dies bildete sich auch in den hier näher betrachteten Gewerkschaftsorganen ab. *Der Büroangestellte*, das Leitorgan des Verbandes der Büroangestellten,[28] wies in der 1919 veröffentlichten Geschichte des Publikationsorgans explizit darauf hin, wie die Debatte um die Einführung einer Stellenlosenkasse im Jahr 1902 in Beiträgen der Zeitung aufgegriffen und dadurch erweitert wurde.[29]

In der späten Untersuchungszeit konnten Debatten um Unterstützungskassen in den gewerkschaftlichen Presseorganen gelegentlich wieder aufflackern. In der Regel war das indes eher selten zu beobachten, und es geschah zumeist in einer abgeschwächten Form, in der einzelne Aspekte des Unterstützungswesens – wie beispielsweise eine Erhöhung der Beiträge – in den Fokus der Kritik gerieten. Ein Exempel gibt ein Leserbrief, der im Jahr 1921 im Organ des Zentralverbandes der Angestellten abgedruckt wurde. *Der freie Angestellte* veröffentlichte damit die Kritik eines anonymisierten Kollegen, der die Erhöhung der Beiträge und auch von Leistungen der verbandlichen Pensionskasse in der Inflationszeit in dem von der Gewerkschaftsführung vorgenommenen Umfang für zu hoch hielt. Insbesondere die Anrechnung der Verwaltungskosten der Kasse geriet in die Kritik. Vor 1919 hatte sie der Verband der Büroangestellten aus der Verbandskasse bestritten. Mit der Übernahme der Pensionskasse durch den Zentralverband wurden die Verwaltungskosten auf die Beitragsleistung der Kassenmitglieder angerechnet. In der Streitschrift, in Form des Leserbriefes publiziert, wurde der Verdacht geäußert, dass die Verwaltungskosten instrumentalisiert würden, um die Beitragseinnahmen der Pensionskasse über das erforderliche Maß hinaus anzuheben.[30]

Die Reaktion der Schriftleitung, die unmittelbar im Anschluss des Leserbriefes abgedruckt wurde, ist aufschlussreich. »Wir haben die in der Form ruhige Kritik des Kollegen D. aufgenommen, obschon sie schwere Vorwürfe enthält. Kollege D. darf indes beruhigt sein; die Mitarbeiter an der Änderung des Pensionsregulativs haben sich die Kassenverhältnisse sehr genau angesehen. In der Sache selbst geht er übrigens von völlig unrichtigen Voraussetzungen aus und kommt also auch zu unrichtigen Schlüssen.«[31] In der Anmerkung der Schriftleitung wurde die Argumentation des kritischen Kollegen im weiteren Verlauf mit detaillierten Erläuterungen zur Höhe der aktuellen Verwaltungskosten der Pensionskasse schrittweise entkräftet. Es offenbarte sich dabei eine strategische Mitgliederkommunikation der Schriftleitung. Vorwurfsvolle Kritik an

---

[28] Genauer: Leitorgan des Verbandes der Büroangestellten Deutschlands, zuvor auch der Verwaltungsbeamten der Krankenkassen und Berufsgenossenschaften Deutschlands sowie weiterer Vorläuferorganisationen wie dem Zentralverein der Büroangestellten Deutschlands.

[29] Der Büroangestellte Nr. 7, 1919, S. 47.

[30] Der Leserbrief in: Der freie Angestellte Nr. 23, 1921, S. 202 f.

[31] Ebd. die Anmerkungen der Schriftleitung, S. 203.

den Beschlüssen der Verbandsleitung fand allenfalls dann einen Weg in einen veröffentlichten Verbandsdiskurs, wenn sie sachlich vorgetragen wurde und wenn sie sich für die strategischen Interessen der Gewerkschaftsleitung eignete. Im vorliegenden Fall bot sich eine Gelegenheit, Kritiker einer expansiven Beitrags- und Unterstützungspolitik am Beispiel der Pensionskasse als unzureichend informiert und letztlich inkompetent darzustellen.

Ein wesentlicher Faktor, der dabei Wirkung zeigte, war die kommunistische Oppositionsbewegung in den Gewerkschaften. Sie gewann nach dem Ersten Weltkrieg und der Revolution in vielen Verbänden an Bedeutung und wurde mit ihrer Fraktionsbildung von gemäßigten Gewerkschaftsführungen als Spaltpilz der Einheit bekämpft. Kommunistische Gewerkschaftsgruppen, die den revolutionären Kampfzweck der Organisation überhöhten, griffen Themen auf, mit denen sie die Mitgliedschaft und gemäßigte gewerkschaftliche Funktionsträger voneinander entfremden konnten.[32] Beitragsanhebungen, die in einem Zusammenhang mit der Erhöhung gewerkschaftlicher Unterstützungsleistungen standen, schienen sich dafür zu eignen. Höhere Beiträge waren in der Mitgliedschaft unbeliebt und schwierig zu vermitteln – damit zugleich angekündigte höhere Unterstützungstarife dienten häufig als Schmierstoff der Vermittlung. Die Kritik daran wiederum traf die Gewerkschaften in ihrem Selbstverständnis als Kampforganisation. Die geschilderte ideologische Bruchlinie zwischen Gewerkschaften und sozialem Selbsthilfesystem wurde damit unter Spannung gesetzt.

Dies führte in antikommunistischen Gewerkschaftsführungen indes eher zu einer trotzigen und verstärkt artikulierten Identifikation mit den sozialen Unterstützungseinrichtungen. Sie wurden, durch kommunistische Angriffe veranlasst, noch mehr als Symbol der mühsam aufgebauten und unterdessen angewachsenen sowie machtvoll agierenden modernen Zentralverbände gezeichnet, welche Mitglieder zu Hunderttausenden gewinnen konnten und dauerhaft banden. Diese Großgewerkschaften verstanden sich als fortschrittlicher Gegenentwurf zu einem kommunistisch radikalisierten, vor den Fabriktoren marodierenden Streikmob, während sie selbst – mit der Streikdrohung der Tausenden im Rücken – auf Augenhöhe mit den Arbeitgebern Tarifverträge aushandelten. In dieser Diskursanlage, in welche der beschriebene Leserbrief und die Reaktion der Schriftleitung einzuordnen sind, konnte sich die Verankerung der sozialen Unterstützungseinrichtungen in Gewerkschaften mit kommunistischer Opposition weiter vertiefen.[33]

---

[32] Zu den Themen Verbandsführung, Mitgliederentfremdung und kommunistische Gewerkschaftsopposition Remeke: Gewerkschaften und Inflation.

[33] Auf ausgewählte Literatur zur kommunistischen Gewerkschaftsopposition wurde in Kapitel fünf dieser Studie bereits verwiesen. Vgl. zu den kommunistischen Initiativen im Zentralverband der Angestellten den Vorstandsbericht von Otto Urban, in: Zentralverband der Angestellten: Protokoll des zweiten Verbandstages 1924, S. 13-28, bes. S. 23 ff.

An den zuvor ausgeführten Beispielen lässt sich – nach einer übergeordneten allgemeinen Tendenz suchend – erkennen, dass das soziale Unterstützungswesen im Verlauf des Untersuchungszeitraums in gewerkschaftlichen Presseorganen zunehmend als legitimiertes gewerkschaftliches Inventar gezeichnet und von den Schriftleitungen entsprechend platziert wurde. Anders ausgedrückt: Das soziale Unterstützungswesen wurde immer selbstverständlicher und zählte mithin – mehr und mehr – zum gewerkschaftlichen Selbstverständnis. Eine spezifisch hervorgehobene Berichterstattung über das soziale verbandliche Kassenwesen vor dem Hintergrund einer grundsätzlichen gewerkschaftspolitischen Debatte oder Legitimierung verflüchtigte sich im allgemeinen Trend – nicht nur, aber auch vor dem Hintergrund einer strategischen Kommunikation im Zeitalter kommunistischer Gewerkschaftskritik in den 1920er Jahren.

In einem Segment des Darstellungsformates Gewerkschaftspresse sprang das soziale Unterstützungswesen jedoch in auffälliger Weise immer wieder in den Vordergrund. Diesen Bereich würde man heute in den Schnittmengen von Marketing, Werbung und Public Relations verorten. Das Feld der fakultativen gewerkschaftlichen Unterstützungskassen zur Altersvorsorge trat dabei auffallend in Erscheinung. Hierbei war auch die fakultative Architektur mancher Einrichtungen ein treibender Faktor, weil um die Kassenmitglieder aktiv geworben werden musste – auch unter Inhabern von Gewerkschaftsbüchern, die an diesen Einrichtungen eben nur freiwillig partizipierten – und weil Kassenmitglieder auch jenseits der Mitgliedschaft für diese Sondereinrichtungen gewonnen werden sollten, um darüber einen Weg zur Gewerkschaftsmitgliedschaft zu bahnen. Die Adressierung von Werbung war in diesen Einrichtungen in besonderer Weise verankert.

Ein anschauliches Beispiel liefert die Kampagne, welche die Einführung der fakultativen Unterstützungseinrichtungen des Deutschen Transportarbeiter-Verbandes im Jahr 1910 im Verbandsorgan *Courier* begleitete. Dabei ist es sinnvoll, zunächst einige inhaltlichen Positionen aus dem Herzstück der Kampagne – einem mehrseitigen Leitartikel zur Einführung der neuen Kassen aus dem April 1910 im *Courier*[34] – zu skizzieren. Der Ausgangspunkt der Darstellung ist besonders aufschlussreich: die Begründung einer »Versorgungssucht« oder eines »Triebes der Versorgung« in der deutschen Arbeiterschaft mit dem »deutschen Volkscharakter«. Die »Sorge für die Zukunft der Existenz der eigenen Person und der seiner nächsten Angehörigen« liege im »Volkscharakter« des »Germanen«. Im Gegensatz zum »Romanen«, der leichtlebig dem Grundsatz folge, dass »heute heute und morgen auch ein Tag« sei, plane »der kaltblütige Germane« und halte an »der einmal gewonnen Überzeugung« fest. »So sehen wir auch in der deutschen Arbeiterschaft das allseitige Bestreben, Vorsorge zu treffen für die Tage der Arbeitsun-

---

[34] Courier Nr. 14, 1910, S. 117 f. Der Leitartikel stand unter dem Titel: Die neuen fakultativen Unterstützungseinrichtungen des Verbandes.

fähigkeit, der Arbeitslosigkeit, des Alters, Vorsorge zu schaffen für den Eintritt eines Todesfalls, durch den der Ernährer der Familie geraubt wird.«[35]

In den Bahnen jener Mentalitätskonstruktion verläuft die folgende argumentative Darstellung. Diese »Versorgungssucht« des deutschen Arbeiters führe dazu, dass er von einem reichhaltigen, aber toxischen Versorgungsangebot verführt werde. Blühende Volksversicherungsgesellschaften bewiesen mit höchsten Umsätzen und Jahresgewinnen diese Suche nach Versorgung. »Ein riesiger Profitstrom fließt aus diesen Versicherungen in die Taschen der Aktionäre, und Riesengehälter zahlen die Versicherungsgesellschaften ihren Direktoren, geschweige der Tantiemen an die Aufsichtsräte. All diese Summen kommen aus den Taschen der Versicherten, also auch aus den schmalen Geldbeuteln der Arbeiterschaft. Können die Arbeiter nicht dafür sorgen, dass jene Profitsummen in ihren Taschen bleiben?«[36]

Zudem existierten in Deutschland eine Vielzahl von Unterstützungs- oder Sterbe- und Pensionskassen als private Kassen oder Unternehmenseinrichtungen. Neben der konfusen Zersplitterung sei dabei das Problem, dass der Arbeiter, der sich um seine Versorgung sorgt, betrogen werde. Mit den betrieblichen Pensionskassen, die dem Herrschaftsanspruch der Unternehmer dienten, solle der Arbeiter von den Gewerkschaften ferngehalten werden, in den Kassen privater Vereine erhält er im Notfall nicht das, was er benötigt. Und in der Volksversicherung nährt der Arbeiter den Kapitalisten. »Die profitlüsterne Kapitalistenklasse trachtet daher, die Arbeiter nur im Interesse des eigenen Geldsacks mit allen demagogischen Mitteln in solchen Kassen einzufangen.«[37] Für den Arbeiter sind es Ketten, mit denen »man den Sklaven an den Amboss« schmiedet.

Die neuen fakultativen Unterstützungseinrichtungen des Transportarbeiter-Verbandes wurden in diesem Kontext als antikapitalistisches Versicherungskonzept der Gewerkschaft gezeichnet. Deren Invaliden- und Pensionsunterstützung, Witwen- und Waisenunterstützung sowie die Zuschussunterstützung bei Todesfällen hießen zwar noch *Unterstützung*. Doch da jene es erklärtermaßen mit der Volksversicherung der großen Lebensversicherungskonzerne wie mit den Pensionskassen namhafter Unternehmen aufnehmen sollten und sie damit gegen den personifizierten Kapitalismus ins Rennen geschickt wurden, waren die neuen fakultativen Unterstützungen der Transportarbeiter im Subtext dieser Botschaft mit einem anderen Anspruch versehen: Einrichtungen zu sein, die der professionellen *Versicherung* gleichwertig oder ihr sogar überlegen waren. Sie konnten die »Versorgungssucht« der Erwerbstätigen befriedigen, ohne sie um einen gerechten materiellen Anteil zu bringen oder sie als unfreie »Sklaven« zurückzulassen.

---

[35] Ebd., S. 117. Die begrifflichen Zitate – auch folgende – alle ebd.
[36] Ebd.
[37] Ebd. – auch die nachfolgend zitierte (wiederkehrende) Formel.

Im Gründungsjahr der fakultativen Unterstützungskassen 1910 erschien im *Courier* eine regelrechte Artikelflut, mit der diese Perspektive in der Art einer Kampagne verfestigt wurde. Dabei wurden wiederholt die Vorzüge der neuen Verbandseinrichtungen beworben, über Sitzungen ihrer Organe berichtet sowie der Fortschritt des Kassenausbaus und des Mitgliederzuwachses der *Fakulta* in Quartalsberichten ausgestellt.[38] Dagegen stellte man zahlreiche Beiträge, in denen private Versicherungskonzerne – vor allem namhafte Volksversicherungsanbieter wie die Victoria, Friedrich-Wilhelm, Iduna oder Wilhelma – als Einrichtungen des großkapitalistischen Unternehmertums attackiert wurden. Der *Courier* informierte über die Dividendenhöhen der Konzerne, beschrieb die Kapitalinteressen, bezifferte die hohen Gehälter in den Führungsebenen der Großversicherer und die klägliche Bezahlung der dort beschäftigten einfachen Angestellten. Oder man schilderte die Enttäuschung der Kunden der Victoria, wenn sie wegen schlechter Leistungen verärgert aus dem Berliner Prestigebau der Versicherung eilten.[39]

Am Ende dieser Artikel folgten stets sich ähnliche Werbeformeln. »Wer sich bei den Privatgesellschaften versichert, unterstützt zugleich seinen ärgsten Feind, den Kapitalismus, wer der Unterstützungseinrichtung des Verbandes angehört, der sorgt mit dafür, dass diese für ihn ihre Leistungen steigern kann«, hieß es dort[40] – oder: »Wer seine Groschen also nicht zu seiner eigenen Bekämpfung, sondern zur Förderung seiner Bestrebungen seine Gelder verwenden will, der benütze die fakultativen Unterstützungseinrichtungen unseres Verbandes. Diese zahlen keine Dividenden an Privatkapitalisten. Die Gelder werden dafür samt und sonders und nicht wie bei den Privatversicherungsgesellschaften nur zum kleinen Teil im Interesse der Mitglieder verwandt.«[41] Und man schloss mit einer Konklusion im Imperativ: »Also Kollegen, vergleicht einmal die Leistungen der privaten Versicherungen mit denen unserer Organisation, und die Wahl wird Euch leicht sein.«[42]

Die Kampagne setzte sich auch in den nachfolgenden Jahren weiter fort. Der *Courier* schrieb gegen das Kassenwesen der Unternehmer, deren Wohlfahrtseinrichtungen »Handschellen und Fußketten für die Arbeiter«[43] seien, bewarb damit die eigenen Unterstützungseinrichtungen und informierte über den Entwicklungsstand der fakultativen

---

[38] Vgl. etwa Courier Nr. 27, 1910, S. 228; Nr. 30, 1910, S. 260; Nr. 47, 1910, S. 467 f.; Nr. 52, 1910, S. 524.
[39] Vgl. etwa Courier Nr. 23, 1910, S. 196; Nr. 24, 1910, S. 198; Nr. 33, 1910, S. 298; Nr. 40, 1910, S. 375; Nr. 44, 1910, S. 428; Nr. 49, 1910, S. 483 f.
[40] Courier Nr. 44, 1910, S. 428.
[41] Courier Nr. 23, 1910, S. 196.
[42] Ebd.
[43] Courier Nr. 5, 1911, S. 52.

Kassen.[44] Dabei zeichnete sich bereits im Verlauf des Jahres 1910 ab, dass es die fakultativen Unterstützungseinrichtungen des Verbandes mit dem am Markt etablierten übermächtigen Gegnern in Gestalt der Volksversicherungskonzerne schwer haben würden. Ab 1912 stimmte der *Courier* seine Leser auf die Volksfürsorge als gewerkschaftliche Versicherung ein, die für jene Herausforderung als Arbeiterversicherung besser geeignet sei[45] und an die Bereiche der fakultativen Kassen später übergeben werden sollten.

Die fakultativen Unterstützungskassen des Transportarbeiter-Verbandes wurden dadurch, aber nicht zuletzt auch durch die Darstellung in der skizzierten Kampagne im *Courier* selbst immer mehr in die Nähe des etablierten Versicherungswesens gerückt. Aufschlussreich schrieb der *Courier* über die *Fakulta*: »Unsere Kollegen schaffen sich die allerbeste Lebensversicherung, wenn sie der fakultativen Unterstützungseinrichtung des Verbandes beitreten. Dort finden sie alles, was sie an Versicherung für die Zukunft brauchen, und ihr Geld wird nicht zur Förderung ihres Feindes – des Kapitalismus –, sondern nur im Arbeiterinteresse verwendet.«[46] Hier wurde dokumentiert: *Unterstützung*seinrichtungen wie die *Fakulta* waren – wenngleich sie rechtlich keine Versicherungen waren und nicht sein sollten, um sich den Bedingungen der Reichsversicherungsaufsicht zu entziehen – im gewerkschaftlichen Selbstverständnis sehr wohl zu *Versicherungen*, Lebens*versicherungen* oder Gleichwertigem geworden.

Man kann sagen, dass die Kampagne im *Courier* einen Kulturwandel im Transportarbeiterverband semantisch abbildete und zugleich im Rahmen der Kampagne verstärkte. Im Jahr 1904 hatte Oswald Schumann – um daran zu erinnern – als Vorsitzender des Transportarbeiter-Verbandes vor dem Verbandstag der Hafenarbeiter noch mit Verve ausgerufen: »Aber gegen eins verwahre ich die Bremerhavener Mitgliedschaft und unsere Organisation, dass sie eine Versicherungsanstalt sind.«[47] Schumann protestierte seinerzeit leidenschaftlich gegen Vorhaltungen von Delegierten, die Gewerkschaft der Transportarbeiter sei zu sehr auf den Auf- und Ausbau von Unterstützungseinrichtungen fixiert. Im Jahr 1910 hatte das Leitorgan der Transportarbeiter keine Probleme mehr damit, eigene Unterstützungseinrichtungen als bessere Lebensversicherung zu bezeichnen. Einer Werbebroschüre großer Versicherungskonzerne ähnelnd, wurde im *Courier* unterdessen mit großen, dicken Lettern in Anzeigenform zur Schau gestellt, dass der Verband »eine Million vierhundertsechzehntausend«[48] Mark im Jahr 1910 an hilfsbedürftige Mitglieder in Form von Unterstützungen zur Auszahlung gebracht habe. Falls die Organisation weiter anwachse, könne sie künftig für jedes einzelne Mitglied noch

---

[44] Vgl. etwa Courier Nr. 13, 1911, S. 153; Nr. 33, 1911, S. 384; Nr. 38, 1911, S. 444; Nr. 52, 1911, S. 612; Nr. 12, 1912, S. 143 f.; Nr. 24, 1912, S. 292; Nr. 41, 1912, S. 496; Nr. 51, 1912, S. 616.

[45] Courier Nr. 27, 1912, S. 441.

[46] Courier Nr. 40, 1910, S. 375.

[47] Verband der Hafenarbeiter und verwandten Berufsgenossen Deutschlands: Protokoll des achten Verbandstages 1904 mit Geschäftsbericht 1902-1903, hier der Protokollteil, S. 100.

[48] Als Beispiel Courier Nr. 23, 1911, S. 261.

mehr leisten. »Verbandskollegen, sorgt deshalb dafür, dass die Mitgliederzahl ständig wächst.«[49] Wer treu zur Organisation stehe, werde nicht »im Stich gelassen«, wenn er selbst bedürftig ist. Hier grenzte die Beschreibung von Solidarität bereits an einen Loyalitätsappell.

Versicherungssemantiken nahmen im Kontext der Beschreibung gewerkschaftlicher Unterstützungseinrichtungen zu – nicht nur in einer Art Subtext, wenn Zahlenkolonnen, Tabellen, Grafiken, Satzungsangaben oder Fachterminologien diesen Eindruck verstärkten. Sprach man in der gewerkschaftlichen Gründungsphase der Jahrhundertwende, als um den Aufbau verbandlicher sozialer Selbsthilfeeinrichtungen gerungen wurde, im Gewerkschaftsjargon von der Versicherungscharakteristik der eigenen Organisation, wurde eine ablehnende Haltung gegenüber sozialen Unterstützungskassen und deren Auf- und Ausbau zum Ausdruck gebracht. Dieser Sprachgebrauch löste sich im Verlauf der Untersuchungszeit allmählich auf – oder wurde zumindest unverbindlicher. Anders ausgedrückt: Die Verwendung als Kampfbegriff verflüchtigte sich allmählich.

Die Trennung zwischen gewerkschaftlichen *Unterstützungen* und anderweitigen *Versicherungen* wurde unscharf in der Diktion der Gewerkschaften und Gewerkschafter selbst. »Unsere neugestaltete Pensionskasse kann den Wettbewerb mit jeder anderen Pensionsversicherung aushalten. Das Anteilsystem besitzt die wertvolle Eigenschaft, dass die Unterstützung sich nach Bedarf als Haupt- oder auch als Zuschussversicherung verwenden lässt«, hieß es – um nur ein Beispiel zu geben – im Presseorgan des Zentralverbandes der Angestellten 1924.[50] Als fakultative *Unterstützung*, wie es die Statuten der Pensionskasse auswiesen,[51] war die Kasse nach dem Wortlaut dieses Zitates zugleich auch Pensions*versicherung* und Zuschuss*versicherung*. Ob als Unterstützung, ob als Versicherung, die soziale Selbsthilfe wurde in den Gewerkschaften zunehmend im Ganzen gesehen – erweitert um gewerkschaftliche Unternehmungen, Arbeiterbanken, Genossenschaften oder andere Aktivitäten, von denen die Mitglieder profitieren konnten. Die Frage der rechtlichen Fassung – ob eine Einrichtung als Unterstützung, obligatorisch oder fakultativ, oder nach Maßgabe der Gesetzgebung für Privatversicherungen umzusetzen war – wurde dabei nicht mehr reflektiert. Unterstützungen waren im Blick der Gewerkschafter zunehmend ein Bestandteil von vielen Maßnahmen, aus denen sich ein autonomer Wirtschafts- und Versorgungsraum der organisierten Arbeitnehmerschaft eines Verbandes konstituierte.

---

[49] Ebd., hier auch folgendes begriffliches Zitat.
[50] Dazu der Beitrag über die verbandliche Pensionskasse: Der freie Angestellte Nr. 13, 1924, S. 62.
[51] Entsprechend ist die Pensionskasse als Einrichtung des Verbandes in der Verbandssatzung als Unterstützung verankert. Vgl. dazu Zentralverband der Angestellten: Satzung. Nach den Beschlüssen des Verbandstages 1924 in Kassel, § 96, S. 27. Zentralverband der Angestellten: Ordnung für die Pensionskasse des Zentralverbandes der Angestellten. Gültig ab 1. Juli 1930, § 1, S. 3.

Mit dementsprechend justiertem Blick schauten deutsche Gewerkschafter bei einem Amerikabesuch auf die Einrichtungen der Arbeiterorganisationen in den USA – und ließen damit Schlüsse auch auf das eigene gewerkschaftliche Selbstverständnis zu. In einem Bericht über die Reise[52] der Delegation des Allgemeinen Deutschen Gewerkschaftsbundes, bei der man ausgewählte gewerkschaftliche Organisationen in den Vereinigten Staaten von Amerika aufsuchte und analytisch betrachtete, wurden die Unterstützungen der dortigen Organisationen immer als Bestandteil eines Gesamtbereiches aller Gewerkschaftsangebote für die Mitgliedschaft gesehen. Unterstützungseinrichtungen, Krankenversicherungen, Lebensversicherungen, Sterbekassen, Tuberkuloseheime oder Arbeiterbanken erweckten das besondere Interesse der deutschen Delegation, wobei im Bericht stets der Vergleich zur eigenen Organisation mit ihren Vorzügen gesucht wurde. Dass zwischen *Versicherungen* und *Unterstützungen* dabei nicht mehr sorgfältig unterschieden wurde, verdeutlichte schließlich der Hinweis, man habe bei besuchten Organisationen »Unterstützungseinrichtungen nach Art unserer Volksfürsorge«[53] gesehen. Die Volksfürsorge war ein Versicherungsunternehmen.

Die Betrachtung dieses Gesichtspunktes soll hier abgeschlossen werden. Man kann mit dem Fazit schließen: Gewerkschaftliche Unterstützungen waren in ihren Leistungen wie im Qualitätsanspruch der Gewerkschaften selbst nicht nur immer weniger von Angeboten der Versicherungswirtschaft zu unterscheiden. Sie wurden in den Arbeitnehmerorganisationen zunehmend als gleichwertiges Konkurrenzprodukt präsentiert. In den Gewerkschaften wurde dabei unter Vernachlässigung der präzisen Unterscheidung auch konkret von Unterstützungen als Versicherungen gesprochen.

Zurück zur Kampagne im *Courier* und dem Jahr 1910: Im zentralen Artikel zur Einführung der fakultativen Unterstützungseinrichtungen im Transportarbeiter-Verband war neben der Darstellung der neuen Gewerkschaftskassen als Werkzeug eines antikapitalistischen Versicherungskonzeptes ein weiteres Sprachfeld auffällig. Wie es in anderen Teilen der Studie beobachtet und beschrieben wurde, trat auch hier – dem Anschein nach geradezu reflexhaft – eine akzentuierte Kampfbegrifflichkeit oder Kampfmetaphorik in Erscheinung. Sobald eine Versicherungssemantik des expansiven verbandlichen Sozialkassenwesens in den Vordergrund rückte oder in Werbung und Kampagne gezielt in den Vordergrund gestellt wurde, schien ein semantisches Gegengewicht aus dem Regal der Kampfrhetorik gesucht zu werden, um das Unterstützungswesen einzubetten und gegen die Urkritik, es mindere den gewerkschaftlichen Kampfcharakter, zu imprägnieren.

Im Leitartikel der Kampagne hieß es im *Courier*: »Solange die deutschen Gewerkschaften eines sogenannten ›reinen‹ Kampfcharakters waren, konnten sie trotz der

---

[52] Verband der Gemeinde- und Staatsarbeiter: Geschäftsbericht 1925, S. 232-239 der Bericht über die Amerikareise – aus der Perspektive des Delegationsmitgliedes des Verbandes geschildert.
[53] Ebd., S. 237.

enorm billigen Beiträge die Massen dauernd nicht an sich fesseln. Das gelang erst, als die diversen Unterstützungszweige in diesen Organisationen eingeführt waren (...).«[54] Und der *Courier* führte fort: »Die Kampfbegeisterung ist eben kein Ware, die sich eingepökelt dauernd auf Lager führen lässt, und nur materielle Gründe halten den Mann auch dann, wenn seine Begeisterung abgeflaut ist, bei der Fahne.«[55] Mit Volksversicherungen wie betrieblichen Pensionskassen legten Großkapitalisten die Arbeiter in Ketten, hieß es. Diese Arbeiter seien für den Klassenkampf »ein für alle Mal verloren, und sie bringen es höchstens noch fertig, bei der geheimen Reichstagswahl einen Stimmzettel für die Sozialdemokratie in die Urne zu werfen. Eine Gewerkschaft kann natürlich mit solchen entmannten Helden keine Kämpfe führen.«[56]

In dieser Logik sorgten gewerkschaftliche Unterstützungseinrichtungen wie die seinerzeit neu eingeführte *Fakulta*, die gewerkschaftlich auf das Niveau einer professionellen Versicherung gestellt wurde, für die Rekrutierung von Klassenkämpfern. Damit wurde das soziale Unterstützungswesen einerseits tief in das gewerkschaftliche Selbstverständnis der Kampforganisation zu implantieren versucht – und zugleich als Mittel zum Zweck doch relativiert. Dieselbe Darstellung wurde zwei Jahre darauf in einem Artikel, der im Titel den Dienst der *Fakulta* für den Klassenkampf vorab annoncierte,[57] erneuert. Das Gedankengerüst der Versicherungsorganisation, das die Kampfkraft schwäche, wurde auch hier aufgegriffen und dezidiert zurückgewiesen. Unterstützungen wie auch die *Fakulta* seien Teil des Klassenkampfes, ohne damit im Gegensatz zu Marx zu stehen. Diese gewerkschaftliche Selbsthilfe erst hebe die Elendsten aus ihrem Jammertal, um für einen gewerkschaftlichen Kampf überhaupt empfänglich zu werden, wurde erläutert.[58]

Die inzwischen wiederholt angesprochene Sollbruchstelle in der Verbindung der Gewerkschaften zu sozialen Unterstützungseinrichtungen, die auch hier wieder zum Vorschein tritt, erfuhr – wie zu sehen ist – interessante Modifikationen. Das Mittel zum Zweck tauchte als Motiv dabei immer wieder auf. Jedoch wurde das soziale Unterstützungswesen in der Frühzeit des Untersuchungszeitraums häufig als ungeliebtes Provisorium gezeichnet, das als Krücke der Organisationsbildung diente. In der skizzierten Kampagne im *Courier* ist dieses Element um 1910 weiterhin vorhanden – es wurde nun indes erweitert. Zur Schau gestellt wurde eine nunmehr offensivere Interpretation, bei der das Unterstützungswesen in die Waffenkammer des antikapitalistischen Kampfes einsortiert wurde. Damit war es im Kern des gewerkschaftlichen Selbstverständnisses angekommen und wurde längst nicht mehr als unbeliebter Appendix plakatiert. Im

---

[54] Courier Nr. 14, 1910, S. 117.
[55] Ebd.
[56] Ebd.
[57] Courier Nr. 23, 1912, S. 273. Der Artikel trug den Titel »Unsere Fakulta und der Klassenkampf«.
[58] Ebd.

Gegenteil, im Kontext der Bewerbung der *Fakulta* als antikapitalistisches gewerkschaftliches Versicherungskonzept trat bereits in Erscheinung, was insbesondere im Verlauf der 1920er Jahre immer deutlicher in den Vordergrund rücken sollte: die Ausstellung der sozialen Unterstützungs- und Selbsthilfeeinrichtungen als Monstranz der gewerkschaftlichen Finanzkraft und Leistungsfähigkeit, auch als Nachweis der Gleichwertigkeit, ja Überlegenheit nicht profitorientierter Angebote sozialer Sicherheit. Das soziale Unterstützungswesen wurde zu einem organischen Bestandteil des Gewerkschaftskörpers oder zu einem Prunkstück der Ausstattung im Bau der modernen, imposanten Großgewerkschaft – und gewerkschaftlich entsprechend gezeichnet, wie unten noch einmal etwas genauer zu zeigen sein wird.

Das soziale Unterstützungswesen wurde mehr und mehr in das gewerkschaftliche Selbstverständnis inkorporiert, und es wurde zum Teil des historischen Verbandsgedächtnisses. Zugleich wurde auch das Motiv des Mittels zum Zweck oder ein zeitliches Verfallsdatum des sozialen Unterstützungswesens in das kommunikative gewerkschaftliche Gedächtnis eingetragen – als Vermächtnis der gewerkschaftlichen Debatten in der Zeit der erweiterten Jahrhundertwende. Entsprechend tauchten wie Topoi Wendungen, die gegen soziale Unterstützungskassen reflexartig Kampfakzente setzten oder es mit einem Haltbarkeitsdatum versahen, solange der angestrebte soziale Systemwandel noch nicht erreicht werden konnte, dennoch weiterhin immer wieder auf: insgesamt seltener, aber noch zu Beginn der 1930er Jahre – wie gezeigt wurde – und auch noch im Prozess des gewerkschaftlichen Wiederaufbaus nach 1945, worauf noch einzugehen sein wird. Diese Sollbruchstelle blieb trotz voranschreitender Verankerung des sozialen Unterstützungswesens als Bestandteil des gewerkschaftlichen Selbstverständnisses markiert.

Die Werbemaßnahmen mit sozialen Unterstützungseinrichtungen in der Gewerkschaftspresse sollen abschließend noch einmal in einer anderen Zeit – den 1920er Jahren – und für eine andere Organisation aus dem Bereich der Angestelltengewerkschaften betrachtet werden. Die Darstellung des sozialen Unterstützungswesens als verankerter Bestandteil des Gewerkschaftswesens und des gewerkschaftlichen Selbstverständnisses wird darin bestätigt. Generell kann man sagen: Die Werbung für die eigenen Gewerkschaftsinstitutionen – seien es Unterstützungskassen, eine eigene Krankenkasse oder andere Einrichtungen der Organisation – war generell Bestandteil der Vermittlung in der Gewerkschaftspresse. Besonders auffällig war dabei die Pensionskasse des Verbandes der Büroangestellten, die nach dem Ersten Weltkrieg vom Zentralverband der Angestellten übernommen wurde. Bereits *Der Büroangestellte* publizierte zahlreiche Artikel zur Bekanntmachung der Statuten der verbandlichen Pensionskasse. Dazu traten Beiträge im Verbandsorgan, mit denen die Leser von der Pensionskasse überzeugt werden sollten. Ferner gab es offensive Werbemaßnahmen, mit denen die Mitglieder direkt angesprochen wurden. »Kollegen! Mit dem 1. Oktober soll die Pensionskasse ins Leben treten! Anmeldungen liegen schon jetzt in großer Zahl vor. Wer die Absicht hat, der

Pensionskasse des Verbandes beizutreten, der warte nicht bis 1. Oktober, sondern gebe schon jetzt den Aufnahmeantrag ab«, hieß es dort mit fettgedruckten Lettern auf der ersten Seite einer Ausgabe aus dem Jahr 1908.[59] Und in der Dezemberausgabe des Jahres 1909 prangte auf der Titelseite der Zeitung: »Das wertvollste Weihnachtsgeschenk ist eine Versorgung der Familie durch Beitritt zur Pensionskasse des Verbandes. (...) Jeder verheiratete Kollege, der noch nicht Pensionskassenmitglied ist, lege seiner Familie sein Beitragsbuch zur Pensionskasse auf den Weihnachtstisch.«[60] Auch in den nachfolgenden Jahren setzte sich die Verquickung von Berichterstattung und Werbung in Bezug auf die Pensionskasse im Verbandsorgan weiter fort.[61]

Im Presseorgan des Zentralverbandes der Angestellten fand die Öffentlichkeitsarbeit zugunsten der vom Verband der Büroangestellten übernommenen Pensionskasse wie auch der später eingeführten verbandlichen Altersunterstützung eine Fortführung. *Der freie Angestellte* publizierte Artikel, mit denen für das Thema des Alterns allgemein sensibilisiert wurde,[62] informierte regelmäßig über Leistungen, Statuten oder Ausführungsbestimmungen der verbandlichen Altersunterstützung sowie der Pensionskasse und schaltete Werbeanzeigen. Wie auch für die eigene Krankenkasse in großen, fettgedruckten Lettern im Verbandsorgan aufgerufen wurde, für diese Einrichtung der Gewerkschaft offensiv zu werben,[63] positionierte die Schriftleitung ebenso für die Altersunterstützung Werbeblöcke. »Siehst du, Muttchen, du hast oft über die hohen Beiträge gejammert – ist es nicht doch schön, dass wir die Altersunterstützung vom ZdA haben?«, lautete etwa der Text zu einer Grafik aus dem Jahr 1927.[64] Skizziert war hierzu ein älteres Paar, mit dem Gewerkschaftsbuch in der Hand am Kaffeetisch sitzend, das – offenkundig wohlgelaunt – über die eigenen Altersbezüge sinnierte.

Im Vergleich zur Altersunterstützung des ZdA oder auch zu anderen Unterstützungseinrichtungen der Gewerkschaft stand die Pensionskasse in einem besonderen Fokus der Berichterstattung in der Verbandspresse. Sowohl *Der Büroangestellte* als auch *Der freie Angestellte* befassten sich mit der Verbandspensionskasse häufiger als mit an-

---

[59] Der Büroangestellte Nr. 11, 1908, S. 83.

[60] Der Büroangestellte Nr. 24, 1909, S. 277.

[61] Vgl. beispielhaft zu den genannten Artikelformen: Der Büroangestellte Nr. 8, 1908, S. 59 f. und S. 64; Nr. 9, 1908, S. 69; Nr. 10, 1908, S. 75; Nr. 12, 1908, S. 91 f.; Nr. 19, 1908, S. 84; Nr. 20, 1908, S. 96. Als einzelne Beispiele der benannten Berichterstattung nach dem Gründungsjahr: Der Büroangestellte Nr. 15, 1912, Anzeigenteil ohne Paginierung; Nr. 19, 1912, Anzeigenteil ohne Paginierung; Nr. 22, 1912, S. 295 f.; Nr. 3, 1914, S. 25; Nr. 11, 1914, S. 127. In den Bekanntmachungen des Verbandsvorstandes wurden bewilligte Renten in ihrer Höhe und mit Namensnennung des Bezugsberechtigten veröffentlicht, so etwa in: Der Büroangestellte Nr. 12, 1914, S. 148. Dazu kamen noch die regelmäßig in der Verbandszeitung publizierten und kommentierten Rechnungsabschlüsse der Pensionskasse.

[62] Der freie Angestellte Nr. 16, 1929, S. 310 f.

[63] Etwa Der freie Angestellte Nr. 14, 1923, S. 68.

[64] Der freie Angestellte Nr. 13, 1927, S. 198.

deren Unterstützungskassen – inhaltlich wie nach Maßgabe der Nennung in Artikelüberschriften.[65] Es könnte leicht geurteilt werden, dass die Pensionskasse der »Star« der Unterstützungseinrichtungen im Zentralverband gewesen war, sofern man auf die Öffentlichkeitsarbeit in der Verbandspresse blickt. Es muss jedoch ebenfalls berücksichtigt werden, dass die Pensionskasse inflationsbedingt besondere Probleme verursachte und die damit erforderlichen Interventionen der Verbandsführung in besonderer Weise kommuniziert werden mussten. Entsprechend war die im Verbandsorgan geprägte Außendarstellung der Pensionskasse in den 1920er Jahren bestimmt durch eine Mischform von Information und Aufklärung mit dem Ziel, um Verständnis für schwierige Entscheidungen zu werben, sowie vom offensiven Produktmarketing, um das Überleben der Pensionskasse durch eine Revitalisierung und ein erhofftes Wachstum zu sichern.[66]

Hierbei griffen die »Werbetexter« des Gewerkschaftsorgans gelegentlich zu einer eigentümlichen Metaphorik. So wurde die Pensionskasse des Zentralverbandes 1924 in einem Artikel als verschmähte Frau beschrieben, die durch die jüngsten Reformen des Verbandes wieder begehrenswert geworden sei – vor allem im Vergleich zu jenen Zeiten der Pensionskasse, als diese noch ein »verhutzeltes Weiblein« gewesen war. Jetzt sei die Pensionskasse »wieder ein jugendfrisches, liebebedürftiges und liebespendendes Weib. Sie will umworben, geliebt werden und wieder Liebe schenken können. Sie ist ja durchaus nicht etwa monogam, sondern polygam veranlagt. Vor allem fordert sie die Liebe aller unserer jungen, lebensfrischen Mitglieder. Für sie will sie sorgen, ihnen beim Eintritt der Berufsunfähigkeit und im Alter, ihren Frauen und Kindern beim Ableben ihres Ernährers ihre Fürsorge schenken«, hieß es.[67] Für die Pensionskasse sollte in Zukunft erfolgreicher agitiert werden. Dabei waren die jungen Mitglieder als langjährige Beitragszahler und ferne Rentner von besonderem Interesse für eine finanziell geschwächte Kasse. Auch die bald darauf eingeführte obligatorische Altersunterstützung des Zentralverbandes sollte dazu beitragen, für das Themenfeld der fakultativen Pensionskasse stärker zu sensibilisieren, ihr mehr Interessenten zuzuführen und die Mitglieder in der Folge noch nachhaltiger an die Organisation zu binden.

---

[65] Auch hier kann eine Auszählung von Stichworten in den von der Friedrich-Ebert-Stiftung digitalisierten Quellen ein Indikator sein – es wurde zuvor bereits darauf hingewiesen. Sowohl bei einer Volltextsuche als auch bei einer Recherche von Begriffen in Überschriften zeigt sich, dass die Pensionskasse in den Jahrgängen 1906 bis 1919 (Der Büroangestellte) und 1919 bis 1933 (Der freie Angestellte) häufiger genannt wird als etwa die Arbeitslosen- oder Krankenunterstützung. Dazu das Onlineportal der Friedrich-Ebert-Stiftung eingesehen über http://library.fes.de/angestelltenpresse/content/below/index.xml, zuletzt abgerufen am 30.12.2020.

[66] Vgl. etwa die Artikelserie »Unsere Pensionskasse« (die Pensionskasse verfügte damit als eine der wenigen Unterstützungseinrichtungen im Organ des Zentralverbandes über eine regelmäßig wiederkehrende Presserubrik) oder ähnlich Artikel: Der freie Angestellte Nr. 14, 1920, S. 163; Nr. 4, 1921, S. 34 f.; Nr. 13, 1924, S. 62; Nr. 14, 1924, S. 72.

[67] Der freie Angestellte Nr. 14, 1924, S. 72; weitere begriffliche Zitate des Absatzes ebd.

Offensiv und transparent vorgetragen wurden jene letztgenannten Aspekte in der Gewerkschaftspresse – aus naheliegenden Gründen – nicht. Auch soziale Komponenten waren mit Bedacht anzubringen – man warb nicht für eine fakultative Unterstützungskasse, indem man vermeintlich Interessierte in den Kontext der Bedürftigkeit stellte oder gewerkschaftspolitische Organisationsinteressen kundtat. Die Außendarstellung der Pensionskasse in der leitenden Gewerkschaftspresse war im Verband der Büroangestellten und im Zentralverband gekennzeichnet von der offerierten Möglichkeit der sozialen Absicherung oder gar des sozialen Aufstiegs. Die Werbung der Verbandspresse zeichnete ein Bild, in dem sich junge Mitglieder bei ihrem Berufseinstieg gegen Berufsunfähigkeit absicherten und das verheiratete Mitglied seiner Familie die Pensionskasse als Ausweis von Vorsorge und Fürsorge unter den Christbaum legte. Die pensionsberechtigten Mitglieder schließlich durften sich demnach im Alter erleichtert zeigen, dass es ihnen mit den Sozialleistungen der Gewerkschaft materiell besser ging als anderen Kollegen.

Es wurde eine starke Attraktivität der Kasse gezeichnet, womit die fakultative Unterstützungseinrichtung nicht nur oberflächlich implementiert wurde. Im Zusammenhang mit den Debatten über die unzureichende staatliche Altersversorgung für Angestellte, worüber engagiert berichtet wurde,[68] traf diese Einrichtung das Zentrum des Selbstverständnisses einer Angestelltengewerkschaft: für die Arbeits- und Lebensbedingungen der Angestelltenschaft mit gewerkschaftlichen Mitteln zu *kämpfen*, zugleich aber die »sozialen Schäden« der Zeit – also auch die Versäumnisse des Staates – zu *heilen*. So vermittelte der Zentralvorstand des Verbandes der Büroangestellten in einer Werbeanzeige für die Pensionskasse im Verbandsorgan: »Kollegen! Es ist nicht nur Pflicht der gewerkschaftlichen Organisation, alles einzusetzen für den Kampf um bessere Existenzbedingungen, es ist auch ihre Aufgabe, die sozialen Schäden unserer Zeit heilen zu helfen. Die Unsicherheit der Existenz wird jeden einsichtigen und weitblickenden Kollegen mit banger Sorge erfüllen für den Fall der Invalidität und für die Zukunft seiner Familie. Hier bietet die Organisation jedem Kollegen hilfreich die Hand; möge keiner sie ausschlagen! Kollegen, es gilt die Sicherung der Zukunft eines jeden und seiner Familie.«[69]

Das soziale Unterstützungswesen als Propaganda- und Messeobjekt

Soziale Unterstützungen, wie zuletzt für die Pensionskasse des Verbandes der Büroangestellten und des Zentralverbandes der Angestellten zu sehen, wurden mit den Botschaf-

---

[68] Vgl. etwa: Unsere Pensionskasse unter dem Versicherungsgesetz für Angestellte, in: Der Büroangestellte Nr. 22, 1912, S. 295 f.
[69] Der Büroangestellte Nr. 10, 1908, S. 75; weitere begriffliche Zitate des Absatzes ebd.

ten der in der Verbandspresse platzierten Werbung in der verbandlichen Weltanschauung und im gewerkschaftlichen Selbstverständnis verankert: zwischen Kampfrhetorik, dem Versagen des Staatswesens, der sozialen Ungleichheit des Kapitalismus und der Aussicht auf soziale Heilung, auf Sicherheit und persönlichen Aufstieg für all jene, die sich der Gewerkschaftsbewegung anschlossen. Dies wurde sowohl inhaltlich als auch auf der Ebene der Sprachverwendung deutlich sichtbar.

Der Werbecharakter der Präsentationen in den Verbandszeitungen offenbarte zudem, dass die gewerkschaftlichen Unterstützungskassen von einem offensiven Marketing begleitet wurden. Fakultative Kassen, die in der Mitgliedschaft nicht obligatorisch verankert wurden, waren mit einem beträchtlichen Aufwand zu vermarkten gegen die allgegenwärtige Konkurrenz privater Versicherungskonzerne mit ihren eingeübten Vertriebsnetzen und gegen deren alltägliche Präsenz auf Litfaßsäulen, durch öffentlichkeitswirksame »Victoria-Boten« und als im Bewusstsein der Menschen etablierte Marken. Aber nicht nur ausgewählte fakultative Kassen standen im Fokus des gewerkschaftlichen Marketings. In der Werbearbeit, im Sprachgebrauch der Zeit auch als Propaganda bezeichnet, waren in den Gewerkschaftszentralen die obligatorischen sozialen Unterstützungen und nicht zuletzt neue obligatorische Einrichtungen wie die Altersunterstützung des Zentralverbandes der Angestellten von besonderem Interesse.

Im Rechenschaftsbericht erläuterte der Zentralverband der Angestellten seine Werbearbeit im Jahr 1927. »Nach dem Verbandstag, der Wesentliches zur organisatorischen Festigung und zum Ausbau des Verbandes durch seine Beschlüsse beigetragen hat, ist dann durch eine besondere Propaganda die Öffentlichkeit über unsere Bestrebungen und die vom Verbandstag neu geschaffenen Einrichtungen aufgeklärt worden. Tragen doch die Ergebnisse des Verbandstages mit dazu bei, in den Angestellten die Erkenntnis vom Wert des gewerkschaftlichen Zusammenschlusses und auch der Notwendigkeit solidarischen Handelns zu verstärken.« Und es wurde ergänzt: »Bieten doch unsere Unterstützungseinrichtungen im gewerkschaftlichen Kampf einen notwendigen materiellen Rückhalt. Durch Flugblatt, Handzettel, Plakat, illustrierte Postkarte und Presseveröffentlichung haben wir die Angestellten von den Vorteilen unserer Organisation unterrichtet (...). Wir haben uns für die Einrichtungen im besonderen Maß eingesetzt, weil uns die Erfahrungen der vergangenen Jahre deutlich gelehrt haben, dass die Handlungsgehilfen und Büroangestellten bei aller Anerkennung der gewerkschaftlichen Leistung immer die Frage nach den persönlichen Vorteilen einer Zugehörigkeit zu unserer Organisation an uns richten.«[70]

In der Perspektive der Eigenberichterstattung des Zentralverbandes über seine Werbearbeit und die Funktion, die soziale Unterstützungseinrichtungen dabei spielten, wurde noch einmal deutlich, in welchen Bedeutungskontexten die verantwortlichen

---

[70] Zentralverband der Angestellten: Geschäftsbericht 1927, hier aus dem Bericht über die Werbearbeit, S. 47.

Funktionsträger diesbezüglich agierten: »organisatorische Festigung« und »Ausbau des Verbandes«, das Unterstützungswesen als Schule der Solidarität und – zugleich hervorgehoben – als »Rückhalt im gewerkschaftlichen Kampf«. Über ein ausgedehntes Werbewesen berichtete der Zentralverband auch in den folgenden Jahren detailliert. Unter der Überschrift »Wir werben – wir wecken!« führte der Geschäftsbericht 1928 zahlreiche Werbepublikationen in hohen Auflagen auf, informierte über die Organisation eines Werbepreisausschreibens und über die Funktion des verbandlichen Nachrichten- und Pressedienstes für die Propagandaarbeit. Dafür wurde der Kontakt zunehmend auch zu modernen Medien wie dem Rundfunk gesucht, um – etwa über den Rundfunkdienst des AfA-Bundes – diesen mit dem Werbematerial des Verbandes zu bedienen. Lichtbildserien wurden erstellt, um als Kinoreklame für den Beitritt zum Zentralverband zu werben. Und man unternahm erste Schritte beim Einsatz des Werbefilms.[71]

Auch hierbei spielte das soziale Unterstützungswesen eine tragende Rolle – wie bereits im ersten kurzen Werbefilm des Zentralverbandes. »Der Film trägt den Titel ›Der Angsttraum eines Angestellten‹ und stellt in der Handlung einen Angestellten dar, der, alt geworden, der Gefahr ausgeliefert wird, stellenlos und damit auch erwerbslos zu werden. Plötzlich erkennt der Angestellte, dass er als Mitglied des ZdA bestimmte Ansprüche auf Unterstützung hat, und die Not weicht dann von ihm.«[72] Der Film stieß – nach dem Bekunden der Werbeabteilung – in den Orten, in denen er aufgeführt wurde, auf begeisterte Aufnahme. Er wurde schließlich nicht nur in den örtlichen Verbandsniederlassungen, sondern ebenso in lokalen Lichtspielhäusern als Vorfilm vor dem Publikumsprogramm gezeigt – so 1929 in den Kammerspielen Chemnitz, wo er vor dem opulent ausgestatteten amerikanischen Spielfilm *Don Juan* mit John Barrymore in der Hauptrolle lief. Damit erzielte man eine erhebliche Breitenwirkung – bis zu 600.000 Zuschauer erreichte der Werbefilm des Zentralverbandes nach den Berechnungen der Werbeabteilung über den gezielten Einsatz bei Publikumsschlagern im Kino. Dieses Verfahren, das außerordentlich kostspielig war, konnte die Gewerkschaft am Ende der 1920er Jahre allerdings nur punktuell einsetzen.[73]

Doch ist es aufschlussreich, dass im Mittelpunkt so aufwendiger Werbemaßnahme das soziale Unterstützungswesen des Verbandes stand. Scharf fiel die Kritik dann auch in der kommunistischen Presse aus. Der Film stelle das Unterstützungswesen des Zentralverbandes aus – kein »Wort oder irgendeine Deutung gegen das ausbeutende Unternehmertum, also nicht ein Funken Klassenkampfgeist«, monierte die kommunistische Gewerkschaftskritik.[74] Der Zentralverband der Angestellten erwiderte, indem er darauf verwies, dass ein Kurzfilm sich eben auf einen Gesichtspunkt konzentrieren müsse.

---

[71] Zentralverband der Angestellten: Geschäftsbericht 1928, Bericht über die Werbearbeit, S. 58-74.
[72] Ebd., S. 72.
[73] Vgl. Zentralverband der Angestellten: Geschäftsbericht 1929, S. 137 ff.
[74] Zitiert nach ebd., S. 138.

Und als einen besonders wichtigen und besonders werbewirksamen Aspekt, der mit einem erheblichen finanziellen Aufwand in den Mittelpunkt der Werbestrategie gestellt wurde, sah man offenkundig die sozialen Unterstützungseinrichtungen des Verbandes an.

Das zeigte sich auch bei den weiteren Propagandamaterialien des Zentralverbandes. Das zentrale Werbeplakat, das im Jahr 1928 für die Agitationskampagne genutzt wurde und an deren Ende man nach Verbandsangaben 13.000 Neumitglieder in der Gewerkschaft begrüßen konnte, beschrieb den Verband als Kampforganisation für den sozialen und wirtschaftlichen Fortschritt, als Regulator der Gehalts- und Arbeitsverhältnisse der Berufsangehörigen und als Unterstützer der Bildungsbestrebungen seiner Mitglieder. Über alledem prangte jedoch mit dem Hinweis, dass die Gewerkschaft ihre Mitglieder in allen Wechselfällen des Lebens schütze, in schwarz unterlegter und zum Blickfang hervorgehobener Schrift der Hinweis auf die Selbsthilfeeinrichtungen des Zentralverbandes – wie seine Kranken- und Stellenlosenunterstützung, die Berufskrankenkasse, die Pensionskasse, die Altershilfe und das Sterbegeld.[75]

Als weiteres innovatives Werbemittel der Zeit galten Lichtbildserien. Ob in kleiner Serie als Kinoreklame oder als umfangreiche Lichtbildpräsentation zur Veranschaulichung von Vorträgen – nicht nur der Zentralverband der Angestellten arbeitete damit. Die Abteilung Werbetätigkeit des Bundes der technischen Angestellten und Beamten stellte seinen Gliederungen im Jahr 1929 eine Lichtbildsammlung mit einer ausgearbeiteten Vortragsdisposition zur Verfügung, die anlässlich der anstehenden Verbandsjubiläen vor Ort zur Aufführung gebracht werden sollte. Es wurde ausdrücklich darum gebeten, der Abteilung Werbetätigkeit die Erfahrungen, die mit jener Veranstaltungsform gemacht wurden, mitzuteilen.[76]

Dieser Lichtbildvortrag war – seiner Herkunft entsprechend – gefüllt mit Werbebotschaften, die auch auf die Selbsthilfeeinrichtungen des Verbandes Bezug nahmen. Als Diapositiv wurde zum Beispiel eine Grafik gezeigt, auf der ein im Krankenbett liegender männlicher Patient abgebildet war, dem von einer Krankenschwester der Puls gemessen wurde. Überschrieben war die Szene mit: »Eine sorgenvolle Frage: Was wird diese Krankheit wieder kosten?« – und ergänzt mit der Antwort, dass die Berufskrankenkasse des Verbandes diese Sorgen vertreibe.[77] In einer anderen Skizze, die der Lichtbildvortrag zeigte, wurde unter der Überschrift »Der Wert der Stellenlosenunterstützung«

---

[75] Vgl. ebd., S. 128 ff., das Werbeplakat dort als Einheftung vor S. 129.
[76] Die Vortragsdisposition mit Lichtbildern unter dem Titel »Der Butab – sein Werden und Wirken« ist als Dokument im Archiv beim Bundesvorstand der Dienstleistungsgewerkschaft Verdi in Berlin vorhanden. Es handelt sich dabei um ergänzendes Material zur Verbandsgeschichte aus dem Jahr 1929, die anlässlich der Gründungsjubiläen des Bundes der technisch-industriellen Beamten sowie des Bundes der technischen Angestellten und Beamten in jenem Jahr herausgegeben wurde. Vgl. Bund der technischen Angestellten und Beamten (Hg.): 25 Jahre Technikergewerkschaft – 10 Jahre Butab.
[77] Vgl. die Vortragsdisposition mit Lichtbildern, Bild 27, S. 10.

ein technischer Zeichner dargestellt, der mit Besorgnis den Andrang an Bewerbern vor dem Büro des Direktors registrierte. »Du verdienst 400 Mark. Diese wollen es für 100 Mark«, wurde zu der Grafik getextet – verbunden mit der Aufforderung: »Zahle Deinen Bundesbeitrag! Der Bund hält die Kollegen mit seiner Unterstützung ab, Deine Stellung zu bestürmen.«[78]

Als Werbebotschaft für die sozialen Unterstützungen des Verbandes präsentierte der Bund der technischen Angestellten und Beamten ferner in seiner Lichtbildserie eine Skizze einer trauernden jungen Witwe mit zwei kleinen Kindern – versehen mit dem Text: »Der Butab zahlt schon nach einjähriger Mitgliedschaft Hinterbliebenenunterstützung von 100 Mark – jährlich steigend bis 500 Mark.«[79] In anderen Darstellungen wurden die Ausgaben für Unterstützungen als Säulendiagramme auf die Leinwand projiziert oder die sozialen Unterstützungen mit weißer Schrift auf schwarzem Grund gelistet. Die gleiche Botschaft transportierte eine weitere Werbegrafik der Lichtbildsammlung, auf der ein Mitarbeiter des Verbandes, an einem Tresen stehend, abgebildet war, während er die Gewerkschaftsbücher der in einer langen Menschenschlange aufgereihten Gewerkschaftsmitglieder prüfte. Auf dem Tresen stand ein Schild, auf dem die Aufschrift »Auszahlung« vermerkt war. Unter der Überschrift der Darstellung »Die Unterstützungen« stand geschrieben: »Der Butab zahlte von 1924 bis 1929 insgesamt über 2,5 Millionen Reichsmark.«[80]

Das soziale Unterstützungswesen diente gewerkschaftlichen Werbeabteilungen als Ausstellungsstück – um neue Mitglieder für die Organisation zu gewinnen oder die bestehende Mitgliedschaft vom Verbleib zu überzeugen. Insofern kam der im Untersuchungszeitraum bestehende organisationspolitische Bedeutungsfaktor des sozialen Unterstützungswesens, der wiederholt aufgezeigt werden konnte, auch an dieser Stelle am Ende der betrachteten Zeit noch einmal in besonderer Weise zum Ausdruck. Dennoch offenbarten die gewerkschaftlichen Werbebotschaften in der Verbandspresse, im Werbefilm, auf Plakaten oder in Lichtbildserien zugleich mehr. Hier wurde das verbandliche Selbstverständnis zum Ausdruck gebracht. Es wurde in Szene gesetzt, wie man sich selbst sah und – vor allem – wie man als Gewerkschaft gesehen werden wollte. Dass dabei das soziale Unterstützungswesen in den gezeigten Beispielen bis zum Ende der 1920er Jahre eine derart hervorgehobene Rolle als Requisite spielte, bestätigt die zuvor ermittelten Befunde. Das soziale Unterstützungswesen war im Selbstverständnis der Gewerkschaften angekommen – und wurde bis zum Ende der hier betrachteten Zeit darin tief verankert.

Anschaulich wurde dies auch auf den großen Ausstellungen und Messen der Zeit, bei denen sich Gewerkschaften als Teile der Arbeitswelt und der sozialen Daseinsvor-

---

[78] Ebd., Bild 63a, hier als Einheftung vor S. 24.
[79] Ebd., Bild 63b.
[80] Ebd., Bild 65, S. 23. Vgl. auch die Bilder 63 und 65b, ebd. und als Einheftung vor S. 24.

sorge präsentierten. Mit mehr als sieben Millionen Besuchern fand die größte Messe der Weimarer Republik von Mai bis Oktober im Jahr 1926 in Düsseldorf statt. Auf dem alten Messegelände in Pempelfort und Golzheim wurde die *Große Ausstellung für Gesundheitspflege, soziale Fürsorge und Leibesübungen* – kurz *Gesolei* – abgehalten, die den Fortschrittsgeist der Zeit, die Leistungsfähigkeit der Menschen sowie eine moderne Gesundheitspolitik präsentieren wollte. Dabei gliederte sich die Messe in Themenbereiche wie Arbeitsverhältnisse, Alltagshygiene, Sport und Gesundheit oder auch Vererbungslehre. Auf dem Gelände wurde zugleich ein attraktiver Freizeit- und Vergnügungspark unterhalten.[81]

Auch Gewerkschaften nutzten die sich bietende Gelegenheit, sich selbst als moderne Organisationen und als Kraft des Fortschritts nicht nur bei der Regelung von Arbeitsverhältnissen vor einem sehr großen Publikum zu präsentieren. So schilderte der Deutschnationale Handlungsgehilfen-Verband: »Eine ungewöhnliche Gelegenheit, die breite Öffentlichkeit über die Ziele des Verbandes aufzuklären, bot die Große Ausstellung für Gesundheitspflege, soziale Fürsorge und Leibesübungen in Düsseldorf (...). Zum ersten Mal sollte hier nicht wie sonst auf Ausstellungen das Arbeitserzeugnis des Menschen, sondern dieser selbst mit seinen Leiden und Nöten, der Mensch vor allem auch im Kampf gegen sie in den Mittelpunkt gerückt werden.«[82] Da mit Regierungsvertretern und Parlamentsabgeordneten, Stadträten und Arbeitgeberführern, Wissenschaftlern und Ärzten sowie Millionen Menschen ein besonderes Forum gegeben war, um die eigene Organisation in Szene zu setzen, wolle man sich daran beteiligen, die Sozial- und Gewerkschaftspolitik dadurch dynamisch voranzutreiben und den Bekanntheitsgrad der eigenen Gewerkschaft zu erhöhen, hieß es. Von Ehrgeiz getrieben, gestaltete der Verband der Handlungsgehilfen seinen Messeauftritt. Mit Stolz berichtete man schließlich von einer dafür vom Reichsinnenminister verliehenen Medaille in Bronze.[83]

Man könnte nun einwenden, dass die Hervorhebung von Themen zwischen Gesundheit und Fürsorge auf der *Gesolei* eine Herausstellung sozialer Selbsthilfeeinrichtungen der Gewerkschaften gezielt beförderte. Das war indes nicht erkennbar. Die gewerkschaftlichen Präsentationen, die als Ausstellungen für die jeweiligen Messestände der Verbände auf der *Gesolei*[84] kuratiert wurden, schienen vielmehr geprägt gewesen zu sein von dem Willen, die Organisationen möglichst in ihrer Gesamtheit, in ihren gro-

---

[81] Vgl. als Literatur zur Gesolei etwa Hans Körner/Gabriele Genge/Angela Stercken (Hg.): Kunst, Sport und Körper, drei Bände, Weimar 2002 und 2004. Sigrid Stöckel: Die große Ausstellung über Gesundheitspflege, Sozialfürsorge und Leibesübungen – Gesolei – 1926 in Düsseldorf, in: dies. (Hg.): Ideologie der Objekte – Objekte der Ideologie. Naturwissenschaft, Medizin und Technik in Museen des 20. Jahrhunderts, Kassel 1991, S. 31-38.

[82] Deutschnationaler Handlungsgehilfen-Verband: Rechenschaftsbericht 1926, S. 309.

[83] Vgl. ebd., S. 309 ff.

[84] Bezug genommen wird hier auf die Gesolei-Ausstellungen des Deutschnationalen Handlungsgehilfen-Verbandes und des Verbandes der Gemeinde- und Staatsarbeiter. Vgl. dazu ebd. und die im Folgenden erläuterten Quellen.

ßen historischen Kontexten und mit der Vielfalt ihrer Interventionsbereiche ganzheitlich darzustellen.[85] Dass darin nun das soziale Unterstützungswesen einen etablierten, nicht einmal prominent hervorgehobenen Platz besetzte, lieferte dem Verständnis Vorschub, dass jener Bereich als Ausstattungsmerkmal der Gewerkschaften geradezu selbstverständlich geworden und eben nicht mehr außergewöhnlich war. Deutlich machte das in besonderer Weise die Messepräsentation des Verbandes der Gemeinde- und Staatsarbeiter.

Unter dem Titel »30 Jahre Aufgaben und Leistungen« veröffentlichte die Gewerkschaft ihre begleitende Publikation zur Ausstellung.[86] Darin wurde in gleichwertigen Kapiteln die Gründung, die Organisationsform und historische Entwicklung der Gewerkschaft beschrieben, ihre Zwecke und Aufgaben erläutert, das gewerkschaftliche Engagement zur Durchsetzung besserer Löhne, kürzerer Arbeitszeiten, von Tarifverträgen sowie sozialen Entgeltzuschlägen veranschaulicht – wie sie als Kranken- oder Ruhelohn bis zur Hinterbliebenenversorgung im Organisationsgebiet der Gemeinde- und Staatsarbeiter charakteristisch waren –, das Organisationsverhältnis der Beschäftigten im Verbandsgebiet, das Presse- und Bildungswesen der Gewerkschaft sowie deren Reichssektion Gesundheitswesen vorgestellt und: die Leistungen des Verbandes an seine Mitglieder präsentiert. In jenem Kapitel wurden die verschiedenen Unterstützungszweige beschrieben – auch hier wieder erkennbar getrieben von der Absicht, dabei den programmatischen »Kampfcharakter« der Organisation zwischen Erwerbslosen-, Notfall- oder Sterbeunterstützung wiederholt und mit Nachdruck zu betonen. Mit einer Übersicht, die als Zahlenwerk die Ausgaben für die Unterstützungen in zeitlichen Intervallen von 1896 bis 1925 aufführte, sollte schließlich – »mehr als schöne Worte es vermögen«[87] – der Stand der Entwicklung beleuchtet werden.

»Goethe sagte: ›Zahlen regieren die Welt.‹ Wenn man auch nicht für alle Fälle diesen Anspruch wird gelten lassen wollen, so darf gewiss gesagt werden: ›Zahlen zeigen, wie regiert, wie verwaltet wird.‹«, hieß es im Kapitel über das Unterstützungswesen des Verbandes der Gemeinde- und Staatsarbeiter abschließend. Der Gedanke wurde fortgeführt: »Und so zeigt das Zahlenbild nicht nur, wie der Verband sein Unterstützungswesen auf- und ausgebaut hat, sondern auch die verschiedenen Gebiete, auf denen eine Kraftentfaltung rein materieller Art im Kampf um Wahrung und Verteidigung der wirtschaftlichen Interessen der Mitgliedschaft geboten war. Es zeigt aber auch, wie aus dem

---

[85] Dies war auch bei anderen Ausstellungen zu erkennen. Vgl. etwa die Präsentation des Verbandes der Deutschen Buchdrucker auf der Weltausstellung für Buchgewerbe und Grafik in Leipzig 1914 nach Helmholz: Verband der Deutschen Buchdrucker, bes. S. 3 f.

[86] Verband der Gemeinde- und Staatsarbeiter: 30 Jahre Aufgaben und Leistungen des Verbandes der Gemeinde- und Staatsarbeiter. Dargestellt auf der Großen Ausstellung (Düsseldorf 1926) für Gesundheitspflege, soziale Fürsorge und Leibesübungen »Gesolei«, Berlin 1926.

[87] Die begrifflichen Zitate ebd., S. 21 f.

Solidaritätsgedanken ein Opfersinn hervorgewachsen, der den Verband zu den bedeutsamen Leistungen befähigt hat.«[88]

Hier waren viele Deutungen essenzartig zusammengefasst, die das soziale Unterstützungswesen – wie in dieser Studie an vielen Beispielen gesehen – von gewerkschaftlicher Seite erfuhr: als Ausdruck von finanzieller Kraft und Leistungsfähigkeit der gewachsenen und unterdessen etablierten Verbandsorganisation selbst etwa, als assistierendes Hilfsmittel im Konzert der gewerkschaftlichen Kampfmittel oder als Schule wie Ausdruck einer Solidarität, die im Verlauf der untersuchten Zeit mit jeder neuen sozialen Krisenlage vom Weltkrieg über die Inflation bis zu schwierigsten Arbeitsmarktlagen humanitär-altruistisch – wie hier als »Opfersinn« – aufgeladen wurde.

Vom Sprachgebrauch zu Narrativen

Das soziale Unterstützungswesen als etablierter und akkreditierter Bestandteil eines modernen Gewerkschaftswesens – das brachten nicht nur die dargestellten Informationen und ihr Arrangement auf der *Gesolei* zum Ausdruck. Besonders anschaulich machte es das zentrale Exponat der Ausstellung des Verbandes der Gemeinde- und Staatsarbeiter. Umgeben von Wandtafeln und Schaubildern zur Rechten und Linken, fiel der Blick des Besuchers in der Ausstellungskoje der Gewerkschaft zuerst auf das in der Mitte der Sichtachse platzierte Exponat mit dem Titel »Aufgaben und Leistungen des Verbandes der Gemeinde- und Staatsarbeiter«. Darauf wurde die gewerkschaftliche Organisation als großes Gebäude, als ein gewachsenes stattliches Haus mit mehreren Etagen dargestellt. Einigen der Etagen waren auf der Linken gewerkschaftliche Aufgaben zugeordnet – darunter das soziale Unterstützungswesen gegen Krankheit, Arbeitslosigkeit und in Sterbefällen im Parterre.[89]

Dieses Bildnis wurde offenkundig nicht zufällig gewählt. Immer wieder wurde das soziale gewerkschaftliche Unterstützungswesen in Gewerkschaften sprachlich mit Bautenmotiven und entsprechenden Metaphern in Szene gesetzt. Im Umfeld der Kassenberichterstattung, in welcher die Ausgaben für Unterstützungen stets ein wesentlicher Aspekt waren, fanden sich häufig Burgmetaphern zur Verstärkung einer Darstellung der Verbände und ihrer Finanzen als »feste Burg« oder als »Schutz und Trutz«.[90] Man sprach daran anschließend – in Übereinstimmung mit dem erneut sprachlich stimu-

---

[88] Ebd., S. 22.
[89] Vgl. hierzu die Bilddarstellung der Ausstellungskoje und der Exponate ebd., hier als Einheftungen vor S. 25.
[90] Verband der Hafenarbeiter Deutschlands: Protokoll der sechsten Generalversammlung 1900 mit Geschäftsbericht 1898-1900, hier der Rechenschaftsbericht Dörings, S. 19. Überleitung im Kassenbericht zum Kapitel über das Unterstützungswesen, in: Deutscher Transportarbeiter-Verband: Jahrbuch 1909, S. 306.

lierten Themenfeld des Konfliktes und militanten Kampfes – auch von »Rüstung« oder vom »Ausbau unserer Waffen«[91] für die monetären Ausgaben der Gewerkschaft, bei denen das soziale Kassenwesen dominierte. Der Verband der Deutschen Buchdrucker wiederum feierte sich mit einem gezielt auf die Verbandseinrichtungen für das Unterstützungswesen gerichteten Blick als »bestausgebaute Verbandsorganisation«.[92] Der Zentralverband der Handels-, Transport- und Verkehrsarbeiter erklärte in einem Rechenschaftsbericht am Ende der Präsentation der Ausgaben für die sozialen Unterstützungen, dass das mühevoll errichtete »Gebäude der Organisation gegen Stürme nach außen zu schützen und im Inneren wohnlich zu gestalten«[93] sei.

Man kann ersehen, dass jene Bautenmetaphorik sowohl in der ersten Dekade des 20. Jahrhunderts als auch in den 1920er Jahren in gewerkschaftlichen Druckerzeugnissen im unmittelbaren Kontext sozialer Unterstützungseinrichtungen nachweisbar ist. Mit dem Auf- und Ausbau zentraler gewerkschaftlicher Unterstützungskassen etablierte sich diese Darstellung seit der Jahrhundertwende zusehends. In Bezug auf soziale Unterstützungseinrichtungen erklomm sie einen Gipfel, als etwa das Organ des Verbandes der Büroangestellten anlässlich der Einführung der verbandlichen Pensionskasse schrieb: »Deshalb ist auch nicht zuletzt unser aller Streben darauf gerichtet, den neuen Bau, dessen Richtfest wir feiern wollen, so auszustatten, dass er allen Kollegen wohnlich und einladend entgegenwinkt.«[94]

Andere Auffälligkeiten der im Zusammenhang mit dem sozialen Unterstützungswesen von Gewerkschaften genutzten Sprachfelder wurden in diesem Kapitel über die gewerkschaftlichen Darstellungsformate bereits thematisiert. Zu erinnern ist an die aufgezeigten semantischen Modifikationen bei der gewerkschaftlichen Verwendung des Versicherungsbegriffs oder an die ritualisiert – gerade in den Freien Gewerkschaften – auftauchende Kampfsprache in Kontexten, in denen das friedliche, soziale Unterstützungswesen angesprochen war.[95] In seiner Funktion wurde es dadurch gelegentlich

---

[91] Diese Formulierungen bezogen sich ausdrücklich nicht exklusiv auf die Streik- oder Gemaßregeltenunterstützung, sondern schlossen das friedliche soziale Kassenwesen in das gesamte Ausgabenwesen der Gewerkschaften explizit ein. Verband der Gemeinde- und Staatsarbeiter: Geschäftsbericht 1925, S. 133 f.

[92] Helmholz: Verband der Deutschen Buchdrucker, S. 5 f. – dies als zeitgenössische verbandsgeschichtliche Selbstbeschreibung in Verbindung mit der Präsentation des Verbandes auf der Weltausstellung für Buchgewerbe und Grafik 1914.

[93] Zentralverband der Handels-, Transport-, Verkehrsarbeiter und Arbeiterinnen Deutschlands: Rechenschaftsbericht 1903 bis 1904, S. 191.

[94] Der Büroangestellte Nr. 8, 1908, S. 59.

[95] Zum ritualisierten, in einer sachlich-darstellenden Passage geradezu überraschend – eben reflexartig – erscheinenden Legitimationstext unter dem Leitmotiv »Unser Verband ist eine Kampforganisation auch mit Unterstützungseinrichtungen« beispielhaft das Kapitel über das Unterstützungswesen in der Verbandsgeschichte aus dem Jahr 1922: Deutscher Transportarbeiter-Verband: 25 Jahre Gewerkschaftsarbeit, S. 200.

sogar als Sanatorium für verdiente Klassenkämpfer gezeichnet.[96] Weitere Felder der Bildsprache könnten identifiziert werden. So wurde etwa die Genese der Verbände und ihrer Einrichtungen mit organischen Bildern wie dem Wachstum einer spärlichen Quelle zu breiten Gewässern[97] illustriert. Im Ausstellungstext der Gemeinde- und Staatsarbeiter für die *Gesolei* hieß es: »Das von den Gewerkschaften geschaffene Unterstützungswesen, sein Sinn, seine Wirkung und Bedeutung werden erst in vollem Umfang zur vollsten Wirkung gebracht, sofern sie im Gesamtrahmen des gewerkschaftlichen Aufgabenkreises erscheinen als ein untrennbares, organisch gewachsenes Glied des ganzen Gewerkschaftskörpers.«[98] Das soziale Kassenwesen wurde – sei es als organischer Bestandteil des Gewerkschaftskörpers oder als Ausstattung im Bau der modernen Großgewerkschaft – auch durch diese Metaphorik als fest etabliert und unterdessen tief mit dem Gewerkschaftswesen verwachsen gezeichnet. Die kunstgeschichtlichen Stilrichtungen der Zeit wie das *Art Nouveau*, also der Jugendstil, oder das *Art Déco* assistierten mit ihren organischen Motiven und floralen Ornamenten jener Bildsprache.

In der Architektur entstanden aus der bewussten Abkehr von jenen floralen und organischen Stilen die Neue Sachlichkeit oder später der Bauhausstil als Formensprachen des Neuen Bauens. Zu den Leitfiguren dieser Richtungen gehörte neben Walter Gropius auch Bruno Taut, der – nach anderen Prestigebauten in Berlin wie der Wohnstadt Carl Legien oder der Siedlung Schillerpark – gemeinsam mit seinem Bruder Max das Haus des Deutschen Verkehrsbundes errichtete. Nach Planungsabschluss und Grundsteinlegung Ende der 1920er Jahre wurde das Objekt bis 1932 fertiggestellt. Tragisch war, dass jener damalige Prachtbau der Moderne, in der Berliner Luisenstadt an Michaelkirchplatz und Engeldamm grenzend, dem Gesamtverband der Arbeitnehmer der öffentlichen Betriebe und des Personen- und Warenverkehrs als Nachfolgeorganisation des Deutschen Verkehrsbundes nicht lange diente. Ab 1933 wurde das Gebäude von der Deutschen Arbeitsfront konfisziert. Nach einer Wiederherstellung nach dem Ende des Zweiten Weltkriegs nutzte der Freie Deutsche Gewerkschaftsbund den Bau. Bis 1988 agierte der Bundesvorstand des FDGB von dieser Stelle. Erst nach der Wiedervereinigung 1990 fiel das Taut-Haus wieder in die Hände seiner Erbauer zurück, als die Gewerkschaft öffentliche Dienste, Transport und Verkehr es bezog.[99]

Zur Grundsteinlegung wählte Oswald Schumann als langjähriger Vorsitzender des Verkehrsbundes und seiner Vorläuferorganisationen pathetische Worte, indem er die

---

[96] So etwa Der freie Angestellte Nr. 3, 1928, S. 36.

[97] Deutlich etwa in der 1928 veröffentlichten Verbandsgeschichte von Zimmermann: Der Deutschnationale Handlungsgehilfen-Verband, S. 121.

[98] Verband der Gemeinde- und Staatsarbeiter: 30 Jahre Aufgaben und Leistungen, S. 7.

[99] Zum Neubau Zeichnungen und Informationen etwa in: Deutscher Verkehrsbund: Jahrbuch 1928 – hier die Einheftung nach dem Inhaltsverzeichnis. Ders.: Jahrbuch 1929, S. 138. Vgl. erweiternd Wolfgang Blumenthal/Elke Keller/Karlheinz Kuba: Mit den Groschen der Mitglieder. Gewerkschaftshäuser in Berlin 1900 bis 1933, zweite Auflage, Berlin 2013, S. 45-52.

neue Gewerkschaftsresidenz als »Wahrzeichen vereinter Kraft und Geschlossenheit« oder als »Waffenschmiede für den sozialen und kulturellen Aufstieg der Arbeiterklasse« ankündigte.[100] Im Jahrbuch des Verkehrsbundes hieß es 1928, dass der Neubau nach der Vollendung sichtbar machen werde, »was gewerkschaftliche Solidarität und Opferwilligkeit zu schaffen vermag. Das Bundeshaus in Berlin wächst heran als Symbol der Macht und Größe unserer Organisation.«[101]

Die Bautenmetaphorik, in die das soziale Unterstützungswesen – wie gezeigt – aufgenommen war, entfaltete mit der Projektion auf die real geschaffenen repräsentativen Gewerkschaftsgebäude noch einmal eine gesteigerte Anschaulichkeit. Dadurch, dass Finanzmittel aus den Rücklagen gewerkschaftlicher Unterstützungskassen – wie für den Zentralverband der Angestellten, seine Pensionskasse und die Hypothekenfinanzierung geschildert – für Gewerkschaftsbauten Verwendung finden konnten, war auch eine reale Dimension der Aufnahme des gewerkschaftlichen Unterstützungswesens in die Bautenmetaphorik vorhanden.

Als »Symbol der Macht und Größe« und der Leistungsfähigkeit der Organisationen diente im Untersuchungszeitraum schließlich auch das soziale gewerkschaftliche Unterstützungswesen als finanzielle Monstranz. Doch die gewerkschaftliche Leiterzählung, in welche das soziale Unterstützungswesen eingefügt wurde, war als gewerkschaftliches Narrativ komplexer strukturiert – und wurde im betrachteten Zeitraum schichtartig aufgebaut. Es begann mit dem im zweiten Hauptteil dieser Studie als Evolution einer Bedeutungsfrage beschriebenen Vorbehalt gegenüber sozialen Unterstützungseinrichtungen in den Gewerkschaften: mit der Sinnkrise der sozialen Selbsthilfe in den 1890er Jahren. Dem Vorbehalt wird in der Gründungszeit gewerkschaftlicher Zentralorganisationen bei einsickernden und bald zentralisierten Unterstützungseinrichtungen ein organisationspolitisches Argumentationsmuster entgegengesetzt. Das soziale Unterstützungswesen sei zur Mobilisierung der »Indifferenten«, die aufgrund ihrer Verelendung ihrem Schicksal gleichgültig begegneten, unerlässlich, um sie für den Eintritt in die Gewerkschaft und eine dauerhafte Bindung an dieselbe überhaupt zu gewinnen. Nur so könne ein Prozess der Aufklärung und Bildung erwirkt werden, der die »Indifferenten« schließlich zu überzeugten Gewerkschaftern mache und mit dem der Aufstieg der Zentralverbände zu Massenorganisationen erst ermöglicht werde.[102]

Noch vor dem Beginn des Ersten Weltkriegs wurde dieses Argumentationsmuster durch neue Schichten erweitert. Am Beispiel der Einführung der *Fakulta* des Deutschen Transportarbeiter-Verbandes etwa war die Implementierung eines antikapitalistischen

---

[100] Deutscher Verkehrsbund: Jahrbuch 1929, S. 138.
[101] Deutscher Verkehrsbund: Jahrbuch 1928, S. 82.
[102] Auf Belegstellen wird hier und im Folgenden weitgehend verzichtet. Das nun Zusammengetragene beruht auf den Beobachtungen und Ergebnissen der vorausgehenden Kapitel, in denen die Nachweise aus den Quellen geführt wurden. Nur in Einzelfällen werden Hinweise auf den Kapitelbezug gegeben.

Versicherungskonzeptes in das Narrativ der Auf- und Ausbauerzählung der zentralisierten Großgewerkschaften und eine modifizierte Rolle für das soziale Unterstützungswesen zu erkennen. Professionalisierte und spezialisierte Unterstützungskassen wurden nun in den Gewerkschaften gezielt gegen mächtige Gegner wie die großen privaten Versicherungskonzerne oder das betriebliche Kassenwesen des Unternehmertums in Stellung gebracht – auch, um die unterdessen gewonnene Stärke der Gewerkschaften zur Schau zu stellen und dem sozialen Unterstützungswesen einen offensiven antikapitalistischen Anstrich zu geben. Der zugleich beförderte Subtext vom sozialen Unterstützungswesen als Versicherungswesen ließ – geradezu reflexhaft – die Erzählung vom Kampfcharakter als weitere Schicht des Narrativs erstarken.

Diese war von Beginn an – als Antwort auf die Angriffe der Lokalisten als Gegner der Zentralisierungsbestrebungen – vorhanden. Als Gegenmotiv zu einem Bild von Gewerkschaften als Versicherungsgemeinschaften stellte jene den Kampfcharakter von Gewerkschaften mit einem ausgebauten sozialen Unterstützungswesen dar. Die geschaffenen sozialen Selbsthilfeeinrichtungen wurden dabei selbst zu Instrumenten des gewerkschaftlichen Kampfes stilisiert. Nur mithilfe des sozialen Unterstützungswesens könnten stabile, mitgliederstarke und daher große und machtvolle Kampfgemeinschaften sich etablieren. Durch die gewerkschaftlichen Sozialkassen würden, wie es hieß, die Fesseln des Kapitalismus gelöst, um aus Sklaven letztlich emanzipierte Klassenkämpfer zu machen. Ferner erhielten die sozialen Gewerkschaftskassen gelegentlich auch eine im Kontext der Erzählung assoziierbare Legitimation als Lazarettstation, in der die geschwächten Klassenkämpfer gepflegt und die vom Kapitalismus ausgebeuteten Mitglieder aufgerichtet werden konnten. Mit dem Ausbau und der Professionalisierung des gewerkschaftlichen Kassenwesens konnte diese Kampferzählung Kontur gewinnen. In jedem Fall wurde sie seit der Zeit der intensiven Vorbehalte gegen gewerkschaftliche Unterstützungskassen in den 1890er Jahren zu einem legitimierenden Obligatorium derjenigen, die eine Genese der modern gezeichneten zentralistischen Gewerkschaften zu Massenorganisationen mit einem rationalisierten Konfliktaustrag verfolgten.

Mit dem Ausbau der sozialen Unterstützungskassen in den Gewerkschaften, ihrer fortgesetzten Professionalisierung und einem ansteigenden Leistungsanspruch in der Folge der Herausforderungen durch Weltkrieg und Hyperinflation bis zu Arbeitsmarkt- und Wirtschaftskrisen modifizierte sich das gewerkschaftliche Narrativ. In den etablierten Massengewerkschaften, die nun mit ihren sozialen Einrichtungen gefordert waren, erhielt das soziale Unterstützungswesen jetzt das Etikett eines sozialen Umverteilungssystems. Die gigantisch erscheinenden Ausgaben der sozialen Unterstützungskassen wurden in den Verbandsorganen als Werbebotschaften adressiert. Aus dem Druck, der auf den gewerkschaftlichen Führungen lastete, in Zeiten schnell wiederkehrender Krisen die Ansprüche der Mitglieder gegenüber dem sozialen Kassenwesen zu erfüllen und zugleich die Finanzen der Einrichtungen wie der Organisation im Ganzen zu sichern, wurde eine offensive Darstellung geboren. Gegen die zu veranlassenden Sparbeschlüsse, die das soziale Unterstützungswesen im Verlauf der 1920er Jahre immer wieder traf, wurden die hohen Ausgabenposten des sozialen Kassenwesens in Szene gesetzt: als Symbol der weiterhin vorhandenen »Macht und Größe« der zentralisierten Großgewerkschaften und als Monstranz ihrer finanziellen Leistungsfähigkeit. Zugleich stieg der sozial-humanitäre Gehalt der Botschaft, wie eingehend beschrieben, an. Mit dieser Überschreibung durch eine neue Schicht modifizierten sich die Koordinaten des Narrativs. Vom Leitmotiv *Alles zum Wohl der Organisation – mit sozialer Dividende für die Organisierten* in einer frühen Phase der untersuchten Zeit wurde allmählich übergegangen zu einem verlagerten Leitmotto *Die gewonnene Stärke und finanzielle Potenz der Organisation für die Mitgliedschaft – als sozialer Fels in der Brandung*.

Solidarität als aktive und strukturierte Gemeinschaftsbildung, durch soziale Hilfskassen motiviert, anschaulich erfahrbar gemacht und statisch stabilisiert, und Humanität, durch zunehmend expressive sozial-humanitäre, altruistische Komponenten der Positionierung friedlicher Gewerkschaftskassen zum Ausdruck gebracht, wurden zu Ankerpunkten des Narrativs – über den in Gewerkschaftsbewegungen vorzufindenden Resonanzboden für solidarische und humanitäre Haltungen hinausgehend.

Die hier hervorgehobenen Schichten des gewerkschaftlichen Hauptnarrativs, die sich zwiebelartig wie bei einem Palimpsest übereinanderlegten, waren als konstituierende Elemente der Erzählung besonders auffällig. Durch Variationen konnten diese erweitert, aber auch verändert werden – dazu sogleich mehr. Alle beschriebenen Schichten jener Auf- und Ausbauerzählung von den zentralisierten Großgewerkschaften, in der dem sozialen Unterstützungswesen als mitwirkender Akteur wichtige Rollen zugewiesen wurden, blieben übereinandergelegt oder überschrieben erhalten. In der Tendenz gab es im zeitlichen Ablauf eine Evolution – vom Vorbehalt gegen das soziale Unterstützungswesen über die akzentuierte organisationspolitische Funktion zur Monstranz finanzieller Stärke. Dennoch konnten tieferliegende Schichten zu geeigneten Zeitpunkten immer wieder zum Vorschein treten. Das organisationspolitische Motiv etwa verflüchtigte sich bei der Deutung sozialer Kassen durch die Gewerkschaften in den 1920er Jahren nicht, sondern trat gegenüber sozial-humanitären Akzenten, dem Umverteilungsaspekt oder der Ausstellung finanzieller Leistungsfähigkeit lediglich in einen Windschatten der Wahrnehmung. Auch der als Sollbruchstelle bezeichnete Vortrag einer zeitlichen Befristung der verbandlichen Unterstützungspolitik bis zur Änderung der Systembedingungen, dabei ergänzt um eine Selbstvergewisserung als Kampforganisation, konnte blasenartig noch am Ende des untersuchten Zeitraums auftauchen, obwohl die dabei verarbeiteten Motive eher zum unteren Schichtaufbau des beschriebenen Narrativs zählten.

Zu den prägenden Kraftfeldern der beschriebenen Großverbandserzählung mit der darin vollzogenen Besetzung des sozialen Unterstützungswesens zählte zuerst und vor allem der organisationspolitische Kampf um Mitglieder in Zeiten einer virulenten, in weltanschaulichen Konfliktlagen noch einmal verstärkten Gewerkschaftskonkurrenz.

Sie gehorchte dem Bestreben nach der Bildung von Großorganisationen durch Verdrängung und Fusion. Hinzu trat die Kassenkonkurrenz, auf die Spitze getrieben durch eine Angebotswelle an gewerkschaftsgebundenen, aber ebenso an anderweitig konkurrierenden Kassen und Versicherungen wie die der kapitalistischen Versicherungskonzerne oder jene der Unternehmen, die damit ihrerseits Beschäftigte banden, zu befrieden versuchten und mit jenem Hebel gegen das Koalitionsrecht antigewerkschaftlich agierten. Dynamisch befördert wurde all dies auf dem Nährboden einer Epoche, die zwischen Fortschrittsdynamik und tiefen sozialen Krisen – wie im dritten Kapitel dieser Studie ausgeführt – Verunsicherung stiftete und das Bedürfnis nach Sicherheit gerade auch in der Arbeitnehmerschaft stimulierte.

Die Gesamtlage forderte eine gewerkschaftliche Expansion des sozialen Kassenwesens ebenso heraus wie die Einbindung desselben in ein gewerkschaftliches Narrativ. Hinzu traten weitere beschriebene Mechanismen, die in gewerkschaftlichen Fusionsprozessen die Maximierung von Kassenleistungen begünstigten oder den weiteren Ausbau von sozialen Kassen wegen der Effektivierung des gewerkschaftlichen Beitragswesens attraktiv erscheinen ließen. Schließlich wurde die Herausstellung humanitärer Elemente expressiver – in der Werbung und an die potenzielle Mitgliedschaft in der Außendarstellung direkt adressiert, war dies zeitlos immer wieder vorzufinden. Als Bestandteil des Funktionärsdiskurses, der Beschreibung der offiziellen Verbandsposition sowie als narratives Element nahmen sozial-humanitäre Motive und ihr Pathos in den Krisenlagen des Weltkriegs sowie der 1920er und beginnenden 1930er Jahre erkennbar zu. Diese Krisen wurden mithin zu einer weiteren prägenden Kraft. Die finanzielle Monstranz der Großgewerkschaften und ihre Leistungsstärke avancierte schließlich zum verbindenden Element aller prägenden Kräfte des Narrativs.

Das beschriebene Großverbandsnarrativ tauchte als Auf- und Ausbauerzählung – zu Beginn des untersuchten Zeitraums war dies zunächst eine Zukunftserzählung – mit der dargelegten Rolle, in der das soziale Unterstützungswesen dabei besetzt wurde, zumeist nicht ganzheitlich auf. Es wurde selten als vollständige Erzählung mit all ihren Facetten präsentiert, sondern eher bruchstück- und mosaikartig. Aus dem Zusammenfügen der Elemente dieses Mosaiks ergibt sich – durch die historische Rekonstruktion verdeutlicht – ein klarerer Blick auf die Bestandteile und die Struktur des Narrativs im Ganzen.

Diese gewerkschaftliche Leiterzählung trat also flexibel auf und zeigte Variationen – nicht allein hinsichtlich ihres skizzierten Schichtaufbaus. Für die Bedeutungszuweisungen und die Sinnstiftung, die das soziale Unterstützungswesen in den Gewerkschaften in der untersuchten Zeit erfuhr, wurde in dieser Studie eine Auswahl auffälliger, wiederholt auftretender Motivtypen kategorisiert. Benannt wurden sie als *Gemeinschaft und Schlagkraft bildende Solidarität*, als *Entbindungsmotiv*, als *Privilegierungssystem für Organisierte*, als *Maximierung der Einnahmen* oder als *Urform einer Gemeinschaftsbildung von Arbeitnehmern*. Weitere Motivtypen wurden als *Humanitäre Solidarität*, als *Soziale Abfederung von Moderni-*

sierungskosten oder als *Sozialpolitischer Professionalismus* bezeichnet. Diese Kategorien einer Systematik, die ausdrücklich keine Vollständigkeit anstrebt, sondern lediglich eine analytische Erweiterung durch den Versuch von Gruppierungen an ausgewählten Beispielen vollzieht, ließen sich den skizzierten Schichten des Narrativs zuordnen. Besonders die hierbei identifizierbaren Feldlinien konkretisieren das Narrativ.[103] Auch durch ein Erscheinen verschiedener Motivtypen in der gewerkschaftlichen Deutung des sozialen Unterstützungswesens wurde das Narrativ letztlich vielfältig und variierend gestaltet.

Daneben gab es Gegenerzählungen und Nebenerzählungen. Eine bedeutende Gegenerzählung, die gegen die Erfolgserzählung vom zentralisierten gewerkschaftlichen Großverband gerichtet war und umgekehrt jene zugleich stimulierte, war die der Lokalisten. In ideologischer Nähe zum Syndikalismus[104] wurden darin große und zentralisierte gewerkschaftliche Sozialkassen als Hemmnisse einer steigenden Finanz- und Kampfstärke der Organisation gesehen gegenüber dem Gegenentwurf: den vermeintlich schlagkräftigeren lokalen Streikeinheiten, die mit einer weitreichenden Autonomie bei Aktionen wie bei der Gestaltung von Verbandseinrichtungen vor Ort ausgestattet sein sollten. Den Plot von einer Verwässerung der sozialistischen Idee, von einer Abwendung der Verbände von Kampf, Revolution und Umsturz, wie es die sozialen Selbsthilfeprogramme der Gewerkschaften in der Lesart dieser Gegenerzählung vermeintlich unleugbar sichtbar machten, griffen nach dem Ringen zwischen Lokalisten und Zentralisten in der Gründungszeit der 1890er Jahre die kommunistischen Gewerkschaftsgruppen nach dem Ersten Weltkrieg und nach der Revolution in ihrer gewerkschaftlichen Fraktionsarbeit erneut auf. Die Gewerkschaftsführungen, die nach kommunistischer Bewertung zu gemäßigt und reformorientiert agierten, sollten dadurch geschwächt werden und in Jahren, die an sozialen Konflikten reich waren, den Zuspruch der Mehrheit der Mitglieder und Funktionsträger verlieren.

Als Nebenerzählung, die dagegen den Erfolg der zentralisierten Großverbände und die Relevanz sozialer Unterstützungseinrichtungen konkret wie in einer didaktischen Schleife veranschaulichte, fungierte die Glorifizierung der Arbeitslosenunterstützung wie im Deutschen Transportarbeiter-Verband. Sie wurde als eine Legitimationserzählung der Zentralisten schon in der Untersuchungszeit in das Verbandsgedächtnis eingetragen.[105] Die Arbeitslosenunterstützung diente als Anschauungsobjekt für die von

---

[103] Zu den Motivtypen und Feldlinien das Zwischenfazit zu den Gründungsdeutungen und Sinnstiftungen im Bestand in Kapitel sechs dieser Studie.

[104] Der gewerkschaftliche Lokalismus konnte Züge des Syndikalismus aufweisen. Davon abgesehen, bildete der Syndikalismus besondere Ziele oder Verhaltensmuster im sozialistischen Ideengebäude aus – etwa auch in der Erweiterung zum Anarchosyndikalismus. Daher ist der Lokalismus als Gegenentwurf zum Zentralismus der in dieser Studie betrachteten Gewerkschaften der wesentliche Bezugspunkt.

[105] Vgl. dazu als Verbandsgeschichte aus dem Jahr 1907, aus der Feder der zentralistischen Gewerkschaftsführung stammend, Dreher/Schumann: Die ökonomischen Vorbedingungen und das Werden der Organisation. Dazu die Auswertung in Kapitel fünf dieser Studie.

der Verbandsführung kultivierte Erzählung, dass nur eine moderne Gewerkschaftsorganisation mit großer Finanzkraft die erforderliche Potenz sowie Expertise aufweisen konnte, um eine derart aufwendige und komplexe Unterstützungsform erfolgreich anzubieten. Auch für den Zusammenschluss der Transport- mit den Hafenarbeitern, die eine Arbeitslosenunterstützung ablehnten, war dies ein wichtiger Aspekt für das Selbstverständnis der Gewerkschaft nach der Fusion. Es wurde vermittelt, dass die Transportarbeiter eine moderne Organisationsform mit einem entwickelten Unterstützungswesen in die Gewerkschaftsehe einbrächten, die Hafenarbeiter ihrerseits die Kampferfahrung.[106]

Als weitere Nebenerzählung, die das Narrativ besonders anschaulich und umfänglich abbildete, trat die Erzählung vom inneren Ausbau der Gewerkschaften in Erscheinung. Sie war nach der Jahrhundertwende in einigen der in dieser Studie genauer betrachteten freigewerkschaftlichen Verbänden besonders auffällig. Die dynamische Expansion von zentralisierten Sozialkassen in den Gewerkschaften wurde seinerzeit in einen übergeordneten Kontext der Moderne gestellt.[107] Verbände, die äußerlich an Mitgliedern wuchsen oder anwachsen wollten, mussten demnach auch in ihrem Inneren mit dieser Entwicklung Schritt halten. Einerseits waren professionelle Verwaltungsstrukturen dafür aufzubauen und zu erweitern oder das Finanzwesen der Organisationen effizienter zu gestalten. Andererseits geriet die Qualität der Mitgliedschaft – also Verlässlichkeit, Verbandstreue, gewerkschaftliche Durchdringung und mithin der Bindungsgrad der Mitglieder – in den größer werdenden Massenorganisationen mit heterogenen Arbeitnehmersegmenten in den Blick. An dieser Stelle war das soziale Unterstützungswesen passgenau einzufügen als Exponat des inneren Verbandsausbaus – auch hier in einer semantischen Verbindung mit der angesprochenen Bautenmetaphorik. In der Erzählung vom inneren Ausbau fungierte das soziale Unterstützungswesen zugleich als Instrument der Verstärkung der Bindungskräfte in der Mitgliedschaft, zur Effektivierung des Beitragswesens – in Verbindung mit dem Anreizsystem von Unterstützungen bei einer zunehmenden Differenzierung von Beitragsklassen etwa – oder als repräsentatives Objekt, um den Ausbau, die Bürokratisierung sowie die Professionalisierung der anonymer werdenden Massengewerkschaften mit Leistungen in Verbindung zu bringen, die den Mitgliedern konkret zugute kamen.

Auch der gewerkschaftliche Agonie-Plot, der am Ende des fünften Kapitels dieser Studie beschrieben wurde, könnte als weitere Nebenerzählung, die das Großverbandsnarrativ stützte, angeführt werden. Dabei wurden die erheblichen gewerkschaftlichen Unterstützungsausgaben in den Krisenlagen im Ersten Weltkrieg, während der Hyperinflation und aufgrund der schwierigen Situation auf dem Arbeitsmarkt in der nachfolgenden Dekade gewerkschaftlich dargestellt als Kraftakt der Organisation, als Be-

---

[106] Hierzu Ausführungen in Kapitel fünf dieser Studie.
[107] Auch dies wurde in Kapitel fünf dieser Studie dargelegt.

weis ihrer beharrlichen Leistungsbereitschaft und Leistungskraft oder als Zeugnis ihres Willens, bis an die Grenzen des Machbaren zu gehen, um dem Wohl der Mitglieder zu dienen. Damit wurde eine tiefgreifende Implementierung der sozialen Kassen in das Gewerkschaftswesen kommuniziert. Die sozialen Unterstützungsbereiche wurden aufgewertet. Zugleich wurden die hohen Ausgaben für soziale Unterstützungen als Signum der finanziellen Leistungsfähigkeit großer und moderner Massengewerkschaften genutzt. Es schien die Richtigkeit der Annahme nachzuweisen, dass der Entwicklungspfad von den Zentralorganisationen – entgegen den Vorbehalten der Lokalisten – über mitgliederstarke Verbände zu fusionierten Großgewerkschaften als Industrieverbände richtig gewesen war. Nur sie, so die Lesart der vermittelten Erzählung, konnten nun in der Krise die Mittel – bei aller auch erforderlichen Begrenzung – aufbringen, um die Gewerkschaftsmitglieder sozial zu unterstützen.

Bislang orientierte sich die Beschreibung des prägenden Narrativs an den Freien Gewerkschaften. Es reichte aber darüber hinaus und zeigte auch damit seine Variationsbreite. Womöglich spricht man aufgrund der Modifikationen bei der Anwendung in anderen Organisationsbereichen präziser in der Mehrzahl von Großverbandsnarrativen und ihrer Einbettung des sozialen Selbsthilfewesens. In Freien Angestelltengewerkschaften wich das Narrativ im Vergleich zur beschriebenen Praxis in den betrachteten Freien Gewerkschaften geringfügig ab. Die Freie Angestelltenbewegung wurde nach dem Ersten Weltkrieg und nach der Revolution zu einer dynamischen Massenbewegung – also mit einer gewissen Verspätung im Vergleich zu Arbeiterorganisationen. Entsprechend trat das Großverbandsthema wie etwa für den Zentralverband der Angestellten in den 1920er Jahren als Auf- und Ausbauerzählung verstärkt in Erscheinung. Es kam zu einem Zusammentreffen mit den virulenten sozialen Fragen dieser Zeit – bei den Angestelltenorganisationen nahm, wie beschrieben wurde, dabei die Altersfrage in den 1920er Jahren eine besonders wichtige Rolle ein. Damit avancierten verbandliche Pensionskassen oder Altersunterstützungen wie die des Zentralverbandes zu einem Symbol dafür, dass sich Gewerkschaften aktuellen sozialen Herausforderungen stellten. Dies wurde mit Agitationserwartungen angereichert: Mitglieder werben, die Größe der Organisation weiter vorantreiben, die gewonnenen Angestellten langfristig fesseln und die Bindungskräfte einer zunehmend heterogenen Mitgliedschaft im Inneren erhöhen. Jene Absichten wurden gerade mit Altersunterstützungen in Verbindung gebracht, die dauerhafte Gewerkschaftsbindungen – aus technischen Gründen, bis zum erfolgenden Renteneintritt – besonders befördern sollten.

Hinzu trat, dass das Thema der Altersversorgung eine Urfrage der Angestelltenbewegung stimulierte. Die als ungerecht wahrgenommenen Rentenansprüche der Angestellten in der staatlichen Sozialversicherung, die zunächst nur partiell in der Arbeiterrentenversicherung bestanden und erst verspätet durch die staatliche Angestelltenversicherung erweitert wurden, stellten einen Reizpunkt für die gewerkschaftspolitische Mobilisierung dar. Gewerkschaftseinrichtungen wie die der Pensionskasse des

Verbandes der Büroangestellten spiegelten und verstärkten dies. Sie wurden zu einem Symbol und im weiteren Verlauf zu einer Art Reliquie der gewerkschaftspolitischen Aktion gegen die Benachteiligung der Angestellten. Damit gelang in Angestelltenorganisationen wie dem Zentralverband und seinen Vorläufern eine direktere Implementierung des sozialen Unterstützungs- und Selbsthilfewesens in das gewerkschaftliche Selbstverständnis. Die Sozialversicherungsfrage der Angestellten ebnete durch eine politisierte Motivation zur Gründung eigener Kranken- und Altersversorgungskassen hierzu einen zusätzlichen Weg. Das hieß aber nicht, dass soziale Unterstützungskassen in Freien Angestelltengewerkschaften unter generell geringen Legitimationszwängen standen. Das Großverbandsnarrativ mit seiner Einbettung des sozialen Unterstützungswesens wurde auch hier von der Kritik an reformistischen, vermeintlich weniger sozialistisch orientierten, anonymen Großgewerkschaften mit komplexen Sozialkassen genährt. Dafür herrschte in den 1920er Jahren in einer Zeit kommunistischer Gewerkschaftsinterventionen und erheblicher finanzieller Belastungen für soziale Verbandskassen in Freien Angestelltengewerkschaften wie etwa dem Zentralverband der Angestellten ein passendes Stimmungsbild.

Im Deutschnationalen Handlungsgehilfen-Verband als rechtsnationaler und antisemitischer Angestelltenorganisation wurde die Großverbandserzählung in besonderer Weise akzentuiert. Gegründet in den frühen 1890er Jahren, kokettierte der Verband von Anfang an mit seinen schnellen Erfolgen bei der Expansion der Mitgliedschaft und bei der Mehrung seiner Verwaltungsstellen. Die nationale, antisemitische wie antisozialistische Ideologie, die zu einem Markenzeichen der Organisation wurde, fiel unter Handlungsgehilfen auf fruchtbaren Boden. Mit mehr als 160.000 Mitgliedern in 1.230 Ortsgruppen 1914 und über 400.000 Mitgliedern in 1.956 Filialen 1930 war der Verband eine der größten Angestelltenvereinigungen der Zeit.[108] Darauf zielte ein anderes Markenzeichen der Organisation: eine offensiv zur Schau gestellte Siegermentalität. Das Selbstverständnis des Verbandes wurde geprägt von der wiederkehrenden Formel, als größte und – vermeintlich – innovativste zugleich auch die erste wahrhaftige Interessenvertretung für die Handlungsgehilfen gewesen zu sein. Damit grenzte man sich gegenüber den zuvor bestehenden traditionellen Angestelltenvereinigungen mit Nachdruck ab.

Die Hebung des Standes war ein gebräuchliches begriffliches Muster, um dieser Deutung Nachdruck zu verleihen. Wer sich als Angestellter dem Verband anschloss,

---

[108] Die Zahlen nach Deutschnationaler Handlungsgehilfen-Verband: Rechenschaftsbericht 1931, S. 39. Der Handlungsgehilfen-Verband hatte damit zu Beginn der 1930er Jahre als Einzelorganisation annähernd so viele Mitglieder wie der gesamte freigewerkschaftliche AfA-Bund. Jener wiederum hatte in der unmittelbaren Nachkriegs- und Revolutionsperiode – wie nahezu alle Freien Gewerkschaften – eine sehr dynamische Mitgliederexpansion zu verzeichnen (mit Höchstwerten von annähernd 700.000 Mitgliedern), die danach und in der zweiten Hälfte der 1920er Jahre – auch hier wie in den meisten Freien Gewerkschaften – in einen anhaltenden Mitgliederverlust überging.

durfte demnach nicht weniger erwarten, als dass sich seine soziale und materielle Lage damit dynamisch verbesserte – auch und gerade im Vergleich zu jenen Kollegen, die sich in konkurrierenden Verbänden organisierten. Der Deutschnationale Handlungsgehilfen-Verband kommunizierte einen Bestleistungsanspruch. Die verbandlichen Einrichtungen der sozialen Selbsthilfe waren dabei für die entsprechende Außendarstellung entscheidend. In der Verbandspropaganda wurde transportiert, dass die Organisation Einfluss auf die Qualität der Beschäftigungsverhältnisse ihrer Mitglieder nehme. Die große Organisation der Handlungsgehilfen könne über die Einrichtungen der Stellenlosenunterstützung – die zuvor als Stellenlosenversicherung bezeichnet wurde –, der Stellenvermittlung und der Auskunftei Einfluss auf den Arbeitsmarkt der Handlungsgehilfen nehmen und dazu beitragen, dass seine Mitglieder mithilfe der Informationen des Ergebnisdienstes der Auskunftei nur in gute und wohlbezahlte Anstellungsverhältnisse vermittelt würden. Die Stellenlosenkasse diente in jenen Überlegungen der Kompensation dadurch entstehender Wartezeiten. Bei Vermittlung einer guten Anstellung durch die Organe des Verbandes fungierte sie zugleich als Druckmittel zur Annahme, da die Unterstützung nunmehr entzogen werden konnte.

Mit der Deutschnationalen Kranken- und Begräbniskasse setzte sich die Propaganda von der Hebung des Standes durch Bestleistungen der den Mitgliedern angebotenen Verbandseinrichtungen fort. Mit einer Krankenunterstützung als Zubrot im Krankheitsfall, so eine Linie der Präsentation, gebe sich die Verbandsführung nicht zufrieden. Man biete den Mitgliedern eine professionelle Krankenversicherung – im Bild der Verbandsquellen die beste am Markt –, die ein konkurrenzloses Leistungsportfolio anbiete und den Mitgliedern Zugang zu besonders guten Vertragsärzten verschaffe. Das Bild des professionellen Versicherungsanbieters wurde über die weiteren Versicherungsunternehmungen des Verbandes geschärft. Mit der Deutschnationalen Versicherungs-Aktiengesellschaft als Lebens- und Unfallversicherer und der Deutschnationalen Feuerversicherungs-Gesellschaft als Sachversicherer schuf der Deutschnationale Handlungsgehilfen-Verband nach eigenem Urteil die Expertise für ein erfolgreiches Unternehmertum der Organisation.

Das setzte sich in der Selbstdarstellung des Verbandes in anderen Geschäftsfeldern entsprechend fort: etwa in seinem Bankenwesen. Dabei wurde ein erweiterter Einfluss der Großorganisation durch Kapitalmacht suggeriert – mit positiven Effekten für die Mitglieder, die an den Leistungen der Unternehmen wie am wirtschaftlichen Erfolg des Verbandes profitierten.[109] In diesen Präsentationskontext der Selbsthilfeeinrichtungen wurden auch die Stellenlosen- oder Altersunterstützung des Handlungsgehilfen-Verbandes als vermeintlich überlegene Angebote der finanzstarken Großgewerkschaft

---

[109] Vgl. hierzu etwa Deutschnationaler Handlungsgehilfen-Verband: Merkbuch 1927, S. 91 ff. und S. 105 ff. Die Versicherungsunternehmen des Verbandes waren im Deutschnationalen Versicherungsring und später im Deutschen Ring zusammengefasst.

integriert – zeitweilig noch dadurch verstärkt, dass die Stellenlosen*unterstützung* als Stellenlosen*versicherung* vermarktet wurde.[110]

Dies ähnelte der anhand der Unterstützungsausgaben zur Schau gestellten finanziellen Monstranz, die im Großverbandsnarrativ Freier Gewerkschaften zu beobachten war. Überhaupt ist der Eindruck der Ähnlichkeit hinsichtlich des Großverbandsthemas und einer Einbettung gewerkschaftlicher Einrichtungen wie Unterstützungen oder Versicherungen darin gegeben. Und dennoch wurden im Deutschnationalen Handlungsgehilfen-Verband andere Akzente gesetzt. Die Themenfelder des Lokalismus, der sozialistischen Gesinnung oder des Kampfcharakters, die auf das soziale Unterstützungswesen in freigewerkschaftlichen Organisationen einwirkten, bildeten sich vor allem aus ideologischen Gründen nicht ab. Der Verband war deutschnational, antisozialistisch und öffnete sich erst in den 1920er Jahren allmählich für Arbeitskämpfe. Dafür betonte der Verband der Handlungsgehilfen eine sozialpolitische Ausrichtung und Konfliktbereitschaft, wobei er sich von den alten Organisationen der Angestellten und deren Selbsthilfeeinrichtungen, die als Almosenwirtschaft diffamiert wurden, distanzierte und gegen die Arbeitgeberseite durch die Stellenvermittlung, die man als Angriffsinstrument zeichnete, in die Offensive ging.

Die solidarische Gemeinschaftsbildung war im Deutschnationalen Handlungsgehilfen-Verband zusätzlich aufgeladen als Männerbund, der Loyalität verlangte und belohnte. Die Unterstützung in Not geratener Mitglieder war stärker pathetisch überzeichnet, als es in den Freien Gewerkschaften zu beobachten war. Hinter den Abweichungen vom Motivkatalog der Freien Gewerkschaften standen die ideologischen Klüften zwischen deutschnationalen und freigewerkschaftlichen Verbänden, die maximal waren. So orientierte sich der Verband der Handlungsgehilfen an ständestaatlichen Modellen, vertrat eine völkisch-antisemitische Leitidee und ebnete den Weg in den Faschismus. Und doch zeigten sich in der Anwendung des Großverbandsnarrativs mit der darin vollzogenen Einbettung sozialer Selbsthilfeeinrichtungen Parallelen zu den Freien Gewerkschaften. Jenes Narrativ war wie ein Kaleidoskop mit einer Vielfalt möglicher Elemente überaus variabel und offenkundig geeignet, über ideologische Gräben hinweg genutzt und in Szene gesetzt zu werden.

Die Großgewerkschaftsidee war Megathema der Zeit, spiegelte den Massengeist, die Konkurrenz der Verbände und ihre weltanschaulichen Konflikte wie einen gewerkschaftlichen Modernisierungsdiskurs wider. Die Debatte um das Industrieverbandsprinzip, die in den Freien Gewerkschaften in den 1920er Jahren einen Höhepunkt erklomm, brachte es beispielhaft zum Ausdruck. Das soziale Unterstützungswesen spielte hierbei eine tragende Rolle: auch in der Reformkommission des ADGB, die sich mit der Umsetzung des Industrieverbandsprinzips befasste, doch vor allem in jenem gewerkschaftlichen Großverbandsnarrativ, das in der gesamten hier betrachteten Un-

---

[110] Zu den genauen Umständen vgl. die Darstellung in Kapitel fünf dieser Studie.

tersuchungszeit zunehmend identitätsstiftend wirkte. Dass das soziale Unterstützungswesen daran nicht nur Anschluss fand, sondern darin tief implementiert und dabei zu einem tragenden Element der Konstruktion wurde, veranschaulichte, dass es im Selbstverständnis der Gewerkschaften angekommen war.

Wenn man der in diesem Kapitel präsentierten Analyse von Darstellungsformaten des sozialen Unterstützungswesens in den Gewerkschaften folgt, welche die zuvor in dieser Studie erzielten Erkenntnisse aufgreift und erweitert, festigt sich der Befund einer gegen alle Widerstände voranschreitenden Verankerung des sozialen Unterstützungswesens in das Gewerkschaftswesen. Die Narrative projizierten die schrittweise oder schichtweise erfolgende, sich vertiefende und sich verfestigende Einbettung des sozialen Unterstützungswesens in die Welt der expandierenden modernen gewerkschaftlichen Massenorganisationen – und verstärkten diese Wahrnehmung zugleich. Zum Ausgang der hier betrachteten Zeit am Ende der 1920er und zu Beginn der 1930er Jahre wurde das soziale Unterstützungswesen als fest in die Gewerkschaften inkorporiert präsentiert – in Bezug auf die Tätigkeiten und Tätigkeitsfelder oder in Bezug auf die Gliederung der Gesamtorganisation, vor allem aber: in Bezug auf das gewerkschaftliche Selbstverständnis.

Dennoch blieben die Vorbehalte im kommunikativen Gedächtnis besonders der Freien Gewerkschaften konserviert. In – noch am Ende der untersuchten Zeit gelegentlich blasenartig aufsteigenden – sprachlichen Formeln wurde zum Ausdruck gebracht, dass sich insbesondere Freie Gewerkschaften trotz oder mit sozialen Kassen als Kampforganisation sahen, dass soziale Unterstützungseinrichtungen dabei auch Mittel zum Zweck seien und in einer zukünftig gerechter organisierten Gesellschaft entbehrlich werden könnten. Auch die Vorbehalte, aus der geschilderten Evolution der Bedeutungsfrage erwachsen, wurden mithin Teil der gewerkschaftlichen – vor allem der freigewerkschaftlichen – Identität.

8. Blick zurück nach vorn

Solidarität – Humanität – Identität: Zusammenfassung

Gewerkschaften wissen – und haben immer gewusst –, dass sie »Großveranstaltungen« werden müssen, um ihre Ziele erreichen zu können.

Sie mussten damals, in der in dieser Studie untersuchten Zeit, Menschen in die Gewerkschaften bringen, die vor allem ein Heer der nicht Politisierten und in Passivität verharrenden Massen darstellten, die sich mit einer Praxis der alltägliche Ausbeutung und Benachteiligung abgefunden oder arrangiert hatten. Für jene Gruppen mussten Gewerkschaften eine starke Anziehungskraft aufbauen, während zugleich ihnen selbst seitens der staatlichen Obrigkeit oder der Unternehmer das Stigma der Illegalität verordnet worden war. Doch damit nicht genug der Hemmnisse für eine erfolgreiche Organisation: Für den Großteil aller Arbeitnehmerinnen und Arbeitnehmer in Deutschland war um 1890 die Mitgliedschaft in einer Gewerkschaft zudem noch ein unbekannter, ein gänzlich neuer Schritt.

Um Organisationswiderstände überwinden und wachsen zu können, griffen Gewerkschaften zurück auf ein Instrument, das bei der Gruppenbildung unter Werktätigen eine lange Tradition aufzuweisen hatte, unter Arbeitnehmern also überliefert und bekannt war und darüber hinaus sich als Korsage oder Stützpfeiler einer Organisation in Zeiten des Widerstandes – wie während der harten Repressionen unter dem Sozialistengesetz – gerade erst bewährt hatte.

Trotz aller seit den 1890er Jahren aufbrechenden Widersprüche mit gewerkschaftlichen Ideenwelten, in denen das Avantgardistische, das Kämpferische einer neuen, modernen Bewegung betont wurde und die frisch entstehenden Organisationen sich von überkommenen Gemeinschaften der sozialen Selbsthilfe reflexhaft distanzierten, entwickelten, expandierten und professionalisierten die seit 1890 pilzartig aus dem Boden schießenden und dynamisch wachsenden Gewerkschaftsverbände mit dem sozialen Unterstützungswesen ein verbandliches Sozialleistungssystem. Dies sollte, so die leitende Deutung dieser ersten Konstituierungs-, Auf- und Ausbauphase, die Menschen in die Gewerkschaft bringen, sie dort halten und dabei zu überzeugten Trägern der neuen Gemeinschaft werden lassen. So sollten die Gewerkschaften stetig an Stärke zunehmen: sowohl durch die steigende Anzahl der ihrer Idee Folgenden als auch durch die sich vertiefende und allmählich festigende Überzeugung ihrer Mitglieder. Das soziale Unterstützungswesen übernahm in jener Deutung die Funktion einer betreuten solidarischen Gemeinschaftsbildung. Durch die konkrete Erfahrung von Solidarität im sozialen gewerkschaftlichen Unterstützungswesen multiplizierte sich der Effekt. Am Horizont dieses so gezeichneten Bildes stand – zunächst noch als Zukunftsvision – der machtvolle, vor Stärke strotzende Großverband als Massengewerkschaft, der im Ringen um seine Ziele, um Verbesserungen für Arbeitnehmer oder für den Wandel des Wirtschafts- und Gesellschaftssystems auf die Einheit einer solidarisch verschworenen Mitgliedschaft zählen konnte.

Dabei spielten der soziale Impetus und die sozialpolitische Relevanz eine wichtige Rolle: weil der Organisationsanreiz sozialer Unterstützungseinrichtungen erst aus kritischen sozialen Daseinsbedingungen erwuchs, weil das Bedürfnis nach sozialen Sicherheiten dadurch angereichert wurde und – wie auch die staatliche Sozialversicherung oder private Volksversicherungen – gewerkschaftliche Unterstützungskassen dadurch eine noch stärkere Anziehungskraft gewannen. Um es anders zu formulieren: Gewerkschaftliche soziale Unterstützungskassen mussten immer eine Antwort auf soziale oder sozialpolitische Herausforderungen bieten, welche die Mitgliedschaft unmittelbar betrafen, damit sie als organisationspolitischer Anreiz funktionieren konnten.

Dafür mussten Unterstützungseinrichtungen einen humanistisch vermessenen oder gar altruistisch inspirierten Kern aufweisen. Allgemein ließe sich aussagen: Es ist kaum möglich, eine den Menschen zugewandte strukturelle Erleichterung für ein schwerwiegendes Problem und das daraus entstehende Bedürfnis nach Lösung zu schaffen, ohne auch eine humanistische oder sogar altruistische Perspektive einzunehmen. Bei der Einrichtung sozialer gewerkschaftlicher Unterstützungskassen war letztlich immanent angelegt, für das Wohl der Menschen zu agieren – sonst hätten keine Organisationsanreize kreiert werden können.

Der Anteil des selbstlosen Agierens wuchs im Verlauf der untersuchten Zeit – in Bezug auf die Bedeutungszuweisungen, die Sinnstiftung und die expressive Außendarstellung, die soziale Kassen seitens des gewerkschaftlichen Mainstreams erfuhren. Aus anfänglich eingestreuten, häufig übertreibenden pathetischen Floskeln, die wie ein rhetorisches Stilmittel einer ritualisierten Anwendung zu unterliegen schienen, wurde mit der Zeit mehr: eine zunehmend häufig und immer klarer in Szene gesetzte Deutung sozialer gewerkschaftlicher Unterstützungsleistungen im Kontext sozialer Projekte und sozialpolitischer Herausforderungen. Der Zusammenhang war, wie gesagt, immer vorhanden. Mit der Zeit allerdings wurde die öffentliche Deutung des sozialen Unterstützungswesens durch die Gewerkschaften in jenem Bereich verstärkt. Organisationspolitische Deutungsmuster traten auf der Gewerkschaftsbühne allmählich aus dem Lichtkegel in den Schatten, den die nun zunehmend beleuchteten sozialen Bedeutungskontexte warfen. In dem Maß, in dem das soziale gewerkschaftliche Unterstützungswesen den Mitgliedern gelebte Solidarität vermittelte, schien es mit den sich schließlich zuspitzenden sozialen Krisenlagen der Epoche zugleich die anonymen Massenorganisationen mit ihren Funktionärskörpern humanitär zu formatieren.

Gewerkschaftliche Identitäten und Prozesse ihrer Entwicklung und Adaption an sich verändernde Rahmenbedingungen kommen in den Bedeutungszuweisungen und der Sinnstiftung, der das soziale Unterstützungswesen in der untersuchten Zeit in den Gewerkschaften unterlag, sehr klar zum Ausdruck. Veranschaulicht werden dabei letztlich Parameter des gewerkschaftlichen Selbstverständnisses, also wie man sich selbst sah und man selbst gesehen werden wollte. Der Bezugspunkt dieser Studie war dabei der gewerkschaftliche Mainstream: die von Gewerkschaftsführungen mit Funktionärsmehrheit – auf Gewerkschaftstagen auch messbar – sanktionierten Deutungen des verbandlichen sozialen Kassenwesens, womit der in dieser Studie ausgewertete Quellenpool harmoniert. Die Bedeutungszuweisungen, die in der Zeit von Kassengründungen besonders gut zu erkunden waren, wie auch die Sinnstiftung, die sich im fortdauernden Bestand der Unterstützungseinrichtungen im Spiegel des Arrangements der Themensetzungen zeigte, waren dabei stark beeinflusst von den weithin dominanten organisationspolitischen Bedeutungszuschreibungen. Das soziale gewerkschaftliche Unterstützungswesen stand im Zeichen eines Bauplans der Solidarität: Gemeinschaft stiften, Mitglieder gewinnen und halten, die Organisation stärken, die Kraft der Gemeinschaft mehren – nicht zuletzt auch ihre Durchsetzungs- oder *Kampf*kraft. Die zunehmende Überschreibung mit sozialen oder sozialpolitischen Bedeutungszuschreibungen in den Etappen der Krisen stärkte, trotz humanitärer Anreicherung, weiterhin auch die organisationspolitische Ebene: die der finanziellen Stärke, die bis zu den Grenzen der Belastbarkeit zum Wohl der Mitglieder eingesetzt werden sollte, die der sich in den Ausgaben des sozialen Unterstützungswesens abbildenden finanziellen wie organisatorischen Etablierung des gesamten Gewerkschaftswesens oder die der Festigung des sozialen Kassenwesens als nun akkreditierter Interventionsbereich der Gewerkschaften.

Wie eine Monstranz wurde die Ausgabenbereitschaft des sozialen Unterstützungswesens als Nachweis der finanziellen Potenz der Organisationen getragen, wobei die humanitäre Opferbereitschaft der Verbände darin eingearbeitet war. In Krisenzeiten mussten die entwickelten Großgewerkschaften den Leistungsnachweis der unterdessen professionalisierten Kassensysteme erbringen. Jetzt war zu beweisen, dass der organisationspolitische Pfad der zentralisierten Massengewerkschaft mit ihrer komplexen Unterstützungsarchitektur der richtige Pfad zum Vorteil der Mitgliedschaft gewesen war. Weiter übersetzt in den Bereich des inneren gewerkschaftlichen Selbstverständnisses bedeutete dies – im Einklang mit den Worten Schönhovens:[1] ein Ausdruck der Genese strukturell verankerter Prozesse der gewerkschaftlichen Solidaritätsbildung und des gewerkschaftlichen Reformismus. Mit ihren »technischen Bauteilen«, mit ihren Phasen der dynamischen Entwicklung, der Anpassung und Veränderung lassen sie sich beim sozialen Unterstützungswesen der Gewerkschaften genau beobachten und studieren.

Kann durch die gewerkschaftliche Darstellung und Deutung des sozialen Unterstützungswesens – also durch die diesbezügliche Selbstdarstellung und Selbstdeutung der Gewerkschaften oder, einfach gesagt, durch die von den Gewerkschaften vorgenommenen Bedeutungszuweisungen und Sinnstiftungen gegenüber dem sozialen Kassenwesen – ein neuer Blick auf das Selbstverständnis der Gewerkschaften in der untersuchten

---

[1] Schönhoven: Selbsthilfe, S. 147.

Zeit geworfen werden, wie es sich unter dem Brennglas des friedlichen Unterstützungswesens zeigte? So lautet das leitende Erkenntnisinteresse dieser Studie. Es zielt auf das gewerkschaftliche Selbstverständnis und mithin auf die Identität der Arbeitnehmerorganisationen. Die Hauptaussage, die aus der vorliegenden Studie als Ergebnis zu entnehmen ist, und die durchgängige Beobachtung, der man während der Lektüre der Darstellung beiwohnt, ist die der fortschreitenden Verankerung des sozialen Unterstützungswesens zum bedeutenden Bauteil des gewerkschaftlichen Selbstverständnisses in der betrachteten Epoche.

Ohne auf die vielen Identitätsbegriffe und ihr Verständnis an dieser Stelle genauer einzugehen und ihnen systematisch zu folgen,[2] soll die Vorstellung von einer kollektiven gewerkschaftlichen Identität doch systematisiert werden. Identitäten der Gewerkschaften konstruierten sich durch als wesentlich erachtete Merkmale im Selbstverständnis der Gruppe. Also: War das soziale Unterstützungswesen bis 1933 ein wesentliches Merkmal im gewerkschaftlichen Selbstverständnis? Es sollen nicht all jene Ergebnisse zusammenfassend angeordnet und mithin wiederholend gelistet werden, die in dieser Studie als gewerkschaftliche Bedeutungszuweisungen oder Sinnstiftungen, als gewerkschaftliche Darstellungen des Unterstützungswesens oder als Narrative hierzu zusammengetragen wurden, um die Frage zu bejahen. Mit einem systematischeren Vorgehen könnte man zeigen: In verschiedenen Bereichen konkretisierte sich bei den betrachteten Verbänden in der untersuchten Zeit die Erheblichkeit des sozialen Unterstützungswesens für das gewerkschaftliche Selbstverständnis.

Der erste Bereich ist überschrieben als Weltanschauung oder *Ideologie*. Ein wesentliches Merkmal im gewerkschaftlichen Selbstverständnis war das Unterstützungswesen, da es Teil der gewerkschaftlichen Ideenwelten wurde und dort – mitunter unter Reibungen und mit Widersprüchlichkeiten – eingeschrieben wurde. Das lässt sich besonders anschaulich an den Narrativen als jenen Erzählungen erkennen, in denen sich die Ideenwelten abbildeten und zugleich weiter konkretisierten. Von den Auseinandersetzungen um das soziale Unterstützungswesen im Spiegel der Verbandsideologie bis zur im zeitlichen Ablauf eintretenden Abschwächung legitimierender Kontexte hin zur Monstranz der finanziellen Kraft gewerkschaftlicher Großorganisationen erfolgte eine immer tiefere Eintragung des sozialen Selbsthilfewesens in die gewerkschaftliche Welt- und Selbstanschauung.

Ein zweiter Bereich ließe sich als *Manifestation* bezeichnen. Erheblich wurde das soziale Unterstützungswesen nicht zuletzt durch seine wahrhaftige Größe, welche die

---

[2] Man kann die kollektive von der individuellen Identität, politische, soziologische, psychologische, philosophische oder rechtliche Identitätskonstruktionen unterscheiden. Vgl. allgemein zum Komplex die kritischen begriffsgeschichtlichen Betrachtungen von Lutz Niethammer: Kollektive Identität. Heimliche Quellen einer unheimlichen Konjunktur, Reinbek bei Hamburg 2000. Weiterführend auch Aleida Assmann/Heidrun Friese (Hg.): Identitäten, Frankfurt am Main 1998.

Ausgabenbudgets der Gewerkschaften in jedem Jahr aufs Neue zum Ausdruck brachten. Darüber hinaus entwickelte das soziale Unterstützungswesen eine starke alltägliche Präsenz: im Gewerkschaftsbuch der Mitglieder oder bei der Hauskassierung, wobei mit jeder geklebten Marke der Unterstützungsanspruch repräsentiert war, oder bei der Kommunikation lokaler Funktionsträger mit den Gewerkschaftsmitgliedern in der Zahlstelle, wo alltäglich Unterstützungsfälle beantragt, bearbeitet oder zur Auszahlung gebracht wurden. Neben der Präsenz im Mitgliederalltag stand die Präsenz im Alltag der Funktionäre. In Gremiensitzungen, bei der permanenten Anpassung der Verbandsstatuten oder auf Verbandstagen – eine Befassung mit den zahlreichen Aspekten der Verwaltung des komplexen sozialen Unterstützungswesens war auch hier allgegenwärtig. In der gewerkschaftlichen Berichterstattung – sei es in der Verbandspresse, in Jahrbüchern oder Geschäftsberichten – wurde die Präsenz weiter vervielfältigt. Es lässt sich also eine signifikante wie anhaltende Manifestation des Unterstützungswesens in der gewerkschaftlichen Interaktion auf der Funktionärs- wie auf der Mitgliederebene konstatieren.

In einem dritten Bereich stieg das soziale Unterstützungswesen zu einem Schlüsselinstrument gewerkschaftlicher *Strategie* auf. Das soziale Kassenwesen wurde zu einem stark betonten Bestandteil eines rationalen Prozesses der Mitgliedergewinnung, der Stabilisierung der Mitgliedschaften, der Verbesserung der verbandlichen Finanzkraft, der Ausbildung von Großverbänden zu Massengewerkschaften und schließlich auch der Konfliktrationalisierung.[3] Die diesbezüglichen Erwartungen der davon überzeugten gewerkschaftlichen Funktionsträger folgten dabei der Logik des symbiotischen Zusammenwirkens von Humanität oder Altruismus einerseits mit strategisch-organisationsegoistischen Erfolgen andererseits.

Der vierte und letzte Bereich, der die Erheblichkeit des sozialen Unterstützungswesens für das gewerkschaftliche Selbstverständnis im Untersuchungszeitraum anschaulich macht, ist der des *Gedächtnisses*. Schließlich erfolgte bis zum Ende der 1920er und dem Beginn der 1930er Jahre – bei manchen Verbänden akzentuierter, bei manchen Verbänden diskreter – eine Eintragung der Aufbau-, Ausbau- und Leistungsgeschichte des jeweiligen verbandlichen Kassenwesens in das kollektive Verbandsgedächtnis. Die autochthone Verbandsgeschichtsschreibung jener Zeit legte davon Zeugnis ab. Diese Verbandsgeschichten trugen zusammen, was aus der Perspektive der Gewerkschaftsleitungen als erinnerungswürdig betrachtet wurde. Letztlich wurde dabei auch geschichtspolitisch agiert. Das soziale gewerkschaftliche Unterstützungswesen trat in die *Hall of Fame* des Gewerkschaftswesens ein, obwohl es, rar an spannenden Ereignissen und Heldengeschichten, dafür nur bedingt verwendungsfähig war. In der Verbandsgeschichtsschreibung übernahm es dementsprechend häufig eine Nebenrolle, sofern das soziale Unterstützungswesen nicht, wie es in Angestelltenorganisationen der Fall war,

---

[3] Zur Konfliktrationalisierung noch einmal Volkmann: Modernisierung des Arbeitskampfes?

mit der Gründungserzählung eines Verbandes direkt verbunden wurde. Im Junktim mit einem Gründungsmythos waren der Überhöhung schließlich keine Grenzen gesetzt. Insgesamt beschrieb die Eintragung in das Verbandsgedächtnis die abschließende Phase der Verbandsvereinnahmung des sozialen Unterstützungswesens in der untersuchten Epoche.

So wurde das soziale Unterstützungswesen voranschreitend zum verankerten Bestandteil des gewerkschaftlichen Selbstverständnisses. Es wurde Teil der gewerkschaftlichen Identität jener Zeit. Das wiederum lässt – unter dem spezifischen Brennglas, welches das Themengebiet des sozialen Unterstützungswesen dem Historiker zur Verfügung stellt – Beobachtungen über die Genese gewerkschaftlicher Identitäten insgesamt zu. Vor allem liefert das soziale Unterstützungswesen (1) ein anschauliches und gegenständliches Beispiel, anhand dessen zu verfolgen ist, wie sich der Reformismus im Gewerkschaftswesen nicht nur ideell, sondern in gelebter Praxis schrittweise verankerte. Das soziale Kassenwesen war zudem eine Gewerkschaftsschule der Solidarität. Wie (2) Solidarität als Leitidee in den Gewerkschaften konkret und institutionell aufgebaut wurde und in welcher Weise pragmatische Überlegungen wie organisationspolitische Motive daran maßgeblich beteiligt waren, veranschaulicht – in Teilen womöglich ernüchternd – die historische Betrachtung des sozialen Unterstützungswesens. Und zuletzt liefert jene (3) ein anschauliches Fallbeispiel des Abnutzungskampfes zwischen Ideologie und Pragmatismus. Es werden Beobachtungen möglich, wie daraus identitätsprägende Narrative angefüttert wurden – und dabei schließlich partiell auch gezwungen konstruiert wurden.

Ausblick: Vom Untersuchungszeitraum in die Gegenwart

Der Blick auf Gewerkschaftsidentitäten lässt sich weiten, wenn dieser experimentell von den erzielten Ergebnissen dieser Studie für die Zeit der 1890er bis frühen 1930er Jahre nach vorne gerichtet wird: in die Zeit der gewerkschaftlichen Entwicklung seit 1945 bis in unsere Gegenwart.

Das soziale Unterstützungswesen ist vor allem in jener exzessiven Form, wie es in der untersuchten Zeit anzutreffen war, heute aus den Gewerkschaften verschwunden. Hier und da haben vereinzelt Überreste allenfalls als Relikte von Unterstützungskassen bis heute überlebt. Nachdem das soziale Unterstützungswesen nach dem Zweiten Weltkrieg zunächst eine Renaissance erlebte – auch in anderen Bereichen wie der Sozialisierungsfrage oder bei der Besetzung führender Funktionärsstellen setzten Gewerkschaften häufig beim unterbrochenen Entwicklungsstand von 1933 an –, fand diese Tendenz alsbald ein Ende. In den 1970er und 1980er Jahren etablierte sich in vielen westdeutschen Gewerkschaften als neuer Trend, das Unterstützungsangebot schrittweise zurückzubauen – und schließlich weitgehend aufzulösen.

Ließen sich aus den Erkenntnissen dieser Studie für die Epoche der Jahre zwischen 1890 und 1933, in denen das soziale Unterstützungswesen in den Gewerkschaften auf- und ausgebaut wurde und an Stärke gewann, Thesen ermitteln, die für die umgekehrte Tendenz – den Rückbau – nach dem Ende des Zweiten Weltkriegs Erklärungen anbieten könnten? Um Missverständnisse zu vermeiden: Die aufgeworfene Frage kann mit dem Untersuchungsdesign der vorliegenden Studie natürlich nicht beantwortet werden. Dafür wären geeignete Quellenauswertungen für interessante Zeiträume zwischen 1945 und der Gegenwart vorzunehmen. Dennoch ist ein Versuch der Thesenbildung statthaft und reizvoll.

Es waren schließlich vor allem pragmatische Überlegungen unter spezifischen Rahmenbedingungen, die den Aufbau und die dynamische Expansion des sozialen gewerkschaftlichen Unterstützungswesens in der Zeit zwischen 1890 und den beginnenden 1930er Jahren determinierten. Und diese spezifischen Rahmenbedingungen modifizierten sich nach 1945. Als relevante Änderung ist (1) die Einheitsgewerkschaftsbildung zu berücksichtigen. Für den ostdeutschen Freien Deutschen Gewerkschaftsbund wie für den westlichen Deutschen Gewerkschaftsbund galt nunmehr, dass weltanschauliche Konflikte und ein von scharfer Konkurrenz getragener Verbandspluralismus organisatorisch unterdrückt oder neutralisiert wurden. Dies bedeutete das Ende der »Milieugewerkschaften« in der in dieser Studie beschriebenen Form, die von einer Vielfalt der Verbände, ihrer Konkurrenz- und Rangkämpfe untereinander und dem Wettbewerb auch in Bezug auf die Leistungsfähigkeit ihrer Sozialkassen bestimmt waren.

Damit verbunden war die Abschwächung des konkurrierenden Ringens um Mitglieder. Während im Osten Deutschlands eine faktische Pflichtmitgliedschaft im FDGB für all jene galt, die beruflich erfolgreich sein wollten, setzte sich im Westen Deutschlands eine andere Entwicklung durch: die (2) Verwestlichung der Gewerkschaften und die zunehmende Fokussierung auf ihre Arbeitsmarktfunktion. Diese Neuausrichtung war mit einem Namen untrennbar verbunden: Otto Brenner. Der charismatische Erste Vorsitzende der Industriegewerkschaft Metall setzte seit Mitte der 1950er Jahre darauf, dass es die vorrangige Aufgabe der Gewerkschaft sei, den Mitgliedern ihren Anteil am Nachkriegsboom der westdeutschen Wirtschaft – dem sogenannten »Wirtschaftswunder« – zu sichern. Die Entgelt- und Arbeitszeitfrage, aber auch vermehrt qualitative Aspekte der Arbeit – vom Rationalisierungsschutz bis zur Humanisierung der Arbeit – ließen die Tarifpolitik zum wichtigsten Universalinstrument, zum scharfen Schwert der Gewerkschaften werden. In einer boomenden Branche zwischen Stahlindustrie, Maschinen- oder Anlagenbau und Automobilindustrie und mit starken Gewerkschaftsbezirken vor allem im deutschen Südwesten avancierte die IG Metall neben anderen erfolgreichen Gewerkschaften wie auch der ÖTV zum Marktfaktor der Arbeit. Nach Brenners demokratischem Mitgliederprinzip sollten diese Erfolge Arbeitnehmer dazu bewegen, in die Gewerkschaft einzutreten. Und es geschah. Zwischen 1950 und dem

Ende der 1970er Jahre baute der DGB seine Basis von über fünf Millionen auf annähernd acht Millionen Mitglieder aus.

Die Mitgliederzahl der Gewerkschaft sollte nach Brenner als demokratisches Votum der Arbeitnehmerschaft dabei unverfälscht glänzen. Vergünstigungen für Gewerkschaftsmitglieder, mit denen Mitgliedschaften »erkauft« schienen, passten aus der Perspektive der Stärke eines Otto Brenner nicht in dieses Bild. In der Konsequenz dieser Ausrichtung benötigten erfolgreiche Gewerkschaften eigene soziale Unterstützungseinrichtungen als organisationspolitisches Instrument der Werbung oder der Bindung der Mitgliedschaft – als Einheitsgewerkschaft zudem noch ohne nennenswerte Konkurrenz – immer weniger oder nicht mehr. In der Ideenwelt Brenners wären sie letztlich gar entwertend für das demokratische Votum der Gewerkschaften gewesen, das durch die freiwillige Mitgliedschaft zum Ausdruck kam, das die Ziele der Gewerkschaften untermauerte und ihre Durchsetzungskraft stärkte. Dies war glaubwürdig, solange Mitgliedschaften nicht vorrangig aus anderen Gründen zustande zu kommen schienen.

Ideologische Widersprüche wie diese konnten bei pragmatischen Vorteilen allerdings überbrückt werden und trotzdem zu einer Implementierung des sozialen Unterstützungswesens in die gewerkschaftliche Ideenwelt führen – wie es in dieser Studie für die Zeit seit den 1890er Jahren zu beobachten war. Seit den 1950er Jahren jedoch lösten sich die pragmatischen Vorzüge des sozialen Kassenwesens aus genannten Gründen allmählich auf. Das soziale Unterstützungswesen stand bereits auf brüchigem Eis, als es in Westdeutschland durch eine positive Entwicklung einen weiteren schweren Schlag erhielt.

Im Prozess einer »Westernisierung«[4], den die Gewerkschaften in Westdeutschland durchliefen, distanzierten sie sich allmählich von traditionellen Positionen – die gewerkschaftlichen Vorstellungen von der Sozialisierung der Wirtschaft zählten etwa hierzu. Mit den Fortschritten bei der Beteiligung der Arbeitnehmer am dynamisch wachsenden Wohlstand im westdeutschen »Wirtschaftswunder« arrangierten sich die Gewerkschaften mit der Marktwirtschaft. Im Gegenzug erwarteten sie eine durch den demokratischen Staat sozial gestaltete Marktwirtschaft und eine sozial gestaltete Arbeitswelt. Mit der Montanmitbestimmung oder der Rentenreform 1957 gelangen unter bürgerlichen Kabinetten der Ära Adenauer und Erhard diesbezüglich jedoch allenfalls symbolträchtige Einzelerfolge. Dies änderte sich mit der Regierungsbeteiligung der Sozialdemokratie in der ersten Großen Koalition seit 1966 und insbesondere in der sogenannten sozialliberalen Reformphase unter der Kanzlerschaft Willy Brandts ab 1969.

Nun konnten die Gewerkschaften ihr in Mitgliederzahlen messbares demokratisches Gewicht im Verständnis Brenners politisch umsetzen. Bei der Bundestagswahl 1972 erreichte die Sozialdemokratie mit 45,8 Prozent der Zweitstimmen ihr – bis heute – bestes Nachkriegsergebnis. Etwas mehr als 17 Millionen Bundesbürger hatten mit

---

[4] Angster: Konsenskapitalismus und Sozialdemokratie.

ihrer Zweitstimme für die SPD votiert. Zu den treuesten Wählerinnen und Wählern der Sozialdemokratie gehörten die in den Gewerkschaften Organisierten. Bis zu annähernd acht Millionen Arbeitnehmerinnen und Arbeitnehmer waren in den 1970er Jahren Mitglied in einer Gewerkschaft des Deutschen Gewerkschaftsbundes. Die Mitgliederzahlen der SPD pendelten in dieser Zeit um die Millionengrenze – die basisstärkste »Arbeitnehmerpartei« war auch seinerzeit nicht die Sozialdemokratie, sondern die Einheitsgewerkschaft.

Die Gewerkschaften waren die wohl wichtigste Stütze der SPD als Regierungspartei. Sie stellten das bedeutendste Wählerpotenzial, sie waren mit prominenten Gewerkschaftsführern im Bundeskabinett vertreten – allen voran Walter Arendt als Bundesminister für Arbeit und Sozialordnung, der zuvor der IG Bergbau und Energie vorstand – und beeinflussten die Gesetzgebung insbesondere im Bereich der Arbeits- und Sozialpolitik. In dieser Phase wurde der westdeutsche Sozialstaat wie in keiner Etappe zuvor und danach vom Arbeitsrecht bis zur Sozialversicherungspolitik dynamisch ausgebaut. Man sprach von einer Epoche, in welcher die Bundesrepublik sozialpolitisch neu gegründet wurde. Es folgte nach dem Wohlstandsfortschritt im »Wirtschaftswunder« – nach Fernseher, Automobil oder Italienurlaub – der Wohlstandsfortschritt im Bereich sozialer Sicherheiten.[5]

Der erneuerte westdeutsche Sozialstaat der 1970er Jahre trug ein gewerkschaftliches Brandzeichen. Er war gewerkschaftlich mitorganisiert und Gewerkschaften in ihn inkorporiert. Während der sozialliberalen Reformphase wurden im Westen gewerkschaftliche Programme der Sozialpolitik zur Regierungspolitik, die Gewerkschafter führend exekutierten. In Ostdeutschland war die Homogenisierung von Gewerkschaften, Sozialpolitik und Staat systembedingt weiter fortgeschritten. Die gesetzliche Kranken-, Unfall- und Rentenversicherung für Arbeiter und Angestellte der Deutschen Demokratischen Republik lag seit 1951 als Sozialversicherung des Freien Deutschen Gewerkschaftsbundes in der Trägerschaft des FDGB.

Einem expansiven sozialen Unterstützungswesen wurde in den Gewerkschaften dadurch der Nährboden weiter entzogen. Sobald Gewerkschaften sozialpolitisch-staatlich aktiv agieren oder mitgestalten konnten und sobald sie selbst dadurch den Gestaltungsprozess repräsentierten und mitverantworteten, war ein soziales Selbsthilfewesen letztlich auch ein Eingeständnis des eigenen Scheiterns. Nun endlich hatten Gewerkschaften den Staat da, wo sie ihn – nach Maßgabe der Rhetorik bis in die späten 1920er und frühen 1930er Jahre – haben wollten: als sozialistisches Konstrukt im Osten oder zumindest als von Gewerkschaftern einflussreich mitgestalteten expansiven Sozialstaat im marktwirtschaftlichen Westen. Die wiederholt angesprochene Sollbruch-

---

[5] Zu den dargelegten Überlegungen finden sich Herleitungen, weiterführende Informationen und Belege in Veröffentlichungen des Verfassers. Stefan Remeke: Anders links sein. Auf den Spuren vor Maria Weber und Gerd Muhr, Essen 2012, bes. S. 103–118. Ders.: Gewerkschaften und Sozialgesetzgebung.

stelle der Verbindung des sozialen Unterstützungswesens mit den Gewerkschaften – in der Untersuchungszeit dieser Studie in den Gewerkschaften verankert –, mit der die soziale Selbsthilfe in den Verbänden für eine begrenzte Zeit legitimiert wurde, bis durch einen tiefgreifenden Wandel der Wirtschafts- und Gesellschaftsform oder des Staatswesens soziale Gerechtigkeit für Arbeitnehmerinnen und Arbeitnehmer anderweitig hergestellt war – sie geriet nunmehr unter starken Druck. Darauf wird sogleich zurückzukommen sein.

Mehr noch: Durch den sozialpolitischen nach dem materiellen Fortschritt im Westen verlor das Unterstützungswesen an Reiz für potenzielle Mitglieder, die bei Fragen zur Sicherung ihres Daseins, das insgesamt immer saturierter erschien, Antworten des sozialen Staatswesens erwarteten und fanden oder jene mit Blick auf die Gewerkschaften eher an das erfolgreiche Tarifvertragswesen adressierten. Gleichzeitig verlor das soziale Unterstützungswesen an Reiz auch für Gewerkschaftsführungen, die den harten organisationspolitischen Kampf in einem Haifischbecken der vielfältig konkurrierenden Verbände nun als Einheitsgewerkschaft nicht mehr führen mussten, die Kassenkonkurrenz immer weniger verspürten und denen mit einem erfolgreichen Wirken als Arbeitsmarktpartei in einem günstigen gesamtwirtschaftlichen Umfeld kontinuierlich neue Mitglieder zuliefen – zunächst bis zum Ende der 1970er Jahre.

Der Identitätswandel der deutschen Gewerkschaften nach 1945 lässt sich im Vergleich zu gewerkschaftlichen Identitäten vor 1933 unter dem Brennglas des sozialen Unterstützungswesens gerade deshalb so anschaulich machen, weil dieses nach 1945 die entscheidenden Kraftfelder allmählich verlor. Die Gewerkschaftswelt oder die Gewerkschaftszeit des expandierenden sozialen Unterstützungswesens war die Welt und Zeit der konkurrierenden »Milieugewerkschaften«, der Verbände- und Kassenkonkurrenz, der weltanschaulich um Einfluss und Mitgliederzahlen intensiv miteinander ringenden zahlreichen gewerkschaftlichen Verbände und der relativ geschlossenen Milieus der Arbeitnehmerschaften; eine Welt, die große soziale Herausforderungen stellte, existenzielle Krisen bereithielt, eine Welt, in der dynamische Veränderungsprozesse – wie sie in der Studie exemplarisch skizziert wurden – menschliche Unsicherheiten, Ängste und Sorgen nährten und das Verlangen nach sozialer Sicherheit mehrten; eine Welt, in der Gewerkschaften die solidarische Gemeinschaftsbildung – nicht zuletzt vor dem Hintergrund des umkämpften Werbens um Mitglieder in der gewerkschaftlichen Konkurrenz – als aktiven Überlebenskampf der eigenen Organisation obsessiv betrieben und dafür gezielt und expansiv Werkzeuge mit Organisationsanreizen einsetzten, mit denen sich ein intensives Kümmerertum um die Mitgliedschaften ausprägte – schließlich auch durch gewerkschaftliche Wohnungsbaugesellschaften, Sparkassen und Banken, Kranken-, Sach- oder Lebensversicherungsgesellschaften, mit denen ebenso Marktmacht angestrebt wurde, sei es über genossenschaftliche oder andere Strukturen.

Auch von den eigenen Unternehmen lösten sich die westdeutschen Gewerkschaften nach den 1970er Jahren – zusätzlich beschleunigt durch Fehlentwicklungen und

Skandale wie etwa bei der Neuen Heimat.[6] Als Mauerfall und Wiedervereinigung das ostdeutsche, sozialistisch ideologisierte und das westdeutsche »westernisierte« Gewerkschaftsmodell in den 1990er Jahren zusammenführten, sollten die marktwirtschaftlich adaptierten westlichen Organisationsformen die weitere Zukunft bestimmen. Für das soziale Unterstützungswesen war dies nicht mehr entscheidend. Auf beiden dieser Pfade, dem ostdeutschen wie dem westdeutschen, hatte das soziale gewerkschaftliche Kassenwesen lediglich einen sich verflüchtigenden Artenschutz genossen. Auch die sogenannten Kassen der gegenseitigen Hilfe, die von Mitgliedern einer FDGB-Betriebsorganisation gebildet wurden und zinslose Darlehen, aber auch begrenzte Unterstützungen gewährten, erlebten ihren Höhepunkt in den 1950er Jahren.[7] Die Welt der Gewerkschaften des späten Kaiserreichs und der Weimarer Republik, die ein fruchtbares Habitat für ein expandierendes soziales Unterstützungswesen bereitgestellt hatte, gab es in jener Form nicht mehr. Wie in der Bundesrepublik trocknete in der Deutschen Demokratischen Republik der Nährboden des sozialen gewerkschaftlichen Kassenwesens seit den 1950er Jahren sukzessive aus.

Dieser Identitätswandel der Gewerkschaften – im Blick auf das soziale Unterstützungswesen verdeutlicht – war auch in der Literatur erkennbar. In neuen autochthonen gewerkschaftlichen Verbandsgeschichten oder der jüngeren gewerkschaftlichen Jubiläumsliteratur[8] behielt das soziale Unterstützungswesen zwar einen Platz im historischen Verbandsgedächtnis – nun jedoch anders als in Verbandsgeschichten, die in der Untersuchungszeit veröffentlicht wurden, zunehmend leblos als historisches Relikt ohne in die Gegenwart reichende Verbindungslinie.

Dies gestaltete sich in der geschichtswissenschaftlichen Betrachtung abweichend. In den 1980er Jahren war ein erwecktes Forschungsinteresse am seinerzeit herausgeforderten Sozialstaat zu verzeichnen, bei dem der historische Blick immerhin auf die gewerkschaftlichen Arbeitslosenunterstützungen als Vorform der staatlichen Arbeits-

---

[6] Dazu weiterführend Werner Abelshauser: Nach dem Wirtschaftswunder. Der Gewerkschafter, Politiker und Unternehmer Hans Matthöfer, Bonn 2009, S. 567-668. Peter Kramper: Neue Heimat. Unternehmenspolitik und Unternehmensentwicklung im gewerkschaftlichen Wohnungs- und Städtebau 1950-1982, Stuttgart 2008.

[7] Dieter Dowe/Karlheinz Kuba/Manfred Wilke (Hg.): FDGB-Lexikon. Funktion, Struktur, Kader und Entwicklung einer Massenorganisation der SED (1945-1990), bearbeitet von Michael Kubina, Berlin 2009. Die Erläuterungen zum Schlagwort »Kassen der gegenseitigen Hilfe (KdgH)« eingesehen unter http://library.fes.de/FDGB-Lexikon/texte/sachteil/k/Kassen_der_gegenseitigen_Hilfe_(KdgH).html, abgerufen am 02.11.2021.

[8] Hierzu als Auswahl etwa Nachtmann: 100 Jahre ÖTV – Geschichte (1996 veröffentlicht). Vorstand der Industriegewerkschaft Metall (Hg.): 100 Jahre Industriegewerkschaft 1891 bis 1991. Vom Deutschen Metallarbeiter-Verband zur Industriegewerkschaft Metall, Köln 1991. Hauptvorstand der IG Chemie-Papier-Keramik (Hg.): 100 Jahre Industriegewerkschaft Chemie, Papier, Keramik 1890-1990. Von den Verbänden der ungelernten Fabrikarbeiter, der Glas- und Porzellanarbeiter zur modernen Gewerkschaftsorganisation, Köln 1990. Oder Minde: 100 Jahre Deutscher Postverband 1890-1990 (1990 veröffentlicht).

losenversicherung fiel.⁹ Im Zeitraum nach der Wende vom 19. zum 20. Jahrhundert, den diese Studie betrachtet, hatten Wissenschaftler davon abweichende Schwerpunktinteressen, wenn sie seinerzeit das sich entfaltende Gewerkschaftswesen kartierten und das gewerkschaftliche Unterstützungswesen dabei vermaßen. Es wurde vor allem Organisationsforschung betrieben.¹⁰ Vom damals organisationspolitischen Messobjekt der wie ein noch unbekanntes Wesen erkundeten aufstrebenden Massengewerkschaften entwickelte sich das unstete Wissenschaftsinteresse am gewerkschaftlichen Unterstützungswesen in den 1980er Jahren zu einer Erkundung eines historischen Beiwerkes des Sozialstaates.

Mit der Gewerkschaftsidentität und den Rahmenbedingungen hatte sich in der gegenwartsnahen Moderne ebenfalls der wissenschaftliche Blickwinkel auf das soziale gewerkschaftliche Unterstützungswesen verändert. Auch hier gehörten die einstmals interessierenden organisationspolitischen Zusammenhänge, in denen das soziale Unterstützungswesen der Gewerkschaften erblüht war, der Vergangenheit an. Vor allem die Herausforderung des Sozialstaates durch die strukturelle Arbeitsmarktkrise, die in den 1980er Jahren deutlich wurde, und die quantitativen Gewerkschaftsquellen, die das gewerkschaftliche Unterstützungswesen bereithielt, ließen – jedoch nur für einen begrenzten Zeitraum – das Interesse der Sozialgeschichte an der Historisierung dieses Aspektes aufflammen.

Neben allem, was die Epoche der Jahre zwischen 1890 und 1933 von der jüngeren Vergangenheit und von der Gegenwart trennt – und warum heute eine Wiedergeburt eines gewerkschaftlichen Unterstützungswesens in der in dieser Studie beschriebenen Form unvorstellbar erscheint –, gibt es auch zeitübergreifende und verbindende Phänomene: etwa den Identitätstransfer. Dies gilt etwa für die vielfach erwähnte Sollbruchstelle in der Verbindung von Gewerkschafts- und sozialem Unterstützungswesen besonders bei den Freien Gewerkschaften. Die ideologischen Vorbehalte gegen das soziale Selbsthilfewesen, wie sie seit den 1890er Jahren in den Gewerkschaften besonders deutlich geworden waren, drangen trotz identitätsstiftender Inkorporierung des sozialen Kassenwesens in das kollektive gewerkschaftliche Gedächtnis ein. In sprachlichen Formeln, die Licht auf das kommunikative Gewerkschaftsgedächtnis warfen, fanden die konservierten Einwände gegen soziale Unterstützungseinrichtungen im gewerkschaftlichen Selbstverständnis einen Ausdruck. Formeln, dass Gewerkschaften doch stets Kampforganisationen seien, dass Selbsthilfe in Unterstützungseinrichtungen Mit-

---

[9] Auf diesbezügliche Arbeiten von Schönhoven und Faust aus den 1980er Jahren oder auf einen international vergleichenden Ansatz von Steinisch aus den 1990er Jahren – ebenfalls mit Blick auf die staatliche Sozialgesetzgebung – wurde bereits hingewiesen.

[10] Hierzu am deutlichsten Brüggerhoff: Das Unterstützungswesen bei den deutschen »Freien« Gewerkschaften. Ders.: Statistisches über das Unterstützungswesen (erschienen als Dissertation 1908). Vgl. dazu die Erläuterungen zur Geschichte der Gewerkschaftsforschung in Kapitel eins dieser Studie.

tel zum Zweck oder lediglich eine Übergangslösung sei, bis eine wahrhaftige soziale Gerechtigkeit anderweitig hergestellt werden könne – diese oder vergleichbare sprachliche Muster kamen nach 1945 noch immer bei Gelegenheit zum Vorschein, sobald Gewerkschaften ihre sozialen Unterstützungseinrichtungen kommentierten. So ging beispielsweise ein Bericht über den organisatorischen Neuaufbau der Gewerkschaft ÖTV im Jahr 1950 mit folgenden Erläuterungen auf die Sterbe-, Arbeitslosen- und Notfallunterstützung ein: »Das Unterstützungswesen hat in den deutschen Gewerkschaften immer einen beträchtlichen Raum eingenommen, aber es hat niemals ernste Meinungsverschiedenheiten darüber gegeben, dass Gewerkschaften keine Unterstützungsvereine, sondern in erster Linie Kampforganisationen zur Verbesserung der Lebensbedingungen der arbeitenden Menschen sein sollen.«[11]

Mit nahezu identischen sprachlichen Wendungen, wie sie aus der Untersuchungszeit dieser Studie bekannt sind, hatte die gedankliche Konstruktion der Sollbruchstelle – zumindest partiell – offensichtlich die Zeit des Zweiten Weltkriegs überlebt. War sie im kommunikativen und kulturellen Gedächtnis der Gewerkschaften so tief verankert, so lebendig, dass sie das Handeln nach 1945 beeinflussen konnte? Dieser Annahme folgend, hätten Gewerkschaften die Selbsthilfeinstrumente spätestens ab den 1970er Jahren zurückbauen können, vielleicht sogar müssen. Im Westen hatten die Gewerkschaften als erfolgreiche Arbeitsmarktparteien im Wirtschaftsboom Wohlstandsgewinne für die Arbeitnehmerschaft errungen. Unter ihrer aktiven politischen Beteiligung war der Sozialstaat in der sozialliberalen Reformphase ausgebaut, erweitert und in der Arbeitswelt neu ausgerichtet worden. In Ostdeutschland wurde das sozialistische Experiment praktiziert. Im Untersuchungszeitraum dieser Studie hatten Freie Gewerkschaften den Ausbau sozialer Unterstützungskassen auch damit legitimiert, dass Staat, Wirtschaft und Gesellschaft für die Herstellung sozialer Gerechtigkeit noch nicht hinreichend geeicht waren. Im Warten auf eine sozialistische Revolution oder eine anderweitig herbeigeführte soziale Neuordnung wahrten Gewerkschaften mit ausgebauten sozialen Unterstützungseinrichtungen dadurch letztlich ihr Gesicht als Organisationen, die um Systemveränderungen rangen.

Diese wurden nach 1945 dem Anschein nach erreicht: im ostdeutschen Sozialismus und – verspätet – mit der westdeutschen Metamorphose zu einer sozialen Marktwirtschaft, die am Ende der 1950er und am Anfang der 1960er Jahre begann,[12] jedoch erst in der ersten Hälfte der 1970er Jahre unter aktiver politischer Beteiligung der Gewerk-

---

[11] Gewerkschaft Öffentliche Dienste, Transport und Verkehr: Jahrbuch 1949-1950, S. 21.
[12] Weiterführend Werner Abelshauser: Erhard oder Bismarck? Die Richtungsentscheidung der deutschen Sozialpolitik am Beispiel der Reform der Sozialversicherung in den fünfziger Jahren, in: Geschichte und Gesellschaft 22, 1996, S. 376-392. Stefan Remeke: Formationsphasen sozialer Ordnung im westlichen Nachkriegsdeutschland, in: Jörg Calließ (Hg.): Die frühen Jahre des Erfolgsmodells BRD. Oder: Die Dekonstruktion der Bilder von der formativen Phase unserer Gesellschaft durch die Nachgeborenen, Rehburg-Loccum 2003, S. 181-197.

schaften vollendet wurde. Nun wären – der Konstruktion der Sollbruchstelle folgend – auch die westdeutschen Gewerkschaften legitimiert gewesen, ihren alten Ballast aus Weimarer Zeiten abzuwerfen, den sie als erfolgreiche Arbeitsmarktparteien und – in dieser Zeit noch – einflussreiche politische Akteure nicht mehr zu benötigen schienen. Das soziale Unterstützungswesen konnte nun, gefolgt von den gewerkschaftseigenen Unternehmungen, auf eine interne Streichliste gesetzt werden.

Welchen Einfluss die Tradierung jener Sollbruchstelle in der Verbindung von Gewerkschaften und sozialen Unterstützungseinrichtungen auf den tatsächlichen Verlauf der Gewerkschaftsgeschichte nach 1945 nahm, kann hier nicht beantwortet und womöglich nur gemutmaßt werden. Doch der Gedankengang bleibt interessant: Nachdem die geschilderten veränderten Umstände dem sozialen Unterstützungswesen in der Nachkriegszeit nach 1945 zunehmend den Boden abgegraben hatten, könnte eine kognitive Disposition im kollektiven gewerkschaftlichen Gedächtnis in den 1970er Jahren dazu beigetragen haben, dass die Zeit der Erosion nun gekommen war. Am Ende wurde dies nicht ausgelöst durch eine Überwindung des Kapitalismus – wie es in freigewerkschaftlichen Zukunftsvisionen der hier untersuchten Zeit zu finden war. Bedeutend war in den 1970er Jahren vielmehr der deutsch-deutsche Systemkonflikt, der den sozialistischen Osten wie den kapitalistischen Westen in erbitterter Konkurrenz um den Nachweis der Systemüberlegenheit zu sozialpolitischen Höchstleistungen trieb. Doch scheint, gerade mit Blick auf die Ergebnisse der vorliegenden Studie, die Änderung der gewerkschaftlichen Organisationsbedingungen durch die Etablierung der Einheitsgewerkschaftsbewegung und durch die damit einhergehende Reduktion der Angebotskonkurrenz auf dem Gewerkschaftsmarkt für das langfristige Aussterben des Unterstützungswesens nach 1945 ebenso wichtig gewesen zu sein. Zwar blieb das natürliche Interesse der Gewerkschaften an der Gewinnung von Mitgliedern weiter erhalten – und um 1950 wurde das soziale Unterstützungswesen zuerst auch weiterhin in jenem Kontext platziert.[13] Mit den glänzenden Erfolgen der westdeutschen Gewerkschaften während des Wirtschaftsbooms von der Mitte der 1950er bis zur Mitte der 1970er Jahre musste diese Perspektive für das gewerkschaftliche Unterstützungswesen an Überzeugungskraft jedoch verlieren. Die gewerkschaftlichen Verteilungserfolge überstrahlten bald jede gewerkschaftliche Leistungsbilanz. Die Anreizwirkung gewerkschaftlicher Sozialleistungen relativierte sich – weil es Beschäftigten zunehmend besser ging und weil sich der Entscheidungsprozess für den Gewerkschaftsbeitritt modifizierte. Im Westen entschieden sich Arbeitnehmerinnen und Arbeitnehmer freiheitlich und demokratisch für die gewerkschaftliche Organisierung oder dagegen – und bewerteten dabei neben persönlichen Vorteilen auch die Verteilungserfolge. Im Westen wie im Osten stellte sich hingegen die Frage, *wo* man sich gewerkschaftlich organisierte, nicht

---

[13] Vgl. auch dazu Gewerkschaft Öffentliche Dienste, Transport und Verkehr: Jahrbuch 1949-1950, S. 21.

mehr. Im Zeitalter der Einheitsgewerkschaft war im deutschen Osten wie im Westen die Konkurrenz der Verbände und ihrer Einrichtungen untereinander – und damit ein zentraler Motor der Expansion des sozialen Unterstützungswesens in der Zeit, die diese Studie untersucht – nicht mehr oder kaum noch gegeben.

Auch anderweitig könnte man sich mit einem Identitätstransfer aus dem historischen Bereich des sozialen gewerkschaftlichen Unterstützungswesens bis in unsere Gegenwart befassen. Ein wesentlicher Bestandteil des Narrativs, mit dem in der Untersuchungszeit der Auf- und Ausbau sozialer Kassen in den Gewerkschaften begleitet wurde, lautete: Eine Gewerkschaft wird stärker und wächst durch eine solidarische Gemeinschaftsbildung – wobei dies angeleitet, erfahrbar gemacht und dynamisiert wurde durch ein entsprechend abgestimmtes gewerkschaftliches Sozialleistungssystem. Zur Vorbereitung der Bundestagswahl 2021 veröffentlichte der Seeheimer Kreis in der SPD seine Eckpunkte für das Wahlprogramm der Sozialdemokratie. Um eine stärkere materielle Umverteilung als Ziel sozialdemokratischer Politik zu begründen, wurde erklärt: »Wir werden als Gesellschaft nur stärker, wenn wir unsere Schwachen schützen.«[14] Der Satz kann als Formel gelten für die stärkste Zielutopie, die der modernen Sozialdemokratie geblieben ist: soziale Gerechtigkeit in einer solidarischen Gesellschaft.

Diese Formel ähnelt der historischen gewerkschaftlichen Erzählung über die Stärke der organisatorischen Gemeinschaft und der Funktion des sozialen Unterstützungswesens dabei auf frappierende Weise. Man sollte die Beobachtung nicht einfach beiseite wischen, indem man etwa darauf verwiese, dass im Themenfeld der Solidarität schon immer und noch immer ähnliche, mitunter austauschbar erscheinende Begrifflichkeiten und Aussagen anzutreffen waren. Man sollte diese Beobachtung genauso wenig überhöhen, indem der Eindruck erweckt würde, als wäre ein sozialdemokratisches Verständnis von sozialer Gerechtigkeit vor allem in den Gewerkschaften und ihren sozialen Unterstützungseinrichtungen entscheidend geprägt worden.

Spannender wird die Beobachtung in einer anderen Perspektive. Starke, identitätsstiftende Begriffe der Gegenwart – wie jener der sozialen Gerechtigkeit für die deutsche Sozialdemokratie – haben in der Regel eine komplexe begriffliche und kulturelle Geschichte. Sie wurden in ihren Bedeutungen im historischen Prozess regelmäßig neu akzentuiert, aktualisiert oder überschrieben und setzten sich aus vielfältigen Mosaiksteinen ihrer Herkunft und der auf sie einwirkenden Akzente zusammen. Das soziale gewerkschaftliche Unterstützungswesen in der in dieser Studie beobachteten historischen Zeit des dynamischen Ausbaus bis zum Auftakt der 1930er Jahre vermag zu zeigen, wie aus sozialen Rahmenbedingungen, technischen, strategischen oder administrativen Prozessen der Gewerkschaftsorganisation, Konflikten und Debatten über das gewerkschaftliche Selbstverständnis sowie dadurch angeregten integrierenden Erzäh-

---

[14] Das Positionspapier des Seeheimer Kreises hier zitiert nach Vorwärts, 23. September 2020, eingesehen unter https://www.vorwaerts.de/artikel/seeheimer-kreis-fordert-spitzensteuer-rauf-tarifloehne, abgerufen am 03.03.2021.

lungen eine spezifische gewerkschaftliche Identitätsstiftung erwuchs. Sie dürfte einer der Mosaiksteine gewesen sein, der im Arbeitnehmermilieu an der Genese der Vorstellungen von der – in konkreten technischen oder institutionellen Reformprozessen zu verbessernden – sozialen Gerechtigkeit für eine gestärkte solidarische Gemeinschaft stark beteiligt war.

Es sind erinnerungs- oder begriffsgeschichtliche Beobachtungen wie die letztgenannten, die Faulkners häufig zitierter Aphorismus von der nicht vergänglichen Geschichte zu illustrieren scheint: »The past is never dead. It's not even past.«[15] Für das soziale gewerkschaftliche Unterstützungswesen hingegen ließe sich mutmaßen, dass es in der in dieser Studie beschriebenen Form unter den Bedingungen der Gegenwart indes tatsächlich »beerdigt« ist. In den heutigen Gewerkschaften des DGB sind von dem einstmals in erheblichen Dimensionen auf- und ausgebauten sozialen Unterstützungswesen allenfalls noch einige Reste vorhanden. Und eine Renaissance ist nicht zu erwarten.

Andere Techniken bestimmen den Zeitgeist gewerkschaftlicher Vorsorgepolitik – etwa bei der gewerkschaftlichen Rentenpolitik. Mit der Realisierung der ab 2021 eingeführten Grundrente haben die Gewerkschaften einen wichtigen Teilerfolg durch die Aufwertung der Bezüge von Arbeitnehmerinnen und Arbeitnehmern mit niedrigen Beitragsleistungen in der gesetzlichen Rentenversicherung errungen. Moderne Rentenzusatzsysteme – in dieser Funktion den in dieser Studie betrachteten gewerkschaftlichen Altersunterstützungen in der Tat sehr ähnlich – organisieren Gewerkschaften heute als Versorgungswerke gemeinsam mit Partnern aus der Versicherungsbranche oder der Arbeitgeberseite. Dabei taucht die in der Zeit, die diese Studie historisch beleuchtet, unter anderen Voraussetzungen genutzte Bezeichnung der Unterstützungskasse wieder auf – etwa bei der *u.di-Unterstützungskasse für den Dienstleistungsbereich*, die als eingetragener Verein im Dienstleistungsbereich seit 1999 aktiv ist. Dieser »Verein ist eine soziale Einrichtung für Arbeitgeber, Unternehmen und Verbände aus dem privaten oder öffentlichen Dienstleistungsbereich, die über ihn ihre betriebliche Altersversorgung durchführen«, heißt es in der Satzung.[16] Die Unterstützungskasse konzentriert sich mithin auf die Realisierung betrieblicher Altersversorgungen nach dem Betriebsrentengesetz für Arbeitnehmer. Unternehmen stellen dem Verein nach einer vorgegebenen Planung alle Finanzmittel zur Verfügung, damit dieser die Altersversorgung umsetzen kann. Die Unterstützungskasse arbeitet hierbei in Kooperation mit der Dienstleistungsgewerkschaft Verdi, mit Versicherungsgruppen und anderen Versorgungswerken.

Damit ist die Expedition, die diese Studie in eine – wie zu Anfang angekündigt – vergessene Gewerkschaftswelt unternommen hat, wieder an ihrem Ausgangspunkt in der Gegenwart angekommen. Die Traditionslinie der gewerkschaftlichen Unterstützungs-

---

[15] William Faulkner: Requiem for a Nun, New York 1951, 1. Akt, 3. Szene.

[16] u.di-Unterstützungskasse für den Dienstleistungsbereich: Satzung. Stand 27. Juni 2014, Wiesbaden 2014, § 2, S. 2. Aktuell firmiert die Einrichtung unter dem Titel: u.di Unterstützungs- und Vorsorgewerk für den Dienstleistungsbereich e.V.

kassen einerseits und jene der betrieblichen Sozialkassen andererseits, in der Untersuchungszeit in aufgeladener Kassenkonkurrenz geradezu verfeindet, haben sich heute in modernen Organisationsformen vereint. Die gewerkschaftliche Traditionslinie ist dabei viel stärker, als es in der Gegenwart wahrgenommen wird. Dies hat viel damit zu tun, dass das gewerkschaftliche Unterstützungswesen, wie es die vorliegende Studie beschreibt, in Vergessenheit geraten ist. Das soziale gewerkschaftliche Unterstützungswesen zeigt in der historischen Perspektive besonders anschaulich auf, wie ernsthaft, wie professionell und mit welchem beeindruckenden institutionellen *Output* sich Gewerkschaften mit eigenen sozialen Versicherungen für Arbeitnehmerinnen und Arbeitnehmer befasst haben.

Gewerkschaften sind – besonders in der historischen Perspektive – durch langjährige Profession und ein angereichertes Erfahrungswissen ausgewiesene institutionelle Experten der sozialen Leistungen und sozialen Versicherungen. Sie müssen in diesen Entscheidungs- und Politikfeldern, die in den kommenden Transformationen der Arbeitswelt noch wichtiger werden, in diesem Geschichtsbewusstsein selbstbewusst agieren. Und sie sollten besser gehört werden.

***

Anhang

Verzeichnis genutzter Abkürzungen

(Die Anwendung von Abkürzungen erfolgt in Text und Anmerkungen restriktiv, um Leserinnen und Leser möglichst unverschlüsselt zu informieren. Wichtige Abkürzungen, die dennoch genutzt wurden, sind in diesem Verzeichnis aufgeführt. Abkürzungen, die im Kontext am Ort erläutert sind, werden im Verzeichnis nicht immer aufgeführt.)

ADGB	Allgemeiner Deutscher Gewerkschaftsbund
AfA-Bund	Allgemeiner freier Angestelltenbund
Bearb.	Bearbeiter, Bearbeiterin
bes.	besonders
Butab	Bund der technischen Angestellten und Beamten
Butib	Bund der technisch-industriellen Beamten
DAG	Deutsche Angestellten-Gewerkschaft
ders.	derselbe
DGB	Deutscher Gewerkschaftsbund
DHV	Deutschnationaler Handlungsgehilfen-Verband
dies.	dieselbe, dieselben
Diss.	Dissertation
DPG	Deutsche Postgewerkschaft
Ebd.	Ebenda
FDGB	Freier Deutscher Gewerkschaftsbund
Gedag	Gesamtverband Deutscher Angestellten-Gewerkschaften
GdA	Gewerkschaftsbund der Angestellten
HBV	Gewerkschaft Handel, Banken und Versicherungen
Hg.	Herausgeber
IG	Industriegewerkschaft
IG Medien	IG Medien – Druck und Papier, Publizistik und Kunst
IG Metall	Industriegewerkschaft Metall
o.J.	ohne Jahr
o.O.	ohne Ort
ÖTV	Gewerkschaft Öffentliche Dienste, Transport und Verkehr
RDA	Reichsbund Deutscher Angestellten-Berufsverbände
RVO	Reichsversicherungsordnung
SPD	Sozialdemokratische Partei Deutschlands
u.a.	unter anderem, unter anderen

Vela   Vereinigung der leitenden Angestellten in Handel und Industrie
ver.di/Verdi   Vereinte Dienstleistungsgewerkschaft
VWA   Verband der weiblichen Handels- und Büroangestellten
ZdA   Zentralverband der Angestellten

Verzeichnis genutzter Quellen und Literatur

(mit Angaben ferner wichtiger und weiterführender Titel)

Systematisch ausgewertete Gewerkschaftsquellen

Archivverweis: Das nachfolgend gelistete Material wurde in wesentlichen Anteilen aus den Beständen des Verdi-Archivs Paula-Thiede-Ufer und Westhafen (Berlin) und aus der Bibliothek der Friedrich-Ebert-Stiftung (Bonn) bezogen (vor Ort gesichtet oder via Fernleihe eingesehen).

A Verbandsquellen

BUND DER TECHNISCHEN ANGESTELLTEN UND BEAMTEN

SATZUNGEN UND STATUTEN
- –: Ausführungsbestimmungen zur Satzung. Ausgegeben im Dezember 1926, Berlin 1926.
- –: Organisationsgrundsätze und Satzung – nach den Beschlüssen des siebten ordentlichen Bundestages im Mai 1930. Ausgabe August 1930, Berlin 1930.
- –: Organisationsgrundsätze und Satzung – nach den Beschlüssen des außerordentlichen Bundestages im März 1932. Ausgabe April 1932, Berlin 1932.

DEUTSCHER TRANSPORTARBEITER-VERBAND

PROTOKOLLE DER VERBANDSTAGE/GENERALVERSAMMLUNGEN
- –: Protokoll der Verbandstage/Generalversammlungen 1907-1922, Berlin.

JAHRBÜCHER
- –: Jahrbuch 1907-1921, Berlin.

SATZUNGEN UND STATUTEN
- –: Statut des Deutschen Transportarbeiter-Verbandes. Gültig ab 1. Juli 1907, Berlin 1907.

–: Satzung für die fakultativen Unterstützungseinrichtungen des Deutschen Transportarbeiter-Verbandes 1910. In Kraft getreten am 1. April 1910, abgedruckt im Verbandsorgan des Deutschen Transportarbeiter-Verbandes: Courier Nr. 11, 1910, S. 97-98.

Sonderbereich Strassenbahner
Protokoll der Verhandlungen der ersten Konferenz der Straßenbahner Deutschlands. Abgehalten zu München am 28. und 29. Januar 1907, Berlin 1907.

DEUTSCHER VERKEHRSBUND

Protokolle der Bundestage
–: Protokoll über die Verhandlungen der Bundestage 1925-1928, Berlin.
–: Protokoll über die Verhandlungen des 14. (Außerordentlichen) Bundestages 1929, in: Gesamtverband der Arbeitnehmer der öffentlichen Betriebe und des Personen- und Warenverkehrs: Protokoll über die Verhandlungen der Gründungstagungen des Gesamtverbandes 1929, Berlin 1929.

Jahrbücher
–: Jahrbuch 1922-1929, Berlin.

Satzungen und Statuten
–: Satzung des Deutschen Verkehrsbundes. Gültig ab 1. Oktober 1927, Berlin 1927.
–: Satzung der Renten-, Pensions- und Sterbezuschusskasse (Rentka). Gültig ab 1. Januar 1927, Berlin 1927.
–: Sondersatzung der Allgemeinen Deutschen Postgewerkschaft (Mitgliedschaft im Deutschen Verkehrsbund). Gültig ab 1. Oktober 1927, Berlin 1927.

DEUTSCHNATIONALER HANDLUNGSGEHILFEN-VERBAND

Protokolle der Verbands- oder Handlungsgehilfentage
–: Verhandlungsschrift über die Verbandstage 1895-1913, Hamburg. (Erschienen in den frühen Jahren häufig in einer gemeinsamen Publikation mit den Verhandlungsschriften der deutschen Handlungsgehilfentage sowie den Geschäftsberichten und Abrechnungen des Verbandes im Berichtszeitraum der jeweiligen Jahrgänge.)

Für die Verbandstage 1926-1932 lag unvollständiges, diffuses Quellenmaterial vor.

Rechenschaftsberichte – Berichte und Abrechnungen
–: Bericht und Abrechnung für das (Geschäfts-) Jahr 1895/1896-1911/1912, Hamburg. (Dieser Vorläufer der später ausführlicheren jährlichen Rechenschaftsberichte des

Verbandes erschien in frühen Jahren häufig in einer gemeinsamen Publikation mit den Verhandlungsschriften der Verbandstage und der deutschen Handlungsgehilfentage im Berichtszeitraum der jeweiligen Jahrgänge.)
–: Rechenschaftsbericht 1924-1931, Hamburg.

Jahrbücher
–: Jahrbuch für deutschnationale Handlungsgehilfen (auch Jahrbuch für deutschnationale Kaufmannsgehilfen) 1900-1927, Hamburg. (Dabei wurden die digitalisierten Bestände der Staats- und Universitätsbibliothek Hamburg mit der ausgewiesenen Creative Commons Lizenz genutzt: https://creativecommons.org/licences/by-sa/4.0/deed.de.)

Merkbücher
–: Merkbuch für deutsche Kaufmannsgehilfen 1926-1933, Hamburg.

Satzungen und Statuten
–: Satzung des Deutschnationalen Handlungsgehilfen-Verbandes – Gewerkschaft der deutschen Kaufmannsgehilfen. Beschlossen auf dem Verbandstag 1921 (17. Oktober 1921) und ergänzt auf dem Verbandstag 1924 (7. Januar 1924), Hamburg 1924.
–: Satzung des Deutschnationalen Handlungsgehilfen-Verbandes – Gewerkschaft der deutschen Kaufmannsgehilfen. Beschlossen auf dem Verbandstag 1926 (18. Juni 1926) und ergänzt in der Sitzung des Aufsichtsrats vom 27. Februar 1927, Hamburg 1927.
–: Satzung des Deutschnationalen Handlungsgehilfen-Verbandes – Gewerkschaft der deutschen Kaufmannsgehilfen. Beschlossen auf dem Verbandstag 1928 (9. Juni 1928), Hamburg 1928.
–: Satzung der Deutschnationalen Krankenkasse (Ersatzkasse) Hamburg – Berufskrankenkasse des Deutschnationalen Handlungsgehilfen-Verbandes. Gültig ab 1. September 1930, Hamburg 1930.

Deutschnationale Kranken- und Begräbniskasse
Deutschnationale Kranken- und Begräbniskasse, Auskunftsstelle Chemnitz: Satzungsauszug der Deutschnationalen Kranken- und Begräbniskasse (mit beiliegendem Agitationsschreiben), Chemnitz 1904.
Deutschnationale Kranken- und Begräbniskasse, Auskunftsstelle Chemnitz: Deutsche Handlungsgehilfen und Lehrlinge! [Aufforderung zum Austritt aus den Ortskrankenkassen], Chemnitz 1910.
Deutschnationale Krankenkasse: Die Berufskrankenkasse der Kaufmannsgehilfen, Hamburg 1926.

Deutschnationale Krankenkasse (Ersatzkasse, Berufskrankenkasse des Deutschnationalen Handlungsgehilfen-Verbandes): Bericht über die Arbeit der Kasse in den Jahren 1926 und 1927. Erstattet von ihrem Vorstand, Hamburg 1928.

Deutschnationale Krankenkasse (Ersatzkasse, Berufskrankenkasse des Deutschnationalen Handlungsgehilfen-Verbandes): Berichte über die Arbeit der Kasse in den Jahren 1930 und 1931, Hamburg 1932.

VERSICHERUNGSWESEN

Deutschnationale Aktiengesellschaft für kleine Lebensversicherung: Jahresbericht für das Geschäftsjahr 1916, Hamburg 1917.

Deutschnationale Versicherungs-Aktiengesellschaft: Jahresbericht für das Geschäftsjahr 1919, Hamburg 1920.

Deutschnationale Versicherungs-Aktiengesellschaft: Jahresbericht für das Geschäftsjahr 1921, Hamburg 1922.

Deutschnationale Versicherungs-Aktiengesellschaft: Jahresbericht für das Geschäftsjahr 1925, Hamburg 1926.

Volksversicherungs-Aktiengesellschaft des Deutschnationalen Handlungsgehilfen-Verbandes: Jahresbericht über das Geschäftsjahr 1914, Hamburg 1915.

GENERALKOMMISSION DER GEWERKSCHAFTEN DEUTSCHLANDS
ALLGEMEINER DEUTSCHER GEWERKSCHAFTSBUND

PROTOKOLLE DER GEWERKSCHAFTSKONGRESSE

Generalkommission der Gewerkschaften Deutschlands: Protokoll der Verhandlungen des Kongresses der Gewerkschaften Deutschlands 1896-1911, Berlin.

Allgemeiner Deutscher Gewerkschaftsbund: Protokoll der Verhandlungen des Kongresses der Gewerkschaften Deutschlands 1922-1925, Berlin.

JAHRBÜCHER

Allgemeiner Deutscher Gewerkschaftsbund: Jahrbuch 1925-1930, Berlin.

GESAMTVERBAND
DER ARBEITNEHMER DER ÖFFENTLICHEN BETRIEBE UND DES PERSONEN- UND WARENVERKEHRS

PROTOKOLLE DER VERBANDSTAGE UND REICHSKONFERENZEN

–: Protokoll über den ersten Verbandstag des Gesamtverbandes der Arbeitnehmer der öffentlichen Betriebe und des Personen- und Warenverkehrs – zugleich Protokoll über die Verhandlungen der gemeinsamen Tagung der fusionierenden Verbände, in: Gesamtverband der Arbeitnehmer der öffentlichen Betriebe und des Personen- und

Warenverkehrs: Protokoll über die Verhandlungen der Gründungstagungen des Gesamtverbandes 1929, Berlin 1929.
–: Protokoll der ersten Reichskonferenz der Reichsabteilung B (Reichs- und Staatsbetriebe und -verwaltungen) vom 16. bis 18. September 1930 in München, Berlin 1930.
–: Protokoll der ersten Reichskonferenz der Reichsabteilung C (Handel, Transport, Kraft- und Luftverkehr) vom 25. bis 27. Oktober 1930 in Hamburg, Berlin 1930.
–: Protokoll der ersten Reichskonferenz der Reichsabteilung F (Schifffahrt, Hafenbetriebe, Wasserbau) vom 18. bis 19. Oktober 1930 in Berlin, Berlin 1930.
–: Protokoll der ersten Reichskonferenz der Reichsfachgruppe Gärtnerei, Park und Friedhof am 13. und 14. März 1931 in Kochel, Berlin 1931.
–: Protokoll der dritten Reichskonferenz der Reichsfachgruppe Gas-, Elektrizitäts- und Wasserwerke am 27. und 28. August 1930 in Kiel, Berlin 1930.

JAHRBÜCHER
–: Jahrbuch 1930-1931, Berlin.

SATZUNGEN UND STATUTEN
–: Programm und Satzung des Gesamtverbandes der Arbeitnehmer der öffentlichen Betriebe und des Personen- und Warenverkehrs. Gültig ab 1. Januar 1930, Berlin 1930.
–: Programm und Satzung des Gesamtverbandes der Arbeitnehmer der öffentlichen Betriebe und des Personen- und Warenverkehrs. Gültig ab 1. Januar 1933, Berlin 1933.

POSTVERBÄNDE

JAHRBÜCHER
Deutscher Postverband: Jahrbuch 1928-1929, Berlin.
Reichsverband Deutscher Post- und Telegrafenbeamten: Jahrbuch 1925-1933, Berlin.
Verband Deutscher Post- und Telegrafenbeamten: Jahrbuch 1925-1927, Berlin.

VERBAND DER BÜROANGESTELLTEN DEUTSCHLANDS
VERBAND DER BÜROANGESTELLTEN UND DER VERWALTUNGSBEAMTEN DER KRANKENKASSEN UND BERUFSGENOSSENSCHAFTEN DEUTSCHLANDS

PROTOKOLLE DER VERBANDSTAGE
–: Protokoll des Verbandstages des Verbandes der Büroangestellten und der Verwaltungsbeamten der Krankenkassen und Berufsgenossenschaften Deutschlands. Abgehalten vom 18. bis 20. April 1908. Gemeinsamer Protokollband mit dem siebten Verbandstag des Verbandes der Verwaltungsbeamten der Krankenkassen und Berufsgenossenschaften Deutschlands und der dritten Generalversammlung des Zentralvereins der Büroangestellten Deutschlands (Vereinigungs- und zugleich

Gründungsverbandstag des Verbandes der Büroangestellten Deutschlands). Alle abgehalten vom 17. bis 20. April 1908, Berlin 1908.
–: Protokoll der Verhandlungen des zweiten Verbandstages. Abgehalten vom 7. bis 9. August 1911, Berlin 1911.

Rechenschaftsberichte
–: Bericht an den zweiten Verbandstag über die Geschäftsperiode 1908-1910, Berlin 1911.

Satzungen und Statuten
–: Statut. Beschlossen auf dem Verbandstag in Berlin am 18. bis 20. April 1908, Berlin 1908.

VERBAND DER DEUTSCHEN BUCHDRUCKER

Rechenschaftsberichte/Jahresberichte
–: Rechenschaftsberichte 1893-1918, Berlin.
–: Bericht über das Jahr/Jahresbericht 1919-1931, Berlin.

Satzungen und Statuten
–: Satzungen nebst den Bestimmungen über die Unterstützungen. Beschlossen auf dem Verbandstag zu Frankfurt am Main vom 24. bis 29. Juni 1929, Berlin 1929.

Vorstandsbeschlüsse über das Unterstützungswesen
–: Beschlüsse des Vorstandes des Verbandes der Deutschen Buchdrucker über die zu gewährenden Unterstützungen. Beschlossen in der Vorstandssitzung am 27. Juli 1899, Berlin 1899.
–: Beschlüsse des Vorstandes des Verbandes der Deutschen Buchdrucker über die zu gewährenden Unterstützungen. Beschlossen in der Vorstandssitzung am 28. Juli 1902, Berlin 1902.
–: Beschlüsse des Vorstandes des Verbandes der Deutschen Buchdrucker über die zu gewährenden Unterstützungen. Beschlossen in der Vorstandssitzung vom 6. Oktober 1913, Berlin 1913.

VERBAND DER GEMEINDE- UND STAATSARBEITER
VERBAND DER IN GEMEINDEBETRIEBEN BESCHÄFTIGTEN ARBEITER UND UNTERANGESTELLTEN
VERBAND DER IN GEMEINDE- UND STAATSBETRIEBEN BESCHÄFTIGTEN ARBEITER UND UNTERANGESTELLTEN

Die Bezeichnung »Verband der Gemeinde- und Staatsarbeiter« wird in dieser Studie als Verbandssynonym genutzt, wenngleich die Gewerkschaft in der ersten Dekade ihres

Bestehens seit 1896 eine Vielzahl unterschiedlicher Verbandsbezeichnungen führte und die Staatsarbeiter neben den Gemeindearbeitern erst ab dem Protokolljahrgang 1906 im Titel erschienen (zuvor jedoch bereits in Satzungstiteln, Rechenschaftsberichten oder auch beim Verlagsverweis »Verlag des Verbandes der in Gemeinde- und Staatsbetrieben beschäftigten Arbeiter und Unterangestellten« etwa 1903). Ab 1906 wurden die Geschäftsberichte und ab 1909 die Protokolle unter dem Titel »Verband der Gemeinde- und Staatsarbeiter« veröffentlicht.

Protokolle der Verbandstage/Generalversammlungen
–: Protokoll der Verbandstage/Generalversammlungen 1900-1928, Berlin.
–: Protokoll der Verhandlungen des zwölften (Außerordentlichen) Verbandstages 1929, in: Gesamtverband der Arbeitnehmer der öffentlichen Betriebe und des Personen- und Warenverkehrs: Protokoll über die Verhandlungen der Gründungstagungen des Gesamtverbandes 1929, Berlin 1929.

Geschäftsberichte/Jahresberichte
–: Die Bewegung der städtischen Arbeiter – Geschäftsbericht des Verbandsvorstandes 1900/1902-1908, Berlin.
–: Jahresbericht 1909-1921, Berlin.
–: Geschäftsbericht des Verbandes der Gemeinde- und Staatsarbeiter 1922/23-1929, Berlin.

Satzungen und Statuten
–: Statut des Verbandes der in Gemeinde- und Staatsbetrieben beschäftigten Arbeiter und Unterangestellten. Beschlossen auf der Generalversammlung 14. bis 16. April 1903, Berlin 1903.
–: Statut des Verbandes der Gemeinde- und Staatsarbeiter. Beschlossen auf dem Verbandstag in Magdeburg 1922 – gültig ab Oktober 1922, Berlin 1922.
–: Statut des Verbandes der Gemeinde- und Staatsarbeiter. Beschlossen auf dem Verbandstag in Magdeburg 1922 mit Berücksichtigung der durch den Verbandsbeirat beschlossenen Änderungen vom 20. und 21. Juni 1924 – gültig ab Juli 1924, Berlin 1924.
–: Statut des Verbandes der Gemeinde- und Staatsarbeiter. Beschlossen auf dem Verbandstag in Frankfurt am Main 1925 – gültig ab Oktober 1925, Berlin 1925.
–: Statut des Verbandes der Gemeinde- und Staatsarbeiter. Beschlossen auf dem Verbandstag in Köln am Rhein 1928 – gültig ab Oktober 1928, Berlin 1928.

VERBAND DER HAFENARBEITER
(UND VERWANDTEN BERUFSGENOSSEN DEUTSCHLANDS)

Protokolle der Generalversammlungen/Verbandstage
–: Protokoll der Generalversammlungen/Verbandstage 1896-1910 (mit Geschäftsberichten), Hamburg.

Geschäftsberichte
–: Geschäftsbericht des Vorstandes 1894/96-1908/1909 (publiziert mit den Protokollen der Generalversammlungen/Verbandstage), Hamburg.

Satzungen und Statuten
–: Statut des Verbandes der Hafenarbeiter und verwandten Berufsgenossen Deutschlands. Gültig ab 1. April 1906, Hamburg 1906/1907.

VERBAND DER WEIBLICHEN HANDELS- UND BÜROANGESTELLTEN

Arbeitsberichte
–: Arbeitsbericht vorgelegt der Hauptversammlung des Verbandes der weiblichen Handels- und Büroangestellten am 6. und 7. September 1931 in Eisenach vom Hauptvorstand des Verbandes. Der Bericht umfasst die Jahre 1927-1930, Berlin 1931.

Satzungen und Statuten
–: Satzung – Soziales Programm – Bestimmungen für Stellenlosen- und Streikunterstützung. Nach den Beschlüssen der Hauptversammlung in Kassel am 18., 19. und 20. Mai 1921, Berlin 1921.

ZENTRALVERBAND DER ANGESTELLTEN

Protokolle der Verbandstage
–: Protokoll der Verbandstage 1921-1930, Berlin.

Geschäftsberichte/Jahresberichte
–: Geschäftsbericht/Jahresbericht 1919-1930, Berlin.

Satzungen und Statuten
–: Ordnung für die Pensionskasse des Zentralverbandes der Angestellten zu Berlin. Gültig ab 1. Juli 1930 – beschlossen vom vierten Verbandstag zu Stuttgart am 18. und 19. Mai 1930, Berlin 1930.

–: Satzung der Sterbekasse des Zentralverbandes der Angestellten zu Berlin (Versicherungsverein auf Gegenseitigkeit) 1926, Berlin 1926.

–: Satzung des Zentralverbandes der Angestellten – Sitz Berlin. Nach den Beschlüssen der Tagung in Weimar am 8. und 9. September 1919, Berlin 1919.

–: Satzung des Zentralverbandes der Angestellten – Sitz Berlin. Nach den Beschlüssen des ersten Verbandstages vom 30. Mai bis 4. Juni 1921 in Weimar, Berlin 1921.

–: Satzung des Zentralverbandes der Angestellten – Sitz Berlin. Nach den Beschlüssen des zweiten Verbandstages vom 22. bis 24. Juni 1924 in Kassel, Berlin 1924.

–: Satzung des Zentralverbandes der Angestellten. Nach den Beschlüssen des vierten Verbandstages Mai 1930 in Stuttgart, Berlin 1930.

ZENTRALVERBAND DER HANDELS-, TRANSPORT- UND VERKEHRSARBEITER DEUTSCHLANDS
ZENTRALVERBAND DER HANDELS-, TRANSPORT-, VERKEHRSARBEITER UND ARBEITERINNEN DEUTSCHLANDS

PROTOKOLLE DER GENERALVERSAMMLUNGEN

–: Protokoll der Generalversammlungen 1898-1907 (mit Rechenschaftsberichten), Berlin.

RECHENSCHAFTSBERICHTE

–: Rechenschaftsbericht 1897/98-1905/1906, Berlin.

SATZUNGEN UND STATUTEN

–: Statut des Zentralverbandes der Handels-, Transport-, Verkehrsarbeiter und Arbeiterinnen Deutschlands. Gültig ab 1. Juli 1905, Berlin 1905.

SONDERBEREICH STRASSENBAHNER

Max Quarck: Die deutschen Straßenbahner und ihre Arbeitsverhältnisse. Eine Vorarbeit für die amtliche Arbeiterstatistik – unterstützt und herausgegeben vom Zentralverband der Handels-, Transport-, Verkehrsarbeiter und Arbeiterinnen, Berlin 1906.

B Gewerkschaftspresse

Gesichtet und ausgewertet mithilfe der digitalen Quellenportale zur historischen Arbeiter- und Angestelltenpresse der Bibliothek der Friedrich-Ebert-Stiftung.

Correspondenzblatt der Generalkommission der Gewerkschaften Deutschlands, ab 1920 *Korrespondenzblatt* des Allgemeinen Deutschen Gewerkschaftsbundes, Jg. 1-33, 1891-1923, Hamburg/Berlin.

Courier – Zentralorgan für die Interessen der im Handels-, Transport- und Verkehrsgewerbe beschäftigten Arbeiter (und Arbeiterinnen) Deutschlands, Publikationsorgan des Zentralverbandes der Handels-, Transport- und Verkehrsarbeiter (und Arbeiterinnen) Deutschlands, später Publikationsorgan des Deutschen Transportarbeiter-Verbandes, Jg. 5-18, 1901-1914, Berlin.

Der Büroangestellte – Organ des Verbandes der Büroangestellten (und der Verwaltungsbeamten der Krankenkassen und Berufsgenossenschaften Deutschlands), zuvor Organ des Zentralvereins der Büroangestellten Deutschlands, später Zeitschrift für die sozialen Interessen der Büroangestellten, Jg. 15-25, 1908-1919, Berlin.

Der freie Angestellte – Zeitschrift des Zentralverbandes der Angestellten, Sitz Berlin, Jg. 24-37, 1920-1933, Berlin.

Deutsche Handels-Wacht – Zeitschrift des Deutschnationalen Handlungsgehilfen-Verbandes, Gewerkschaft der deutschen Kaufmannsgehilfen, Jg. 16-40, 1909-1933, Hamburg.

Deutscher Verkehrsbund – Zentralorgan für die Interessen der in privaten und öffentlichen Betrieben des Handels-, Transport- und Verkehrsgewerbes beschäftigten Lohn- und Gehaltsempfänger, Jg. 2-7, 1924-1929, Berlin.

Die Gewerkschaft – Zeitschrift zur Vertretung der wirtschaftlichen und sozialen Interessen der in Gemeinde- und Staatsbetrieben beschäftigten Arbeiter und Unterangestellten, Organ des Verbandes der (deutschen) Gemeinde- und Staatsarbeiter, Jg. 9-18, 1905-1914, Berlin.

Die Handels- und Büroangestellte, herausgegeben vom Verband der weiblichen Handels- und Büroangestellten, Jg. 1925-1928, Berlin.

Gewerkschaftszeitung – Organ des Allgemeinen Deutschen Gewerkschaftsbundes, Jg. 34-43, 1924-1933, Berlin.

C Zeitgenössische (autochthone) Verbandsgeschichten (Jubiläumsliteratur)

Altvater, Karl (Hg.): Zehn Jahre Organisationsarbeit. Aus der Bewegung der Gemeindearbeiter in Stuttgart 1898-1908, Stuttgart 1908.

Bund der technischen Angestellten und Beamten (Hg.): 25 Jahre Technikergewerkschaft – 10 Jahre Butab. Festschrift zum 25-jährigen Jubiläum des Bundes der technisch-industriellen Beamten (Butib) und zum 10-jährigen Jubiläum des Bundes der technischen Angestellten und Beamten (Butab) im Mai 1929, Berlin 1929.

–: Der Butab – sein Werden und Wirken, Berlin 1929 (verbandsgeschichtliche Vortragsdisposition mit Lichtbildern im Bestand des Verdi-Archivs, Berlin).

Deutscher Postverband (Hg.): 40 Jahre Deutscher Postverband 1890-1930, Berlin 1930.

Deutscher Transportarbeiter-Verband: 25 Jahre Gewerkschaftsarbeit, Berlin 1922.

Deutschnationaler Handlungsgehilfen-Verband: Entstehung und Bedeutung der deutschnationalen Handlungsgehilfen-Bewegung, Hamburg 1899.

Die Deutschnationale Handlungsgehilfen-Bewegung. Ihr Werdegang (Buchhandlung des Deutschnationalen Handlungsgehilfen-Verbandes), vierte Auflage, Hamburg 1909.

Döring, Richard u.a. (Bearb.): Der Deutschnationale Handlungsgehilfen-Verband in der Reichshauptstadt von 1895-1925. Ein Beitrag zur Geschichte der Berliner Handlungsgehilfen-Bewegung, Hamburg 1926.

Dreher, Hans/Oswald Schumann: Die ökonomischen Vorbedingungen und das Werden der Organisation. Ein Ausschnitt aus der Geschichte der Handels-, Transport- und Verkehrsarbeiterbewegung Deutschlands, Berlin 1907.

Helmholz, Karl: Verband der Deutschen Buchdrucker. Sein Werden und Wirken 1866 bis 1914. Herausgegeben anlässlich der Weltausstellung für Buchgewerbe und Grafik, Leipzig 1914.

Krahl, Willi: Der Verband der Deutschen Buchdrucker. Fünfzig Jahre deutsche gewerkschaftliche Arbeit mit einer Vorgeschichte, zwei Bände, Berlin 1916 und 1933.

Müller, Hermann: Die Organisationen der Lithografen und Steindrucker und verwandten Berufe, Berlin 1917.

–: Geschichte der deutschen Gewerkschaften bis zum Jahr 1878, Berlin 1918.

Reichsverband Deutscher Post- und Telegrafenbeamten, Bezirksverein Dortmund: 25 Jahre Bezirksverein Dortmund 1905-1930, o.O. 1930.

–: 25 Jahre Bezirksverein Koblenz im Reichsverband Deutscher Post- und Telegrafenbeamten, Koblenz 1932.

Schack, Wilhelm: Wie und was wir geworden sind (1893-1903). Festschrift, dritte Auflage, Hamburg 1903.

Verband der Gemeinde- und Staatsarbeiter: 30 Jahre Aufgaben und Leistungen des Verbandes der Gemeinde- und Staatsarbeiter. Dargestellt auf der Großen Ausstellung (Düsseldorf 1926) für Gesundheitspflege, soziale Fürsorge und Leibesübungen »Gesolei«, Berlin 1926.

–: Dreißig Jahre Organisationsarbeit der Gemeinde- und Staatsarbeiter in Berlin, Berlin 1926.

– (Ortsverwaltung Frankfurt am Main): 25 Jahre Gewerkschaftsarbeit der Filiale Frankfurt am Main des Verbandes der Gemeinde- und Staatsarbeiter, Frankfurt am Main 1928.

Verband der weiblichen Handels- und Büroangestellten (Hg.): Vierzig Jahre VWA 1889-1929. Jubiläumsschrift über vier Jahrzehnte Geschichte des Verbandes der weiblichen Handels- und Büroangestellten e.V., Berlin 1929.

Verein der Deutschen Kaufleute: Fünfundzwanzig Jahre Berufsorganisation. Festschrift zum fünfundzwanzigjährigen Bestehen des Vereins der Deutschen Kaufleute, Berlin 1909.

Vorstand des Deutschen Verkehrsbundes (Hg.): Geschichte des Deutschen Verkehrsbundes, erster Band: Die Entwicklung des Handels, Transports und Verkehrs in Deutschland, Berlin 1929.

Vorstand des Verbandes der Fabrikarbeiter Deutschlands: 40 Jahre Kampf des Verbandes der Fabrikarbeiter Deutschlands. Festschrift zur Erinnerung an die Gründung, Hannover 1930.

Winters, Fritz: Geschichte des Verbandes mittlerer Reichs-Post- und Telegrafenbeamten. Zum 25-jährigen Bestehen des Verbandes, Berlin 1915.

Zimmermann, Albert: Der Deutschnationale Handlungsgehilfen-Verband. Sein Werden, Wirken und Wollen, Hamburg 1928.

–: Der DHV, in: Deutschnationaler Handlungsgehilfen-Verband: Jahrbuch 1926, S. 35-48.

D Weitere Quellen

QUELLEN ALTER BUCHDRUCKER-KASSEN

Allgemeine Unterstützungskasse der Dresdner Buchdrucker-Gesellschaft: Statuten – erneuert im Jahr 1854, Dresden 1854.

Feier des hundertjährigen Jubiläums der Allgemeinen Buchdrucker-Unterstützungskasse zu Dresden am 21. Juni 1868 – Druckschrift zur Erinnerung an dieselbe im Auftrag des Festkomitees, Dresden 1868.

Festschrift zur Feier des 25-jährigen Bestehens der Kranken-, Invaliden-, Sterbe-, Unterstützungs- und Witwenkasse für Buchdrucker beider Mecklenburg am 14. Juli 1874, Schwerin 1874.

Statuten der vereinigten Kranken-, Sterbe- und Viatikumskassen der assoziierten Buchdrucker Berlins, Berlin 1849.

Weiss, Paul/Fernand Palliet: Chronik der Buchdrucker-Gesellschaft zu Straßburg. Krankenzuschuss- und Invalidenkasse – seit der Gründung im Jahre 1783 bis Ende 1908, Straßburg 1909.

WEITERES QUELLENMATERIAL AUS DER UNTERSUCHUNGSZEIT

Deutscher Textilarbeiter-Verband: Leitfaden zur Führung der Geschäfte in der Agitation, bei Streiks und Lohnbewegungen für unsere Kollegen und Kolleginnen, Berlin 1911.

–: Erwerbsarbeit – Schwangerschaft – Frauenleid. Die Aktion des Deutschen Textilbeiter-Verbandes betreffend Besserung des Loses erwerbstätiger schwangerer Frauen, Berlin [wohl um 1922/23].

–: Protokoll des 15. Verbandstages des Deutschen Textilarbeiter-Verbandes. Abgehalten vom 16. bis 19. April 1924 in Kassel, Berlin 1924.

Gewerkschaftsbund der Angestellten: Die wirtschaftliche und soziale Lage der Angestellten. Ergebnisse und Erkenntnisse aus der großen sozialen Erhebung des Gewerkschaftsbundes der Angestellten, Berlin 1931.

Reichsamt des Inneren (Bearb.): Die wirtschaftliche Lage der Privatangestellten. Denkschrift über die im Oktober 1903 angestellten Erhebungen, Berlin 1907.

Verband der Fabrikarbeiter Deutschlands: Die Fürsorge für Kriegsverletzte. Als Handschrift (Manuskript) gedruckt für die Gauleiter und die Geschäftsführer des Verbandes, o.O. o.J.

–: Die Einführung der Invaliden-Unterstützung im Fabrikarbeiter-Verband. Vortragsdisposition und Materialsammlung, o.O. 1928.

Victoria Versicherung AG: Victoria Versicherung 1853-1928, Berlin 1928.

Vorstand des Gesamtverbandes der Arbeitnehmer der öffentlichen Betriebe und des Personen- und Warenverkehrs (Hg.): Handbuch der öffentlichen Wirtschaft. Bearbeitet von Walther Pahl und Kurt Mendelsohn, Berlin 1930.

Zentralverband der Handlungsgehilfen: Die weiblichen Angestellten im Handelsgewerbe, Berlin o.J.

Zentralverband deutscher Konsumvereine: Satzung der Pensionskasse des Zentralverbandes deutscher Konsumvereine (Versicherungsverein auf Gegenseitigkeit). Genehmigt durch Verfügung vom 22. Oktober 1928, Hamburg 1928.

–: Satzung der Unterstützungskasse des Zentralverbandes deutscher Konsumvereine. Beschlossen auf dem zweiten Genossenschaftstag des Zentralverbandes am 19., 20. und 21. Juni 1905 in Stuttgart und abgeändert auf der ersten Generalversammlung der Unterstützungskasse am 18. Juni 1906 in Stettin, Hamburg 1906.

ORGANISATIONEN DER GEGENWART UND ZEITGESCHICHTE

»Alte Volksfürsorge« Gewerkschaftlich-Genossenschaftliche Lebensversicherungsaktiengesellschaft: 40 Jahre im Dienst aller Schaffenden 1912-1952, Hamburg 1952.

– (Hg.): Ein halbes Jahrhundert Volksfürsorge. Werden und Wirken eines Volksversicherungsunternehmens, Darmstadt 1962.

Deutscher Ring Lebensversicherungs-Aktiengesellschaft (Hg.): 40 Jahre Deutscher Ring Lebensversicherungs-Aktiengesellschaft 1913-1953, Hamburg 1953.

– (Hg.): Deutscher Ring Lebensversicherungs-Aktiengesellschaft 1913-1963. Sonderausgabe der Zeitschrift »Ringblätter« aus Anlass des fünfzigjährigen Bestehens des Unternehmens, Hamburg 1963.

Gewerkschaft Öffentliche Dienste, Transport und Verkehr: Jahrbuch 1949-1950.

Hauptvorstand der IG Chemie-Papier-Keramik (Hg.): 100 Jahre Industriegewerkschaft Chemie, Papier, Keramik 1890-1990. Von den Verbänden der ungelernten Fabrikarbeiter, der Glas- und Porzellanarbeiter zur modernen Gewerkschaftsorganisation, Köln 1990.

Industriegewerkschaft Metall: Satzung. Beschlossen auf dem 23. Ordentlichen Gewerkschaftstag der IG Metall vom 18. bis zum 24. Oktober 2015 in Frankfurt am Main. Gültig ab 1. Januar 2016, Frankfurt am Main 2015.

u.di-Unterstützungskasse für den Dienstleistungsbereich: Satzung. Stand 27. Juni 2014, Wiesbaden 2014.

Vereinte Dienstleistungsgewerkschaft: Satzung. Geändert durch den 4. Ordentlichen Verdi-Bundeskongress vom 20. bis 26. September 2015 in Leipzig, Berlin 2015.

Victoria Allgemeine Versicherungs-AG: Hundert Jahre Victoria 1853-1953, Berlin 1953.

Volksfürsorge Deutsche Sachversicherung AG: 1925-1975, Frankfurt am Main 1975.

Volksfürsorge Versicherungsgruppe (Hg.): 75 Jahre Volksfürsorge Versicherungsgruppe 1913-1988, Lübeck 1988.

Vorstand der Industriegewerkschaft Metall (Hg.): 100 Jahre Industriegewerkschaft 1891 bis 1991. Vom Deutschen Metallarbeiter-Verband zur Industriegewerkschaft Metall, Köln 1991.

Wichtige Literatur und weitere Hilfsmittel

Abelshauser, Werner: Nach dem Wirtschaftswunder. Der Gewerkschafter, Politiker und Unternehmer Hans Matthöfer, Bonn 2009.

–: Erhard oder Bismarck? Die Richtungsentscheidung der deutschen Sozialpolitik am Beispiel der Reform der Sozialversicherung in den fünfziger Jahren, in: Geschichte und Gesellschaft 22, 1996, S. 376-392.

Andresen, Knud u.a. (Hg.): Repräsentationen der Arbeit. Bilder – Erzählungen – Darstellungen, Bonn 2018.

Angermuller, Johannes u.a. (Hg.): Diskursforschung. Ein interdisziplinäres Handbuch, zwei Bände, Bielefeld 2014.

Angster, Julia: Konsenskapitalismus und Sozialdemokratie. Die Westernisierung von SPD und DGB, München 2003.

Apolant, Hans-Alexander: Die wirtschaftsfriedliche Arbeitnehmerbewegung Deutschlands. Werden, Wesen und Wollen der gelben Organisationen, Berlin 1928.

Ashenfelter, Orley/John H. Pencavel: American Trade Union Growth 1900-1960, in: The Quarterly Journal of Economics 3, 1969, S. 434-448.

Assmann, Aleida/Heidrun Friese (Hg.): Identitäten, Frankfurt am Main 1998.

Beier, Gerhard: Glanz und Elend der Jubiläumsliteratur. Kritische Bestandsaufnahme bisheriger Historiografie der Berufs- und Industriegewerkschaften, in: Gewerkschaftliche Monatshefte 19, 1968, S. 607-614.

–: Schwarze Kunst und Klassenkampf. Vom Geheimbund zum königlich-preußischen Gewerkverein (1830-1890), Frankfurt am Main 1966.

Benkel, Gert Andreas: Der Versicherungsverein auf Gegenseitigkeit. Das Gesellschaftsrecht der großen konzernfreien VVaG, zweite Auflage, München 2002.

Berger, Stefan (Hg.): Gewerkschaftsgeschichte als Erinnerungsgeschichte. Der 2. Mai 1933 in der gewerkschaftlichen Erinnerung und Positionierung nach 1945, Essen 2015.

–: Marxismusrezeption als Generationserfahrung im Kaiserreich, in: Klaus Schönhoven/Bernd Braun (Hg.): Generationen in der Arbeiterbewegung, München 2005, S. 193-209.

–: Die deutsche Novemberrevolution 1918/19 im Kontext eines globalen Zeitalters von Revolutionen, in: Forum Geschichtskultur Ruhr 02/2018, S. 5-11.

–/Wolfgang Jäger/Ulf Teichmann (Hg.): Gewerkschaften im Gedächtnis der Demokratie. Welche Rolle spielen soziale Kämpfe in der Erinnerungskultur?, Bielefeld 2022.

Berner, Frank: Der hybride Sozialstaat. Die Neuordnung von öffentlich und privat in der sozialen Sicherung, Frankfurt am Main/New York 2008.

Bichler, Barbara: Die Formierung der Angestelltenbewegung im Kaiserreich und die Entstehung des Angestelltenversicherungsgesetzes von 1911, Frankfurt am Main u.a. 1997.

Bieber, Hans-Joachim: Gewerkschaften in Krieg und Revolution. Arbeiterbewegung, Industrie, Staat und Militär in Deutschland 1914-1920, zwei Bände, Hamburg 1981.

Blaich, Fritz: Der Schwarze Freitag. Inflation und Wirtschaftskrise, zweite Auflage, München 1990.

Bleicher-Nagelsmann, Heinrich (Hg.): Vom Deutschen Buchdruckerverband zur Einheitsgewerkschaft. 150 Jahre Verdi: Solidarität, Emanzipation, Tarifkampf, Berlin 2016.

Blumenthal, Wolfgang/Elke Keller/Karlheinz Kuba: Mit den Groschen der Mitglieder. Gewerkschaftshäuser in Berlin 1900 bis 1933, zweite Auflage, Berlin 2013, S. 45-52.

Borscheid, Peter: Altern zwischen Wohlstand und Armut. Zur materiellen Lage alter Menschen während des 18. und 19. Jahrhunderts im deutschen Südwesten, in: Christoph Conrad/Hans-Joachim von Kondratowitz (Hg.): Gerontologie und Sozialgeschichte. Wege zu einer historischen Betrachtung des Alters, Berlin 1983, S. 217-254.

Borsdorf, Ulrich: Gewerkschaften und Geschichte. Ein Nachwort mit bibliografischen Anmerkungen, in: ders. (Hg.): Geschichte der deutschen Gewerkschaften von den Anfängen bis 1945, Köln 1987, S. 499-535.

–: (Hg.): Geschichte der deutschen Gewerkschaften von den Anfängen bis 1945, Köln 1987.

Bousset, Johannes: Die Berliner U-Bahn, Berlin 1935.

Brandt, Willy: Die Partei der Freiheit. Reden über August Bebel, Karl Marx, Friedrich Engels und Otto Wels, Bonn-Bad Godesberg 1974.

Brauckmann, Gerhard: Der Einfluss des Konjunkturverlaufs auf die gewerkschaftlichen Mitgliederbewegungen, Diss. Bochum 1972.

Braun, Heinrich: Geschichte der Lebensversicherung und der Lebensversicherungstechnik, zweite Auflage, Berlin 1963.

–: Urkunden und Materialien zur Geschichte der Lebensversicherung und der Lebensversicherungstechnik, Berlin 1937.

Brenzel, Jürgen: Der Versicherungsverein auf Gegenseitigkeit. Unternehmensform und Rechtsstruktur im Wandel, Karlsruhe 1975.

Bröcker, Paul: Das Hochhaus des Deutschnationalen Handlungsgehilfen-Verbandes in Hamburg. Eine Betrachtung, Hamburg 1932.

Brüggerhoff, Gustav: Das Unterstützungswesen bei den deutschen »Freien« Gewerkschaften, Jena 1908.

–: Statistisches über das Unterstützungswesen der deutschen »Freien« Gewerkschaften, Marburg 1908.

Brunner, Claudia: Arbeitslosigkeit im NS-Staat. Das Beispiel München, Pfaffenweiler 1997.

Bry, Gerhard: Wages in Germany 1871-1945, Princeton 1960.

Büchner, Franz: Grundriss der Individualversicherung, fünfte Auflage, Karlsruhe 1966.

Bürger, Heinrich: Die Hamburger Gewerkschaften und deren Kämpfe von 1865 bis 1890, Hamburg 1899.

Cassau, Theodor: Die Gewerkschaftsbewegung. Ihre Soziologie und ihr Kampf, zweite Auflage, Leipzig 1930.

–: Der deutsche Holzarbeiterverband. Verfassung und Verwaltung einer modernen Gewerkschaft, Altenburg 1909.

Clark, Geoffrey: Embracing Fatality through Life Insurance in Eighteenth-Century England, in: Tom Baker/Jonathan Simon (Ed.): Embracing Risk. The Changing Culture of Insurance and Responsibility, Chicago/London 2002, S. 80-96.

Conze, Eckart: Schatten des Kaiserreichs. Die Reichsgründung von 1871 und ihr schwieriges Erbe, München 2020.

Dahrendorf, Gustav: 40 Jahre Volksfürsorge – 40 Jahre Selbsthilfe, in: Alte Volksfürsorge – Mitteilungsblatt Nr. 12, Dezember 1952, S. 12-13.

Dahrendorf, Ralf (Hg.): Gustav Dahrendorf. Der Mensch das Maß aller Dinge. Reden und Schriften zur deutschen Politik, Hamburg 1955.

Deppe, Frank/Witich Roßmann: Kommunistische Gewerkschaftspolitik in der Weimarer Republik, in: Erich Matthias/Klaus Schönhoven (Hg.): Solidarität und Menschenwürde. Etappen der deutschen Gewerkschaftsgeschichte von den Anfängen bis zur Gegenwart, Bonn 1984, S. 209-231.

Desai, Ashok V.: Wages in Germany 1871-1913, Oxford 1968.

Dörre, Klaus u.a.: Arbeiterbewegung von rechts? Motive und Grenzen einer imaginären Revolte, in: Berliner Journal für Soziologie 1-2/2018, S. 55-89.

Eckert, Georg: Die Zwanziger Jahre. Das Jahrzehnt der Moderne, Münster 2020.

Ellerkamp, Marlene: Industriearbeit, Krankheit und Geschlecht. Zu den sozialen Kosten der Industrialisierung: Bremer Textilarbeiterinnen 1870-1914, Göttingen 1991.

Engelhardt, Ulrich: »Nur vereinigt sind wir stark«. Die Anfänge der deutschen Gewerkschaftsbewegung 1862/63 bis 1869/70, zwei Bände, Stuttgart 1977.

Evans, Richard J.: Tod in Hamburg. Stadt, Gesellschaft und Politik in den Cholera-Jahren 1830-1910, Reinbek bei Hamburg 1991.

Fattmann, Rainer: Die Angestellten und die freigewerkschaftliche Angestelltenbewegung im späten Kaiserreich und in der Weimarer Republik, in: Rüdiger Zimmermann (Hg.): Das gedruckte Gedächtnis der Tertiarisierung. Pilotprojekt zur Sicherung zentraler gewerkschaftlicher Quellenbestände der freien Angestelltenbewegung, Bonn 2010, S. 65-155.

Faulkner, William: Requiem for a Nun, New York 1951.

Faust, Anselm: Funktion und soziale Bedeutung des gewerkschaftlichen Unterstützungswesens. Die Arbeitslosenunterstützung der Freien Gewerkschaften im Deutschen Kaiserreich, in: Hans Mommsen/Winfried Schulze (Hg.): Vom Elend der Handarbeit. Probleme historischer Unterschichtenforschung, Stuttgart 1981, S. 395-417.

–: Arbeitsmarktpolitik im Deutschen Kaiserreich. Arbeitsvermittlung, Arbeitsbeschaffung und Arbeitslosenunterstützung 1890-1918, Stuttgart 1986.

Fehlemann, Silke: Die Entwicklung der öffentlichen Gesundheitsfürsorge in der Weimarer Republik: Das Beispiel der Kinder und Jugendlichen, in: Wolfgang Woelk/Jörg Vögele (Hg.): Geschichte der Gesundheitspolitik in Deutschland. Von der Weimarer Republik bis in die Frühgeschichte der »doppelten Staatsgründung«, Berlin 2002, S. 67-81.

Fehrmann, Eberhard/Ulrike Metzner: Angestellte und Gewerkschaften. Ein historischer Abriss, Köln 1981.

Feldman, Gerald D.: Armee, Industrie und Arbeiterschaft in Deutschland 1914-1918, Berlin/Bonn 1985.

–: Die Freien Gewerkschaften und die Zentralarbeitsgemeinschaft 1918-1924, in: Heinz Oskar Vetter (Hg.): Vom Sozialistengesetz zur Mitbestimmung, Köln 1977, S. 229-252.

– u.a. (Hg.): Die Anpassung an die Inflation, Berlin/New York 1986.

– (Hg.): Konsequenzen der Inflation, Berlin 1989.

– u.a. (Hg.): Die Erfahrung der Inflation im internationalen Zusammenhang und Vergleich, Berlin/New York 1984.

– u.a. (Hg.): Beiträge zu Inflation und Wiederaufbau in Deutschland und Europa 1914-1924, Berlin 1982.

– u.a. (Hg.): Die deutsche Inflation: Eine Zwischenbilanz, Berlin/New York 1982.

–/Otto Büsch (Hg.): Historische Prozesse der deutschen Inflation 1914 bis 1924. Ein Tagungsbericht, Berlin 1978.

–/Irmgard Steinisch: Industrie und Gewerkschaften 1918-1924. Die überforderte Zentralarbeitsgemeinschaft, Stuttgart 1985.

Fischer, Norbert: Vom Gottesacker zum Krematorium. Eine Sozialgeschichte der Friedhöfe in Deutschland seit dem 18. Jahrhundert, Köln 1996.

–: Zwischen Trauer und Technik: Feuerbestattung, Krematorium, Flamarium. Eine Kulturgeschichte, Berlin 2002.

Fleischhauer, Oscar: Die Sterbekassen-Vereine. Eine gemeinfassliche Anleitung zur Beurteilung bereits bestehender Sterbekassen-Vereine und zur zweckmäßigen Einrichtung neu zu gründender, Weimar 1882.

Frevert, Ute: Krankheit als politisches Problem 1770-1880. Soziale Unterschichten in Preußen zwischen medizinischer Polizei und staatlicher Sozialversicherung, Göttingen 1984.

Fricke, Dieter/Werner Fritsch: Deutschnationaler Handlungsgehilfen-Verband 1893-1934, in: dies. u.a. (Hg.): Lexikon zur Parteiengeschichte. Die bürgerlichen und kleinbürgerlichen Parteien und Verbände in Deutschland (1789-1945), zweiter Band: Deutsche Liga für Völkerbund – Gesamtverband der christlichen Gewerkschaften Deutschlands, Köln 1984, S. 457-475.

Fröhlich, Sigrid: Die Soziale Sicherung bei Zünften und Gesellenverbänden. Darstellung, Analyse, Vergleich, Berlin 1976.

Fuchs, Anne: After the Dresden Bombing: Pathways of Memory, 1945 to the Present, Basingstoke 2011.

Führer, Karl Christian: Carl Legien 1861-1920. Ein Gewerkschafter im Kampf um ein »möglichst gutes Leben« für alle Arbeiter, Essen 2009.

–: Arbeitslosigkeit und die Entstehung der Arbeitslosenversicherung in Deutschland 1902-1927, Berlin 1990.

Fuhrmann, Uwe: Feminismus in der frühen Gewerkschaftsbewegung (1890-1914). Die Strategien der Buchdruckerei-HilfsarbeiterInnen um Paula Thiede, Bielefeld 2021.

–: »Frau Berlin« – Paula Thiede (1870-1919). Vom Arbeiterkind zur Gewerkschaftsvorsitzenden, Konstanz 2019.

Furtwängler, Franz Josef: ÖTV. Die Geschichte einer Gewerkschaft, dritte Auflage, Stuttgart 1962.

Gall, Alexander: Das Atlantropa-Projekt. Die Geschichte einer gescheiterten Vision: Herman Sörgel und die Absenkung des Mittelmeers, Frankfurt am Main u.a. 1998.

Gall, Lothar: Bismarck. Der weiße Revolutionär, Frankfurt am Main 1980.

Gebauer, Max: Die sogenannte Lebensversicherung vom wirtschaftlichen Standpunkt. Unter besonderer Berücksichtigung der einschlägigen Verhältnisse in Deutschland, Jena 1895.

Geyer, Martin H.: Die Reichsknappschaft. Versicherungsreformen und Sozialpolitik im Bergbau 1900-1945, München 1987.

Gleichauf, Wilhelm: Geschichte des Verbandes der deutschen Gewerkvereine (Hirsch-Duncker), Berlin 1907.

Gniffke, Kai: Max Quarck (1860-1930). Eine sozialdemokratische Karriere im Deutschen Kaiserreich. Zum Aufstieg eines bürgerlichen Akademikers in der Arbeiterbewegung im Spannungsfeld von revolutionärer Theorie und reformistischer Praxis, Diss. Frankfurt am Main 1992.

Graef, Helga: Die betriebliche Altersfürsorge. Historischer Ursprung, rechtliche Entwicklung und sozialpolitische Bedeutung im Licht der Rentenreform, Düsseldorf 1960.

Grebing, Helga: Arbeiterbewegung. Sozialer Protest und kollektive Interessenvertretung bis 1914, zweite Auflage, München 1987.

Greve, Georg/Gilbert Gratzel/Eberhard Graf: Die Knappschaft als sozialer Pfadfinder. 750 Jahre Knappschaft, Bochum 2010.

Grunenberg, Antonia (Hg.): Die Massenstreikdebatte. Beiträge von Parvus, Rosa Luxemburg, Karl Kautsky und Anton Pannekoek, Frankfurt am Main 1970.

Grüntzig, Johannes W./Heinz Mehlhorn: Expeditionen ins Reich der Seuchen. Medizinische Himmelfahrtskommandos der deutschen Kaiser- und Kolonialzeit, Heidelberg 2005.

–/Heinz Mehlhorn: Robert Koch. Seuchenjäger und Nobelpreisträger, Heidelberg 2010.

Grüttner, Michael: Arbeitswelt an der Wasserkante. Sozialgeschichte der Hamburger Hafenarbeiter 1886-1914, Göttingen 1984.

–: Der Hamburger Hafenarbeiterstreik 1896/97, in: Klaus Tenfelde/Heinrich Volkmann (Hg.): Streik. Zur Geschichte des Arbeitskampfes in Deutschland während der Industrialisierung, München 1981, S. 143-161.

Hagemann, Karen: Frauenalltag und Männerpolitik. Alltagsleben und gesellschaftliches Handeln von Arbeiterfrauen in der Weimarer Republik, Bonn 1990.

Hamel, Iris: Völkischer Verband und nationale Gewerkschaft. Der Deutschnationale Handlungsgehilfen-Verband 1893-1933, Frankfurt am Main 1967.

Hanl, Simon: Ohnmächtig? Der Zentralverband der Angestellten und seine Haltung zum Nationalsozialismus am Ende der Weimarer Republik, Masterarbeit Hamburg 2016.

Hartmann, Klaus/Kaus Hildemann: Altenhilfe, in: Günter Ruddat/Gerhard K. Schäfer (Hg.): Diakonisches Kompendium, Göttingen 2005, S. 455-466.

Hasselmann, Erwin: Geschichte der deutschen Konsumgenossenschaften, Frankfurt am Main 1971.

Hattendorf, Karl: Über Sterbekassen und die vernünftige Art ihrer Einrichtung. Ein Wort der Warnung, Göttingen 1867.

Heimerdinger, Timo: Der Seemann. Ein Berufsstand und seine kulturelle Inszenierung (1844-2003), Köln u.a. 2005.

Hemmer, Hans-Otto/Kurt Thomas Schmitz (Hg.): Geschichte der Gewerkschaften in der Bundesrepublik Deutschland. Von den Anfängen bis heute, Köln 1990.

Hendlmeier, Wolfgang: Handbuch der deutschen Straßenbahngeschichte, zwei Bände, München 1979 und 1981.

Herbert, Ulrich: Geschichte Deutschlands im 20. Jahrhundert, zweite Auflage, München 2017.

Hesselbach, Walter: Die gemeinwirtschaftlichen Unternehmen. Der Beitrag der Gewerkschaften zu einer verbraucherorientierten Wirtschaftspolitik, Frankfurt am Main 1966.

Heym, Karl: Die Anfertigung des Rechnungsabschlusses von Grabekassen und Krankenkassen, Leipzig 1856.

–: Die Grabekassen. Ihre Einrichtung und Verwaltung sowie die Reorganisation der bestehenden fehlerhaften Institute, Leipzig 1850.

Hilger, Susanne: Sozialpolitik und Organisation. Formen betrieblicher Sozialpolitik in der rheinisch-westfälischen Eisen- und Stahlindustrie seit der Mitte des 19. Jahrhunderts bis 1933, Stuttgart 1996.

Hirsch-Weber, Wolfgang: Von der Massenstreikdebatte zum Kampf um das Mitbestimmungsrecht, Köln 1959.

Hirschfeld, Paul: Die Freien Gewerkschaften in Deutschland. Ihre Verbreitung und Entwicklung 1896-1906, Jena 1908.

Hoesch, Kristin: Ärztinnen für Frauen. Kliniken in Berlin 1877-1914, Stuttgart/Weimar 1995.

Hofmann, Friedrich: Tödliche Welten. Die unglaubliche Geschichte von drei Medizinern, die Millionen Menschen das Leben rettete, Freiburg 2010.

Hohorst, Gerd/Jürgen Kocka/Gerhard A. Ritter: Sozialgeschichtliches Arbeitsbuch. Materialien zur Statistik des Kaiserreichs 1870-1914, München 1975.

Holtfrerich, Carl-Ludwig: Die deutsche Inflation 1914-1923. Ursachen und Folgen in internationaler Perspektive, Berlin/New York 1980.

Hüber, Reinhard: Unterstützungswesen, in: Ludwig Heyde (Hg.): Internationales Handwörterbuch des Gewerkschaftswesens, Berlin 1932, S. 1793-1816.

Hüntelmann, Axel C.: Paul Ehrlich. Leben, Forschung, Ökonomien, Netzwerke, Göttingen 2011.

Imbusch, Heinrich: Die Gelben in der deutschen Arbeiterbewegung, dritte Auflage, Köln 1912.

Irmak, Kenan H.: Der Sieche. Alte Menschen und die stationäre Altenhilfe in Deutschland 1924-1961, Essen 2002.

Jahr, Christoph: Blut und Eisen. Wie Preußen Deutschland erzwang, München 2020.

James, Harold: Deutschland in der Weltwirtschaftskrise 1924-1936, Stuttgart 1988.

Kalle, Fritz u.a.: Über Alters- und Invalidenkassen für Arbeiter, Leipzig 1874.

Käppner, Joachim: 1918 – Aufstand für die Freiheit. Die Revolution der Besonnenen, München 2017.

Kemmann, Gustav: Zur Eröffnung der elektrischen Hoch- und Untergrundbahn in Berlin, Berlin 1902 (auch als 2002 veröffentlichter Nachdruck erhältlich).

Kern, Horst: Gewerkschaft und Rationalisierung in der Weimarer Zeit, in: Gewerkschaftliche Monatshefte 29, 1978, S. 412-419.

Kershaw, Ian: Höllensturz. Europa 1914 bis 1949, München 2016.

Kiesewetter, Hubert: Industrielle Revolution in Deutschland 1815-1914, Frankfurt am Main 1989.

Kleemann, Kurt: Die Sozialpolitik der Reichs-Post- und Telegrafenverwaltung gegenüber ihren Beamten, Unterbeamten und Arbeitern, Jena 1914.

Klein, Fritz: Selbsthilfe aus christlicher Verantwortung. Die Geschichte der christlichen Konsumvereine, Recklinghausen 1967.

Kluge, Ulrich: Die deutsche Revolution 1918/1919. Staat, Politik und Gesellschaft zwischen Weltkrieg und Kapp-Putsch, Frankfurt am Main 1985.

Kocka, Jürgen: Die Angestellten in der deutschen Geschichte 1850-1980. Vom Privatbeamten zum angestellten Arbeitnehmer, Göttingen 1981.

– (Hg.): Angestellte im europäischen Vergleich. Die Herausbildung angestellter Mittelschichten seit dem späten 19. Jahrhundert, Göttingen 1981.

–: Arbeitsverhältnisse und Arbeiterexistenzen. Grundlagen der Klassenbildung im 19. Jahrhundert, Bonn 1990.

–/Jürgen Schmidt: Arbeitergeschichte. Global und national, in: Geschichte und Gesellschaft 43, 2017, S. 181-196.

Körner, Hans/Gabriele Genge/Angela Stercken (Hg.): Kunst, Sport und Körper, drei Bände, Weimar 2002 und 2004.

Kramper, Peter: Neue Heimat. Unternehmenspolitik und Unternehmensentwicklung im gewerkschaftlichen Wohnungs- und Städtebau 1950-1982, Stuttgart 2008.

Krieger, Wolfgang: Das gewerkschaftliche Unterstützungswesen in Großbritannien in den zwanziger Jahren, in: Archiv für Sozialgeschichte 20, 1980, S. 119-146.

Kügel, Wolfgang: Gemeindearbeiterschaft, Stadtverwaltung und gewerkschaftliche Organisation in Deutschland 1896-1921, Diss. München 1989.

Kuick-Frenz, Elke von: Anwalt des sozialen Grüns. Die funktionale und gestalterische Entwicklung öffentlicher Grün- und Erholungsanlagen am Beispiel der Planungen Otto Linnes, zwei Bände, Hamburg 2000.

Kulemann, Wilhelm: Die Berufsvereine. Geschichtliche Entwicklung der Berufsorganisationen der Arbeitnehmer und Arbeitgeber aller Länder, zweite, völlig neu bearbeitete Auflage der »Gewerkschaftsbewegung«, Bände eins bis fünf zu den Arbeitnehmerorganisationen in Deutschland, Jena 1908.

–: Die Gewerkschaftsbewegung. Darstellung der gewerkschaftlichen Organisation der Arbeiter und Arbeitgeber aller Länder, Jena 1900.

Küsgen, Wilhelm u.a. (Hg.): Handwörterbuch des Postwesens, Berlin 1927.

Ladwig-Winters, Simone: Wertheim. Ein Warenhausunternehmen und seine Eigentümer, Münster 1997.

Lange, Thomas H.: Raumfahrteuphorie und Raketentechnik 1925-1945, in: Helmuth Trischler/Kai-Uwe Schrogl (Hg.): Ein Jahrhundert im Flug. Luft- und Raumfahrtforschung in Deutschland 1907-2007, Frankfurt am Main/New York 2007.

Latour-Foss, Leontine: Die gelben Gewerkschaften in Frankreich, Jena 1908.

Laubscher, Gerhard: Die Opposition im Allgemeinen Deutschen Gewerkschaftsbund (ADGB) 1918-1923, Frankfurt am Main 1979.

Lauf, Ulrich: Die Knappschaft. Ein Streifzug durch tausend Jahre Sozialgeschichte, Sankt Augustin 1994.

Lauschke, Karl: »Zusammenhalten und gestalten«. Die Deutsche Postgewerkschaft bis zur Bildung von Verdi, Hamburg 2009.

Legien, Carl: Der Streik der Hafenarbeiter und Seeleute in Hamburg-Altona. Darstellung der Ursachen und des Verlaufs des Streiks – sowie der Arbeits- und Lohnverhältnisse der im Hafenverkehr beschäftigten Arbeiter, Hamburg 1897.

Lehnert, Detlef: Sozialdemokratie zwischen Protestbewegung und Regierungspartei 1848-1983, Frankfurt am Main 1983.

Loesch, Achim von: Die deutschen Arbeitnehmerbanken in den zwanziger Jahren, Frankfurt am Main/Köln 1974.

–: Die gemeinwirtschaftlichen Unternehmen der deutschen Gewerkschaften. Entstehung – Funktion – Probleme, Köln 1979.

Losseff-Tillmanns, Gisela: Frauenemanzipation und Gewerkschaften, Wuppertal 1978.

– (Hg.): Frau und Gewerkschaft, Frankfurt am Main 1982.

Meister, Rainer: Die große Depression. Zwangslagen und Handlungsspielräume der Wirtschafts- und Finanzpolitik in Deutschland 1929-1932, Regensburg 1991.

Milert, Werner/Rudolf Tschirbs: »Der gute Wille zur Zusammenarbeit«. Geschichte der Mitbestimmung bei der Allianz, München 2017.

Minde, Johannes: 100 Jahre Deutscher Postverband 1890-1990, Heidelberg 1990.

Möller, Horst: Weimar. Die unvollendete Demokratie, dritte Auflage, München 1990.

Mooser, Josef: Arbeiterleben in Deutschland 1900-1970. Klassenlagen, Kultur und Politik, Frankfurt am Main 1984.

Morat, Daniel u.a.: Weltstadtvergnügen. Berlin 1880-1930, Göttingen 2016.

Möring, Maria/Gisela Kühn: Der Hamburger Ewerführer im Wandel der Zeiten, Hamburg 1965.

Nachtmann, Walter: 100 Jahre ÖTV – Geschichte. Die Geschichte einer Gewerkschaft und ihrer Vorläuferorganisationen, Frankfurt am Main 1996.

Nerger, Katja/Rüdiger Zimmermann: Zwischen Antisemitismus und Interessenvertretung. Periodika und Festschriften des Deutschnationalen Handlungsgehilfen-Verbandes in der Bibliothek der Friedrich-Ebert-Stiftung, Bonn 2006.

Nestriepke, Siegfried: Die Gewerkschaftsbewegung, drei Bände, zweite Auflage, Stuttgart 1922/23.

–: Werben und Werden. Geschichte und System der gewerkschaftlichen Agitation, Nürnberg 1914.

Niethammer, Lutz: Kollektive Identität. Heimliche Quellen einer unheimlichen Konjunktur, Reinbek bei Hamburg 2000.

–/Franz-Josef Brüggemeier: Wie wohnten die Arbeiter im Kaiserreich?, in: Archiv für Sozialgeschichte 16, 1976, S. 61-120.

Nipperdey, Thomas: Deutsche Geschichte 1866-1918, erster Band: Arbeitswelt und Bürgergeist, München 1990.

–: Deutsche Geschichte 1866-1918, zweiter Band: Machtstaat vor der Demokratie, München 1992.

Nonn, Christoph: Bismarck. Ein Preuße und sein Jahrhundert, München 2015.

–: 12 Tage und ein halbes Jahrhundert. Eine Geschichte des Deutschen Kaiserreichs 1871-1918, München 2020.

Novy, Klaus/Michael Prinz: Illustrierte Geschichte der Gemeinwirtschaft. Wirtschaftliche Selbsthilfe in der Arbeiterbewegung von den Anfängen bis 1945, Berlin/Bonn 1985.

Offermann, Toni (Hg.): Die erste deutsche Arbeiterpartei. Materialien zur Organisation, Verbreitung und Sozialstruktur von ADAV und LADAV 1863-1871, Bonn 2002.

Otte, Bernhard: Gewerkschaftliche Selbsthilfe, in: Hermann Seib (Hg.): Jahrbuch für Sozialpolitik 1930, Leipzig 1930, S. 66-70.

Petzina, Dietmar/Werner Abelshauser/Anselm Faust: Sozialgeschichtliches Arbeitsbuch III. Materialien zur Statistik des Deutschen Reichs 1914-1945, München 1978.

Peukert, Detlev J.K.: Die Weimarer Republik. Krisenjahre der Klassischen Moderne, Frankfurt am Main 1987.

–: Grenzen der Sozialdisziplinierung. Aufstieg und Krise der deutschen Jugendfürsorge 1878 bis 1932, Köln 1986.

Pietsch, Ernst: Fünfzig Jahre Pensionskasse der deutschen Konsumgenossenschaften, Hamburg 1955.

Piketty, Thomas: Das Kapital im 21. Jahrhundert, München 2014.

Ponfick, Friedrich Wilhelm: Geschichte der Sozialversicherung im Zeitalter der Aufklärung, Dresden 1940.

Potthoff, Heinrich: Gewerkschaften und Politik zwischen Revolution und Inflation, Düsseldorf 1979.

–: Freie Gewerkschaften 1918-1933. Der Allgemeine Deutsche Gewerkschaftsbund in der Weimarer Republik, Düsseldorf 1987.

Prinz, Michael: Vom neuen Mittelstand zum Volksgenossen. Die Entwicklung des sozialen Status der Angestellten von der Weimarer Republik bis zum Ende der NS-Zeit, München 1986.

Radkau, Joachim: Das Zeitalter der Nervosität. Deutschland zwischen Bismarck und Hitler, München 1998.

–: Technik in Deutschland. Vom 18. Jahrhundert bis heute, Frankfurt am Main/New York 2008.

–: Geschichte der Zukunft. Prognosen, Visionen, Irrungen in Deutschland von 1945 bis heute, München 2017.

Rechenberg, Helmut: Werner Heisenberg – Die Sprache der Atome. Leben und Wirken – Eine wissenschaftliche Biografie, zwei Bände, Berlin/Heidelberg 2010.

Reif, Heinz: Soziale Lage und Erfahrungen des alternden Fabrikarbeiters in der Schwerindustrie des westlichen Ruhrgebiets während der Hochindustrialisierung, in: Archiv für Sozialgeschichte 22, 1982, S. 1-94.

Reininghaus, Wilfried: Die Revolution 1918/19 in Westfalen und Lippe als Forschungsproblem – Quellen und offene Fragen. Mit einer Dokumentation zu den Arbeiter-, Soldaten- und Bauernräten, Münster 2016.

–: Die Gesellenladen und Unterstützungskassen der Fabrikarbeiter bis 1870 in der Grafschaft Mark. Anmerkungen zu einem wenig erschlossenen Kapitel der Sozial- und Wirtschaftsgeschichte Westfalens, in: Der Märker 29, 1980, S. 46-55.

Remeke, Stefan: Gewerkschaften und Sozialgesetzgebung. DGB und Arbeitnehmerschutz in der Reformphase der sozialliberalen Koalition, Essen 2005.

–: Doch nur ein »Strohfeuer«? Von der »kurzen« Geschichtsschreibung über die deutschen Gewerkschaften, in: Mitteilungsblatt des Instituts für soziale Bewegungen 36, 2006, S. 105-114.

–: Anders links sein. Auf den Spuren vor Maria Weber und Gerd Muhr, Essen 2012.

–: Formationsphasen sozialer Ordnung im westlichen Nachkriegsdeutschland, in: Jörg Calließ (Hg.): Die frühen Jahre des Erfolgsmodells BRD. Oder: Die Dekonstruktion der Bilder von der formativen Phase unserer Gesellschaft durch die Nachgeborenen, Rehburg-Loccum 2003, S. 181-197.

–: Gewerkschaften und Inflation. Zur Sozialgeschichte des Deutschen Textilarbeiter-Verbandes 1914-1924, Staatsarbeit Bielefeld 1996.

Rettig, Rudolf: Die Gewerkschaftsarbeit der Kommunistischen Partei Deutschlands von 1918 bis 1925 unter besonderer Berücksichtigung der Auseinandersetzung mit den Freien Gewerkschaften, Diss. Hamburg 1954.

Ritter, Gerhard A./Klaus Tenfelde: Der Durchbruch der Freien Gewerkschaften Deutschlands zur Massenbewegung im letzten Viertel des 19. Jahrhunderts, in: Heinz Oskar Vetter (Hg.): Vom Sozialistengesetz zur Mitbestimmung. Zum 100. Geburtstag von Hans Böckler, Köln 1975, S. 61-120.

–: (Hg.): Das Deutsche Kaiserreich 1871-1914. Ein historisches Lesebuch, vierte Auflage, Göttingen 1981.

–/Klaus Tenfelde: Arbeiter im Deutschen Kaiserreich 1871 bis 1914, Bonn 1992.

Ritzmann, Iris: Hausordnung und Liegekur. Vom Volkssanatorium zur Spezialklinik: 100 Jahre Zürcher Höhenklinik Wald, Zürich 1998.

Rogger, Franziska: »Wir helfen uns selbst!« Die kollektive Selbsthilfe der Arbeiterverbrüderung 1848/49 und die individuelle Selbsthilfe Stephan Borns – Borns Leben, Entwicklung und seine Rezeption der zeitgenössischen Lehren, Erlangen 1986.

Roth, Ralf: Arbeitswelten im Umbruch. Transformationen vom 19. Jahrhundert bis in die Gegenwart, Bonn 2019.

Rudischhauser, Sabine: Geregelte Verhältnisse. Eine Geschichte des Tarifvertragsrechts in Deutschland und Frankreich (1890-1918/19), Köln 2017.

Rütters, Peter: Der Deutschnationale Handlungsgehilfen-Verband und der Nationalsozialismus, in: Historisch-Politische Mitteilungen – Archiv für Christlich-Demokratische Politik 16, 2009, S. 81-108.

Schäfer, Hermann: Die berufliche und soziale Lage von Arbeitern im Alter. Eine Skizze zur Situation in Deutschland im 19./20. Jahrhundert, in: Christoph Conrad/Hans-Joachim von Kondratowitz (Hg.): Gerontologie und Sozialgeschichte. Wege zu einer historischen Betrachtung des Alters, Berlin 1983, S. 255-272.

Scheriau, Karl Michael: Kunstgenossen und Kollegen. Entstehung, Aufbau, Wirkungsweise und Zielsetzung der Gewerkschaftsorganisation der deutschen Buchdrucker von 1848 bis 1933, Diss. Berlin 2000.

Schildt, Axel/Arnold Sywottek (Hg.): Massenwohnung und Eigenheim. Wohnungsbau und Wohnen in der Großstadt seit dem Ersten Weltkrieg, Frankfurt am Main/New York 1988.

Schmoller, Gustav von: Die Entwicklung der deutschen Volkswirtschaftslehre im neunzehnten Jahrhundert, Leipzig 1908.

Schneider, Gustav: Der Schutz der älteren Angestellten, in: Hermann Seib (Hg.): Jahrbuch für Sozialpolitik 1930, Leipzig 1930, S. 153-157.

Schneider, Michael: Die Christlichen Gewerkschaften 1894-1933, Bonn 1982.

–: Kleine Geschichte der Gewerkschaften. Ihre Entwicklung in Deutschland von den Anfängen bis heute, zweite Auflage, Bonn 2000.

–: Höhen, Krisen und Tiefen. Die Gewerkschaften in der Weimarer Republik 1918 bis 1933, in: Ulrich Borsdorf (Hg.): Geschichte der deutschen Gewerkschaften von den Anfängen bis 1945, Köln 1987, S. 279-446.

–: Deutsche Gesellschaft in Krieg und Währungskrise 1914-1924. Ein Jahrzehnt Forschungen zur Inflation, in: Archiv für Sozialgeschichte 26, 1986, S. 301-319.

Schönhoven, Klaus: Selbsthilfe als Form von Solidarität. Das gewerkschaftliche Unterstützungswesen im Deutschen Kaiserreich bis 1914, in: Archiv für Sozialgeschichte 20, 1980, S. 147-193.

–: Die Gewerkschaften als Massenbewegung im Wilhelminischen Kaiserreich 1890 bis 1918, in: Ulrich Borsdorf (Hg.): Geschichte der deutschen Gewerkschaften von den Anfängen bis 1945, Köln 1987, S. 167-278.

–: Expansion und Konzentration. Studien zur Entwicklung der Freien Gewerkschaften im Wilhelminischen Deutschland 1890 bis 1914, Stuttgart 1980.

–: Die deutschen Gewerkschaften, Frankfurt am Main 1987.

Schötz, Werner: Die Banken der Beamten, Arbeiter und Angestellten in Deutschland. Ihre geschichtliche Entwicklung, Tätigkeit und wirtschaftliche Bedeutung, Stuttgart 1932.

Schröder, Wilhelm Heinz: Arbeit und Organisationsverhalten der Zigarrenarbeiter in Deutschland im 19. und frühen 20. Jahrhundert. Ein Beitrag zur Erklärung der Führungsrolle der Zigarrenarbeiter in der frühen politischen Arbeiterbewegung, in: Historical Social Research, Supplement Nr. 23, 2011, S. 195-251 (Reprint/Zusammenfassung von Beiträgen aus dem Jahr 1978).

Schug, Albert: Der Versicherungsgedanke und seine historischen Grundlagen, Göttingen 2011.

Schulz, Gerhard: Deutschland seit dem Ersten Weltkrieg 1918-1945, zweite Auflage, Göttingen 1982.

Schulz, Günther: Die Angestellten seit dem 19. Jahrhundert, München 2000.

Schumann, Dirk: Politische Gewalt in der Weimarer Republik 1918-1933. Kampf um die Straße und Furcht vor dem Bürgerkrieg, Essen 2001.

Siemann, Wolfram: Die deutsche Revolution von 1848/49, Frankfurt am Main 1985.

Sombart, Werner: Der moderne Kapitalismus. Historisch-systematische Darstellung des gesamteuropäischen Wirtschaftslebens von seinen Anfängen bis zur Gegenwart, drei Bände, München/Leipzig 1902 ff.

Sörgel, Herman: Atlantropa, Zürich u.a. 1932.

Stehr, Konrad: Der Zentralverband der Angestellten. Sein Werdegang, seine Gestalt und sein Charakter, Diss. Halle-Wittenberg, Berlin 1926.

Steiger, Karsten: Kooperation, Konfrontation, Untergang. Das Weimarer Tarif- und Schlichtungswesen während der Weltwirtschaftskrise und seine Vorbedingungen, Stuttgart 1998.

Steinisch, Irmgard: Gewerkschaftliches Unterstützungswesen und die Anfänge der sozialstaatlichen Gesetzgebung in den USA, in: Jürgen Kocka u.a. (Hg.): Von der Arbeiterbewegung zum modernen Sozialstaat. Festschrift für Gerhard A. Ritter, München u.a. 1994, S. 25-43.

Stöckel, Sigrid: Die große Ausstellung über Gesundheitspflege, Sozialfürsorge und Leibesübungen – Gesolei – 1926 in Düsseldorf, in: dies. (Hg.): Ideologie der Objekte – Objekte der Ideologie. Naturwissenschaft, Medizin und Technik in Museen des 20. Jahrhunderts, Kassel 1991, S. 31-38.

Surminski, Arno: Im Zug der Zeiten. Die Victoria von 1853 bis heute, Düsseldorf 1978.

Süß, Dietmar/Cornelius Torp: Solidarität. Vom 19. Jahrhundert bis zur Corona-Krise, Bonn 2021.

Tenfelde, Klaus: Die Entstehung der deutschen Gewerkschaftsbewegung. Vom Vormärz bis zum Ende des Sozialistengesetzes, in: Ulrich Borsdorf (Hg.): Geschichte der deutschen Gewerkschaften von den Anfängen bis 1945, Köln 1987, S. 15-165.

Tennstedt, Florian u.a. (Hg.): Quellensammlung zur Geschichte der deutschen Sozialpolitik 1867-1914 (Bände in vier Abteilungen, begründet von Peter Rassow und Karl Erich Born, im Auftrag der Historischen Kommission der Akademie der Wissenschaft und Literatur, Mainz), Wiesbaden u.a. 1993-2016.

Teuteberg, Hans J./Clemens Wischermann: Wohnalltag in Deutschland 1850-1914. Bilder, Daten, Dokumente, Münster 1985.

Tietz, Georg: Hermann Tietz. Geschichte einer Familie und ihrer Warenhäuser, Stuttgart 1965.

Tietz, Hermann: Der größte Warenhauskonzern Europas im Eigenbesitz. Ein Buch sichtbarer Erfolge, Berlin 1928.

Tilly, Richard H.: Vom Zollverein zum Industriestaat. Die wirtschaftlich-soziale Entwicklung Deutschlands 1834 bis 1914, München 1990.

Troeltsch, Walter: Die Calwer Zeughandlungskompanie und ihre Arbeiter. Studien zur Gewerbe- und Sozialgeschichte Altwürttembergs, Jena 1897.

–/Paul Hirschfeld: Die deutschen sozialdemokratischen Gewerkschaften. Untersuchungen und Materialien über ihre geografische Verbreitung 1896-1903, Berlin 1905.

Ullrich, Volker: Otto von Bismarck, Reinbek bei Hamburg 1998.

Ulman, Lloyd: Discussion (zum Beitrag von Bernstein: Union Growth and Structural Cycles), in: Walter Galenson/Seymour M. Lipset: Labor and Trade Unionism: An Interdisciplinary Reader, London 1960, S. 93-96.

Umbreit, Paul: Der gewerkschaftliche Wiederaufbau nach dem Krieg, Berlin 1918.

Vahrenkamp, Richard: Wirtschaftsdemokratie und Rationalisierung. Zur Technologiepolitik der Arbeiterbewegung in der Weimarer Republik, in: Gewerkschaftliche Monatshefte 34, 1983, S. 722-735.

Vall, Mark van de: Die Gewerkschaften im Wohlfahrtsstaat, Köln/Opladen 1966.

Völkerling, Fritz: Der deutsche Kathedersozialismus, Berlin 1959.

Volkmann, Heinrich: Modernisierung des Arbeitskampfes? Zum Formwandel von Streik und Aussperrung in Deutschland 1864-1975, in: Hartmut Kaelble u.a. (Hg.): Probleme der Modernisierung in Deutschland. Sozialhistorische Studien zum 19. und 20. Jahrhundert, zweite Auflage, Opladen 1978, S. 110-170.

–: Möglichkeiten und Aufgaben quantitativer Arbeitskampfforschung in Deutschland, in: Internationale wissenschaftliche Korrespondenz zur Geschichte der deutschen Arbeiterbewegung 17, 1981, S. 141-154.

Wagner-Braun, Margarete: Zur Bedeutung berufsständischer Krankenkassen innerhalb der privaten Krankenversicherung in Deutschland bis zum Zweiten Weltkrieg – Die Selbsthilfeeinrichtungen der katholischen Geistlichen, Stuttgart 2002.

Weber, Petra: Gescheiterte Sozialpartnerschaft. Industrielle Beziehungen, Arbeitskämpfe und der Sozialstaat. Deutschland und Frankreich im Vergleich (1918-1933/39), München 2010.

Wehler, Hans-Ulrich: Deutsche Gesellschaftsgeschichte, dritter Band: Von der »Deutschen Doppelrevolution« bis zum Beginn des Ersten Weltkriegs 1849-1914, München 1995.
–: Deutsche Gesellschaftsgeschichte, vierter Band: Vom Beginn des Ersten Weltkriegs bis zur Gründung der beiden deutschen Staaten 1914-1949, München 2003.
–: Das Deutsche Kaiserreich 1871-1918, sechste Auflage, Göttingen 1988.
–: Soziale Ungleichheit in Deutschland, dritte Auflage, München 2013.
Weiß, Albrecht: Begriff und Entwicklung der betrieblichen Altersfürsorge, in: ders. (Hg.): Handbuch der betrieblichen Altersfürsorge, München/Düsseldorf 1952, S. 11-16.
Welskopp, Thomas: Betriebliche Sozialpolitik im 19. und frühen 20. Jahrhundert. Eine Diskussion neuerer Forschungen und Konzepte und eine Branchenanalyse der deutschen und amerikanischen Eisen- und Stahlindustrie von den 1870er bis zu den 1930er Jahren, in: Archiv für Sozialgeschichte 34, 1994, S. 333-374.
–: Das Banner der Brüderlichkeit. Die deutsche Sozialdemokratie vom Vormärz bis zum Sozialistengesetz, Bonn 2000.
Werth, Christoph H.: Sozialismus und Nation. Die deutsche Ideologiediskussion zwischen 1918 und 1945. Mit einem Vorwort von Karl Dietrich Bracher, Opladen 1996.
Wiedemann, Gerd: Die historische Entwicklung der betrieblichen Altersversorgung unter besonderer Berücksichtigung des Arbeitsrechts, Diss. Erlangen-Nürnberg 1990.
Willemsen, Robert: Die Organisationen der mittleren Reichs-Post- und Telegrafenbeamten, Diss. Würzburg, Frankfurt am Main 1919.
Winkler, Heinrich August: Der lange Weg nach Westen, erster Band: Deutsche Geschichte vom Ende des Alten Reichs bis zum Untergang der Weimarer Republik, vierte Auflage, München 2002.
Wischermann, Clemens: Wohnen in Hamburg vor dem Ersten Weltkrieg, Münster 1983.
Woelk, Wolfgang/Jörg Vögele: Einleitung, in: dies. (Hg.): Geschichte der Gesundheitspolitik in Deutschland. Von der Weimarer Republik bis in die Frühgeschichte der »doppelten Staatsgründung«, Berlin 2002, S. 11-48.
Zimmermann, Rüdiger: 100 Jahre ÖTV – Biografien. Die Geschichte einer Gewerkschaft und ihrer Vorläuferorganisationen, Frankfurt am Main 1996.
–: (Hg.): Das gedruckte Gedächtnis der Tertiarisierung. Pilotprojekt zur Sicherung zentraler gewerkschaftlicher Quellenbestände der freien Angestelltenbewegung, Bonn 2010.
Zwing, Karl: Geschichte der deutschen freien Gewerkschaften, Jena 1922.

Internetquellen

Buchner, Thomas: Die Geschichte der Globalisierung, Bonn 2006 (Online-Akademie der Friedrich-Ebert-Stiftung):
http://library.fes.de/pdf-files/akademie/online/50331.pdf,
zuletzt abgerufen am 04.11.2021.

Dowe, Dieter/Karlheinz Kuba/Manfred Wilke (Hg.): FDGB-Lexikon. Funktion, Struktur, Kader und Entwicklung einer Massenorganisation der SED (1945-1990), bearbeitet von Michael Kubina, Berlin 2009:
http://library.fes.de/FDGB-Lexikon/rahmen/lexikon_frame.html,
zuletzt abgerufen am 02.11.2021.

Friedrich-Ebert-Stiftung, Archiv der sozialen Demokratie: Deutsche Postgewerkschaft (DPG), Hauptvorstand. Erläuterungen zum Archivbestand:
https://www.fes.de/archiv/adsd_neu/inhalt/gewerkschaften/dpg/dpg-hauptvorstand.htm,
zuletzt abgerufen am 14.03.2017.

H-Soz-Kult, 27.09.2018:
https://www.hsozkult.de/publicationreview/id/rezbuecher-26462,
zuletzt abgerufen am 30.11.2018.

Spiegel Online, 4. Juni 2009:
http://www.spiegel.de/einestages/die-goldenen-jahre-der-kaufhaeuser-a-948323.html,
zuletzt abgerufen am 02.04.2019.

Süddeutsche Zeitung, 11. Januar 2017:
https://www.sueddeutsche.de/wirtschaft/verdi-eigenes-versorgungswerk-geplant-1.3328236,
zuletzt abgerufen am 30.11.2018.

Vorwärts, 23. September 2020:
https://www.vorwaerts.de/artikel/seeheimer-kreis-fordert-spitzensteuer-rauf-tarifloehne,
zuletzt abgerufen am 03.03.2021.

Portale

Zur Geschichte der Techniker Krankenkasse (TK)
https://www.tk.de/techniker/unternehmensseiten/unternehmen/ueber-die-tk/krankenversicherung-wird-pflicht-die-geburtsstunde-der-tk-2012362, zuletzt abgerufen am 07.11.2019.

Online-Portal der Friedrich-Ebert-Stiftung zur historischen Angestelltenpresse
http://library.fes.de/angestelltenpresse/content/below/index.xml, zuletzt abgerufen am 30.12.2020.

Nachwort

Ein Projekt wie dieses benötigt Förderer und Unterstützer, um schließlich realisiert werden zu können.

Hervorzuheben aus dem Kreis der *good shepherds* sind an dieser Stelle Hubert Schmalz und Hartmut Simon für ihre Initiative. Hartmut Simon gebührt ein besonderer Dank für seine Geduld – und für seine Hilfe als Türöffner zur rechten Zeit am rechten Ort. Zu danken habe ich auch Michaela Kuhnhenne für ihre Projektbegleitung seitens der Hans-Böckler-Stiftung.

Ein besonderer Dank gilt schließlich den Mitarbeiterinnen und Mitarbeitern des Verdi-Archivs, der Bibliothek der Friedrich-Ebert-Stiftung und – nachdrücklich – der Bibliothek der Universität Bielefeld. Ohne ihre umfassende und engagierte Hilfe bei Fernleihen und Reproduktionen hätte das Quellenmaterial nicht im vorliegenden Umfang für diese Studie genutzt werden können.

Die Arbeiten am Manuskript wurden zum Jahreswechsel 2021/2022 abgeschlossen. Für die Verlagsveröffentlichung wurde der Text im Frühjahr 2024 lediglich redaktionell bearbeitet.

Werther, im Juni 2024   Stefan Remeke

Differenzierte Inhaltsbeschreibung

Zusammenfassung 9
Lektürenavigator. 12

I. Einführung 13
1. Expedition in eine vergessene Gewerkschaftswelt 17
    Ein gegenwartsnaher Ausgangspunkt: Rentenkampagne und Reformdebatte
    der Gewerkschaften 17
    Fremdartiges und Bekanntes in einer anderen Gewerkschaftszeit 18
        Politische Gewerkschaftsarbeit – Tarif- und Betriebspolitik – Selbsthilfe / Hybride Sozialpolitik / Zersplitterung und Konkurrenz der »Milieugewerkschaften« / Herausforderungen gewerkschaftlicher Gemeinschaftsbildung – Gewerkschaften als Kulturräume mit umfassendem Lebensbezug
    Design der Studie 25
        Erkenntnisinteresse und leitende Fragestellung / Untersuchte Unterstützungskassen und Gewerkschaftsverbände / Quellen und Art der Auswertung / Textaufbau / Forschungsstand und Forschungshistorie

II. Historische Evolution einer Bedeutungsfrage 37
2. Vorläufer und Traditionen des gewerkschaftlichen Unterstützungswesens 38
    Soziale Unterstützungseinrichtungen vom Spätmittelalter bis in die
    Frühe Neuzeit. 38
        Knappschaften / Zünfte und Gesellenverbände: Arbeitslosigkeit – Unfall und Krankheit – Todesfall, Alterssicherung, Versorgung von Witwen und Waisen / Schnittmengen zwischen sozialer Selbsthilfe, privater Versicherung und früher staatlicher Intervention
    Unterstützungskassen der Buchdrucker im 18. und 19. Jahrhundert 46
        Blick in die Statuten früher korporativer Unterstützungskassen / Gesellenkassen als Keimzellen gewerkschaftlicher Organisation / Revolution von 1848/49, Organisationen der Buchdrucker und »Revolutionskassen« / Organisationsreste nach der Reaktion: Blick in die Statuten gewerkschaftsnaher regionaler Buchdruckerkassen / Verband der Deutschen Buchdrucker und Aufbau seines Zentralkassenwesens
    Gewerkschaftliche Unterstützungskassen unter dem Sozialistengesetz 58
        Und wieder: Unterstützungskassen als gewerkschaftlicher safe harbor vor der politischen Reaktion / Verband der Deutschen Buchdrucker und Senefelder Bund: Modernisierungen im Unterstützungswesen, behördliche Schikanen, Risiken

3. Aufbruch 1890 und Sinnkrise der sozialen Selbsthilfe. 64
    Aufbruch 1890: »Moderne« Gewerkschaften versus »alte« Unterstützungen . .   64
        Beispiele verbandlicher Interpretationen der Gründerjahre: »Neuer« Deutschnationaler Handlungsgehilfen-Verband versus frühe Angestelltenorganisationen als »Wohlfahrtsvereine« / Zentrale Handels-, Transport- und Verkehrsarbeiterbewegung versus lokale Unterstützungsvereinigungen / Distanzierungen von der sozialen Selbsthilfe: Frühe Verbandsgeschichten – Gedankenwelten des Sozialismus und der Sozialdemokratie – Grundsätzliche Widersprüche
    Aufbruch sozialer Sicherheit 1890: Sozialpolitische Realität relativiert
    die Sinnkrise   76
        Neue sozialpolitische Wirklichkeiten: Das Beispiel staatliche Sozialversicherung / Die staatliche Sozialversicherung als Stimulanz für neue Unterstützungen und Versicherungen
    Aufbruch in eine janusköpfige Epoche 1890: Zeiten des Wandels, der
    Verunsicherung und der Risiken   87
        »Neuerfindung der Welt«: Wissenschaft und Technikbegeisterung / Glanz des Konsums und Gegenwelt urbaner Arbeitnehmerschaften / Lauernde Daseinsrisiken: Krankheit, Tod und das Streben nach Gesundheit / Globalisierung und Kapitalismuskrisen

III. Das Unterstützungswesen in Schlaglichtern 1890 bis 1933   97

    Facettenreichtum verbandlicher sozialer Selbsthilfe: Von Kleiderkassen bis Tuberkulosefürsorge – Das Beispiel Deutscher Postverband / Soziale gewerkschaftliche Not- und Spendenkassen zwischen »sozialem Geist« und humanistischem Pathos – Das Beispiel der Witwen- und Waisenkasse des Deutschnationalen Handlungsgehilfen-Verbandes / Modernisierungszwänge im Bereich der »Sozialversicherung der Gewerkschaften«

4. Organisationspolitische Kontexte 105
    Zeitalter gewerkschaftlicher Großverbände 105
        Auf- und Ausbau gewerkschaftlicher Strukturen: Finanzbedarf – Agitation und Bindung von Mitgliedern – Das soziale Unterstützungswesen als organisationspolitisches Anreizsystem mit Konkurrenzcharakter / Einsickern lokaler und beruflicher Unterstützungstraditionen in die neuen Zentralorganisationen: Hamburger Ewerführer und Berliner Hausdiener / Kristalisierung neuer Reibungsflächen für das soziale Unterstützungswesen: Lokalismus – Finanzautorität – Fusionen
    Folgerungen für die folgenden Kapitel 115

5. Das Kassenwesen bei Arbeitslosigkeit, Krankheit oder Erwerbslosigkeit 119
    Gründungen und Bedeutungszuweisungen 119
    Stilisierung der Arbeitslosenunterstützung zu einem modernen,
    gewerkschaftstauglichen Instrument 120
        Deutscher Transportarbeiter-Verband: Unterstützung für die Zentralverbandsidee gegen den Lokalismus / Deutscher Techniker-Verband, Bund der technisch-industriellen Beamten, Bund der technischen Angestellten und Beamten / Verband der

weiblichen Handels- und Büroangestellten und Deutschnationaler Handlungsgehilfen-Verband als christlich-nationale Angestelltenverbände

Widerstände gegen die Arbeitslosenunterstützung und ihre Überschreibung: Erwerbslosenunterstützungen 135

Verband der Hafenarbeiter Deutschlands und der Konflikt um die Arbeitslosenunterstützung vor der Fusion mit den Transportarbeitern / Die Debatte über die Arbeitslosenunterstützung in der Generalkommission der Gewerkschaften Deutschlands / Die Erwerbslosenunterstützung als eine Schlichtungslösung: Verband der Fabrikarbeiter Deutschlands – Fusion der Hafen- und Transportarbeiter

Konflikte und Interessen bei der Etablierung zentralisierter Krankenunterstützungen 145

Zentralisierte Verbandsfinanzen gegen lokalistische Resistenz als Katalyse der Unterstützungspolitik: Verband der Hafenarbeiter Deutschlands – Verband der Gemeinde- und Staatsarbeiter – Deutscher Transportarbeiter-Verband / Eine freigewerkschaftliche Erzählung: Ausbau schnell wachsender Zentralverbände und Einpassung der Bedeutung zentralisierter sozialer Unterstützungseinrichtungen / Humanistisch-altruistische Bedeutungszuweisungen

Exkurs: Das Krankenkassenwesen von Angestelltengewerkschaften 163

Überwindung von Widerständen aus organisationspolitischen Motiven als bekanntes Phänomen: Verband der weiblichen Handels- und Büroangestellten – Deutschnationaler Handlungsgehilfen-Verband – Bund der technischen Angestellten und Beamten – Zentralverband der Angestellten

Sinnstiftung der gewerkschaftlichen Verankerung 172

Expansion und Festigung 173

Arbeitslosen- und Krankenunterstützungen der Vorkriegszeit: Deutscher Transportarbeiter-Verband / Im Verlauf der 1920er Jahre: Deutscher Verkehrsbund – Verband der Gemeinde- und Staatsarbeiter – Deutschnationaler Handlungsgehilfen-Verband – Exkurs: Postverbände

Professionalisierung und Bürokratisierung 180

»Innerer Ausbau«, Technisierung und Komplizierung der Verwaltung von Unterstützungskassen / Verfahrensroutinen, Unterstützungsstatuten und Höhe der Leistungen, versicherungstechnische Diktion und Präsentation: Verband der Gemeinde- und Staatsarbeiter – Deutscher Verkehrsbund – Zentralverband der Angestellten

Erweiterung und Vertiefung 192

Unterstützungen und deren Statistik als Teil erweiterter gewerkschaftlicher Strategien in der Gesundheitspolitik, beim Aufbau der gewerkschaftlichen Personengruppenarbeit und in der Arbeitsmarktpolitik: Zentralverband der Handels-, Transport- und Verkehrsarbeiter Deutschlands und Deutscher Transportarbeiter-Verband – Verband der Deutschen Buchdrucker – Zentralverband der Angestellten – Deutschnationaler Handlungsgehilfen-Verband

*Soziale Semantik im Zeitalter der Herausforderungen durch Krisen und
Sparzwänge* 206
    Krisenmanagement und Vermittlungsmuster in Weltkrieg, Hyperinflation und während der Arbeitsmarktkrisen der Weimarer Republik: Verband der Gemeinde- und Staatsarbeiter / Ungebrochene Expansionslogik: Die Reformkommission im Allgemeinen Deutschen Gewerkschaftsbund / Verhältnis zur Sozialversicherung und Varianten des Agonie-Plots

6. Gewerkschaftliche Unterstützungen zur Altersfürsorge und im Sterbefall..... 225
   Vorkriegs- und Nachkriegsgründungen 225
     Gründungen gewerkschaftlicher Sterbekassen vor 1914 227
        Verband der Hafenarbeiter: Frühe fortschrittliche Debatten zur Sterbekasse / Fakultativ oder obligatorisch? Strittige Fragen der Unterstützungsform: Deutscher Techniker-Verband – Deutschnationaler Handlungsgehilfen-Verband – Deutscher Postverband / Obligatorische zentralisierte Kassen: Verband der Fabrikarbeiter Deutschlands – Verband der Büroangestellten Deutschlands – Verband der Gemeinde- und Staatsarbeiter / Mitversicherung von Familienangehörigen als Indikator des Fortschritts: Der Deutsche Transportarbeiter-Verband und der Fusionsimpuls der Hafenarbeiter / Das Mitgliedertestament als Annäherung an die Volksversicherung: Verband der Hafenarbeiter – Verband der Gemeinde- und Staatsarbeiter – Deutscher Transportarbeiter-Verband / Weitere Schlaglichter: Sterbekassen in Druckgewerkschaften und Postverbänden
     Vorkriegsgründungen gewerkschaftlicher Pensions- und Rentenkassen........... 240
        Die Pensionskasse des Verbandes der Büroangestellten Deutschlands 1908-1914 / Schlaglichter auf weitere Alterskassen und Debatten: Deutschnationaler Handlungsgehilfen-Verband / Deutscher Transportarbeiter-Verband: Rentenkassen der Fakulta 1910-1914
     Nachkriegsgründungen von Alters- und Invalidenkassen....................... 259
        Kurzer Exkurs: Rentenunterstützungen für Gewerkschaftsfunktionäre / Altersunterstützungen und Rentenkassen für Mitglieder ab Mitte der 1920er Jahre: Rentka des Verkehrsbundes – Verband der weiblichen Handels- und Büroangestellten – Zentralverband der Angestellten – Deutschnationaler Handlungsgehilfen-Verband / Invalidenunterstützungen: Gesamtverband der Arbeitnehmer der öffentlichen Betriebe und des Personen- und Warenverkehrs – Verband der Deutschen Buchdrucker
   Gründungsdeutungen und Sinnstiftung im Bestand........................ 279
     Gründungsdeutungen systematisch: Kontexte der Organisationspolitik 281
        »Gründungsepik« als Kritik an der Sozialversicherung oder als Staatskritik / Organisationspragmatismus: Fluktuation, Zentralisierung, Agitation / Kulturell geprägte Sterberituale, Emotionalität und Pathos versus nüchternes Agitationskalkül: »Ehefrauenkassen« und andere Familienbezüge / Pensionskassen, Klassenkampf und

  Koalitionsfreiheit: Der Fall der Straßenbahner / Gewerkschaftliche Machtvorstellungen und Utopien

 Überschreibung der Organisationspolitik: Kontexte eines sozialen Leitmotivs 298
  Vom Sozialpathos als rhetorischer Figur zum akzentuierten sozialhumanitären Leitmotiv: Beispiele einer Überschreibung / Generationenaspekte – Rationalisierung oder der »Berufstod« der Angestellten – Alter / Organisationspolitische Intentionen: Invalidenunterstützungen und die Orchestrierung über den ADGB / Das soziale Unterstützungswesen als Monstranz etablierter Großgewerkschaften

 Zwischenfazit und: Eine symbiotische Beziehung zwischen Solidarität und Humanität 306

 Sinnstiftung im Bestand gewerkschaftlicher Sterbe- und Pensionskassen 316
  Botschaften des ambitionierten Leistungsspektrums in Renten- und Sterbekassen: Verband der Deutschen Buchdrucker – Zentralverband der Angestellten – Deutscher Verkehrsbund und seine Allgemeine Deutsche Postgewerkschaft – Verband der Gemeinde- und Staatsarbeiter / Zuschussrentenkasse, Berufsunfähigkeitskasse, Aussteuerkasse oder Investment- und Hypothekenfonds: Themen der Pensionskasse des Zentralverbandes der Angestellten in den 1920er Jahren

IV. Abschließende Analysen 339

7. Das soziale Unterstützungswesen in gewerkschaftlichen Darstellungsformaten   341
 Positionierung des Themenbereichs in gewerkschaftlichen Leitquellen 341
  Jahrbücher, Rechenschafts- oder Geschäftsberichte, Verbandstagsprotokolle und Statuten / Verbandsgeschichtsschreibung: Versuch einer Gruppierung

 Öffentlichkeitsarbeit, strategische Kommunikation und Werbung: Unterstützungskassen in der Verbandspresse 351
  Courier / Der Büroangestellte / Der freie Angestellte

 Das soziale Unterstützungswesen als Propaganda- und Messeobjekt 366
  Gewerkschaftliche Werbearbeit: Film, Plakate und Lichtbilder / Messeauftritte am Beispiel der »Gesolei«

 Vom Sprachgebrauch zu Narrativen 373
  Bautenmetaphorik / Großverbandsnarrative als gewerkschaftliche Leiterzählung und die Einbettung sozialer Selbsthilfeeinrichtungen: Schichtaufbau, Elemente und Variationen, Gegen- und Nebenerzählungen – Modifikationen bei Freien Angestelltengewerkschaften und im Deutschnationalen Handlungsgehilfen-Verband

8. Blick zurück nach vorn 387
 Solidarität – Humanität – Identität: Zusammenfassung 387
 Ausblick: Vom Untersuchungszeitraum in die Gegenwart 392

Anhang **405**
Verzeichnis genutzter Abkürzungen 405
Verzeichnis genutzter Quellen und Literatur. 406
    Systematisch ausgewertete Gewerkschaftsquellen 406
    Wichtige Literatur und weitere Hilfsmittel 419
    Internetquellen 434
    Portale 435
Nachwort 437
Differenzierte Inhaltsbeschreibung 439
Über den Autor 445

Über den Autor

Stefan Remeke ist Historiker und Wissenschaftspublizist. Er leitet heute die Agentur für Historische Publizistik. Zuvor war er wissenschaftlicher Mitarbeiter an der Ruhr-Universität Bochum und Forschungsstipendiat am Institut für soziale Bewegungen. Er promovierte mit einer Arbeit über die Gewerkschaften und die Sozialpolitik in der Ära Willy Brandt bei Klaus Tenfelde. Über die Geschichte der deutschen Gewerkschaftsbewegung hat er mehrfach publiziert.

Das Buchcover zeigt:
Verwaltungs- und Empfangsbereich der Abteilung Unterstützungswesen des Bundes der technischen Angestellten und Beamten (Hauptverwaltung) in den 1920er Jahren (links); Quittierung der bezogenen Unterstützungen in einem gewerkschaftlichen Mitgliedsbuch (rechts). Bildquelle: ver.di-Archiv, Berlin (Digitalisat).

Abschluss der Manuskripterstellung zum Jahreswechsel 2021/2022
Redaktionell bearbeitet im Frühjahr 2024

Bibliografische Information der Deutschen Nationalbibliothek
Die Deutsche Nationalbibliothek verzeichnet diese Publikation in der Deutschen Nationalbibliografie; detaillierte bibliografische Daten sind im Internet über http://dnb.d-nb.de abrufbar.

Dieses Buch ist eine Open-Access-Publikation. Es ist lizenziert unter einer Creative Commons Namensnennung – Nicht kommerziell – Keine Bearbeitungen 4.0 International Lizenz (https://creativecommons.org/licenses/by-nc-nd/4.0/deed.de).

Der BeBra Wissenschaft Verlag ist ein Imprint des BeBra Verlags.

© 2024 BeBra Verlag GmbH
Asternplatz 3, 12203 Berlin
post@bebraverlag.de
Umschlag: typegerecht berlin
Satz: Zerosoft
Schrift: DTL Albertina 9.8/13.2 pt
Gedruckt in der Europäischen Union

ISBN 978-3-95410-332-4

www.bebra-wissenschaft.de